2011

西山年鉴

XISHAN YEARBOOK

西山区人民政府　主办
西山区地方志办公室　编纂

云南民族出版社

图书在版编目（CIP）数据

西山年鉴．2011 ／ 昆明市西山区地方志办公室编纂．
— 昆明：云南民族出版社，2011.11
ISBN 978-7-5367-5174-3

Ⅰ．①西… Ⅱ．①昆… Ⅲ．①区（城市）–昆明市–
2011–年鉴 Ⅳ．①Z527.41

中国版本图书馆CIP数据核字(2011)第244845号

责任编辑	龚艾保
装帧设计	昆明凡影图文艺术有限公司

主　　办	西山区人民政府
编　　纂	西山区地方志办公室 （昆明市秀苑路188号 西山区政府大楼306室） 电话：0871-8227351　邮箱：xsnjbjb@163.com　邮编：650118
出版发行	云南民族出版社 （昆明市环城西路170号 云南民族大厦5楼　邮编：650032）
开　　本	889mm×1194mm　1/16
印　　张	26
字　　数	950千
版　　次	2011年11月第1版
印　　次	2011年11月第1次
印　　数	0001–1000册
定　　价	180.00元
书　　号	ISBN 978-7-5367-5174-3/K·1371

《西山年鉴》（2011）编辑委员会

《西山年鉴》（2011）撰稿人员名单

（按部类顺序排列）

晁　阳	非绍坤	朱　勇	杜　培	马学渊	王　佳	张　颖
飞瑞云	陶　红	高　军	干亚霄	胡　涛	张　霞	李　燕
陶　敏	平新权	扶晓霞	王春蕾	莽敏琨	王宣文	徐建国
杨晓玉	熊玉华	徐　波	焦明芳	覃　雁	姜璐璐	张丽霞
周　攀	郑薇薇	王旭霞	马　俊	寸云冰	陈　萍	毕　娟
苏　航	覃　雁	陈　玲	杨　明	张丽红	范文业	李　莎
杨丽娟	栗　雁	俞银辉	庞玉红	马祥芬	李文华	何婵娟
李利娜	马维凯	王　岗	赵　璐	李明康	詹保新	张巧珍
徐　利	高联勇	刘　偲	谭华忠	苏英院	王国宇	幸让文
马忠义	何伟民	龙　波	马　波	王　雁	范雪坚	罗宝荣
叶先斌	张曙光	陆　燕	杨昀平	罗华萍	陆海娟	关立新
吕雪梅	金　林	杨　惠	夏玉莲	孔令西	张志刚	王家发
刘召霞	邹舜尧	葛惠娟	王颜英	张圃瑞	马　萍	史剑梅
杨明芳	解赤红	尹碧波	陈　舒	王　昆	王亚梅	黄云江
聂庆国	黄兴明	李智辉	谢开雄	杨其芬	熊俊波	许红玲
宁　玲	罗　茜	赵瑞祥	杨丽娟	梁　璞	陆　鹏	李治宇
段　鑫	王　秋	张　鹏	黄　兴	杨　飞	胡有标	徐　爽
李　淳	杨建明	潘焕平	张　虹	戴元宏	黄迎红	顾　斌
张忠升	张　蕾	李学亮	温继辉	杨　蕾	张汝艳	严志英

西山区行政区划（2010年12月）

全区户籍人口50.11万人　10个街道办事处　98个社区居委会　393个居民小组

街道办事处	户籍人口（人）	驻　地	社区居委会	社区居委会（个）	居民小组（个）
马　街	49565	华苑路358号	梁源、明波、积善、张峰、马街、大渔、普坪、西丽园、德缘	9	62
金　碧	100255	西昌路77号	金碧、复兴、得胜桥、巡津新村、书林街、立夏路、西岳庙、严家地、工人新村、卢家营、西坝北、西坝南、弥勒寺、气象路、河南	15	10
永　昌	50044	云兴路68号	永顺里、永兴路、益康路、黄瓜营、螺蛳湾、永宁里、云纺、金花针织、永和里、永联、马家、金牛、马洒营、盛高大城	14	10
前　卫	57176	前兴路	红庙、官庄、拥护、南坝、广福小区	5	25
福　海	42982	滇池路三公里	杨家、河北、船房、福海、陆家、新河	6	45
棕树营	42388	丹霞路43号	棕树营南区、棕树营北区、白马东区、白马西区、近华、鱼翅路、土堆、昆明医学院	8	16
西　苑	30098	西二环路199号（暂驻秀苑路162号）	秋苑、凯苑、春苑、丽苑、秀苑	5	
碧　鸡	26491	高峣村99号	观音山、西华、富善、黑荞母、龙门、碧鸡、长坡、猫猫箐	8	32
海　口	69618	中滩街76号	中平、桃树、云龙、青鱼、双哨、白鱼、海门、海丰、里仁、中新、中宝、山冲	12	74
团　结	32476	龙潭街5号	大兴、白眉、棋台、妥吉、龙潭、和平、雨花、花红园、永靖、下冲、谷律、妥排、律则、乐亩、朵亩、蔡家	16	119
总　计	501093			98	393

编辑说明

一、《西山年鉴》是经西山区人民政府批准公开编辑出版的综合性地方年鉴，是系统反映西山区情的大型年刊。于2001年创刊，逐年编纂出版，形成系列，是集知识、信息、资料为一体的具有公报性、资料性、权威性的工具书。由西山区地方志编纂委员会办公室编纂。

二、本年鉴旨在系统记载西山区政治、经济、社会发展的历史进程。为社会各届了解西山、建设西山提供信息资料，也为编纂地方志书积累资料。

三、2011年版《西山年鉴》为总第十一卷，记述2010年全区各条战线在深化改革、扩大开放中的发展变化情况，并结合区政府进行机构改革的工作实际，在篇目结构及标题内容方面作了较大调整。如原“商务·旅游”分别拆分纳入“经济贸易·投资促进”及“文化·旅游·体育”类目；类目“工业·乡镇企业”改为“经济贸易·投资促进”，“交通·邮政”改为“交通运输·邮政”，“城乡建设·城市管理”改为“城乡建设·城市管理·生态及环境保护”，“科学技术·科协”改为“科学技术和信息化·科协”等，理顺了在“城市管理”中“城市管理综合行政执法、园林绿化、湖滨生态建设”等职能职责的归属。对涉及机构改革部门分别增设了“机构改革”工作内容，在各类目增设了“‘十一五’成就”条目。彩页中党代会、人代会、政协会及纪委会议照片时间为出版年，其余均为2010年。“特载”主要收录出版年区党政领导在党代会、人代会、政协会及纪委会上的工作报告。

四、本年鉴设特载、大事记、概况、政党、政权·政务·政协、群众团体、法制、军事、经济管理、农林水·新农村建设、经济贸易·投资促进、商业、交通运输·邮政、城乡建设·城市管理·生态及环境保护、财政·税务、金融·保险、科学技术和信息化·科协、教育·卫生、文化·旅游·体育、社会生活、街道办事处概况、人物、附录23个部类。

五、本年鉴采用分类编辑法，以条目为主体。体例分一、二、三级目。一级目为大类，如政党、群众团体、法制等，其标题在版内占三栏；二级目排在一级目下，其标题在版内占二栏；三级目排在二级目下，其标题在版内占一栏，或直接为基本撰写单元（条目）。各个层次以字体、字号予以区分，条目标题用黑体字加【 】号标明。

六、本年鉴内容稿件由各街道办事处、各部委办局行、各人民团体指定专人撰写，经承撰单位主要领导审核，本年鉴经年鉴编辑委员会审定。

七、《西山年鉴》编纂工作得到了全区各级领导、各部门及社会各界的大力支持与配合，在此谨表谢忱。同时希望获得宝贵的改进意见，以便把今后的工作做得更好。

1 2011年1月8日，中共西山区委九届七次全体（扩大）会议召开。

2 区委书记柳文炜作工作报告

3 与会人员讨论工作报告

（本组照片由区委办供稿）

1 2011年2月12～16日，西山区第十四届人民代表大会第五次会议召开。

2 常务副区长郭希林作政府工作报告

3 区人大常务委员会主任李志华作人大工作报告

4 会议主席台成员

5 代表举手表决

6 代表投票选举区政府区长

7 代表分组讨论各项工作报告

（本组照片由区人大供稿）

1 2011年2月12日，政协西山区第七届委员会第四次全体会议召开。

2 区政协主席徐方作工作报告

3 大会开幕式

4 委员听取各项工作报告

5 委员分组讨论各项工作报告

（本组照片由区政协供稿）

1 2011年1月27日，中共西山区纪委九届六次全体会议召开。

2 区纪委书记张国元作工作报告

3 签订党风廉政责任书

4 大会开幕式

（本组照片由区纪委供稿）

各级领导到西山区考察调研工作

1 2月28日，省委书记白恩培到团结街道办事处十里箐村民小组走访调研。（张绍金　摄）

2 3月24日，省委副书记、省长秦光荣率队到西山区调研“四退三还一护”工作。

3 1月12日，省长秦光荣和市委书记仇和一行到西山区廉租住房翠峰花园慰问低保户。

（本期年鉴照片除署名外，均为区新闻中心供稿）

1 4月19日，团中央第一书记陆昊在省、市相关领导和区领导的陪同下，到永昌街道永兴路社区检查指导团工委工作。

（团区委　供稿）

2 12月8日，国家安监总局副局长杨元元到西山区三环化工企业检查工作。

3 1月27日，国务院办公厅领导到西山区察看旱情。

4 1月19日，柬埔寨国会代表团到西山区百草村参观考察新农村建设。

1

2

1 1月5日，省委常委、昆明市委书记仇和率市委全会与会人员到西山区参观海口工业园区建设。

2 3月18日，省教育厅厅长罗崇敏到西山调研职业教育工作。
（区教育局　供稿）

3 9月4日，昆明市市长张祖林到西山检查创建文明城市工作。

4 10月20日，昆明市人大常委会主任杨远翔到西山区视察大观河治理工作。

3

4

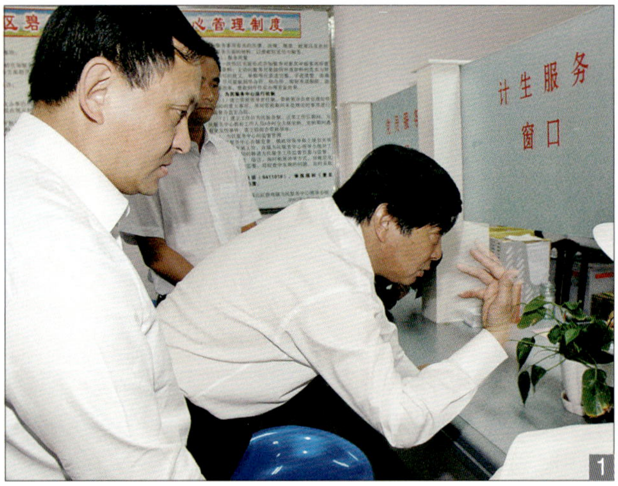

1 7月5日，昆明市委书记仇和到西山区调研街道办事处工作。

2 7月23日，省、市组织部相关领导到西山区调研工作。

3 6月13日，昆明市委书记仇和到西山区调研社区建设。

4 11月10日，昆明市委书记仇和到西山区视察红星美凯龙项目建设。

1

2

3

4

5

1 2月11日，区领导视察河道治理工作。

2 4月13日，市规划局相关领导到西山区调研重点建设项目。

3 10月14日，省委组织老领导到西山区海口参观重点项目建设。

4 10月5日，区政府常务副区长郭希林调研城市建设工作。

5 10月6日，区领导到海口工业园区调研工作。

推进城市化进程　打造高品质西山

1 8月28日，西山区城中村改造2号片区回迁安置房建设奠基。

2 10月9日，西山区城中村改造7号片区回迁安置房建设奠基。
（金碧街道办事处　供稿）

3 4月28日，西山区城中村改造17号片区回迁安置房建设奠基。
（区住建局　供稿）

1 2月21日，西山区召开拆除防盗笼动员会。

2 3月18日，棕树营街道办事处开展拆除防盗笼工程。

3 12月23日，金碧街道办事处进行城中村拆迁改造。

4 1月26日，海口街道办事处开展占用耕地拆迁工作。
（海口街道办事处　供稿）

5 11月18日，西山区“四退三还一护”及“迁村并点”安置房建设奠基。（海口街道办事处　供稿）

1 7月13日，西山区召开主城区批发市场关闭搬迁工作推进会。（区政府办　供稿）

2 西山区“四退三还一护”及“迁村并点”苏家村地块安置房。（区四退三还一护办　供稿）

3 5月6日，西山区开展河道万人清淤、除障、保洁活动。

4 7月12日，昌源南路南段道路竣工通车。

5 12月，区保障性住房建设项目部分完工。（区住建局　供稿）

6 6月10日，西山区21号规划路靠前兴路口前300米段道路投入使用。（区城投公司　供稿）

建滇池湖滨生态　筑西山美好家园

1 大观河

2 3 园博园一角

4 高速公路绿化

5 园林绿化美化一角

（本组照片由区园林局供稿）

西山区邑村湖滨生态园建设　（区四退三还一护办公室　供稿）

抗旱救灾　众志成城

1 2月8日，省委书记白恩培、市委书记仇和一行到西山区察看旱情。

2 2月4日，省水利厅厅长率相关部门领导到西山区察看旱情。

3 3月27日，西山区举行“共产党员抗旱救灾特别捐赠活动”仪式。（区委组织部　供稿）

1 3月26日，西山区召开水源工程建设推进会。

2 4月14日，西山区举行捐建抗旱“母亲水窖”启动仪式。

3 3月，驻区某部召开抗旱救灾动员誓师大会。
（武警黄金十支队　供稿）

4 3月6日，区委、区政府组织抗旱爱心捐赠活动。

5 3月22日，西山区在市场经营区域组织抗旱救灾捐赠活动。

1 3月28日，区武装部到海口街道办事处抗旱救灾挖建小水窖。

2 3月31日，驻区某部到团结街道办事处芹菜塘村参加水源工程建设。

3 3月，驻区空军某部参加西山区抗旱救灾建设。

4 4月2日，区长蔡德生到基层察看水利建设。

5 3月4日，抗旱水车驶入山区苗寨。

6 3月22日，驻区某部到团结办事处下冲小学抗旱救灾送饮水。

建设“三个文明”　共筑和谐西山

1 2月3日，西山区召开政法工作暨打黑除恶动员大会。

2 2月27日，西山区公安分局召开“平安社区·无盗楼院”竞赛活动动员会。

3 7月12日，西山区举行领导干部培训日暨预防职务犯罪专题报告会。

4 8月23日，西山区召开创建全国文明城市工作推进会。

1 3月27日，西山区召开深入学习实践科学发展观活动总结大会。（区委组织部　供稿）

2 7月1日，西山区万名党员创先争优生态文明建设百日会战全面启动。（区民政局　供稿）

3 1月20日，西山区召开创建国家卫生城市专题工作会议。

4 4月29日，西山区召开庆祝五一国际劳动节暨劳动模范协会成立大会。

5 7月15日，西山区举行社区“两委”换届选举工作总结暨和谐社区建设工作推进会。

1 7月28日，西山区举行道德模范巡讲会。

2 9月27日，西山区劳动纠纷调解委员会成立。

3 9月，西山区获全国“全民国防教育先进单位”称号。

4 8月26日，西山区召开政府工作部门公开承诺大会。

5 7月12日，昆明市人大代表到西山区视察安置房建设工作。

1 3月3日，西山区获昆明市螺蛳湾商业片区升级改造市场关闭工作先进表彰。

2 3月8日，西山区举行纪念三八国际劳动妇女节100周年暨表彰大会。

3 8月11日，西山区举行创模、创节水、创文明工作动员部署大会。

4 3月7日，西山区召开城乡一体化工作会。

5 10月24日，西山区举办全域城镇化建设工作专题培训班。

（区委党校　供稿）

6 9月28日，西山区举行“百名法律服务工作者进社区”启动仪式。

（李浩南　摄）

1

2

3

4

5

6

1 9月16日，西山区检察院综合办公大楼交付使用。
（区检察院　供稿）

2 7月8日，西山区召开鼓励支持大学生“村官”创业工作会议。

3 8月6日，西山区举行机构改革授牌授印暨“三定”工作会议。

4 8月，北京师范大学昆明附属中学二期建设完工。
（区教育局　供稿）

1 6月11日，西山区政府举行公务用车拍卖会。
（区机关事务管理局　供稿）

2 1月14日，封停首批公务车辆。
（区机关事务管理局　供稿）

3 4月26日，市委书记仇和、市人大常委会主任杨远翔、市政协主席田云翔等领导参加西山区以昆钢科技大厦项目为代表的“重大招商引资、重点产业发展、重要基础设施建设”项目开工仪式。
（区投资促进局　供稿）

4 6月25日，西山区召开加强行政成本控制暨推行公务卡会议。
（区财政局　供稿）

5 6月6日，在第十八届中国昆明进出口商品交易会上西山区与8个企业签订正式投资协议。
（区投资促进局　供稿）

1 4月28日，区长蔡德生代表区政府签约进入西山区的昆钢科技大厦、螺蛳湾中央商务区（二级CBD）等6个项目。

（区投资促进局　供稿）

2 1月13日，西山区举行东盟台商总部基地建设项目投资框架协议签约仪式。

3 4月17日，西山区召开招商引资工业突破园区建设暨效能西山动员大会。

4 2月25日，西山区召开经济工作暨招商引资工作会。

5 4月28日，西山区举行总部经济发展暨重大招商引资项目签约仪式。

1

2

1 3月7日，西山区召开滇池流域水环境综合治理工作会。

2 9月25日，西山国家级风景名胜区与省城投公司签署合作框架协议。

3 7月10日，西山区百集龙家居商场开业。

3

1 西山区创新森林防火宣传方式，打造“五色彩旗”宣传工程。

2 豌豆规范化示范种植

3 生物发酵舍粪尿零排放养猪

（本组照片由区农林局供稿）

玉米高产创建规模连片种植

1 8月19日，西山区召开质量兴区和标准化工作推进会。

2 10月18日，西山区无公害食用玫瑰种植示范项目通过验收。

3 1月，区质监局进行日常行政执法。

4 2月，区食品安全委员会组织各成员单位开展春节前食品安全专项检查。

5 4月12日，昆明市食品安全委员会办公室、市食品药品监督管理局相关负责人率成员单位领导对西山区进行严防“地沟油”及不合格一次性筷子流入餐饮服务环节工作情况进行现场检查。

（本组照片由区药监局供稿）

1 1月21日，区工商局对市场进行监督整治。

2 3 11月，全区设立84个蔬菜临时直销点，平抑菜价，解决市民买菜难问题。（区工商局　供稿）

4 11月30日，西山区开展非法超限超载车辆治理宣传活动。

5 4月24日，西山区举办首届知识产权在基层论坛。（陆春苏　摄）

1

2

3

1 12月28日，西山区举办第二十三届西山音乐节暨“歌唱祖国”合唱活动。 （冯振岐　摄）

2 10月27日，西山区召开庆祝“昆明市第二十届环卫工人节”暨表彰大会。

3 12月13日，西山区文学艺术联合会成立。

4 12月24日，永昌街道办事处永宁里社区金色怡园居家养老服务站启动运行。
（区民政局　供稿）

5 5月1日，昆明国际文化旅游节西寺塔傣族泼水舞蹈展演。

4

5

1 5月31日，西山区举办第二十一届学生艺术节优秀节目展演。

2 2月22日，西山区举办迎春诗书画作品展。

3 10月22日，全省气功展演在西山区碧鸡公园举行。

4 9月16日，昆明市老干部迎国庆文艺进社区演出活动在西山区碧鸡公园举行。

（西苑街道办事处 供稿）

1 10月15日，西山区五班子领导于敬老节慰问百岁老人。（区民政局　供稿）

2 12月11日，驻区公安边防总队到团结街道办事处大兴社区义诊。

3 4 5 6月1日，西山龙门夜景工程完工对外开放。

目 录
Contents

特 载
SPECIAL CARRIER

大事记
MAJOR EVENTS

西山区概况
XISHAN DSTRICT GENERAL SITUATION

政 党
POLITICAL PARTY

中国共产党西山区委员会
XISHAN DISTRICT CPC COMMITTEE

社会主义新农村建设
New Countryside Construction

水 务
Water Resources

经济贸易·投资促进
ECONOMY AND TRADE · INVESTMENT PROMOTION

经济贸易
Economy and Trade

投资促进
Investment Promotion

海口工业园区开发建设
Haikou Industrial Park's Development and Building

商 业
COMMERCE

粮 食
Cereals

烟 草
Tobacco

教育·卫生
EDUCATION · HEALTH

教 育
Education

卫 生
Health

文化·旅游·体育
CULTURE · TOURISM · SPORTS

文 化
Culture

旅 游
Tourism

西山国家级风景名胜区
Xishan State – level Scenic Spot

碧鸡街道办事处
Biji Sub－district Office

海口街道办事处
Haikou Sub－district Office

团结街道办事处
Tuanjie Sub－district Office

人 物
FIGURES

附 录
APPENDIX

文件 · 报告
Documents and reports

国民经济统计资料
National economy statistic data

特 载

编辑 罗桂莲

以建设区域性国际城市为目标 全力推动西山“十二五”科学跨越发展

——在中共西山区委九届七次全体（扩大）会议上的工作报告

中共西山区委书记 柳文炜
（2011年1月8日）

同志们：

区委九届七次全体（扩大）会议，是在“十二五”规划开局之年召开的一次重要会议。会议的主要任务是：全面贯彻党的十七大、十七届五中全会、中央经济工作会、省委八届十次全会和市委九届七次全会精神，深入贯彻落实科学发展观，认真回顾总结“十一五”全区经济社会发展取得的成绩和经验，深入分析当前和今后一个时期面临的形势和机遇，研究部署“十二五”全区经济社会发展的目标任务、重大举措以及2011年工作，审议《昆明市西山区国民经济和社会发展第十二个五年规划纲要（草案）》，动员全区广大党员干部和各族群众，在新的历史起点上，抢抓机遇、知难而进、奋力拼搏、再上台阶，以建设区域性国际城市为目标，全力推动西山“十二五”科学跨越发展。

下面，我受区委常委会委托，向全委会作工作报告，请予审议。

一、凝心聚力，拼搏攻坚，圆满完成“十一五”经济社会发展各项目标任务

刚刚过去的“十一五”，是西山发展史上很不平凡、极不寻常的五年。面对复杂多变的国际环境和异常艰巨的发展任务，在市委、市政府的正确领导下，我们认真贯彻落实中央、省、市的一系列重大决策部署和胡锦涛总书记考察云南时的重要讲话精神，以科学发展观为统领，大力解放思想，锐意改革创新，奋力攻坚克难，有效应对国际金融危机冲击，战胜百年不遇严重旱灾，坚定不移地推进现代新西山建设，圆满完成了“十一五”确定的各项目标任务，西山科学跨越发展迈出了坚实步伐。

一是始终不渝地推进科学发展，综合实力明显增强。“十一五”以来，我们在总结继承“十五”成功经验的基础上，不断完善发展思路，突出科学发展这个主题，紧紧围绕富民强区的目标和西山发展的“十个关键所在”，抓住“大投资、大项目、大建设”一条主线，按照“五区两带一港”的发展空间布局和“全域城镇化”的工作要求，抢抓机遇，锐意进取，特别是通过大干2008、拼搏2009、攻坚2010，农业基础继续巩固，工业突破稳步推进，第三产业飞速发展，全区经济发展的速度明显加快，综合实力明显增强。全区地区生产总值由2005年的123.4亿元增加到2010年的241.7亿元，2010年同比增长12.8%，年均增长14.4%，三次产业结构比调整为1.13:29.09:69.78；地方财政总收入由17亿元增长到46.3亿元，地方财政一般预

算收入由5.2亿元增长到17亿元，2010年分别同比增长25.5%和30.7%，年均增长22.2%和26.8%；城镇固定资产投资由53.6亿元增长到228.4亿元，2010年同比增长48.8%，年均增长33.6%；社会消费品零售总额由63.8亿元增长到190亿元，2010年同比增长22%，年均增长24.4%。五项重点指标中，地区生产总值增长了1倍，地方财政总收入、一般预算收入、社会消费品零售总额增长了3倍，城镇固定资产投资总额增长了4倍，2008年被省政府评为“云南省工业十强县”，连续三年被省委、省政府评为“云南省县域经济发展十强县”，连续两年获得全市目标管理考核一等奖，用实际行动践行了“力争各项工作走在全市前列、力求各项工作都有新突破”的要求。

二是始终不渝地强化基础配套，城乡面貌焕然一新。突出规划引领，编制完成了主城11个片区控制性详细规划及碧鸡、团结、海口3个办事处的总体规划，实现城乡规划全覆盖。全力打造宜居精品城区，自2008年城中村改造工作启动以来，共有45个片区102个村有意向投资人参与改造，投入改造资金约238亿元，29个片区46个村的规划方案通过市规委审批，26个片区50个村启动拆迁，已拆除面积779万平方米，完成土地征收773.33公顷，回迁安置房建设全面启动，全市第一个城中村改造工程“南亚风情第壹城”即将竣工；平稳、有序、和谐关闭了老螺蛳湾市场，加快推进老螺蛳湾中央商务区（二级CBD）规划建设工作；全面启动了草海北片区8.73平方公里范围内的保护治理和开发建设工作。持续开展“重大基础设施建设推进年”活动，累计投入资金53.7亿元，以交通为重点的基础设施建设取得重大突破，主城支次道路改造“541”工程稳步推进，配合市级抓好“四环十七射”骨干道路建设和周边环境综合整治工作，昆安、高海、安晋高速公路，西二环快速系统，西北三环闭合工程西山段，草海下穿隧道，海源南路等实现通车，福海立交、西坝路改扩建、老海埂路改扩建相继完工，弥勒寺片区等22条交通微循环改造工程全面完成，铁路枢纽扩能改造西山段工程顺利推进，西部客运站建成并投入使用。积极推动“全域城镇化”建设，完成了碧鸡、海口、团结撤镇建处工作；注重完善农村基础设施，加快了供水、供电、供气、信息、交通、通讯、环卫等城乡生产生活公用配套设施建设，在全省率先实现“村村通”油路目标，“五小”水源工程建设任务圆满完成，全区城镇化率达93%。狠抓“四创两争”，深入开展“十一个零申报”工作，“创园”成功摘牌，“创卫”顺利通过考核，“创城”、“创模”扎实推进，城市管理水平不断提高，市容环境不断改善，城乡面貌发生显著变化。

三是始终不渝地深化改革开放，发展活力不断增强。紧紧抓住昆明市被列为全省“综合改革试点市”的机遇，加大改革创新力度。深入开展了“效能昆明”、“效能西山”建设活动，顺利完成了新一轮政府机构改革，全区的行政审批事项减少至33项，行政效能明显提升，发展软环境不断改善。大力推进制度创新，在全市率先完成了公车改革，探索建立了区级领导联系街道办事处和区级机关、市直部门对口综合联系社区工作制度；积极深化政府投融资体制改革，成立了区金融办，搭建了“1+5”城市建设投融资平台，2009年和2010年全区的融资额度均突破了40亿元，有力支撑了西山经济社会快速发展。全面完成区属国有企业改革改制工作，稳步推进农村综合改革，集体林权制度主体改革基本完成。建立“区委书记、区长奖”和“重点项目保证金”制度，优化了考核奖励机制，完善了目标管理体系；率先创立了“招商引资和企业服务110”帮办机制，全方位为企业提供“保姆式”服务。稳步推进园区实体化改革，海口工业园建设成效显著，完成固定资产投资43.8亿元，“五通一平”面积达284.4公顷，预收储土地491.6公顷，已开工建设项目22家，其中亿元以上项目11家，已竣工投产项目5家；长坡泛亚国际物流园区总体规划已通过审批，正抓紧推进建设和招商工作；西山国家级风景名胜区下划西山区管理，积极争创国家“5A”级景区和加快建设“城市中央公园”，全力打造西山大旅游区。全区开放度不断扩大，对外经贸合作更加紧密，招商引资取得新突破。5年来，全区累计利用外资1.85亿美元，从2005年的400万美元增加到2010年的6 085万美元，增长了15.2倍；累计引进内资250亿元，从2005年的20.3亿元增加到2010年的84亿元，增长了4.2倍；进出口企业总数达60家，进出口总额完成4.8亿美元；高度重视、大力支持非公经济发展，非公经济占比达52%以上。

四是始终不渝地注重环境保护，生态建设成效显著。以滇池治理为核心，按照“一湖两江”流域水环境治理“四全”工作和河道治理“158”工作的要求，共投入河道整治资金14亿元，全面完成了13条主要出入湖河道和19条支流岔河的阶段性整治任务，工作成效明显；深入推进“四退三还一护”工作，共投入资金8.9亿元，搬迁省、市属公共单位9家、农户1 850余户，退人7 604人、退房35.4万平方米，建成1 333.33公顷的滇池西岸环湖生态带。特别是总书记胡锦涛亲临西华湿地视察，对西山区的滇池治理、湿地建设和生态环境保护工作给予了充分肯定，提出了殷切期望。全面开展辖区内的庭院雨污分流及再生利用设施建设工程，动工建设西片区排水管网。高度重视城乡园林绿化，完成绿地建设1 274.53公顷，西山园博园（龙江公园）和龙门生态园按期开园，全区的城市绿化覆盖率达47.6%，森林覆盖率达58.6%。关闭了昆明发电厂和昆明水泥厂等高能耗企业，超额完成了节能减排目标；滇池面源污染得到有效控制，土地、矿产、能源、森林、水利等资源保护和管理得到加强，城乡生态环境建设取得新成效。

五是始终不渝地坚持以人为本，社会事业全面发展。科技工作成绩显著，科技成果转化率达31.5%，科技进步对经济增长的贡献率达56%，被评为“全国科普示范城区”和“云南省科技进步先进区”。积极稳妥推进教育改革，全面实施城乡免费义务教育，“两基”工作顺利通过检查验收；大力发展民办教育和职业教育，普职比达4:6；不断加快标准化学校建设，编制了全区教育资源整合及学校布局布点规划，投资2.5亿元建成的北师大昆明附中通过一级完中验收；投资1 600万元建成全省领先、全国一流的西山教育城域网；通过省级教育督导评估验收，达到先进示范县的标准。积极推进文化体制改革，文化产业蓬勃发展，围绕建区50周年、改革开放30周年、建国60周年等重要节庆，开展了一系列精神文明建设活动和群众性文化活动。深化医疗卫生体制改革，大力发展民营医院，覆盖城乡的公共卫生和医疗服务体系基本形成，区妇幼保健院业务办公大楼建成并投入使用。加强突发公共卫生事件的应急处理和疾病预防控制能力，加大食品药品安全监管力度。人口和计划生育、双拥、老龄、残疾人事业健康发展，获得了“全民国防教育工作先进单位”、“全国征兵先进单位”、“全国老龄工作先进单位”、“全国白内障无障碍县（市）区”等称号，连续5年被评为“云南省双拥模范城”。人民生活水平显著提高，城镇居民人均可支配收入和农民人均纯收入达1.99万元和8 203元，年均实际增长17.6%和10.5%。

六是始终不渝地突出民生工作，社会更加和谐稳定。千方百计扩大就业再就业，累计实现城镇新增就业人员5.2万人，城镇登记失业率控制在4%以内。社会保障体系更加健全，保障标准、统筹层级持续提高，完成了养老、工伤、生育、失业等险种的扩面工作，全力做好跨地区转移接续工作。基本建立覆盖城乡居民的医疗保障制度，深入推进新型农村合作医疗，全区新农合参合率达99.7%，城镇居民医保参保率达98%。不断完善城乡社会救助体系建设，城乡低保对象做到应保尽保。高度重视住房保障工作，采用政府统建和政企共建两种模式启动了5 370套保障性住房建设，已建成930套，其余4 440套正加快建设，优先解决了2 170户城市低收入家庭住房困难问题。加大和谐社区建设力度，逐步改善了社区办公用房、公益性用房条件，大幅提高了社区干部岗位补贴和工作经费标准；强化基层体制机制创新，10个街道办事处全面完成了为民服务中心建设；永昌街道被民政部评为“全国和谐社区建设示范街道”，永兴路社区被中央文明委命名为“全国文明社区”。高度重视政法工作和维稳工作，积极推进“社会矛盾化解、社会管理创新、公正廉洁执法”三项重点工作，深入开展“大接访”、“大排查”、“大调处”活动，不断完善“区委书记、区长接访日”制度，切实畅通了信访渠道；区法院审判法庭、检察院“两房”建成并投入使用；全面推行社区警务制度，大力实施“科技强警”战略，完善城乡一体的打防控体系，深入推进“打黑除恶”专项行动和校园周边环境综合整治工作，严厉打击严重刑事犯罪，平安县区创建成效显著，2006年和2008年分别被省委、省政府授予“云南省平安县区”和“平安先进区”荣誉称号。不断加强民主法制建设，加快依法治区进程。重视地质灾害防治工作，安全生产形势总体平稳，公共突发事件应急处理机制日趋完善，成功战胜了2006年“3·29特大森林火灾”；有效应对了百年不遇的严重旱灾，李克强副总理在视察西山区抗旱救灾和春耕生产工作时对此给予充分肯定。人民群众满意度、安全感和幸福指数显著提升，社会更加和谐稳定。

七是始终不渝地抓好党的建设，执政能力不断提升。认真组织全区285个单位964个党组织15 760名党员参加了第二、第三批学习实践科学发展观活动，全区满意度测评达到99%，党的建设科学化水平不断提高。强化理论武装，积极推进学习型党组织、学习型机关和学习型社会建设，先后举办了党的十七大，十七届三中、四中全会精神培训班和公务员“8+X”培训班、都市经济知识培训班、社区干部赴华西村培训班、“三普教育”培训班等专题培训159班次，累计培训党员干部3万余人次。高度重视干部队伍建设，不断深化干部人事制度改革，紧扣西山科学跨越发展和政府机构改革的需要，按照干部“四化”方针和德才兼备标准，探索建立了干部选拔任用署名推荐、公开选调、竞争上岗、公推直选等选人用人机制，加大了对年轻干部、少数民族干部、妇女干部和党外干部的培养使用，构建了一支结构合理、充满活力的干部队伍；开展了“一报告两评议”工作，进一步提高了选人用人的公信度和满意度。深入开展创先争优和“三个一”主题实践活动，各级党组织的战斗堡垒作用和广大党员的先锋模范作用得到充分发挥；积极开展“基层组织建设年”活动，顺利完成了第三届、第四届社区“两委”换届选举工作，大力推进“三有一化”，广泛推行“四议两公开”工作法；积极创新基层党组织设置方式，大力开展“两新”组织党组织建设，不断扩大党组织覆盖面，成立了全省首家党员服务中心，破解了流动党员教育管理难题。坚持党管人才原则，人才工作成效明显。加强常委会自身建设，领导科学发展的能力得到提高。严格执行党风廉政建设责任制，认真履行“一岗双责”，扎实推进反腐倡廉工作，强化对权力运行的监督和制约，加大干部离任审计和查办案件力度，惩治和预防腐败体系不断健全。坚持人民代表大会制度和中国共产党领导的多党合作、政治协商制度，人大、政协工作成效显著。统一战线、民族宗教、老干部、国防动员等工作取得新成绩，工会、共青团、妇联等人民团体和社会组织作用得到充分发挥。

回顾过去，我们共同经历奋斗的过程、分享收获的喜悦，面对复杂多变的国际国内经济环境，大家聚焦发展的精力没有分散，争先进位的决心没有动摇，工作推进的力度没有减弱，经受了比以往更为严峻的考验，付出了比以往更为艰辛的努力，磨炼了比以往更为顽强的意志。成绩来之不易，成果弥足珍贵。这些成绩的取得，是市委、市政府正确领导的结果，是全区广大党员干部群众齐心协力、奋力拼搏的结果，也是驻区党政机关、企事业单位和部队大力支持的结果。在此，我代表区委向所有关心支持参与现代新西山建设的同志们、朋友们表示最衷心的感谢并致以最崇高的敬意！

5年的奋斗，5年的探索，给我们留下了宝贵的经验，也留下了极其重要的启示。一是必须坚持发展这个第一要务。我们以科学发展观为指导，把中央和省、市的方针政策与西山实际结合起来，探索符合西山实际的发展路子，用发展凝聚人心，用发展破解难题，用发展造就队伍，在全区上下营造了聚精会神搞建设，一心一意谋发展的浓厚氛围。二是必须坚持抢抓机遇。机遇是西山解决问题、突破瓶颈、加快发展的关键所在，我们努力做到在变化中寻求机遇，在发展中创造机遇，通过抢抓机遇，我们有效应对了宏观经济形势不断变化带来的影响，全区的发展速度明显加快，综合实力显著增强。三是必须坚持改革创新。我们注重用改革创新的办法解决发展过程中的困难和问题，积极做到用新的信念、理念、观念指导实践，用新的思想、思维、思路破解难题，用改革、开放、创新的举措谋求突破，为西山在现代化建设进程中争先进位、超常突破、跨越发展营造了良好的环境。四是必须坚持以人为本。我们把改善民生作为一切工作的出发点和落脚点，尊重群众意愿，顺应群众期盼，真心实意为民谋利，使改革发展成果更多地惠及广大群众，充分激发和调动了广大群众热爱西山、建设西山的积极性和主动性。五是必须坚持团结干事。我们始终注重在合力攻坚中彰显团结，在凝心聚力中推进发展，努力营造团结干事的和谐工作环境。区五班子领导和衷共济、同唱一台戏，各级各部门围绕中心、工作一盘棋，全区上下形成了目标同向、班子合心、干群协力的良好局面。六是必须坚持党的领导。我们围绕发展抓党建、抓好党建促发展，不断发挥区委总揽全局、协调各方的领导核心作用，为全区经济社会又好又快发展提供了坚强的政治和组织保障。这些经验，是我们继往开来、再创辉煌的宝贵财富，必须坚持好、继承好、发扬好。

与此同时，我们也清醒地认识到西山的发展还面临许多矛盾、困难和问题。主要是经济总量小、结构不尽合理，需要进一步加快经济发展方式的转变；城乡差距仍然存在，统筹城乡区域发展任重道远；城市功能布局仍需优化，基础设施建设还要加强，城市管理水平有待提高，生态建设与环境保护任务繁重；社会管理需要创新深化，保障和改善民生工作还要进一步加大投入，维护社会和谐稳定压力较大；党的建设和民主法制建设仍需加强，干部作风有待进一步改进，等等。面对这些问题，我们必须增强机遇意识、忧患意识、风险意识、责任意识，采取更加有力的措施，积极妥善加以解决。

二、抢抓机遇，振奋精神，全力推动西山“十二五”科学跨越发展

党的十七届五中全会通过了《中共中央关于制定国民经济和社会发展第十二个五年规划的建议》，明确提出了制定“十二五”规划的指导思想，核心就是要以科学发展为主题，以加快转变经济发展方式为主线，深化改革开放，保障和改善民生，巩固和扩大应对国际金融危机冲击成果，促进经济长期平稳较快发展和社会和谐稳定，为全面建设小康社会打下具有决定性意义的基础。胡锦涛总书记在云南考察时指出，要把云南建设成为我国面向西南开放的重要桥头堡。省委迅速贯彻落实，明确了“两强一堡”的发展战略。市委按照中央和省委的要求，结合昆明实际，提出了要争科学发展之先、创和谐社会之优，加快建设引领中国面向西南开放的区域性国际城市。可以说，市委的这一科学定位和宏伟蓝图，既是昆明对桥头堡战略的响应、策应、呼应，也是昆明实施桥头堡战略最重要的抓手和最具体的实践，最能代表昆明城市发展的愿景和价值，最能反映全市人民对美好生活的向往与追求，是在更高起点上推进现代新昆明建设的必然选择，更是市委对我们西山未来科学跨越发展的目标定位。

区域性国际城市是指与某一国际区域内其他城市之间具有较高经济、政治、文化交往程度的国际化城市。西山按照市委、市政府的决策部署，顺应当前国际化发展规律，以建设区域性国际城市为目标，不仅有利于我们用国际视野来规划城市，用国际标准来建设城市，按国际惯例来管理城市，树国际形象来营销城市，全面提升城市品质，全力打造品质西山；更有利于我们在加快经济发展方式转变中赢得更为广阔的空间、汇聚更为丰富的资源、提供更为持久的动力，使发展的道路越走越宽、发展的质量越来越高，更快地实现西山科学跨越发展。特别是当前和今后一段时期，是西山经济社会发展的关键时期，也是重要的战略机遇期：一是经济发展进入黄金期。未来5～10年将是西山新一轮的大投资、大项目、大建设、大发展、大变化的关键时期。这一时期，我们将迎来国家加快实施沿边开放、面向西南开放的战略，特别是随着中国－东盟自由贸易区的全面建成，西部大开发的深入推进，“桥头堡”和昆明引领中国面向西南开放的区域性国际城市建设的不断加快，都为西山区促进产业转型升级，调整优化经济结构，加快经济发展方式转变提供了难得的机遇和更加广阔的空间，尤其是“五区两带一港”发展空间布局的逐步形成，这些都标志着西山进入了向更高水平迈进的黄金发展期，只要我们抢抓机遇、攻坚克难、奋力拼搏，就会出现一个较长时期的高速增长。二是城市建设进入加速期。2008年以来，按照市委、市政府的工作安排，西山区全面打响了“招商引资、园区建设、工业突破、信贷融资、城中村改造、河道治理、四退三还一护、城乡园林绿化、螺蛳湾中央商务区建设、草海北片区生态保护和开发建设、道路交通基础设施建设、城乡一体化、四创两争和旅游突破”共14个攻坚战，随着各项工作的力度加大，西山的城市建设将全面提速。5年后，全区的城中村改造基本完成，各类基础设施建设日趋完善，“四创两争”目标基本实现，一个空间布局更加合理、功能定位更加明确、基础设施更加完善、产业布局更加优化、生态环境更加优美、城市核心竞争

力更加强劲的现代新西山将会呈现在我们面前。三是重点工作进入攻坚期。结合当前实际，全区的一些重点工作在推进过程中遇到了一些困难和问题，各种矛盾叠加、多种问题交织、诸多挑战齐至，在这样的形势下，我们必须要进一步解放思想、转变观念、全力攻坚，才能率先在重点领域和关键环节上实现突破，率先在制度创新和管理创新上取得领先，力争在日趋激烈的区域竞争中赢得先机、赢得主动、赢得未来。四是对外开放进入了扩张期。随着“桥头堡”战略和建设区域性国际城市的深入推进，西山作为昆明西大门的区位优势更加凸显，面向滇西8州市及东南亚国家开放的空间更加巨大，特别是随着中国泛亚产权交易中心的顺利运营，泛亚金融业聚集区和长坡泛亚国际物流园区的加快建设，将为西山建设成为昆明区域性国际城市的最前沿奠定坚实的基础。

基于以上判断，“十二五”时期全区经济社会发展的总体要求是：坚持以邓小平理论和“三个代表”重要思想为指导，全面贯彻落实科学发展观，围绕富民强区目标，突出科学发展主题，以转变经济发展方式为主线，强力推进工业化加速、信息化升级、城市化提升、市场化转型和国际化拓展，更加注重以人为本、更加注重全面协调可持续发展、更加注重统筹兼顾、更加注重保障和改善民生、更加注重党的建设，在新的历史起点上，抢抓机遇、知难而进、奋力拼搏、再上台阶，以建设区域性国际城市为目标，全力推动西山“十二五”科学跨越发展。

以建设区域性国际城市为目标，承载的是一种放眼世界、融入全球、赢得未来的宏伟蓝图。在新的历史起点上，我们必须抢抓机遇、知难而进、奋力拼搏、再上台阶，全力推动西山“十二五”科学跨越发展。抢抓机遇，就是要始终抓住历史性发展机遇，借助省委实施“两强一堡”战略和昆明建设引领中国面向西南开放的区域性国际城市的有利时机，最大限度地争取国家、省、市在政策和资金上的支持，争取有更多的项目进入国家、省、市的“笼子”，加快新上一批重大基础设施项目、生态环保项目、社会事业项目和改善民生项目，集中力量干成几件事关西山全局和长远的大事。知难而进，就是要始终保持一种不畏艰难的冲劲、一种英勇善战的胆识、一种昂扬向上的锐气，越是在困难的时候越要奋发进取、有所作为。面对工作中众多的困难和挑战，只要我们敢于发扬“亮剑”精神，就一定能够应对挑战、战胜困难，实现新的更大的发展。奋力拼搏，就是要始终坚定发展信心，牢固树立事在人为、业在人创的理念，紧紧围绕建设区域性国际城市的目标，思想上同心、目标上同向、工作上同步，敢想、敢试、敢闯、敢拼，在“想”中拓宽视野，在“试”中探索前行，在“闯”中开辟新路，在“拼”中实现目标。再上台阶，就是要始终坚持科学发展不动摇、跨越发展不停步、和谐发展不松劲，倍加珍惜来之不易的成绩，倍加珍惜团结干事的局面，倍加珍惜组织和人民对我们的重托，在推动西山“十二五”科学跨越发展的伟大进程中再创新业、再立新功！

三、坚定信心，埋头苦干，为“十二五”开局之年起好步奠定坚实基础

千里之行，始于足下。2011年，是中国共产党成立90周年，也是全面实施“十二五”规划的第一年，开好头、起好步，至关重要。中央将实施积极的财政政策和稳健的货币政策，进一步增强宏观调控的针对性、灵活性、有效性，对于我们做好2011年各项工作十分有利。2011年经济社会发展主要预期目标建议为：地区生产总值增长13%以上；地方财政一般预算收入增长15%以上；城镇固定资产投资增长30%以上；社会消费品零售总额增长18%以上；城镇居民人均可支配收入实际增长10%以上；农民人均纯收入实际增长10%以上；城镇登记失业率控制在4%以内；人口自然增长率控制在6‰以内；单位生产总值能耗下降2%左右。

2011年我们要突出抓好6个方面的工作，为“十二五”开局之年起好步和早日实现建设区域性国际城市的目标打下坚实基础：

（一）建设区域性国际城市，需要我们进一步解放思想

建设区域性国际城市，是一项全新的事业，没有可以模仿复制的既定模式，也没有可以完全照搬的现成经验，一切都必须靠自己去探索、去开拓。因此我们要进一步解放思想，转变观念，切实把思想认识统一到市委、市政府的安排部署上来，增强

建设区域性国际城市的责任感、使命感、光荣感和紧迫感。

一是要强化世界眼光。面对加快建设引领中国面向西南开放的区域性国际城市的新课题，全区各级各部门特别是各级领导干部，要牢固树立国际化理念，更多地关注和学习国际化方面的知识，更深地思考和研究加快区域性国际城市建设的办法，不断完善知识结构和综合素质，使自己通晓国际城市建设理论，熟知国际规则惯例，努力成为具有世界眼光、开放胸襟、战略思维的新型领导干部。要切实加强对建设区域性国际城市的舆论引导和社会动员，更大力度地做好宣传工作，使国际化理念深入人心、家喻户晓，形成建设区域性国际城市的广泛共识和良好氛围。

二是要找准突破方向。按照市委、市政府的统一部署，建设区域性国际城市，必须加快城市建设国际化、产业发展国际化、市场体系国际化、文化交流国际化、社会管理国际化等5个国际化。通过加快这5个方面的国际化，不断提高西山自身的综合实力，更加注重挖掘和利用我们所独有的地理区位、资源禀赋、怡人气候、优良生态、宜居环境和多彩人文等优势，努力走出一条具有鲜明时代特征、泛亚区域特色、西山地域特点的区域性国际城市建设的路子。

三是要抓住关键重点。建设区域性国际城市，必须从规划编制、产业发展和基础设施这3个最根本、最重要、也是最关键的基础工作抓起。在规划编制上，要把西山放到全市、全省乃至全国的大格局中来审视，严格按照国际标准、体现世界眼光，使城市规划编制真正做到高起点、高标准、高品位。在产业发展上，要积极主动地面向泛亚、接轨国际，紧扣“五区两带一港”的发展空间布局，着力打造特色中央商务区、海口工业新城区、长坡泛亚国际物流园区、西山大旅游区、团结城乡一体化示范区，加快建设昆安高速公路商贸经济带、高海高速公路高端生态旅游休闲度假带和环草海国际生态商务港。在基础设施建设上，要按照区域性国际城市的标准，全面加快以交通、信息、电力和公共设施等为重点的基础设施建设，努力把西山建设成为昆明区域性国际城市的西大门和核心区。

四是要汇聚强大合力。建设区域性国际城市，作为一项长期艰巨的历史任务和复杂的系统工程，需要我们汇全民之智，顺应城市国际化发展大势，按国际惯例办事、按国际规则执行、按国际标准服务，创新社会管理方式，完善公共服务体系，提升西山国际事务参与力；需要我们聚各方之力，敞开吸引一切先进思想和文明成果，敞开吸纳一切发展要素和有生力量，努力把社会动员的作用发挥到最大化，把各方参与区域性国际城市建设的主动性、积极性和创造性调动到最大化；需要我们行带头之举，全区上下特别是各级领导干部，要身先士卒，带头学习、带头研究、带头实践，搞规划、促建设、抓落实、作表率，真正成为建设区域性国际城市的模范榜样，成为组织和引导群众参与区域性国际城市建设的中坚力量。

（二）建设区域性国际城市，需要我们进一步壮大经济实力

要着力扩张经济总量，不断优化产业结构，转变经济增长方式，全面提升园区档次，增强都市经济品质，切实增强经济发展的协调性、可持续性和内生动力。

一是着力扩张经济总量。西山压倒一切的中心任务，始终是在科学发展观指导下千方百计加快发展，围绕富民强区的目标，努力实现经济总量、财政收入和群众收入持续较快增长，经济增长质量和效益持续较快提高，综合经济实力和竞争力持续较快提升。到“十二五”末2015年，我们的目标是扩大“五个总量”，实现“五个突破”，即：扩大GDP总量，力争突破500亿元；扩大地方财政总收入总量，力争突破90亿元；扩大地方财政一般预算收入总量，力争突破40亿元；扩大城镇固定资产投资总量，力争突破700亿元；扩大社会消费品零售总额总量，力争突破450亿元。要通过不断提升自身综合实力，力争各项工作走在全市前列、力求各项工作都有新突破。

二是不断优化经济结构。坚持把转变经济发展方式作为主线，以经济结构调整为抓手，加快构建具有西山特色的现代产业体系。重点是调整需求结构，继续实施大投资方略、强化大项目支撑，提高投资质量和效益，持续扩大消费需求，推动经济增长向消费、投资、出口协调拉动转变；调整产业结构，构建以现代农业为基础、高新技术产业为主导、现代服务业为主体、先进制造业为支撑的现代产业体系，提升产业核心竞争力，推动经济增长向一、二、三产业协同带动转变；调整生产要素结构，充分发挥科技第一生产力和人才第一资源的作用，加快建设创新型城区，推动经济增长向依靠科技进步、劳动者素质提高和管理创新转变；调整所有制结构，放宽准入领域，完善服务体系，大力发展民营经济，促进公平竞争，推动经济增长向借助民资、依靠民力转变。同时，加大收入分配结构、供给结构、城乡和区域结构等调整力度，推动经济社会协调发展。

三是着力提升园区档次。积极落实“三年倍增、六年跨越”行动计划，完善园区体系，增强承载能力，促进企业集中、产业集聚、发展集约。要以海口工业园区为平台，合理规划产业布局，加快构建光学、机电、机械制造、磷化工、有色金属加工、新材料和新能源开发利用“七大片区”；全力实施园区提档升格工程，积极申报国家级开发区，努力打造海口新城。要走新型工业化道路，推动工业经济由粗放增长向集约发展转变，坚持扶优扶强、培大培强。严格企业入园审查机制，重点引进科技含量高、经济效益好、资源消耗低、环境污染小的新型工业，进一步改善园区产业结构，整体做大工业总量规模，确保全区规模以上工业增加值快速增长，到“十二五”末力争突破50亿元。要加快发展与新型工业化相配套、与城市化进程相协调、与城乡居民需求相适应的现代服务业，构建大商贸、大市场、大流通、城乡统筹的现代商贸物流体系，通过改造提升、完善业态，着力打造昆安高速公路商贸经济带，加快建设长坡泛亚国际物流园区和泛亚金融业聚集区，积极筹划团结生物医药食品加工园区。到2015年，力争把海口工业园区和长坡泛亚国际物流园区建设成为产值超100亿元的特色产业集群。

四是提高都市经济品质。积极探索都市经济由传统走向现代、由低端走向高端的发展模式，以城中村改造为突破口，严格按照“五区两带一港”的发展空间布局，着力推动都市经济发展。要加快中央商务区建设步伐，结合片区的资源优势、区位优势和产业优势，紧紧围绕培育区域金融中心、商贸中心、现代物流中心、文化产业中心和总部经济中心，加速打造5大特色中央商务区，构建一个增值率高、辐射力强、开放度大的现代服务业体系。要大力发展总部经济，以中央商务区为依托，进一步完善规划、合理布局，推进商务、商贸楼宇的开发建设，繁荣楼宇经济，特别是针对重点片区、重点楼宇、重点企业提供“保姆式”服务，以优惠的政策、优质的服务、优越的环境吸引驻区大企业、大集团的总部或区域性总部以及管理中心、营销中心、采购中心、研发中心落户西山，把西山区打造成“昆明市楼宇经济先进城区”。要持续抓好税源建设，依托楼宇经济、总部经济的快速发展，开辟新兴税源，保持地方财政收入持续快速增长。

（三）建设区域性国际城市，需要我们进一步建设品质西山

城镇化是实现现代化的必由之路，是推动西山跨越式发展的主要动力。要按照全域城镇化和一步城市化的要求，加快城乡规划、产业发展、基础设施、生态建设、就业和社会保障、社会事业、政策措施7个一体化进程，着力构建优势互补、良性互动、协调发展的新格局。

一是注重规划引领，优化城市空间布局。要以建设区域性国际城市的标准，推动规划国际招标，邀请国内外一流的资质机构，编制、完善、提升各类概念性规划、控制性详规、修建性详规、城市设计和建筑设计，使城市规划编制与国际城市接轨，真正做到高起点、高标准、高品位，全力把西山建设成为昆明最适宜居住、最适宜创业、最具特色魅力的现代化城区。要结合西山“五区两带一港”的发展空间布局，最科学合理的划分出“禁止建设区、限制建设区、适宜建设区”，全力构建西山城市发展新格局。要着力强化“中央商务区”，主城区要围绕培育区域金融中心、商贸中心、现代物流中心、文化产业中心和总部经济中心，不断提升中心城区城市品质，全面推进主城都市经济发展。要加快建设“特色区”，碧鸡要充分发挥区位优势和文化旅游资源优势，着力打造成立足昆明、服务西南、辐射东南亚的长坡泛亚国际物流园区和西部第一、全国先进、世界一流的西山大旅游区。海口要充分发挥老工业基地的优势，抓住企业退二进三的机遇，努力打造海口新城。团结要充分发挥生态资源和民族文化的优势，以新农村建设为载体，积极创建全省领先、具有西山特色的城乡一体化示范区。要致力打造“重点区”，全力以赴加快草海北片区的保护治理和开发建设工作，高度重视、加速推进草海北片区3个安置地块和高海路沿线“四退三还一护”7个安置地块的安置房建设工作，真正把昆安高速公路商贸经济带、高海高速公路高端生态旅游休闲度假带、西山大旅游区、环草海生态国际商务港的资源全面整合起来，成为支撑西山未来发展最重要的区域。

二是注重品质提升，全力打造精品城区。要强化城市功能建设，积极推进城市基础设施、公用设施和环境建设，实现城市规模扩张与功能完善、品质提升的有机结合。要以世界眼光来做好中心城区、重点地段和重点街道的城市空间、城市形态、城市天际线和城市色彩设计，突出西山山水交融的建城理念，打造半城山水半城街的现代都市环境。要大力实施“主城品质提升行动”，注重细节、质量和品位，对城市标志性建筑、标志性地段、重点片区、重点部位，要精心设计、精细施工、精品建设，努力使单体建筑各具特色，群体建筑和谐美观，不同街区风貌各异，城市整体形象特色鲜明。要优化全区的城市功能布局，全面加快“五区两带一港”的建设，着力完善商务办公、金融贸易、旅游购物和城市观光等功能，同时把城中村改造、滇池治理、“退二进三”、“退批进零”、“四退三还一护”、道路建设等结合起来，系统推进城市空间形态、功能布局和生态环境的有机更新。要更加注重节地、节能、节水、节材，科学应用新技术、新工艺和新材料，加强地下空间开发利用，实现城市可持续发展。

三是巩固长效机制，切实提升城市管理水平。巩固“四创两争”成果，创新城市管理手段，整合城管、公安、安监、卫生、工商、环保等部门资源，做到网络互联、信息互通、资源互享，建立集监控、调度、指挥为一体的管理服务和应急指挥平台，实现全方位覆盖、全时段监控、网格化管理、人性化服务。深化城市管理体制改革，推进管理重心下移和执法关口前移，推动全区城市管理由主城向碧鸡、海口、团结延伸，做到全区卫生环境全面覆盖、不留死角、长效管理、永久保洁，形成齐抓共管的“大城管”格局。把“四创两争”作为提升城市管理水平的重要抓手，作为促进生产方式、生活方式和思维方式变革进步的重要载体，从小处着手，从细节抓起，不断提高市民素质和城市文明程度。推行基层领导干部“一岗双责”，建立“四创两争”工作横向到边、纵向到底的工作网络和责任体系，确保“四创两争”工作全面推进、取得实效。

四是完善功能配套，强化基础设施建设。继续深入实施重大基础设施建设推进年活动，全区城镇固定资产投资总额2011年要力争突破300亿元，围绕城市交通、水电、环保、能源、社会事业等，集中力量建设一批事关全局、事关长远、事关群众切身利益的大项目、好项目。要突出抓好重点交通工程建设。按照主城支次道路改造“541”工程全力加快全区承建的道路建设，积极配合推进西北绕城公路建设，尽快启动西山环山公路建设。要改善农村基础设施。提升乡村道路等级，完善城乡公交线网布局；加强农田水利基础设施建设，推进中低产田改造和饮水工程建设，继续实施病险水库除险加固和改扩建工作；着力完善碧鸡、海口、团结的供电、供水、供气网络，满足群众生产生活需要。要强化信息基础设施建设，按照拓展高端信息化的要求，以全区电子政务网为平台，进一步把公安、城管、教育、招商等各种信息平台有机整合起来，提高全区信息化水平，打造“数字西山”。

五是统筹城乡发展，加快提升全域城镇化。按照“一板块一步城市化”要求，突出规划引领，强力推进规划编制工作，2011年上半年要实现城市概念规划、城镇规划、乡村规划、农村居民点规划覆盖率100%，完成碧鸡、海口、团结的控制性详细规划、迁村并点新宅新区规划、保留自然村村庄规划，并按照编制完成的村庄规划，实施10～15个自然村新农村建设整村推进项目，做到规划不遗漏、实施分步骤。要加快实施“四集中”，碧鸡、海口和团结要按照“1+3”模式分别规划建设一条商业街、一个规范的农贸市场、一个示范居住小区，引导农村人口向城镇有序转移。要典型示范引路，以点带面，以团结街道办事处全域城镇化建设试点工作为重点，示范带动全域城镇化建设工作的整体推进。要以全域城镇化保障城乡居民共享文明发展成果，加大对少数民族贫困地区的政策扶持力度，充分发挥“以城带乡”、“以工促农”作用，把生产方式、生活方式、思维方式的变革和进步贯穿于城镇化的全过程，推进现代管理方式，普及现代文明理念。到2015年，全区的城镇化率要达到95%以上。

（四）建设区域性国际城市，需要我们进一步深化改革创新

要全方位扩大开放，全领域深化改革，以招商引资为重点，引进外力，强化内力，以新的姿态、胆略和气魄，推动西山科学跨越发展。

一是抓住桥头堡建设的机遇，全力开拓泛亚市场。抓住国家支持云南建设桥头堡和昆明建设中国面向西南开放的区域性国际城市的重大机遇，着力构建立足昆明、辐射西部、联通泛亚的通道枢纽、合作平台。全力服务好中国泛亚产权交易中心，尽快启动泛亚金融业聚集区的建设，深入推进长坡泛亚国际物流园区的招商和建设，加快泛亚产权交易、汽车及零配件交易、家具建材交易、有色金属交易、生物医药交易等区域性要素交易中心建设，积极打造泛亚市场品牌。

二是扩大对外开放力度，拓展外经合作空间。要落实有关扶持措施，调动区内企业进出口积极性，推动外向型经济发展。加快优化出口商品结构，培育一批出口龙头企业，重点推动光学仪器、数控机床、电子元件、特色农产品的出口，形成多元化出口格局。要鼓励企业积极参加昆交会、旅交会、农博会、广交会、东盟会等国内重点经贸展会，积极拓展国际市场。要深化对外经济合作，建立健全境外投资促进机制，支持更多企业“走出去”。鼓励有条件的企业采取投资办厂、控股参股和资源开发等方式开展境外投资，不断提高对外经济技术合作的能力和水平。加强与境外企业和科研机构合作，充分利用境外科技、智力资源，提高企业自主创新能力和国际竞争力。到2015年，全区进出口总额要力争突破1.5亿美元。

三是全力以赴招商引资，富集各类发展要素。以主城中央商务区、海口工业园区、西山大旅游区、泛亚金融业聚集区、长坡泛亚国际物流园区、团结生物医药食品加工园区等为平台，实施产业招商，以商贸旅游服务业、磷化工业、医药产业、机械加工业、房地产业、都市农业等6大产业为重点，延伸和完善优势产业，引进和培育高新技术产业，实现单一招商向产业招商转变；实施项目招商，重点围绕基础设施建设、城中村改造、滇池治理、社会事业发展等领域，做好项目的筛选、包装、策划、宣传，实现招商引资向招商选资转变；实施以商招商，加强对驻区企业的跟踪服务，面向国内外大企业、大集团，用优质高效服务打造优良投资环境，使企业成为招商引资中介人、投资环境宣传员，实现政府招商向以商招商转变，由数量扩张型向质量提升型转变。要瞄准世界500强和中国500强企业，对重点行业、重点企业开展专业化、高频率招商，“十二五”期间，要力争引进世界500强企业3~5家。要加强对招商引资项目的跟踪服务，建立协调联动机制，突破土地、融资、基础设施建设等瓶颈制约。要完善招商引资考核办法，做到责任更明确、考核更科学、奖惩更合理。2011年要确保完成引进市外到位资金80亿元以上，力争突破100亿元；利用外资8 000万美元以上，力争突破1亿美元。

四是加大改革创新力度，增强经济社会发展动力。要用足用活用好昆明市作为“综合改革试点市”的各项优惠政策，全面推进各领域改革。要加大科技创新力度，积极实施科教兴区战略，着力提升自主创新能力，加快建设国家创新型城区。要突出抓好制度创新，把握制度创新重点，增强制度创新实效，提高制度执行力，形成用制度管权、按制度办事、靠制度管人的良性机制。要强化管理创新，创新管理理念、管理方法和管理模式，减少政府对微观经济活动的干预，为市场主体创造良好发展环境。要着力培养创新型人才，深入实施人才强区战略，突出创新导向，以提升自主创新能力为核心，培养造就一批能够突破关键技术、具有自主知识产权的创新型科技人才；以提高经营管理水平为核心，培养造就一批具有战略眼光和开拓精神、依靠核心技术自主创业的企业家；以产学研用融合发展为核心，培养造就一批技术创新实力强、成果转化效率高的创新创业团队，筑牢西山科学跨越发展的人才基础。

五是提升文化软实力，推动文化大发展大繁荣。更加重视文化建设，要创新发展思路，突出工作重点，在民族文化强区建设上取得新进展。要把推进社会主义核心价值体系建设作为根本任务，巩固全区各族人民团结奋斗的共同思想基础，大力实施文化精品工程，弘扬主旋律，提倡多元化。要充分发挥西山区历史文化积淀深厚的优势，保护好有形历史遗存和无形人文因素，充分挖掘和开发民俗民间文化，打造具有西山特色的历史文化品牌；要深化文化体制改革，不断扩大文化对外交流，创新文化“走出去”的途径和方式，广泛吸引各类资本进入文化领域、投资文化产业，不断提升公共文化服务的质量和水平。要加快发展文化产业，以金碧街道办事处的文化大空间项目和棕树营街道办事处的云广网络项目为载体，规划一批文化产业园区，启动一批重大文化产业项目，建成文化产业示范基地，打造文化产业集群。要健全公共文化服务体系，大力实施文化惠民工程，加快推进文化馆、体育馆、档案馆、博物馆等文化项目建设；健全公共文化设施网络，广泛开展群众性精神文明创建活动，促进公共文化资源共建共享，基本形成布局合理、覆盖城乡、功能健全、实用高效的公共文化服务体系，满足群众多样化、多层次的精神文化需求。

（五）建设区域性国际城市，需要我们进一步加强生态建设

坚持生态建设与经济建设一起推进、环境竞争力与产业竞争力一起提升，加快形成节约能源资源和保护生态环境的产业结构、增长方式、消费模式，全面提高生态文明建设水平，促进人与自然和谐发展。

一是实施低碳发展战略。要积极发展循环经济、低碳经济。加大政策支持力度，引导更多的企业推行循环经济、发展清洁生产；以减量化、再利用、资源化促进生产方式转变，提高资源利用效率；大力开发与推广应用低碳技术，致力打造低碳经济、低碳建筑、低碳交通、低碳生活、低碳环境、低碳社会“六位一体”的低碳城区。要加快建设森林式、环保型、园林化、可持续发展的生态园区。海口工业园区、长坡泛亚国际物流园区既要做好新区规划，也要加快转变发展方式，努力构建绿色产业链和资源循环利用链，促进经济转型升级，使园区不仅成为产业高地、创新高地，而且成为环境保护高地、生态建设高地。要培育壮大绿色产业。从西山区现有基础和优势看，要在深入实施产业升级的过程中，大力发展生态农业、生态旅游和节能环保产业，使之成为新的经济增长点。要继续加大节能减排力度，完善政府节能减排目标责任考核评价体系，抓好工业、建筑、交通运输等重点领域节能减排，落实控制温室气体排放行动目标，确保按要求完成各项节能减排目标，2015 年前创建成为国家低碳发展示范城区。

二是加快滇池流域水环境综合治理。坚定不移地按照“一湖两江”流域水环境治理“四全”工作要求和河道治理“158”工程要求，深入实施控源截污、河道整治、生态修复、底泥疏浚和水源地保护等 5 大工程，着力改善滇池水质和水环境，确保到 2015 年，西山区的 13 条主要出入湖河道水质稳定达到Ⅲ至Ⅳ类水标准。全力推进庭院雨污分流工作和西片区、南片区排水管网建设，加快实现水环境治理由水资源的开发、排放单向利用，向综合利用、循环利用转变，由水污染单纯治理向水生态整体优化转变，由依靠远距离调水，向水资源就地循环利用、实现零排放转变。要按照统一规划、分阶段、分项目整治的方式，把支流岔河治理与城中村片区改造、项目建设相结合，全面推进支流岔河的综合整治工作。要深入推进“四退三还一护”及“迁村并点”工作，切实解决好全区“四退三还一护”、“迁村并点”、环湖截污、环湖道路等重点工程拆迁户的安置工作。要继续抓好污水处理再生利用设施建设、农村面源污染控制、市政雨污分流工作，积极推进环湖北岸、西岸、南岸干渠截污等工程和垃圾焚烧发电项目建设，使滇池治理成效更明显，早日恢复滇池秀美山水，人文景观。

三是加强城乡园林绿化和生态环境保护。全面启动“森林城市”创建工作，按照“城市园林化、城郊森林化、道路林荫化、农田林网化、村镇（村庄）花园化”的要求，以城市山体森林、水体湿地为基础，科学构建城市、街道、社区和农村的绿化网络，构建城乡一体的绿化生态体系，逐步实现“城在园中、村在林中、院在树中、人在绿中”的目标。城市中心区以建设环保模范小区、绿色社区、生态住宅小区为载体，实施城市公园绿地建

设，到2015年，城市绿化覆盖率要达到53%以上，城镇人均公共绿地面积要达到37平方米以上，区域内森林覆盖率提高到60%以上。加大湖滨带环境与城市湿地的保护和恢复力度，建立湖滨带生态功能区和湿地自然保护区，禁止建设项目占用湿地，实施湿地生态建设、生态恢复工程；大力培育、保护和合理利用森林资源，加大“五采区”植被恢复和中低产林改造力度，努力把西山建设成为森林式、园林化、环保型、可持续发展的高原湖滨生态城区。坚持“环保七优先”，全力打好节能减排攻坚战，淘汰落后产能，降低能源消耗，减少污染排放。全面开展生态乡镇、生态村、卫生乡镇、卫生村创建工作，切实改善农村居民生产环境，缩小城乡差距，确保全区在“十二五”期间内创建为国家级生态县（市）区。

（六）建设区域性国际城市，需要我们进一步促进社会和谐

强化社会建设，创新社会管理，扎实推进城乡基本公共服务均等化，健全完善基本公共服务体系，最大程度地保障和改善民生，促进社会和谐稳定，使发展成果惠及全体人民。

一是加大社会建设力度。要大力发展科技事业，努力提高自主创新能力，不断增强科技成果转化率和科技贡献率。要坚持优先发展教育事业，按照教育规模化、优质化、品牌化、集团化发展的要求，全面实施素质教育，努力提升基础教育，不断加强职业教育，大力发展民办教育，合理配置教育资源、促进教育公平、提升教育质量。要扎实推进医药卫生体制改革，完善覆盖城乡居民的公共卫生服务体系、医疗服务体系、医疗保障体系和药品供应保障体系，实现“人人享有基本医疗卫生服务”目标。坚持公共医疗卫生的公益性质，全力支持好民营医院的快速发展，引导社会力量发展卫生事业，形成多元化办医格局。加快构建信用体系，打造诚信西山。加大扶贫开发力度，做好人口与计划生育工作，促进妇女儿童事业、老龄事业、残疾人事业健康发展。

二是提高社会管理水平。坚持以人为本，寓管理于服务，以服务促管理，健全党委领导、政府负责、社会协同、公众参与的社会管理机制，实现政府行政管理与社区自我管理有效衔接、政府依法行政与居民依法自治良性互动。要进一步强化服务基层社区的意识，充分尊重和支持社区工作，推进社区建设上水平。要继续发挥街道办事处在社区建设中的重要作用，积极探索建设新型社区的管理模式，不断提高服务和管理水平。要着眼居民需求，切实搞好政府公共服务、社区自助互助服务、志愿服务和市场化服务，全力抓好为民服务中心、站的建设，实行“一站式办公、一条龙服务、一次性办结”，努力提高服务覆盖面，推动社区服务向市场化、专业化、社会化方向发展，对于城中村改造范围内的社区，积极探索联系群众的多样化方式，做好过渡期间离乡群众的服务工作。要重视群众组织和社会组织在提供公共服务、反映利益诉求、规范社会行为等方面的积极作用，培育服务性、公益性、互助性社区社会组织，引导其广泛参与社会治理。

三是健全社会保障体系。要认真落实就业和再就业扶持政策，培育就业增长点，多渠道增加就业岗位。加大就业培训力度，不断提高就业质量。继续做好对困难群体的就业援助，推进救助就业一体化。2011年要实现新增就业人员达1.5万人以上，城镇登记失业率控制在4%以内。规范和协调劳动关系，维护劳动者合法权益。要加快推进覆盖城乡居民的社会保障体系建设，巩固提升城镇职工养老、医疗、失业、工伤、生育保险参保率，完善社会保险关系的转移接续机制，全力推进各险种的扩面工作，切实加大劳动监察、仲裁力度，维护和谐的劳动关系。要不断完善社会救助体系，落实最低生活保障制度，扎实做好对困难群众的帮扶和救助。多渠道促进城乡居民增加工资性收入、经营性收入、财产性收入，关心外来务工人员的各种需求。要加大保障性安居工程建设力度，大力发展公共租赁住房，缓解群众在居住方面遇到的困难，逐步形成符合西山实际的保障性住房体系。

四是切实维护社会稳定。抓好“社会矛盾化解、社会管理创新、公正廉洁执法”三项重点工作，创造和谐稳定的社会环境、公平正义的法治环境、优质高效的服务环境。建立科学有效的利益协调机制、诉求表达机制、矛盾调处机制、权益保障机制，推动平安创建深入开展。强化“区委书记、区长接访日”制度，健全大信访工作机制，加强社会利益协调和矛盾纠纷排查，有效预防和妥善处置群体性事件，畅通和规范群众诉求表达、利益协调、权益保障渠道，建立重大工程项目建设和重大政策制度的社会稳定风险评估机制，切实维护社会稳定。完善大调解工作机制，最大限度地把矛盾纠纷解决在当地、解决在基层、解决在萌芽状态。完善大防控工作机制，强化群专结合、群防群治、齐抓共管的治安防控体系建设，集中整治治安重点地区和突出问题，依法严厉打击各类违法犯罪活动，不断提升人民群众的安全感。加强安全生产监管，重视防灾减灾，健全突发事件预防预警和应急处置体系，提高公共安全保障能力。推进民主法制建设，坚持和完善人民代表大会制度，支持人大及其常委会依法行使职权，加强立法工作，增强监督实效。坚持和完善中国共产党领导的多党合作和政治协商制度，更好发挥人民政协协调关系、汇聚力量、建言献策、服务大局的作用。做好国防动员、双拥、统战、民族宗教、港澳台侨和老干部工作，更好地发挥工、青、妇等群团组织作用，充分调动各方面的积极性。

四、切实加强和改进党的建设，为“十二五”发展提供坚强保证

党的领导是实现“十二五”时期经济社会发展目标的根本保证。必须坚持党要管党、从严治党，不断提高党的建设科学化水平，把党的政治优势和组织优势转化为推动科学发展、促进社会和谐的强大力量。

（一）切实强化理论武装，不断夯实科学发展的思想基础

要始终坚持把思想政治建设放在首位，建立解放思想长效机制，在思想解放中凝聚共识、在思想解放中改革创新、在思想解放中跨越赶超，以新的思想解放引领新的发展。巩固科学发展观学习实践活动成果，不断用科学发展理念武装广大党员干部，把科学发展观真正转化为谋划发展的正确思路、促进发展的政策措施、领导发展的实际能力。要按照科学理论武装、具有世界眼光、善于把握规律、富有创新精神的要求，创新学习方式，积极推进学习型党组织、学习型机关、学习型社会建设。要围绕建设区域性国际城市的目标，坚持不懈学习所需要的各方面知识，开阔眼界视野，完善知识结构，不断提高自身的能力素质；构建大外宣格局，结合西山实际，开展全方位的主题宣传，使国际化的理念更加深入人心、达成共识，努力营造建设区域性国际城市的浓厚氛围。

（二）切实推动党内民主，凝聚共谋发展的强大力量

积极发展党内民主，坚决维护党的集中统一，探索扩大党内民主的新途径、新方法，充分发挥各级党组织和广大党员的积极性、主动性、创造性，以党内民主带动人民民主。健全全委会票决重要干部、重大决策制度，完善重大事项决策的协商协调、征求意见、专家咨询和听证等制度，广集民智、广求善策，促进科学决策、民主决策和依法决策。建立健全代表参与重大决策、参加重要干部推荐和民主评议、列席党委有关会议等制度，逐步推行党代表常任制。加强党内基层民主建设，推进党务公开，落实党内情况通报制度，保障党员的知情权、参与权、选举权和监督权。扩大党代表公推直选范围，全面推进基层党组织领导班子公推直选。规范常委会向全委会定期报告工作并接受监督制度，优化全委会、常委会议事规则和决策程序。建立健全党委新闻发言人、网络发言人等制度，提升引导社会舆论、网络舆论的能力。

（三）切实抓好队伍建设，努力打造坚强的领导核心

加强区委常委会自身建设和各级领导班子建设，全面贯彻党管干部原则和干部队伍“四化”方针，创新和完善干部选拔任用机制，用宽阔的视野选人用人，用科学的办法选人用人，用管用的制度选人用人，提高选人用人的透明度和公信力。加大竞争性选拔干部力度，推进公推公选制度常态化，要更加注重从各条战线和各个领域，从基层和生产一线，从工作条件艰苦的地方选人用人。选优配强各级各部门领导班子特别是党政正职，健全完善体现科学发展观和正确政绩观要求的干部考核评价机制，强化考核结果运用。继续抓好培养选拔使用民族干部、女干部、年轻干部和非党干部工作，加大干部交流和轮岗力度，激发干部队伍活力。深入推

进人才强区战略，深化政校合作工作，着力培养和引进一批高层次的人才及创新团队，充分发挥人才集聚效益，构筑人才发展新高地，提升西山核心竞争力。

（四）切实夯实基层基础，筑牢推动发展的战斗堡垒

按照“五好”、“五带头”要求，深入开展创先争优和“三个一”主题实践活动，以党组织和党员创先争优影响群众、感染群众、带动群众，使创先争优成为全社会的价值取向和目标追求。全面推进各领域党的基层组织建设，形成科学严密的组织架构，实现党组织和党的工作全社会覆盖。创新党的基层组织发挥作用的途径和方式，健全教育、管理、服务党员长效机制，优化党员队伍结构，不断增强基层党组织和党员队伍的整体活力和战斗力。整合城乡党建资源，完善基层党建工作领导体制，建立城乡、村企互帮互助机制，着力构建城乡双向开放、资源共享、优势互补、相互促进的基层党建新格局。要健全服务群众、联系群众制度，经常深入基层、深入群众、深入一线，真心倾听群众呼声，真实了解群众疾苦，问政于民、问需于民、问计于民，及时解决群众合理诉求，坚决纠正损害群众利益的不正之风，切实维护群众的合法权益，密切与人民群众的血肉联系。

（五）切实加强反腐倡廉，营造勤政廉政的发展环境

全面推进教育、制度、监督并重的惩治和预防腐败体系建设，严格执行党风廉政建设责任制，认真落实“一岗双责”，确保反腐倡廉建设各项任务落到实处。继续深化改革、健全制度，从源头上预防和解决腐败问题。从严管理干部，加强廉洁从政教育，切实加强对权力运行的监督制约。加大违纪违法案件查处力度，始终保持惩治腐败的高压态势。领导干部要严格遵守《廉政准则》等各项纪律规定，在思想和行动上自觉与党中央保持高度一致，坚持把纪律的外在约束力转化为内在的自制力，把严守纪律体现在工作和生活的各个方面，干干净净做人、勤勤恳恳做事，努力营造互相尊重、互相信任、互相支持的干事创业环境，不断巩固和扩大团结干事的良好局面。

同志们，成绩属于过去，未来更待开拓。站在新的历史起点上，我们面临的机遇十分难得，承担的使命非常光荣，肩负的责任更加艰巨。让我们紧密团结在以胡锦涛为总书记的党中央周围，在市委、市政府的坚强领导下，深入贯彻落实科学发展观，同心同德、开拓进取、扎实工作，为实现西山建设区域性国际城市和“十二五”发展的宏伟目标而努力奋斗！

政府工作报告

——2011 年 2 月 13 日在西山区第十四届人民代表大会第五次会议上

西山区人民政府常务副区长 郭希林

各位代表：

现在，我代表西山区第十四届人民政府，向大会报告“十一五”期间及 2010 年的政府工作，并对“十二五”及 2011 年的工作进行安排，请予审议，并请区政协委员和列席会议的同志们提出意见。

一、勇于开拓，“十一五”区域发展取得辉煌成就

过去的 5 年，是全区上下拼搏大干的 5 年，也是全区经济社会跨越式发展的 5 年。5 年来，区政府在市委、市政府和区委的坚强领导下，在区人大及其常委会的法律监督、工作监督和区政协的民主监督下，坚持以邓小平理论和“三个代表”重要思想为指导，以科学发展观统揽全局，全面贯彻落实中央、省、市的方针政策，紧紧围绕“富民强区”这一中心，积极采取措施，有效应对了国际金融危机的冲击，扎实推进了各项工作。期间，总书记胡锦涛亲临西华湿地视察，对西山区的生态环境保护工作给予了充分肯定；成功举办了建区 50 周年纪念活动；连续 4 年被省委、省政府评为“云南省县域经济发展十强县”，荣获“云南省工业十强县”等称号，全面完成了“十一五”规划确定的主要目标任务。

据统计，2010 年全区实现地区生产总值 247 亿元，完成地方财政一般预算收入 17 亿元，城镇固定资产投资 210.5 亿元，社会消费品零售总额 196.2 亿元，分别实现年均增长 14.9%、26.7%、31.5% 和 25.2%，增长率高于“十一五”规划目标。三次产业结构由 2005 年的 1.9∶34.2∶63.9 调整为 2010 年的 1.1∶28.8∶70.1，产业结构得到优化；非公经济占 GDP 比重达 52%，较“十五”末提高了 6.1 个百分点，区域经济实力显著增强，社会事业稳步发展。

（一）坚持转变发展方式，三次产业健康发展

1. 农业经济健康发展。5 年来，全面实施现代农业“4210”工程，农林牧渔业增加值年均增长 3%，2010 年达 2.7 亿元。农产品加工及流通领域活力增强，菜、果、苗、畜 4 个特色产业得到提升；建成团结永靖农产品交易市场；扶持发展农民专业合作社 13 个，新增市级以上重点龙头企业 18 家；着力推进“1245”工程，永胜河、螳螂川沿线芳香走廊已现雏形，小村现代农业生态观光科技示范园区、和平四季特色水果种植园区等 5 个休闲观光农业片区的建设工作稳步推进。气象保障能力全面提高，克服 2010 年特大干旱灾害的影响，创建玉米高产示范区 666.67 公顷、调整产业结构 2 266.67 公顷；昆明滇荞食品有限公司等 3 个农业龙头企业的多个产品在第六届农博会获奖。

2. 工业经济健康发展。5 年来，通过大投资拉动、大项目带动、大企业推动等措施，重点打造海口工业园区，全力发展工业经济。2010 年全区完成规模以上工业增加值达 27.4 亿元，年均增长 10.5%；完成工业固定资产投资 27.5 亿元；其中海口工业园区完成工业固定资产投资 20.8 亿元，基础设施建设投资 3.2 亿元，完成“五通一平”68.07 公顷，收储土地 69.07 公顷，亿元以上工业项目开工 7 个、竣工 2 个；建成标准化厂房 6.5 万平方米，完成市级下达任务的 216%。

3. 服务经济健康发展。5 年来，第三产业增加

值年均增长14.2%，2010年达173.2亿元，中国·昆明泛亚产权交易中心成功落户西山区；引进昆钢科技大厦、云南广电网络文化产业园区等4个总部基地项目，总投资额预计达200亿元；新增商务楼宇30万平方米，超额完成年度任务。螺蛳湾商业片区市场关闭及业态升级改造工作稳步推进；关闭搬迁17个批发（专业及批零兼营）市场；完成2个标准化农贸市场建设和改造，建成86个临时蔬菜直销点，对保障市场供应、稳定菜价起到了积极作用。监测范围内的旅游企业接待游客585万人次，实现旅游收入3.5亿元，同比分别增长30%和27%。启动“质量兴区”活动，实施名牌和标准化战略，新注册商标207件，完成年度目标任务的258%。

（二）坚持扩大对外开放，经济积累成效显著

1. 招商引资成效显著。5年来，共引进项目1 065个，协议总投资713亿元，实际到位市外资金250亿元，实际利用外资1.8亿美元。其中2010年引进内资项目385个，协议投资385.9亿元，实际到位市外资金84亿元，完成市级下达任务的129.3%；引进外资项目16个，实际利用外资6 085.3万美元，完成市级下达任务的101%。大力培育和扶持外向型经济，全区外贸企业达到61家，5年累计完成外贸进出口总额5.1亿美元。

2. 财税融资成效显著。5年来，坚持抓好税收征管，财政实力显著增强。2010年完成国税17亿元，地税28.5亿元，年均分别增长22.8%和26.2%，地方财政一般预算收入在“十一五”末历史性地突破了17亿元大关。积极推进政府投融资体制改革，创新资金运筹模式，大力吸引各种资金参与新西山建设。2010年完成融资40.7亿元，是“十五”末的8.3倍，全面增强了地方政府驾驭经济发展的能力。

（三）坚持统筹区域发展，城乡建设全面推进

1. 城乡规划全面推进。5年来，坚持规划引领，不断加大城乡规划力度，马街、西苑等11个主城分区控制性详细规划全部编制完成，城市建成区面积达到47.4平方公里。2010年启动了城乡规划全覆盖工作，编制完成了团结新邑、庙村2个安置点及10个自然村新农村建设规划，以及《西山区团结分区规划及其中心区控制性详细规划》、《昆明海口新城概念性总体规划》、《昆明长坡泛亚商贸物流中心总体规划》。团结集镇中心区已纳入土地一级开发，全域城镇化龙潭片区试点进入实施阶段。按照“1+3”模式，完成碧鸡龙门餐饮一条街和车家壁农贸市场建设改造工作。

2. 新农村建设全面推进。5年来，完成了568件新农村建设项目，建成36个自然村试点；实现20户以上自然村广播电视全覆盖，销售“家电下乡”产品4 965台，累计销售总额达1 050.2万元；新建“万村千乡”农家店36个。城乡安全饮用水覆盖率达97%；农村生活垃圾定点存放清运率达100%，无害化处理率超过85%，卫生厕所普及率达82.2%；完成99个自然村327.47公顷村庄绿化工作；完成13个省级新农村示范村建设任务，岔河、陡咀村一期项目完工；农村土地承包使用权流转累计达1 533.33公顷，占全区耕地总面积的47.4%；建成“五小”水源工程9 865件，蓄水能力大幅提升。

3. 城中村改造全面推进。2008年启动城中村改造以来，有45个片区确定了意向投资人，32个片区67个村的规划通过了审批，34个片区74个村启动了拆迁，累计拆除建（构）筑物832.4万平方米，征收土地800公顷，交易土地65.35公顷，16个片区24个村开工建设。其中2010年新增开工面积179.8万平方米；拆除建（构）筑物598.8万平方米；交易土地46.62公顷；竣工回迁安置房25.2万平方米，在建132万平方米。南亚风情第壹城、红星美凯龙（一期）等一批群众关注的工程即将封顶完工。“四退三还一护”安置房建设进展顺利，苏家村地块的安置房即将交付使用，E地块的安置房将在年内完工。

4. 重点建设项目全面推进。螺蛳湾改造升级项目、草海北片区治理开发项目和昆明铁路枢纽扩能改造项目是全区“十一五”期间承担的3个重点建设项目。经过不懈努力，截至2010年末，螺蛳湾片区拆迁改造、规划、整合工作全面推进，共签订拆迁协议4 486份，签约率64%，拆除建（构）筑物51.2万平方米，拆除率42.1%；草海北片区共签订拆迁协议6 002份，签约率88.3%，安置地块签订拆迁协议2 546份，签约率81.2%，协议拆迁面积308.6万平方米，占总面积的50.5%，征地

512.08 公顷，占总面积的 52.7%；昆明铁路枢纽扩能改造项目全面推进，完成拆除 33.5 万平方米，完成率 59.6 %，完成征地 60.43 公顷，占总面积的 77.8%。

（四）坚持提升城市品质，人居环境明显改善

1. 交通环境明显改善。5 年来，弥勒寺片区、书林片区等 22 条道路交通微循环改造工程全面完成；福海立交、老海埂路等改扩建工程相继完工；完成 45 个农村交通建设项目，新、改建乡村公路 284 公里，路面硬化率达 70% 以上，在全省率先实现油路“村村通”；行政村公交覆盖率达 100%；建成海口、团结、谷律 3 个客运站点，西部客运站建成并投入使用；昆安高速、高海高速、昆州路等一批主次交通干线建成通车。2010 年承建的 18 条城市道路中，昌源南路、昆州路东段、15 号规划路已建成通车。2011 年拟建的 21 条城市道路前期工作全面启动。明波立交下行匝道已启动拆迁、建设工作。团结乐水公路路基工程已完成 60%。

2. 市容环境明显改善。5 年来，建立健全“两级政府、三级管理、四级网络、重心下移”的城市管理长效机制，实施城市管理数字化、数字管理网格化。2010 年受理数字城管案件 14.5 万件、结案 13.9 万件，结案率 95.4%；拆除 574 个临违地块 25.9 万平方米，围墙 2 381 米；拆除临街建筑物立面挤占公共空间设施 1.3 万户 27.7 万平方米；拆除户外广告牌和店招店牌 800 余块；96 起农房违法加层和无序建房全部拆除。“创卫”通过国家技术评估考核；“创城”完成第二次测评；全面完成“十一个零申报”年度工作。海口垃圾焚烧发电项目完成投资 1.3 亿元，主体工程已完成 70%，安装工程完成 30%，预计首台机组将于 2011 年 4 月投产发电。

3. 水域环境明显改善。5 年来，“四退三还一护”顺利推进，完成退人 7 604 人、退房 35.5 万平方米，退田、退塘 1 108.73 公顷，搬迁省、市属公共单位 9 家。建成环湖生态带 1 359.07 公顷；完成盘龙江、大观河等 13 条主要出入湖河道综合整治阶段性任务和 19 条支流（沟渠）堵口查污、截污工作。与 2008 年相比，各主要河道水质氨氮平均下降了 13.3%，总磷下降了 43.1%，化学需氧量下降了 41%。283 家小区、单位的庭院雨污分流及污水处理再生利用设施建设开工率、完工率均在 95% 以上；二环路内 28 家工业企业污水截流收集处理全面完成；碧鸡、海口集镇中心区及花红园、大兴等 29 个村庄污水处理系统已建成；西、南片区排水及水系规划调整方案编制完成，马街片区市政排水系统即将开工建设。“创节水”顺利通过国家验收。

4. 大气环境明显改善。5 年来，华电集团昆明发电厂、云南国资昆明水泥厂等高污染、高耗能企业顺利关停，单位生产总值能耗较“十五”末下降 22% 以上。2010 年全区排放二氧化硫 6 923.2 吨，化学需氧量 642 吨，超额完成“十一五”节能减排目标；建成区烟尘控制区覆盖率达 100%，2010 年空气优良天数达 365 天。

5. 植被环境明显改善。5 年来，通过持续大干城乡园林绿化，建成区绿地面积达 2 254.9 公顷，全区绿地率达 47.6%，森林覆盖率达 58.6%，较“十五”末分别提高 15.4% 和 9%。西华湿地、西山区园博园和山邑村湖滨生态园等生态型景观建成开放。森林公安“三基”建设基本完成，林业执法能力显著增强。“创园”成功摘牌，“创模”、“创生”、争创人居奖有序推进，创建“森林城市”正式启动。

（五）坚持强化公共服务，社会事业不断进步

1. 教育事业不断进步。5 年来，全面实施城乡免费义务教育，义务教育巩固率达 100%，实施农村中小学校标准化建设 2 所，校安工程排查 76.9 万平方米、鉴定危房 47 万平方米、改造 1.7 万平方米。高考上线率由 2006 年的 67.2% 提高到 2010 年的 94.7%；北师大昆明附中进入全省优质学校行列；民办教育发展迅速，引进云南经贸外事职业学院、云南昆明联合经济学校等一批高层次、高质量的职业学校，建成全国一流、全省领先的西山教育城域网，教育工作达到先进示范县标准；“两基”工作通过国家验收，荣获“云南省规范教育收费示范县（区）”称号。2010 年投入 2 000 余万元，全面落实“两免一补”工作，惠及学生 13 万人次；落实和完善贫困生救助制度，补助寄宿制学校 15 所，惠及学生 3 777 人；妥善解决了城中村改造过程中学生分流安置和原退休民办教师待遇等突出问题。

2. 医疗卫生不断进步。全区各类医疗卫生机构达643个，每千人拥有床位9.2张，覆盖城乡的医药卫生服务体系基本形成；新型农村合作医疗和社区卫生服务覆盖率达100%；突发公共卫生应急处置能力明显提高，疾病预防控制能力不断增强。食品药品安全监管力度得到加强，严厉查处问题乳制品、假劣药品和医疗器械。巩固推进“三网”建设，杜绝农村食品药品安全事故的发生。2010年，实施国家基本药物制度，实行零差率销售；建立双向转诊制度，共办理医师多点执业289人。前卫社区卫生服务中心建设项目主体封顶，海口云光、碧鸡龙门等6个基层卫生医疗机构转型改扩建项目已投入运营，区人民医院纳入47号片区整体重建。以流动人口管理服务为重点，提供计划生育免费技术服务，2010年全区人口自然增长率为2.2‰。

3. 文体旅游不断进步。5年来，新建、改扩建3个街道文化站、60个社区文化活动室、22个农家书屋、16条健身路径、14个农民体育健身工程；滇池博物馆、昆明军事医学博物馆等11个博物馆建成开放，区图书馆、区文化馆规范化建设有序推进；全国文化信息资源共享工程1个区级支中心、8个基层服务站点通过省级验收并对外服务。西山国家级风景名胜区划归西山区管理，投入1亿元整治景前区环境，龙门景区实施灯光亮化工程，1 000个智能电子导游器投入使用；西山旅游网投入运行。西山音乐节、团结苹果节等品牌文化活动持续开展，群众体育、竞技体育长足发展；完成第三次全国文物普查实地调查，受到国家表彰。

4. 科技创新不断进步。5年来，新增国家高新技术企业10家，国家、省、市级企业技术中心14个、知识产权试点（示范）企业13家，申请专利1 504件，授权925件；荣获“全国科普示范城区”、“云南省科技进步先进区”称号。2010年全社会研究与试验发展经费共投入4.3亿元，占GDP比重的1.8%；科技成果转化率和科技进步贡献率分别达31.5%和56 %。

5. 社区服务不断进步。5年来，圆满完成第三、四届社区“两委”换届选举；逐步改善了社区办公与服务用房条件，提高了社区干部岗位补贴和工作经费标准；建成10个街道为民服务中心，90个社区为民服务站，形成了区、街道、社区“三级联动”为民服务网络；“数字社区”建设居省、市前列；棕树营北区、船房社区等33个社区通过区级和谐社区验收，金牛、复兴等22个社区被确定为“省、市、区、街道”四级联创示范社区，永兴路社区创建为全市唯一的全国文明社区，永昌街道办事处荣获“全国创建和谐社区示范街道”称号，西山区被民政部确定为全国农村社区建设实验区。

6. 社会保障不断进步。5年来，新增就业岗位7.1万个，新建大学生创业园1个，城镇登记失业率控制在4%以内；养老保险累计参保10.8万人；城镇基本医疗累计参保36.4万人；居民大病补充保险累计参保9.3万人，失业保险累计参保9万人，农村养老保险累计参保7.2万人，初步构建了区、街道、社区三级社会保障网络。农村低保覆盖率达100%，在全市率先提高参保标准；制定实施了《城乡困难群众医疗救助暂行办法》，救助率达100%。解决城镇低收入家庭住房困难2 170户，翠峰花园504套廉租房交付使用，新建的426套廉租住房已封顶，其余4 440套保障性住房已启动建设；完成团结老张箐居民多功能文化活动室等9个扶贫项目。2010年城镇居民人均可支配收入达1.98万元，比“十五”末增加1.1万元，农民人均纯收入达8 244元，比“十五”末增加3 266元。大力帮扶各类残疾人，推进社会养老服务体系建设，荣获“全国白内障无障碍县（区）”、“全国老龄工作先进单位”等称号；民族、宗教、侨务、档案工作深入开展，军政军民关系更加密切，连续五届获得“云南省双拥模范城”称号。第二次全国经济普查获国务院先进集体表彰，完成第六次全国人口普查入户登记调查工作。

（六）坚持构建和谐社会，平安西山持续加强

1. 社会稳定持续加强。5年来，大力实施“五五”普法和“依法治区”工作，建立健全“区委书记、区长接访日”制度、开展“网上信访”，进一步拓宽了信访渠道；在全市率先启动了“百名法律服务工作者进社区”活动。做好城中村改造和重点工程建设过程中的信访维稳，构建“大调解”工作格局，预防和减少不稳定因素，2010年共调解各类矛盾纠纷3 227件，被省委、省政府授予“云

南省平安县（区）”和“平安先进区”称号。区检察院综合楼建成并投入使用，政法基础设施得到加强；83个社区达到区级以上民主法治社区创建标准，其中4个达到省级标准，25个达到市级标准。

2. 治安防控持续加强。5年来，公安“三基”建设稳步实施，全面推行社区警务制度，建成了专群结合的治安防控网络；建立“平安西山”城市报警监控平台，创新开展了“平安社区·无盗楼院”创建活动，大力推进“百日会战”、“严打整治”等一系列专项行动，深入开展禁毒人民战争，严厉打击影响社会稳定的各类违法犯罪行为。妥善处置各类群体性事件，严厉打击“法轮功”等邪教活动，强化对治安重点区域的管控，增强校园安保防范能力。在“严打整治”行动中，人均打处数、缴获被盗抢机动车数、破获万克毒品案件数和主要警情降幅等指标均居全市第一，在全市率先实现刑事治安警情和“两抢一盗”警情“双降”的良好局面。区公安分局被授予首批“全省公安机关执法示范单位”、“云南省公安机关爱民实践单位”等称号。

3. 安全生产持续加强。5年来，全面落实安全生产监管“区域全覆盖”和“九项零申报”制度，组建了安全生产监管执法大队，全区安全生产目标管理责任书签订率达100%，亿元GDP安全生产事故死亡率及死亡人数均控制在指标以内。大力推进“春城防火墙”建设；组建了西山区综合应急救援大队；进一步抓好“丘北经验”推广和“县乡平安出行”创建活动。高度重视地质灾害防治，对地质灾害隐患严重的大平坦、柳树箐等地群众进行了过渡安置，启动了安置房建设。开展食品、药品、医疗器械、特种设备、生活饮用水等日常监管和专项检查整治，促进辖区安全生产形势进一步好转。

（七）坚持完善政府建设，政务服务不断深化

1. 依法行政不断深化。5年来，自觉接受区人大及其常委会的法律监督、工作监督和区政协的民主监督，主动接受人民群众和新闻媒体的监督。2010年办复省、市、区人大代表、政协委员的建议和提案449件，办复率达100%。听证重大决策24项，公示重要事项374项，通报重点工作4 239项。

2. 效能建设不断深化。5年来，大力实施法治政府、责任政府、阳光政府、效能政府等制度建设，完成制度创新105项；区级行政审批事项由245项减至123项（其中行政审批33项，管理服务90项）；全面推行电子政务，提高办公效率；全面落实“五办作风”、“一线工作法”、“工作成果倒逼法”、“三最三严”等制度；向社会公布领导干部公务电话，完善区长热线工作机制；开通“96128”政务信息查询服务专线，政府公信力得到进一步增强。

3. 创优改革不断深化。5年来，碧鸡、海口、团结撤镇设办事处工作顺利完成；区属国有集体企业改制、农村税费改革工作全面完成；林权制度主体改革基本完成。政府工作部门从27个调并为25个，整体效能明显提高。在全市率先开展公务用车专用卡定额包干管理试点工作，公开拍卖公车158辆，2010年支出较前3年平均支出降低465万元；积极推进公务消费和公务接待制度改革，实施公务卡结算制度；深化投融资体制改革，全区投融资工作安全、平稳、有序推进。

4. 廉政建设不断深化。5年来，全面落实建设工程管理“八个百分之百”的要求，重点整治工程建设领域突出问题，坚决惩治腐败行为。加大纠风工作力度，切实解决损害群众利益的突出问题。加强督查督办，确保政令畅通，促进勤政高效。加大对重点项目、重点资金的跟踪审计力度，强化审计监督和审计结果应用，2010年完成固定资产投资审计27项6.5亿元，审减1 788万元；复核固定资产投资审计项目103项94.4亿元，核减4.4亿元，规范了工程建设项目的管理。

五年的开拓进取、顽强拼搏，使我们深刻体会到：只有坚持以科学发展观为统领，准确定位发展目标，才能找到突破点，创出新业绩；只有坚持以转变经济发展方式为抓手，大力调整产业结构，才能为全区的发展源源不断地注入动力和活力；只有坚持以城乡统筹发展为目标，持续推进全域城镇化，才能不断缩小城乡差距；只有坚持以滇池治理为重点，大力开展环境整治，才能推进生态文明建设；只有坚持以改善民生为根本，不断提供优质的公共产品，才能持续提高群众生活水平；只有坚持以改革开放为动力，不断扩大对外开放，吸引各种资源参与现代新西山建设，才能实现全区的跨越式发展。

各位代表，回顾“十一五”和2010年的工作，我们深感成绩来之不易。这是市委、市政府和区委正确领导的结果；是区人大、区政协及各民主党派、人民团体监督支持的结果；是驻区各单位和各界人士关心帮助的结果；是坚持科学发展、和谐发展的结果；更是全区广大干部和各族人民团结一心、全力攻坚的结果。在此，我谨代表区人民政府向各位人大代表、政协委员、民主党派和人民团体表示衷心的感谢！向奋战在全区各条战线上的建设者和纳税人致以崇高的敬意！向中央和省、市驻区单位，驻区解放军指战员、武警官兵以及所有长期以来关心、支持西山区建设发展的各界人士表示诚挚的谢意！

在肯定成绩的同时，我们也要清醒地看到全区经济社会发展中存在的困难和矛盾，主要表现在：一是区域经济的质量和效益不高，经济发展方式亟待进一步转变；二是信息化整体发展水平不高，对经济发展的带动性不强；三是区域发展的均衡度不高，全域城镇化任务艰巨；四是民生保障能力不高，与群众的实际需求还有差距。对此，我们要高度重视，并在今后的工作中，采取更加有力的措施加以解决。

二、全面谋划，确保实现“十二五”科学发展新跨越

各位代表，今后的5年，是全区深入实践科学发展观、贯彻落实国家、省、市重点战略部署的关键5年，是全区经济社会全面协调发展的重要时期，同时，也是各类矛盾交织、面临更多考验的挑战期。面对机遇和挑战，我们要争科学发展之先、创和谐社会之优，以市委、市政府和区委提出的加快建设引领中国面向西南开放的区域性国际城市为目标，以转变经济发展方式为主线，强力推进工业化加速、信息化升级、城市化提升、市场化转型和国际化拓展，更加注重以人为本、更加注重全面协调可持续发展、更加注重统筹兼顾、更加注重保障和改善民生，在新的历史起点上，知难而进、乘势而上、奋力拼搏、再上台阶，全力推动西山“十二五”科学发展新跨越。

今后5年，我们必须始终保持思想领先、改革当先、开放抢先、创新争先、发展率先，争当科学发展的先导区、试验区、先行区、示范区、样板区；必须优化服务环境、宜居环境、法制环境、社会环境、民生环境，打造效能西山、生态西山、法治西山、平安西山、和谐西山；必须加快城市建设国际化、产业发展国际化、市场体系国际化、文化交流国际化、管理服务国际化。我们要全面落实“十二五”规划纲要确定的各项目标任务，解决好事关西山发展全局的重大问题。

“十二五”时期，全区经济社会发展的主要目标建议为：经济保持平稳较快增长，实现进位争先目标；产业结构优化升级；城乡建设管理能力显著提升；对外开放水平进一步提高；生态环境明显改善，可持续发展能力增强；城乡差距进一步缩小，基本公共服务均等化水平提高；逐步改善民生，社会更加和谐稳定；关键领域改革取得新进展；经济建设、政治建设、文化建设、社会建设以及生态建设协调推进。到2015年，生产总值年均增长13%以上；人均生产总值年均增长11%以上；工业增加值年均增长12%以上；社会消费品零售总额年均增长17%以上；城镇固定资产投资年均增长25%以上；工业固定资产投资年均增长20%以上；地方财政总收入年均增长12%以上；地方财政一般预算收入年均增长18%以上；城镇居民人均可支配收入年均实际增长10%以上；农民人均纯收入年均实际增长10%以上。全社会研究和试验发展投入占GDP比重达到2.5%以上；科技成果转化率达到42%以上；高新技术产业增加值占工业增加值比重达到20%以上；非公经济占GDP比重达到58%以上；进出口总额增速年均增长15%以上。文化产业增加值占GDP比重达到10%以上；旅游业总收入年均增长11.5%以上；人均受教育年限大于或等于11年；力争公共教育投入占GDP比重达到4%；人口自然增长率稳定在5‰以内；人口平均预期寿命达77岁。森林覆盖率达到60%以上；城市绿化覆盖率达到52%以上；城市生活垃圾无害化处理率达到100%；建成区烟尘控制区覆盖率达到100%；建成区环境噪声达标区覆盖率达到95%以上；单位GDP能耗下降到810千克标准煤/万元以下；万元生产总值二氧化碳排放量下降20%。城镇基本养老保险参保人数达到11万人；基本医疗保险参保人

数达到38万人；失业保险覆盖率达到95%以上；城镇化率达到95%以上；城镇登记失业率控制在4%以内。

在本次会议上，各位代表和委员将对《昆明市西山区国民经济和社会发展第十二个五年规划纲要》进行审议，《纲要》对全区“十二五”期间的经济社会发展目标及保障措施进行了详细的叙述，请各位代表和委员提出宝贵的意见和建议，我们将进一步完善规划，采取有效措施全面推进各项工作，确保全区“十二五”经济社会发展取得更加丰硕的成果。

三、扎实推进，确保2011年科学发展再上新台阶

各位代表，2011年是全面实施“十二五”规划的第一年，开好头、起好步，至关重要。2011年政府工作的指导思想是：以邓小平理论和“三个代表”重要思想为指导，深入贯彻落实科学发展观，按照党的十七届四中、五中全会，省委八届十次全会和市委、区委九届七次全会精神，解放思想，深化改革，扩大开放，围绕建设区域性国际城市的总体目标，立足“五区两带一港”的空间发展布局，争科学发展之先，创和谐社会之优，进一步转变生产方式，进一步改进政务服务，着力破解影响经济社会发展的各种难题，确保“首年开门红”，实现工业突破、经济发展、区域平衡、环境优化、民生改善、社会和谐，为全区“十二五”规划顺利实施奠定坚实的基础。

2011年经济社会发展主要预期目标建议为：

地区生产总值增长13%以上；

地方财政一般预算收入增长15%以上；

城镇固定资产投资增长30%以上；

社会消费品零售总额增长18%以上；

城镇居民人均可支配收入实际增长10%以上；

农民人均纯收入实际增长10%以上；

城镇登记失业率控制在4%以内；

人口自然增长率控制在6‰以内；

单位生产总值能耗下降2%左右。

在2011年的工作中，我们要紧紧抓住国家支持云南建设“桥头堡”和昆明建设中国面向西南开放的区域性国际城市的重大机遇，在全面实施“十二五”规划的基础上，着力做好以下几个方面的工作：

（一）转变发展方式，大力做大经济总量

1. 以农业园区壮大发展为抓手，大力发展都市农业。重点打造永靖绿色蔬菜园区、龙潭四季特色水果园区和小村生态休闲观光园区，发挥园区辐射作用，推动“6+1”产业快速发展。带动绿色蔬菜种植1 666.67公顷以上，为城区提供无公害蔬菜4万吨以上，实现产值6 000万元以上；带动发展观赏及加工型花卉200公顷以上，吸引城市近郊休闲观光旅游10万人次以上，促进农家乐等农村服务业发展壮大；完成产业结构调整266.67公顷以上、中低产田改造133.33公顷以上、农村“五小”水利设施1 000件以上；新增无公害、绿色及有机农产品认证3个以上、市级龙头企业2家以上、农村合作经济组织5个以上，实现农林牧渔业总产值4.9亿元以上。

2. 以工业园区扩容提质为抓手，大力发展新型工业。紧紧围绕市委、市政府提出的园区倍增计划，不断加大营销力度，积极吸引社会资金参与海口工业园区建设，全力破解规划、土地、资金等方面的难题，搭建高端产业发展平台，大力提高自主创新和先进制造业的集聚能力，升级改造磷化工深加工产业、光机电一体化、环保新型建材等传统产业；鼓励和培育新型材料、环保节能、电子信息、生物医药等高新技术产业。全力推进三环中化120万吨磷铵二期、华润液化天然气气化站及燃气管道设施等项目的建设进度。确保园区实现规模以上工业增加值20.6亿元以上，工业固定资产投资增长25%，新开工亿元以上工业项目5个以上，竣工2个以上。园区新增熟地300公顷以上，新建标准化厂房8万平方米以上。

3. 以物流园区规划开发为抓手，大力发展现代物流业。加快长坡泛亚国际物流园区建设步伐，将长坡打造成立足昆明、服务西南、辐射东南亚的现代化物流区。年内完成各功能片区控详规和修详规的编制和报审工作，确定园区建设开发模式和投资意向合作伙伴，全面启动拆迁及安置房建设，带动昆安高速公路商贸经济带、西北绕城沿线和马街片区的物流业发展，逐步打造区域性国际城市物流服务体系。

4. 以中央商务区建设整合为抓手，大力繁荣商贸经济。围绕环草海生态商务港、金碧片区精品商务区、滇池路精品商务区等5个特色中央商务区建设，以昆明金融产业聚集区、螺蛳湾中央商务区建设为突破口，加速构建增值率高、辐射力强、开放度大的现代服务业体系。积极引进大企业、大集团的总部或区域性总部以及管理中心、营销中心、采购中心、研发中心到西山区落户，不断壮大西山总部经济实力。大力发展外向型经济，鼓励企业“走出去”，培养一批出口龙头企业，力争全年进出口总额超过1亿美元。

5. 以西山大旅游区构建创级为抓手，大力发展特色旅游。进一步整合西山旅游资源，高标准、高规格、高水平地加快景前区建设，打造西山国家级风景名胜区游客中心，提升旅游产业服务管理质量，完善西山国家级风景名胜区旅游标识系统建设，深入发掘西山所特有的历史和文化底蕴，围绕创建5A级景区的目标，全力提高西山景区的知名度和吸引力；借鉴吸收南京钟山景区、唐山南湖景区的经验和做法，放眼西山全域范围，抓紧编制西山城市中央公园实施纲要，规划建设具有全国一流品质的城市中央公园；实施精品旅游战略，精心打造团结旅游小镇、高海公路生态观光带，力争全年接待游客650万人次以上，实现旅游总收入3.8亿元以上。

（二）统筹区域发展，大力实现区域平衡

1. 以规划全覆盖为抓手，大力优化空间布局。结合西山区不同区域的特点，大力开展海口工业园区、长坡泛亚国际物流园区水、电、路、气、通讯等基础设施规划建设，提升园区基础设施配套水平。抓紧专业市场规划编制工作，调整完善商业网点规划，对具有区域辐射能力的专业市场进行统一布点。全力推进城乡规划全覆盖，力争年内规划覆盖率达100%。

2. 以龙潭试点为抓手，大力推进全域城镇化。按照“一步城市化”的要求，以龙潭片区土地一级开发项目为载体，年内完成龙潭片区安置房及配套设施建设项目80%的工作任务，抓好龙潭休闲观光游乐中心、乐水溪谷生态旅游片区等项目建设，努力实现城乡空间共享。加快编制海口曹家沟“迁村并点”试点项目的实施方案，推进海口双哨片区城乡一体化示范区建设步伐。实施9个省级重点建设村项目，10个以上自然村新农村整村推进项目；加快农村8大基础设施建设，加强农村公路养护管理，进一步完善涉农社区公交网络。

（三）推进城市建设，大力建设品质西山

1. 以道路建设为抓手，大力优化交通环境。加快18条城市道路建设收尾工作，按时序要求做好197号、226号等21条总长20.8公里道路建设工作，完成明朗（章白村）至棋台公路新建、西山旅游环线续建及14个自然村路面硬化工程。全力以赴配合昆明铁路枢纽扩能改造、昆明绕城高速公路西北段和南连接线等重点项目建设。做好破损道路、交通标识的修缮，确保道路畅通。

2. 以城中村改造为抓手，大力改善城市面貌。以马街新城、文化大空间等项目为重点，全力推进城中村改造和城市更新，力争实现新开工10个片区100万平方米，53.33公顷土地完成挂牌交易；加速推进草海北片区征地拆迁，加快安置房建设，力争早日安置；按要求完成螺蛳湾中央商务区改造地块建（构）筑物拆除工作，力争年内启动回迁房建设，并全面启动螺蛳湾中央商务区建设，发挥项目带动作用，不断改善城市面貌。

3. 以“四创两争”为抓手，大力提升城市品质。持续巩固“十一个零申报”及“创卫”技术评估考核阶段成果，确保“创卫”顺利摘牌；有序开展“创模”、“创城”活动，继续夯实争创中国人居环境奖和联合国人居奖的基础。积极探索城市保洁、绿化管养社会化运作模式；加大临街建筑物立面、农房违法加层和无序建房、滇池面山拆临拆违、“四环十七射”道路两侧控制区等综合整治力度，不断提升城市管理水平。

（四）强化环境治理，大力构建生态文明

1. 以管网建设为抓手，大力深化水域环境治理。结合滇池北岸及主城雨污支次管网工程，全力推进马街片区市政雨污支干管建设，弥补西片区排水管网盲区；加快推进海口垃圾焚烧发电项目；切实开展滇池流域范围内集镇中心区、村庄生活污水收集和二环路以外庭院雨污分流，切实做到雨水进河、污水入管；结合外海“四退三还”，不断提升高海公路沿线环湖生态带品位和污染负荷削减能力。继续加大执法监管及河道保洁力度，完善河道

综合管养体制，加强水环境综合整治后期管护，巩固整治成果；将河道及支流（沟渠）整治与城中村片区改造、项目建设紧密结合起来，积极采取有效措施对清水河、郑和路沟、太家河等15条支流进行综合治理。

2. 以生态区创建为抓手，大力推进生态文明建设。按照“55”推进比例，全面推进“生态社区”、“卫生社区”创建，确保碧鸡、海口、团结3个街道办事处所属9个社区年内创建为市级生态社区、省级卫生社区，为“生态区”创建奠定基础；采取有效措施，加强对高海公路沿线苗木基地及河道绿带的管养，提高湖滨林带保有量；加大城乡园林绿化和生态建设力度，力争年内新增绿地95.5公顷；做好森林防火工作，推进国家森林城市创建，推进生态文明建设。

3. 以节能减排为抓手，大力实施低碳发展战略。采取有效措施淘汰落后产能，降低能源消耗，引导更多企业推行循环经济、发展清洁生产，力争年内20家企业通过清洁生产审核；大力扶植低碳技术的开发与运用，进一步壮大绿色农业，努力发展节能环保产业，减少温室气体排放，积极倡导绿色、健康的低碳生活方式；坚持“环保七优先”，继续巩固和扩大“十一五”污染减排成果，确保全年单位生产总值能耗下降2%，全面完成污染物总量控制和削减任务。

（五）发展社会事业，大力满足群众需求

1. 以校舍安全工程为抓手，大力夯实教育基础。继续推进校舍安全工程，分步实施2所标准化学校建设、23所学校危房改造、9所中小学校和幼儿园的新建和改扩建，逐步消除中小学危房；鼓励社会资本加大投入，积极引导社会力量办学，初步建立覆盖城乡的学前教育体系。高水平、高质量巩固提高“普九”成果，全力抓好“控辍保学”工作，完善各级各类学校的软硬件功能，不断提高办学水平和教育质量。

2. 以发展基层医疗为抓手，大力完善卫生体系。实施10个甲级村卫生室、区中医院改造等建设项目，尽快启动区人民医院重建。大力支持民营医院发展，扩大医卫资源总量，提高优质资源比例；引入竞争机制，继续探索街道卫生院办医模式改革、卫生院整体转型、药品流通等体制改革，努力形成多渠道办医格局，不断提高医疗质量和服务水平。积极引导、实施免费婚前医学检查，有效控制人口数量，提高出生人口素质。

3. 以应用信息技术为抓手，大力推进自主创新。全面建设“数字西山”，促进“三网融合”，继续深入开展电子政务建设，提高政府办公自动化水平和社保、教育、公安等公共服务信息化水平，年内完成信息化“四个平台”融合；做好西苑街道办事处“数字社区”建设；加快实施科技重大专项、科技富民强区示范工程，不断提高科技成果转化率和科技进步贡献率；通过“科技孵化器”提升工业企业科技创新能力，积极培育具有自主知识产权、知名品牌的大企业，力争年内新增各级企业技术中心2个以上、高新技术企业1家以上、知识产权试点（示范）企业5家以上。

4. 以实施阵地建设为抓手，大力繁荣文体事业。推进30个农家书屋、6条健身路径以及区文化馆、区图书馆规范化建设等项目；继续打造观音山民族民间艺术展示、西山音乐节等一系列文化品牌及精品；以参加昆明市第四届城市运动会为契机，提高竞技体育水平。实施精品旅游战略，抓紧编制西山城市中央公园实施纲要，进一步整合西山旅游资源，高标准、高规格、高水平地加快景前区建设，打造西山国家级风景名胜区游客中心，提升旅游产业服务管理质量，营造良好的旅游和文化娱乐环境，不断丰富和满足人民群众日益增长的公共服务和精神文化需求。

5. 以加强帮扶培训为抓手，大力提高就业水平。继续落实就业和再就业扶持政策，培育就业增长点，多渠道增加就业岗位，采取更加积极的措施促进就业和再就业；为高校毕业生等就业困难群体提供就业帮扶，力争年内提供有效就业岗位1.5万个以上，城乡劳动力职业技能培训3 000人以上，转移农村劳动力8 000人以上；继续推进大学生创业园建设，为大学生提供创业平台，努力实现以创业带动就业的良好局面。

6. 以安置房建设为抓手，大力加强民生保障。狠抓草海拆迁、城中村改造、“四退三还一护”等重点工作的回迁安置房建设，新开工安置房建设254.3万平方米，建成51.4万平方米；按时发放安置过渡费，切实维护群众利益。力争年内建成保障性住房14.5万平方米，解决1 851户群众的住房困难问题。确保企业离退休人员基本养老金按时足额发放，社会化发放率达到100%；进一步扩大企业职工基本养老保险覆盖面，把失地农民、外来务工人员等作为参保扩面重点，全力做好居民参保工作；积极稳妥地扩大农村社会养老保险参保覆盖面，完善社会保险关系的转移接续机制。加速推进城镇居民大病补充医疗保险工作，年内完成参保15万人。完善城乡低保制度，巩固应保尽保。加快推进社会化养老服务体系建设，深入开展社区居家养老服务。启动区残疾人综合服务中心建设，加大对残疾人的帮扶力度。抓好“双拥”工作，巩固军政、军民团结的大好局面；继续做好第六次全国人口普查工作。

7. 以创建“和谐社区”为抓手，大力强化社区建设。积极推进“和谐社区”建设，力争年内70%的城市社区、20%的农村社区达到“和谐社区”标准；开展“全国农村社区建设实验全覆盖”示范单位创建活动；创新社区管理服务体制，加快完善为民服务体系，抓好为民服务中心（站）建设，加大对社区干部、工作者、志愿者的培训力度，全面提升服务质量和水平。

（六）巩固“平安西山”，大力构建和谐社会

1. 以基础建设为抓手，大力维护社会稳定。不断健全和完善社会治安防控体系，深入推进“人防、物防、技防”建设，始终保持严打严防的高压态势，确保辖区社会治安持续稳定，不断增强人民群众安全感。进一步加大政法基层基础设施建设力度，全力推进区公安分局指挥中心建设，配齐和改善派出所、司法所、法庭的软硬件设施，深入开展社会治安综合治理，巩固和提高人民群众对社会治安的满意度。加强人民调解队伍专业化建设，进一步加强社会利益协调和矛盾纠纷排查，确保矛盾纠纷调处率达到100%。准确把握社会矛盾纠纷动向及趋势，做好城中村改造、草海北片区治理开发等重点项目实施所引发的社会矛盾排查、调处工作。进一步完善情报信息预警机制，健全群体性事件处置预案体系，确保社会稳定。

2. 以预防事故为抓手，大力构建安全网络。加大执法监督力度，实现安全生产监督100%覆盖、违章100%查处、整改100%落实。健全各级消防安全责任机制，全面构筑消防安全“春城防火墙”。进一步加强道路交通事故防控网络体系建设。加强以食品、药品为主的公共安全产品质量行业监管，继续开展“质量兴区”工作，推进全区产品质量总体水平稳步提高。

（七）深化改革开放，大力夯实发展基础

1. 以强化招商引资为抓手，大力夯实发展的项目基础。把招商引资作为经济工作的“生命线”来抓，进一步深化“招商引资和企业服务110”工作机制，促进全区招商引资工作科学、健康、全面发展。紧盯世界500强企业、中央企业，实施招大引强战略，加大红星国际广场、东盟新天地等重大项目的跟踪服务力度，确保项目早落地、早建成、早投产。确保2011年实际到位内资80亿元以上，力争突破100亿元；实际利用外资8 000万美元以上，力争突破1亿美元。支持中小企业和非公企业上市融资，促进非公经济发展，力争非公经济占GDP的比重达到52.8%以上。

2. 以拓宽融资渠道为抓手，大力夯实发展的资金基础。科学合理编制融资计划，在现有信贷、BT、BOT等融资方式的基础上，积极探索发售理财产品、引进基金投入等融资模式，不断拓宽融资渠道，积极引进各种社会资金参与西山建设，力争全年完成融资40亿元以上，为全区的各项建设提供充足的资金保障。全面推进债务保全工作，合理制订偿债计划，通过财政预算安排、土地收益等方式，缓解还贷资金筹措压力，确保全年各类借款按期足额归还。完善财税协同治税机制，把握组织收入的主动权，完成地方财政总收入52.4亿元以上、地方财政一般预算收入19.6亿元以上，确保地方财政持续增收；进一步加强和规范财政资金专户管理，继续深化国库集中支付改革和强化结余资金管理，缓解财政收支矛盾；严格控制行政成本，切实提高公共财政保障水平，提高资金使用效益。

3. 以转变政府职能为抓手，大力夯实发展的服务基础。深化行政审批制度改革，继续抓好“法治政府、责任政府、阳光政府、效能政府”四项制度规范化建设，进一步转变政府职能，倡导公共服务的理念；进一步改进工作作风，倡导微笑服务的理念；进一步提高工作效率，倡导主动服务的理念。自觉围绕目标任务，无缝对接，统筹协调，齐

心协力；自觉接受人大及其常委会的监督，主动加强与人民政协的联系，高度重视并认真办理人大议案、建议和政协提案，不断提高办结率；主动接受媒体监督和社会监督，广泛听取各民主党派、工商联、无党派人士意见，充分发挥工会、共青团和妇联等人民团体在构建和谐社会中的积极作用；持续开展为民办实事工作，确保决策条条算数、任务件件落实、承诺项项兑现；加大对行政权力行使的监督，加强领导干部廉洁自律教育，继续保持案件查办工作力度。进一步规范和纠正教育收费、医药购销和医疗服务等工作中存在的不正之风，建立健全制度执行的问责机制，对执行制度不力的要坚决予以追究。

各位代表，冲刺“十二五”，保持全区经济平稳较快增长，任务相当艰巨，责任十分重大。在2011年的工作中，我们将以更加昂扬的精神状态和更加顽强的工作作风，团结一心，群策群力，奋力拼搏，全力冲刺，实现“十二五”良好开局，为建设中国面向西南开放的区域性国际城市作出更大贡献！

西山区人民代表大会常务委员会工作报告

——2011年2月14日在西山区第十四届人民代表大会第五次会议上

西山区人大常委会主任　李志华

各位代表：

我受西山区第十四届人民代表大会常务委员会的委托，向大会报告常委会2010年主要工作和2011年工作意见，请予审议。

2010年主要工作

2010年是全面完成"十一五"规划目标任务的攻坚之年，也是超前谋划"十二五"规划的关键之年。区人大常委会在中共西山区委的正确领导下，坚持以邓小平理论和"三个代表"重要思想为指导，深入贯彻落实科学发展观，全面贯彻党的十七大和十七届四中、五中全会，省委人大工作会议，以及市委、区委九届六次全会精神，坚持党的领导、人民当家做主和依法治国的有机统一，坚持解放思想，不断开拓创新，紧紧围绕全区经济社会发展大局和"争先进位、富民强区"的发展目标，切实履行宪法和法律赋予的职能，圆满完成了区十四届人大三次会议确定的各项目标任务，为全面推进全区民主政治建设，促进全区经济社会科学发展新跨越，保持社会和谐稳定作出了积极的贡献。

一、围绕服务全区工作大局，依法行使监督职能

常委会深入贯彻落实监督法，紧扣发展主题，围绕区委的中心工作，紧紧抓住全区带有全局性、根本性、长远性的重大问题，坚持以人为本，注重关注民生，把推动区委重大决策部署的贯彻落实作为人大监督工作的重点。根据区委九届六次全会的部署和区十四届人大三次会议确定的目标任务，结合人大工作实际，制定并实施了《西山区人大常委会2010年度工作计划要点》，认真组织开展视察、检查、调查，切实加强对"一府两院"的法律监督和工作监督，认真督促"一府两院"改进工作作风，提升行政效能，落实好区人代会通过的工作报告和作出的决议，着力解决好全区改革发展稳定中的热点难点问题，推动经济社会协调发展，保障和改善民生，维护社会和谐稳定。全年组织部分市、区人大代表开展执法检查2次，视察3次，工作检查15次，调查5次。

（一）加强对经济工作运行情况的监督，推动全区经济健康发展

常委会高度重视全区经济运行情况，把监督经济工作作为重点议题之一。先后听取和审议了区人民政府关于2010年度上半年国民经济和社会发展计划执行情况、2010年度地方财政预算执行情况、2010年度区本级财政预算收支和调整情况及2009年度地方同级财政审计情况等专题报告，依法作出各项决议、决定，提出了加强和改进工作的审议意见。建议区人民政府加强对经济工作的领导，改善投资环境，加大招商引资力度；合理调整产业结构，全面实施园区建设、工业突破，突出项目推进，做大做强特色产业；积极培植新的税源，加强税收征收管理，促进财政税收稳步增长；坚持预算批准的法定性，维护预算的严肃性，增强预算收支和调整的透明度；严肃财经纪律，加强对专项资金、涉农资金和社会保障资金的跟踪审计和监督管理，切实用好用活项目资金。常委会注重把人大对预算的监督与政府的审计监督结合起来，对审计报告中提出的问题，督促区政府进行认真整改，确保

财政资金规范、安全运行，提高资金使用效益，保证了人代会批准的目标任务圆满完成。

（二）加强对法律法规执行情况的监督，促进法治西山建设

常委会坚持把保障宪法和法律法规的贯彻实施，作为推进法治西山建设的一项重要工作，围绕发展大局，积极支持和督促“一府两院”依法行政、公正司法。组织区人大代表对区人民政府贯彻执行《中华人民共和国土地管理法》情况进行了执法检查，针对存在的突出问题，提出了改进工作的意见和建议。建议区人民政府及其职能部门进一步加大《土地管理法》的宣传教育力度，切实增强干部群众的土地保护意识和法制意识；加强土地管理干部队伍建设，提高执法人员的综合素质和依法行政水平；加大管理力度，严厉查处滥采乱挖、违法占地建设等违法行为；主动向市政府及相关职能部门反映，尽快解决城乡统筹建设用地、规划审批问题，积极引导农民合理有序利用土地。此外，还对区人民政府贯彻执行《中华人民共和国就业促进法》情况进行执法检查。针对全区存在就业难、就业渠道不广和资金不足等方面的困难和问题，建议区政府及其职能部门要进一步提高认识，加大《就业促进法》及相关法律、法规的宣传力度，加强对相关法律法规的监督检查，加大对劳动力市场的监管力度，推行积极的就业政策，努力扩大就业规模。通过执法检查，促使相关部门改进了执法方式，提高了依法行政水平，加大了抓落实的力度。为进一步提高国家机关工作人员的法制观念和依法行政水平，常委会组织举办了第三期领导干部法制培训讲座，邀请省委党校教授讲授了《中华人民共和国国家赔偿法》。

（三）加强对重点工作和改善民生问题的监督，促进全区社会各项事业协调发展

常委会坚持把深化改革与加快发展，维护人民群众利益作为监督工作的重点。围绕全区经济社会发展中的重大项目和全区重点工作，组织人大代表对海口工业园区建设和城中村改造重点项目进行了视察。围绕事关群众切身利益和社会普遍关注的问题，组织人大代表对区人民政府开展草海片区征地拆迁、“四退三环一护”安置房建设、廉租房和城中村改造、重点工程及质量安全、招商引资、“四创两争”、民办教育和校园安全、信息化建设、“5件实事”办理，以及小型水利工程产权制度改革、抗旱救灾和森林防火、城乡一体化和新农村建设等工作情况进行专项检查。主任会议专题听取了区人民政府实施“1245工程”、区卫生局关于创卫工作“七小”行业整治、区住房和城乡建设局关于18条城市道路建设等工作情况的汇报。针对工作中存在的问题，分别提出了意见和建议。通过开展视察、检查、听取和审议专项工作报告、提出审议意见，进一步增强了“一府两院”自觉接受人大法律监督和工作监督的责任意识，提高了执行和落实区人大及其常委会各项决议、决定和审议意见的自觉性。对加快海口工业园区和城乡基础设施建设，加大招商引资力度，推进城中村及草海片区拆迁改造、廉租房和回迁安置房建设，促进代表议案和“5件实事”办理，加强信息化建设和发展民办教育等起到了积极的促进作用。按照区委的安排，常委会组成3个检查组重点对10个单位2009年度区委、区政府、区纪委出台制定的37个创新性文件落实情况进行监督检查，检查组在充分肯定取得成效的同时，对存在的问题提出了有针对性的建议，督促区政府及有关部门强化措施，加大落实力度，提高依法行政水平。

（四）加强对司法工作的监督，全力维护社会公平正义

常委会围绕促进司法公正，保障公民合法权益这一主题，听取和审议了区人民法院关于2009年以来涉法涉诉信访件办理工作情况、区人民检察院关于预防职务犯罪工作情况的报告，主任会议专题听取了区司法局关于社区人民调解工作情况的汇报，组织区人大代表对区人民检察院反渎职侵权工作进行了视察，并针对存在的问题，分别提出了意见和建议。要求区法、检“两院”和司法行政机关要高度重视社会和谐稳定工作，加强组织领导，依法履行职责，以构建文明和谐西山为目标，加强司法干部队伍建设，完善工作制度，创新工作机制，强化工作措施，注重工作实效，全力抓好涉法涉诉信访、预防职务犯罪和社区人民调解工作，为构建和谐社会、维护社会稳定作出应有的贡献。

（五）深入开展调研活动，切实增强监督工作实效

按照“抓重点、求实效、上水平”的要求，常

委会领导班子成员围绕全区经济社会发展中的重大问题和人民群众普遍关心的问题，带头深入基层，深入实际，联系群众，对全区国民经济和社会发展计划、财政预决算、同级财政审计、创建国家卫生城市、城中村改造、代表议案办理，以及银政合作资金使用及绩效等情况开展调查研究，掌握第一手材料，及时了解全区经济社会发展情况，为区人大常委会审议“一府两院”的工作奠定基础。做到在参与中履行人大职责，在监督中积极支持“一府两院”开展工作，使常委会作出的决议、决定和审议意见更加符合西山的发展实际，更好地体现广大人民群众的根本利益。积极配合省、市人大常委会对贯彻落实《中华人民共和国全国人民代表大会和地方各级人民代表大会选举法（修正案）》、《云南省县乡人大代表选举实施细则》的修改意见进行调研，提出了西山区的修改意见和建议。

（六）认真做好人民群众来信来访，有效维护社会稳定

常委会坚持把接待和处理人民群众来信来访工作作为了解社情民意的重要渠道，认真研究新形势下人大信访工作的特点和规律，切实做好人大信访工作，努力提高办理监督实效。一年来，常委会共受理群众来信 47 件，接待群众来访 156 人次。在处理群众来信来访中，常委会领导和机关各委室做到热情接待，坚持以理服人，依法妥善处置。通过批阅、转办、督办，及时与“一府两院”沟通协调，督促有关部门依照法律和政策规定妥善处理，既着力帮助解决实际问题，又注重引导群众依法维权，有效地维护了法律权威及当事人的合法权益，取得了良好的社会效果。

二、依法审议决定重大事项，认真做好人事任免工作

（一）紧扣发展主题，依法行使重大事项决定权

依法审议决定重大事项是履行宪法赋予人大的一项重要权利。2010 年 1 月 9～13 日举行了区十四届人大三次会议，听取和审查了区人民政府工作报告、西山区 2010 年国民经济和社会发展计划报告、地方财政预算报告、区人大常委会工作报告、区人民法院和区人民检察院工作报告，并分别作出了决议、决定。为保障全区跨越式发展目标的实现，常委会加大了对落实保增长、促发展重大举措的促进力度，听取和审查了区人民政府关于 2009 年度地方财政决算和区本级财政净结余资金安排意见的报告，作出了《关于批准西山区 2009 年财政决算和区本级财政净结余资金安排意见的决议》。为保障全区重点建设项目的实施，常委会听取和审议了区人民政府 2010 年融资额度的议案及其说明，作出了《关于批准西山区人民政府 2010 年融资 35 亿元额度的决定》，同意区人民政府采取 BT 融资方式向毅人投资有限公司融资建设 21 号规划道路建设工程，向昆明希舸公路建设有限公司融资建设乐亩——大叠水公路工程，向中国有色十四冶建设公司融资建设西山区绿荫大道工程和向海南正和实业集团股份公司融资用于西山区白沙地片区土地一级开发整理工程项目等决定。同时，要求区人民政府要根据区级财政增长预测，认真分析研究，深化财税改革，合理调整投融资结构，加强财政性投资项目和重点建设项目资金的监督管理，严格依法理财，切实提高政府信贷资金的使用效益。为加强政府投融资的监督管理，常委会专题听取和审议了区人民政府关于 2009 年银政合作资金、BT 融资使用绩效情况的报告，针对存在的问题，督促区人民政府及相关责任单位采取措施，完善制度，规范管理，强化监督，提高资金使用效益。

（二）进一步规范程序，依法做好人事任免工作

在人事任免工作中，常委会始终坚持党管干部与人大依法任免干部相统一的原则，认真做好人事任免工作。对提请常委会审议的人事任免事项，严格按照有关法律规定和程序决定任免。坚持和完善被任命人员任前法律知识考试、与常委会组成人员见面、颁发任命书和任职表态发言等制度，切实增强了被任命人员的法律意识、责任意识和人大意识。一年来，常委会共依法任免区级国家机关工作人员 83 人（次）（其中任职 40 人、免职 41 人，接受辞职 2 人），任命西山区人民法院陪审员 40 人，为保障和促进西山跨越式发展提供了组织保证。

三、不断改进代表工作，充分发挥代表主体作用

代表工作是人大的基础工作。一年来，常委会

高度重视代表工作，积极探索代表工作的新思路，不断拓宽代表知情知政渠道，精心组织代表活动，提高议案建议办理质量，切实增强代表履职意识，提高代表履职能力。

（一）不断拓宽代表知情知政渠道

认真落实常委会联系代表办法，进一步密切了常委会组成人员与代表之间、代表与人民群众之间的联系。坚持落实区级国家机关向代表通报重要工作和重大事项制度，适时向代表通报全区经济社会发展的重要信息。坚持定期为代表订阅《中国人大》、《云南人大》，寄发《昆明人大》、《西山区人大常委会公报》等刊物，使代表及时掌握党的方针政策和国家有关法律法规，了解全区经济社会发展情况和区人大常委会工作情况。结合实际，不断扩大人大代表对常委会活动的参与，全年共邀请代表36人（次）列席常委会会议，邀请代表78人（次）参加常委会组织的视察、执法检查、工作检查，为发挥代表作用创造了条件。

（二）精心组织开展好代表活动

常委会以加强“人大代表之家”建设为载体，积极为代表提供良好的学习、交流、议事场所，为代表执行职务创造条件、搞好服务。坚持和完善代表学习、活动等各项制度，支持和保证代表依法执行代表职务。精心组织好闭会期间的代表活动，全年共组织开展市代表活动4次，区代表活动42次。指导金碧、前卫等街道人大工委开展代表向选民述职和选民评议代表工作。指导前卫、福海街道人大工委组织召开了两次街道人大工作联席会，并围绕“如何做好代表工作、发挥代表作用”，“街道人大如何开展监督工作，增强工作实效”的主题进行认真研讨，不断探索总结创新基层人大工作的新思路和新举措。指导各代表小组开展持证视察工作，对代表在持证视察中提出的建议、批评和意见，认真进行交办督办，调动了代表参政议政的积极性。受市人大常委会的委托，组织市代表对西山区抗旱救灾工作、城乡一体化建设、保障性住房建设情况及“四退三还一护”工作情况进行了视察。

（三）加大代表议案、建议办理工作的监督力度

常委会高度重视代表议案、建议的办理，坚持“先面商、后答复”、“建议办理回访”等制度，不断完善督办机制，加强跟踪督促检查，努力提高解决率。及时对区十四届人大三次会议的3件议案及252件代表建议进行交办，明确责任单位和办理时限。为加大办理工作的监督力度，常委会组织区人大代表对区政府10个部门办理的183件议案及代表建议进行重点督促检查，占区人民政府办理总数的71.76%，并对3件议案和部分代表建议进行了重点督办，有力地促进了代表议案、建议办理工作。此外，常委会通过日常的调研、检查等活动，及时了解和掌握议案及代表建议办理情况，督促区人民政府及职能部门落实责任、加大力度、克服困难、创造条件，认真做好办理工作。通过各方努力，区十四届人大三次会议形成的3件议案和252件代表建议，已全部办理完毕并答复代表。

（四）精心组织，认真做好昆明市第十三届人民代表大会代表的选举工作

根据昆明市人大常委会办公厅关于下达昆明市第十三届人民代表大会代表名额的通知精神，为认真做好市代表的选举工作，在区委的领导下，常委会加强领导，精心组织，周密部署，主动加强与相关部门的沟通协调，为代表的选举产生作了充分的准备。依照《中华人民共和国全国人民代表大会和地方各级人民代表大会选举法》、《中华人民共和国地方各级人民代表大会和地方各级人民政府组织法》和《昆明市西山区人民代表大会议事规则》的规定，2010年12月17～19日举行了区十四届人大四次会议，依法顺利选举产生了西山区出席昆明市第十三届人民代表大会代表37名，圆满完成了选举任务。

四、强化自身建设，不断提高常委会及机关依法履职能力

一年来，常委会坚持把理论武装放在首位，切实加强自身建设和机关的思想、组织、作风和制度建设，加强内部管理，使常委会组成人员和机关工作人员的政治业务素质和履职能力有了新的提高。

（一）坚持党的领导，确保人大工作正确的政治方向

常委会坚持把确保人大工作正确的政治方向放在首位，自觉坚持在区委的领导下依法开展工作，坚持重大事项向区委请示报告制度，自觉地

服从和服务于全区工作大局。严格执行民主集中制原则，坚持依法集体行使职权，充分发挥班子成员的作用，增强班子的团结，努力营造宽松和谐的工作环境。按照省委巡视组和区委的安排，认真对区人大及其常委会班子贯彻落实科学发展观、加强党风廉政建设等方面的情况进行自检自查，明确努力方向，促进勤政廉政。为认真贯彻落实省委人大工作会议精神，常委会领导及时组织传达学习了省市委人大工作会议精神，结合实际，制订学习计划，提出了贯彻落实要求。通过学习，使大家进一步认清了形势，统一了思想，明确了任务，坚定了坚持和完善人民代表大会制度的信念，增强了做好新形势下人大工作的责任感和使命感。

（二）加强理论学习，不断提高政治思想觉悟

常委会不断强化思想建设，坚持定期学习制度。通过采取领导干部参加在线学习、专题学习日培训、举办法制讲座、专题辅导与自学相结合等形式，认真组织干部职工学习宪法和有关法律法规，学习贯彻党的十七届四中、五中全会和省委人大工作会议精神，以及胡锦涛总书记在学习实践科学发展观总结大会上的重要讲话。按照区委的要求，联系人大工作实际，在机关开展了“效能西山”、“三个一”主题实践和“创先争优”及深入学习实践科学发展观活动。通过学习实践，使干部职工进一步增强了做好人大工作的责任感和使命感，工作作风明显改进，依法履职能力不断提高。

（三）加强组织建设，全面落实党建及党风廉政建设责任制

组织召开了以“效能西山”建设为主题的常委会党组专题民主生活会，增强了领导班子的凝聚力和战斗力，形成了密切配合、相互支持、团结干事的良好风气。进一步加强对街道人大工委的领导，充分发挥街道人大工委的积极作用，坚持邀请不是常委会组成人员的街道人大工委主任列席常委会会议和主任会议，定期听取工作汇报，指导街道人大工委开展工作。加强机关党建工作，完成了机关党总支、支部和机关工会的换届选举工作。全面落实党风廉政建设责任制，认真履行“一岗双责”，严格执行党员干部廉洁从政的有关规定，加强对党员干部的勤政廉政教育，增强机关党员干部的勤政廉政意识，促进党风廉政建设责任制落到实处。继续做好人大宣传工作，通过报刊、电视等新闻媒体和编印常委会公报、人大工作信息，加强对人民代表大会制度的宣传，及时反映西山区人大工作动态，增强人大工作的公开性和透明度。重视加强人大对外联系交流，组织常委会组成人员及街道人大工委主任参加了全国十六城区及昆明市 14 县（市）区人大工作联席会议，加强学习与交流，不断拓宽做好人大工作的思路。加强对干部的教育和培养，充实调整了区人大常委会机关及街道人大工委工作人员。认真做好老干部工作，切实保障和落实老干部的政治和生活待遇。支持机关工会和妇女组织开展健康有益的集体活动，努力营造团结、和谐、进取的工作氛围。加强领导，加大力度，认真做好《西山区人大志》的编纂工作，广泛听取各方面的意见，初稿已基本完成。

（四）完善工作制度，规范工作程序

为促进人大工作的制度化、规范化和科学化建设，确保区人民代表大会依照法定的程序行使职权，区十四届人大三次会议审议通过了《昆明市西山区人民代表大会议事规则》。为加强“人大代表之家”的管理使用，制定了《西山区“人大代表之家”管理使用暂行规定》。为推进公务用车管理改革，制定了《西山区人大常委会办公室关于实行公务用车专用卡定额包干管理使用规定（试行）》。认真落实机关内部管理的各项规章制度，坚持用制度规范工作，按制度办事，使常委会机关逐步形成了职责明确、分工负责、规范有序、务实高效的工作机制。

（五）改进工作作风，增强服务观念

通过深入开展“效能西山”、学习实践科学发展观等教育活动，机关干部职工的工作作风不断改进，服务质量和工作效率有了新的提高，有力地保障了区人代会、常委会会议、主任会议的各项议题的顺利完成，保障了常委会组织的视察、检查、调查和代表活动的顺利进行。继续抓好奔小康联系点及和谐社区建设的联系指导工作，组织机关党员干部开展“抗旱救灾特别捐赠”、“送温暖、献爱心”等活动，积极为基层和群众办实事、做好事、解难题。

（六）围绕中心工作、认真做好区委交办的其他工作任务

一年来，常委会在认真抓好人大各项工作任务完成的同时，按照区委的要求，常委会领导和各工委领导围绕全区的中心工作，积极支持参与和指导了社区“两委”换届选举、抗旱救灾、园区建设、城中村改造、草海片区征地拆迁、道路基础设施建设、河道治理、“四退三还一护”及“四创两争”、招商引资、新农村建设等重点工作。组织部分代表完成了对《西山区国民经济和社会发展第十二个五年规划纲要（草案）》的征求意见工作，积极为编制完善好全区的“十二五”规划建言献策，以实际行动支持区人民政府的工作。

各位代表，过去的一年，是区人大常委会解放思想、开拓创新、求真务实、成效显著的一年。我们取得的每一项成绩都是区委正确领导和全体人大代表共同努力、常委会机关工作人员辛勤努力的结果。同时，也离不开省、市人大常委会的指导帮助，离不开“一府两院”和各街道人大工委的密切配合，离不开全区各族人民、驻区部队、新闻部门、企事业单位和社会各界的关心支持。为此，我谨代表区第十四届人大常委会，向大家表示衷心的感谢并致以崇高的敬意！

各位代表，在肯定成绩的同时，我们也清醒地认识到，常委会的工作离党的要求和人民群众的期望还有一定的差距，主要是：监督工作的实效性和针对性还不够强；代表工作还需进一步加强，代表议案、批评、意见和建议的办结率还不高；机关服务质量和工作水平还需进一步提高。针对存在问题，常委会将在新的一年里认真研究，切实加以解决。

2011 年工作意见

2011 年，是全面实施“十二五”规划目标任务的开局之年，也是西山全面建设小康社会的关键之年，做好 2011 年的各项工作，对于全面实施“十二五”规划，实现西山科学跨越发展的目标至关重要。区人大常委会工作总的指导思想是：坚持以邓小平理论和“三个代表”重要思想为指导，全面贯彻落实科学发展观，认真贯彻党的十七大及十七届五中全会、省委人大工作会议、市委区委九届七次全会和市十三届人大一次会议精神，始终坚持党的领导、人民当家做主和依法治国的有机统一，在中共西山区委的领导下，紧紧围绕富民强区目标，突出科学发展主题，以转变经济发展方式为主线，强力推进工业化加速、信息化升级、城市化提升、市场化转型和国际化拓展，更加注重以人为本、更加注重全面协调可持续发展、更加注重统筹兼顾、更加注重保障和改善民生，全面履行宪法和法律赋予的各项职权，充分发挥人大代表的作用，为建设区域性国际城市，全力推动西山“十二五”科学跨越发展作出新的贡献。

一、继续强化监督职能，保障全区经济社会协调发展

按照区委九届七次全会的总体部署要求和西山区“十二五”规划的目标任务，结合人大工作实际，找准结合点和切入点，认真贯彻《监督法》，按照突出监督重点、加大监督力度、创新监督方式、增强监督实效的总体要求，切实加强对“一府两院”的法律监督和工作监督。把事关全区经济社会发展全局的重大问题、涉及人民群众切身利益的民生问题、社会普遍关注的热点难点问题作为监督重点，不断提高监督工作的质量和水平。在执法检查、工作视察和专题调查中，坚持深入基层、深入一线，掌握第一手材料，对视察、检查中发现的问题和审议中提出的问题，要切合实际地提出整改意见和要求，并坚持跟踪问效，更加注重问题的解决。2011 年，常委会将围绕国家法律法规和区委重大决策部署的贯彻落实，围绕西山区“十二五”规划和区十四届人大五次会议确定的各项目标任务，以及招商引资、都市经济、园区建设、工业突破、城乡基础设施建设、城市规划建设管理、“四创两争”、“四退三还一护”、生态建设和环境保护、全域城镇化等重点工作加大监督力度。加强对重大项目、重点工程、重要工作任务推进完成情况的监督检查，确保年度目标和“十二五”规划目标任务的圆满完成。坚持把改善民生作为人大工作的出发点和落脚点，密切关注城中村改造及安置房建设、保障和改善民生，以及教育、就业、住房、医疗卫生及社会治安等人民群众普遍关心的热点难点问题，实实在在地为群众排忧解难，努力推进以改

善民生为重点的社会建设。综合运用听取和审议专项工作报告、组织视察、执法检查等形式，加强对司法工作的监督，促进依法行政和司法公正，维护社会公平正义，全力推进和谐社会建设。

二、坚持抓大事议大事，依法审议决定重大事项和人事任免

按照围绕中心、服务大局、关注民生、推动改革、促进发展的要求，坚持抓大事、议大事、谋全局。紧紧围绕实现西山区“十二五”时期经济社会发展的目标和区委的重大决策部署，围绕建设区域性国际城市、加快经济发展方式转变、壮大经济实力、建设品质西山、深化改革创新、加速新型工业化、拓展高端信息化、提升全域城镇化、加强生态建设、促进社会和谐稳定等事关根本、事关长远的重大问题，加强调查研究，广泛听取意见，适时听取和审议“一府两院”专项工作报告，提出审议意见，依法作出决议、决定。通过法定程序把区委的主张、决策变为全区人民的共同意志，动员全区广大干部群众积极参与，保障全区经济社会全面协调发展。进一步加大跟踪督办力度，督促“一府两院”及其职能部门认真执行区人大及其常委会的决议、决定和审议意见，及时报告落实情况，保证区委重大决策和区人大及其常委会决议、决定的贯彻落实，保障全区“十二五”规划和区人代会确定的目标任务顺利实现。

坚持党管干部与依法任免相统一的原则，认真贯彻实施区人大常委会任免国家机关工作人员办法，严格按照法定程序任免国家机关工作人员。加强对人大常委会任命的国家机关工作人员的跟踪监督，更好地督促和支持“一府两院”依法行政、公正司法。

三、继续加强代表工作，提高代表活动质量

认真贯彻执行《代表法》，切实抓好代表工作制度的落实，促进代表工作制度化、规范化。认真落实区人大常委会联系代表办法，进一步密切常委会与人大代表、人大代表与人民群众的联系，更好地察民情、听民声、解民忧。充分发挥“人大代表之家”的作用，以“代表之家”为依托，加强代表履职培训，促进代表履职素质的提高，增强代表依法履职的责任意识。进一步拓宽代表履职渠道，坚持完善邀请人大代表列席人大常委会会议和参加视察、检查、调研等工作制度。丰富闭会期间的市、区人大代表小组活动内容，多形式、多渠道倾听民声、集中民智、反映民意，为实现西山跨越式发展献计献策。认真落实代表建议处理办法，完善办理机制，坚持先面商后答复，努力提高代表议案、建议办理的质量和实效，提高解决率和代表满意率，坚持重点建议督办制度，对事关全区改革发展稳定、事关人民群众切身利益的代表议案和重点建议，由常委会领导牵头检查督办，确保问题得到及时有效解决，依法保障代表的民主权利。

四、加强自身建设，努力提高常委会履职能力

常委会要按照党的十七届五中全会、省委人大工作会、市委区委九届七次全会精神的要求，把思想政治建设放在首位，认真学习贯彻中国特色社会主义理论体系、党的路线方针政策及市委区委的重大部署，全面贯彻落实省委《关于加强和改进新形势下人大工作的意见》，牢固树立党的观念、政治观念、大局观念、群众观念和法制观念，始终保持人大工作正确的政治方向。要加强业务学习，认真学习宪法、人大制度知识和相关法律，掌握开展工作需要的新知识和新技能，并与人大依法履职结合起来，努力提高业务素质。进一步完善会议制度和履行职责、开展工作、发挥作用的各项制度，不断提高全区人大工作的科学化、制度化和规范化水平。加强作风建设，始终保持与人民群众的密切联系，坚持深入基层调查研究，认真听取群众的意见和要求，积极反映群众的呼声和愿望，自觉接受人民群众的监督。加强常委会机关建设，充分发挥常委会各委室在执法检查、专项视察、工作检查中的综合协调和服务保障作用。强化大局意识、服务意识、责任意识、廉政勤政意识，进一步巩固机关软环境和“效能西山”建设活动成果，深入开展“三个一”主题实践和创先争优活动，不断提高机关行政效能和服务水平。加强对街道人大工委的领导和工作指导，不断改进代表活动方式，围绕广大群众关心的难点热点问题，有针对性地组织好代表

视察、检查活动，并做好组织协调、服务保障、意见反馈、跟踪落实工作。要按照科学发展观的要求，加强干部队伍建设，努力建设一支“政治坚定，业务精通，务实高效，作风过硬，团结协作，勤政廉政”的干部队伍，全面提升常委会依法履职能力。

各位代表，2011 年是中国共产党成立 90 周年，也是全面实施“十二五”规划的第一年，开好头、起好步至关重要。面对新的机遇与挑战，人大工作使命崇高，任务光荣而艰巨。让我们更加紧密地团结在以胡锦涛为总书记的党中央周围，以邓小平理论和“三个代表”重要思想为指导，全面贯彻落实科学发展观，在中共西山区委的领导下，紧紧围绕全区工作大局，进一步增强做好人大工作的责任感和使命感，坚定信心，振奋精神，开拓创新，扎实工作，为实现西山建设区域性国际城市和“十二五”发展的宏伟目标而努力奋斗！

中国人民政治协商会议
西山区第七届委员会常务委员会工作报告

——2011年2月12日在政协西山区第七届委员会第四次全体会议上

西山区政协主席　徐　方

各位委员：

我受政协昆明市西山区第七届委员会常务委员会的委托，向大会报告工作，请予审议，并请列席人员提出意见。

一、2010年工作回顾

一年来，在中共西山区委的领导下，在市政协的指导下，在区政府及有关部门的支持下，区政协七届常委会高举中国特色社会主义伟大旗帜，以邓小平理论和“三个代表”重要思想为指导，深入学习实践科学发展观，高举社会主义和爱国主义伟大旗帜，更加突出团结、民主两大主题，充分调动全区广大政协委员和各族各界人士的积极性，认真履行政治协商、民主监督、参政议政职能，充分发挥协调关系、汇聚力量、建言献策、服务大局的重要作用，为加快全区经济和社会事业发展，推进社会主义民主政治建设，构建和谐社会，做出了积极的努力。

（一）以政协例会为有效形式，积极履行基本职能

政协例会不仅是政协全局工作开展的基础，也是人民政协履行职能和政协委员履行职责的主要形式和路径。区政协坚持在继承中创新、在创新中发展、在发展中提升的原则，以全委会、常委会、主席会议为依托，努力提升履行职能的质量和效果；以座谈会、情况通报会为补充，不断拓展履行职能的形式和范围。

七届三次全会期间，委员们认真协商讨论了区政府工作报告、国民经济和社会发展执行情况报告、地方财政预算报告，区法、检两院工作报告。委员们就以上工作报告及全区的各项工作提出意见和建议近百条，为区委、区政府科学决策提供了重要依据。全会期间，区级各民主党派、人民团体还分别就城市经营中政府欠债问题、经济危机下昆明市农村劳动力转移就业问题、西山区团结乐居彝族村开发现状、进一步完善城市住宅小区物业管理等问题作了专题议政发言，提出了有较强针对性和可操作性的意见和建议。

常委会始终把围绕区委、区政府的中心工作和人民群众关心的热点、难点问题作为民主协商的立足点，专题协商了《西山区国民经济和社会发展第十二个五年规划纲要（征求意见稿）》，常委们从规划纲要的指导思想、发展目标、教育发展、资金投入、民族宗教管理、社会保障等6个方面提出了具体的意见建议；听取并协商了《区政府2010年上半年国民经济和社会发展计划执行情况》、《区政府2010年上半年财政预算收支执行情况》等情况通报，积极为区委、区政府科学决策献计出力。

去年，组织召开了4次区级民主党派、人民团体工作协商会和区情通报会，为区级各民主党派、工商联、人民团体知情出力，更好地开展调研视察活动，发挥职能作用夯实基础。精心筹备召开“中秋茶话会”，为各民主党派、人民团体和各族各界人士与市、区领导欢聚一堂，交心谈心，共谋发展搭建平台，促进全区各族各界的大团结。

（二）以调研视察为载体，着眼科学发展建言献策

坚持“少而精、重实效”的原则，对事关全区

发展和群众切身利益的重要问题，科学选题，先后组织委员就西山区殡葬改革工作、城中村改造涉迁学校学生分流安置工作、南亚风情第壹城项目建设、团结办事处“提升全域城镇化”工作、水源工程建设、“四退三还一护”安置房建设、“绿色光亮工程”后期管养、反渎职侵权工作、图书馆搬迁建设、博物馆业发展情况、滇池流域集镇村庄污水处理设施建设、昆明铁路枢纽扩能改造征地拆迁安置工作、西山区看守所管理工作、西山区投资促进局软环境建设情况、宗教场所贯彻宗教事务条例情况进行调研视察，形成高质量的调研视察报告15篇，为区委、区政府科学决策、民主决策建诤言、献良策。委员们提出的意见和建议，对推动相关工作开展，维护人民群众合法权益，促进经济社会全面发展起到了积极的促进作用。例如：

针对城中村改造过程中，涉及到大量学校（主要是民办学校）需拆迁，学生分流、教师安置以及民办学校投资者切身利益引发的矛盾日趋突出的实际，区政协组织委员对此问题进行了专题调研。提出了：成立区学生分流安置工作领导小组，形成合力，协同完成好分流安置工作；拆迁中要严格按照《昆明市中小学幼儿园校舍管理保护条例》中先建校后拆迁的原则实施，缓解分流安置压力和矛盾，文明拆迁，确保学生安全；区规划、建设、土地等部门要对开发商相关规划报件把好关，确保将学校建设放在一期工程；针对民办学校属于公益性事业，根据《城市房屋拆迁管理条例》相关规定，建议由区城改办督促拆迁方与房屋所有者及房屋使用者（学校投资人）签订拆迁三方协议，依据实际情况对拆迁民办学校进行合理的经济补偿，依法维护办学者的利益，确保社会稳定；尽快制定出台西山区对拆迁民办学校的补偿办法等7个方面的具体意见建议10条。其中6条建议已被区政府采纳并予实施，使城中村改造中学校拆迁的问题和矛盾得到了妥善解决，平稳顺利完成分流安置工作，维护了社会稳定。

针对滇池湖滨生态带建设“四退三还一护”安置房建设，既是全区当前的一项重点工作，又是广大群众关心的热点、难点问题的实际，去年9月，组织区政协常委对此项工作进行了专题调研。提出了：坚定信心，加快进度，严把工程质量关；尽快落实“全产权”房相关政策；将学校、医院、文化活动场所等配套公共服务设施纳入建设规划；积极沟通协调，尽可能争取上级的政策及资金支持等四方面的建议，为“四退三还一护”安置房建设建言献策。

为引导和推动全区农村水源工程建设的深入开展，进一步提高全区农村水利设施防汛抗旱能力，以水资源的可持续利用支撑经济社会又好又快发展。2010年4月，组织委员对全区水源工程建设情况进行了调查。提出了：生产型小水窖建设在布局和沉沙池设置上要因地制宜，不要搞一刀切，以节约资金，充分发挥工程效益；完善设计，严格按照水利工程建设基本程序组织实施；区水源办下派的指导组，要遵守工作纪律、落实责任、控制投资，确保工程质量和按期交付使用；对全区水源情况进行普查，掌握基本情况和变化规律，以促进全区水资源的可持续利用和发展；结合农村小型水利工程管理体制改革，将已完工的水源工程明晰产权，发放产权证，明确经营管理权，落实管护主体，建立水源工程长效管理机制等意见建议。

以西山区滇池流域集镇、村庄污水处理设施建设为重点，组织视察。提出了：工程指挥部要加强与滇池西岸截污工程指挥部完善工程的对接和协调，在完成高海公路沿线村庄污水收集系统的基础上，配合市环湖截污指挥部预留好滇池西岸截污干管接入口，确保将污水接入截污干管，全面完成滇池流域污水收集处理工程；制定出台工程管理运行规章制度，认真做好工程建成后的管理工作，防止设备被破坏、偷盗，并测算每个项目的运行管理费用，及时向区政府汇报，保证工程项目的正常运行；在日常管理中，要进一步核查污水收集率，定期监测水质情况等意见建议，积极为滇池治理出谋划策。

针对全区殡葬改革从2009年10月拓展到山区农村的实际，组织委员对团结、碧鸡、海口3个街道办事处贯彻国务院及省市殡葬改革法律、法规情况进行调研。提出了：继续加强殡葬改革工作的领导，建立和完善殡葬管理制度，将殡葬管理纳入对街道办事处目标责任考核；增加投入，加快农村公益性公墓的建设力度；加强宣传引导，确保完成火化率指标；巩固好“三沿五区”坟山墓地的整治成果，督促相关街道办事处和居委会做好植树绿化后续验收工作等意见建议，对推进和巩固殡葬改革成果起到了积极作用。

为确保区委、区政府为民办的实事办得更实更好，组织自然科学、社会工作、民宗、城乡建设界别的部分区政协委员对“绿色光亮工程”后期维护管养工作进行了视察。提出了：要把好事做到位；在实践中不断完善相关的配置技术标准，制定更加适用、科学规范的产品配置技术标准和施工安装标准；建立“绿色光亮工程”维护管养机制；建立维护管养资金保障机制等 4 方面的具体意见和建议，为加强太阳能路灯建管工作，确保农村群众长期受益起到了积极推动作用。

（三）以议政为民为宗旨，拓展履行职能的有效范围

拓宽协商议政领域。充分利用各层级的协商形式，坚持做到在区委、区政府决策之前开展协商。一是对涉及全区性的重要文件制订、重大工作部署，通过区政协领导列席区委常委会议、区政府常务会议进行重点协商，并把区委主要工作精神及时贯彻到区政协各项工作之中；二是就涉及全区年度工作任务及战略措施，年度国民经济和社会发展计划及执行情况，财政预算及执行情况等重要议题，及时组织政协例会进行专题协商；三是围绕人民群众关心的热点、难点问题通过组织委员参加座谈会、论政会、听证会等开展民主协商；四是就政府职能部门的重要工作事项，认真做好对口协商，提出意见建议，促进政府部门的科学决策和民主决策。

督促政协提案的落实。七届三次全会以来，共收到委员提案 199 件，经提案委审查，立案 153 件（其中重点提案 3 件），作为意见建议办理的有 37 件，因办理权限不在西山区需要转市级办理的 9 件。提案内容涉及经济建设、城市建设与管理、环境保护、科技、教育、卫生、道路交通、农业、林业、水利、社会治安综合治理等诸多方面。为提高提案办理质量，区政协采取跟踪问效、对重点提案办理情况进行视察、对提案办理中存在的问题积极与区政府提案承办部门联系、将办理情况公开等措施，加大提案督办力度，有效地促进了提案的办理。在区委、区政府高度重视下，提案办复率、满意率均达到 100%，大多数提案所提的问题得到了解决或基本解决。

拓展民主监督渠道。充分发挥政协包容各界、联系广泛、人才荟萃的优势，把实现好、维护好、发展好最广大人民群众的根本利益与促进全区经济社会又好又快发展结合起来，紧紧围绕区委、区政府重大决策、部署的贯彻落实以及人民群众关注的热点、难点问题开展民主监督工作。先后对区政府重点提案的办理情况进行了检查；对全区重点工程等诸多事关全区改革、发展、稳定大局和群众生产、生活的重要工作进行视察。各专委会加强与对口部门的日常联系，积极参与对口联系部门活动，寓监督于日常工作中，在支持中监督，在监督中支持。10 余名政协委员被区政府职能部门及区检察院聘请为特邀监察员、人民监督员。221 名区政协委员被区法院聘为审判监督员。受聘委员充分发挥自身优势，积极参与行风评议、专项检查以及法院审判程序和检察院职务犯罪案件的监督，并把民主监督延伸到督导和评议活动之中。既促进了政府职能部门依法行政、勤政廉政及区法院、区检察院的公正执法，又为政府部门改进工作提供了信息支持，反映了社情民意，得到了群众认可和政府职能部门的信赖。

（四）发挥政协优势，为构建社会主义和谐社会作贡献

认真贯彻“长期共存、互相监督、肝胆相照、荣辱与共”的方针，弘扬团结、民主两大主题，积极支持区级民主党派加强自身建设。充分发挥位置超脱、智力密集、联系广泛的优势，进一步拓展工作领域，不断巩固和发展最广泛的爱国统一战线，努力为和谐西山建设营造政通人和、心齐气顺的良好氛围。

一是动员、组织区属各民主党派、工商联和有关人民团体深入开展专题调研活动。积极协助民主党派切实加强自身建设，推进民主党派工作制度化、规范化、程序化。坚持组织召开好党派、团体工作协商会、区情通报会和考察调研活动；坚持拟定调研课题供各党派、团体参考制度。鼓励各党派、团体在政协各种会议上发表意见建议，发挥好区属各党派、团体在参政议政中的群体功能和智力优势。去年，区级各民主党派、工商联和有关人民团体就广大人民群众普遍关注的经济社会发展中的热点、难点问题开展调研，建言立论，献计献策，形成调研报告 18 篇。各民主党派、工商联、各人

民团体还充分发挥自身优势，积极开展了以构建和谐社会为主要内容的扶贫支教、“四创二争”、“草海治理”、卫生大扫除、抗旱救灾爱心捐助活动。

二是加强同民族宗教界人士的联系，做好统一战线工作。充分利用参加伊斯兰教、基督教圣诞节、佛教观音山庙会以及春节、中秋节走访慰问民族宗教人士、举办民族宗教人士理论培训班的有利时机，向广大民族宗教人士宣传党的民族、宗教政策和有关法律、法规，激发广大信教群众的爱国热情，引导宗教与社会主义社会相适应，为维护全区民族团结和社会稳定做出了积极贡献。

三是围绕中心、服务大局，积极完成区委交办的任务。积极投身现代新昆明建设的重点工作。主席、副主席分别联系城中村改造项目，兼任河道治理的段长、副段长；委（室）主任和机关干部分别抽调参加了河道治理、螺蛳湾商业片区业态升级改造暨螺蛳湾中央商务区建设、外挑式挤占公共空间设施拆除、“创卫”工作、社区两委换届、科学发展观学习活动指导等工作。去年3月，按照区委的统一安排，对西山区2009年度创新工作“回头看”进行重点检查，有效地推动了各项创新制度文件的落实。

四是发挥政协职能优势，做好事、办实事。积极参与抗旱救灾。组织政协机关在职党员捐款5.11万元，机关向永靖社区捐款1万元，7个宗教活动场所捐款1.84万元，区级各民主党派、区侨联、区台联等捐款1.32万元；组织医卫界政协委员到扶贫联系点长坡社区开展义诊，免费发放了4 000元的治疗药品；组织民盟西山区基层委员会到谷律居委会开展送医、送药、送科技等三下乡活动，送书850册，发放相关知识手册1 200余份，培训了118名科技示范户，并捐赠5 600元作为经济统战帮扶项目资金；组织机关干部参加昆明市“2010年送温暖、献爱心”社会捐助活动，捐款2 350元；“七一”前夕对长坡社区和西华社区的28位困难党员、老党员进行慰问；协调解决了长坡社区垃圾收集点建设；加强与省扶贫基金会的联系，并于六一儿童节完成对团结永靖中心学校学生捐赠萨玛瑞坛·斯扑尔斯国际扶贫组织400多份礼品盒的爱心活动。

五是加强横向联系，共谋发展大计。采取“走出去、请进来”的方法，不断拓宽与港澳同胞、海外侨胞及省、内外兄弟县（市）区政协的横向联系。去年，先后派人参加在新疆、福州、石家庄、广州召开的全国部分城区政协工作联系会。接待了天津市红桥区政协、成都市成华区政协、昭通市水富县政协等省内外兄弟县（市）区政协的来访，既相互交流了政协工作经验，又较好地宣传了西山区，充分展示了西山人民热情好客、锐意进取的良好精神风貌。

（五）围绕提高履行职能的工作水平，全面加强自身建设

区政协始终把加强自身建设作为提高履职能力的一个关键环节，抓紧抓好。

一是进一步加强政协机关的思想、组织和作风建设。以开展“创先争优”和“效能西山”活动为载体，不断将学习实践科学发展观活动推向深入。按照“讲党性、重品行、作表率”的要求和“五个好”、“五带头”的标准，始终把开展“创先争优”和“效能西山”活动与履行三项职能紧密结合起来，巩固科学发展观学习实践活动成果。在机关党组织和党员中广泛开展了“评旗定级”和“评星定级”活动，积极开展“作风效能”、“五比五创”、“五个一”、“党员承诺”等系列活动，切实把思想和行动统一到“一切着眼于发展、一切服务于发展、用发展凝聚人心、用发展破解难题、用发展为民造福、用发展创建事业”上来，促进政协工作的全面开展。

二是注重发挥区政协联络组、界别组基础性作用。根据区人事变动情况，及时增免了政协七届委员，调整任命了部分界别组组长、副组长。积极引导联络组和界别组开展履职活动，给予活动经费支持。各政协联络组、界别组根据区政协的总体工作安排，结合实际，认真开展学习或视察活动，基本形成了区政协联络组、界别组两个轮子一起转，委员齐动、小组互动、专委会联动，年初有布置、年中有活动、年底有总结的工作机制。为广大政协委员知情出力、参政议政搭建了平台，极大地丰富了委员活动的内涵。

三是切实发挥好政协委员的主体作用。以区社会主义学校为载体，举办部分政协委员、民主党派和有关人民团体负责人及民族宗教代表人士、统战干部理论培训班，着力提高广大委员的履职水平和能力。认真贯彻中央，省、市、区委关于加强人民

政协工作意见精神，切实尊重和保护委员的民主权利。通过在相关会议上提要求、提建议等形式，努力为政协委员在履行职能的时间和活动经费方面创造条件。通过召开情况通报会、开展调研视察活动等形式，鼓励和支持委员多提提案，提高质量的提案，努力实现以提案为节点，委员与提案承办部门的良性互动，激发委员履职的积极性。

各位委员，回顾一年来的工作，这些成绩的取得，是区委的正确领导，市政协的指导，区人大、区政府、区纪委及各职能部门的支持，社会各界的关心、帮助以及全体政协委员共同努力的结果。借此机会，我代表政协昆明市西山区第七届委员会向各级领导和全体政协委员、各民主党派、工商联、有关人民团体及社会各界朋友们表示衷心地感谢和诚挚的敬意！

在肯定成绩的同时，我们也应看到，目前的工作还存在一些差距与不足。一是在推进制度化、规范化、程序化建设，发挥委员作用，加强民主监督，深化调查研究等工作中还存在薄弱环节；二是在履行职能中，探索不够，创新不足，自身建设方面还需进一步加强。这些都需要我们下大力气认真研究，切实加以改进。

二、2011 年工作意见

2011 年区政协工作的指导思想是：以邓小平理论和“三个代表”重要思想为指导，深入贯彻党的十七大和十七届五中全会，省、市、区委全会精神，在中共西山区委的领导下，按照区委九届七次全会的工作部署，坚持和贯彻落实科学发展观，紧紧围绕西山区改革、发展、稳定的大局，牢牢把握团结、民主两大主题，依靠全体政协委员，充分发挥自身优势，切实有效地履行政治协商、民主监督、参政议政职能。力求在促进发展上有新贡献，在凝聚人心上有新作为，在协商监督上有新特色，在参政议政上有新成果，在自身建设上有新面貌，为建设区域性国际城市，全面建设西山区小康社会做出新的更大的贡献。

（一）加强政治理论学习，力求在提升政治素养和履职能力上有新成效

继续发扬人民政协的优良传统，按照用学习武装头脑、指导实践、推动工作的要求，在全区广大政协委员中营造勤奋学习、民主讨论、求真务实的学风。把深入学习和贯彻落实科学发展观同学习贯彻十七届五中全会、市委九届七次全会、区委九届七次全会精神结合起来；同学习《中共中央关于加强中国共产党领导的多党合作和政治协商制度的意见》、《中国人民政治协商会议章程》、《中共中央关于加强人民政协工作的意见》、《中共云南省委贯彻〈中共中央关于加强人民政协工作的意见〉的实施意见》、《中共云南省委关于支持人民政协履行职能发挥作用的意见》、《中共昆明市委贯彻中共中央和中共云南省委关于加强人民政协工作的文件的实施意见》结合起来；同学习胡锦涛总书记关于统一战线和人民政协工作的一系列重要讲话和省、市委政协工作会议精神结合起来。把思想认识统一到中共中央，省、市、区委全会精神上来，把各方面的力量凝聚到贯彻落实区委、区政府提出的各项任务上来，把广大政协委员的才能和智慧体现到参政议政的水平和实效上来，为全区改革、发展、稳定作出更大的贡献。

（二）突出第一要务，力求在促进和服务经济社会全面协调发展上有新贡献

始终把促进发展作为政协履行职能的第一要务。根据区委九届七次全会提出的目标任务和工作要求，抓住全区改革、发展、稳定中的重要问题，主动提出协商议题，制定好全年调研、视察计划，分阶段有步骤地组织实施。主席会议、常委会议将重点就做强工业、提升商贸业、建设现代新昆明及建设社会主义新农村等问题，选好议题，进行协商讨论，献计出力，共谋发展大计。定期听取区政府各职能部门工作情况通报，为政协委员更好地参政议政创造条件。区政协各专门委员会要继续加强和区政府有关职能部门协调沟通，选准议题，做好对口协商。要注重提高协商质量，会前发动委员围绕议题调查研究，会中精心组织讨论，充分发扬民主，广纳群言，广求良策，集思广益，进一步推进党政决策的科学化、民主化。

精心组织好调查、视察活动，搞好建言立论。调查、视察继续坚持“少而精、深而实”的原则，着重选择事关全区改革、发展、稳定大局和人民群众迫切需要解决的热点、难点问题，深入调研。在调查视察中，既要总结成功的经验，更要深入分析

和研究存在的问题；既要注重了解和反映基层的实际情况，更要加强对问题的理性探讨，力求提出有启发性的建议、有前瞻性的思路和操作性强的对策。

以支持、服务于区委和区政府的中心工作、密切党同人民群众的联系作为民主监督的切入点，采用调研、视察、提案、反映社情民意等形式，进行经常性的民主监督。着重选择区委、区政府重点部署、社会关注和群众关心的热点、难点问题进行针对性视察，提出建议，推动有关工作的落实和有关问题的解决。

（三）突出团结、民主两大主题，力求在和谐西山建设中有新作为

团结、民主是构建社会主义和谐社会，建设和谐平安西山的基础，是集中各方智慧，形成工作合力的不竭源泉。2011 年，要继续坚持和突出团结、民主两大主题，努力提高构建和谐社会的能力：一是构筑合作共事的平台。密切与全区各民主党派、工商联、各人民团体和各族各界人士的联系，支持他们认真搞好调查活动和参与社会主义新农村建设活动，保护好、发挥好他们参政议政、参与新农村建设的积极性和创造性。二是构筑协调关系的平台。引导全区各民主党派、工商联、人民团体和各族各界人士正确认识并处理好个人利益和集体利益，当前利益和长远利益的关系，增进区政协和区属各民主党派、工商联、人民团体之间，政协委员与干部群众之间的团结合作，及时准确地反映群众的意见和要求，成为区委、区政府团结各界、联系群众的桥梁和纽带。三是构筑维护稳定的平台。充分发挥人民政协的独特优势，把维护社会稳定，打造和谐平安西山摆在突出位置，深入调研，广开言路，为区委、区政府决策民主化、科学化提供来自社会不同阶层、不同利益群体的有价值的参考意见，积极协助区委、区政府做好理顺情绪，化解矛盾工作，为西山区经济社会协调健康发展营造和谐有序的环境。

充分发挥区政协位置超脱、智力密集、联系广泛的优势，继续以开展扶贫济困活动为载体，多为人民群众办实事、做好事。继续在政协机关和广大委员中开展挂钩帮扶、扶贫济困等活动，实实在在地为群众排忧解难。

（四）加强自身建设，力求在塑造形象上有新面貌

坚持“把握方向、立足主动、讲究质量”的自身建设工作思路，遵循为统一战线服务、为政协委员服务的原则，以政协委员满意、人民群众满意、党派团体满意为标准，讲质量、讲效率、讲规范、讲协作，认真抓好政协机关思想建设、组织建设、作风建设和制度建设，切实提高工作效率和服务水平，努力把政协机关建设成为“学习型、服务型、创新型、团结型”的工作集体，建设成为全区政协委员的“委员之家”。

进一步发挥政协委员的主体作用，强化政协委员的责任意识，创新活动载体，丰富活动内容，尊重和保护委员的民主权利，积极为政协委员在履行职能的时间和活动经费方面创造条件，调动和发挥好政协委员的积极性，使其各尽其智、各尽其才、各显其能，切实履行好委员职责。政协各专委会、联络组、界别组要积极组织更多的政协委员参加本组的调研、视察、情况通报等活动，努力帮助政协委员扩大知情面，拓宽政协委员参政议政渠道，为他们知情参政创造条件。广大政协委员要充分认识自身担负的重要责任和光荣使命，努力做到荣誉与责任、权利与义务的有机统一，切实增强大局意识、奉献意识、民主意识、团结意识，努力构建一支人格好、人缘好、形象好的委员队伍。

以争取人心，凝聚力量为根本任务，采取“走出去，请进来”的方法，不断拓宽与港澳同胞、海外侨胞及省内外兄弟县（市）区政协的横向联系，不断优化整合区内外人力、物力资源，为招商引资、促进发展多做工作，为实现祖国和平统一大业多做贡献，努力开创西山区政协工作新局面。

各位委员，2011 年是“十二五”开局之年，做好今年的工作意义重大。新年伊始，万象更新。让我们更加紧密地团结在以胡锦涛为总书记的中共中央周围，以邓小平理论和“三个代表”重要思想为指导，在中共西山区委的领导下，凝心聚力、求真务实、开拓创新，共同谱写西山改革发展新篇章；共同创造西山经济社会发展新业绩；共同努力建设区域性国际城市和西山平安、和谐、美好的明天！

突出重点　狠抓落实 不断取得党风廉政建设和反腐败工作新成效

——在中共西山区纪委九届六次全体会议上的工作报告

中共西山区纪委书记　张国元
（2011 年 1 月 27 日）

同志们：

我代表区纪委常委会作工作报告，请予审议。

这次全会的主要任务是：深入贯彻党的十七届五中全会精神，按照十七届中央纪委六次全会、省纪委八届六次全会、市纪委九届六次全会和区委九届七次全会的要求，总结 2010 年全区党风廉政建设和反腐败工作，部署 2011 年工作任务。区委对这次全会十分重视，区委常委会专题听取了省纪委八届六次全会、市纪委九届六次全会精神汇报，研究了全区的贯彻意见和 2011 年反腐倡廉工作，区委书记柳文炜将作重要讲话，我们一定要认真学习领会、认真贯彻落实。

一、2010 年主要工作回顾

2010 年，在区委、区政府和市纪委、市监察局的坚强领导下，全区各级党政组织和纪检监察组织深入学习实践科学发展观，认真执行党风廉政建设责任制，按照十七届中央纪委五次全会，省、市、区纪委五次全会和国务院，省、市、区政府廉政工作会议的部署和要求，围绕中心，服务大局，以改革创新精神抓好党风廉政建设和反腐败工作，为西山跨越式发展提供了有力保证。

（一）加强监督检查，全力保证西山跨越式发展各项决策部署的落实

区纪委监察局组成 6 个督查组对 18 条道路建设进展情况、螺蛳湾商务区提升改造、海口工业园区重点建设项目、草海片区拆迁改造等 82 项重点工作和重大项目进行督查督办。健全督查机制，会同有关部门，对价格监管、土地管理、节能减排、环境保护等政策措施落实情况开展监督检查。加强对社保基金、住房公积金、救灾扶贫资金和政府专项资金的监管，对抗旱救灾资金物资管理使用情况进行了重点检查。按照年初签订的党风廉政建设责任书，先后 2 次对各单位（部门）执行党风廉政建设责任制的情况进行了党风巡查。对“四创两争”、滇池流域水环境综合治理、整治城乡无序建房和违法加层、拆除挤占公共空间设施、安置房建设、森林防火、城区批发市场关闭等工作开展专项督查。全年共组织 2435 人（次）开展督查 995 次。

（二）狠抓作风建设，不断优化经济社会发展软环境

在全区 66 个区级机关部门、10 个街道办事处深入开展“效能西山”建设活动，各单位（部门）提出主要工作目标 910 项，重点目标 246 项；共查找存在的问题 750 个，制定整改措施 559 条，建立健全工作制度 319 项。组织特邀监察员对机关工作纪律、服务质量、工作作风进行明察暗访，及时纠正存在问题 24 个，下发限期整改通知书 7 份，对 13 名违反工作纪律的干部职工进行了通报批评。抓好“效能政府四项制度”行政行为监督工作，共确定 159 个关键岗位和 238 个重点监督环节，排查 397 个风险点，制定 397 条风险防范措施。实施严厉的问责制，严肃查处损害软环境的行为，对 21 名领导干部进行了问责，有力促进了干部作风转变和机关效能提升。组织开展民主评议机关和行业作

风活动，群众对机关作风满意率达98.05%。

（三）严格教育监督，认真抓好领导干部廉洁自律工作

组织全区各单位（部门）学习贯彻十七届中央纪委五次全会，省、市、区纪委五次全会和政府廉政工作会议精神。开展学习贯彻《廉政准则》活动，为全区副科级以上领导干部购买《廉政准则学习读本》，举行《廉政准则》知识考试。召开违纪违法案例通报暨警示教育干部大会，向全区450名副科以上干部通报发生在西山区及全国其他各地的典型案例。组织160余名社区书记、主任到区人民法院旁听社区干部违法典型案件审判。节日前夕，坚持向全区党员领导干部发送廉政短信和公开信。积极创建廉政文化示范点，与区检察院联合制作计算机廉政宣传屏保，深入推进廉政文化“五进”活动。认真落实党内监督条例，对96名新提拔和交流的干部进行廉政谈话，对1 562人次评优评先和67名提拔任用干部执行廉洁自律规定情况进行审核，对37名新提任的领导干部进行任前廉政法规考试。切实抓好领导干部勤政廉政公示工作，在市纪委的指导和区委的统一领导下对全区30名区级领导、399名科级干部、122名基层站（所）长、278名社区干部进行勤廉公示。加强领导干部任期经济责任审计工作，及时发现并纠正存在的问题，对7名相关责任人作出了党政纪处理。严肃村级“两委”换届选举工作纪律，组织新一届1 200名居（组）干部集中进行廉政教育，完善社区会计委托代理服务和“三资”代理监管服务工作。继续抓好制止公款出国（境）旅游、禁止公车私用私驾、厉行节约等工作，对2名顶风违纪干部进行了问责。

（四）深入纠风治乱，着力解决群众反映强烈的突出问题。

督促教育部门认真贯彻落实义务教育经费保障机制各项政策措施，减轻学生费用负担1 472.04万元。深入治理教育收费、医药购销和医疗服务中的不正之风，清退教育乱收费8 596元，取缔无证行医20个。组织区农业、发改等部门对涉农收费政策落实情况开展专项检查，发放惠农补贴1 256.95万元。配合区食品药品监督管理局认真开展食品药品安全专项整治，配合交通部门进一步做好巩固公路“三乱”治理成果工作。配合安监部门加强安全生产专项检查，参与4起安全事故调查处理。深入推进工程建设领域突出问题专项治理工作，排查政府性投资项目37个，对发现的问题进行督促整改。严格控制和规范检查考核、评比达标以及庆典研讨会等活动。加强对全区公开选拔科级领导干部、招考招聘人员、学校升学考试、冬季征兵、退伍士兵安置等工作的监督。督促相关部门做好土地市场秩序清理整顿、节能减排、清理“小金库”等工作。政务、居务公开工作进一步深化，社区财务公开率达99.78%。

（五）严肃党纪政纪，继续加大查办案件工作力度

全年共受理群众来信来访、电话举报213件，办结率达99%。查处党政纪案件21件24人，涉及科级干部3人。为3名留党察看期满的党员办理了恢复党员权利手续，为96名反映失实的党员干部澄清了事实，配合法检等部门受理商业贿赂案件线索37件42人。制定《关于办理违反党政纪案件的程序规定（试行）》，进一步规范纪检监察机关办理违反党政纪案件程序，加强对案件的总结和剖析，充分发挥办案的治本功能。

（六）深化改革创新，深入推进从源头上防治腐败工作

协同配合相关部门加大制度建设、制度创新和制度执行力度，共完成制度创新105项。制定出台《西山区关于深化政府投资建设项目审批制度改革的实施意见》等10余项制度，深化经济领域体制改革。全面推行行政机关行政绩效管理、行政成本控制、行政行为监督、行政能力提升四项制度，通过第三轮行政审批改革，取消102项行政审批、管理服务和内部审批事项。出台《西山区监督工作联席会议制度（试行）》，制定《区长热线工作目标管理考核办法》、《西山区目标管理督查考核工作实施办法（试行）》以及各专项工作问责办法，创新督查机制，整合督查资源。继续推进财政体制、干部人事制度、医药卫生体制、城乡一体化农村配套改革等工作。在全区50个机关事业单位和4个街道办事处积极推行公务用车专用卡定额包干管理试点工作。

（七）加强自身建设，为党风廉政建设和反腐败工作提供组织保障

深入开展“创先争优”、学习刀会祥先进事迹等活动，要求广大纪检监察干部做到“五严守、五禁止”，做党的忠诚卫士、当群众的贴心人。先后派出55人次参加中央、省、市纪委培训，进一步提高执纪能力和水平。认真贯彻落实中纪发〔2009〕9号、10号文件精神，从人员编制、装备配备、经费保障等方面全面加强纪检监察机关建设，在全市率先建成廉政信息网站和全程录音录像规范化谈话室，制定干部综合考核评价办法等8项制度。在全区10个区级机关纪委和8个派出（驻）纪工委加挂审计室牌子，设立审计机构，强化审计职能。完成《西山区纪检监察志》修续编工作，积极开展区纪委监察局机关创建市级文明单位工作。进一步健全和完善区纪委监察局派出（驻）机构管理制度和工作运行机制，不断研究探索充分发挥派出（驻）机构工作职能的有效途径。

在肯定成绩的同时，我们也清醒地看到，当前全区反腐倡廉形势仍然严峻，任务仍然艰巨。少数单位（部门）领导班子和领导干部抓党风廉政建设责任意识不强；基层党风廉政建设和机关作风建设工作还需进一步加强；有些群众反映强烈的问题还没有从根本上得到解决；纪检监察干部的思想观念、履职能力还不能完全适应新形势新任务的要求。对于这些问题，我们将采取更加有力的措施，切实加以解决，把全区反腐倡廉建设进一步引向深入。

二、2011年主要工作任务

2011年是全面实施“十二五”规划的开局之年，是中国共产党成立90周年，也是县（区）党委集中换届的一年，我们要认真学习贯彻胡锦涛总书记在十七届中央纪委六次全会上的重要讲话精神，坚持以人为本、执政为民，认真解决损害群众利益的突出问题和反腐倡廉建设中群众反映强烈的突出问题，深入推进党风廉政建设和反腐败工作。2011年工作的总体要求是：高举中国特色社会主义伟大旗帜，以邓小平理论和“三个代表”重要思想为指导，深入学习实践科学发展观，全面贯彻落实党的十七届五中全会精神，按照十七届中央纪委六次全会，省、市纪委六次全会和区委九届七次全会的部署和要求，坚持标本兼治、综合治理、惩防并举、注重预防的方针，加强以保持党同人民群众血肉联系为重点的作风建设，加强以完善惩治和预防腐败体系建设为重点的反腐倡廉建设，着力解决反腐倡廉建设中人民群众反映强烈的突出问题，围绕中心、服务大局，突出重点、整体推进，改革创新、狠抓落实，努力提高反腐倡廉建设科学化水平，以党风廉政建设和反腐败工作的新成效迎接建党90周年，为顺利实施“十二五”规划、加快建设区域性国际城市提供有力保证。

（一）加强对重大决策部署贯彻落实情况的监督检查

全区各级纪检监察组织要认真学习贯彻党的十七届五中全会精神，准确把握“十二五”规划的指导思想、总体思路、目标任务和重大举措，全面履行监督检查职能，确保各项任务落到实处。

围绕改革发展稳定大局，切实加强监督检查。会同有关部门加强对宏观调控、“三农”工作、经济结构调整、市场价格调控、房地产调控、规范和节约用地、资源节约和环境保护、保障和改善民生等重大决策部署执行情况，以及有关维护民族团结和社会稳定政策措施落实情况的监督检查，坚决纠正有令不行、有禁不止现象，严肃处理违纪违规行为，确保政令畅通。要对《区委九届七次全体（扩大）会议报告》及2011年《区政府工作报告》确定的目标任务完成情况进行立项督查，重点对2011年招商引资、园区建设、滇池治理、“四创两争”、改善民生、新农村建设等重要工作进行立项督查。

坚决维护党的政治纪律。深入开展政治纪律教育，引导广大党员干部坚定政治立场，增强政治敏锐性和政治鉴别力，自觉同以胡锦涛为总书记的党中央保持高度一致。严禁散布违背党的理论和路线方针政策的言论，严禁公开发表同中央决定相违背的言论，严禁编造、传播政治谣言，严禁以任何形式泄露党和国家秘密，严禁参与各种非法组织和非法活动。要加强对政治纪律执行情况的监督检查，对违反党的政治纪律的要严肃处理。

严肃换届工作纪律。2011年，县（区）党委集中换届，要严明换届纪律，加强对选人用人情况的监督检查，督促严格执行党政领导干部选拔任用工作有关规定，坚决防止和纠正“带病上岗”、“带病提拔”等问题，坚决惩治拉票贿选和诬告陷害等行为，确保换届工作风清气正、健康顺利进行。

（二）推进作风建设，进一步优化经济社会发展软环境

全区各级纪检监察组织要切实承担起协助党委、政府抓党风政风建设的重要职责，紧紧围绕实现“十二五”时期全区经济社会发展目标任务，继续下大力解决干部作风和行政效能方面存在的问题，为西山科学发展新跨越打造优质软环境。

大力弘扬党的良好风气。要大力弘扬密切联系群众之风，认真落实中央关于加强和改进群众工作的各项要求，进一步改进群众工作方式方法，健全领导干部联系点、定期接访和下访等服务群众、联系群众制度，建立维护群众权益和化解社会矛盾机制，坚决纠正脱离群众的不良风气。大力弘扬求真务实之风，认真落实关于促进科学发展的党政领导班子和领导干部考核评价规定，坚决纠正不切实际、不顾民力、不计长远的决策行为。大力弘扬艰苦奋斗之风，督促领导干部认真落实中央和省、市、区有关厉行节约的规定，严格执行财经制度和工作纪律，坚决纠正讲排场、摆阔气、奢侈浪费等不良风气。大力弘扬批评和自我批评之风，加强党性修养和实践锻炼，坚决反对逢迎讨好、相互吹捧等风气，自觉克服好人主义。要继续狠刹乱议论、乱猜测、乱编造、乱告状的歪风邪气。要加强对领导干部作风建设情况的监督检查，及时发现和纠正党员干部在思想作风、学风、工作作风、领导作风和生活作风方面存在的突出问题，着力克服官僚主义、形式主义、弄虚作假、心浮气躁等问题。

进一步优化经济社会发展软环境。在全区继续开展“效能西山”建设活动。结合机构改革，加快政府职能转变，健全部门之间协调配合机制。对行政审批制度改革开展“回头看”，进一步巩固和深化成果，坚决纠正和严肃查处变相审批、违规审批和利用审批权谋取私利等行为。不断改进区、街道、社区三级为民服务体系，实行“一站式办公、一条龙服务、一次性办结”。进一步落实“阳光政府”、“效能政府”相关制度，深入推行“五办作风”、“一线工作法”、“工作成果倒逼法”。加强对重点工作的督办、查办，严肃查处和问责不作为、乱作为、慢作为等行为。

（三）加快构建符合西山实际的惩治和预防腐败体系

以建立健全惩治和预防腐败体系为重点，认真落实中央工作规划和省、市、区实施办法，扎实推进教育、制度、监督、改革、纠风、惩治等工作，不断取得体系建设阶段性成果，整体推进反腐倡廉各项工作。

加强对领导干部的教育和监督。进一步增强反腐倡廉教育的针对性和实效性，以理想信念教育和党性党风党纪教育为重点，深入开展示范教育、警示教育和岗位廉政教育，教育引导党员干部树立以人为本、执政为民的理念；深入推进廉政文化建设，大力开展“廉政文化示范点”创建工作，加强反腐倡廉网站建设，努力营造“廉荣贪耻”的社会舆论氛围。认真落实《西山区党政正职监督办法（试行）》，进一步做好领导干部勤廉公示工作。开展廉政风险防范管理工作，努力减少和控制诱发腐败的风险。认真贯彻党内监督条例，严格执行领导干部述职述廉、诫勉谈话、函询、罢免和撤换等制度，加强对民主集中制执行情况的监督检查，进一步改进对国有企业的党风巡查工作。继续深入开展领导干部经济责任审计工作。

健全反腐倡廉制度。积极组织协调全区各级各部门，大力度、深层次、全方位推进制度创新工作，努力形成用制度管权、按制度办事、靠制度管人的有效机制。围绕党委、政府决策部署的贯彻落实，建立健全定期检查、专项督查、明察暗访等制度；围绕解决群众反映强烈的问题，进一步完善公务接待公务卡结算、外出学习考察管理办法、公务用车卡定额包干管理等制度，建立健全及时发现问题、快速处理问题和源头预防问题机制；围绕重点领域腐败问题，进一步规范工程建设招投标，健全防治商业贿赂长效机制等；围绕抓好自身建设创新制度，确保全面落实加强纪检监察队伍建设的各项要求。加强对制度执行情况的监督检查，在提高制度执行力上下工夫。

纠正损害群众利益的不正之风。会同有关部门重点解决征地拆迁、住房保障、食品药品安全、环境保护、安全生产等涉及民生的突出问题。加快建立科学完善的征地补偿机制，坚决制止违法违规强制征地拆迁行为。强化对保障性住房建设、资金使用、工程质量和分配使用的监管。完善食品药品安全监管体制机制和责任体系。严肃查处环境违法行为。开展对安全生产法规执行情况的监督检查。加强对社保基金、住房公积金和扶贫、救灾救济资金以及政府专项资金的管理和监督。加大对强农惠农政策落实和资金使用情况的监督检查力度，切实解决在农村土地承包、流转、征占等环节损害农民利益的问题。巩固治理公路“三乱”成果，继续治理中小学校教育乱收费、医药购销和医疗服务中的不正之风。

加大惩治腐败力度。始终保持查办案件的强劲势头，严肃查处腐败分子，坚决惩治消极腐败行为。严肃查办发生在领导机关和领导干部中以权谋私、失职渎职案件，重点领域和关键环节中的案件，严重违反政治纪律和组织人事纪律的案件，重大责任事故和群体性事件涉及的失职渎职及背后的腐败案件；严肃查办商业贿赂案件，加大对行贿行为刑事处罚、经济处罚和资格处罚力度；严肃查处发生在基层政权组织和重点岗位贪污贿赂、滥用职权的案件；严肃处理以案谋私、贪赃枉法等案件。要适应全区“大改革、大开放、大建设、大发展”的需要，加大经济建设领域反腐败力度，坚决纠正和查处项目决策、招标投标、资金使用等方面存在的违纪违规问题。改进信访举报、案件检查、审理和管理工作，建立健全腐败案件及时揭露、发现、查处机制，严格依纪依法安全文明办案，进一步发挥查办案件的治本功能。

深化重点领域改革。配合和督促有关部门深化行政管理体制、干部人事制度、司法体制改革，进一步精简和规范行政审批事项，积极推行绩效管理和行政问责。稳步推行差额选拔干部制度，积极稳妥推进干部人事工作中的民主。完善对司法权运行的制约监督机制，健全司法公开、司法回避、司法问责等制度规范，确保司法机关公正廉洁执法。深化财税管理体制、投资体制和国有资产管理体制改革，完善政府投资项目公示制度。建立健全防止利益冲突制度。整治行业协会、市场中介组织违纪违规问题，研究制定社会领域预防腐败工作办法。

（四）着力解决群众反映强烈的突出问题

在切实做好反腐倡廉经常性工作的同时，要适应发展变化的新形势，顺应人民群众的新期待，努力在解决群众反映强烈问题方面取得新突破。

认真落实《廉政准则》。（1）认真落实领导干部报告个人有关事项等“两项制度”。全面落实《关于领导干部报告个人有关事项的规定》和《关于对配偶子女均已移居国（境）外的国家工作人员加强管理的暂行规定》。领导干部要按规定要求，主动、如实报告有关内容。纪委要协同组织（人事）部门加强调查研究，完善配套制度，强化工作措施。（2）坚决整治领导干部违规收受礼金问题。严禁领导干部以各种名义接受管理和服务对象以及其他与行使职权有关系的单位或者个人的礼金和各种有价证券、支付凭证。（3）巩固党政机关厉行节约、制止奢侈浪费工作成果。完善因公出国（境）管理制度，建立健全禁止公款出国（境）旅游长效机制。认真执行关于党政机关公务接待的管理规定，严格公务接待经费预算管理，深入推进公务卡制度。继续认真治理违反规定多占住房、买卖经济适用房或租赁廉租住房等保障性住房，利用职权影响低价购买商品房，利用职务之便接受可能影响公正执行公务的宴请以及旅游、健身、娱乐等活动安排，利用职权委托理财、获取内幕信息谋取不正当利益等问题。

深入推进专项治理。（1）深化工程建设领域突出问题专项治理。抓好排查整改工作，督促有关部门和单位落实“八个百分之百”规定，严肃查处规避招标、虚假招标、违法转包分包以及违规项目审批、规划调整等问题。（2）深化“小金库”专项治理。进一步巩固治理成果，健全防治“小金库”长效机制，查处私设“小金库”的案件。继续深入开展社会团体、国有企业“小金库”治理工作。（3）严肃查处违规使用财政资金举办活动的行为，坚决纠正向企业和个人摊派费用举办活动或以开展活动为由滥发钱物的现象。（4）认真开展公务用车问题专项治理。会同有关部门重点纠正超编制超标准配备公务用车和违规换车、借车、摊派款项购车、豪华装饰及公车私用私驾等问题；总结公务用车非货币化改革成效，深化公务用车制度改革。

切实加强基层党风廉政建设。加强社区集体资金、资产、资源管理，认真开展清产核资工作，进一步完善居（组）“三资”委托代理监管服务。加强对国有企业贯彻落实“三重一大”

决策制度的监督检查，严格执行《国有企业领导人员廉洁从业若干规定》及任期、离任经济责任审计等制度。开展对城市社区公共资源营业性收入、公共建设投入等资金使用情况的监督检查。积极探索非公有制经济组织和新社会组织开展反腐倡廉建设的途径和方法。具体要做好以下4个方面工作：一要深入推进基层事务公开和透明。要以落实群众知情权为重点，加大政务公开、居务公开和公共企业事业单位办事公开力度，认真倾听群众意见，接受群众监督，维护群众利益。认真落实《关于开展党务公开工作的实施意见》，进一步深化和规范党务公开工作。二要加强对基层干部的教育、管理和监督。引导基层党员干部牢固树立遵纪守法、服务群众的意识，依照党纪条规和监察法规加强对基层干部的监督，坚决纠正对群众疾苦漠不关心、对群众呼声置若罔闻、对群众利益麻木不仁，甚至见利忘义、以权谋私的行为，深入开展民主评议基层站所、评议部门和行业风气等工作。三要加大对损害群众利益行为的责任追究力度。对不履行或不正确履行职责严重侵害群众利益的，要追究有关人员的责任。注意解决基层干部在征地拆迁、城中村改造、涉法涉诉等方面存在的问题。严肃查处少数基层干部滥用职权、与民争利、侵吞国家和集体财产等行为。四要畅通群众反映问题、表达合理诉求的渠道。做好群众来信来访工作，关注群众特别是困难群众的实际困难和利益诉求，维护他们的合法利益。

三、切实抓好反腐倡廉各项任务的落实

全区各级党政组织和纪检监察组织要按照党的十七届五中全会、十七届中央纪委六次全会，省、市纪委六次全会和区委九届七次全会的部署和要求，进一步增强责任感和紧迫感，以更加坚定的信心、更加坚决的态度、更加有力的措施推进反腐倡廉各项工作。

（一）认真落实党风廉政建设责任制

要根据中央新修订的《关于实行党风廉政建设责任制的规定》，进一步完善反腐败领导体制和工作机制。全区各级领导班子要对职责范围内的党风廉政建设负全面领导责任；领导班子主要负责人要认真履行第一责任人的职责，做到重要工作亲自部署、重大问题亲自过问、重点环节亲自协调；领导班子其他成员也要根据分工，对职责范围内的党风廉政建设负主要领导责任。纪检监察组织要认真履行组织协调职责，积极协助党委、政府搞好责任分解和检查考核。要把抓反腐倡廉工作的成效纳入领导班子和领导干部的目标管理考核之中，并把考核结果作为对领导班子总体评价和领导干部业绩评定、奖励惩处、选拔任用的重要依据。要进一步加大责任追究力度，发现有对党风廉政建设工作领导不力、以致职责范围内明令禁止的不正之风得不到有效治理、造成不良影响的，对本地区、本部门、本系统发现的严重违纪违法行为隐瞒不报的，疏于监督管理，致使领导班子成员或者直接管辖的下属发生严重违纪违法问题等情形的，要严格追究有关领导班子和领导干部的责任。

（二）全面履行纪检监察两项职能

全区各级纪检监察组织要全面履行党章和行政监察法赋予的职责，在加强党的纪律检查工作的同时，注重发挥行政监察的职能作用，进一步加强和改进执法监察工作，强化对国家行政机关遵守和执行法律、法规和政府的决定、命令情况的检查，防止和纠正行政不作为、乱作为行为；进一步加强和改进廉政监察工作，以强化对权力的制约和监督为重点，严肃行政纪律，坚决查处以权谋私、严重损害国家和人民利益的行为；进一步加强和改进效能监察工作，开展对行政机关及其公务员的绩效考核和绩效评估，切实解决机关工作中存在的推诿扯皮、效率低下、资源浪费问题。加强对政务公开和纠正损害群众利益不正之风工作的组织协调和检查指导；加强对具有公共事务管理职能的组织及其人员的监察，加强对受委托从事公务的组织及其人员的监察。

（三）努力提高反腐倡廉建设科学化水平

全区各级纪检监察组织要积极适应新形势新任务的要求，坚持解放思想、实事求是、与时俱进，大兴调查研究之风，及时总结推广实践中创造的新鲜经验，借鉴先进地区的有益做法，大力推进反腐倡廉理念思路、体制机制和方式方法创新。要自觉把科学发展观的要求贯穿于反腐倡廉建设的全过程和各个方面，牢固树立服务大局、以人为本、统筹

兼顾的理念。要坚持以改革的精神、创新的思路、发展的办法解决滋生腐败的深层次矛盾和问题，不断深化重点领域和关键环节改革，最大限度地减少体制障碍和制度漏洞。要切实改进纪检监察工作方式方法，坚持用系统的思维、统筹的观念、科学的方法来推进反腐倡廉建设，积极探索新办法、掌握新手段、开辟新途径，不断增强惩治和预防腐败的有效性。

（四）不断加强纪检监察机关建设

认真贯彻落实中央纪委《关于进一步加强和改进纪检监察干部队伍建设的若干意见》，继续在全区纪检监察机关开展“创先争优”活动和“做党的忠诚卫士、当群众的贴心人”主题实践活动，进一步解决纪检监察干部在思想、作风等方面存在的问题。结合创建学习型纪检监察机关和学习型纪检监察干部活动，认真组织纪检监察干部学习政治理论，钻研纪检监察业务，广泛了解和掌握各方面知识，着力提高服务、保障和促进科学发展的能力，着力提高做好群众工作和维护社会和谐稳定的能力，着力提高有效防治腐败的能力。结合党委、纪委换届，把那些党性好、作风正、能力强、威信高的干部选拔到纪检监察机关领导班子中来。注意选调和录用一批熟悉经济、法律、审计等业务的干部到纪检监察机关工作，不断改善干部队伍结构。对纪检监察干部严格要求、严格教育、严格管理、严格监督，督促其严格遵守“五严守、五禁止”规定，树立纪检监察干部的良好形象。

同志们，深入开展党风廉政建设和反腐败工作，任务艰巨，使命光荣，责任重大。让我们更加紧密地团结在以胡锦涛为总书记的党中央周围，在区委、区政府和市纪委监察局的坚强领导下，统一思想、振奋精神，恪尽职守、埋头苦干，开拓进取、狠抓落实，努力取得全区党风廉政建设和反腐败工作新的更大成效，为建设区域性国际城市提供坚强的政治和纪律保证！

西山区党、政、群机关及企事业单位负责人名录

（2010 年 1 ~ 12 月）

区级五班子

中共西山区委员会

书　　记　柳文炜
副 书 记　蔡德生（至 8 月）
　　　　　郭希林（12 月起）
　　　　　沈桂芝
　　　　　吴雁江（挂职　3 月起）
常　　委　张国元　张志强
　　　　　李　增
　　　　　荣德海（至 6 月）
　　　　　冯美琼　章　震
　　　　　张　达（6 月起）
　　　　　郭希林
　　　　　胡志乾（12 月起）
　　　　　吴韵梅
　　　　　吴　琳（挂职　至 8 月）
　　　　　顾　巍（挂职　至 8 月）
　　　　　范　瑜（挂职　5 月起）

西山区人大常委会

主　　任　李志华
常务副主任　孟建工
副 主 任　郝坚放　孙德金
　　　　　张高榕
党组书记　李志华
党组副书记　孟建工

西山区人民政府

区　　长　蔡德生（至 9 月）
常务副区长　郭希林
副 区 长　冯美琼　杨建军
　　　　　周开龙
　　　　　陈　伟（2 月起）
　　　　　范　瑜（挂职　5 月起）
　　　　　李笠菲（挂职）
　　　　　成　民（挂职）
　　　　　朱绍格（挂职）
党组书记　蔡德生（至 9 月）
党组副书记　郭希林

政协西山区委员会

主　　席　徐　方
常务副主席　陈开建
副 主 席　李江鹏
　　　　　柳　溪（兼）
　　　　　刘云兰（兼）
秘 书 长　旷嘉兴
党组书记　徐　方
党组副书记　陈开建

中共西山区纪律检查委员会（监察局）

书　　记　张国元
副 书 记　王东华
　　　　　李金义（至 2 月）
　　　　　王志武（至 7 月）
　　　　　执发礼（7 月起）
　　　　　吴　彤（11 月起）
监察局局长　李金义（至 2 月）
　　　　　执发礼（7 月起）
监察局副局长　师　华
　　　　　杨学继（至 1 月）
第一纪工委书记　张　军
第一纪工委副书记　周　忠
第一监察分局局长
　　　　　周　忠（4 月起）
第二纪工委书记　陈　虹
第二纪工委副书记
　　　　　王　坚（至 11 月）
　　　　　何迎玉（11 月起）
第二监察分局局长
　　　　　王　坚（至 11 月）
　　　　　何迎玉（11 月起）
第三纪工委书记　曹云芳
第三纪工委副书记
　　　　　李海维（至 7 月）
　　　　　岳　岚（10 月起）
第三监察分局局长
　　　　　李海维（4 ~ 7 月）
第四纪工委书记　张启光
第四纪工委副书记
　　　　　李柱秀（至 7 月）
　　　　　高徐颖（7 月起）
第四监察分局局长
　　　　　李柱秀（4 ~ 7 月）
　　　　　高徐颖（7 月起）
第五纪工委书记　邱国成
第五纪工委副书记　马　懿
第五监察分局局长　马　懿（4 月起）
第六纪工委书记　赵学光
第六纪工委副书记　张　琰
第六监察分局局长　张　琰（4 月起）
第七纪工委书记
　　　　　吴　彤（至 11 月）
　　　　　陈勤华（11 月起）
第七纪工委副书记
　　　　　何迎玉（6 ~ 11 月）
　　　　　卯升敏（10 月起）
第七监察分局局长
　　　　　何迎玉（6 ~ 11 月）
第八纪工委书记　屠　玮
第八纪工委副书记
　　　　　孟　坤（至 11 月）
第八监察分局局长
　　　　　孟　坤（至 11 月）
信访室主任　甘爱军
案审室主任　赵永红（至 11 月）
　　　　　张云才（11 月起）
执法监察室主任
　　　　　张志明（至 1 月）

沈德斌（6月起）
纪检监察室主任
李永平（至11月）
孟　坤（11月起）
党风室主任　陈勤华（至11月）
王　坚（11月起）
效能监察室主任　贾高瑞
区政府纠正部门行业不正之风办公室
副主任　张玉仙
办公室主任　张春祥
干部室主任　赵　芳

区委各部委办局

区委办公室
主　　任　李　增（1月起）
副 主 任　谢劲松（至7月）
唐孝坤（至11月）
万　方（至7月）
杨海波
王永刚（11月起）
何　松（6月起）
李绍文（11月起）
目督办主任　杨海波（兼）
目督办副主任　刘新昆（至2月）
张枫林（6月起）
秘书科科长　何　松
行政科科长　宁德平（至2月）
申　丹（6月起）
信息督查科科长　李绍文（至11月）
李　祐（11月起）

区委机要局
局　　长　平新权（6月起）
副 局 长　卜静媛（6月起）

区委组织部
部　　长　章　震
常务副部长　李兆明（7月起）
副 部 长　李永社（至7月）
邵　巍
汤　岚（7月起）
魏莲花
石惠玲（至7月）
张　怀（11月起）
办公室主任　张艳兵（6月起）
组织科科长　叶利华
干部科科长　张　怀（至11月）
干部教育监督科科长　晁　阳
人才科科长　高媛蝶（6月起）

区委老干局
局　　长　邵　巍
副 局 长　杨　显（至6月）
徐康凝

区委党员电化教育中心
主　　任　赵志华（至7月）
杨洪义（11月起）

区委宣传部
部　　长　李　增（至1月）
吴韵梅（1月起）
副 部 长　陶光慧　徐　雁
办公室主任　甘　敏
教育理论科科长　飞瑞云

区文明办
主　　任　陶光慧（兼）
副 主 任　林　莉
李建生（至1月）

区文产办
办公室副主任　杨树彬

西山区新闻中心
主　　任　范　丹
副 主 任　李浩龙

区委统战部
部　　长　李江鹏
常务副部长　李　平
副 部 长　孔令国（兼）
吴　怡（11月起）
办公室主任　杨晓玉
综合科科长　熊玉华（兼）
区台办主任　熊玉华

区委政法委
书　　记　张志强
副 书 记　猫良华　张绍辉
办公室主任　王春蕾
社会治安综合治理办公室副主任
董寿荣（兼）
慕　昭
区委610办公室主任　董寿荣

区委机构编制办公室（区机构编制委员会办公室）
主　　任　蔡文君（11月起）
副 主 任　李惠娟（7月起）
区委政研室
主　　任　万　方（兼　至7月）
张永盛（11月起）
副 主 任　张永盛（至11月）
李艳玲（11月起）
薛贵辉（至9月）

区级机关党工委
党工委书记　郭云辉（至1月）
吕　鹏（2月起）
党工委副书记　杨　云（至1月）
孙萌若　王　飞
张建瑛

区委党史研究室
主　　任　王云红（至7月）
张宗伟（7月起）
副 主 任　杨云亮（7月起）

区委党校、区行政学校
区委党校校长　柳文炜（兼）
区行政学校校长　蔡德生（兼）
常务副校长　李汝林
副 校 长　马长生
董丽芬（至7月）
黄茂年（7月起）
教研室主任　刘汝能
培训科科长　毕金玲
总务科科长　杨　娅

区人大常委会工作机构

办公室主任　赵　娟（至2月）
李金义（2月起）

办公室副主任　杨忠祥
陈永平（至9月）
李主峰（9月起）
人事委主任　朱祝平
人事委副主任　宋文宏（至7月）
陈永平（9月起）
民族宗教委主任　高　亮（至7月）
董丽芬（7月起）
教科文卫委主任　栗润忠（至2月）
赵　娟（2月起）
内务司法委主任　孙国明
财经委主任　严昌杰
城建环保委主任　董领中
城建环保委副主任　杨黎辉

区政府各部门

区政府办公室

主　　任　郭沫彪（至7月）
谢劲松（7月起）
副 主 任　舒静涛　蒋锐清
余　祥（至7月）
向　阳（7月起）
王敬红
马建昆（至2月）
雷　洋（至1月）
刘新昆（2月起）
黄吉先　杨　东
李　建（6月起）
秘书科科长　李　建
综合科科长　龙晶晶
信息督查科科长　姜璐璐（11月起）
区长热线办公室主任　刘秀芬
"四创两争"办公室主任
雷　洋（兼　至1月）
刘新昆（兼　2月起）
"四创两争"办公室副主任
鲁　荣
马　萍（2月起）
应急管理办公室主任
郭沫彪（至7月）
谢劲松（兼　7月起）
城乡一体化工作领导小组办公室副主任
张忠福（兼　7月起）
陈　诚（兼　7月起）
梁威威（兼　7月起）
向　阳（兼　7月起）
社会主义新农村建设领导小组办公室
副主任　张忠福（兼　7月起）

区建设拆迁安置办

主　　任　舒静涛（兼）
副 主 任　杨美玲（7月起）
杨怡菲（6月起）
区重点工程建设指挥部办公室主任
张云生（兼　7月起）
区重点工程建设指挥部办公室专职
副主任　杨美玲（至7月）

区政府法制办公室

主　　任　柏琼英
副 主 任　朱江英（6月起）

区发展和改革局

局　　长　张平安（至7月）
万　方（7月起）
副 局 长　杨建发（至7月）
陈　静（至1月）
陈绍琼
董　梅（11月起）
李东杰（7月起）
王　艾（7月起）
党委书记　段加喜
党委副书记　张平安（至7月）
万　方（7月起）
纪委书记　段加喜（兼）
区政府项目建设管理办公室主任
张平安（7月起）
区政府项目建设管理办公室副主任
王　艾
杨建发（7月起）

区粮食局

局　　长　张　伦（至1月）
李雄飞（7月起）
副 局 长　孙永康
蒋启香（7月起）
区粮食局党总支书记
张　伦（至1月）
李雄飞（7月起）
区粮食局党总支副书记　蒋启香

区扶贫办

主　　任　张正昌（至7月）
万　方（兼　7月起）
常务副主任　张正昌（7月起）
副 主 任　毕凌云

区教育局

局　　长　张永平
副 局 长　高　山（至7月）
汪　兵（7月起）
景海林　陈庆能
党委书记　李丽玲
党委副书记　张永平
高　山（至7月）
李柱秀（7月起）
纪委书记　高　山（至7月）
李柱秀（7月起）

区科学技术局

局　　长　赵钰梅（至7月）
副 局 长　邹开祥（至7月）
党组书记　王劲松（至7月）

区科学技术和信息化局

局　　长　赵钰梅（7月起）
副 局 长　邹开祥（7月起）
杨　亮（7月起）
党组书记　王劲松（7月起）
区知识产权局局长　赵钰梅（7月起）
区知识产权局副局长　王云辉（7月起）

区民政局

局　　长　王　益（至7月）
李正良（7月起）
副 局 长　张　云（至7月）
矣培贵　李万涛
段奇林（至1月）
陈　锦（7月起）
郑　江（7月起）
刘　伟（10月起）
党委书记　杜纪霖
党委副书记　王　益（至7月）
李正良（7月起）

纪委书记　杜纪霖（兼）
区双拥办公室副主任
　　郑　江
　　张　云（7月起）

区司法局
局　　长　杨茂根
副 局 长　奎世明（至7月）
　　徐菲霞（至6月）
　　林　梅（6月起）
党组书记　杨茂根

区财政局
局　　长　李天才
副 局 长　吴　勇（至7月）
　　白　云（至7月）
　　钱　维（7月起）
　　杨宝屏
　　彭冬生（7月起）
国资局局长　吴　勇（兼　至7月）
　　杨宝屏（兼　7月起）
区财政国库支付局局长　任思荣
党组书记　李天才
区政府金融办主任　李天才（兼）
区政府金融办副主任
　　彭冬生
　　白　云（7月起）

区人事劳动和社会保障局
局　　长　李永社（至7月）
副 局 长　蔡文君（至7月）
　　许星斗（至7月）
党委书记　汤　岚（至7月）
党委副书记　李永社（至7月）
纪委书记　汤　岚（兼　至7月）
机编办主任　李永社（至7月）
医保中心主任　李菊花（至7月）
社会保险事业管理局局长
　　吕德昆（至7月）
劳动就业服务局局长
　　伍虹波（至7月）
区农村社会保险中心主任
　　张玉林（至7月）

区人力资源和社会保障局
局　　长　汤　岚（7月起）
副 局 长　蔡文君（7月起）
　　许星斗（7月起）
　　李建昆（7月起）
　　敖　筠（11月起）
党委副书记　汤　岚（7月起）
区医疗保险中心主任
　　李菊花（7月起）
社会保险事业管理局局长
　　吕德昆（7月起）
劳动就业服务局局长
　　伍虹波（7月起）
区农村社会保险中心主任
　　张玉林（7月起）

区环保局
局　　长　戚自良（至7月）
　　欧秀川（7月起）
副 局 长　李林平
　　李　敏
党组书记　戚自良（至7月）
　　欧秀川（7月起）
区环保局环境监察大队大队长
　　刘志伟

区建设局
局　　长　张云生（至7月）
副 局 长　李　毅（至7月）
　　陈　婷（至7月）
　　李宛谦（至7月）
党委书记　葛宝云（至7月）
党委副书记　张云生（至7月）
纪委书记　葛宝云（兼　至7月）
区人防办主任　段　凤（至7月）

区房产管理局
局　　长　张洪文（至7月）
副 局 长　汪　兵（至7月）
　　陈绍波（至7月）
　　梁威威（至7月）
党总支书记　张洪文（至7月）
党总支副书记　李晓岚（至7月）
区房管局廉租住房管理处处长
　　孔　卫（至7月）
房屋拆迁管理处副处长
　　明志新（至7月）

区住房和城乡建设局
局　　长　张云生（7月起）
副 局 长　陈绍波（7月起）
　　李　毅（7月起）
　　梁威威（7月起）
　　李宛谦（7月起）
　　明志新（11月起）
党委书记　葛宝云（7月起）
党委副书记　张云生（7月起）
　　李晓岚（7月起）
纪委书记　李晓岚（7月起）
区人防办主任　张云生（兼　7月起）
区人防办副主任　孔　卫（7月起）
区防震减灾局局长
　　戴雨荧（10月起）
保障性住房建设管理处处长
　　陈绍波（11月起）
房屋拆迁管理处副处长
　　张　燕（11月起）
建设管理中心主任
　　张云生（兼　7月起）
区"城中村"改造领导小组办公室
　　主任　张云生（兼　7月起）
区"城中村"改造领导小组办公室
　　副主任　明志新（7月起）
　　张　燕（兼　11月起）

区交通局
局　　长　吴永芳（至7月）
副 局 长　王艳明（至7月）
　　刘珂廷（至7月）
党组书记　杨琼珍（至7月）

区交通运输局
局　　长　吴永芳（7月起）
副 局 长　王艳明（7月起）
　　刘珂廷（7月起）
党组书记　吴永芳（7月起）
区公路路政管理大队大队长
　　吴永芳（兼　7月起）
区公路路政管理大队教导员
　　王云红（7月起）

昆明市综合行政执法局西山分局

局　　长　李正良（至7月）
常务副局长　陈　政（至7月）
副 局 长　许　云（至7月）
　　常会生（至7月）
　　叶　勇（至7月）
党总支书记　段云华（至7月）
执法大队教导员　许　云（至7月）
执法大队常务副大队长
　　陈　政（兼　至7月）
执法大队副大队长
　　常会生（至7月）
　　叶　勇（至7月）
规划建管执法中队中队长
　　朱　峰（至7月）
西山风景名胜区森林公园综合行政执法中队中队长
　　张云昆（至7月）
马街综合行政执法中队中队长
　　徐美明（至7月）
金碧综合行政执法中队中队长
　　赵向平（至7月）
永昌综合行政执法中队中队长
　　李应钊（至7月）
前卫综合行政执法中队中队长
　　杨　松（至7月）
福海综合行政执法中队中队长
　　崔效铭（至7月）
棕树营综合行政执法中队中队长
　　杨世富（至7月）
西苑综合行政执法中队中队长
　　董光华（至7月）
碧鸡综合行政执法中队中队长
　　李树康（至4月）
　　李开祥（4月起）
海口综合行政执法中队中队长
　　孙小平（至7月）
团结综合行政执法中队中队长
　　何先亮（至7月）

区城市管理局

局　　长　李正良（至7月）
副 局 长　李开祥（至4月）
　　赵宏敏（至7月）
党委书记　叶之渊（至7月）
党委副书记　李正良（至7月）
　　杨　艳（至7月）
纪委书记　杨　艳（至7月）
环境卫生管理处处长
　　丛　静（至7月）
环境卫生管理处副处长
　　汤红兵（至7月）
　　段静富（至7月）
市政绿化建设管理处处长
　　刘　云（至7月）
市政绿化建设管理处副处长
　　田学帮（至7月）

区城市管理综合行政执法局

局　　长　秦祝华（7月起）
常务副局长　陈　政（7月起）
副 局 长　叶　勇（7月起）
　　李　斌（7月起）
党委书记　叶之渊（7月起）
党委副书记　秦祝华（7月起）
　　杨　艳（7月起）
纪委书记　杨　艳（7月起）
执法大队大队长　秦祝华（7月起）
执法大队常务副大队长
　　陈　政（7月起）
执法大队副大队长　许　云（7月起）
执法大队教导员　叶之渊（7月起）
　　许　云（至7月）
执法大队副教导员　常会生（7月起）
区环境卫生管理处党支部书记
　　段云华（7月起）
规划建管执法中队中队长
　　朱　峰（7月起）
西山风景名胜区森林公园综合行政执法中队中队长
　　张云昆（7月起）
马街综合行政执法中队中队长
　　徐美明（7月起）
金碧综合行政执法中队中队长
　　赵向平（7月起）
永昌综合行政执法中队中队长
　　李应钊（7月起）
前卫综合行政执法中队中队长
　　杨　松（7月起）
福海综合行政执法中队中队长
　　崔效铭（7月起）
棕树营综合行政执法中队中队长
　　杨世富（7月起）
西苑综合行政执法中队中队长
　　董光华（7月起）
碧鸡综合行政执法中队中队长
　　李开祥（7月起）
海口综合行政执法中队中队长
　　孙小平（7月起）
团结综合行政执法中队中队长
　　何先亮（7月起）
区环境卫生管理处党支部书记
　　段云华（7月起）
环境卫生管理处处长
　　丛　静（至7月）
环境卫生管理处副处长
　　汤红兵（至7月）
　　段静富（至7月）
区数字城市管理指挥中心主任
　　秦祝华（兼　7月起）
区数字城市管理指挥中心副主任
　　赵　鑫（11月起）

区园林绿化局

局　　长　刘　云（7月起）
副 局 长　田学帮（7月起）
　　何铮昳（10月起）
党组书记　杨琼珍（7月起）

区农业局

局　　长　杜德富（至7月）
副 局 长　张　伟（至7月）
　　高徐颖（至7月）
　　张忠福（至7月）
党委书记　张宗伟（至7月）
党委副书记　杜德富（至7月）
　　陈　诚（至7月）
纪委书记　张宗伟（至7月）

区林业局

局　　长　李玉祥（至7月）
副 局 长　刘丕富（至7月）
　　李成德（至7月）
党组书记　李建国（至7月）

区农林局

局　　长　杜德富（7月起）
副 局 长　张　伟（7月起）
　　　　　李成德（7月起）
　　　　　张忠福（7月起）
　　　　　刘丕富（7月起）
　　　　　黄韶春（11月起）
党委书记　李建国（7月起）
党委副书记　杜德富（7月起）
　　　　　赵宏敏（7月起）
纪委书记　赵宏敏（7月起）
森林公安局西山分局局长
　　　　　蔡万荣（1月起）
森林公安局西山分局副局长
　　　　　姚金春（2月起）
森林防火指挥部办公室主任
　　　　　刘丕富（兼　7月起）
畜牧兽医局局长
　　　　　杜德富（兼　7月起）

昆明市滇池管理局综合行政执法局西山分局

局　　长　许建明（至7月）
副 局 长　张　哲（至7月）
昆明市滇池管理综合行政执法总队西山大队中队长
　　　　　杨　艳（至7月）
“四退三还”指挥部办公室常务副主任　陈　喜（至7月）

区滇池保护委员会办公室

主　　任　许建明（至7月）
办公室副主任　袁亭聚（至7月）

区水务局

局　　长　欧秀川（至7月）
　　　　　余　祥（7月起）
副 局 长　李　昆　张海丽
　　　　　陈　诚（7月起）
　　　　　袁亭聚（7月起）
　　　　　杨　艳（7月起）
党委书记　谢贵银（7月起）
党委副书记　余　祥（7月起）
　　　　　段　凤（7月起）
纪委书记　段　凤（7月起）
“四退三还”指挥部办公室常务副主任
　　　　　陈　喜（至7月）

区滇池管理局

局　　长　余　祥（兼　7月起）
昆明市滇池管理局综合行政执法总队西山大队队长
　　　　　余　祥（兼　7月起）
昆明市滇池管理局综合行政执法总队西山大队副大队长
　　　　　杨　艳（兼　7月起）
　　　　　陈　喜（7月起）
　　　　　田　丽（10月起）
“四退三还一护”指挥部办公室主任
　　　　　余　祥（兼　7月起）
“四退三还”指挥部办公室常务副主任
　　　　　陈　喜（7月起）
区滇池流域水环境综合整治督导组组长
　　　　　许建明（7月起）

区商务局

局　　长　保文胜（至7月）
副 局 长　陆俊华（至7月）
　　　　　王云辉（至7月）
党委书记　谭丽娟（至7月）
党委副书记　保文胜（至7月）
纪委书记　谭丽娟（兼至7月）

区经济贸易局

局　　长　保文胜（7月起）
副 局 长　陆俊华（7月起）
　　　　　陈　婷（7月起）
党组书记　保文胜（7月起）

区中小企业局

局　　长　蒋耀明（兼　至7月）
　　　　　保文胜（兼　7月起）
副 局 长　李东杰（兼　至7月）
　　　　　张晓昆（兼　至7月）
专职副局长　孙静宏（11月起）

区投资促进局

局　　长　蒋耀明（至7月）
　　　　　谭丽娟（7月起）
副 局 长　李东杰（至7月）
　　　　　张晓昆
　　　　　沈　洁（兼）
　　　　　华　琼（10月起）
党组书记　蒋耀明（至7月）
　　　　　谭丽娟（7月起）
区招商引资考核办公室主任
　　　　　蒋耀明（7月起）

区旅游局

局　　长　贾海虹（至7月）
党组书记　贾海虹（至7月）

区文化体育局

局　　长　薛扬涛（至7月）
副 局 长　陈　锦（至7月）
党组书记　薛扬涛（至7月）

区文化旅游体育局

局　　长　贾海虹（7月起）
副 局 长　赵志华（7月起）
　　　　　陈　薇（10月起）
党组书记　贾海虹（7月起）
区文化旅游稽查队队长
　　　　　王汉昆（11月起）

区卫生局

局　　长　金　涛
副 局 长　袁福安　王　军
党委书记　袁荣华
党委副书记　金　涛
　　　　　李海维（7月起）
纪委书记　袁荣华（至7月）
　　　　　李海维（7月起）
卫生执法监督局局长　李　涛
区新型农村合作医疗管理中心主任
　　　　　王艳君（11月起）

区食品药品监督管理局

局　　长　张伟新（9月起）
副 局 长　金　文（9月起）
　　　　　李　全（9月起）
党组书记　张伟新（9月起）

区人口和计划生育局

局　　长　吴秀梅（至7月）

薛扬涛（7月起）
副　局　长　陈　早（至1月）
周　兰　陈慧敏
党组书记　吴秀梅（至7月）
薛扬涛（7月起）

区审计局

局　　长　王　静
副　局　长　钱　维（至7月）
朱云芬
吴　勇（7月起）
党组书记　王　静

区统计局

局　　长　陆　莺
副　局　长　李分祥
吴懿明（6月起）
党组书记　张富利（至1月）
陆　莺（1月起）

区民族宗教侨务局

局　　长　孔令国
副　局　长　邬　敬　龙正华

区安全生产监督管理局

局　　长　秦祝华（至7月）
王　益（7月起）
党组书记　王　益（7月起）
副　局　长　张文东
宋文宏（6月起）
监察大队大队长　苏祖寿（11月起）

区便民办

主　　任　熊佳艳（至7月）
副　主　任　李勇青（至7月）
支部书记　熊佳艳（至7月）

区政务服务管理局

局　　长　熊佳艳（7月起）
副　局　长　杨家富（7月起）
李勇青（7月起）
党组书记　熊佳艳（7月起）

区信访局

局　　长　董孟云（至7月）
杨　东（兼　7月起）
副　局　长　邬秉珍　白　琳

区机关事务管理局

局　　长　卢永俊
副　局　长　张玲萍

区档案局

局　　长　李惠娟（至7月）
吴秀梅（7月起）
副　局　长　罗翠鸿

区供销社

主　　任　杨跃林
副　主　任　李建华
刘志刚（11月起）
党委书记　李　德
党委副书记　曹文华（至1月）
杨跃林
纪委书记　曹文华（至1月）
李　德（兼　7月起）

西山区人民医院（西山区中医院）

院　　长　杨兆宇（至6月）
叶军川（7月起）
副　院　长　叶军川（至7月）
崔　瑾
尹　坚（7月起）
杨宏涛（7月起）

区政协各工作机构

办公室主任　旷嘉兴
办公室副主任　李恒莉（至6月）
左　权
提案工作委员会主任　周晓群
文史资料委主任　王　丽
社会法制委主任　吴家荣（至6月）
董孟云（7月起）
社会法制委副主任　胡鹏飞
经工委主任　王建昆
经工委副主任　朱光明（2月起）
教科文卫体委主任　毕敏轩
城乡环保委主任　石生文
城乡环保委副主任　依丽华

区政法系统

区人民法院

院　　长　何家华
副　院　长　丁志忠　毕建华
吴韵梅（至2月）
李宏光
那云翔（9月起）
政治处主任　梁英华
政治处副主任　张茂林
纪检组长　赵元庆
执行局局长　张伟新（至9月）
监察室主任　唐红川
法警大队长　熊云辉
执行局副局长　文　健　郭志勇
立案庭庭长　党　红
刑事审判第一庭庭长　合　峰
刑事审判第二庭庭长　吴兆敏
民事审判第一庭庭长
白建明（至2月）
周玉波（9月起）
民事审判第二庭庭长　张　卫
民事审判第三庭庭长
杨联忠（至7月）
王会敏（9月起）
审判监督庭庭长　张　银（至2月）
福海人民法庭庭长　杜华萍
棕树营人民法庭庭长
那云翔（至9月）
海口人民法庭庭长　何昆文
行政审判庭庭长　李培伟
前卫人民法庭庭长　杨婉琳
专职审判委员会委员　张　芳
王静波
党组书记　何家华

区人民检察院

检　察　长　景迎宾
副检察长　李锦源　谭　虹
宗继明　张燕宽
杨竹芳（9月起）
政治处主任　王　霞
政治处副主任　毕建国
纪检组长　锁兴伦（至1月）

反贪局局长　赵　明
反贪局副局长　李文彪　陈　琳
公诉一科科长　李　俊
公诉二科科长　王敬才
控告申诉检察科科长　幸金学
民事行政检察科科长　程秀伟
监察科科长　彭　成
办公室主任　吴韶林
侦查监督科科长　杨竹芳（至8月）
技术科科长　鲁庆飚
职务犯罪预防科科长
　　白　明（至1月）
反渎职侵权局局长　李松林
法警队队长　李建林
监所检察科科长　江　琦
党组书记　景迎宾

西山公安分局

局　　长　杨建军
政　　委　王曙辉
副局长　刘伟雄　张勇坚
　　谢玉昆　杨红云
　　敖丁平（挂职）
　　吴志勇（挂职）
　　李勇进（挂职）
副政委　李建钢
政工监督室主任　蒲　松
副主任　赵　伟　陈天菊
　　张舰文
纪委书记　周烈彪
监察室主任　张　剑
指挥中心副主任　杨　承（主持工作）
　　杨志强
　　李　蔚（11月起）
一中队中队长　赵志文
二中队中队长　陈兴凯
三中队中队长　李富平
四中队中队长　于彦辉（至11月）
六中队中队长　奎金福
警务保障室主任　李云霞
副主任　王　昆
　　黄兴东（11月起）
法制室主任　黄　群
副主任　陆金龙　杨志荣
　　邵　山

网络安全监察大队

教导员　李健员
副大队长　柏　津　赵　彦
一中队中队长　王　刚
二中队中队长　王　钊
治安大队大队长　张　钧
教导员　曹立东
副大队长　杨　杰　张云鸿
二中队中队长　吕　立
三中队中队长　张巧丽
五中队中队长　杨　宏
六中队中队长　李朴留
七中队中队长　李　娄　关　荣
十中队中队长　赵　剑
刑侦大队大队长　田　军
教导员　普卫东
副大队长　阎光彦　殷云清
　　胡俊峰
一中队中队长　陈晓芬
四中队中队长　袁志兵
五中队中队长　沈　军
六中队中队长　尹国福
七中队中队长　黄劲松
八中队中队长　宋吉林
十中队中队长　张　硕
十二中队中队长　王惠昆
巡特警大队大队长　李郑超
教导员　李文东
副大队长　王　文　谭继彪
　　李　平
一中队中队长　孙志强
二中队中队长　冯　露（11月起）
三中队中队长　罗　勇
四中队中队长　赵　昇
五中队中队长　刘怀鲁
经济犯罪侦查大队大队长　杨　军
教导员　何云川
副大队长　胡明辉　王学青
　　杨世达
三中队中队长　廖　劲
禁毒大队大队长　朱伟中
教导员　李云雄
副大队长　胡　檐　王　钢
一中队中队长　倪　勇
三中队中队长　王雪莲

四中队中队长　杨　晋
五中队中队长　艾　雄
六中队中队长　马　俊
八中队中队长　王昌文
国保大队大队长　张云
副大队长　张永海　罗　云
　　寸　杨
二中队中队长　姜建军（11月起）
四中队中队长　陈坤光
五中队中队长　邱学彦

看守所

教导员　肖　贵
副所长　段宗清　余志勇
　　张寿明
一中队中队长　徐美富
三中队中队长　李　锦
四中队中队长　武锡昆
五中队中队长　孙　敏
拘留所副所长　李永雄
棕树营派出所所长　王　飞
教导员　巴　丁
社区警务中队中队长　桂正宇
巡逻防控中队中队长　孙云菁
综合内勤中队中队长　张　义
大观楼派出所所长　李昆华
教导员　冯　浩（11月起）
社区警务中队中队长　赵劲红
巡逻防控中队中队长　唐建云
综合内勤中队中队长　杨兰珂
金碧派出所所长　张春林
教导员　孙琥斌
案件办理中队中队长　孔　捷
社区警务中队中队长　李　伟
所巡逻防控中队中队长　柳甘泉
综合内勤中队中队长　彭　玮
福海派出所所长　姚　颖
教导员　李恒兵
案件办理中队中队长　杨　卫
社区警务中队中队长　王学勇
巡逻防控中队中队长　李耀庭
综合内勤中队中队长　张保安
螺蛳湾派出所所长
　　袁　鉴（11月起）
教导员　陈秀军

案件办理中队中队长　吴　兵
社区警务中队中队长　邓春升
巡逻防控中队中队长　马　恒
综合内勤中队中队长　邱　秋
东风派出所所长　王　剑
教　导　员　李　洪
案件办理中队中队长　赵　耀
巡逻防控中队中队长　李亚军
综合内勤中队中队长　吕　磊
梁源派出所所长　赵亚伟
教　导　员　徐建军
社区警务中队中队长　张　韬
巡逻防控中队中队长　龙毅罡
综合内勤中队中队长　周子毅
永昌派出所所长　孙宜麟
教　导　员　段　辉
案件办理中队中队长　宋福伟
社区警务中队中队长　熊　祥
巡逻防控中队中队长　代建聪
马街派出所所长　苟　昆
教　导　员　汤云江（11月起）
案件办理中队中队长　李世剑
社区警务中队中队长　李志能
巡逻防控中队中队长　杨　军
综合内勤中队中队长　毛庆瑶
碧鸡派出所所长　袁春江
教　导　员　朱　宁
案件办理中队中队长　施传尧
巡逻防控中队中队长　毕　猛
综合内勤中队中队长　杨锐锋
海口派出所所长　杨春华
教　导　员　段雁南（11月起）
案件办理中队中队长　杨育慧
社区警务中队中队长　陈加松
巡逻防控中队中队长　孙云川
综合内勤中队中队长　李彩云
团结派出所所长　李　欣
教　导　员　危东华
刘家营派出所所长
刘德勋（11月起）
教　导　员　田　矜
案件办理中队中队长　吴道川
社区警务中队中队长
刘云海（11月起）
巡逻防控中队中队长　张　黎

综合内勤中队中队长　罗秋波
前卫派出所所长　张跃新
教　导　员　施正文
案件办理中队中队长　陈　韬
社区警务中队中队长　肖云峰
巡逻防控中队中队长　许　晋
综合内勤中队中队长　张　凌
谷律派出所所长　李嘉（11月起）
教　导　员　于颜辉（11月起）
金牛派出所所长　吴　虞
教　导　员　张静海
案件办理中队中队长　李俊能
巡逻防控中队中队长　万　敏
综合内勤中队中队长　王　超
明朗派出所所长　许勇斌
教　导　员　李红祥（11月起）
西华派出所所长　程建军
教导员　邓　刚
社区警务中队中队长　李东云
巡逻防控中队中队长　马克军
综合内勤中队中队长　闫新河
东陆桥派出所所长　夏进烜
教　导　员　杨汝富
案件办理中队中队长　游　兵
社区警务中队中队长　刘敏昌
巡逻防控中队中队长　吕　耀
综合内勤中队中队长　郭玉荣
滇池路派出所所长
向学勤（11月起）
教　导　员　叶寿勇
案件办理中队中队长　张　静
巡逻防控中队中队长　陶雪波
综合内勤中队中队长　刘顺龙
金家河派出所所长　王　玮
教　导　员　李健权
案件办理中队中队长　李学毅
社区警务中队中队长　赵俊林
巡逻防控中队中队长　伍永刚
综合内勤中队中队长　国学锐
西山风景区派出所所长
蔡晓松（11月起）
教　导　员　李永寿（11月起）

（公安分局李利娜）

群众团体

区总工会
主　　席　郝坚放（兼）
常务副主席　王友莲
副 主 席　吕　鹏（至2月）
肖　国
李恒莉（6月起）

团区委
书　　记　吴毅刚（至2月）
李泓俊（2月起）
副 书 记　李荣燕（至2月）
专职副书记　喻　戎（2月起）
王　婧（2月起）

区妇联
主　　席　鲍春华
副 主 席　曾玉竹　赵春梅

区残联
理 事 长　李昆平（至2月）
李太明（10月起）
副理事长　毕正和

区工商联
会　　长　任剑峥（至10月）
主　　席　任剑峥（10月起）
常务副会长　李太明（至10月）
常务副主席　吴　怡（10月起）
副 会 长　吴　怡（至10月）
副 主 席　王少文（10月起）
党组书记　李太明（至11月）
吴　怡（11月起）

区科协
主　　席　张　睿
副 主 席　黄韶春（10月起）
张　伟（兼）
刘艳萍（10月起）
邹开祥（兼）

区红十字会
专职副会长　盛自文（10月起）

街道办事处

马街街道办事处
党工委书记　张　震
党工委副书记　殷磊民　赵　敏
　董　柯
　杨　蕾（挂职11月起）
人大工委主任　张红祥
办事处主任　殷磊民
办事处副主任　刘志刚（至11月）
　黄文锋　钟筱瑛
　郑　强
武装部部长　廖晓春
司法所所长　陈林燕

金碧街道办事处
党工委书记　邓运剑（至2月）
　吴　琳（兼　2~7月）
　李　照（7月起）
党工委副书记　李　照（至7月）
　石惠玲（7月起）
　李齐林
　范春明（2月起）
　万文林（挂职11月起）
人大工委主任　李永国
办事处主任　李　照（至7月）
　石惠玲（7月起）
办事处副主任　和润仙　姚怡辰
　陆　林
武装部部长　杨树松
司法所所长　李　达

永昌街道办事处
党工委书记　柯旭波（至7月）
　张洪文（7月起）
党工委副书记　陈　伟（至1月）
　杨云亮（至7月）
　吴毅刚（2月起）
　贺建明
　曹剑秋（挂职　11月起）
人大工委主任　李　萍
办事处主任　陈　伟（至1月）
　吴毅刚（2月起）
办事处副主任　朱光明（兼　至2月）
　杨葆杰　张子鉴
　宁德平（2月起）
　李　崇（11月起）
武装部部长　贺建明
司法所所长　李江涛（10月起）
螺蛳湾商贸城管委会主任
　朱光明（至2月）
螺蛳湾商贸城管委会副主任
　李　崇（至11月）

前卫街道办事处
党工委书记　李　琨（至2月）
　郭荣祥（2月起）
党工委副书记　郭荣祥（至2月）
　常志刚
　李　志（2月起）
　刘　义（挂职　11月起）
人大工委主任　周永寿
办事处主任　郭荣祥（至2月）
　李　志（2月起）
办事处副主任　李　志（至2月）
　王永刚（至11月）
　夏　勇　陈松涛
　李荣燕（2月起）
　张　启（11月起）
武装部部长　张玉林
司法所所长　曹珍云

福海街道办事处
党工委书记　李兆明（至7月）
　陆玉坤（7月起）
党工委副书记　陆玉坤（至7月）
　李启明（至11月）
　戚自良（7月起）
　张绍波
　陈　萍（挂职　11月起）
人大工委主任　黄茂年（至7月）
　王志武（7月起）
办事处主任　陆玉坤（至7月）
　戚自良（7月起）
办事处副主任　李　彬　赵永兰
　苏余晖
司法所所长　周宗宇

棕树营街道办事处
党工委书记　欧阳锐
副　书　记　赵宇锋　普云德
　杨本进
　李云春（挂职　11月起）
人大工委主任　常锦明（至1月）
　杜建祖（2月起）
办事处主任　赵宇锋
办事处副主任　樊晓翠　王　斌
　宋　珩
　谭云东（9月起）
武装部部长　杨本进（兼）
司法所所长　张　清

西苑街道办事处
党工委书记　执发礼（至7月）
　顾　巍（兼　7~11月）
　张春华（11月起）
党工委副书记　张春华（至11月）
　唐孝坤（11月起）
　苏　燕
　张建强（挂职　11月起）
人大工委主任　鲁　旭
办事处主任　张春华（至11月）
　唐孝坤（11月起）
办事处副主任　梁殿奎（至1月）
　徐江昆　易玉茹
武装部部长　唐志国
司法所所长　彭　洁

碧鸡街道办事处
党工委书记　李雄飞（至7月）
　李玉祥（7月起）
党工委副书记　杨德勇　李　俊
　王仁潮（6月起）
　董寿山（挂职　11月起）
人大工委主任　何贵友
办事处主任　杨德勇
办事处副主任　王仁潮（至6月）
　时关所　董荣昆
　姚勇德
　徐菲霞（6月起）
武装部部长　王　昆
司法所所长　李泓俊（至2月）
　刘　波（10月起）

海口街道办事处

党工委书记　刘　伟
党工委副书记　杜建祖（至2月）
马建昆（2月起）
李建昆（至7月）
李万青（11月起）
易　玲（挂职　11月起）
人大工委主任　向　阳（至7月）
李泽勇（12月起）
办事处主任　杜建组（至7月）
马建昆（2月起）
办事处副主任　游国强　段　松
李泽勇（至11月）
杨丽昆
王先武（11月起）
陈　军（11月起）
盛明丽（挂职　3月起）
武装部部长　段　松（兼）
司法所所长　王先武（至11月）

团结街道办事处

党工委书记　李　锦
党工委副书记　杨正山　金川萍
李根祥
宋　蕾（挂职　11月起）
人大工委主任　朵朝云
办事处主任　杨正山
办事处副主任　胡志发
李　斌（至7月）
杜天春　尚勇军
张　哲（7月起）
武装部部长　熊凤忠
司法所所长　李玉生
谷律便民服务中心党支部书记
杨家富（至7月）
区林业局团结分局局长
李光福
团结生态旅游开发区管委会主任
李　锦（兼）
团结生态旅游开发区管委会副主任
刘清华

昆明海口工业园区

管委会主任　成　民（兼　11月起）
管委会常务副主任　刘　伟（兼）
管委会副主任　李万青（至11月）
张　然（挂职　11月起）
马建昆（兼　2月起）
杜建祖（兼　至2月）
沈　洁
黄光国（10月起）
海口工业园区党工委书记　张灵智

西山国家级风景名胜区管委会

主　　任　蔡德生（兼）
张家仁（兼）
常务副主任　矣志高
副 主 任　李燕昆（6月起）
陆李平（10月起）
董　姣（挂职　11月起）
党工委书记　柳文炜（兼）
党工委常务副书记　矣志高
主任助理　蔡晓松（6月起）
（区委组织部干部科　晁　阳　非绍坤）

民主党派

民革西山总支

主　　委　夏叶青

民盟西山区基层委员会

主　　委　赵钰梅

民建西山基层委员会

主　　委　詹亚平（7月起）

民进西山区总支

主　　委　高五一

农工西山总支

主　　委　李　平

致公党西山总支

主　　委　靳云东

九三学社西山区委员会

副 主 委　王　蜀（主持工作）

西山区归国华侨联合会

主　　席　孔　卫

西山区台胞台属联谊会

会　　长　马忠义

中华职教社

主　　任　戚家骝

区人民武装部

政　　委　荣德海
部　　长　张国平
副 部 长　张　军
政工科长　普　勤
后勤科长　梁　平

省、市属经济管理部门

工商局

局　　长　王　斌
副 局 长　何新胜（至5月）
窦　炜（至5月）
严玲华（至5月）
高　敏（5～10月）
陈　进（5～10月）
刘新琨（5～12月）
党组书记　王　斌
纪检组长　严　飞（1～5月）
王　超（5～12月）

质量技术监督分局

分 局 长　金　明
副 局 长　杨宁艳
纪检组长　赖宠福

国税局

局　　长　梁兴涛
副 局 长　罗加荣　刘　岩
杜国庆　李哲伦
党组书记　梁兴涛
纪检组长　杨志勇
稽查局局长　代银才
一分局分局长　王剑锋
二分局分局长　李　任
三分局分局长　马　锐
四分局分局长　尹嘉辉
五分局分局长　马文昆

六分局分局长　詹　军
海口税务分局　刑海斌

地税局

局　　长　何立东
副 局 长　赵光俊（至8月）
　　　　　梅　宁
　　　　　张本荣（10月起）
纪检组长　孙晓华
一分局分局长　牛　琳
二分局分局长　孙　红
三分局分局长　周海峰
四分局分局长　苏继惠
五分局分局长　崔　军
六分局分局长　果长礼
七分局分副局长　王　杨

国土资源局西山分局

党组书记　李应海
局　　长　马　燕
副 局 长　方勇华　高云华
地矿与环境科科长　吴苏华
西山执法大队队长　王亦兵
教 导 员　秦竹春
土地保护利用科科长　杨树林
测绘地籍科科长　吴玮光
办公室主任　段　昌
福海国土所所长　房　能
棕树营国土所所长　杨春青
马街国土所所长　邬培杰
前卫国土所所长　曹应龙
碧鸡国土所所长　马　波
海口国土所所长　毛晓春
团结国土所所长　郎　钟

食品药品监督管理局（至9月）

局　　长　黄峡峰（至9月）
　　　　　张伟新（9月起）
副 局 长　李　全
　　　　　金　文（9月起）
纪检组长　金　文（至9月）

邮政局

局　　长　张朝辉
副 局 长　郭建军
　　　　　熊文凤（至7月）
　　　　　江　燕
　　　　　刘华欣（8月起）
党总支书记　张朝辉

电信分公司

总 经 理　黄俊彪
副 经 理　肖云淮　龙承周
党总支书记　黄俊彪

金融系统

中国银行监理会云南监管局西山办事处

主　　任　陈雄杰

中国人民银行西山区支行

行　　长　马　驷
副 行 长　杨金鸥
纪检组长　胡海文

中国工商银行西市区支行

行　　长　黄继明
副 行 长　隋剑云　李明昊
　　　　　何　智　陆　峰

中国农业银行西山区支行

行　　长　牛国华
副 行 长　庞昆河　章卓毅
　　　　　任　颖
　　　　　王　华（7月起）

中国建设银行西山支行

行　　长　肖建春
副 行 长　靳子诚

中国建设银行海口支行

行　　长　李智辉
副 行 长　朱　锐

中国银行西山支行

行　　长　石　明
副 行 长　朱　燕　梁乃生
　　　　　田玉清　邓　彤

昆明市商业银行西山支行

行　　长　张　坤
副 行 长　张　磊

农村信用合作联社

理 事 长　李品涛
监 事 长　李建树（至8月）
　　　　　任立辉（8月起）
主　　任　任立辉（8月起）
副 主 任　邓天智（至8月）
　　　　　任立辉（至8月）
　　　　　李建树（8月起）
　　　　　吴秀武（8月起）

广东发展银行昆明分行

行　　长　朱灿璋
副 行 长　范　刚　洪　源
纪委书记　徐渊哲

广东发展银行昆明金碧路支行

行　　长　李　璐
副 行 长　李劲妍（至11月）
　　　　　娄建磊

广东发展银行昆明大商汇支行

行　　长　资晓路
副 行 长　邓丽萍
　　　　　李令彦（12月起）

中国人民财产保险股份有限公司西山支公司

总 经 理　李凌鹤（至8月）
　　　　　哈跃萍（8月起）
副总经理　哈跃萍（至8月）
　　　　　张　外
　　　　　陈鹏宇（8月起）

中国人寿保险股份有限公司西山区支公司

经　　理　李国秋
副 经 理　苏　丽

中国人民财产保险股份有限公司海口营业部

经　　理　杨永祥
副 经 理　皮红珍
　　　　　杨继荣（6月起）

企事业单位

烟草专卖局（公司）
局长、经理　张建良
副 局 长　李春宜
副 经 理　李登雄（至11月）
　　　　　易芸文
　　　　　尹正洪（12月起）
总支书记张建良

西山区城市建设投资开发有限责任公司
董 事 长　龙春荣
总 经 理　江　山
副总经理　周　静　黄炳炎
　　　　　张　冬

昆明市规划局西山分局
局　　长　傅　仪（至3月）
副 局 长　熊湘红
（区地方志办公室收集整理）

大事记

编辑 罗桂莲

1月

5日 市委书记仇和率市委全会与会人员到西山区海口街道办事处参观海口工业园区建设。

10日 西山区召开草海片区和安置地块征地拆迁工作推进会，建立区级领导联系责任制，在全区范围内抽调200名工作人员到相关的5个街道办事处参与征地拆迁工作。

12日 省长秦光荣、市委书记仇和等领导冒严寒带队对西山区廉租住房小区翠峰花园实地调研和慰问。省、市领导入户走访慰问低保家庭，送去米、油、棉被等慰问品和慰问金。

同日 西山区邀请市滇池流域水环境综合整治指挥部、市水利局、市滇管局、市园林绿化局、市滇投公司、市排水公司相关负责人及专家，召开玉带河景观绿化、子河河槽及暗涵段截污设计优化完善方案论证会。

14日 西山区完成车改试点单位公务用车收交工作，全区车改试点单位首批封停公车270辆，为1月15日西山区正式启动车改试点工作奠定了基础。

19日 柬埔寨国会代表团到西山区百草村参观考察新农村建设。

20日 西山区召开创建国家卫生城市专题工作会议，通报国家专家组暗访反馈涉及到西山区的存在问题，要求各责任单位按时限完成整改工作。

27日 国家防总抗旱检查组到碧鸡街道办事处检查指导工作。

2月

1日 西山一中“昆明地区青少年科技创新实验室试点”项目通过验收，项目成果在参加省市第二十三、二十四届青少年科技创新大赛中，学生论文《昆明市西山区团结镇桃千村苗族教育调查研究》获昆明市一等奖和省三等奖；教师活动方案《昆明市主要少数民族教育状况调查研究》获昆明市一等奖和云南省二等奖。

2日 西山区召开2009年省级新农村重点建设村工作会。会议原则通过团结街道办事处13个省级新农村重点建设村拟建项目。

4日 春节前夕，区委副书记沈桂芝、区人大主任李志华、区纪委书记张国元等带领五班子领导一行组成5个慰问组，分别到马街、棕树营、金碧、永昌、前卫、福海、海口、碧鸡、西苑、团结办事处慰问全区500余名困难职工、农民工，送去大米、油和慰问金，价值15.18万元。

8日下午 省委书记白恩培，省委常委、昆明市委书记仇和，省政府副省长孔垂柱率省有关部门负责人，在西山区委书记柳文炜、区长蔡德生的陪同下视察西山区旱情，省委主要领导就进一步做好抗旱救灾工作做出部署。

24日 经昆明市人民政府批准，2009年西山区有5个园林单位、9个园林小区被命名为“昆明市园林单位园林小区”。

25日 省林业厅副厅长到西山区调研、指导、检查抗旱保苗及森林防火工作。

28日 省委书记白恩培到团结街道办事处十里箐村民小组进行走访调研。

2月 区检察院副检察长杨竹芳被最高人民检察院命名为“全国模范检察官”。

3月

2日 市政协主席、新运粮河河长田云翔在西山区政协主席徐方、西山区政府副区长周开龙及相关单位负责人的陪同下，对新运粮河及其8条支流（沟渠）整治情况进行现场勘查，全面了解支流（沟渠）的走向及涉及的村庄、厂矿。

同日 省滇池流域专家督导组西坝河督导长张钰在区政府副区长周开龙及相关单位负责人的陪同下，对玉带河、西坝河进行现场检查，并召开现场工作会，为3月底西坝河综合整治工程初步验收做好准备。

5日 由金家河督导长潘政扬、河长杜敏等组成调研组，在区政府副区长周开龙和区属相关部门负责同志的陪同下，检查金家河截污及水环境综合整治工程的完成情况，加快推进由滇池旅游度假区管委会负责实施的金家河下段综合整治工程。

6日　区委、区政府在碧鸡公园举行现场爱心捐助活动仪式。区属机关、街道、企事业单位、社会各界136个单位和个人共向灾区捐款69.91万元。

8日　由国家森林防火指挥部、吉林森林防火指挥领导组成的森林防火督查组，在省、市领导陪同下对西山区森林防火工作进行督促检查。

9日　市政协常务副主席、老运粮河河长张建伟一行在区政协副主席陈开建、区水务局、区河道整治指挥部相关负责人的陪同下，对西山区老运粮河及支流（沟渠）综合整治工作情况进行检查。

同日　省旅游局副局长文淑琼、政策法规处处长李爱萍等省、市领导，到西山区就省级旅游特色村——团结龙潭村建设情况进行调研。区委书记柳文炜、区政府副区长冯美琼等相关领导陪同调研。

10日　省爱卫会专家李玉勤率8位省级专家到西山区督导检查国家卫生城市创建工作。专家组一行深入各备检点现场，对社区和单位卫生，城中村及城郊结合部卫生，健康教育，环境保护，病媒生物防制，传染病防治和食品卫生等10项工作进行细致的检查与指导。

18日　省教育厅厅长罗崇敏到西山调研职业教育工作。

19日　由省、市妇联主办，西山区妇联承办的“云南省平安家庭创建主题宣传周广场活动”在永昌街道办事处中心公园拉开序幕。省妇联副主席郑露、省综治办主任胡吉安，市妇联副主席梅会芬、昆明市综治办副主任吴疆，西山区委副书记沈桂芝、区政法委书记张志强等相关领导，五华、盘龙、官渡区妇联主席及平安家庭代表、综治维稳志愿者200余人参加活动。

24日　省长秦光荣率队到西山区调研四退三还一护工作。

3月　西山区被省政府授予“创建无毒乡镇工作先进县”称号。

4月

7日　市委书记仇和、市委副书记李邑飞、常务副市长李文荣等市领导陪同大理州委书记刘明和州委副书记、州长何金平带队的中共大理州委中心组学习考察团到西山区考察城中村改造工作，并对30号片区（一期）城中村项目 南亚风情第壹城进行实地参观。

15日　市政协主席田云翔率市政府相关领导到西山区，对32号渔堆村、20号红庙寺村等6个城中村改造项目工作进展情况进行实地调研。

17日　省民政厅基层政权建设处副处长杨虹率市民政局副局长赵国荣、市委组织部组织二处处长廖助宁等相关领导一行5人，深入西山区就社区“两委”换届选举等工作进行调研。

19日下午　团中央第一书记陆昊在省、市相关领导和区委柳文炜、副书记沈桂芝的陪同下，到永昌街道办事处永兴路社区检查指导团工委工作，对“社区联合建团”基层组织模式给予充分肯定。

24日　由区委、区政府主办，西山区知识产权局、昆明技术转移中心、西苑街道办事处、昆明市生产力促进中心西山分中心承办的西山区知识产权宣传周暨首届知识产权在基层论坛在西山区图书馆举行。

26日　市委书记仇和出席金碧街道办事处辖区内的“昆钢科技大厦项目”开工仪式，并视察“昆钢科技大厦项目”实施情况。

28日　区委、区政府举行“2010年昆明市西山区总部经济发展暨重大招商引资项目签约仪式”，与6个大中型企业签署昆钢科技大厦项目、云南广电网络文化产业园区项目、西城国际金融项目、云铜总部大厦项目、螺蛳湾中央商务区（二级CBD）项目、西山区风能开发项目合作框架性协议，引进6个重大招商引资项目落户西山区，总投资额达348.24亿元。

4月　区检察院副检察长杨竹芳被中华全国总工会表彰为“全国先进工作者”。

5月

1日　“2010中国昆明国际文化旅游节昆明狂欢节西双版纳民族风情泼水展演活动启动仪式”在西寺塔广场举行，省旅游局区域合作与会展处处长罗鹭、市政府副秘书长李云周，西双版纳州副州长唐家华，昆明市旅游局局长黄俊峰，昆明市文化广播电视体育局局长厉忠教，西双版纳州勐海县领导、西山区五班子领导以及西山区相关职能部门负责人参加仪式。

6日　西山区召开2010年城中村改造工作会 西山区五班子领导及各街道办事处、区级相关职能部门负责人、意向投资企业负责人参加了会议。市政府副市长陈勇、市规划局、市国土资源局、市住建局、市城改办等市级相关部门领导应邀出席会议。

7日　中纪委党风室二处副处长王为民一行两人在省、市纪委和市级机关事务管理局领导的陪同下，到西山区调研公务用车专用卡定额包干管理工作。

14日　云南省文物普查督察验收组对西山区第三次全国文物普查实地调查阶段工作进行抽查验收。

5月　永昌街道办事处永兴路社区获全国妇联、民政部、文化部、环境保护部、国家广电总局联合授予的“全国创建学习型家庭示范社区”称号。

6月

1日　国务院副总理李克强到西山区白鱼居委会禄海新村了解村民抢种庄稼情况。

同日 市人大主任杨远翔率市人大办公厅、市级相关部门负责人对西山区大观河截污及水环境综合整治工作进行现场检查。区河道指挥部指挥长、区政府区长蔡德生、区人大常委会主任李志华及区属相关部门人员陪同进行检查。

同日 位列“昆明十佳夜景”和“昆明十佳夜景观景地”评选活动“双十佳”之首的西山龙门夜景工程正式开放。

5日 市委常委、昆明警备区政委、乌龙河河长张朝凤会同省水污染治理专家督导组督导长张森，率市指挥部办公室、市滇管局相关领导组织开展乌龙河综合整治自检自查。西山区河道指挥部常务副指挥长、区政府副区长周开龙及区属相关部门负责人陪同进行检查，并对整治情况做了汇报。

11日 省治污督导长赵钰及市委常委、市政府副市长黄云波检查调研西坝河综合整治工作。

同日 西山区有序推进全区公务用车专用卡定额包干管理工作，对封停的158辆公车进行公开拍卖。其中拍卖成交147辆，成交价515万元，拍卖收入上缴区财政。

13日 国家林业局野生动植物保护与自然保护区管理司野生动物疫源疫病防控处处长阮向东，在省林业厅野生动物保护处和市林业局相关领导的陪同下，对西山区野生动物疫源疫病监测防控工作进行检查指导。

同日 市委书记仇和在市、区领导陪同下，到永昌街道办事处永兴路社区调研指导工作。

19日 省委组织部部长到船房社区居委会调研和谐社区建设工作。

21日 省滇池流域治理专家督导组督导长马坚对西山区采莲河支流、金家河及其支流综合整治情况进行现场检查。区指挥部常务副指挥长、区政府副区长周开龙及区属相关部门负责人陪同检查。

22日 中央编办一司巡视员、副司长邹锡明带领检查评估组到西山区检查第一批政法专项编制分配落实情况。市级、区级相关领导，政法系统、市级财政部门及晋宁县相关负责人参加了会议。省编办机关处处长尚敏、主任科员王永琼等陪同。

同日 省专家督导组督导长冯志成到西山区对新运粮河水系污水截流工程建设情况进行检查。

25日 市委书记仇和到福海街道办事处调研工作。

同日 市政协主席、新运粮河河长田云翔率市级相关部门负责人对西山区新运粮河截污及水环境综合整治工作进行现场检查。

28日 在市知识产权局组织召开的2010年昆明市试点示范单位工作会议上，云南保元堂药业有限责任公司、昆明中药厂有限公司、昆明电缆集团股份有限公司3个企业被评为昆明市知识产权试点单位，云南新长江实业有限公司、云南飞隆劳尔设备有限公司被确定为市知识产权试点培育单位。

6月 区司法局联合区总工会、区人民法院、区人事劳动和社会保障局，成立西山区劳动纠纷人民调解委员会。

7月

1日 西山万名党员创先争优生态文明建设百日会战全面启动。

同日 市委书记仇和率市级领导组成检查团，实地观摩检查盘龙江西山区段综合整治工作。区委书记柳文炜、区长蔡德生、区委副书记沈桂芝、区人大主任李志华及区政府副区长周开龙等区级领导，区级相关部门、相关街道办事处有关负责人陪同参加实地观摩检查工作。

5日 市委书记仇和到团结街道办事处走访调研。

12日 昌源南路南段道路主体路面全线通车。昌源南路南段道路改扩建工程由西山区城投公司负责组织实施，道路全长749.265米，其中机非混车道宽12米，人行道宽各3米，项目投资总概算6 845.74万元。

14日 市人大常委会主任、大观河河长杨远翔在市环保局、市滇管局、市园林绿化局及西山区主要领导的陪同下，对西山区大观河综合整治情况进行现场检查，并听取了西山区的情况汇报。

同日 西山区宝花公路道路工程全线验收通车。宝花公路起于春雨路，经宝珠公园、花红园，止于郊野公园，接黑筇路，全长8.7公里，于2008年6月开工建设。

21日 西山区召开政府机构改革动员大会，全区副县以上领导（含改非），各街道党工委书记、办事处主任、人大工委主任，区属各单位、各部门领导班子成员及中层以上领导参加会议。

30日 老挝总理府国家水资源与环境总署环境评估局局长本次法沃拉吉一行25人，到团结街道办事处参观考察。

31日 西山区成功关闭云南商品批发交易市场。该市场共有经营户971户，商铺1 050间，从业人员4 000余人。

8月

2日 中、挪脑瘫康复项目——挪威协力会首席代表孙德，在省残联项目办负责人的陪同下，到西山区广福医院检查脑瘫儿童康复工作。

月初至11月底，西山区龙江公园（园博园）建成。公园北起南二环官南立交桥，南至广福路，东起盘龙江河道中心线，西至盘龙江西路。园内建设占地面积约1 300平方米，总投资1.512亿元。

8日 西山区于全国第二个“全民健身日”，组织永昌、西苑、金碧、福海、马街、棕树营6个街道办事处的600人参加云南省体育局、昆明市人民政府举办的"沃特杯"2010年云南省"全民健身日"昆明市万人穿城跑暨全民健身嘉年华活动。

9日　全国人大代表专题学习班全体人员在昆明市委、市人大常委会主要领导、市政府王副市长、西山区政府区长及区级相关部门的陪同下，对大观河入湖河口湿地建设情况进行考察，实地查看大观河整治及五家堆湿地公园建设情况。

11日　省政府研究室和市工商联调研组到西山区调研中小企业发展状况。

12日　中共昆明市委常委、常务副市长李文荣陪同南京大学党委书记洪银兴带队的南京大学考察团到西山区城中村改造30号片区（一期）——南亚风情第壹城项目考察调研。

13日　西山区自然村道路硬化工程建设，经昆明市交通建设工程质量监督局进行交工验收质量检测，达到验收标准。西山区21个自然村道路硬化工程建设总里程38.5公里，工程计划总投资2 695万元。工程于2009年5月开工建设，于2010年2月完成。

14日　市政府市长张祖林到福海视察滇池草海保护治理和开发建设河北标段及格37号安置地块。

16日　市政府市长张祖林率相关部门负责人到西山调研三环路道路两侧控制区综合环境治理及绿化美化工作。市政府领导听取西山区相关工作情况汇报，并召开工作调研部署会。

19日　在西山区农村信用合作联社第二届第一次社员代表大会上，区委副书记沈桂芝为西山区农村信用合作联社代授"全国模范职工之家"匾牌。

23日　中国残联社会服务指导中心主任曹丽敏一行5人，在省残联康复中心负责人的陪同下，到西山区检查、指导中、挪脑瘫康复项目工作。

24日　省专家督导组督导长潘政扬在市、区相关部门领导及正大河施工、设计、监理单位负责人的陪同下，对正大河西山区段综合整治情况进行现场检查。

25日　昆明市西山区食品药品监督管理局举行移交会，完成食品药品监督管理部门由省以下垂直管理改为地方政府管理的体制改革任务。

31日　西山区司法局明诚公证处获第一批"云南省公证行业文明公证处"称号。

9月

1日　市妇联主席陆玉珍率领四区街道及社区基层妇女干部到永宁里社区居委会参观指导妇联基层组织建设工作。

4日　市长张祖林到西山检查创建文明城市工作。

9日　在全省州市公安局长会上，西山分局被授予首批"云南省公安机关执法示范单位"和"云南省公安机关爱民实践示范单位"称号。

9～13日　在昆明国际会展中心举办的第六届昆明泛亚国际农业博览会上，云南龙凤谷生物药业有限公司生产的黑松露酒再获金奖，苦荞饮品获体质产品奖。

10日　西山区申报昆明市第五批市级文物保护单位推介8个项目（海口川字闸、倪蜕墓、磊楼、西园、盘龙阁、中国远征军司令部旧址、周培源旧居、红庙收信台旧址）通过专家评审。专家一致认为这8个项目，具有较高的历史、科学、艺术价值，较好的保留了与其时代特征一致的历史信息。

16日　西山国家级风景名胜区参加由云南省旅游局、云南省旅游业协会等举办的"七彩云南，喜游心选"评选活动，进入云南省旅游景区景点20强。

19日　省委第一巡视组深入西山区党员服务中心和永昌街道办事处永兴路社区、永宁里社区检查指导社区基层党建工作。

20日　云南省首个劳动纠纷人民调解委员会在西山区正式挂牌成立，17名经过培训的人民调解员持聘书上岗。

21日　市委常委、统战部部长、船房河河长金志伟，省治污专家督导组潘政扬督导长率市级相关部门负责人对西山区船房河截污及水环境综合整治工作进行现场检查。

27日　由区总工会、区人民法院、区司法局和区人力资源和社会保障局共同协商组建的西山区劳动纠纷人民调解委员会成立。

28日　西山区举行"百名法律服务工作者进社区"工作启动仪式，选派以律师为主的95名法律服务工作者与95个社区居委会结对服务。

同日　西山区首届"睡美人杯"青年歌手大奖赛结束。

30日　由省委组织部、团省委、省民政厅主办，市委组织部、团市委、市民政局承办的"云南省社区党员和团员志愿者服务活动启动仪式"在西山区永昌街道办事处永昌中心公园举行。

9月　区检察院在昆州路新建的办公办案用房和专业技术用房建成投入使用，办公办案用房面积从原来的1 700平方米增至8 000平方米。

同月 西山区工商局被国家工商总局评为"全国工商系统法制工作先进集体"。

10月

15日　西山区完成"十一五"期间省、市下达通畅工程4个：长坡—猫猫箐—妥目村、白渔口—山冲—200号军工厂、团结—律则—武家箐、马街—浑水塘；通达工程4个：棋台公路、花红园公路、桃树村公路、白眉村公路。

17日　西山区2010年公务员都

市经济及社会管理知识培训结束。培训于9月8日开班，分三期在区委党校进行，共培训学员935名。

20日 市人大常委会主任、大观河河长杨远翔率市级相关部门负责人对大观河及上、下游支流综合整治工作进行现场检查。区委书记柳文炜、区人大主任李志华、区政府常务副区长郭希林及区属相关部门负责人陪同进行检查。

同日 昆明市人大常委会主任杨远翔到西山区视察大观河治理工作。

25日 俄罗斯国家行政学院弗拉基米尔分院纳乌莫夫·安德列·米哈伊拉维院长为团长的校际交流代表团一行14人，到西山区政务服务中心参观交流。西山区领导简要介绍服务中心的基本情况和投资环境，并与考察团成员进行友好会谈。

10月 西山区政府机构改革工作结束。改革始于2009年初，经过机构改革，共合并组建政府工作部门7个；调整管理方式5个；更名2个；保留设置13个。政府工作部门从27个调整为25个，减少2个，精简7.4%。

11月

1日 省统计局局长姚堂文一行在市人口普查领导小组副组长、市统计局局长徐晓青的陪同下，到西山区检查指导人口普查工作。

9日 省、市滇池水污染防治专家督导组、省环保厅、省住建厅领导和专家，视察西山区辖区内昆明市卫生学校庭院雨污分流改造工作，区委书记柳文炜陪同视察，并对下步工作做安排部署。

同日 西山区组织召开老运粮河（下段）综合整治工程初步验收会议，全区11条主要出入湖河道截污及水环境综合整治工程全部完工。

10日 昆明市委书记仇和到西山区视察红星美凯龙项目建设。

16日 由国务院第三次全国文物普查办公室副主任刘小和一行8人组成的实地文物调查验收工作组，在云南省文物局副局长余剑明、昆明市文化广播体育局副局长朱建国等领导的陪同下，对西山区新发现文物点“中央电工器材厂一厂旧址”、“中国远征军司令部旧址”、“潘家别院”、“佟家别院”以及复查项目省级文物保护单位“升庵祠”进行实地复核考察，对新发现文物点、复查点的普查数据与现状进行现场复核。

22日 西山区委柳书记接见台湾南靖光电科技股份有限公司董事长林纪良，并就“LED”路灯生产基地项目进行洽谈。

23日 昆明市护苗学生营养食品有限公司、昆明鹏达科技有限公司等10个企业被认定为第一批500户“云南省省级成长型中小企业”。

26日 西山区创建全国无障碍城市工作通过国家专家组验收。

11月 西山区被省政府评为“2009年度县域经济发展十强县”。

同月 西山区被全国老龄工作委员会评为“全国老龄工作先进区”。

12月

3日 西山区农广校在农村劳动力转移培训和农村实用人才培训工作中成绩突出，被国家农业部授予“全国县级农业广播电视学校办学水平评估A级校”称号。

8日 西山区被中国残联授予“全国白内障无障碍县（市、区）”称号。

同日 国家安监总局副局长杨元元到西山区三环化工企业检查工作。

20日 西山区35个居委会全部开通农村公交，公交覆盖率达100%。全区实现行政村路面硬化率100%和公交覆盖率100%的“双百”工程责任目标。

22日 中央第二地方巡视组组长房凤友一行11人在市委书记仇和等领导陪同下，到西山区30号片区（一期）——南亚风情第壹城项目现场考察昆明市城中村改造情况。

28日 西山区举行草海北片区综合整治回迁安置房建设开工仪式。市委书记仇和及市政府相关领导、西山区五班子领导和市轨道交通公司、部分被拆迁户参加开工仪式。

29日 省滇池治理专家督导组督导长潘政扬和船房河河长金志伟率市委统战部、市滇池管理局、市滇投公司等相关负责人，对西山区船房河综合整治工作进行现场检查。

30日 省滇池治理专家督导组新运粮河督导长冯志成和市政协主席、新运粮河河长田云翔率市级相关部门负责人对新运粮河及其支流（沟渠）截污治理工作情况进行现场检查。

同日 市治污督导长李培山，太家河河长、市政府副市长李茜率市级相关部门负责人，对西山区太家河综合整治工作进行现场检查。

同日 昆明绕城高速公路西南段（安晋高速公路）正式通车。

（罗桂莲）

西山区概况

编辑　刀培凤

【区划·人口】　西山区位于昆明市主城区西南部，全区总面积881.32平方千米，城区面积47.4平方千米（2009年统计数）。2010年，全区辖马街、金碧、永昌、前卫、福海、棕树营、西苑、碧鸡、海口、团结10个街道办事处。下辖社区居委会98个、居民小组393个。2010年西山区年平均气温为16.7℃，较常年平均14.9℃偏高1.8℃；全年降水量为867毫米，较常年平均偏少144毫米；全年日照时数为2137小时，较常年同期偏少60小时。

年末，西山区常住人口为75.38万人，其中户籍人口为50.11万人。在户籍人口中，男性人口25.09万人，女性人口25.02万人。非农业人口39.63万人，占户籍人口的79.07%。年末户籍人口与2009年末的49.45万人相比，增加6581人，增长1.33%。汉族人口42.56万人，占总人口数的84.9%；少数民族7.6万人，占总人口数的15.1%。少数民族人口中彝族3万人，占少数民族人口的39.2%；白族1.9万人，占少数民族的25.2%；回族1.5万人，占少数民族的19.3%；苗族2000人，占少数民族的2.6%；其他少数民族人口1万人，占少数民族的13.7%。除彝、白、回、苗4个世居少数民族外，还有壮、傣、哈尼、纳西、满、蒙古、布依、傈僳、拉祜、藏、佤、景颇、瑶、布朗、阿昌、怒、普米、独龙、基诺、水等少数民族。

2010年，全区共出生4519人，出生率为9.02‰；死亡人数4274人，死亡率为8.53‰；自然增长率为0.49‰。人口密度每平方千米853人（按常住人口计算）。

【经济综述】　2010年全区实现生产总值（GDP）244.47亿元，增长12.6%，人均GDP达3.36万元。生产总值中：第一产业完成增加值2.7亿元，降低6%；第二产业完成增加值70.4亿元，增长12.4%，其中工业完成增加值47.69亿元，增长7.7%；第三产业完成增加值171.73亿元，增长13%，三次产业结构比调整为1.1:29.1:69.8。2010年非公经济完成增加值125.61亿元，增长10%，占全区生产总值的51%。地方财政总收入完成46.35亿元，增长24.8%，其中地方财政一般预算收入完成17亿元，增长30.76%。地方一般预算财政实际支出完成19.81亿元，增长17%。全区社会消费品零售总额完成199.46亿元，增长22.6%。全社会固定资产投资总额210.53亿元。其中工业固定资产投资27.5亿元，增长41.03%。全区乡镇企业交通运输仓储业营业收入11.02亿元。邮政业务总量5359.43万元。完成融资40.7亿元。年末金融机构各项存款余额509.45亿元，增长22.15%；贷款266.30亿元，增长24.12%。2010年全区纳入监测范围的旅游企业实现旅游收入3.474亿元，增长27%。

【农业农村工作】　2010年，全力克服百年特大旱灾带来的一系列影响，农林牧渔业总产值4.4亿元，完成“4210”、“1245”工程、“6+1”产业培育为载体的农业农村工作。全区农村经济总收入339亿元，增长4%。全年农作物总播种面积6917.3公顷，其中粮食作物4158.5公顷（谷物3180.7公顷、豆类737.9公顷、薯类239.9公顷），油类221.5公顷，药材2.9公顷，蔬菜、瓜果类2048.5公顷，其他农作物485.9公顷。粮食单产4.1吨，总产1.71万吨。谷物1.4万吨，蔬菜4.03万吨，园林水果6102.3吨。建设绿色标准化示范基地510公顷，有机示范村1个。完成水稻高产综合集成技术示范200.67公顷，玉米高产创建种植面积666.67公顷，农作物间套种680公顷，晚秋作物种植面积720公顷。加强动、植物疫病监测，提高免疫效果，4个强制免疫病种免疫密度均达100%。完成滇池流域农业产业结构调整245.27公顷、中低产田地改造133.33公顷。“一池三改”沼气池202口，推广节能气化灶1200眼。

农业产业园区建设，种植加工型花卉200公顷；在团结引入玫瑰加工企业昆明艾谱香料有限公司；西山区现代农业观光园规划通过专家评审，园区规划建设总面积166.67公顷。

农业科技园区建设，建成以苹果、草莓、西瓜为主的团结四季特色瓜果园区47公顷。完成海口黄梨保护与开发园区77.82公顷。

全区年末存栏生猪8.3万头、牛9 393头、羊3万只、家禽31.43万羽。全年出栏肉猪10.71万头、肉牛1 672头、肉羊1.36万只、肉禽73.09万羽。肉类总产9 859.3吨，牛奶产量401吨，禽蛋产量538.3吨，实现畜牧业产值2.035亿元。

全区完成农村劳动力培训1.52万人次，转移就业1.39万人（其中省外344人，省内区外3 456人，区内就地就近转移就业1.01万人），新增转移收入7 047.2万元。举办“绿色证书”培训班26班1 520人；开展农村实用技术培训204期1.23万人次；举办农业科技进村入户培训班22班1 345人；培训汽车驾驶员150人、拖拉机驾驶员137人、农机修理工76人。组织完成两个在读农民中专班6个科目的教学辅导和考试，合格率96.4%。

年内农业产业化经营新增市级以上农业龙头企业6家、农村专业合作经济组织2个。2010年全区共有龙头企业24家，固定资产达4.697亿元，年产值4.588亿元，带动农户11.65万户（含区外）。

全区完成林业绿化755.46公顷，其中新增辖区面山绿化49.46公顷，样板林建设14公顷，“五采区”建设23.53公顷，新造林地补植补造543公顷，苗木基地建设150.26公顷；森林管护面积3.68万公顷；滇池面山低效林改造86.67公顷；滇池流域面山抚育及补植38.8公顷；义务植树79.2万株；村庄绿化99个，绿化面积327.46公顷。年末实有封山育林面积333公顷。

水利建设方面对大坝水库、三家村水库、长坡水库、明朗水库进行除险加固工程。“五小”水利工程建成小水窖9 567个、小泵站49个、小水池107个、小引（饮）水管道378.3公里、小水渠52.88公里、小坝塘74个、防渗渠35条共48.93公里。新增有效灌溉面积533.33公顷，改善灌溉面积200公顷，解决1.74万人饮水安全问题。全区农业有效灌溉面积3 860公顷。

【全域城镇化建设】 2010年，新农村建设项目着重向经济欠发达的山区居委会倾斜，将团结街道办事处的13个自然村列为新农村省级重点建设村，共涉及农户1 178户4 892人。2010年共投入1 313.4万元，完成省级新农村重点村建设项目60件。

按照西山区“五区两带一港”的城乡发展空间布局，着力打造团结城乡一体化示范区，重点推进村庄规划工作和农村基础设施建设，编制完成团结龙潭特色商业街、十里箐苗族特色村和岔河、陡咀彝族特色村的发展规划。行政村公交开通率、“村村通”油路、自然村通电率、广播电视覆盖率实现100%；居民小组多功能活动中心覆盖率达35.3%、农村路灯覆盖率12.6%、自然村道路硬化率达52.9%、自来水入户率达96.6%。建成小水窖9 567个，完成33个山区居民小组1.74万人的饮水安全工程建设，更新改造供水管道378.3公里，实现城乡饮用水覆盖率97%。

2010年10月18日，西山区全面启动实施全域城镇化建设工作。在充分调研的基础上，拟将团结街道办事处龙潭商业新区项目争取列为市级全域城镇化工作试点，同时，选定海口曹家沟“迁村并点”项目为区级试点。

【工业·乡镇企业】 2010年，全区完成工业总产值163.19亿元，在全部工业总产值中，规模以上工业企业完成139.4亿元，其中轻工业完成25.7亿元，重工业完成113.7亿元。2010年全区工业企业完成增加值47.71亿元，增长6.5%；规模以上工业实现增加值27.46亿元，增长12.5%，利润总额6.89亿元，利税总额11.25亿元。产销衔接状况继续改善，产品销售率98.3%。工业固定资产投资完成27.5亿元，增长41.03%。

针对区规模以上工业企业受金融危机和“退二进三”政策影响的情况，安排工业专项发展资金500万元，加大对骨干企业技改扶持力度，对有成长性的企业加强指导，将7户企业培育为规模以上工业企业，使区规模以上工业企业户数回升至124户。海口工业园区2010年完成规模以上工业增加值18.36亿元，同比增长20%；主营业务收入完成91.9亿元，同比增长24.2%；利税总额完成7.15亿元，同比增长308.2%；工业固定资产投资完成20.85亿元，同比增长50.6%；引进到位内资18.1亿元，完成目标任务18亿元的100.5%，引进外资1 000万美元；开工亿元以上项目8个，竣工2个；建设标准化厂房6.5万平方米。

鼓励和支持企业进行节能减排技术改造，采用节能环保新设备、新工艺、新技术，走新型工业化道路。2010年单位GDP能耗降低率完成9.4%。2010年全区建筑业总产值78.88亿元，增长38.4%。

全区非公经济积极适应市场需求，不断拓宽经营领域，发展具有特色的优势产业，同时不断加大科技投入，企业的科技水平明显提升。已形成磷化工、光学仪器、生物制药、建筑建材、食品加工为重点的优势产业和行业，一批附加值、科技含量和市场知名度较高的产品，使非公企业的竞争实力进一步增强，成为经济发展最强劲的新的增长点和全区财政税收的重要来源。2010年，全区非公企业2.43万个，从业人员20.35万人。全年完成增加值105亿元。全区有乡镇企业1.7万个，从业人员18.52万人。完成增加值45.852亿元,，完成工业总产值164.946亿元，实交税金9.81亿元，完成营业收入226.148亿元。

2010年主要工业产品产量：磷矿石（折含五氧化二磷30%）212.88万

吨，饲料1.43万吨，硫酸（折100%）225.87万吨，农用氮、磷、钾化学肥料（折纯）75.19万吨，磷酸铵肥（实物量）151.24万吨，中成药4 475吨，水泥56.82万吨，耐火材料制品1.62万吨，10种有色金属849吨，滚动轴承100万套，发电机组（发电设备）64.17万千瓦，交流电动机86.31万千瓦，电力电缆8 637千米。

【旅游】 2010年全区监测范围内的旅游经营单位共接待游客585.31万人次，增长30%，实现营业收入3.474亿元，增长27%，其中景区（点）、度假山庄接待游客267.19万人，实现营业收入5 002.6万元；乡村旅游经营户接待游客235.94万人，实现营业收入2 691.21万元；宾馆（酒店）接待游客80.64万人，实现营业收入23 911.2万元；旅行社接待游客1.54万人，实现营业收入3 137.4万元。

制作《品味西山 色彩生活》便携旅游手册1.7万份进行发放，取得良好宣传推介效果。乡村旅游服务及规范管理工作继续广泛宣传动员全区证照齐全的乡村旅游经营户积极参与到星级评定活动中来。9月21日，在团结街道办事处豹子箐生态旅游度假区召开了西山区第三批乡村旅游服务接待设施等级评定授牌仪式，对2010年新评定的15户星级乡村旅游经营户进行正式授牌，其中三星级8户，二星级6户，一星级1户。

【商贸·工商管理】 年内，全区紧抓区域金融中心、商贸中心、现代物流中心、文化产业中心和总部经济中心培育以及5大特色中央商务区的打造，实施商贸富区战略。全年实现社会消费品零售总额199.46亿元，增长22.6%。按所有制结构分：公有制经济实现20.94亿元，占全区比重的10.5%；非公有制经济实现178.52亿元，占全区比重的89.5%。2010年中国·昆明泛亚产权交易中心落户西山区；引进昆钢科技大厦、云南广电网络文化产业园区、西城国际金融、云铜总部大厦4个总部基地项目，总投资额200亿元。楼宇经济新增云南医药物流中心、云南省粮油批发交易中心、昆钢科技大厦、海航酒店、华海新境界、南亚风情·第壹城、昆明红星国际、南市中央购物金座、国家开发银行、非常天地商务大厦等商务楼宇30万平方米。至年末，全区共建成并投入使用的商务楼宇55幢，总建筑面积近200万平方米，有入驻企业1 172家，完成总部经济1户。启动“质量兴区”活动，实施名牌和标准化战略，新注册商标207件。积极引导超市、便利店、标准化农贸市场、饮食店、维修回收等商业业态入驻社区，加快发展社区商业。建设和改造开业甲壳城市和中央金坐标2个标准化农贸市场。

城乡流通体系建设，建设完成海口白塔集贸市场。“万村千乡市场工程”建设完成团结街道办事处的妥吉新果园百货店、乐亩百货店和雨花怡秋百货店，海口街道办事处的双哨百货店、中平丹丹百货店和海丰顺达百货店6个农村“便利店”。关闭云南海春畜牧有限公司生猪定点屠宰场（厂）、鑫禄公司的中峰等定点生猪屠宰场（厂）。昆明昱西再生资源回收处理中心于4月16日开工建设。全区持有“成品油零售经营批准书”加油站48个。开展家电下乡活动，完成家电下乡备案108家，销售家电下乡产品4 343台，实现销售总金额924.04万元，实际补贴农民消费者共118.42万元。

全区共有进出口企业68家，进口企业20家，2010年全区进出口总额共9 808万美元，出口额超100万美元的企业15家。确定了投资300万美元以上的外商投资企业和年创汇50万美元以上的重点企业进行重点服务。对云南铜业胜威化工有限公司、昆明环际商贸有限公司、昆明信威食品有限公司、昆明马龙化工有限公司、云南华尔木业有限公司等15户出口创汇总额超100万美元的企业进行表彰奖励，奖励金额共14.94万元。

2010年，全区新增个体工商户6 776户、私营企业1 779户，实有个体工商户4.09万户，私营企业8 223户。新发展农民专业合作社8户，实有农民专业合作社31户。辖区内共有市场87个，其中农副产品综合市场31个，日用工业品消费市场9个，专业食品批发市场2个，鞋帽市场1个，针织品市场2个，屠宰市场2个，生产资料市场20个（建材市场7个、钢材市场4个、旧机动车市场3个），其他市场6个。全年新增注册商标207件，6家企业的商标被认定为“云南省著名商标”，12家企业的商标被认定为“昆明市知名商标”。

【财税·金融】 2010年，全区地方财政总收入完成46.35亿元，比上年同期的37.14亿元增收9.21亿元，增长20%。地方财政一般预算收入完成17亿元，比上年同期的13.01亿元增收3.99亿元，增长30.74%。地方财政一般预算支出完成19.81亿元，比上年同期的16.38亿元增支3.43亿元，增长17%。全区完成融资40.7亿元。全年非税收入完成1.532亿元（其中教育费附加6 914万元），为缓解财政收支矛盾起到积极作用。

年内税收收入合计中，增值税、个人所得税、车购税所占比重有所下降，消费税、企业所得税所占比重有所增长。企业所得税的增长贡献率最高为71.4%，个人所得税的增长贡献率为负数。西山区专业市场拆迁及经济形势影响，除集体企业、股份合作企业、私营企业和其他企业所占比重分别上升外，其他各种经济类型比重均有所下降。商业对增值税的贡献率最高占120.06%，非金属矿采选业也提供了31%的增长贡献，非金属矿物制品业、化学原料及化学制品业、印刷业和记录媒介的复制和金属制品业出现负增长。

全年区地税局组织税收收入13.43亿元，其中完成地方税收收入6.52亿元。规费总体收入5.874亿元，社会保险费累计入库5.648亿元，同比增收9 356万元，增长19.9%，累计征收率为98.91%。

全年区国税局共组织税收收入14.69亿元，增长24.67%，增收2.91亿元。全年税收与经济均呈增长趋势，国内增值税和消费税“两税”收入累计完成8.3亿元，比上年同期增长9.14%，增收6 954万元。企业所得税收入累计完成3.402亿元，比上年同期增长156.51%，增收2.076亿元。个人所得税收入累计完成247万元，比上年同期减少72.37%，减收647万元。车辆购置税收入累计完成2.954亿元，比上年同期增长7.17%，增收1 977万元。

2010年末全区29家金融机构各项存款余额509亿元，比年初增加92亿元，同比增长22.15%；各项贷款余额266亿元，比年初增加51亿元，同比增长24.12%；其中农业贷款（大农业）余额42亿元；重点建设项目、入滇河道治理、人居环境建设等项目投入信贷资金6.85亿元。

【固定资产投资】 西山区积极调整投资结构，抓住大投资、大项目、大建设这一主题，狠抓固定资产投资项目落地和建设步伐，推动西山区经济社会跨域式发展。2010年全社会固定资产投资总额达210.53亿元，比上年增长43.6%。城镇固定资产投资114.13亿元；房地产开发投资93.04亿元；农村私人投资3.36亿元。在全社会固定资产投资中，工业固定资产投资27.5亿元，比上年增长41.03%。

【招商引资】 2010年全区招商引资引进内资项目385个，实际到位资金84.04亿元，其中一般项目61.46亿元，城中村改造项目22.58亿元。大力培育和扶持外向型经济，全区外贸企业达61家。2010年进出口总额完成9 200万美元，增长31%。全年引进外资项目16个，实际利用外资6 085.31万美元。

2010年4月26日，西山区以昆钢科技大厦项目为代表的“重大招商引资、重点产业发展、重要基础设施建设”项目隆重开工。集中开工的昆钢科技大厦暨昆钢总部、国家开发银行云南总部、氟硅酸一步法生产冰晶石、饲料级磷酸氢钙、新型缓释肥料、城中村17号片区改造和昆州东路、昌源南路等61个项目，投资总额超过300亿元。

2010年6月6日，在第十八届中国昆明进出口商品交易会上，西山区与云南紫辛盛铝业有限公司等8家企业签订了8个项目的正式投资协议，协议总投资161亿元。8个签约项目中，总部经济项目3个，协议总投资78.48亿元；商业项目3个，协议投资80亿元；工业项目2个，协议投资2.9亿元。

【交通·邮政】 全区实现行政村公交通行率100%，是全省第二个实现100%行政村通公交的县区，在全省率先实现行政村道路路基改造和路面硬化率双100%。

2010年农村公路主要实施项目：一是团结乐（亩）（大叠）水公路及沿线综合整治工程建设。截至12月，该项目路基工程建设已完成。二是西山旅游环线一期续建路面工程施工建设，由于资金保障不到位，仅完成部分路面工程。

西山区部分城市道路交通建设重点项目：一是盘龙江西路建设，在11月30日前完成全线道路建设工作。二是197号路建设工程，该项目于4月15日完成路基、路面、排水工程施工及监理单位招标工作。

全年邮政完成业务总收入5 442.18万元（结算口径），同比增长16.18%。收支差完成4 892.51万元，同比增长25.37%。邮务类完成2 068.89万元、速递物流类完成791.16万元、金融类完成2 749.29万元。全年累计完成函件业务1 385.66万元。实现包件业务收入10.92万元（结算口径），集邮业务收入440.68万元，代理业务收入231.62万元。邮储短信新增1.65万户，新开户2.65万户，收入165万元。完成速递业务收入569.33万元。

【城市及保障性住房建设】 全年共承担18条道路的建设任务，道路总长22.08公里，计划总投资44亿元。

道路建设启动西山226号、197号路东段、147号、320号、319号、111号、170号、13号路东西段、114号、16号10条规划路道路的前期工作。为配合城中村改造，增加启动明波立交下行匝道、西山23号、229号、42号、48号、49号、50号、197号路西段、益宁路西段、马街中路、马街北路、兴苑路延长线南段12条规划道路的前期建设工作。

城中村改造投入资金165.339亿元，29个片区46个村的专项规划已通过市规委会审批，有9个片区12个村新开工建设，新开工面积179.8万平方米，63.89万平方米建筑已封顶断水。全年新增7个片区10个村安置房建设，20号片区红庙寺村二期的安置房14.1万平方米已启动建设；全区共启动拆迁26个片区50个村，拆除建（构）筑物687.54万平方米。新增10个片区22个村全面进入实质性拆迁。全区城中村已征收土地725.33公顷，5个片区7个村共49.71公顷完成土地交易工作。

推进“四创两争”工作。“创园”工作：2月4日国家住建部授予昆明市国家园林城市称号，西山区“创园”工作取得成功。“创卫”工作：

通过国家专家组技术评估考核，并全面启动卫生乡镇、卫生村创建工作。“创城”工作：完成第二次测评，已进入整改提升。“创节水”工作：西山区4家备检企业、5家备检单位、3家备检小区的各项迎检工作已准备就绪。“创模”工作：26项考核指标中，西山区3项基本条件全部达标，21项达标，1项基本达标，1项正在改善。“创生”工作：西山区已完成生态区规划编制，海口、团结2个街道办事处已完成省级生态乡镇的创建工作，同时启动涉农街道办事处及涉农社区的生态乡镇、生态村创建工作。

2010年，西山区新建廉租住房建设项目计划指标为3 898套，建筑面积19.36万平方米。采取政府统建和政企共建两种形式，其中政府统建廉租住房项目909套；政企共建廉租房项目云南西仪工业股份有限公司项目400套，云南冶金集团股份有限公司项目2 589套。区政府统建项目一标段于2010年3月1日开工建设，7月24日项目主体工程封顶。项目二标段已全部完成北区桩基施工工作，南区已完成70%工程桩施工工作。政企共建项目云南西仪工业股份有限公司项目于2010年7月完成规划选址、立项、环评、水保、抗震、人防、水务、规划、用地、林木移栽等相关工作；云南冶金集团股份有限公司建设项目前期审批手续基本办理完毕，取得立项、水保、环评、抗震、规划选址、用地等相关批复，完成6.5万平方米建构筑物的拆迁工作，年底正开展场地平整等相关工作。

【城市管理】 数字化城市管理模式覆盖西山区所辖区域内64.8平方公里范围。率先在全市将数字城管系统与政府电子政务平台整合起来开展工作，实现市、区、专业部门三级联动运行。年底，与区数字城管指挥中心联动运行的区级专业部门共26个。全年西山区数字城管指挥中心共受理数字城管案件14.5万件，全部通过数字城管系统派遣处置，结案13.9万件，结案率95.4%。

生活垃圾定点清运率、垃圾无害化处理率、粪便清掏清运合格率均为100%，主要道路机械清扫率60%以上。基本实现城乡生活垃圾“全收集”、“禁填埋”目标。加强城市道路巡查管理，完善市政设施抢险应急机制，共补盖失缺或损坏窨井盖1 327块，更换破损雨水篦子1 047块，完成主城区管辖范围内40米以上（含40米）17条主干道雨水篦子5 910块的清疏工作。修复破损路面7036平方米，修复破损人行道路面（含小块、青石板）1.04万平方米，修复破损街沿石、流水石2 380米。全年西山区共拆除临违地块574个，建筑面积25.96万平方米；拆除围墙2 381米。

临街建筑物立面挤占公共空间设施整治工作共普查出建筑物立面挤占公共空间总户数1.34万户。其中区级机关、企事业单位，以及街道、社区、居民小组所有财政供养人员（含差额拨款和财政补助人员）2 535户，面积6.98万平方米，于3月20日全部拆除完毕，拆除比例为100%；社会面建筑物立面挤占公共空间总户数1.09万户，拆除1.05万户，完成率96.6%。农房违法加层和无序建房共96起。

2010年西山区建成绿地总面积2 254.91公顷，绿化覆盖总面积2 342.15公顷，绿地率为47.57%，绿化覆盖率为49.41%，人均公共绿地面积为31.97平方米。2010年西山区4家单位（小区）被评定为昆明市园林单位（小区），其中昆明市园林单位2家，分别为：昆明市西山区海口新华中心学校、中国人民解放军77306部队；昆明市园林小区2家，分别为：西楚眠山花园小区（四星）、盛高大城小区（四星）。

【生态环境保护】 2010年，西山区二氧化硫总排放量为6 923.18吨，化学需氧量排放量为642.05吨，主要污染物排放量均控制在指标范围内。全年普查重点工业污染源65家、集中式污染治理设施3家、农业源19家。加强建设项目监督管理，辖区内所有建设项目环境影响评价制度执行率100%。全年共办理环保“三同时”验收129家，“三同时”合格执行率100%。

加大对重金属排放企业、重点排污企业、饮用水水源保护区、污水处理厂监管和整治，对存在问题的企业进行整改。年内对西山区重点污染源单位开展环境监察共320次，一般污染源监察997次。全年排查周边各类企业700余家，共取缔企业4家，对101家存在问题的单位下达限期整改通知，查处企业违法排污2家，停产4家，列入搬迁17家。

组织开展对分散式农村饮用水源地（辖区内无集中式饮用水源地）的专项清查整治工作，对辖区内的三家村、长坡、大坝、里黑泥凹、里母高水库等周边的排污企业进行集中检查和整治，规范企业排污行为；对周边的养殖场所进行依法取缔，确保西山区饮用水源地安全。

污染源监测方面，全年监测污染物排放单位540家，其中建设项目“三同时”竣工验收监测110家、排污许可证年度监测400家、其余监测30家。全年共获得有效监测数据3.1万个。

推进“四退三还一护”农房拆迁工作，全年签订退房协议29.1万平方米，完成建构筑物拆除28.7万平方米，退人1 594户7 604人，完成农房退房总体任务的98.9%。按照滇池湖滨生态湿地建设详细规划，在辖区滇池湖滨带范围内大力开展退田还林、退塘还湿工作，建成环湖生态带1 359.07公顷（包括草海和外海），其中生态林862公顷，湖滨湿地218.67公顷，河口湿地38.4公顷，湖内湿地240公顷。选择晖湾、富善、白鱼3

个地块种植中山杉，共完成20.67公顷种植任务。截至12月31日完成5.05公顷山邑村湖滨生态园工程建设，并通过初验。

西山区共投入滇池流域水环境整治资金2.5亿元、“四退三还”工作资金3.5亿元、庭院雨污分流改造6 480万元、其他城市基础设施2.7亿元，共9.348亿元。

【教育·文化】 2010年，西山区对教育的拨款达3.086亿元，占财政收入的25.5%以上，同比增长18.01%；预算内教育事业费拨款2.508亿元，同比增长7.83%以上；依法足额征收教育费附加，用于教育5 935万元。

截至2010年12月底，全区共有各级各类学校232所，在职教职工8 789人；在校（园）学生总数12.03万人，区域内人均受教育年限11年。

2010年全市100所农村标准化学校建设项目中，西山区有龙潭中心学校、新华中心学校2个项目。其中龙潭中心学校项目计划投资834.7万元，新建教学楼2 151.9平方米；新华中心学校项目计划投资970万元，新建教学楼3 780平方，两个项目保质保量地完成校舍建设任务，获昆明市农村中小学标准化建设先进集体一等奖。2010年新创“绿色学校”4所，全区共有省级“绿色学校”9所，市级“绿色学校”27所。

2010年，通过规范管理、重点扶持，突破性发展民办教育。全区共有民办学校112所，其中中学8所、小学8所、九年一贯制学校11所、幼儿园78所、职业学校7所。有教职工3 658人。按照“统一管理、统一服务、统一监督评比、统一规划”的原则，将民办学校的教学教研，督导评估，安全工作，“平安校园”、文明学校与“绿色学校”的创建，教师职称评定，评优评先，骨干教师、学科带头人的评选和管理，群团组织等工作，纳入全区教育教学工作管理体系。

2010年投入2 000万余元，全面落实“两免一补”工作，惠及学生13万人次；落实和完善贫困生救助制度，补助寄宿制学校15所，惠及学生3 777人；妥善解决城中村改造过程中学生分流安置和原退休民办教师待遇等突出问题。推进“减负提质”工作，做到“减负”不减责、“减负”不减质。

全年投入122万元，完成2个乡镇综合文化站和20个村文化室的建设。春节开展“三下乡”活动，以丰富多彩的文化活动为主线，卫生、科技、法律为辅助，在全区范围内营造全民充分享受改革开放精神文明成果的和谐氛围，活动覆盖全区所有居委会，各街道办事处组织符合自己地方实情的文化活动。作为西山区品牌活动之一的“魅力碧鸡，和谐西山”文化广场活动2010年已连续举办10次。

5月1～3日的2010年中国昆明国际旅游节昆明狂欢节期间，西山区选出14个节目进行加工和再创作，获得优秀组织奖1个，金奖2个，二等奖2个，三等奖1个，表演奖1个的成绩。6月12日组织了非物质文化遗产保护展示。7月29日组织了“六月十九”观音山民族民间艺术展示活动。9月15日组织了第二届团结山歌调子节。9月28日组织了第二十三届西山音乐节暨首届“睡美人杯”青年歌手大奖赛。全年为20个农家书屋配送图书1 264种1 500余册，音像制品100余盘（盒）。

【科技】 2010年全社会研究与试验发展经费共投入4.3亿元，占GDP比重的1.8%；科技成果转化率和科技进步贡献率分别达31.5%和56%。2010年安排区级科技研究与开发经费2 068万元，共实施科技项目78项（含28个科技专项项目和50项科技计划项目）。在立项实施的计划项目50项中：工业、医药类25项、电子信息类7项、农业科技类11项、社会发展类7项，50个项目顺利通过专家验收。区级财政投入科技研究与开发经费502万元，带动企事业项目实施单位投资6 679万元，当年增加产值6.5亿元，增加税收3 331万元。评选西山区科学技术奖16项，获市级科技奖12项，其中首次获得专利一等奖1项。继续实施“绿色光亮工程”，在13个社区安装太阳能路灯716盏。

全年共推荐申报国家、省、市科技项目和中小企业技术创新基金项目22项，争取资金支持1.021亿元。培育各级企业技术中心5个，认定省级企业技术中心1个（云南省煤田地质局技术中心）；推荐申报认定国家高新技术企业3个（云南飞隆劳尔设备有限公司、昆明中药厂、昆明市护苗学生营养食品有限公司）。“太阳能热水系统与建筑一体化应用”和“高压、大缸径、长行程液压油缸研究开发及企业创新平台建设”项目在全市首家顺利通过验收。

西山区有突出贡献的专业技术人才评选工作，共评出20名有突出贡献的专业技术人才，10名有贡献的专业技术人才。

2010年西山区再次成功申报成为2011～2015年度全国科普示范县（市、区）创建单位，成为昆明市2010年“知识产权强县”（培育）工程县（市）区。

【医疗卫生】 全区各类医疗卫生机构643个，每千人拥有床位9.2张，覆盖城乡的医药卫生服务体系基本形成；新型农村合作医疗和社区卫生服务覆盖率100%；食品药品安全监管力度加强，严厉查处了问题乳制品、假劣药品和医疗器械。2010年，实施国家基本药物制度，实行零差率销售；建立双向转诊制度，共办理医师多点执业289人。前卫社区卫生服务中心建设项目主体封顶，海口云光、碧鸡龙门等6个基层卫生医疗机构转型改扩建项目已投入运营，区人民医院纳入47号片区整体重建。以流动人口管理服务为重点，提供计划生育免费技术服务。

2010年辖区内有政府举办的非营利性医疗机构176家，民办医院23家，个体医疗机构488家；辖区内医疗机构总床位数6 505张，其中非营利性医疗机构设置床位数5 388张，营利性医疗机构设置床位1 117张。辖区内共有医务工作人员1.32万人，其中执业医师7 204人，护士3 437人，药剂人员366人，管理人员563人，其他卫生技术人员623人，乡村医生135人，非卫生技术人员892人。

全区有社区卫生服务机构76个，其中社区卫生服务中心25个，服务站42个。公办37个，民办11个，国有企业转型15个，卫技人员1 224名，执业医师406名（全科医师108名），高级职称64名，中职职称156名，护理人员318名（全科护士67名）。

新型农村合作医疗工作进一步巩固和发展，新型农村合作医疗参合率达100%。妇幼保健工作进一步提高，0~6岁儿童保健覆盖率达97.08%。

【社会保障】 2010年，共提供有效就业岗位1.56万个，城镇新增就业1.1万人。完成“贷免扶补”扶持创业50人，创业培训100人，城乡劳动力职业技能培训1 633人，城乡劳动力就业人数2.49万人。城镇登记失业率2.63%，控制在4%以内。发放培训补贴133人次，发放金额10.5万元。发放农民工生活补助655人次，发放金额181.72万元。新建大学生创业园1个。

全区失业保险参保9.9万人，发放失业保险金2.15万人次，发放总额1 490.99万元。全区参加城镇基本医疗保险36.5万人，并于2010年1月启动了社区、学校、幼儿园、居民大病补充保险工作，共完成城镇居民大病补充医疗保险参保8.67万人，全年支付医疗保险金7 982万元。核定养老保险参统企业2 588户，参统职工10.76万人，全年发放城镇职工基本养老保险金4.1亿元。核定工伤保险参保企业2 631户，参保职工5.21万人，共支付工伤保险待遇279人，金额323.16万元。生育保险参统企业2 572户，参保职工4.19万人，支付生育保险待遇604人，金额498.5万元。落实农民工工伤保险“平安计划”，农民工参保人数达1.9万人；失地人员新增参保4 613人。按时足额发放参统企业离退休人员的养老金，累计发放养老金共3.4亿元，涉及2.8万名离退休人员，社会化发放率保持100%。

全力扩大农村社会养老保险覆盖面。2010年收取被征地人员个人和集体补助基金6 670.88万元，政府补贴资金650.40万元。被征地人员基本养老保险生活费按时足额发放，全年新增待遇领取人数1 183人，累计待遇领取人数6 749人，全年发放基本养老生活费1 531.3万元。

加快和谐社区建设步伐，形成以区政务服务中心为龙头，以街道为民服务中心、社区为民服务站为补充的“三级联动”为民服务网络体系，已建立10个街道办事处为民服务中心，90个社区为民服务站。积极推动老龄事业健康发展，共发放高龄老年人保健补助金184.5万元。救助农村、城市特困群众医疗困难367户，发放医疗救助金91.06万元，城乡医疗救助率100%。全年全区城市居民纳入低保人数5 794户8 556人，保障人数占全区非农业人口的1.61%，全年发放低保金2 308万元。全年全区纳入农村低保人数1 190户1 574人，保障人数占全区农业人口的1.64%，全年发放农村低保金及补贴197.8万元，全区农村低保月人均保障水平94.18元，农村低保覆盖率100%。安置各类下岗失业人员3 880人。

做好廉租住房分配管理和最低收入家庭住房租赁补贴发放工作，全区用于实物配租的廉租住房共904套，共分配入住931户城镇最低收入家庭；发放低保住房困难家庭住房租赁补贴共973户，发放金额204.17万元。

城乡居民收入进一步增加，2010年城镇居民人均可支配收入达1.98万元，增长11.02%；农民人均纯收入8 245元，增长9.01%。

【法制建设】 2010年，以各街道办事处为核心组成50余个工作组，对排查出的各类矛盾纠纷开展调处。先后对草海片区征地拆迁、前卫永胜批发市场升级改造、海口外事经贸学院堵门、安晋公路阻挠施工等矛盾纠纷开展工作。

在全区开展创建“平安社区·无盗楼院”工作，将全区治安管辖区划分为2 614个“无盗楼院”，并从“无盗楼院”中筛选出95个盗窃警情相对多发的楼院作为创建工作“重中之重”，实行“包干负责、挂牌整治、定点帮扶、定向攻坚、定时开展工作”。

全力以赴抓好校园安保工作。在全区287所中小学、幼儿园配备343名专职保安员，安装108个视频监控探头、4套红外线报警系统，在重点部位安装监控报警设备112个，向274家学校选派法制副校长，新建学校保卫组织21个。整治校园周边行业、场所、网吧等627家。对全区18个重点工程开展安全大检查，破获涉及重点工程刑事案件42起，查处治安案件87起。

全区有4个社区达到省级民主法治社区创建标准，15个社区达到市级民主法治社区创建标准，64个社区达到区级民主法治社区创建标准，创建率为100%，达标率为90%。

全区共有基层人民调解委员会132个（街道调委会10个，社区调委会92个，其他调委会30个），调解小组536个，人民调解员1 983人。全年共调解各类矛盾纠纷3 227件，调解成功3 105件，调解成功率为96.2%。防止民间纠纷引起自杀6件6人，防止民间纠纷转化为刑事案件22件94人，防止群体性上访9件700余人，没有因调解不及时转化为刑事案件和引起自杀事件。

9月，成立西山区劳动纠纷人民调解委员会，旨在开创“一站式”的劳动纠纷化解工作机制。西山区10个街道办事处相继设立劳动纠纷调解工作室，17人被聘任为首批西山区劳动纠纷人民调解委员会人民调解员。全年调委会及各工作室成功调解劳动纠纷案件12起，涉及金额8万余元。

【精神文明建设】 年内，举办全区文明公民道德专题培训会，全区“文明花开、城乡共建”集中宣讲等5次大规模的公民道德知识学习。

在全区开展“第二届西山区道德模范”评选表彰活动，杨竹芳等15人被命名为“第二届西山区道德模范”，并进行表彰。9月20日，杨竹芳、雷雯、谭云东、李婧叶4人被市文明委命名为“第二届昆明市道德模范”，受到表彰。组织各类道德模范代表在全区开展道德模范巡讲活动。开展文明创建活动，对昆明广播电视网络有限责任公司等18个单位、棕树营南区社区居委会等3个社区、和平社区居委会和平居民小组等8个小组进行表彰。

为未成年人成长营造良好的社会文化环境，严格检查辖区网吧274家次。辖区内所有网吧已停止使用一代上网卡刷卡器，均严格按照要求使用第二代身份证实名登记上网。并开展了校园周边环境整治，严格禁止学校周边200米范围内有网吧、“成人用品”店等经营性场所。在全区广大小学中开展“昆明美德少年”评选推荐工作，向市文明委推荐区4名优秀的14岁以下少年为“昆明美德少年”候选人。

中秋节期间，承办了市文明办在棕树营街道办事处知青老年公寓举办的“我们的节日—中秋节关爱百万‘空巢老人’主题系列活动”，在全社会进一步营造关心“空巢老人”的社会氛围。

全年全区17支志愿者服务队紧紧围绕创建全国文明城市及“创卫”攻坚工作，开展志愿服务活动。推荐“文明交通示范社区”、“文明交通示范企业”、“文明交通示范学校”、“文明交通示范个人”4类别、5个单位（社区）及4个个人参加2010年省级文明交通示范先进评选。

政 党

编辑 马 俊

中国共产党西山区委员会

【重要会议】 1月8日，召开中国共产党昆明市西山区第九届委员会第六次全体（扩大）会议。全会深入贯彻落实党的十七大、十七届四中全会、中央经济工作会、省委八届八次全会和市委九届六次全会精神，听取、审议并通过区委书记柳文炜代表区委常委会所作的《全面完成“十一五”，超前谋划“十二五”，推动西山跨越式发展再上新台阶》工作报告。审议并通过《中国共产党昆明市西山区第九届委员会第六次全体（扩大）会议决议（草案)》。

1月10日，西山区召开草海片区和安置地块征地拆迁工作推进会，5个街道办事处组织各拆迁公司在拆迁现场设立办公室，认真组织政策宣传和拆迁动员。

1月12日，西山区召开进一步完善城市管理长效保洁机制和体制建设工作专题会议，贯彻落实市政府创卫专题工作会议精神，推进“四创两争”工作深入开展，实现创建国家卫生城市工作目标。

同日，西山区召开玉带河景观绿化、子河河槽及暗涵段截污设计优化完善方案论证会，召集区属相关部门，邀请市滇池流域水环境综合整治指挥部、市水利局、市滇管局、市园林绿化局、市滇投公司、市排水公司相关负责人及专家参加会议，推进玉带河综合整治相关工作。

1月20日，西山区召开创建国家卫生城市专题工作会议，会议传达市委、市政府1月8日创建国家卫生专题工作会议精神。区委书记柳文炜，区长蔡德生，区委副书记沈桂芝等区级领导，区属各单位、各部门主要领导和包片领导，10个街道办事处副科以上领导干部及城管科科长，创建办主任，各社区书记、主任和居民小组组长，共600余人参加会议。

1月26日，西山区召开学习实践活动情况汇报会，市委学习实践活动第一巡回检查组副组长陈明奇出席会议。金碧街道党工委、福海街道党工委、区委学习实践活动领导小组办公室非公有制经济组织指导小组、区委学习实践活动领导小组办公室中等职业学校和中小学指导小组、区委学习实践活动领导小组第二指导检查组5个单位汇报和交流了开展学习实践活动主要经验和做法。

2月2日，西山区召开2009年省级新农村重点建设村工作会，区委常委、区纪委书记张国元，区人大常委会副主任孙德金，区政协常务副主席陈开建，区政府副区长周开龙到会并讲话。会议原则上讨论通过团结街道办事处13个省级新农村重点建设村拟建项目。

2月6日，西山区举行第三届专家咨询委员会聘任暨2010年新春座谈会，聘任第三届区专家咨询委员会委员，并与参会专家和领导共叙友情，共商大计，共谋发展。省、市相关单位领导、区五班子主要领导、驻昆各大专院校、科研院所领导70余人参加会议。

2月25日，西山区召开2010年经济工作会，区委书记柳文炜、区长蔡德生出席会议并作重要讲话。会上，对在全区2009年重点工作中表现突出的先进个人授予“区委书记、区长奖”。

3月8日，西山区召开纪念“三八”国际劳动妇女节100周年暨表彰大会。会上，为“巾帼文明示范岗”、优秀“妇女之家”、“巾帼科技致富示范村”先进集体授牌；表彰“关心、支持妇女儿童工作好领导”、“三八红旗手”、“巾帼建功”标兵、“优秀妇女干部”、“五好文明家庭”等先进个人和家庭。

3月23日，西山区召开创建国家卫生城市攻坚迎检动员会，区委书记柳文炜、区政府区长蔡德生和部分区五班子领导，区级各相关职能部门主要领导，评估10个专项检查指导组和督查督办组所有成员共200余人参加会议。会上，播放部分西山区被媒体曝光的创卫问题录像短片，涉及工地扬尘、河道有污物、焚烧垃圾扰民等问题。

4月29日，西山区召开庆“五一”暨劳模协会成立大会，区委书记柳文炜，区长蔡德生，区委副书记沈桂芝，区人大主任李志华，区委常委、组织部部长章震，区人大副主任、区总工会主席郝坚放，区政协副主席陈开建应邀出席会议。会议按西山区劳模协会第一届会员大会相关程序对《协会章程（草案）》等进行审议，并选举出西山区劳动模范协会第一届理事会理事，会长、副会长，秘书长。

5月6日，西山区召开2010年城中村改造工作会，西山区五班子领导及各街道办事处、区级相关职能部门负责人、意向投资企业负责人参加会议。市政府副市长陈勇，市政府副秘书长傅希，市规划局、市国土资源局、市住建局、市城改办等市级相关部门领导应邀出席会议。

5月26日，西山区召开第六次全国人口普查动员大会，区人口普查领导小组各成员单位领导、各街道办事处主要领导、人普领导小组组长及办公室主任及各社区居委会主任和区第六次全国人口普查领导小组办公室全体工作人员约160人参加会议，区委常委、区政府常务副区长、区人口普查领导小组组长郭希林代表区政府与各街道办事处、区人口普查成员单位签订“西山区第六次全国人口普查工作目标管理责任书”。

7月21日，西山区召开政府机构改革动员大会，全区副县以上领导（含改非）；各街道党工委书记、办事处主任、人大工委主任；区属各单位、各部门领导班子成员及中层以上领导参加会议。会议由区委副书记沈桂芝主持。会上，区委副书记、区长、区机构改革领导小组组长蔡德生就区人民政府机构改革做工作安排。

10月11日，西山区召开2010年第四季度扩大投资暨项目推进工作会议，区五班子领导，全区副科以上领导干部参加会议。会上，区委常委、区人民政府常务副区长郭希林传达全市2010年第四季度扩大投资暨项目推进工作会议精神，区委书记柳文炜作重要讲话。

10月18日，西山区召开全域城镇化建设工作委员会第一次全体（扩大）会议，区委书记柳文炜等区级领导13人，区人大、区政协主要领导，区属全域城镇化建设工作委员会成员单位主要领导，各街道办事处党政领导共70余人参加会议。会议讨论研究区全域城镇化建设工作实施意见，并对下步工作进行安排部署。

10月28日，西山区召开区委常委（扩大）会议，动员全区各级各部门把学习贯彻党的十七届五中全会精神作为当前首要政治任务来抓，全面完成“十一五”收关工作，精心谋划“十二五”发展目标，为西山区各项工作更好更快发展奠定基础。

11月12日，西山区召开创建国家环保模范城市工作专题会议，针对“创模”工作中存在的问题和困难，安排布置工作任务，明确18个“创模”责任单位职责。

11月18日，西山区召开“四退三还一护”及“迁村并点”安置房建设开工仪式，仪式在海口街道办事处红泥咀后山E地块举行。省政府滇池水污染防治专家督导组组长牛绍尧，省委常委、市委书记仇和，市人大主任杨远翔，市政协主席田云翔，市政府副市长黄云波及省、市专家督导组相关成员出席开工仪式。各街道办事处及区级相关职能部门领导参加开工仪式。

11月23日，西山区区委、区政府召开“四创两争”工作领导小组（扩大）会议，对西山区深入推进“四创两争”工作，特别是创建生态乡镇、生态村、森林城市及卫生乡镇、卫生村工作进行安排部署。区五班子主要领导、分管联系领导及区级部门、街道办事处，社区干部参加会议。

12月7日，西山区召开滇池流域水环境综合整治攻坚行动动员大会，区委书记柳文炜、副书记沈桂芝、吴雁江等区级领导出席会议。区级各相关部门、各街道办事处主要负责人均参加会议。会议针对区滇池流域部分企业存在偷排污水、禁养范围内养殖户复养等违法、违规现象安排部署相关工作。

【重要活动】 1月12日，省委副书记、省长秦光荣，省委常委、市委书记仇和等领导带队对西山区廉租住房小区翠峰花园实地进行调研和慰问，现场听取西山区委书记柳文炜对区保障性住房建设体系及翠峰花园建设管理的相关工作汇报。随后，省、市领导入户走访慰问西山区廉租住房小区翠峰花园低保家庭，送去米、油、棉被等慰问品和慰问金。

1月21日，区委常委顾巍到西山区粮食局眠山粮食仓库对仓库储粮情况进行调研，对仓库设施情况进行实地察看。

2月1日，区长蔡德生带领区政府办、农业局、林业局、水务局、目督办等相关部门领导到全区重点火险区、城市面山和团结、马街街道办事处专题调研检查森林防火及抗旱保苗工作。

2月4日，在2010年新春佳节即将到来之际，区委副书记沈桂芝，区人大主任李志华，区委常委、区纪委书记张国元等带领五班子领导一行组成慰问组5个，看望慰问全区困难职工、农民工500余人。

2月8日，省委书记白恩培，省委常委、昆明市委书记仇和，省政府副省长孔垂柱率有关部门负责人，在区委书记柳文炜、区长蔡德生陪同下视察西山区旱情，省委主要领导就进一步做好抗旱救灾工作作出重要部署。

2月23日，市委、市政府副秘书长，市创建办主任王有祥率市级相关部门领导回访检查国家创卫专家组暗访涉及到西山区的问题整改落实情况，区政府副区长杨建军等相关单位领导陪同参加检查工作。

2月25日，省政府滇池水污染防治专家督导组在市政府副市长王道兴、副秘书长和丽川及市级各相关部门领导陪同下，调研西山滇池流域综合治理工作。区政府副区长周开龙和全区各相关部门单位负责人参加调研活动，主要涉及辖区船房河及大观河两条河道入湖河口整治情况。

3月6日，西山区举行抗旱救灾爱心捐助活动，区五班子领导带头捐款，全区各机关、驻区部队、企业、个体工商户、民主党派人士、教育系统教职工、民族宗教系统、商贸系统和外资企业等代表以及路过现场的群众纷纷捐款，共向灾区捐款69.91万元。

3月8日，由国家森防指、吉林森防指领导组成的森林防火督查组在省、市领导陪同下对西山区森林防火工作进行督促检查。

3月9日，省旅游局副局长文淑琼、政策法规处处长李爱萍，市旅游局副局长施从峰、政策法规处处长叶莹等领导到西山区就省级旅游特色村——团结龙潭村建设情况进行调研，区委书记柳文炜、区政府副区长冯美琼等相关领导陪同调研。

4月7日，省委常委、市委书记仇和，市委副书记李邑飞，常务副市长李文荣等领导陪同大理州委书记刘明和州委副书记、州长何金平带队的中共大理州委中心组学习考察团到西山区考察城中村改造工作，并对30号片区（一期）城中村项目—南亚风情第壹城进行实地参观。

4月14日，西山区妇联举行捐建抗旱“母亲水窖”启动仪式，省、市妇联、政协委员及各捐款单位代表、西合园村民小组代表200余人参加仪式。

4月15日，市城中村改造领导小组常务副组长、市政协田云翔主席，市政府副秘书长傅希等政府相关领导到西山区调研城中村改造工作进展情况。区委书记柳文炜、区房管局局长张洪文等领导陪同调研。

4月26日，西山区以昆钢科技大厦项目为代表的“重大招商引资、重点产业发展、重要基础设施建设”项目开工。省委常委、市委书记仇和，市人大常委会主任杨远翔，市政协主席田云翔，市委常委、常务副市长李文荣等市领导出席开工仪式。昆明钢铁控股有限公司董事长王长勇、总经理李幼灵、副总经理赵永平等企业领导及区主要领导参加开工仪式。

5月7日，中纪委党风室二处副处长王为民一行在省、市纪委和市级机关事务管理局领导陪同下，到西山区调研公务用车专用卡定额包干管理工作。

5月22日，由市创建办、市委组织部、市纪委及市级相关职能部门组成的市创卫督查组在市委、市政府副秘书长、市创建办主任王有祥带领下莅临西山区督查指导创卫工作。对迎接全国爱卫专家技术评估考核主检点、道路进行检查，随后召开反馈会。省爱卫办主任李玉勤，市级督查组全体成员，区委书记柳文炜，区政府区长蔡德生，区级陪检领导，10个专项检查指导组长、副组长，各有关职能部门主要领导，8个主城街道办事处党政领导、分管领导以及城管科科长，区创建办、创卫办全体工作人员共100余人参加。

6月13日，国家林业局野生动植物保护与自然保护区管理司野生动物疫源疫病防控处处长阮向东，在省林业厅野生动物保护处和市林业局相关领导陪同下，对西山区野生动物疫源疫病监测防控工作进行检查指导。

6月21日，市委常委、组织部部长、螳螂川河长郭红波会同省水污染治理专家督导组螳螂川督导长赵承彧，召集市水利局、市滇管局、市南岸截污指挥部相关领导，组织开展螳螂川综合整治自检自查。西山区河道指挥部政委、区委书记柳文炜，区河道指挥部指挥长、区长蔡德生，区委常委、区委组织部部长、螳螂川副段长章震，区政府副区长周开龙及区属相关部门负责人陪同进行检查，并汇报整治情况。

6月22日，中央编办一司巡视员、副司长邹锡明带领检查评估组到西山区检查第一批政法专项编制分配落实情况。市委编办常务副主任李素荣、机关处处长涂云龙、综合处处长马锐、政法处副处长陈健，西山区委书记柳文炜、区长蔡德生、副区长郭希林、副区长杨建军、区编办主任李永社等，市级、区级政法系统、市级财政部门及晋宁县相关负责人参加会议。省编办机关处处长尚敏、主任科员王永琼等陪同。

7月1日，省委常委、市委书记仇和，率市级领导组成检查团，实地观摩检查盘龙江西山区段综合整治工作。区级领导及相关负责人陪同参加。

7月24日，五华区党政代表团到西山区考察城中村改造工作，西山区区委书记柳文炜、副区长陈伟等区领导陪同五华区区委书记杨皕，区委副书记、区长金幼和带队的五华区区委工作会党政代表团160余人到区城中村改造30号片区（一期）—南亚风情第壹城项目考察调研。

8月9日，全国人大代表专题学习班全体人员在市委、市人大常委会主要领导，市政府、区政府相关领导及区级相关部门陪同下，实地考察大观河入湖河口湿地建设情况。

9月1日，全市妇女干部200余人在市政协副主席、市妇联主席陆玉珍，市妇联常务副主席郭跃红，市妇联副主席梅会芬、万星宪、陈泓等领导带领下分两批到永昌街道办事处永宁里社区观摩妇联组织参与和谐社区建设。区委副书记沈桂芝等领导全程陪同观摩。

9月19日，区委书记柳文炜，区

人大常委会主任李志华，区委常委、常务副区长郭希林，区委常委、区纪委书记张国元等主要领导带领五班子领导及相关部门领导一行组成5个慰问组，分别到马街、金碧、福海、海口、碧鸡、团结办事处看望慰问全区困难职工、农民工533人，送去慰问品和慰问金价值18.39万元。

9月30日，由省委组织部、团省委、省民政厅主办，市委组织部、团市委、市民政局承办的“云南省社区党员和团员志愿者服务活动启动仪式”在西山区永昌街道办事处永昌中心公园举行。

10月9日，西山区城中村7号片区回迁安置房开工建设，云南省委常委、昆明市委书记仇和，云南省文化厅厅长黄峻，市长张祖林，市委副书记李邑飞，市人大主任杨远翔，市政协主席田云翔，市纪委书记应永生等领导及西山区五班子领导参加开工仪式。

10月20日，市人大常委会主任、大观河河长杨远翔率市级相关部门负责人对区大观河及上下游支流综合整治工作进行现场检查。西山区区委书记柳文炜、区人大主任李志华、区政府常务副区长郭希林及区属相关部门负责人陪同进行检查。

11月9日，省、市滇池水污染防治专家督导组、省环保厅、省住建厅的领导和专家，在组长牛绍尧带领下，视察辖区内昆明市卫生学校庭院雨污分流改造工作，区委柳书记陪同视察，区人民政府副区长周开龙对相关工作开展情况进行详细汇报。

11月24日，区委书记、区全域城镇化建设工作委员会主任柳文炜带领区级领导吴雁江、张国元、周开龙、陈伟、朱绍格和区委办、区政府办、区目督办、区委政研室、区规划分局、区国土资源分局等单位及有关企业、金融单位领导共50余人对团结街道办事处城乡一体化示范区及西北绕城项目安置规划工作推进情况进行专题调研，并召开现场推进会。

12月1日，西山区在碧鸡公园举行以“遏制艾滋，履行承诺——权益，责任，落实”为主题的大型广场宣传活动，省、市、区近50家单位或组织近300人参加宣传，现场咨询群众达5 000余人。省卫生厅副厅长、省防艾局局长徐和平，省防艾局综合处处长郑吉生，市卫生局副局长、市防艾局局长李华生等领导出席。

12月22日，中央第二地方巡视组组长房凤友一行11人，在云南省委常委、市委书记仇和，市政府常务副市长李文荣等领导陪同下，到西山区30号片区（一期）——南亚风情第壹城项目现场考察昆明市城中村改造情况。区委书记柳文炜、区级相关职能部门、福海街道办事处、诺仕达（企业）集团相关负责人陪同参观考察。

12月28日，西山区举行草海北片区综合整治回迁安置房建设开工仪式。省委常委、昆明市委书记仇和，市政府相关领导，西山区五班子领导和市轨道交通公司、相关职能部门领导及部分被拆迁户参加开工仪式。

【决定】 1月11日，区委、区政府下发《关于区人武部选址及过渡租房临时办公的决定》。

2月3日，区委、区政府下发《关于表彰2009年度全区打黑除恶工作先进单位的决定》，表彰区打黑除恶领导小组办公室、区人民法院、区人民检察院、区公安分局、区司法局、区公安分局打黑中队6个单位，各奖励1万元。

2月6日，区委、区政府下发《关于聘任西山区第三届专家咨询委员会委员、主任委员、副主任委员和秘书长的决定》。

2月21日，区委、区政府下发《关于表彰西山区公职人员（含离退休人员）拆除自有产权房屋外挑式挤占公共空间设施工作中作出突出成绩的单位的决定》。

2月23日，区委、区政府印发《关于表彰2009年重点、亮点工作目标奖先进集体的决定》。

同日，区委、区政府印发《关于兑现2009年度西山区“区委书记、区长奖”的决定》。

3月5日，区委、区政府下发《关于表彰2008～2009年滇池流域水环境综合治理工作先进单位、先进个人的决定》。

3月7日，区委、区政府下发《关于表彰2006～2009年社会主义新农村建设工作先进集体及先进个人的决定》。

同日，区委、区政府下发《关于表彰奖励西山区2009年度城中村改造工作先进集体、先进个人的决定》。

同日，区委、区政府下发《关于表彰西山区2009年度社会主义新农村建设工作指导员先进派出单位和优秀工作队长、指导员的决定》。

9月7日，区委、区政府下发《关于表彰2009学年度优秀校长、优秀教师、优秀班主任、先进教育工作者的决定》。

9月15日，区委、区政府下发《关于表彰西山区防范和处理邪教问题工作先进单位和先进个人的决定》。

9月19日，区委、区政府下发《关于表彰“十佳环卫工人”、“先进环卫工人”和“环卫工作先进集体”的决定》。

12月6日，区委、区政府下发《关于表彰西山区第五届科普“十佳”的决定》。

【通知·意见】 1月12日，区委下发《关于印发区委九届六次全会工作报告和全会决议的通知》。

1月19日，区委下发《关于转发〈中共昆明市委关于印发仇和同志在市委九届六次全会上的讲话〉的通知》。

2月2日，区委下发《关于进一步加强工会、共青团、妇联工作的意见》。

2月3日，区委、区政府印发《关于进一步建立健全打黑除恶工作长效机制的意见》。

2月4日，区委、区政府下发《关于贯彻〈中共中央关于加强和改进新形势下党的建设若干重大问题的决定〉的实施意见》。

2月25日，区委、区政府下发《关于加快建设和谐社区的实施意见》。

3月3日，区委下发《关于在全区开展学习〈中共党员领导干部廉洁从政若干准则〉的通知》。

3月7日，区委、区政府下发《关于加快城乡一体化发展的实施意见》。

3月16日，区委、区政府、区人武部下发《关于做好组织民兵参加抢险救灾的通知》。

4月2日，区委、区政府印发《关于2010年经济社会制度创新工作安排意见》。

4月15日，区委、区政府下发《关于下达〈西山区各目标责任单位2010年度主要工作目标〉的通知》。

4月28日，区委、区政府下发《关于进一步加强新时期科协工作的意见》。

4月29日，区委、区政府印发《关于西山区申请创建2011～2015年度“全国科普示范区”的报告》。

4月30日，区委、区政府下发《关于做好市级领导联系点协调服务工作的通知》。

7月23日，区委下发《关于西山区人民政府机构改革各工作部门总的基层组织设置有关事项的通知》。

7月28日，区委、区政府下发《关于加强人口和计划生育工作统筹解决人口问题的意见》。

8月5日，区委、区政府下发《关于印发〈昆明市西山区人民政府机构改革实施意见〉的通知》。

9月10日，区委、区政府下发《关于切实加强集体林权流转管理的实施意见》。

10月11日，区委下发《关于认真做好西山区2010年晋升副县处级领导职务资格基本知识考试工作的通知》。

10月29日，区委印发《关于进一步加强党外干部培养选拔工作的意见》。

12月22日，区委、区政府下发《关于统筹推进生态区、乡镇（街道）、村（社区）创建工作的实施意见》。

12月23日，区委、区政府下发《关于开展创建卫生乡镇（街道）、村（社区）的实施意见》。

区委办公室工作

【会务·后勤】 全年承办各类大中型会议10余次，其他会议40余次，参与承办省、市领导视察和上级部门检查20余次，完成中央政治局常委、国务院副总理李克强到西山区考察，省委第一巡视组到西山区巡视接待工作；参与筹备城中村改造重建项目启动等大型活动10余次。严格执行年初预算，年终决算制度，积极探索科学有效的财务管理新方式，严格节约经费，严格控制支出。按照人均400元经费标准，进行统筹安排，积极推进车改，保证工作开展。引导广大干部职工摆正自身位置，正确对待个人进步，向组织部门推荐、起用条件成熟副科级干部6人。办公室积极“争创先进党组织、争创共产党员先锋岗、争做优秀共产党员”，完成创先争优申报省委信息直报点工作目标。办公室积极参加抗旱救灾特别捐献、“捐种一棵树，绿化新西山”共产党员捐款、“为贫困老人捐献一元钱”等捐助活动，在抗旱救灾特别捐献活动中捐资6.37万元。

【办文】 全年共办理区委文件142件，区委办文件181件，会议纪要30件，通知、便签274件，未出现大的纰漏。办公室为区委领导起草各类报告、讲稿、汇报材料230余篇，区委书记市级科学发展观经验交流材料、区委工作会议讲稿、全域城镇化推进工作会讲稿等文稿，获得一致好评。办公室在文稿起草中，全力表达领导思想和主张，注重体现领导个性和特点，切实反映领导能力和水平，不断加强对基层针对性和指导性。同时，进一步规范公文运转程序，改进和完善公文报送、处理和审批制度，使公文处理工作进一步正规化、规范化，做到安全、及时、准确。组织文秘人员深入一线，调研20余次，搜集第一手材料，形成有情况、有问题、有分析、有办法的具体意见，为区委决策提供翔实、可靠第一手资料。完成区委大事记等文字工作。

【信息工作】 紧贴党委中心工作，下发《中共西山区委办公室关于2010年度全区党委系统信息工作的安排意见》，分系统、分档次将全区各单位信息工作纳入考核；加强信息队伍建设，在全区10个街道和65个区属部门设立专兼职信息员；全面启用报送信息办公自动化系统，形成覆盖全区、反应快捷、专线专报的信息工作网络；拓宽服务领域，充分利用信息刊物传达上级精神、交流先进经验，全年编发《西山信息》15期、《工作情况交流》29期；围绕中心挖掘亮点，加大信息上报力度，全年共上报信息1 678条，分别被市办、省办、中办采用233篇、64篇、46篇，在全市党委系统信息量化考核中名列县（区）类二档第一名，成功申报为省委信息直报点，切实发挥信息工作服务科学决策的作用。

【目标管理督查考核工作】 年内，结合市委、市政府目标管理督查工作提出的“七定原则”新要求，对市委九届六次全体（扩大）会议和区委九届六次全体（扩大）会议、区政府工作报告等确定的目标任务及时进行分解细化，按类别、按序时进度，对全区79个单位年度工作任务进行立项管理。共涉及目标任务1 806项。其中区级职能部门考核必达目标488项、基本目标564项、争取目标210项、区级职能部门共性目标69项（区委组织部牵头组织专项考核）、区级职能部门机关作风评议64项（纪委、监察局单项考核）；街道办事处考核目标任务414项（含共性目标）。按照区委、区政府—区属各目标责任单位—责任单位各工作部门的三级工作网络，按照序时进度，按重点、难点、热点排出月度督查立项计划，逐项进行跟踪督查，定期上报工作进展情况，年底牵头组织完成年终考核。

根据西山实际，突出西山经济社会发展工作“十个新跨越”，结合工作重点，将可以完成计划目标并能实现计划突破的具有创新性、代表性的工作目标作为西山区实现跨越式发展的突破口，共涉及目标任务148条，涉及牵头责任单位（部门）44个。采取签订责任书形式，逐级分解落实到每个部门，形成“人人肩上有指标，个个心中有压力”的工作局面。年终，完成重（亮）点目标责任书的评审验收和考核奖惩。

办理市委、市政府，区委、区政府交办督查事项1 359项，上报各类材料近200份，下发《督查专报》41期，《督查通报》19期，全面统筹管理目标任务，发挥督查职能作用。

【文件档案】 全年形成档案文书632件，其中永久件378件、30年期157件、10年期97件，合格率100%。全年共录入档案条目632条，查阅利用档案121次，档案利用人次78人。全年收到上级文件2 842件，下发区委、区委办1 101件（含省、市、区级会议通知474件），处理领导批示件448件、信访件20件。

全年共收密码电报330份，明码电报507份，全部进行及时办理，组织销毁保密材料25吨，对已确定的24个保密要害部门、部位，组织进行抽查3次，防止新形势下泄密事件发生。

【“十一五”成就】 一是发展思路不断完善。西山区始终坚持以科学发展观指导实践、推动工作，进一步明确西山科学发展“10个关键所在”，即关键在解放思想、潜力在工业、实力在现代服务业、特色在文化旅游业、活力在民营经济、空间在城市建设、基础在生态环境、目的在民生、动力在改革创新、保障在党建。在实践中，按照“力争各项工作走在全市前列，力求各项工作都有新突破”工作总要求，深化“大投资、大项目、大建设、大发展”一条主线，突出“加速新型工业化，拓展高端信息化，提升全域城镇化”一个主题，围绕“五区两带一港”发展空间布局和一步城镇化思路，明确“招商引资、园区建设、工业突破、信贷融资、城中村改造、河道治理、四退三还一护、城乡园林绿化、螺蛳湾中央商务区建设、草海片区生态保护和开发建设、道路交通基础设施建设、城乡一体化、四创两争和旅游突破”等14个攻坚战，为“十一五”各项目标任务指明方向。

二是经济实力显著增强。全区上下紧紧抓住现代新昆明建设重大机遇，着力转变经济发展方式，调整优化产业结构，特别是通过大干2008、拼搏2009、攻坚2010，农业基础继续巩固，工业突破稳步推进，第三产业飞速发展，全区经济保持快速增长良好势头。全区地区生产总值由2005年的123.4亿元增加到2010年的246亿元，2010年同比增长12.8%，年均增长14.4%，三次产业结构比调整为1.1:29.1:69.8；地方财政总收入由2005年的17亿元增长到2010年的46.3亿元，地方财政一般预算收入由5.2亿元增长到17亿元，2010年分别同比增长25.5%和30.7%，年均增长22.2%和26.8%；城镇固定资产投资由53.6亿元增长到228.4亿元，2010年同比增长48.8%，年均增长33.6%；社会消费品零售总额由63.8亿元增长到199.5亿元，2010年同比增长22%，年均增长24.4%。人民生活水平显著提高，城镇居民人均可支配收入和农民人均纯收入达1.99万元和8 203元，年均实际增长17.6%和10.5%。2008年，西山区被省政府评为“云南省工业十强县”，2006~2009年连续4年被省委、省政府评为“云南省县域经济发展十强县”，2008~2009年，连续两年获昆明市目标管理考核一等奖。

三是城乡面貌焕然一新。持续开展“重大基础设施建设推进年”活动，累计投入资金53.68亿元，以交通为重点的基础设施建设取得重大突破，道路改造“541”工程稳步推进，市级重点工程西二环路、草海隧道下穿和区级承建的西坝路、老海埂路、福海立交桥等全部竣工通车，全面完成三期交通微循环改造工程和三环闭合建设工程、环湖南岸截污工程征地拆迁工作及铁路枢纽扩能改造西山段土地移交，西部客运站搬迁营运。全力打造宜居精品城区，自2008年城中村改造工作启动以来，55个片区共有45个片区102个村有意向投资人参与改造，投入改造资金约238亿元，29个片区46个村规划方案通过市规委审批，26个片区50个村启动拆迁，已拆除面积779万平方米，完成土地征收773.33公顷，回迁安置房建设全面启动，全市第一个城中村改造工程“南亚风情第壹城”即将竣工；平稳、有序、和谐关闭老螺蛳湾市场，加快推进老螺蛳湾中央商务区规划建设工作；全面启动草海北片区8.73平方公里范围内保护治理和开发建设工作；西山国家级风景名胜区下划由西山区管理，正全力打造国家“5A”级景区和城市中央公园。积极统筹城乡区域协调发展，完成碧鸡、海口、团结片区总体规划，城乡一体化进程明显加快，全区城镇化率达94%。

四是生态建设成效显著。以滇池治理为核心，共投入河道整治资金14亿元，全面完成13条主要出入湖河道和19条支流岔河阶段性整治任务，工作成效明显；深入推进“四退三还一护”工作，共投入资金8.9亿元，搬迁省、市属公共单位9个、农户1 850余户，退人7 604人、退房35.4万平方米，建成滇池西岸环湖生态带约1 333公顷。2009年7月25日，总书记胡锦涛亲临西华湿地视察，对西山区工作给予充分肯定，并提出期望。狠抓“四创两争”，深入开展“十一个零申报”工作，“创园”成功摘牌，“创卫”通过考核，“创城”、“创模”扎实推进。加大城乡园林绿化力度，完成绿地建设1 274.53公顷，西山园博园（龙江公园）和龙门生态园按期开园，全区城市绿化覆盖率47.6%，森林覆盖率58.6%；超额完成节能减排目标，滇池面源污染得到有效控制，土地、矿产、森林、水等资源保护和管理得到加强，城乡生态环境保护取得新成效。

五是改革开放深入推进。深入开展“两年”活动和“效能西山”建设活动，完成新一轮政府机构改革，全区的行政审批事项减少至33项。积极深化政府投融资体制改革，2009年和2010年全区的融资额度均突破40亿元；在全市率先完成公车改革，集体林权制度主体改革基本完成；建立“区委书记、区长奖”制度，率先创立“招商引资和企业服务110”帮办机制。稳步推进园区实体化改革，海口工业园积极申报国家级工业园区，全力打造新型工业化海口新城；长坡泛亚国际物流园区总体规划已通过审批，正抓紧推进建设和招商工作；全区对外开放程度不断扩大，招商引资取得新突破。5年来，全区累计利用外资1.85亿美元，从2005年的400万美元增加到2010年的6 085万美元，增长15.2倍；累计引进内资250亿元，从2005年的20.3亿元增加到2010年的84亿元，增长4.2倍。

六是社会事业全面进步。“十一五”期间共投入科技经费8 586万元，实施科技项目321项，荣获云南省科技进步先进区和全国科普示范城区荣誉称号。全区教育资源总量得到扩充，质量得到提高，义务教育阶段中小学实现全免费教育，高考上线率由2006年的67.18%提高到2010年的94.7%，通过省级教育督导评估验收，达到先进示范县标准。把就业摆在突出位置，大力实施“两后双百”、“四全工程”，累计实现城镇新增就业人员5.2万人，城镇登记失业率控制在4%以内；覆盖城乡医药卫生服务体系基本形成，新型农村合作医疗和社区卫生服务覆盖率达100%。累计完成廉租住房904套，启动4 440套保障性住房建设，通过实物配租、租赁住房货币补贴等方式，优先解决2 170户城市低收入家庭住房困难问题。社区建设成绩突出，被民政部确定为全国农村社区建设实验区，永昌街道办事处荣获全国创建和谐社区示范街道荣誉称号，永兴路社区成为全市唯一被中央文明委命名的全国文明社区。“平安西山”得到持续巩固，被省委、省政府授予“云南省平安县（市、区）”和“平安先进区”荣誉称号。

七是党的建设得到加强。认真组织全区285个单位964个党组织1.58万名党员参加第二、第三批学习实践科学发展观活动，全区满意度测评达99%，党的建设科学化水平不断提高。强化理论武装，积极推进学习型党组织、学习型机关和学习型社会建设，先后举办各类专题培训159班次，累计培训党员干部3万余人次。高度重视干部队伍建设，不断深化干部人事制度改革，紧扣西山科学跨越发展和政府机构改革需要，探索建立干部选拔任用署名推荐、公开选调、竞争上岗、公推直选等选人用人机制，进一步提高选人用人公信度和满意度，构建结构合理、充满活力干部队伍。积极开展“基层组织建设年”活动，完成第三、第四届社区“两委”换届选举工作，大力推进“三有一化”，广泛推行“四议两公开”工作法；大力开展“两新”组织党组织建设，不断扩大党组织覆盖面，成立全省首个党员服务中心，解决流动党员教育管理难题。

（朱勇　杜培　马学渊）

组织工作

【巩固和扩大学习实践活动】 3月27日，西山区召开深入学习实践科学发展观活动总结大会。表彰和奖励全区深入学习实践科学发展观活动先进个人65人。制定《关于在全区各级领导班子和领导干部中继续深入开展“个人形象一面旗、工作热情一团火、谋事布局一盘棋”主题实践活动的实施意见》，进一步巩固和扩大学习实践活动成效，全力推动西山科学跨越式发展再上新台阶。学习实践活动取得的经验和成效得到充分肯定。

【创先争优活动】 年内，研究制定关于在全区党的基层组织和党员中深入开展创先争优活动实施意见和街道社区、区级机关、国有企业、非公有制经济和新社会组织、教育系统、卫生系统党的基层组织和党员深入开展创先争优活动5个行动方案。突出“围绕富民强区，推动西山科学发展新跨越”主题，深入开展以“争创先进党组织、争创共产党员先锋岗、争做优秀共产党员”为主题的实践活动。组建街道社区指导组2个和区级机关、教育、医疗卫生及国有企业、非公有制经济组织和新社会组织党组织行业指导组4个。区委常委和区级党员领导干部建立社区联系点34个，街道党员领导干部建立不同类型联系点103个，培育街道社区示范点15个，形成区、街道、社区三级联系、示范网络。完善基层党建工作“定期报告、科学考核、结果运用”三项制度。全区各类党组织全面开展创先进、争优秀活动，努力形成“一个行业党组织一种品牌，一个党员岗位一种特色，一名党员形象一面旗帜”。省委巡视组和市委创先争优活动调研督查组分别到西山区巡视、调研，肯定全区基层党建工作和创先争优活动的做法和成效。省委常委、组织部部长辛桂梓深入福海街道船房社区调研检查，肯定船房社区党总支从城中村向文明和谐城市社区转型的有效做法。省、市委创先争优活动简报、省委《党的生活》等刊物先后进行宣传报道150余次。活动开展以来，受到省、市委表彰奖励先进单位9个、先进个人23人。

【基层党建工作经费投入】 坚持“确保活动开展有阵地、工作运转有经费、作用发挥有平台”原则，按年度核定基层党建工作经费，核定每个社区党组织2万元/年工作经费；核定区级机关部门党委6 000元/年工作经费，区级机关党工委1.8万元/年工作经费，区教育局党委3万元/年工作经费，街道党工委1.2万元/年工作经费，规模以上非公有制经济组织党组织3 000元/年工作经费，规模以下非公有制经济组织、新社会组织党组织1 500元/年工作经费，每名党员60元/年学习教育经费。同时，区委组织部还结合半年和年度党建目标考核综合评价情况，在10%～50%幅度内调整党建工作经费投入，鼓励和支持基层党建工作创新发展、科学发展。全年区级新增基层党建工作经费投入510万元，为区级机关、街道、社区、中小学校和非公有制经济组织、新社会组织等各领域党的基层组织建设提供有效保障。

【社区“两委”换届工作】 年内，组织关系在西山区的89个社区党组织全面实行公推直选，7 962名党员、2 327名群众参加社区党组织委员候选人民主推荐，以无记名差额投票方式直接选举社区党组织委员510人和书记89人。金碧、永昌街道通过公开招考方式，向社区“两委”推荐优秀社区工作者31人，拓宽社区“两委”干部来源。通过换届选举，全区49个社区实现书记、主任“一肩挑”，占社区总数的55.05%，“两委”班子成员“交叉任职”比例达到48.84%。新一届社区“两委”班子成员平均年龄降低4.2岁，本科学历干部增加13.7%，35岁以下干部增加21.1%，有效地改善社区干部年龄、学历结构。

【基层党内民主建设】 全面推广“四议两公开”工作法：总支（支部）会提议，“两委”会商议，党员大会审议，村民代表会议或村民会议决议；决议公开、实施结果公开。全区98个社区建立党务、政务公开栏。健全完善干部问事、群众说事、集中议事、限时办事、定期评事为主要内容的“社区事务听证”制度和党务公开、居务公开、民情恳谈、民情日记等制度。完成《村情简报》196期，充分保障社区党员和居民对社区自治的知情权、参与权、监督权，着力推进基层民主政治建设。

2月9日，西山区召开组织宣传统战暨老干部工作会议。(区委组织部　供稿)

【党员队伍建设和管理】 制定《西山区2010年永葆先进性·“云岭先锋”工程目标考核细则》，把认真坚持“三会一课”、党员“政治生日”谈话、党员党性定期分析、党员目标管理、民主评议党员等制度和做好“中国共产党基层信息管理系统”统计上报作为各党委（党工委）年终考核重要评分指标，并在全区党建工作半年、年度检查中进行量化考核。举办入党积极分子培训班，加强发展对象培养教育，全年全区发展党员259名。

【大学生“村官”管理教育】 在2010年社区“两委”换届选举中，大学生“村官”当选副书记38人，当选副主任36人。大学生“村官”通过报考公务员和事业单位工作人员，走上新的工作岗位15人。制定《西山区鼓励支持大学生“村官”创业方案》、《关于建设西山区大学生“村官”创业园、创业基地的工作方案》，建立西山区大学生“村官”创业“一园一基地”，为56名大学生“村官”和待业大学生举行为期20天的创业技能培训，进一步引导、鼓励和支持大学生“村官”自主创业、引领创业，在更好地实现自身社会价值的同时，以创业带动就业，促进大学生“村官”工作健康持续发展。

【党员服务中心建设】 不断提升西山区党员服务中心作为西山区区域性、开放式、专业化的党员服务机构服务功能，发挥作为省、市委组织部基层党建示范点示范作用，积极为辖区非公有制经济组织、新社会组织党组织及广大流动党员提供服务。全年，西山区党员服务中心共接待省内、外党组织29个，党员群众1 500多人次，办理事项450余件；举办各种活动（会议）100余次，参加人数近8 000人。

【党员在居住地发挥作用】 以“探索建立党员在居住地发挥作用机制”被省委组织部列为“书记抓基层党建工作创新项目”为重要契机，加大工作力度，制定实施《西山区健全和完善党员在居住地发挥作用机制的实施意见》，按照“工作在单位、活动在社区、奉献双岗位”要求，建立党员“双重管理”制度。区委直属的24个党委（党工委）、4 724名党员在居住地开展法律咨询、政策宣传、技术指导、结对帮扶、扶贫助残、义工、义诊等形式多样的服务活动，共参与服务活动1 692次，接受服务1.92万人，解决社区公共问题87件，帮扶群众解决具体问题4 821件。

【党内关爱机制】 提高老党员定期生活补助，全年对“光荣入党50周年”老党员732名、“光荣入党60周年”老党员27名发放生活补助35.62万元。积极关心离任原村级干部，向全区已领取定补的原农村大队一级离职半脱产干部109名和原农村办事处离职干部31名发放每人200元/月定期补助。注重帮扶困难党员，利用春节、“七一”等节日，慰问基层一线党员、老党员、生活困难党员、农民工党员、大学生“村官”等各级党员干部共1 300余人，发放慰问金38.83万元、慰问物品644份，帮助党员办实事37件。

【党员抗旱先锋行动】 3月19日，召开“共产党员抗旱先锋行动”动员会议。3月27日，举行“共产党员抗旱救灾特别捐献”仪式。组建共产党员抗旱先锋队113支，各级党组织和党员共捐款443.54万元，拨付94.25万元用于补助碧鸡、海口、团结3个街道办事处1 885户困难群众；拨付200万元修建1 000个“共产党员爱心水窖”。剩余资金以及省、市拨款的160万元，继续用于困难群众关爱资金发放、修建“共产党员爱心水窖”以及抗旱救灾其他工作。受到市委、市政府表彰抗旱先锋党组织2个、抗旱先锋党员2名。

【生态文明建设】 把开展创先争优活动与纪念中国共产党成立89周年、建设生态文明西山结合起来，开展“西山生态文明建设百日会战”。7月1日，举行“庆七一万名共产党员创先争优暨生态文明建设百日会战”活动启动仪式，开展“新党员入党宣誓和党员重温入党誓词”活动，开展上山植树、下河清淤，河边绿化、道路保洁，环境卫生整治，查堵排污行为等活动，倡议和组织全区党员积极参与西山生态文明建设。

【为民服务体系建设】 积极创新社会管理体制机制，深化基层为民服务体系建设。区委2次派出6个专题调研组，对全区为民服务体系建设现状、存在问题和推进措施进行调研，加强督促检查，全面完成为民服务体系建设工作任务。全区10个街道为民服务中心升级改扩建工程全部完成，大厅面积共3 233.6平方米，设置服务窗口136个，进驻服务大厅职责职能130项，配备工作人员175人；国税、地税、房管、土地、就业、人事、消防7个部门分别设置独立办证、服务大厅，建立与市级联接电子监察系统，全区基本上形成区、街道、社区三级为民服务体系。

【和谐社区建设】 区委把“创先争优活动、和谐社区建设、为民服务体系建设”三项工作合为一体，成立“三位一体”工作领导机构。区级财政保障每个社区5万元工作经费。先后派出领导干部25人前往成都、重庆、北京、天津和上海等地学习考察和谐社区建设、社区服务、城市居民小区管理、志愿者活动等经验和方法。举办全区社区干部培训班，全区1 150名社区、小组干部参加集中培训。确定复兴、金牛、船房、棕树营北区、永宁里、永兴路共6个社区为省、市级试点；确定梁源、得胜桥、丽苑、

4月26日，区委组织部举行“共产党员抗旱救灾特别捐献”关爱资金发放仪式。

富善、云龙、龙潭共6个社区为区级试点；街道还确定试点社区10个。同时，明确区委副书记、组织部长、分管副区长、民政局局长分别负责一个试点社区，结合创先争优活动，开展以“两创”（创平安社区、创文明和谐社区）、“一试点”（“三有一化”为重点的和谐社区建设试点）和“十进社区”（社会保障、综合治理、法律服务、卫生保健、科学普及、文明创建、文化体育、绿化卫生、志愿服务、人口计生进社区）为主要内容的创建活动，全力推进和谐社区建设。在加快推进和谐社区建设工作中，金牛社区等24个社区被评为市、区党建“五好”社区；福海街道党工委、永兴路社区党支部被命名表彰为市级基层党建示范点；西苑街道丽苑社区等25个党组织被命名为第一批创先争优活动示范点。

【“边疆党建长廊建设”和对口帮扶】 4月25日，西山区委与维西县委召开“边疆党建长廊”建设对口联系帮扶工作座谈会。西山区从“共产党员抗旱救灾特别捐献活动”资金中，拨出专款40万元，支持维西县抗旱救灾工作；向维西县捐赠价值40万元的医疗救护车1辆，捐赠价值4.8万元的速印机1台、笔记本电脑2台。制定《开展城乡基层党的建设“县包乡、乡包村”活动实施方案》，认真做好西山区对口联系寻甸县开展“县包乡、乡包村”活动，帮助寻甸县10个乡镇、村加强基层党建工作。

【干部教育培训】 制定《西山区2009～2013年党员教育培训工作规划》、《西山区2010年干部教育培训工作要点》。深入开展“读好书、求新知”学习活动，在全区形成爱读书、多读书、读好书、善读书良好风气。全年共组织集中学习培训19次、定专题自学26次。组织28批共393人次到国内外先进发达地区学习考察。举办都市经济与社会管理知识培训、“三普”教育培训、党务工作者培训、非公经济组织和新社会组织党建工作培训、社区“两委”干部培训、西山区大学生“村官”创业人才技能专题培训等各类培训班近70期，全区各级各类干部共9 800余人次参加培训。建立《西山区新任职领导干部任前廉政考试实施办法》，对新提拔领导干部进行任前廉政考试，加强对新提拔任用领导干部勤政廉政教育；出台《西山区招商引资帮办制度》，安排新提拔的年轻科级干部10人到各街道办事处工作一年，负责招商引资的帮办，促进年轻干部成长。组织全区符合条件干部115人参加昆明市2010年晋升副县处级领导职务资格基本知识考试。

5月7日，西山区举办社区干部培训。（区委组织部 供稿）

【干部选拔任用】 2月，对共青团西山区委书记和专职副书记2人进行公推直选。在全区范围内从6名有乡镇党政正职任职经历的干部中，公推公选副县级领导干部人选2人；公推公选优秀社区党总支书记1人担任街道副职。7月，面向全省公开选拔区纪委派出纪工委副书记、西山区民政局副局长等9个职位副科级领导干部共11人。8月，配合市委组织部完成面向全国公开选拔乡镇（街道）党（工）委副职（副科级）领导干部10人的工作。12月，对5名街道人民武装部部长（副科级）实施竞争上岗。全年共提拔、平职岗位交流科级干部212人（含政府机构改革116人），其中提拔61人、平职岗位调整交流151人。在新提拔的61人中，副科提任正科20人，一般干部提任副科41人。在全区各部门广泛开展中层干部竞争上岗，10个部门共选拔中层管理干部45人。完成全区科级干部、公务员信息采集及公务员统计工作，完成全区党群部门22个单位，358人的昆明市公务员（人才）全员信息库建设工作。

【政府机构改革】 在区委统一安排部署下，组成5个测评组，对全区政府29个部门的领导班子及131名班子成员思想建设、制度建设、工作方式、工作效率、服务质量及廉政建设等方面情况进行民主测评，参评913人，个别谈话听取意见、建议430人。征求区委、区政府联系分管领导对各班子及人员调整、配备意见和建议。此次机构改革共调整干部116人，27个政府工作部门中（含不计入政府机构个数的区监察局、区民族宗教侨务局）有21个部门行政正职进行重新任命，占总机构数的77%，其中交流新任13人，占48%；妇女干部9人，占33.3%；少数民族干部4人，占14.8%；党外干部2人，占7.4%；最大年龄干部51岁，最小年龄干部36岁，平均年龄43.2岁。

【干部监督】 对干部选拔任用工作全过程监督。形成由区纪委、区委组织部联合考察，“两代表一委员”全程监督的干部推荐、组织考察制度，全年邀请“两代表一委员”61人次参与干部工作，在干部选拔任用过程中如实填写“领导干部选拔任用工作责任监督书”，要求新提拔干部填写“党政领导干部考察人选个人有关情况报告书”。认真开展拉票行为治理和买官卖官行为查处。坚持在民主推荐过程中，发放“民主推荐领导干部治理拉票行为民意调查表”，全年共收回调查表1 467份。1月28日，开展“一报告两评议”工作，各级代表189人听取区委干部选拔任用工作情况报告，进行民主评议，评议各项指标满意率都在95%以上。全年对28名科级领导干部进行离任经济责任审计，首次对全区89个社区进行社区干部任期经济责任审计。坚持和完善“12380”和信访举报受理制度，全年受理4件、办结4件。对因公出国人员进行严格审查，共审批因公出国人员33人，未出现违纪现象。6月，西山区被确定为全省60个“提高选人用人公信度示范县”之一。

【党员现代远程教育工作】 至年底，全区建立电信模式96个、依托农村中小学模式远程教育站点13个，实现10个街道办事处98个社区全覆盖。加大延伸点建设力度，建设区级机关党工委、区教育局等10个机关单位远程教育终端接收站点。完成《西山区公推直选团区委书记侧记》、《方寸之间构和谐》2部电教片拍摄任务，报送党建电视信息12条，制作完成7个先进基层党组织、优秀共产党员、优秀党务工作者和抗旱先锋新闻特写。秉着“停留一分钟也让干部群众受教育”原则大胆尝试，建立20个社区开放式远教站点。建立街道分管党务工作副书记为第一责任人、社区党组织书记为直接责任人、站点管理操作人员为具体责任人工作机制，街道、社区配备专兼职干部队伍、站点管理队伍，举办全区115人参加的远程教育站点管理人员骨干培训班，做到专人负责、专人管理。

【人才工作】 及时调整区人才工作领导小组成员，建立《西山区人才工作重大事项报告制度等八项人才工作管理制度》，组织推荐参加昆明市首届“春城人才奖”评选6人。召开西山区人才工作会，评选表彰“西山区有突出贡献优秀专业技术人员”18人，“西山区有贡献优秀专业技术人员”10人，启动《西山区中长期人才发展规划（2011～2020年）》编制工作。深入开展“校区人才工程”和“区银合作”，安排第三批10名省委党校优秀教师到西山区一线部门挂任实职进行锻炼，到金融部门挂职干部1人。承办“2010昆明论坛”，全省企业高管800多人齐聚西山，邀请世界华人书画艺术家协会主席张克思举行现场泼墨义卖赈灾慈善餐会，为昆明市抗旱义卖捐款130万余元。

【老干部工作】 坚持老干部逢双月定期政治理论学习、定期通报制度，全年党政领导向老干部通报工作情况8次，每次都有1名区委常委或副区长向老干部通报全区重点工作情况。举办2010年西山区老干部读书班，老干部参加学习250余人。开展创建离退休干部“五好党支部”、争当“五好老干部”活动，区人大离退休党支部、区检察院离退休党支部书记分获昆明市“五好”离退休干部党支部和优秀离退休干部党支部书记表彰。完成全区副县以上（含享受待遇）及担任实职科级退休干部331人的信息采集及建库工作。坚持开展老干部生日、国庆、中秋、春节慰问活动，为企业离休干部报销医疗费6.34万元，兑现2009年度的医保奖励金1.6万元，核拨企业改制离休干部医疗保险统筹金20万元。为困难企业的离休干部及时核拨医疗保障统筹金2人2.8万元。建立健康档案工作，组织老干部参加健康体检280人。看望慰问生病住院老干部21人。招聘助老员33人开展利用社区资源服务离休干部工作。承办“青春常在 夕阳争辉”昆明市老干部迎国庆文艺进社区演出和“云植杯”欢乐大舞台老年文艺汇演，组织参加四县区老年大学“敬老节”联谊、“华宝杯·金色时光”老年歌舞风采大赛、第三届全国老年合唱节等活动。8月，区老年大学被全国妇联评为“全国妇女健身示范点”；10月，被云南省老年大学协会评为“2010年度老年教育先进单位”。

【自身建设】 牢牢把握“讲党性、重品行、作表率，树组工干部新形象”主题，深入推进“组工干部下基层调研”活动。采取竞争上岗方式，选拔中层干部3人。选派参加上级组织部门的跟班学习50余人次。切实推进“大组工网”建设工作。全面审核区委组织部管理的干部人事档案998卷，新建个人档案103卷，转递退休及死亡人员档案到区档案馆67卷。组织编印《西山区组织文件选编（2006～2009）》，进一步用制度规范工作。全年共上报组工信息70余条，省、市委组织部采用13条，区委办采用39条。

【“十一五”成就】 党组织和干部队伍基本情况。截至2010年12月，全区共有基层党组织994个，基层党委23个（其中区政府工作部门党委9个、机关党委2个、事业单位党委1个、企业党委11个），党工委14个（其中城市街道党工委10个、派出党工委4个），党总支105个，党支部852个，党员1.78万名。全区共有科级以上领导干部508人，其中县级领导干部36人，科级领导干部472人（正科级干部168名、副科级干部304

名）。

“十一五”期间，区委组织部先后组织开展西山区开展第三批保持共产党员先进性教育活动、学习实践科学发展观活动、创先争优活动等专题活动，全区各单位、党员干部认真参加各项活动，并在活动中取得实效。党员培养工作成效显著，共举办入党积极分子培训班32期，培训3 425人，发展党员1 504名。拓宽党员视野，组织11批1 681人次赴异地培训。

完成第三、四届社区“两委”换届选举工作。强化社区党建引领和谐社区建设，《党员在居住地发挥作用机制》被省委组织部列为基层党建工作创新项目，截至2010年年底，区委直属的24个党委（党工委）有4 724名党员在居住地开展法律咨询、政策宣传等形式多样的服务活动，解决社区公共问题87件，帮扶群众解决具体问题4 821件。推进“两类”组织党建，采取“找、派、帮、统、联”措施建立党组织，5年来，建立非公经济和新社会组织党组织46个。

加强基层党建工作。5年来，提出了西山区进一步加强基层党组织建设、贯彻新形势下加强党建工作等方面的文件43个。推动区、街道、社区三级为民服务场所规范化改扩建，10个街道为民服务中心升级改扩建工程全部完成，大厅面积3 233.6平方米，设置服务窗口136个，进驻服务项目130项，配备人员175人。扩大关爱党员覆盖范围，开展向入党50、60周年的750名党员颁授荣誉证书、荣誉奖章。抓好“共建边疆党建长廊对口联系框架协议”各项工作落实。为维西县培训党员干部104人次，安排5批41名干部挂职锻炼。

2008年12月5日，投资70万余元、占地面积600多平方米的西山区党员服务中心挂牌运行。中心通过服务、学习、教育、办公、休闲、展览6大功能区，设置服务机构24个，成为西山区委、区政府服务广大党员群众的重要窗口。自运行以来共接待省内外党组织42个、党员群众1.18万人次；办理服务事项1 453件次，组织举办1.64万人次党员群众参与的活动（会议）143余场次，被省、市委组织部命名为基层党建示范点。

缴纳“特殊党费”支援抗震抗旱。2008年，全区共有7 452名党员交纳“特殊党费”93.97万元，支援汶川抗震救灾和重建。2010年，组建113支共产党员抗旱先锋队战斗奔赴抗旱一线，各级党组织和党员共捐款443.54万元。在抗旱救灾工作中受到市委、市政府表彰抗旱先锋党组织2个、抗旱先锋党员2名。

干部人事制度改革稳步推进。严把选人用人关口，在加大干部交流上求突破。截至2010年12月，科级干部平均年龄由2006年7月的40.56岁下降到39.76岁；少数民族、非中共党员、35岁以下、国民教育本科学历科级干部比例提高到23.94%、11.23%、22.03%、32.63%。创新择优选任机制。探索向“差额选拔”转变、向“在多数人中选优”转变和向“赛场选马”转变等选人用人新路子。

加强领导班子和干部队伍、培训教育力度，强化干部监督创新、监督约束机制。2007年区委组织部拟定相关制度，开展对领导班子“三力”建设情况巡察。从不同角度征求到意见、建议1 563条，查找出突出问题382个。制定2008～2010年干部教育培训规划、2009～2013年党员教育培训实施意见，举办公务员“8+X”、都市经济、“三普”教育等主体培训班100余期，参训1.3万人次；国内异地培训59批1 564人次。加强后备干部培养，滚动管理，不断改善干部队伍结构。配合全市县处级后备干部公开选拔，通过“全程助考”培养，全区进入面试33人，被录取12人，录取率位列全市第一。加大年轻干部培训，探索建立“2+2”培训模式。坚持和完善科级领导干部重要情况报告、谈心谈话、诫勉函询、“一报告两评议”、干部监督联席会议、经济责任审计等制度。制定干部选拔任用工作全程记实、基层干部辖区亲属基本情况备案等系列文件。强化经济责任审计，5年来，离任审计科级领导干部54人，任中审计5人。

实施人才强区战略，以理念转变为先导，重视人才。制定相关文件，建立完善《人才工作重要事项报告制度》等8项人才工作管理制度、组织编制《西山区中长期人才发展规划（2011～2020年）》，为做好人才工作、提升各类人才素质提供政策依据和指导。依托“区校人才工程”、“银政合作”，接收业务骨干挂职锻炼30余人；举办“科技之光”培训班7期，参训2 000余人；表彰全区“有突出贡献”和“有贡献”、骨干教师、学科带头人等各类优秀专业技术人员700余人次；加强对新农村建设指导员服务和管理。

党员现代远程教育不断规范化。5年来，先后投入60万元财政专项工作经费。截至2010年12月，全区建成电信模式96个、卫星模式7个、依托模式建点工作6个，实现10个街道98个社区站点全覆盖。共举办远教培训12期940人次。制作党教专题片13部，制定《西山区党员干部现代远程教育工作量化考核办法》，确保全区109个站点超额完成每年每个站点48小时的必修课播放收看任务。

做好老干部服务和管理工作，5年来，组织双月政治学习30次，举办读书班5次961人次参学；安排老干部定期考察全区重点工程、重点项目；创建和表彰“五好”党支部和老干部，开展学习杨善洲等先进典型活动。共慰问老干部1 326人次，组织老干部参加体检894人次，为35名离休干部兑现住房补贴74.4万元，建立老干部特困资金。抓好活动中心、老干部党校、老年大学建设，开设19个专业83个班，有学员6 964人。

（王　佳）

机构编制

【机构】 6月24日，根据区委、区政府机构改革相关文件精神，西山区机构编制委员会办公室不再与西山区人力资源和社会保障局合署办公，设立中共西山区委员会机构编制办公室，划归区委隶属管理，为区委工作部门，正科级，是区机构编制委员会常设办事机构。区委机编办内设综合科、机构编制管理科，行政编制5人。设领导职数2人，其中主任1人，专职副主任1人（正科级）。区委编办管理西山区事业单位登记管理局，区事业单位登记管理局使用行政编制。

【区政府机构改革】 西山区人民政府机构改革工作从2009年年初开始，至2010年10月结束。此次机构改革，西山区按照上级要求和既定工作目标完成各项工作任务，达到进一步转变政府职能，理顺职责关系，优化政府组织结构，完善运行体制机制，推进依法行政，提高行政效能，建设服务政府、效能政府、法治政府、廉洁政府总体目标要求。区政府机构改革工作经历方案拟订报批、宣传动员、“三定”规定制定审批、“三定”规定实施4个阶段。在认真调研、制定政策和动员部署基础上，着重做好新整合组建单位“三定”方案制订、审核和实施工作。

经过改革，全区合并组建政府工作部门7个，调整管理方式5个，更名2个，保留设置13个。政府工作部门从27个调整为25个，减少2个，精简7.4%。10月18日，西山区政府机构改革工作通过上级部门检查验收。

【事业单位分类改革】 坚持政事、事企、事社分开原则，按功能确定类别原则及精简、统一、效能原则，在对事业单位职能准确定位基础上，按行政、公益、经营3个类型实施分类改革。对行政类事业单位，规范精简，加强管理；对社会公益类事业单位，优化布局结构，完善机制，放权搞活；对经营开发服务类事业单位，实行改企转制，进入市场。逐步建立起新的事业单位管理和运行机制。根据《西山区事业单位分类改革的实施意见》，2010年，区机编办在各事业单位主管部门前期模拟分类基础上，展开进一步调查研究，并通知全区275个事业单位拟订本部门所属事业单位改革具体方案，为下一步开展事业单位分类改革做准备。

【机构编制管理】 坚持机构编制集中统一领导原则和机构编制“一支笔”审批制度和程序。认真组织学习贯彻《机构编制监督检查工作暂行规定》，营造机构编制工作依法管理良好氛围。重点对擅自设立机构、提高机构规格、混用编制、超编进人、超职数配备人员以及部门干预下级机构设置等违纪违规问题进行查处。受理违反机构编制检举和投诉，检查违反机构编制纪律问题，并提出处理意见。

一是根据省、市有关文件精神，在人员编制管理中，严格控制机构编制增长。主动协同组织、人事劳动、财政部门，进一步理顺和明确机关事业单位进人程序，切实把好机关、财政拨款事业单位人员入口关，要求各单位都必须严格遵守编制纪律，不得超编超职数进人。至年底，经区编委会研究同意，审批各单位要求补充工作人员报告86份，各单位要求增编、调整机构报告10份。二是认真做好人员编制和统一发放工资单位审核工作，通过月工资审核，达到了解掌握控制机关事业单位实有人数的目标。对于擅自超编单位不予审核签章。三是为贯彻落实十七大严格控制机构编制要求，健全机构编制管理约束监督机制，增强机构编制管理有效性和权威性，管住管好机构编制，西山区从2008年开始，在全区逐步开展机构编制实名制管理工作，严格和规范机关、事业单位编制准入事前审核制度，防止并杜绝超编、混编、超职数配备人员。截至2010年年底，达到全区所有机关、事业单位纳入机构编制实名制管理目标。四是为进一步规范西山区机构编制管理，严格控制行政编制，确保中央编委提出的2011年年底前消化地方党政机关超编人员任务如期完成。2010年，借政府机构改革之机，通过人员编制调整、分流，解决10个党政机关人员超编问题。五是机构编制监督检查工作逐步推开。区委编办会同区纪委、区委组织部、区财政局、区人力资源和社会保障局对财政供养人员严重超编问题进行重点督察，起草专题督察报告，区委、区政府和区编委有关领导对此作重要批示。督察工作的开展，对各地进一步重视和加强机构编制管理，维护机构编制管理严肃性和权威性起到有力推动作用。2010年，西山区接受并通过中央编办对西山区第一次政法专项编制使用情况的监督检查。六是配合人事部门完成：西山区2010年公务员和事业人员招录、选调工作；春苑幼儿园独立设置工作；区红十字会独立设置为群团机构序列相关工作；进一步健全区“四创两争”工作机制相关工作；区社会保险事业管理局更名工作；西山区公、检、法2010年招录工作和2011年公、检、法招录计划。

【事业单位登记管理】 按照《事业单位登记管理暂行条例》。加强事业单位网上登记规范化管理，积极开展网上登记管理业务培训工作和理论研究工作。1月24日，对全区196个法人事业单位登记承办人员进行网上年检登记操作业务培训，就此启动事业单位网上登记管理工作，至3月底，登记管理工作全面完成。完成全区2009年度事业单位法人登记和年检工作，截至年底，区直登记事业单位法人275个，按规定应参加2009年度年检的有196个，已年检167个，年检率85%。为38个事业单位法人办理变更登记，为2个事业单位法人办理注销登记。组织开展事业单位登记管理工作监督检查，在认真审查区直部门自查报告的同时，组织抽查事业单位法人196个。

（张　颖）

宣　传

【干部理论学习教育】　按照“2008～2010年西山区干部教育培训规划”要求，积极推进干部理论教育工作创新。认真开展新一轮大规模教育培训工作，重点抓好副科级以上干部、基层党总支（支部）书记、新党员、党员创业就业致富带头人等不同类型党员的学习教育和培训，全面提升全区广大党员干部政治水平和工作能力，着力加强党员先进性建设。采取自学与集中学习相结合、综合讲座与分类讲座相呼应的方式开展学习活动，发布“西山区‘领导干部培训日’学习活动暨理论教育学习指导参考”26期，拟定下发健全和改进“西山区领导干部培训日”制度工作方案。与此同时，围绕“推进学习型党组织建设，加快实现西山科学发展新跨越”目标要求，拟定相关实施意见和领导干部学习考核激励制度，进一步调动领导干部重视学习、参与学习的积极性和自觉性，促进领导干部更加自觉地深入学习实践科学发展观。与区纪委、区财政局等单位和部门组织开展集中学习活动19次（超额完成7讲）。

开展主题教育，以“理论教育学习指导参考”为平台，以系列专题形式，及时将党的十七届五中全会精神相关学习材料发布到全区，为广大党员干部学习全会精神提供指导。开展“读好书、求新知”活动，与区委组织部配合，在全区开展学习教育活动。向区级领导赠送《信息时代政府形象传播》、《大国崛起》、《桥和船》等学习书籍，为全区开展学习活动起到引导和示范作用。6月28日，组织全区宣传思想文化系统及有关单位干部群众参加由中央宣传部和中共云南省委主办的郑垧靖先进事迹报告会。结合西山区创建全国文明城市工作，配合区四创办为卫生城市“两创”工作编辑制作宣传画册；开展国庆纪念活动和在全区中小学生中开展“纪念中国人民抗日战争胜利65周年”活动；开展《七个“怎么看”——理论热点面对面·2010》和《划清“四个重大界限”学习读本》征订工作。注重典型示范、辐射作用，先后向市委宣传部推荐形势政策宣讲优秀组织1个和学习型党组织建设示范点3个。组织协调有关部门开展对海口林场申报昆明市爱国主义教育基地工作指导和考核推荐工作。开展西山区理论人才队伍建设、基层宣传文化队伍建设和区工商局实行效能建设3项工作调研。

【对外宣传】　年内，区新闻中心加强策划，提高宣传针对性和有效性，紧跟形势，扣紧主题，提高稿件采用率和宣传效果。先后策划“八件实事追踪”、“精彩‘十一五’”、“学习贯彻十七届五中全会精神”等系列报道在《联播昆明》中播出。

外宣办围绕区委、区政府的中心工作、事关西山区经济发展、群众普遍关注问题作为报道主题，提前介入，以“你无我有、你有我新、你新我快、你快我深”为目标，充分考虑选题和样式。形成每个月都提前策划次月宣传主题，每月拟定4～8个主题，在《云南日报》、《昆明日报》和昆明电视台同时推出的制度。在公车改革中，配合车改每一阶段工作，邀请媒体进行大篇幅宣传报道，云南电视台《云南新闻》、《都市条形码》及《春城晚报》、《都市时报》等省市媒体先后进行详细报道。配合防盗笼拆除工作，在《昆明日报》头版头条刊登《西山临街防盗笼拆除超八成》新闻报道，引起各家媒体关注，昆明电视台《昆明新闻》等栏目对这项工作进行报道。与昆明电视台合作，在《昆明新闻》播出“园博园”、“盘点‘十一五’”系列报道。

通过建立健全新闻发布制度，规范新闻发布（通报）工作机制和程序，制定“突发公共事件新闻报道应急机制”、“新闻发布制度”，提高新闻发布（通报）效果和权威。规范突发事件与敏感问题宣传管理机制，按照统一组织协调和归口管理原则，迅速应对，妥善处理重大突发事件与敏感问题对外报道。严格执行突发事件请示报告制度，健全各类突发事件通报制度，保持突发事件通报渠道畅通，积极参与突发事件应对工作，主动与媒体联系沟通、达成共识，及时向公众公布准确信息，掌握舆论引导主动权。以我为主，抢占先机，争取话语权。

全年区新闻中心在昆明电视台《联播昆明》播出新闻567条，继续在14个县市区中排名第一，在各级电视媒体中播出有关西山区新闻1 868条，其中《新闻联播》1条，《云南新闻》36条，在各级报刊刊登新闻2 941篇，制作电视专题6个。组织“草海片区征地拆迁”等新闻发布（通报）会30余场。全年共收集各级媒体刊播有关西山区舆情信息4 809条，发送舆情信息176条。上报信息简报73期，被采用58篇。

【文化产业工作】　充分利用本地区文化产业资源、技术、信息等要素市场，依托重点文化企业和重点、亮点项目建设的不断发展，文化产业发展的聚集效应初步显现，呈现良好发展势头，文化及相关产业逐步成为西山区经济发展新的增长点。

形成“2010年度文产工作要点”，结合5项目标任务，以文产办领导为第一责任人，签订目标责任书，各部门具体落实，相互协同，实施工作重点下移，确保各项工作落到实处。西山区作为云南省15个“县域文化产业发展重点县区”之一，按上级规定及要求，通过前期深入展开文化产业调研，借鉴外地成功经验，精心编制西山“十二五”文化产业发展规划。全文结合西山区“山、水，城”特点及优势，将辖区内自然、人文融入其中，针对城中村改造实际，将“原有文化元素进行延伸”等一系列新提法得到省文产学院专家一致认可，同时也为规划全区“十二五”文化产业发展谋求开局新篇。

年初，与《昆明日报》社达成意向，用一定专版对西山区在建项目和具有突出特色文化产品进行宣传包装，5～12月共在专版刊载文章6篇。完成省、市各级相关部门对西山区文化产业的各项调研工作，并确立以区内重大在建项目及优势产业基础，重点实施包装推介，进一步扩大其在文化产业领域的认知度，为企业、项目积极拓展发展空间。上半年，区文产办组织实施省、市、区三级督办的7号片区城中村改——“文化空间”项目，并被列为省、市重点推进文化产业项目。积极开源，拓展引资渠道，先后对接“云南边防部队骨科医院扩增项目”、“云南玺鸿科技有限公司注册资本金项目”、“昆明龙业标准件有限公司同标准件生产加工”等一批第二、三产业，完成招商引资任务2 151.97万元，超额完成区委、区政府下达的招商引资任务。

重视网络舆情工作，围绕“城中村改造”、“河道治理”、“拆零拆围”等群众较为关心热点问题和重点领域，上情下达，下情上报，全年共完成浏览网页2万余小时，舆情简报7份18条。利用网络环境，正确引导，消除误解，为提升城市形象和群众参与当前各项工作建立起有效沟通渠道，为政府相关职能部门提供便捷、及时、全面的网络舆情监控优势服务和技术支持。协助完成区文联筹备组建工作，并组织培训西山区第一批网络信息员。

精神文明建设

【加强公民思想道德建设】 全面开展创先争优活动，结合各项工作，以开展社会主义核心价值体系学习教育为根本，进一步普及公民道德知识。通过专题培训、主题活动等多种形式，举办全区文明公民道德专题培训会、全区“文明花开，城乡共建”集中宣讲等大规模公民道德知识学习5次，邀请IPTS国际职业培训师协会讲师、世界500强华人讲师顾文豪，市委宣传部副部长、市文明办主任杨凤华等领导、专家、学者，深入到全区10个街道社区，在4 000余名社区居民、中小学生中，广泛开展公民道德建设宣讲活动。同时，与区委组织部、区委党校合作，借全区在职干部培训之机，把提高公民道德素质相关内容选编进《西山区都市经济》，做社区居委会干部培训班等培训教材，供广大机关干部学习。

【道德模范评选表彰及文明单位（社区、村）创建活动】 在全区开展“第二届西山区道德模范”评选表彰活动，推荐5类道德模范候选人54人，范围涵盖社会多个职业。经评选、公示、区文明委审核等程序，将杨竹芳等15人作为“第二届西山区道德模范”命名人选进行表彰，并择优推荐杨竹芳、雷雯、谭云东、李婧叶等6人作为“昆明市道德模范”候选人推荐参加全市评选，将其事迹摄制并在昆明电视台播出。9月20日，杨竹芳、雷雯、谭云东、李婧叶4人被市文明委命名为“第二届昆明市道德模范”。同时，组织各类道德模范代表在全区开展道德模范巡讲活动，引导公民共同参与道德实践活动。

抓好2010年市区级文明单位、社区（村）申报工作，全区各街道办事处广泛宣传，辖区内各级各部门、各单位积极参与。经申报、推荐、考评组实地考评等程序，区文明委召开专题会议审议，命名表彰符合条件的昆明广播电视网络有限责任公司等18个单位、棕树营南区社区居委会等3个社区、和平社区居委会和平居民小组等8个村。同时，指导帮助辖区内61个单位、11个社区参与申报市级文明单位、文明社区。

继续抓好在农村开展“十星级文明户”、“八星文明小组”评选活动。永顺里、丽苑2个社区获“昆明市十佳卫生社区”称号。全区各级文明单位为抗旱救灾捐款累计达2 289.93万元，并向旱灾严重地区捐赠价值近26万元的纯净水、矿泉水，价值14万余元的大米、食用油、文具等抗旱救灾物资。

【全国文明城市创建】 迎检期间，在全区7个主城区街道办事处发放《文明城市知识50问》、《文明城市宣传挂图》、《入户测评问卷调查》3种宣传资料共计42万份；发放宣传电影贴片500片；制作创城布标1 300余条；制作墙体广告2 490平方米；制作大型广告9块；制作街道两侧宣传栏275块；制作社区黑板报327期；组织志愿者劝导活动10万人次；组织大型宣传培训活动15次；发放创城倡议书10万余份；播放创城宣传片23场次，极大地提升广大市民对创建全国文明城市工作的知晓率与支持率。同时，组织全区各单位干部职工和各中小学校10万余中小学生完成《2010年文明指数模拟测评问卷》。组织专题通报会，向全区广大老干部、老领导通报工作进程。创新宣传载体，制作《创文明城市 做文明市民》电影贴片，用市民喜闻乐见的方式，组织夏嘉伟等一批深受广大市民喜爱的演员用情景短剧和富有节奏感的群口快板表演形式，极力倡导市民参与创建全国文明城市。组建西山区创建全国文明城市专项检查指导组及督查督办组，健全督办检查机制，下设专项工作组12个，开展对医院、客运站、建筑工地等10个方面的专项检查整治工作和督查督办。

【未成年人思想道德建设】 加强与区政法委、区文体局、区城管局等部门合作，配合“全国整治互联网低俗之风专项行动”，开展“文明办网，文明上网”活动，为未成年人成长营造良好的社会文化环境。通过选派公安干警、专职保安严防校园安全，向广大学生宣传安全知识。同时，加强全区网吧上网管理，严格检查辖区网吧274个次。辖区内所有网吧停止使用一代上网卡刷卡器，均严格按照要求，使用第二代身份证实名登记上网，检查过程中未发现未成年人入内现象。开展校园周边环境整治，严禁学校周边200米范围内有网吧、成人用品店等经营性场所。在全区广大小学中开展“昆明美德少年”评选推荐工作，通过老师引荐、学生推荐等方法，经评比审核，向市文明委推荐优秀的14岁以下少年4人为“昆明美德少年”候选人。在国庆节期间，举办全区中小学生读书演讲比赛，把学校爱国主义教育、“读好书、好读书”活动引向深入。继续在全区中小学校开展“小手拉大手”活动，通过老师—学生—家长的文明知识传递链，使宣传取得倍乘效果。西山区求实小学与市交警七大队组建全市第一支少年交警队，年内该校被授予“云南省文明交通示范学校”称号。

【群众性精神文明创建工作】 参与组织“三下乡”活动，同时利用每月第二个星期二开展的“和谐西山、魅力碧鸡公园活动”平台，广泛组织辖区内多支群众文艺表演队参加文艺演出。11月，推荐1人参加全市爱国歌曲大家唱活动中，宣传“二十字公民基本道德规范”内容。结合春节、中秋节等中华传统节日和纪念日等，组织广大干部群众通过开展丰富多彩群众性精神文明活动，把《公民道德建设实施纲要》内容贯穿其中，并以图文并茂形式及时将区观音山庙会、“三月三”耍西山等具有浓郁民俗文化活动情况向外界宣传。中秋节期间，承办市文明办在棕树营街道知青老年公寓举办全市首家“我们的节日——中秋节关爱百万空巢老人主题系列活动”，营造关心空巢老人社会氛围。

【志愿者服务】 继团结街道办事处成立全区第一个街道志愿者协会后，筹备其他街道成立街道志愿者协会。全年全区17支志愿者服务队志愿者队伍围绕创建全国文明城市及“创卫”攻坚工作，开展志愿服务活动，特别是在“创卫”、“创城”等工作中，组织志愿者开展宣传志愿服务活动。为倡导文明出行、文明交通，全年在辖区主城区18个交通路口组织交通文明志愿者2万人次，劝导不遵守交通秩序行为及其他不文明行为。结合昆明轨道交通建设，认真贯彻实施文明交通行动计划，进一步推进文明出行、绿色出行活动的开展，深化“讲文明、树新风”，增强市民文明交通意识。年内，推荐“文明交通示范社区”、“文明交通示范企业”、“文明交通示范学校”、“文明交通示范个人”4类别，5个单位（社区）及4人参加2010年省级文明交通示范先进评选。

【“十一五”成就】 干部理论学习教育。5年来，围绕解放思想大讨论活动、深入学习实践科学发展观、软环境建设、纪念改革开放30年、纪念新中国成立60周年、“四创两争”等工作开展专题教育活动。下发《七个怎么看》、《划清四个重大界限》等理论读物逾1万册，结合“行政效能提升年”、“干部作风改进年”，将党的理论创新成果与西山实际结合起来，增强干部教育培训工作针对性和实效性，共安排区委中心组理论学习20次，参学6 000余人次，逐步形成以区委中心组理论学习，辐射和带动基层理论学习、以制度建设推动理论学习，以多种形式促进理论学习新路子，全区各级领导干部和党员素质明显提高。

对外宣传。与中央和海外媒体合作交流得到加强。与香港卫视合作共同完成《魅力滇池，醉美西山》电视专题，在香港有线电视台黄金时段滚动播出；与国务院新闻办合作，在其主办的《湄公河》和《吉祥》两个外文刊物上，分别用泰文、缅文，图文并茂地向东南亚推介西山区经济社会取得的成就和投资环境。加强与省、市媒体的联系与合作，与昆明电视台合作，制作《西翥灵仪，辉煌西山》电视专题片并在该台播放；与云南画报合作，完成《高原西子，魅力西山》画册制作；全区在省、市报纸刊登新闻5 608条，电视新闻播出3 048条，连续4年在昆明电视台《联播昆明》栏目名列全市14个县市（区）第一，共制作电视专题片69个。对全区一系列重大活动、重点工作开展有声势、有影响、有深度的系列宣传报道。培树典型，成功推出昆明市西山区人民检察院侦查监督科科长杨竹芳先进典型，其被授予“全国模范检察官”、“全国三八红旗手”、“云南省优秀共产党员”荣誉称号，其事迹成为全国学习的典范。成功举办“螺蛳湾商业片区业态升级新闻发布会”，“小人桥”、“马街新城”等新闻发布会。加强监控网络舆情，对“昆明信息港”、“彩龙中国网”、天涯社区等有关西山区帖子及时进行收集、跟帖与回复，尤其是2009年，在关闭老“螺蛳湾”市场过程中，在成功协调上级媒体的同时，收集整理舆情信息5 271条，及时跟帖回复。

文化产业。完成西山区“五个一”工作：拍摄一部电影（《别姬印象》），创作一首西山之歌（《睡美人》），制作一部电视专题片（《辉煌跨越》），出版一本宣传画册（《倾听西山——云南百年工业文明的脚步》)，发行书碟（《西山十大名片》）和一套个性化纪念邮票。对文化产业项目进行包装，至2010年底，全区文化产业项目储备共38个，省、市、区三级督办的“文化空间”项目（计划投资58亿）和“中华护国运动纪念馆”（计划投资3 000万）两个重点文化产业项目进行重点跟进，申报歌曲《睡美人》、《太阳月亮星星眼泪》以及电影《别姬印象》三项精品参加第十届全国精神文明建设“五个一”工程暨第四届“云南文化精品”工程推荐评选活动，将西山之歌《睡美人》用彩铃发布，并拍摄成音乐电视作品，以优美的旋律和画面，诠释五百里滇池美景和西山睡美人神韵，并在中央电视台、北京电视台等省级电视台推广播放，该作品获昆明市文学艺术“茶花奖”；2005年由于云南省文化产业发展走在全国前列，为此也产生相应的“云南模式”，同年3月西山区被省委宣传部列为15个县域文化建设试点县区之一，2006年10月通过上级有关部门评审，并荣获县域文化建设试点县区二等奖。各街道办事处公益性文化基础设施不断完善，各文化站设施及功能齐全，三级公共文化服务网络功能得以发挥；与北京师范大学联手，投资2.2亿元，打造占地约12.67公顷的北师大昆明附属中学，成为文化产业新亮点。

广播电视基础设施建设。2006～2010年实施“村村通”工程建设以来，农村电视覆盖率由2005年的66.22%，以年均6.8个百分点的建设速度完成已通电自然村“村村通”全覆盖，使12个村委会，111个村民小组，139个自然村5 487户，1.65万人能收看到电视节目。广泛开展“村村通”传输设备安全检查，确保每年广播电视安全播出率达100%。

精神文明创建。通过荣辱观进机关、进校园、进农村、进家庭教育，形势报告会，志愿者服务等有效形式使社会主义荣辱观学习实践活动深入人心。开展西山区第一届道德模范评选表彰活动，评选区级道德模范10人。加强和改进未成年人思想道德建设工作，通过开展“廉政文化校园行”、“八荣八耻校园行”系列活动，创设“青少年法制教育基地”，举办未成年人思想道德建设知识竞赛和青少年犯罪案例分析，加强中小学生心理健康教育。实施“爱心助学”工程，加强校外辅导，为青少年营造健康成长社会环境，构建学校、家庭、社会“三位一体”德育教育网络。以文明单位、文明社区、文明行业、文明村镇等文明创建为载体，有效推进精神文明建设工作。2007年6月，出台《西山区文明村创建管理办法》。2008年，结合“细节文明推进年”活动，以“六好”为标准的文明和谐社区创建工作全面推开。至2008年届期内，有区级文明单位127个，区级文明社区14个，区级文明村8个；市级文明单位142个，市级文明行业4个，市级文明社区17个，市级文明村9个；省级文明单位51个，省级文明社区2个；国家级文明单位1个，国家级文明社区1个，创建全国文明单位工作先进单位2个，全国精神文明建设先进工作者1个。

（飞瑞云　陶红　高军　千亚宵　胡涛　张霞）

政策研究

【课题调研】　年内，坚持“大调研”思路和内外结合、上下互动原则，立足本职，突出实践特色，深入基层，在有关部门支持配合下，分别对农村土地流转、和谐社区建设、投融资体制改革、城中村改造后社会服务项目运营、农村集体经济股权置换等深入研究，完成课题研究报告5个。认真做好政研课题，以优秀调研成果更好地服务区委、区政府科学决策，积极为市委、区委有关工作建言献策。全年课题调研报告中被市委政研室《决策内参》采用3期；被市委办公厅《参阅资料》采用1篇。

积极发挥《西山政研》信息平台作用，宣传区委、区政府的中心工作及其他部门工作经验。全年编印《西山政研》10期，针对西山区经济社会发展中的难点、热点问题进行思考研究，发挥好参谋助手作用。《昆安高速公路商贸经济带发展研究》、《影响和制约西山区科学发展的问题研究》被《谋事之基》（市委政研室）收录；《西山区湖滨生态建设发展研究》和《进一步深化西山区农村集体经济股权置换改革研究》分别被《昆明政研》（市委政研室）第4期和第6期刊登。《高海公路生态旅游带发展研究》课题获昆明市决策咨询研究优秀成果三等奖（昆明市科学发展决策咨询协调委员会颁发）及昆明市第九届社会科学优秀成果三等奖（市政府颁发）。

【文稿起草】　2月，完成区委、区政府交办的加快城乡一体化实施意见、加强和谐社会建设意见、加强和谐社区建设等文件起草工作。4月，配合、支持市委政研室开展《昆明市乡（镇、街道）工作绩效评价指标体系》、《昆明市城区街道工作绩效评价指标体系》课题研究工作，多次向区级领导和各有关部门征求意见，并对《指标体系》提出修改意见、建议。7月，参与修改西山区“十二五”经济社会发展规划纲要。10月，协助配合市委政研室完成和谐社区建设、区域经济发展等方面的调研任务，并形成书面材料上报。

【第三届专家咨询委换届工作】　2月6日，区委、区政府举行西山区第三届专家咨询委员会聘任暨2010年新春座谈会。区委、区政府向专家颁发聘书，聘任西山区第三届专家咨询委员会，专家学者和省、市有关部门领导为西山区第三届专家咨询委员会委员56人，以不断提高区委、区政府决策的科学化、民主化、法制化和规范化水平。新聘任专家涵盖经济发展、社会事业，生态建设、环境保护、城市建设、城市规划等领域，涵盖面广。

【专家咨询委课题研究、决策咨询工作】 紧密结合区情，进一步整合资源，调动积极性，充分利用各大专院校、科研院所及省、市政策研究部门的资源，组织专家开展和谐社区建设、农村集体资产产权置换等课题研究工作，充分发挥专家学者作用，用新思维、新视角、新理念、新方法为西山区经济出谋划策。

按照目标要求和职责分工，聘请区专家咨询委有关专家对“西山区集体资产所有权置换股份合作社股权置换形式”进行专项研究，通过深入基层调查研究，收集到大量资料，借鉴外地先进经验，形成《进一步深化西山区集体经济股权置换改革研究》调查报告。同时，该调研报告被市委办公厅《参阅资料》第41期和市委政研室《决策内参》第11期采用，供领导和有关部门决策参考。

11月19日，区委政研室配合组织召开《西山区国民经济和社会发展第十二个五年规划纲要（征求意见稿）》专家征求意见会，邀请西山区专家咨询委员会中的专家、学者14人参加意见征询。与会专家、学者围绕“纲要”展开讨论，并结合西山区未来5年经济社会发展和实际，从衔接中央“十二五”规划纲要、丰富城乡一体化标准、加快生态建设与保护、进一步发展西山特色经济、完善规划目标等方面提出具体修改意见及建议。

（李　燕）

区级机关党工委

【思想政治建设】 年内，以深入开展创先争优活动为重点，抓思想认识、抓学习活动、抓读书活动、抓培训教育，进一步加强党的思想政治建设，为党员干部思想政治教育打牢基础，全年共召开所属基层党组织书记会议6次。11月2日，举办区级机关2010年基层党组织书记培训班，邀请昆明市市级机关党工委组织部部长刘建新对机关所属基层党组织书记进行培训。

抓好“七一”系列活动。为隆重纪念建党89周年，区级机关党组织在建党节期间开展“五个一”活动，即：召开一个专题组织生活会；举办一次党史专题讲座，48个党委（总支、支部）500多名党员参加讲座；举行一次新党员入党宣誓活动，区级机关党工委6月23日组织所属基层党组织22名新党员参加入党宣誓仪式；召开一个党建工作座谈交流会，缅怀党的历史，热情讴歌党的光辉业绩；宣传一批先进典型，采用黑板报、图片、表彰先进等多种形式，集中宣传一批先进基层党组织和优秀共产党员的先进事迹。

【组织建设】 指导任期届满18个基层党组织进行换届工作，12个基层党组织按相关要求，进行公推直选，选举产生新的党组织领导班子。全年发展党员11名，办理预备党员转正手续21名，接转组织关系175名，选送申请入党人员15名参加入党积极份子培训班。年末，区级机关党工委下设党委2个，党总支12个，党支部110个，全区机关各支部共有党员数1 340名。

【党风廉政建设】 加强组织领导，抓好党风廉政建设责任制的落实。年内，班子正职与副职、党工委书记与所属48个党组织层层签订党风廉政建设责任书，进一步提高领导班子和领导干部“一岗双责”责任意识，深入系统学习《廉政准则》，并作为一项长期任务常抓不懈。认真组织开展“效能西山”建设活动，切实抓好各个阶段、工作环节的落实，促进机关作风转变。在学习过程中还联系自身实际，深入查找影响和妨碍“提升工作效能、争创一流业绩”思想观念、工作作风、体制机制、管理方式方法等方面的突出问题，认真组织开展“四对照四讨论”活动，切实加以整改落实，促进机关党员干部作风转变。

【创先争优活动】 结合区级机关工作实际，制定行动方案，并于5月26日召开所属党组织创先争优活动动员会，要求各党组织高度重视，统筹安排组织开展活动。以创建“五好”基层党组织作为机关党组织活动载体，在评旗定级和评星定级活动中，参与评旗的105个党支部有“五旗”党支部94个，“四旗”党支部5个，“三旗”党支部4个，参与评星党员1 341名，获“五星”党员1 125名，“四星”193名，“三星”23名。通过开

2月6日，区委、区政府举行第三届专家咨询委员会聘任暨新春座谈会。

展活动，有力提升机关党的建设，为建设“五型机关”（学习型、法制型、廉政型、服务型、和谐型机关），创建“创先争优示范点、共产党员先锋岗打下基础。同时，抓好共产党员在居住地发挥作用等活动，通过党员到社区报到，履行党员双重责任，为党员发挥先锋模范作用提供有效平台和抓手，激活基层党组织党员当先锋、作模范的细胞作用，收到以点带面推动工作的效果。

【其他工作】 3月19日，党工委向所属基层党组织进行党员抗旱先锋“特别捐献活动”捐款动员。所属基层党组织全部党员共捐款150万余元，并按要求上交到区民政局。

加强机关群团工作，做好对机关工会、妇委会等群团组织的领导，开展适合群团组织特点的多项有特色活动，发挥在建设和谐机关中的作用。4月，机关工会和妇委会分别进行换届工作。10月22日，区级机关妇委会带领40个单位的30名妇女小组长到云南省少管所进行走访帮教活动。认真做好对口综合联系社区工作，制定工作计划，落实工作责任制。全年帮助社区解决公共问题5件，解决具体问题28件，社区受服务群众200余人次。春节、“六一”和旱情期间，多次到扶贫联系点调研、了解情况，帮助解决实际问题，送去慰问金、慰问品3 500余元。组织机关党员干部开展“歌唱祖国”活动，12月28日，区级机关党工委代表队在第23届西山音乐节上获一等奖。

（陶　敏）

保密工作

【增强保密意识　提高工作水平】 年内，根据上级保密工作要点要求，强化对计算机涉密的保密管理。加强保密规章制度建设，制定和下发“计算机使用保密管理”规定，加大全区计算机保密管理力度，切实做到人防、物防和技防相结合。深刻认识做好新形势下保密工作的重要性和紧迫性，进一步增强政治意识、大局意识、责任意识，切实采取有效措施，加强保密工作，确保党和国家秘密绝对安全。同时，进一步加强和改进定密工作，制定完善定密工作程序规定，提高定密的规范性和准确性，使定密工作更好地服务于经济社会发展要求。

【计算机网络保密管理】 提高技术防范水平，重点解决计算机及其网络涉密与非涉密不定性和违规使用问题；办公网定位不清、使用管理不明确问题；涉密网络系统安全防护不到位、未经保密测评和审批就投入使用等问题。

【加强涉密部门和公开信息管理】 加强保密要害部门、部位管理，消除失泄密隐患。进一步明确保密要害部门部位职责，把保密管理覆盖到涉密单位每项工作、每个环节和每个干部职工中，确保不出现失泄密问题。

对政府信息公开进行保密审查，防止“密从网出”。全年审查区属单位上网信息104万字，确保涉密信息不上网，上网信息不涉密。

【涉密人员管理和培训】 分层次、多形式、有针对性地开展保密形势和任务、保密法律法规、信息安全技术、公共信息网络和计算机网络系统保密检查等为主要内容的业务培训，不断增强涉密人员保密意识和保密技能，提高涉密人员在信息化条件下防范窃密的能力。全年培训保密干部1 030人，其中联合区委党校培训3期960人；为区农村信用社培训1期60人；区保密局参加省、市培训10人次。

【涉密载体管理】 对涉密软盘、光盘、U盘和笔记本电脑等移动存储介质，推行统一购置、统一标识、严格登记、集中管理。按照市级相关管理暂行办法规定，全年组织销毁各种文件、资料23吨，销毁报废计算机等办公设备60台（盘），推广文件销毁专用袋60多条。

【优化保密工作环境】 按照“谁主管、谁负责”原则，不断完善领导干部、涉密人员、保密干部工作责任制，主要领导要担负起全面领导保密工作责任，分管保密工作领导要担负起具体组织保密工作的责任，其他领导要担负起工作范围内的保密工作责任。把保密相关技术装备经费和业务经费纳入财政预算，重点解决保密工作经费投入不足，技术设备等硬件配置不符合保密要求的问题。

【“十一五”成就】 加强保密宣传教育、培训工作，“十一五”期间，培训保密干部共6 000人次；培训持证上岗人员250人，确保每个单位均有保密专兼职干部持证上岗。组织各类保密检查20多次，杜绝失泄密事件的发生。加强对区域范围内复印、印刷行业的保密管理，共办理复印、印刷备案证书2 100份。在保密宣传、学刊用刊工作中，完成省、市下达的目标任务，其中2008、2009年名列全国县（区）单位第一名；2010年列全国县（区）单位第二名，并受到省、市保密委员会表彰奖励。加强区内文件、资料统一销毁管理工作，“十一五”期间，全区共推广文件销毁专用袋800余条，组织销毁各类文件、资料150余吨，确保国家秘密安全。5年来，全区未发生一起失泄密事件，2006、2007年被评为全市保密工作先进单位。

（平新权）

党史研究

【资料征编】 年内，查阅档案资料25卷，翻阅书籍20余册，及时整理收集汇编《2009年中共西山区委执政纪要》上报市委党史研究室。另外，查阅档案资料、走访退休干部，全面收集整理区委党史研究室自成立以来的组织机构设置情况、人员编制情况、开展党史业务工作情况等，编撰本部门地方志史专题资料5 000字上报区地方志办公室。

【党史专题编撰工作】 按照党史专题编撰任务，地方党史正本编写组成员分别走访相关人员12人，召开不同类型座谈会5次，查阅档案90余卷798余件，完成《西山区“文化大革命”运动》专题3.2万字、《西山区“大跃进”运动》专题2.7万字、《西山区农村人民公社化运动》专题2.5万字、《西山区国民经济调整》专题3.5万字、《西山区社会主义教育运动》专题2.2万字的编撰上报工作。

【征集、整理大事记】 3月，区委党史研究室2008年度大事记收集上报工作获昆明市委党史大事记征编研究工作先进单位一等奖。7月，完成《2009年西山区党史大事记》汇编印刷工作，共收录大事记526条25万余字。围绕全区中心工作，收录2010年全区各级党组织、各单位、各部门贯彻执行党和国家路线、方针、政策及开展各项工作取得的成就和经验678条30万余字，充分发挥党史工作“存史、资政、育人”作用。

【西山区革命遗址普查工作】 4月1日，西山区召开革命遗址普查工作会议，对革命遗址工作进行安排部署。全区10个街道办事处相继成立领导小组，设专人负责实施。同时，区委党史研究室与党史学会共同开展革命遗址普查调研工作，有关领导深入海口、碧鸡、团结等街道办事处实地调研，对全区革命遗址进行摸底调查，全面掌握工作情况。经认真分析、研究、筛选，区委党史研究室于9月10日向省、市党史研究室上报革命遗址4处（边纵联络处旧址、聂耳墓、赵炳润烈士墓、马街下村农会旧址），其他遗址17处（柏西文墓、观音山龙氏墓庐、红庙收信台旧址、磊楼、龙云旧居、卢汉公馆、马氏宅院、毛友桂墓、南洋华侨机工抗日纪念碑、普坪石刻、石龙坝水电站、五十一兵工厂旧址、杨杰烈士墓、中国远征军司令部旧址、张天虚墓、周培源旧居、张正德故居）的相关登记表、统计表、总目录和革命遗址普查工作报告。同时，为做好对革命遗址的保护工作，区委党史研究室和党史学会工作人员专程到寻甸县柯渡镇红军长征纪念馆参观学习，详细了解革命遗址、场馆的建设情况，为西山区更好地开展革命遗址保护工作做好准备。

【党史宣传教育活动】 5月24日至6月2日，区委办、区委组织部、区农村信用联社选派工作人员3人参加市委党史研究室组织的到西安、延安、洛阳、郑州等地革命纪念馆、革命遗址学习参观活动，交流深化党史研究宣传工作经验，深入探讨以党史文化、革命遗址开发利用，服务和促进生态文明城市建设等课题，提高西山党史工作水平。5月27日，举办西山区党史大事记征编业务培训会，邀请省委党史研究室副巡视员卓人政作专题讲座。6月10日，区委党史研究室利用区委党校举办西山区、高新区2010年入党积极分子培训班的有利时机，继续开展“党史进课堂”活动，邀请省委党史研究室副主任杨泽宇作专题辅导，激励广大干部党员干事创业。6月23日，与区级机关党工委共同举办党史专题讲座，邀请省委党史研究室副巡视员卓人政讲解云南地方革命斗争史，深入挖掘云南革命历史内涵，让全区党员干部充分了解云南、认识云南。6月25日，组织全体干部参加市委党史研究室举办的党史业务培训班，专题学习地方党史正本和党史专题资料编撰方法。11月2日，昆明中共党史学会、昆明西山中共党史学会共同开展社会主义新农村建设调研活动。市委原副书记、昆明中共党史学会会长戴文忠带领昆明中共党史学会会员单位中部分市级机关单位、国有企业领导一行30余人与昆明西山中共党史学会部分班子成员深入西山区碧鸡街道办事处观音山居委会白草村居民小组、杨林港居民小组进行实地调研，参观村容村貌，详细了解当地居民生产生活情况。

（扶晓霞）

4月21日，区委党史研究室到海口街道办事处实地调查革命遗址。

（区党史研究室　供稿）

政 法

【主要会议】 2月3日，西山区召开2010年政法工作暨打黑除恶动员大会。区五班子主要领导和分管联系领导及市委政法委副书记刘文义、维稳办副主任陈美胜出席会议，会议由区委副书记、区长蔡德生主持，相关单位330余人参加。大会安排部署年内全区政法工作，并对深化打黑除恶工作进行再动员、再部署。表彰见义勇为先进个人6人、打黑除恶先进集体6个，并兑现综治目标奖励，签订打黑除恶、队伍建设、平安建设、禁毒工作责任书。区委书记柳文炜结合当前政法工作和打黑除恶工作作重要讲话。

5月14日，召开集中清理涉法涉诉信访积案和案件评查活动动员部署工作会议。会上下发活动实施方案，对全区开展集中清理涉法涉诉信访积案活动和开展"案件评查"活动的指导思想、组织领导、清理范围、任务目标、评查案件的范围、数量及时间要求、评查方法和评查结论及运用进行传达，对具体工作开展进行安排部署。区委常委、政法委书记张志强针对全区集中开展涉法涉诉信访积案和"案件评查"活动作讲话。

为进一步提升政法队伍整体素质和执法水平，6月10日，中共云南省委政法委副书记齐海田为全区政法队伍领导干部作"政法队伍建设与管理"专题讲座。区委政法委、区公安分局、区检察院、区法院和区司法局共计360余人参加学习。

【维护稳定工作】 继续坚持"区委书记、区长接访日"制度，每月18日、28日由区委书记、区长，有关职能部门领导组成接待组，负责接待群众来访；坚持每月区1次、街道办事处2次、社区4次的矛盾纠纷排查制度，每月进行1次矛盾纠纷形势分析，确立化解工作立案、销案制度；完善综治、司法、信访、公安、社区等5条信息渠道，加强对社会热点问题、难点矛盾纠纷的信访接待工作，进一步完善"网上信访"等工作措施。

【基层综治建设】 年内，成立由办事处分管领导任书记、辖区派出所所长任副书记，基层司法、综合执法、民政等职能部门负责人为成员的街道办事处政法委员会。通过整合基层政法、综治、维稳、信访等各力量，加强基层综治维稳工作中心建设等措施，形成化解矛盾纠纷工作合力，明确区、街道办事处党政领导和相关部门在工作中的职责，确保社会矛盾纠纷有人管、管得了。以各街道办事处为核心组成工作组50余个，投入人力2 000余人，对排查出的各类矛盾纠纷开展调处。先后对草海片区征地拆迁，前卫永胜批发市场升级改造，海口外事经贸学院堵门、安晋公路阻挠施工等矛盾纠纷开展工作。

【打黑除恶及铁路联防工作】 年内，从建立健全组织机构，强化责任落实，强化经费保障，强化任务分解，广泛开展宣传动员等方面入手，多措并举，打牢基础，完善协调工作，初步建立打黑除恶专项斗争长效机制，将打黑除恶与社会治安重点地区整治紧密结合，以打黑除恶带动整体工作发展。经各部门努力，共梳理警情4万余条，其中重点梳理回访255条。全年办理涉黑涉恶案件4件，办结1件，正在办理3件，抓获嫌疑人130余人。

继续完善铁路护路联防网络，全年完成小渔村、海源庄2个道口移交、撤除工作。

【校园、重点工程安保工作】 在全区287所中小学、幼儿园落实"三见"（见警察、见警灯、见警车）工作，配备专职保安员343人，安装视频监控探头108个、红外线报警系统4套，在重点部位安装监控报警设备112个。向274所学校选派法制副校长，新建学校保卫组织21个；清理整治校园周边行业、场所、网吧等627个，发现安全隐患、治安问题78起；开展校园安全宣传教育200余次，受教育师生达13万人次。

建立重点工程安保定期联席、定期走访制度。全年出动警力3 000余人次，保安7 000余人次，对全区18个重点工程开展安全大检查，召开重点工程安全保卫工作联席会4次。破获涉及重点工程刑事案件42起，查处治安案件87起。

【工作创新】 针对城市建设和功能改造加快，治安基础工作不强等社会治安管理重点和难点，3月起，在全区开展创建"平安社区·无盗楼院"活动。在街道办事处、居委会支持配合下，以各社区内楼院为基本单元，从"一户、一梯、一楼、一院"为最小防控单元入手，实施精细化的防控管理和工作考核。将全区治安管辖区划分为2 614个"无盗楼院"，并从其中筛选出95个盗窃警情相对多发的楼院作为创建工作"重中之重"，实行"包干负责、挂牌整治、定点帮扶、定向攻坚、定时开展工作"。该工作开展以来，全区两抢警情零接报达52天，辖区居民区、楼院发生的刑事案件得到遏制，第一批814个"无盗楼院"顺利挂牌，得到群众充分肯定。

为鼓励、引导、发动和组织法律服务工作者走进基层、走近群众，在社区设立法律服务站和咨询点，进一步为居民提供便捷法律咨询服务，启动"百名法律服务工作者进社区"工作。9月28日，在团结街道办事处启动"百名法律服务工作者进社区"活动。

（王春蕾）

【"十一五"成就】 5年来，全区政法、综治、维稳工作真抓实干，先后被省委、省政府命名为"平安（县）

区”、“先进平安（县）区”和“无毒社区创建先进（县）区”。

社会矛盾化解有新成效。深入开展“大排查”、“大接访”、“大调解”，了解群众诉求，完善综治、司法、信访、公安、社区等5条信息渠道。建立“区委书记、区长接访日”工作制度，坚持每月一次矛盾纠纷排查化解工作例会，建立社会稳定风险预警机制，对出现的不稳定风险和苗头，做到早发现、早化解。在市委、市政府，区委、区政府领导下，加强突发事件应急处置，探索建立政法机关与相关职能部门协同配合应急处置指挥协调工作机制，及时果断处置螺蛳湾升级改造引发的群体性事件等多起危害公共安全和社会管理秩序突发事件，确保省、市重点工程顺利推进，维护全区性社会稳定。

社会管理创新有新突破：成立街道政法委员会，制定出台相关制度创新文件，明确10个街道分管综治维稳副书记或副主任。区综治部门和公安机关率全市之先推出打击防范两抢犯罪“323”奖励机制，西山城郊结合部一度猖獗的两抢犯罪得到有效控制。开展“平安社区·无盗楼院”创建竞赛活动，全区实现刑事治安总警情和两抢一盗警情接报数下降的良好局面。制订实施《西山区人民调解“以奖代补”纠纷案件考核奖励试行办法》，对在基层一线化解的矛盾纠纷进行奖励，有效提升基层人民调解组织调处矛盾纠纷积极性和调处成功率，截至2010年12月，全区共认定达到“以奖代补”奖励标准矛盾纠纷2 553件，兑现奖金17.95万元。启动“百名法律服务工作者进社区”工作，完成全区司法所机构设置和人员干部配备。围绕“平安西山”创建和巩固，按照“露头就打、打早打小”工作方针，继续深化打黑除恶专项斗争，深化防邪反邪工作，推进“无毒社区”创建，深入开展禁毒人民战争。加强中小学、幼儿园周边和治安重点复杂区域（场所）专项整治，通过以上各项工作，辖区人民群众安全感大幅提高。区综治办、区公安分局和区教育局被市委、市政府授予“2008～2010年度平安建设先进单位”称号；马街街道办事处等10余个单位被命名为首批“2008～2010年度平安乡镇、平安街道办事处”称号，区委、区政府表彰奖励“平安创建”先进集体50个和先进个人61人。辖区有63个市级以上单位获“平安建设先进单位”称号。

公正廉洁执法有新进步。认真推进司法机制体制改革，优化司法配置、强化司法监督、落实宽严相济刑事政策。以“规范执法行为、推行阳光执法、强化责任追究”来促进公开、公平、公正执法。针对执行难问题，按照上级部门安排部署，全力开展清理执行积案工作，在完成上级交办执行案件基础上，制定《西山区执行案件困难人员生活救助办法》、《西山区执行工作联席会议制度》等制度和工作机制，为下一步继续解决“执行难”提供依据和保障。按照“五清五到位”（即涉法涉诉信访案件的数量清、原因清、诉求清、案情清、症结清；合理的解决到位、无理的解释到位、困难的救助到位、违法的处置到位、失职的处理到位）要求，2008年12月至2010年12月，扎实推动为期3年的积案清理化解和案件评查专项活动。

基础设施建设有新进展。5年来，区委、区政府进一步加大对政法机关人力、物力、财力投入，全区政法基础设施相对落后的状况得到明显改善。2006年10月，占地面积2公顷，建筑面积1.7万平方米的区法院审判综合大楼投入使用。2010年10月，占地面积3 500平方米，建筑面积近8 000平方米的区检察院“两房”基础设施正式投入使用。基层公安派出所、社区警务室、矛盾纠纷调解室和基层法庭建设也在基建、土地、设施、装备和人员配备等方面有长足进步和较大改观，政法基础设施历史欠账得到有效解决。

政法队伍建设有新加强。认真开展“为谁执法、为谁服务”的社会主义法治理念教育，理想信念教育、忠诚教育和群众观再教育，始终保持政法队伍“忠于党、忠于社会主义、忠于祖国、忠于人民”的政治本色。以争先创优活动为载体，围绕中心抓党建，围绕党建抓（所）队建，着力以党组织和党员先进性带动整个政法队伍先进性。继续完善政法经费保障和递增机制，在政治上关心、精神上鼓舞、工作上爱护政法干警的同时，认真落实各项禁令措施，确保纪律要求有效执行。

（莽敏琨）

党校教育

【干部教育培训、轮训工作】 全年举办主体班次培训69期，参训8 572人次。同时配合有关部门，开展好各级各类培训4期，参训495人次。

主体班次：4月1日启动公职人员“三普”教育外语（英语、越南语）培训测试工作，分批分期开展，至6月25日结束，共举办52期（英语26期、越南语26期），培训测试人员3 453人（英语1 678人、越南语1 775人）。4月10日至5月29日，利用每周六进行计算机培训测试，共7期，参加培训测试1 850人。为进一步提升社区干部处理社区公共事务政策水平和业务能力，尽快适应社区基层岗位工作需要，构建和谐社区，党校与区委组织部密切配合，于5月7～9日，举办社区干部培训班1期。培训规模大，人数多，分3个教学点，采取远程网络进行培训，参训人员1 150人。6月9～11日，西山区委组织部、昆明高新区工委组织部共同举办西山区、高新区入党积极分子培训班1期，参训216人（西山区121人、高新区95人）。7月9～10日，党校与区委组织部共同举办基层党务工作者培训班1期，参训291人。8月6日，党校与区委统战部、区政协办公室、区民宗局、区工商联共同配合，举办政协委员、统战人士培训班1期，参训187人。与区纪委、组织部密切配合，于8月27日组织新任职领导干部廉政法规知识考试，参加考试37人。党校承担监考及批卷工作。为使全区公务员了解和掌握都市经济及社会管理基本概念、基本原理，提高全区公务员应用都市经济及社会管理知识服务西山区科学发展新跨越的能力和综合素质，党校与区委组织部、区人力资源和社会保障局共同举办都市经济及社会管理知识培训班3期。第一期9月8～12日，参训296人；第二期9月15～19日，参训296人；第三期10月13～17日，参训343人。10月19～21日，党校与区委组织部、区委统战部、区民政局、区工商联合会共同举办非公有制经济组织和新社会组织党建工作专题培训班1期，参训122人。10月23～24日，党校在区委组织部和区全域城镇化建设工作委员会办公室配合下，举办全域城镇化建设工作专题培训班1期，参训331人。

其他班次：4月12～16日，基督教教牧义工培训班，参训80人。7月23～29日，苗文培训班，参训50人。8月12～21日，彝文培训班，参训65人。9月6日，农民专业合作社建设与发展培训班，参训300人。

【教学科研】 深入进行教学研究，采取教师集体备课、试讲等多种形式，组织教师深入进行教学研究，全年完成多媒体教学课件15个。自9月20日开学起，每个工作日向全区副科级以上领导干部发出手机党校信息1条，内容涉及党的历史、党建理论、中央最新要求、纪检监察廉政建设、区情动态及区内重大事项等。截至2010年年底，共发出信息80余条。

【师资建设】 4月，选派教师12人参加全市党校系统在市委党校举行的师资培训班，提高教师理论水平和综合素养；组织全体教师完成低碳经济培训考试，全部取得合格证书。按照“不求所有，但为我用”思路，整合师资力量，坚持专兼结合、省内外结合原则，充分利用高校与上级党校师资优势，拓宽师资渠道，加强多层次、多类别“师资库”建设。有针对性地聘请上级党校、高校教授、知名专家学者、上级部门领导来党校培训班授课。同时采取“请进来”的形式，邀请上海市杨浦区江浦路街道陈二居委会总支书记和天津市东丽区华明街道领导为培训班授课。

严格按照学校制定的科研工作计划，组织教师到西山区城中村指挥部、草海商务片区建设指挥部、西山区海口工业园区和街道办事处进行调研，完成调研报告3篇，科研论文20篇。积极做好服务基层工作，发挥党校师资优势，选派教师6人，为区属单位和基层开展党课辅导8次。

【行政后勤】 围绕学校中心工作，精简会议，提高会议效率和质量；在行政工作中强化服务与管理相结合。在工作效率、组织协调、文书档案、建章立制、办公现代化方面有明显提高。按区委要求，主动积极做好信息上报工作，全年完成上报信息54条。

加强学校后勤工作保障，接待培训班学员近万人，人数比上年翻番；后勤服务优良，受到学员好评；财务制度贯彻有力，保证全校资金正常运转。

【工作亮点】 紧扣干部培训中心工作，大胆创新培训模式，进一步加强培训的针对性和时效性。结合创先争优活动，针对干部教育新形势要求，创新干部教育模式，成立“手机党校”，将现代信息技术融入党建工作，利用移动信息化手段创建新型党员教育平台，实现从逐级学习向同步学习转变、固定课堂向移动课堂延伸。

根据上级要求，在确保教师队伍稳定情况下，引导教师确定调研方向和专业课题方向。围绕西山区“五区两带一港”建设，组织教师成立课题小组对滇池草海商务圈、城中村改造与和谐社会建设、西山区新农村建设、全域城镇化等中心工作开展调研活动，发挥党校思想库作用。

【“十一五”成就】 5年来，区委党校按照“大规模培训干部，大幅度提升干部素质”新形势、新任务、新要求，围绕区委、区政府中心工作，分类别、分层次、分专题开展大规模干部培训。2006～2010年，区委党校共举办各级各类培训、轮训241期2.29万人次，其中主体班次182期2.03万人次，配合有关单位举办各种培训班59期2 595人次。平均每年举办培训班48期4 576人次。规模最大的是2010年，全年共举办主体班次69期8 572人次。

函授学历教育，始终坚持“从严办学、质量第一”办学宗旨，严把入学、考试、教学、管理、毕业等关口，不断提高教学质量和办学水平。2003年起，党校函授学历教育生源逐渐萎缩，经多方努力，党校以优质的教学质量、管理和服务以及良好办学形象和口碑，赢得一定生源。2006～2008年，党校共招录新生250人，毕业学员474人。中央函于2008年停止招生，省函于2009年停止招生。党校多次被中函、省函评为“创先争优”、招生考务、学籍管理等先进单位。

此外，2005～2007年，根据区委安排，协助省委党校完成区委与省委党校联合举办的全省首个“政府买单、区校合作”两年全日制农村经济管理专业大专班（简称民大班）招生入学、日常管理等工作，学员完成学业60人。

多措并举，加大教学科研工作力

度。一是组织教师开展集体备课、试讲、互听互评、教学观摩、教学测评等方式，提高教师教学水平。二是组织教师听取领导、专家授课，深入基层开展社会调研工作，掌握大量第一手资料，为讲课中理论联系实际提供素材，同时加强对区情了解和认识，让教师在实践中提高。三是组织教师撰写科研论文和调研报告，完成上级和有关部门布置的任务，参加理论研讨会。“十一五”期间共发表科研论文和调研报告14篇。四是积极发挥党校“阵地”作用，利用教师知识结构优势，积极为基层单位干部培训工作提供优质专题讲座40讲，内容涉及党的知识、形势政策、新农村建设、社会主义荣辱观、先进性教育、科学发展观等内容。

（王宣文）

纪委·监察

【区纪委九届五次全会】 2月9日，西山区纪委召开九届五次全会。会议全面贯彻党的十七届四中全会精神，学习领会胡锦涛重要讲话和十七届中央纪委五次全会精神，按照省纪委八届五次全会、市纪委九届五次全会和区委九届六次全会要求，总结上年党风廉政建设和反腐败工作，部署2010年任务。全会审议通过区委常委、区纪委书记张国元代表区纪委常委会所作的《深入推进党风廉政建设和反腐败工作，为西山跨越式发展提供有力保证》的工作报告。全会强调，党风廉政建设和反腐败工作任务艰巨繁重，要认真执行党风廉政建设责任制，加强组织领导，协调各方力量，共同推动反腐倡廉工作落实，从思想、组织、作风、能力等方面加强纪检监察队伍建设。

【党风廉政建设和教育】 年初，区纪委结合各单位（部门）实际修改完善党风廉政建设责任制内容，拟定6类党风廉政建设责任书。在区纪委九届五次全会上，区党风廉政建设责任制工作领导小组与区属61个单位（部门）签订责任书，对全区36个责任制工作完成较好的责任单位进行表彰。结合机构改革工作，对区政府组成部门班子建设情况开展党风巡查，进行民主测评、个别谈话，并将测评结果作为班子调整配备的重要依据。根据中央、省、市有关廉洁自律、厉行节约、反对铺张浪费的规定，确保各项指标任务全面完成。元旦、春节期间，向全区党员领导干部发出廉政公开信。在清明、“五一”期间，各派出纪工委监察分局对各自分管联系的单位、街道执行严禁使用公车扫墓、丧葬等廉洁自律情况进行明查暗访，对违反规定的2名责任人进行查处。按照省、市要求，对全区机关事业单位规范津补贴实施情况进行自查。在全区50个机关事业单位和4个街道办事处积极推行公务用车专用卡定额包干管理试点工作，通过实行公务用车改革，节约行政成本499万元，下降52%，从根本上杜绝公车私用私驾问题。全年对96名提调任免的干部进行廉政谈话。对因工作不力和群众反映问题突出，但又构不成违纪的干部进行诫勉谈话。依据相关规定对622个单位1 562人次评优评先和67名提拔任用干部执行廉洁自律规定的情况进行审核。对上年9月以来新提任的37名领导干部进行任前廉政法规考试。

深入开展党风廉政教育，组织全区各单位（部门）认真学习贯彻各级廉政纪委全会精神。重点学习贯彻《廉政准则》，并制定下发《关于在全区开展学习〈中国共产党党员领导干部廉洁从政若干准则〉活动的通知》，同时，购买《廉政准则学习读本》800册发到全区各单位（部门）干部职工，并组织全区副科以上领导干部参加考试。

* * * * *

采取多种形式开展警示教育。召开西山区违纪违法案例通报暨警示教育干部大会，向全区450余名副科以上干部通报发生在西山区及全国其他各地的典型案例；组织全区10个街道办事处160余名社区书记、主任到区人民法院旁听村组干部违法案件审判；区政府党组成员到西山区看守所开展廉洁从政警示教育活动；全区各部门组织机关和社区党员干部先后到省警示教育基地和西山看守所开展警示教育；各单位组织党员领导干部观看党风廉政教育光碟《廉政中国》等。全区各级各部门结合实际，建立健全领导干部谈心谈话制度，如实填写并上报《西山区2010年度领导干部谈心谈话记录表》。制定《关于在全区深入开展廉政文化“五进”活动的安排意见》，对通过验收的2个街道办事处廉政文化建设项目各给予补助1万元。全程监督换届选举工作，严明换届纪律，对换届期间出现的违规违纪和违法行为进行严肃查处。为进一步深化基层党风廉政建设，制定下发实施意见，对农村党风廉政建设工作进行专项检查。全年全区共有140名街道、社区干部开展勤廉公示，村民参与评议社区干部1 105人次。

【信访工作】 2009年12月至2010年11月，西山区纪委共受理群众来信来访、电话举报213件次，比上年同期减少10件，下降4.5%。其中来信上升7.9%，来访下降23.8%，来电18次与上年同期相比下降40%。上级转办上升23.8%；本级纪委收件下降

15.6%；重复举报上升12.5%；署名举报下降10.2%；集体来访7批同比上升16.7%（28人同比下降20.0%）。从反映的职级看，涉及乡科级干部55件，同比下降12.7%；一般干部11件，同比下降35.3%；企业10件，同比上升100%；居（组）94件同比上升5.6%；其他28件同比下降20%。办理上级督办7件，区长热线交办1件。按照上级督办、区长热线交办的时限及要求，按时上报初核报告，高标准完成上级和区长热线交办件，无一退件；向下要结果82件；跟踪督办43件；责成说明问题4件，自办18件，协助基层办理5件。区各级各部门按照区纪委转办的时限和要求，组织人员及时受理，98%以上的单位（部门）在时限范围内办结，97%以上的初核报告符合要求，全年信访案件办结率达99%以上。

【违法违纪案件查处】 全年受理群众来信来访、电话举报213件，办结率99%，全部在时限内办结。加大查办工作力度，全年共查处党政纪案件21件24人（涉及科级干部3人）。其中区纪委自办案件17件20人，先法后纪3件3人，受理基层报批案件1件1人。给予党内警告处分8人，党内严重警告3人，开除党籍10人，行政警告处分1人，行政记过处分1人，免予党纪处分1人。为3名留党察看期满的党员办理恢复党员权利手续，为96名反映失实的党员干部澄清事实。

【执法监察】 年内，区纪委监察局组织6个督查组对全区各项重要工作、重点建设项目进展情况进行督查督办。共对82项重点工作和重大项目进行督促检查，全年组织2435人次开展督查995次，形成督查专报357份。对年内续建以及新开工建设的18条道路建设进展情况进行督查，并提出工作意见和要求；共有2460户干部职工拆除自家房屋外挑式设施，实际拆除面积6.73万平方米，拆除户数占申报应拆除户数99.75%；对螺蛳湾商务区提升改造、海口工业园区2010年重点建设项目及其他重点工作、草海片区开发建设及安置地块征地拆迁、市规委会审议通过项目、“四创两争”、城中村改造、城区批发市场关闭和安置房建设等专项工作进行督查。

会同区国土资源分局等部门，开展整顿土地市场秩序，深入开展清理规划区内违法用地、闲置土地等工作，收储闲置土地14宗82.1公顷，闲置土地清理认定73.67公顷。配合相关部门加强安全生产专项检查，严肃查处重大生产安全事故，协同执法部门对4起安全事故进行依法调查处理。认真开展工程建设领域专项整治工作，加强对政府投资建设工程招标投标的监管和政府采购管理，共参与政府采购76项，涉及金额1977.4万元，节约资金261万元。积极配合区法院、区检察院等相关部门受理商业贿赂案件线索37件42人，通过查办商业贿赂案件，确保建设项目优质、高效、安全、廉洁。严厉查处党政机关和事业单位私设“小金库”行为，并将专项整治向社会团体和国有企业延伸，组织区财政、审计等部门对辖区登记在册的168个社会团体、63个协会、13个国有及国有控股企业进行专项清理。牵头组织财政、审计等部门组成联合检查组，对区民政局等部门抗旱救灾资金物资管理使用情况进行重点检查，并深入团结街道办事处进行跟踪检查。

【纠正部门和行业不正之风】 认真解决损害群众利益的突出问题，督促教育部门认真贯彻落实义务教育经费保障机制各项政策措施，共发放免费教科书14.33万套，为7162名学生免除杂费，贫困学生享受生活补助3716人，减轻学生费用负担1472.04万元。开展教育收费专项检查，清退违规收费，督促相关部门加强校园安全管理。会同区卫生局等职能部门认真落实医药卫生体制改革各项措施，加强医疗卫生服务机构监管，对不规范行医及违法、违规执业的55个医疗机构提出限期整改意见，取缔无证行医20个。会同区农业等对涉农收费政策落实情况开展专项检查。配合区食品药品监督管理局认真开展食品药品安全专项整治，开展专项检查30次，检查医药企业965个次，办理行政处罚和举报案件70件，收缴罚没款16.43万元，没收价值5万余元的假劣药品、医疗器械324个品种，上报药械不良反应报告160份，切实维护人民群众生命健康安全。进一步巩固公路“三乱”治理成果。协调交通部门加大日常检查和假日巡查力度，发放问卷调查表5100份，及时了解和解决群众出行难问题，强化源头治理防范。对4个行业协会收费及管理使用情况也开展专项检查，规范行业协会收费，减轻企业负担。及时制定下发《关于认真做好党政机关举办庆典、研讨会、论坛活动清理摸底工作的通知》，取消庆典项目1项。开展抗旱救灾资金、物资管理使用情况监督检查，推进抗旱救灾工作。对区级机关66个部门，254个基层站所（办），603名中层干部开展民主评议工作，进一步建立完善民主评议结果逐级报告和向社会公开制度，将民主评议工作纳入全区党风廉政建设责任制和区委、区政府目标管理考核。积极参与全区公开选拔科级领导干部、招考招聘人员、学校升学考试、干部考察、冬季征兵、退伍士兵安置等工作。

【防治腐败工作】 加大制度建设、制度创新和制度执行力度，强化从源头上防治腐败工作，深化政府投融资体制改革，制定出台制度10余项。深入推进经济领域体制机制创新，建立健全土地批租、工程建设、征地拆迁等制度，出台相关文件规范城中村改造土地交易行为。继续推进财政体制改革，制定下发管理暂行办法，积极推进公务消费和公务接待制度改革。实施效能政府四项制度，推进干部人事制度改革，公推直选科级领导干部并研究制定《西山区连续公开推荐提名领导干部后备人选办法（试行）》，面向全省公开选拔11名副科级领导干部，进一步扩大干部工作的透明度和公信度。进一步深化政务、村务公开工作，全区财务公开率达99.78%。整合督查资源，形成有效督查机制，出台《西山区监督工作联席会议制度（试行）》，把党内监督、法律监督、行政监督、民主监督、新闻舆论监督、群众监督等有机结合起来。制定《西山区目标管理督查考核工作实施办法（试行）》以及各专项工作问责办法，确保区委、政府重大决策部署落到实处。

【软环境建设】 认真组织开展“效能西山”建设活动，在全区66个区级机关部门，10个街道办事处深入开展“效能西山”建设活动，共开展理论中心学习组学习88次，参学1 247人次；组织专题讲座97次，参加5 642人次；共撰写学习心得体会材料2 895份。各单位提出主要工作目标910项，重点（亮点）目标246项。在查摆问题阶段，全区各级各部门、各级领导干部和职工共查找问题1 152个，共制定整改措施559条，建立健全工作制度319项。开展行政审批“回头看”工作，取消行政审批、管理服务和内部审批事项102项，占区级的45%，对保留的项目通过西山区政府第一号公告予以公布。区级机关15个行政部门的34项审批事项规范细化公开文本和“行政审批工作承诺书”分别在“昆明西山网”和“云南省人民政府门户网”上进行公布。组织区特邀监察员对机关工作纪律、服务质量、工作作风、落实“四项制度”等情况进行明察暗访，及时纠正发现问题24个，下发限期整改通知书7份，对上班迟到的13名干部职工进行通报批评。对在护林防火、河道综合整治、制止无序建房和违法加层等工作中，措施不力造成不良影响的21名领导干部进行相应问责处理。先后2次参加全市组织的“春城热线”、“在线访谈”行政效能直播访谈活动，及时解答听众和网友提出的问题。参与“区委书记、区长接访日”活动20次，办理区长热线交办件4件。全区各级领导干部共接听群众电话6 728件，办结率100%。向区行政审批服务中心窗口单位通报电子监察统计结果24次，对少数窗口单位电子监察系统登记不及时问题进行督查。抓好“效能政府四项制度”行政行为监督工作。全区53个行政机关共确定159个关键监督岗位和238个重点监督环节，排查397条风险表现形式，制定397条风险防范措施。

【自身建设】 组织全体党员干部在创先争优、“读好书、求新知”学习活动和“效能西山”建设活动中，积极参加各种学习实践活动，共撰写调研报告80篇，被省市采用4篇。先后派出55人次参加中央、省、市纪委培训。向省、市纪委报送简报152期，被采用28期。在全区纪检监察系统开展深入学习先进人物事迹活动。

制定《西山区纪检监察干部资格准入制度》、《西山区纪委监察局接受社会各界监督实施办法（试行）》等，加强全区纪检监察机关建设，强化机关内部监督管理。加大干部交流力度，全年共调入人员9人，调出4人，内部轮岗8人（其中提拔任用2人，平职交流6人）。在全区10个区级机关纪委和8个纪工委加挂审计室牌子，设立审计机构，强化纪检监察系统审计职能。大力加强纪检监察机关信息化，投资2万余元建成西山廉政网页信息平台。为规范办案工作，投资5万余元建设全程录音录像谈话室。做好纪检监察派出（驻）机构统一管理改革后续工作，健全完善派出（驻）机构管理制度和工作运行机制，召开纪工委监察分局工作座谈会，研究探讨进一步改进和完善派出（驻）机构工作机制新途径、新方法。同时，积极做好老干、工会、扶贫、党总支等工作。

【“十一五”成就】 5年来，共组织开展督查1 538次，对因监管不到位、工作措施不力等问题造成不良影响的91名领导干部视情节轻重进行相应问责处理。深入开展宣传教育，开展“学习党章、维护党纪”、党内法规知识竞赛、“转变机关作风、服务西山发展”、学习贯彻《廉政准则》等专题教育活动。组织党风廉政教育宣教组，深入全区10个街道办事处，5年来，共征订编印反腐倡廉教材3 800余份，购买党风廉政教育专题片310套下发给基层党组织。对418名新提拔任用和平职交流的干部进行任前廉政谈话，127名新提拔干部参加任前廉政考试，依据相关规定对954个单位和3 253人次评优评先干部执行廉洁自律规定的情况进行审核。在全区开展“行政效能提升年”和“干部作风改进年”、“效能西山”建设活动，在全区72个部门（单位）开展民主评议机关作风活动，将民主评议结果纳入年度目标管理考核，全面推行领导干部勤廉公示制度。严格实行节假日车辆封停制度并强化对监督管理。

开展清查“小金库”及宕欠公款和规范非税收入管理工作，取消重复设置账户49个，与164个单位签订相关工作承诺书。督促教育部门认真贯彻落实义务教育经费保障机制各项政策措施，有效减轻学生家长负担6 428.86万元，受益中小学生达25.45万人次，深入治理教育收费、医药购销和医疗服务中的不正之风，清退教育乱收费7.63万元，取缔无证行医363个。组织区农业、发改等部门对涉农收费政策落实情况开展专项检查，发放惠农补贴2 267.03万元。深入推进工程建设领域突出问题专项治理工作，严格落实建设工程“八个百分之百”规定，对发现的问题进行督促整改。

制定《关于办理违反党政纪案件的程序规定（试行）》，与区信访局建立信访举报工作协调联系通报制度。5年来，共受理群众来信来访、电话举报1 101件次，对署名举报做到件件有结果，事事有回音，全部在时限内办结。共查处违反党政纪案件47件55人（涉及科级干部11人）；为407名反映失实的党员干部澄清事实。协同配合相关部门加大制度建设、制度创新和制度执行力度，共完成制度创新433项。

积极推进干部人事制度改革，进一步规范干部选拔、任前公示等制度。加强自身建设，先后派出79人次参加中纪委举办的业务知识培训班，组织80余人次参加省、市、区举办的各类教育培训。在全市率先建成廉政信息网站和全程录音录像规范化谈话室，制定干部综合考核评价办法等8项内部管理制度。加大干部提拔交流力度，共提拔科级干部20人；内部轮岗交流14人，调出（入）交流34人。完成《西山区纪检监察志》（2003～2008）修续编撰工作和区纪委监察局机关创建市级文明单位工作。为扶贫联系点协调拨付扶贫物资资金21.8万元，切实解决联系点实际困难。

（徐建国）

* * * * *

统一战线·民主党派·侨联·台联·工商联

统一战线

【发挥经济工作中的统战优势】 大力宣传区情和投资环境，引导和支持各民主党派、工商联、有关人民团体围绕西山科学发展新跨越，超前谋划“十二五”建言献策、深入调研，并不断完善调研工作机制。年内，各党派、团体围绕西山区经济社会发展情况开展调研，共完成调研报告28篇。

拓宽港澳台和海外统战工作联系渠道，加强对台资、侨资企业走访和与台资企业家的沟通交流，推动其与西山区在经济方面的交流与合作，加大引进资金、技术、人才力度，充分动员海外各方面力量，到西山区投资开发、开展社会公益活动。10月，组织有关部门领导和部分非公企业负责人18人到台湾学习考察、开展经贸交流、进行招商引资，引进台湾润泰集团大润发超市进驻西山区城中村改造项目17号地块，完成区政府下达的招商引资任务。

【宣传教育及培训工作】 引导非公有制经济人士坚持正确政治方向，不断提高自身素质，自觉承担社会责任。自5月底全区开展创先争优活动以来，区委统战部联合区工商联、区总工会等相关部门认真谋划，做好全区国有企业、非公有制经济组织和新社会组织创先争优活动，全面加强非公有制经济组织党的建设工作，鼓励、支持和引导非公有制经济健康发展。

8月6日，在区社会主义学校举办政协委员、统战代表人士培训班。区委书记柳文炜结合市委、区委工作会议精神作区情和发展战略专题报告；市委党校副校长王波和云南大学马克思主义研究院院长任新民分别作专题辅导。全区政协委员，民主党派、有关人民团体负责人，部分民族宗教代表人士和统战干部180余人参加培训。

【多党合作和政治协商制度化建设】 在区委全会、区人代会、区政协会议召开前，征求民主党派对工作报告意见、建议，在区人代会和政协会期间，民主党派提出意见、建议100余条；年内申报民主党派“区委书记、区长奖”个人18人、集体6个。分别于1月12日、3月31日、6月12日、8月10日召开党派、团体工作协商会和区情通报会，通报2010年区政府主要工作，听取统战人士、统战干部对西山区经济社会发展意见、建议，协商工作、交流经验。

以思想建设为核心、组织建设为基础、制度建设为保障，注重发挥各民主党派自我教育优势，协助民主党派切实加强自身建设，大力推进民主党派工作制度化、规范化、程序化建设。年内成立民建西山区基层委员会，完成致公党西山总支换届工作，民主党派基层委由2个增加到3个。全区有民主党派7个，其中总支4个、基层委3个、支部（支社）39个，成员由743人增加到896人。

【民主党派参与社会活动】 继续完善民主党派、台侨负责人考察调研制度。2月，组织区中华职教社理事10人到西双版纳学习考察；8月，组织各民主党派负责人赴内蒙古、山西学习考察民主党派工作。

动员和组织各民主党派根据自身特点，开展好以构建和谐社会为主要内容的扶贫、支教等社会服务活动。6月29日，组织民盟西山区基层委员会到团结谷律居委会开展送医、送药、送科技“三下乡”活动，送图书及相关知识手册2 000余册，捐赠5 600元作为经济统战帮扶项目资金，培训科技示范户118人。

组织民主党派、团体志愿者参加西山区志愿者协会组织的“四创二争”等活动，参与草海治理、卫生大扫除等活动。3月6日，区委统战部组织区级民主党派、区侨联、区台联等参加抗旱救灾爱心捐助活动，捐款1.32万元。3月24日，区委统战部、区工商联党支部组织党员捐款1.58万元。

【民族宗教工作】 年内，在省、市民委和西山区民族宗教侨务局、团结街道办事处的支持帮助下，小墨雨居民小组开展“民族团结示范村”创建活动，被列为省级民族团结示范村。

支持协助区民族宗教侨务局依法加强对宗教事务的管理，保护合法，打击非法，积极引导宗教与社会主义社会相适应。继续深入开展寺观教堂法制宣传教育活动，普及法律知识，宣传党的民族宗教政策，教育引导宗教人士爱国爱教。4月12～16日，举办西山区基督教教职人员宗教政策和法律法规培训班，培训教职人员80多人。4月23日，由区政协副主席、区委统战部部长李江鹏带队，组织区政协委员视察调研西山区宗教场所贯彻落实《宗教事务条例》工作情况。在上半年的全省抗旱救灾工作中，西山区宗教界代表100余人和7个宗教活动场所共捐助现金1.84万元。区民族宗教侨务局安排民族机动金5万元，用于山区少数民族地区抗旱救灾，并组织党员捐助现金8 000元。9月18日，西山区基督教“三自”在西山区明波教堂举行中国基督教三自爱国运动委员会成立60周年庆祝活动，西山区8个基督教堂点300余名信徒参加感恩礼拜活动。11月，组织西山区民族宗教人士7人到市社会主义学院参加昆明市宗教界社会主义核心价值体系学习培训班。

【无党派工作】 与区委组织部沟通协调，调研上报《西山区非党干部队伍建设和管理情况报告》，对西山区党外干部培养考察提出意见、建议。7月1日，市委统战部到西山区调研建立健全无党派人士政治引导长效机制工作情况，区委统战部汇报西山区主要做法、存在问题、意见和建议，并制定印发《中共西山区委统战部关于建立健全无党派人士政治引导长效机制的实施意见的通知》，为培养选拔无党派人士工作奠定基础。至年底，西山区有科级领导干部446人，其中非中共党员49人（正科级10人、副科级39人）。全区政府25个职能部门中，有17个部门配备党外干部。按照市委统战部要求，于8月在区委统战部加挂无党派人士工作科牌子，制定关于建立健全政治引导长效机制实施细则，密切区委与无党派人士团结合作，提高党的执政能力，推进多党合作事业健康发展。

【关心服务统战人士】 春节和中秋节前夕，区委统战部走访慰问西山区各民主党派、人民团体、统战专（兼）职干部、部分民族宗教界代表人士及部分生活困难归侨侨眷、台胞台属等200余人，送去慰问金10万余元，并致以节日祝福和问候。在慰问活动中，各领导与统一战线代表人士亲切交谈，了解其在生产生活中存在的困难和问题，鼓励全区各民主党派、人民团体、各族各界人士发挥人才荟萃、智力密集优势，认真履行参政议政、民主监督职能，为西山区经济发展出力。

做好统战对象来信来访接待工作，积极为民主党派成员、黄埔同学会会员、起义投诚人员、归侨侨眷、台胞台属子女入学、厂房搬迁、城中村改造中房产纠纷等问题进行协调，帮助解决困难和问题。全年接待处理来信来访22件，力所能及为其排忧解难。

【“十一五”成就】 2008年，代区委拟定《中共西山区委关于贯彻落实〈中共昆明市委关于加强经济领域统战工作的意见〉的实施意见》，不断探索统一战线围绕经济建设中心、服务现代新西山建设的方法和途径，经济统战工作成效显著。“十一五”期间，各党派、团体结合自身实际开展调研工作，撰写调研报告60余篇。拓宽港澳台和海外统战工作联系渠道，先后3次组团48人赴台学习考察、开展文化和经贸交流。2009、2010年分别完成区政府下达的2 000万、3 000万元招商引资任务。

坚持和完善中国共产党领导的多党合作和政治协商制度，民主法治建设取得新成效。“十一五”期间，组织各民主党派、团体负责人到省内外学习考察5次；每年召开党派、团体工作协商会和统一战线人士区情通报会，通报全区经济社会发展情况，听取统战人士、统战干部对西山区经济社会发展意见、建议，协商工作、交流经验；2007年为区级各民主党派，区台联、区侨联等团体解决办公地点，2008年为其配备电脑11台和打印机5台，改善民主党派、人民团体办公条件；组织各民主党派和各团体积极参与社会活动，参与全区志愿者治理滇池、植树造林和“四创两争”等活动。2008年，四川汶川抗震救灾工作中，全区共153个企业捐款488万余元，捐赠药品价值50万元；全区宗教信徒向四川汶川灾区捐款7.2万元；动员全区统战人士和统战干部为抗旱救灾捐款5.35万元。

加强民族宗教工作，切实维护社会稳定。组织开展民族团结教育宣讲活动，采取演讲比赛、文艺汇演等形式，开展民族平等、民族团结宣传教育；积极引导宗教与社会主义社会相适应。妥善解决影响民族团结矛盾问题和宗教领域热点难点问题，及时处置突发性、群体性事件。

（杨晓玉）

民主党派

【简况】 西山区有民革、民盟、民建、民进、农工党、致公党、九三学社7个民主党派，其中区委会1个（九三学社西山区委员会），基层委员会2个（民盟西山区基层委员会、民建西山区基层委员会），总支4个（民革西山区总支、民进西山区总支、致公党西山区总支、农工党西山区总支），共有（社）支部39个，成员896人。

【民革西山区总支】 年内，民革西山区总支部有支部5个，党员101人。积极开展组织建设，不断壮大组织规模。1月，二支部（原海口支部）进行组织调整，选出新领导班子。对部分老龄党员进行调整，并选出总支中年富力强的人员成立第五支部。积极参政议政，完成调研报告1篇。组织部分党员到老挝、越南、柬埔寨进行“东盟大通道”考察，结合省经济布局开展边境贸易研讨。

积极参与新农村建设，9月，在主委夏叶青倡导下，成立昆明企业家创业商会。依靠自身优势和技术帮助农村发展，全年各种公益捐款近10万元。年内，被民革云南省委评为“抗震救灾先进个人”2人。获民革云南省委“思想工作先进个人”称号1人，被民革昆明市委评为“2010年度先进个人”8人。民革西山总支获西山区“区委书记、区长”先进集体称号4个，获先进个人奖8人。获中国传统文化促进会颁发的“全国振兴经济”功勋奖1人，获“全国振兴经济”特殊贡献奖1人。

【民盟昆明市西山区基层委员会】 至年底，有支部9个，成员218人。年内，组织盟员参加盟省委“树立和践行社会主义核心价值体系”巡回报告会；组织盟员参加区委统战部组织的“统战人士理论学习培训班”。全年召开区基委全委会议3次，增补区基委领导班子副主委3人，加入民盟组织20人。被盟市委表彰为“优秀女盟员”14人；获公务员嘉奖3人；获“区委书记、区长奖”先进个人表彰2人。

市、区“两会”期间，区基委市政协委员、人大代表提交市政协提案个人4件、个人建议3件、区政协集体提案5件、个人提案8件。其中列为区政协重点提案1件、采纳或部分采纳建议、意见15件。

积极组织盟员参加社会活动，组织盟员参加“河道万人清淤、除障、保洁活动”。昆五中支部、师专附中支部向禄劝县茂山中学捐赠中小学用书近1 000册；区基委与昆明学院总支开展团结蔡家社区实地考察社会主义新农村建设基层组织联谊活动，参加40余人，捐助抗旱救灾款1.18万元。将万寿菊种植项目引进到谷律社区，昆明千叶舟经贸有限公司向谷律社区捐赠价值5 600元经济统战帮扶项目，种植面积9.33公顷，并带动谷律片区其他5个居委会一起种植万寿菊50.33公顷。实现产量1 066.37吨，当年增加农户收入6.98万元，受益1 944人。向谷律社区捐赠农业科技书籍850册；现场为400余位当地居民问诊送药100余瓶；发放环保手提袋100余个；发放知识读本1 200余份；提供法律咨询服务9人次。邀请专家为谷律片区科技示范户118人进行思想观念培训。

【民建西山区基层委员会】 全年有支部4个，会员129人。组织“热议跨越发展，共展美好蓝图”民建昆明市委、安宁、西山片区2010年工作联席会，组织全体会员观摩新昆明及安宁市建设成果。7月10日，召开民建西山基层委员会成立大会。合并组成西山基层委员会，下辖支部4个。推选西山区基层委员会第一届委员会委员9人。7月，组织“拼搏进取、争先进位、跨越发展”会员企业走访互动活动。推荐非公经济界人士及银行高级管理人员6人加入民主建国会。积极参政议政，提交调研报告2个，省政协提案7个，市人大建议7个，区政协提案14个。会员詹亚平的提案被评为市人大七个重点建议之一，并被市人大评为“优秀人大代表”；西山区委、区政府授予“区委书记、区长奖”集体1个、个人2人；詹亚平参加省市妇联组织的“女大学生创业宣讲团”，多次进高校、中专为大学生演讲，被授予昆明市“三八红旗手”，詹亚平会员在省政协云南省企业家论坛组织的“各界共议大战略，全省同建桥头堡”活动中撰写的文章获三等奖。中国女企业家第六届事业发展论坛组委会授予詹亚平“极具影响力女企业家奖”。热心公益事业，全年总支会员及会员企业抗旱救灾捐赠9.75万元；慰问贫困群众等共捐赠276.4万元。

【民进西山区总支部委员会】 全年下辖10个支部，有会员151人。强化学习，做好参政议政工作。全年提交提案30余件，建议4个。11月19日，组成课题调研领导小组，到昆明滇池旅游度假区以《大容量深埋式垃圾收集和运输系统在昆明试运行》为课题进行调研。开展“三下乡”活动，组织会员做好社会服务活动。由民进市委牵头，组织部分会员视察晋宁大东河治理情况，总支为东河治理捐款1 000元；民进西山总支为抗旱救灾捐款1 000元、为贫困山区捐书400多册。

坚持每年组织总支会员全体大会1次，向全体会员通报总支一年工作和下步工作要点。民进西山总支受到中共西山区委、西山区人民政府表彰，并获“区委书记、区长奖”荣誉证书，同时，民进会员获“区委书记、区长奖”3人。

【农工党西山区总支部委员会】 全年有会员32人，下辖支部3个。加强学习，全年组织全体党员活动3次，总支部每季度学习1次，各支部活动4次。参政议政，全年总支的市区政协委员共提交提案8件。参加市委换届工作，配合市委做好人员推荐、考察代表选举，西山区总支部副主委杨宏涛当选为市委委员。

【致公党西山区总支部委员会】 全年有成员125人，下辖支部5个。加强参政议政工作，总支协助各支部共开展集体课题调研3个，通过西山区科技局验收调研1篇。全年向市委扶贫点捐赠衣物1 000余件。魏明被评为“云南省农科院十大青年标兵”及“云南省2010年农业抗旱救灾先进个人”；刘卫民被评为“昆明市有突出贡献的中青年专家”；朱龙章被聘为昆明市科特派员，为全市培训农民科技人员10余场500多人次。戴春萍被评为“昆明市侨联系统先进工作者”，同时被西山区政府授予“区委书记、区长奖”，被学校评为“优秀班主任”、“优秀教师”。

【九三学社西山区委员会】 全年有成员119人，下辖支社3个。搞好社会调研，提高参政议政能力和水平，全年提交提案和建议12份，其中集体提案3份。提交社市委调研报告6份。以调研报告形式作为2010年市委集体提案4份。重视和加强宣传工作，向市委《昆明社讯》投稿38篇，内容涵盖多个方面。

侨联·台联

【西山区归侨侨眷联合会】 全年有委员9人，全区有归侨侨眷736户2 208人。团结广大归侨侨眷积极投身新昆明和新西山建设事业。在第九次云南省归侨侨眷代表大会上，区归侨侨眷3人、侨联主席及侨联秘书长被评为云南省归侨侨眷先进个人；被评为致公党昆明市委先进党员2人。

坚持以侨为本、为侨服务，尽心竭力维护侨益。1月19日，成立西山区侨联法律顾问委员会，与永昌街道办事处商议决定在永昌街道办事处设立“西山区侨法宣传角”。以服务中心为重点，广泛收集整理海外资源和区招商引资信息，建立招商引资信息数据库，搭建海外侨商投资咨询平台。5月，市侨办领导来西山区考察侨资企业，开展“聚力助推侨资企业行动”活动。7月16日，在西山区永昌街道办事处党员服务中心举行“侨法宣传角”挂牌仪式，为宣传和普及“侨法”搭建新平台。动员侨界人士关心社会事业和各项公益活动，抗旱救灾捐赠1 000元，向昆明市侨党（致公党昆明市委）扶贫点困难户捐赠棉被衣裤30件。西山区侨联作为协办单位积极配合省体委、省旅游局在西山公园举办“红牛杯”西山跑山赛活动，得到社会各界人士支持和好评。

积极参政议政，针对西山区住房保障体系建设进行深入调查研究，并形成调研报告。全年提交提案26件，其中集体提案1件。

【西山区台胞台属联谊会】 全年有理事9人，全区有台胞台属521户2 074人。认真开展调研，形成并上报调研报告1篇。积极参政议政，政协全会期间提出提案13个，接待台胞、台商11批次共76人，组织台胞台属40人参与昆明市台海形势报告会，接待处理来信来访13件，办理结案率100%。组织对台协调领导小组成员、台联理事、部分台胞台属参见西山区区情通报会2次；举办对台方针、政策、法律、法规培训班1期，参加人数180人。

开展交流走访活动，与官渡区太和街道办事处20人交流社区统战、对台工作；与统战部领导多次走访辖区内台资企业。为抗旱救灾捐款2 000元，中秋节举办中秋座谈会，台胞台属代表参加50人，春节慰问困难台胞台属20人。

（熊玉华）

工商联

【非公经济人士思想教育工作】 针对非公有制经济人士在新时期思想观念变化特点，以“创先争优”活动为切入点，探索新时期做好非公有制经济人士思想政治工作新路子、新方法。及时成立领导小组，对在非公有制经济人士中深入开展“创先争优”活动进行专题研究和部署，研究制订实施方案，明确总体目标、主要内容、方法步骤。积极做好指导协调工作，全力推动活动向非公经济领域覆盖，实现非公党建与非公经济齐头并进、同频共振，引导广大非公有制经济人士在危机中寻找机遇，加快转型提升，提高企业核心竞争力，确保活动取得实效。

年内，做好非公有制经济代表人士政治安排推荐工作，推荐云安集团为省社会扶贫工作先进集体；东骏药业董事长李卫东为“春城人才奖”候选人；兴长江实业公司董事长叶艺明和新大制漆有限公司总经理王继云为“昆明市优秀科技工作者”；云安公司、昆明辉煌机械有限公司有2人被评为“西山区有突出贡献优秀专业技术人员”。

以“推动企业改革与发展，建设一支高素质企业家队伍”为服务宗旨，分别于4月13～16日，组织企业家4人到市委党校参加培训；4月18日组织区内非公企业家43人参加首届云南中小企业创新发展高峰论坛；6月10日，组织区内企业家15人参加中欧国际工商学院EMBA管理论坛；8月6日，组织非公企业代表30人参加区政协在党校主办的培训；10月19日，组织会员企业10个参加非公经济党建培训；11月19日，组织非公企业执委10人参与西山区统战系统召开学习传达全国加强和改进工商联工作会议精神。

【加强调研　参政议政】 年内，围

绕全区中心工作和非公有制经济发展实际，开展多形式、多方面调查研究，积极参政议政，营造良好非公有制经济发展环境。全年形成调研报告2篇。

以多种形式组织非公有制经济代表人士参与西山区政治、经济、社会生活中重要问题的政治协商，就非公有制经济发展中存在问题及人民群众关心的社会热点问题建言献策。1月8日，组织10个异地商会、行业协会负责人列席区委全会；1月27日，组织区内具有代表性的民营企业家20人参加全区各界人士新春座谈会；4月17日，组织异地商会负责人10人参加西山区招商引资工作推进会，使其进一步认识西山区区情和发展方向。此外，在"效能西山"建设活动中，向会员企业发放问卷调查表20份，征求会员单位对西山区效能建设意见和建议。

11月18日，西山区召开统战系统区"十二五"规划纲要征求意见会。
（区工商联 供稿）

区"两会"期间，组织非公经济界别的政协委员就区非公有制经济发展、社会经济发展中的重点、热点和难点问题，撰写提案30多个，会后完成区政协提案委交办的提案答复1件，得到区政协委员认可。

【开展抗旱救灾活动】 3月6日，组织非公经济人士参加区委、区政府在碧鸡公园开展西山区抗旱救灾爱心捐助活动，参与活动企业5户、个体工商户54个，现场捐款3.5万元。3月，组织云南经典房地产开发有限公司为大兴居委会砚台居民小组送去价值2万余元的粮油。此外，组织全体干部职工积极响应号召，主动向灾区献爱心，共捐助现金8 050元。

【招商引资】 年内，为湖北、四川商会及昆明易正化工有限公司项目落地工作积极与有关部门做好协调工作，为招商引资工作打下基础。加强与友好工商联沟通，共享资源信息，搭建两地工商联之间交流平台，12月8日，与成都双流县工商联结为友好商会；日常积极与对口单位福建省漳州市招商分局联系，定期向对方传送招商引资相关材料，及时反馈信息；与在滇异地商会、行业协会加强联系，宣传西山、推介西山，加大招商引资工作力度。通过与多个企业宣传、沟通、协调，在第三季度内完成招商引资任务。

【创业带动就业工作】 继续加大落实"鼓励创业贷免扶补政策"力度，开展相关政策宣传、咨询活动，材料收集和审核工作，制定操作流程，严格把关，发放自主创业人员信贷5人25万元，并建立"贷免扶补"工作台账。5月19～21日，与区人事劳动和社会保障局、区总工会等部门共同举办民营企业招聘周活动。活动启动日共有150个民营企业进场提供就业岗位2 000余个，参加招聘会求职者850余人，现场达成就业意向160人。协助劳动就业局扎实推进高校毕业生就业见习工作。全年上报见习基地3个，提供见习岗位103个。

【换届工作】 12月9日，区工商联召开第七次会员代表大会。省、市工商联领导，区五班子领导及13个县（市）区工商联领导，西山区各民主党派、人民团体负责人共180人出席会议。市工商联领导和区委书记柳文炜作讲话。会议总结上一届工作、提出今后5年指导思想、工作目标，选举产生第七届执行委员会委员61人及24人组成的工商联第七届执行委员会领导班子，任剑峥、吴怡分别当选执行委员会主席和常务副主席，徐波任秘书长。

（徐 波）

政权·政务·政协

编辑　刀培凤

西山区人民代表大会

主要工作

【区第十四届人大第三次会议】 2010年1月9~13日举行。应出席代表212名，实际到会代表197名。区委、“一府两院”及有关方面负责人229人列席会议。区政协委员列席大会第一次全体会议听取区政府工作报告。16名公民经申请获准旁听大会第一次全体会议。昆明市人大常委会副主任杨丽、人事代表工作委员会主任范正明、副秘书长张庆应邀参加会议。

会议听取和审查了区长蔡德生作的《政府工作报告》、区人大常委会主任李志华作的《西山区人民代表大会常务委员会工作报告》、区人民法院代理院长何家华作的《昆明市西山区人民法院工作报告》、区人民检察院检察长景迎宾作的《昆明市西山区人民检察院工作报告》；审查批准西山区2009年国民经济和社会发展计划执行情况与2010年国民经济和社会发展计划草案的报告，批准西山区2010年国民经济和社会发展计划；审查和批准西山区2009年地方财政预算执行情况和2010年地方财政预算草案的报告，批准西山区2010年地方财政预算；审议通过《昆明市西山区人民代表大会议事规则（草案）》；作出《关于西山区2009年国民经济和社会发展计划执行情况与2010年国民经济和社会发展计划的决议》、《关于西山区2009年地方财政预算执行情况和2010年地方财政预算的决议》、《关于西山区人民代表大会常务委员会工作报告的决议》、《关于政府工作报告的决议》、《关于西山区人民法院工作报告的决议》、《关于西山区人民检察院工作报告的决议》6个决议；依法选举产生西山区人民法院院长何家华，西山区第十四届人民代表大会常务委员会委员李兆明、何贵友，昆明市第十二届人民代表大会代表李志华（报昆明市人大常委会代表资格审查委员会审查确认）。

会议共收到10名以上代表联名提出的议案21件，经大会主席团决定将其中3件列为议案，剩余18件有2件转请西山区的市人大代表向市第十二届人民代表大会提出，16件转为代表建议、批评和意见，与大会期间收到代表提出的建议、批评和意见共259件，由大会秘书处交由“一府两院”或有关部门，按照《昆明市西山区人民代表大会代表建议、批评和意见处理办法》研究办理。

【区第十四届人大第四次会议】 2010年12月17~19日举行。应出席代表211名，实际到会代表206名（参加选举大会的区人大代表182名），区委、“一府两院”及有关方面负责人70人列席会议。

会议的主要内容是选举西山区出席昆明市第十三届人民代表大会代表。大会应选市第十三届人大代表37名（昆明市第十二届人民代表大会常务委员会分配给西山区应选代表31名，由市委提名推荐到西山区选举的应选代表6名）。西山区提名推荐的应选31名代表名额中，要求应选妇女代表12名；少数民族代表7名（彝族2名，白族2名，回族1名，苗族1名，满族1名）；非中共党员代表13名。会议通过等额提名，确定正式代表候选人45名（由大会主席团提名推荐的代表候选人37名，代表10人以上联名推荐的代表候选人8名），差额8名。大会采用差额选举、无记名投票方式，依法按程序选举产生李邑飞等37名为出席昆明市第十三届人民代表大会代表。

【常务委员会第十八次会议】 2010年2月26日举行。会议审议通过《昆明市西山区第十四届人大常委会2010年度工作计划要点》；听取和审议《昆明市西山区人大常委会主任会议关于提请确认许可对区第十四届人大代表石贵先采取强制措施的议案》，通过《昆明市西山区人大常委会关于确认许可对西山区第十四届人大代表石贵先采取强制措施的决定》。会议审议通过人事任免事项，决定任命陈伟为西山区人民政府副区长；任免西山区人大常委会、法院、检察院领导干部20人次。

【常务委员会第十九次会议】 2010年3月31日举行。会议听取和审议西山区人民政府《关于2009年银政合作资金、BT融资使用和绩效情况的报告》和区人大常委会财经工委《关于对西山区人民政府2009年银政合作资金、BT融资使用和绩效情况的调查报告》。会议认为区人民政府通过加大融资资金的投入，全区城市交通基础设施建设、入滇河道治理、“四退三还一护”、城中村改造、“四创两争”等工作取得明显成效，保障了重大基础设施建设项目顺利实施，促进了全区经济社会各项事业健康发展。建议区政府继续加大融资力度和强化资金的审批使用管理，加强资金投放项目的社会审计和财务评估，并据实制定西山区“银政合作”和BT融资的管理办法。会后形成审议意见，交由区人民政府及其职能部门研究办理。会议还听取了昆明市西山区人民检察院《关于预防职务犯罪工作情况的报告》和区人大常委会内务司法工委《关于对西山区人民检察院关于预防职务犯罪工作情况的调查报告》。针对存在问题，提出改进工作意见，会后形成审议意见交由区检察院研究办理。会议听取西山区人民政府关于2010年融资额度的议案及说明，审议通过《昆明市西山区人大常委会关于批准西山区人民政府2010年融资额度的决定》。

【常务委员会第二十次会议】 2010年5月31日举行。会议听取和审议西山区人大常委会执法检查组《关于对西山区人民政府贯彻执行〈中华人民共和国土地管理法〉进行执法检查的情况报告》，针对存在问题形成审议意见，会后交由区政府及其职能部门办理；会议听取和审议西山区人民法院《关于2009年以来涉法涉诉信访件办理工作情况的报告》和区人大常委会内务司法工委《关于对西山区人民法院2009年以来涉法涉诉信访件办理工作情况的调查报告》，针对存在问题提出意见和建议，会后形成审议意见交由区人民法院研究办理。

会议审议通过西山区人民政府提请的任职议案，决定任命范瑜为西山区人民政府副区长；审议通过西山区人民法院关于提请任命陈桂莲等40位公民为西山区人民陪审员议案。

【常务委员会第二十一次会议】 2010年7月28日举行。会议听取西山区人民政府《关于2010年度上半年国民经济和社会发展计划执行情况的报告》和西山区人大常委会财经工委《关于对西山区人民政府2010年度上半年国民经济和社会发展计划执行情况的调查报告》；听取西山区人民政府《关于2010年度上半年地方财政预算执行情况的报告》和西山区人大常委会财经工委《关于对西山区人民政府2010年上半年地方财政预算执行情况的调查报告》；听取西山区人民政府《关于2009年度地方同级财政审计情况的报告》和西山区人大常委会内务司法工委《关于对西山区人民政府2009年度地方同级财政审计情况的调查报告》。会议针对存在问题提出意见和建议，并作出审议意见。

会议审议通过人事任免事项：任免西山区人大常委会、政府、法院领导干部45人次。会议决定接受1人辞去西山区第十四届人大常委会委员职务，并报西山区第十四届人民代表大会第四次会议备案。

【常务委员会第二十二次会议】 2010年9月28日举行。会议听取西山区人民政府《关于2009年度地方财政决算情况和区本级财政净结余资金安排意见（草案）的报告》，审议通过《昆明市西山区人大常委会关于批准西山区2009年度地方财政决算和区本级财政净结余资金安排意见的决议》；听取和审议西山区人民政府《关于区第十四届人民代表大会第三次会议议案及代表建议办理情况的报告》和西山区人大常委会人事代表工委《关于对西山区第十四届人民代表大会第三次会议议案及代表建议办理情况的检查报告》；听取和审议西山区人大常委会执法检查组《关于对西山区人民政府贯彻执行〈中华人民共和国就业促进法〉情况进行执法检查的报告》，会后作出审议意见交区政府及其职能部门办理。

会议审议通过人事任免职议案，任免西山区人大常委会、政府、法院、检察院领导干部12人。会议决定接受蔡德生辞去西山区人民政府区长职务，并报西山区第十四届人民代表大会第四次会议备案。

【常务委员会第二十三次会议】 2010年11月30日举行。会议听取和审议西山区人民政府《关于2010年度区本级财政预算收支和调整情况（草案）报告》和西山区人大常委会财经工委《关于对西山区人民政府2010年度区本级财政预算收支和调整情况的审查报告》，审议通过《昆明市西山区人大常委会关于批准〈西山区2010年度区本级财政预算收支和调整情况（草案）报告〉的决议》；会议听取西山区人民政府《关于2010年“5件实事”办理情况的报告》和西山区人大常委会人事代表工委《关于对西山区人民政府2010年“5件实事”办理情况的检查报告》，作出审议意见交区政府研究办理。

【常务委员会第二十四次会议】 2010年12月15日举行。会议听取西山区人大常委会办公室《关于召开昆明市西山区第十四届人民代表大会第四次会议的决定（草案）的说明》，审议通过《西山区人大常委会关于召开昆明市西山区第十四届人民代表大会第四次会议的决定》；听取和审议西山区人大常委会人事代表工委关于《区第十四届人民代表大会第四次会议主席团和秘书长等几个名单（草案）》的说明，审议通过西山区第十四届人民代表大会第四次会议主席团和秘书长等几个建议名单，并决定提交第十四届人民代表大会第四次会议表决通过；会议听取昆明市西山区人大常委会主任会议关于提请确认许可对区第十四届人大代表随军采取强制措施的议案，审议通过《昆明市西山区人大常委会关于确认许可对区第十四届人大代表随军采取强制措施的决定》；听取和审议昆明市西山区第十四届人大常委会代表资格审查委员会关于区十四届三次会议以来代表变动情况的报告。

【常务委员会主任会议】 全年召开主任会议26次，形成会议纪要24个。内容涉及专题听取相关工作情况汇报，研究决定提请区人大常委会审议决定事项及研究常委会日常工作事务等。

4月21日第59次主任（扩大）会议。专题听取区政府副区长陈伟代表西山区2009～2010年道路交通设施建设指挥部作的《关于西山区2010年道路建设进展情况汇报》。会议充分肯定区政府18条城市道路建设工作，针对2010年道路建设融资困难、资金缺口大以及补偿标准低、工作难度大等问题提出4条意见和建议。

8月27日第67次主任（扩大）会议。专题听取区人民政府关于实施“1245工程”（即：打造永胜河、螳螂川沿线1条“芳香走廊”，突破农产品加工及流通2个领域，提升菜、果、苗、畜4个特色产业，建设浑团公路沿线、明朗、老昆富公路沿线、螳螂川沿线、高海公路沿线5个休闲观光农业片区）工作情况汇报。会议认为该项工程建设符合西山区“小农业、大农村”的实际，促进了全区农民增收、农业增效、农村脱贫致富。针对存在困难和问题提出4点建议。

10月19日第72次主任（扩大）会议。专题听取西山区司法局关于社区人民调解工作情况汇报。会议肯定了区政府及其职能部门在加强社区调解队伍建设，建立健全街道办事处、社区和居民小组三级调解网络组织，完善各项调解工作制度，创新调解工作机制，丰富调解工作形式，注重调解工作实效，预防、化解各种社区矛盾纠纷所做的工作，发挥了社区人民调解组织在解决社会矛盾纠纷、维护社会稳定中的“第一道防线”作用，为构建和谐新西山、维护社会安宁作出了积极贡献。针对社区人民调解工作知名度不高、发展不平衡、经费保障落实不到位及基层调解员政治业务素质不高和基层组织建设基础薄弱等问题，提出5点意见建议。

【检查抗旱救灾工作】 3月4～5日，组织检查组对全区抗旱救灾工作情况进行检查。在实地查看团结、碧鸡、海口3个街道办事处部分社区旱情及抗旱救灾工作情况，并听取区政府关于抗旱救灾工作情况汇报的基础上，针对水利基础设施相对滞后、现有设施管理不善及部分群众开展自救措施不力等问题，提出区政府及其职能部门要提高认识，树立“抗大旱、救大灾”思想，加大宣传力度，调动村、组干部和群众的抗旱救灾积极性；要认真研究抗旱救灾资金的安排使用，把有限的资金用好用活用在刀刃上；要严格制定特殊时期的水源管理措施，管好农村小水窖，加快水库除险加固工程进度建议。

【检查森林防火工作】 3月11日，组织检查组对全区森林防火工作情况进行检查。在实地查看马街、团结、碧鸡、海口4个街道办事处森林防火工作情况，听取区政府关于当前森林防火工作情况汇报的基础上，针对2010年气候干旱造成森林火险等级高、火灾隐患严重及个别林权争议地带护林防火监管工作不到位和资金到位情况不理想等问题，提出区政府及其职能部门要加强领导，强化督查，认真落实各项森林防火措施；加强对重点区域的防火宣传，从根本上消除火灾隐患；加大资金投入，确保森林防火工作顺利开展等建议。

【检查西山区2009年制度创新工作“回头看”落实情况】 3月25日至4月1日，组织2个检查组对全区

3月11日，区人大组织检查组对全区森林防火工作进行检查。

2009年制度创新工作“回头看”落实情况进行重点检查。在各部门各单位自查的基础上，检查组通过听汇报、座谈询问、查阅资料，实地检查了区政府办、区民政局、区司法局、区新农办等10家单位《关于实施重点基础设施建设项目领导联系推进制的通知》、《关于进一步加强农房管理严厉查处违法建房行为的通知》等37个创新性文件的执行情况。检查组提出继续加大制度创新工作的宣传力度；发现问题，总结经验，做好制度的修订、完善工作；建立评价考核体系。

【检查草海片区征地拆迁及安置房建设工作】 4月28日，组织检查组对区草海片区征地拆迁及安置建设工作情况进行检查。在实地察看片区拆迁情况，听取区政府关于西山区滇池草海保护治理和开发建设工作情况汇报的基础上，检查组针对拆迁安置工作进展慢、拆迁户部分合理诉求尚未解决以及房屋测绘拆迁审查审核时间长和拆迁赔偿资金兑现不到位等问题，提出区政府及其职能部门要对拆迁过程中出现的问题及时分析研究，制定措施加以落实，加快征地拆迁工作进度；尽快完成安置地块的修建性详细规划，启动安置房建设；对被拆迁企业、学校，要制定切实可行的安置方案，保住产业，稳定税源；加强与上级部门沟通和协调，及时反映群众的合理诉求，同时多作解释工作，维护社会稳定；加强与房屋测绘、会计师事务所等中介机构的对接联系和督促，加快拆迁赔偿审查审核，尽早拨付赔偿资金，稳定群众情绪等意见和建议。

【检查贯彻执行《土地管理法》情况】 5月13日，组成执法检查组对西山区人民政府贯彻执行《中华人民共和国土地管理法》的情况进行检查。检查组分别到马街、海口、碧鸡、团结街道办事处，对“四退三还”拆除违法用地建筑，村民非法用地建房、无序建房，违法用地等情况进行察看，并听取情况汇报。针对土地供需矛盾突出、违法违规建房现象突出、执法力度不够及政府储备土地职能发挥不好等方面的问题，检查组提出加大土地管理工作力度，找准执法与服务、保护与发展的切入点和结合点，为经济建设提供优质服务，全面促进土地管理法律法规贯彻实施；加大违法监测，防止破坏耕地、非法用地现象发生，加大对滥采乱挖、违法占地建设等行为的查处力度；进一步加大自然灾害的预警监控力度，对居住在有滑坡灾害隐患地方的农户要引起高度重视，并建议对这部分农户搬迁安置；区政府要积极向市政府反映，尽快解决新农村建设用地问题，积极引导农民合理有序利用土地；加强对土地管理法律法规和业务知识的学习，不断提高土地管理执法人员的综合素质和依法行政水平等意见建议。

【检查招商引资工作】 5月18日，组织检查组对全区2010年招商引资工作情况进行检查。检查组实地察看了“东骏医药物流中心”、“南亚第壹城”等项目推进情况，听取区人民政府关于招商引资工作情况的汇报。检查组针对园区受区域和总体规划调整及规划、土地政策等影响以及招商引资工作发展不平衡等问题，提出区政府及其职能部门要突出工作重点，在工业项目的招商引资上，侧重于环保、发展前景好的现代制造业；积极争取上级部门在规划审批、用地、项目认定等工作上的支持等意见建议。

【检查民办教育及校园安全工作】 6月21日，组织检查组对西山区民办教育及校园安全工作情况进行检查。通过对驻区9所学校的实地检查及听取相关工作情况汇报，检查组就进一步做好民办教育及校园安全工作，提出建议：要把民办教育纳入全区经济社会发展和教育改革发展规划，加大对义务教育阶段民办学校的扶持和管理力度，合理配置教育资源，促进公办、民办教育均衡协调发展；区教育行政管理部门要加强对民办学校教育教学的检查和指导，逐步完善年检制度和质量评价机制，积极推行优胜劣汰，提高民办学校教学质量和办学水平，引导民办教育走优质化、规模化、规范化的发展道路；对城中村改造中涉及拆迁的学校，要按照公办学校先建设后拆迁、民办学校在其他建筑物拆完之后再拆除的原则，认真做好学校拆迁补偿工作，妥善分流安置学校师生，维护社会稳定和学校正常的教学秩序；要以城中村改造涉及拆迁部分学校为契机，认真调研分析全区教育资源现状，超前谋划民办教育发展问题，找准办学方向，突出办学特色，整合现有资源，调整优化结构，不断提高办学质量；要加大招商引资力度，引进一批高层次、高质量的义务教育阶段民办学校，实现先进带动、典型引路；要适当安排学校安保资金，把校园安全问题纳入全区教育工作统筹安排，建立健全校园安保工作长效机制，确保师生安全。

【视察海口工业园建设工作情况】 6月25日，组织部分市、区人大代表，对西山区海口工业园建设工作情况进行视察。视察组认为区人民政府按照“总体规划、分批实施”的要求，发挥园区投资有限公司融资作用，加大基础设施建设投入，园区开工建设项目15个，已竣工项目3个，园区建设初具规模，发展健康。针对园区存在建设资金困难、招商引资工作任务重等问题，提出创新投入机制，拓宽融资渠道，加大投入；把海口工业园基础设施建设纳入全区重点建设项目的总体规划，统筹安排，综合考虑；积极探索完善园区财政管理体制；利用好园区土地，优化选项，提高土地利用价值等意见建议。

【检查城市道路建设工作】 8月10日，组织检查组对2009年至2010年城市道路建设进度及安全质量进行检查。在实地察看西苑浦路、昌源南路、昆州路西段、15号规划路、21号规划路建设情况和听取情况汇报后，检查组提出建议：要专题研究融资问题，做强融资平台，拓宽融资渠道，加大道路建设等重点工程项目资金的投入，切实解决道路建设资金短缺问题，确保按质按量完成建设任务；要对道路规划、设计进行专题研究论证，统筹考虑道路配套设施建设，避免重复投资，杜绝浪费；严格工程前期行为规范和市场准入，加大对道路建设工程质量及安全的监督检查力度，督促施工单位严格按照操作程序抓好工程质量建设，坚决杜绝劣质工程和不合格工程，防止重大安全事故发生；要加强与电力、电信、供水、供气和驻地部队等单位（部门）协调，争取理解支持，确保城市道路按期完工。

【检查西山碧鸡旅游环线公路改扩建工程建设情况】 8月17日，组织检查组对西山碧鸡旅游环线公路改扩建工程建设情况进行检查。检查组实地察看了西山碧鸡旅游环线公路改扩建工程建设情况和西山国家级风景名胜区建设及管理情况，听取有关情况汇报，针对建设资金缺口大、工程建设进度慢、配套设施设置不全面等问题，检查组提出建议：区政府要专题研究融资问题，确保建设资金及时到位；尽早研究规划旅游景区环线老路段的拓宽改造及修缮工作，适当拓宽路面，确保整条旅游环线道路平整、交通顺畅；进一步加强风景区环卫基础设施建设，为当地群众和观光旅客提供安全、舒适的旅游、休闲、健身环境；要切实加强西山碧鸡旅游环线公路两旁和风景区的规划控制和日常监管，杜绝违法建设，坚决制止乱建、乱盖和私设摊点等违法违规行为，切实维护风景区的良好旅游秩序；要统筹兼顾，通盘考虑，将城乡一体化、农家乐改造、乡村道路建设和社会主义新农村建设有机结合起来，做好西山国家级风景名胜区项目规划、设计，抓紧实施“西山龙门核心区、北门入口景前区、猫猫箐生态区和高海公路景观旅游带”建设，为创建5A级国家风景名胜区奠定基础。

【检查信息化建设工作】 8月26日，组织检查组对全区信息化建设工作进行检查。在实地查看西山教育城域网、数字社区、行政监察管理系统等信息化建设及运用情况和听取情况汇报后，检查组针对部分单位认识不到位、信息化技术人才缺乏及信息化建设尚处于起步阶段等问题，提出建议：尽快研究编制西山区信息化发展规划；加强统一领导、统一规划、统一管理，避免部门重复开发建设，积极推动信息资源整合，确保信息化建设工作规范建设、有序发展、资源共享；提高信息化综合运用能力，加大信息化在产业发展和社会管理方面的运用，努力实现更大的经济效益和社会效益；抓住国家电子信息产业调整的机遇，用好用足中央、省、市扶持信息产业的政策，积极争取资金、制度扶持；以建设“效能西山”为契机，建立健全信息化建设考核评估机制，全面推进政府信息化建设；要建立人才激励机制，着力抓好信息化人才的引进和培养，采取优惠政策引进高层次信息化专业人才，加强对信息专业人才、公务员信息知识培训，不断提高运用信息技术的能力和水平。

【检查《中华人民共和国就业法》贯彻执行情况】 9月7日，组织执法检查组，到永昌街道办事处永宁里社区、棕树营街道办事处、区劳动力市场等地对西山区人民政府贯彻执行《中华人民共和国就业促进法》的情况进行执法检查。检查组针对就业难、就业渠道不广和资金不足等问题，建议区政府及其职能部门加大相关法律法规的宣传力度；大力发展第二、三产业，全面推进促进就业工作；加大资金保障力度，解决就业工作经费；加大对劳动力市场的检查和监管；将区社会保障服务中心建设列入“十二五”规划。

【检查区十四届人大三次会议议案及代表建议和意见办理情况】 9月9～10日，组织检查组对区政府、区水务局、区交通运输局、区民政局、棕树营街道办事处等10个单位办理区十四届人大三次会议3件议案和252件代表建议和意见的情况进行检查。被检查的10家单位办理的建议和意见183件，占区政府办理总数的71.76%。检查组建议：对“三件议案”的办理及部分因条件限制或其他原因暂不能解决的意见、建议，要求区政府及其职能部门进一步树立人大意识，把办理工作纳入重要议事日程，健全代表议案办理资金保障机制，继续抓好回访跟踪，年内完成3件议案及交办建议、意见的办理回复工作。

【检查区保障性住房和安置房建设情况】 9月13日，组织检查组对西山区保障性住房和安置房建设工作情况进行检查。在实地查看区保障性住房项目一、二号地块现场建设情况和草海北片区拆迁安置地块拆迁情况，以及听取情况汇报后，检查组针对建设资金缺口大、廉租房建设法规体系和制度不完善、安置房建设进展慢影响维稳工作等，提出意见和建议：加大保障性住房的配套设施建设力度，解决遗留问题，搞好水、电、路及公共设施等硬件建设，为住户提供设施配套的宜居环境；学习先进发达地区保障性住房建设方面的好经验和好做法；加强保障性住房的后续监督管理工作，及时制定保障性住房的分配方案，促进分配公开、公平、公正，并加强对保障性住房的申请、审核、公示、轮候、配租、监督、退出等重点环节的监督管理；加强对安置房建设工程质量及安全的指导和监督检查，确保被拆迁居民得到妥善安置；加大草海北区安置房规划建设力度，统筹考虑片区教育、医疗卫生及社区公共服务等配套设施建设。

【检查重点水利工程建设情况】 9月14日，组织检查组对2010年重点水利工程建设情况进行检查。针对水利工程投入资金缺口大、重点骨干水源严重匮乏、水利设施布局不合理、全区总库容量小和蓄水量少、责权不明晰、管理存在漏洞、“七小”水利建设与作用发挥不够等主要问题，检查组提出建议：多渠道筹措资金，形成“以水养水”的建设投资格局；继续加大宣传力度，广泛发动群众，树立节约用水意识；明确管理经营权，落实水资源管护主体，逐步推进水资源管理体制改革；加大对专业人员的培训力度，进一步提高水务队伍素质；认真抓好重点水源工程建设，加大项目推进力度，确保高标准、高质量按时完成建设任务。

【检查农村小型水利工程产权及管理制度改革工作】 10月22日，组织检查组对全区农村小型水利工程产权及管理制度改革工作进行检查。在实地查看和听取情况汇报的基础上，检查组建议：实施分类指导，积极探索多种改革手段和模式，确保各项改革工作顺利开展；继续加大宣传力度，广泛发动群众，形成“自我管理、自我约束、自我服务、自我发展”的用水管水格局，真正实现农村小型水利工程产权制度和管理制度改革工作目标。

【视察城中村改造重点项目工作】 10月26日，组织视察组对西山区城中村改造重点项目进行视察。视察组提出要科学合理配建城市规划道路、城市各类管网、公共绿地、中小学校、医疗卫生设施等城市基础设施和公共服务设施，通过城中村改造完善片区的城市功能，提升城市品质和综合承载力；把安置房建设作为城中村改造工作的重中之重，千方百计加快速度，争取被拆迁居民早日回迁，安居乐业；加大对城中村改造有关政策、文件精神的宣传培训力度，全面提高工作人员的工作能力和依法行政水平；认真做好拆迁安置工作，及时发放拆迁补偿款、过渡费，维护群众合法权益，妥善化解各类矛盾，保持社会和谐稳定等建议。

10月22日，区人大组织检查组检查农村小型水利体制改革工作。

【检查城乡一体化示范区和新农村建设工作】 10月28日，组织检查组对城乡一体化示范区和新农村建设工作进行检查。针对统筹力度不够，资金投入分散，宣传力度不够，相关管理、协调、激励机制有待完善，农村基础设施建设历史欠账多，新农村建设及城乡一体化整村推进示范效果不明显等问题，检查组提出建议：要以方便群众生产生活为目标，对城乡一体化和新农村建设进行科学规划，科学管理，按照功能和产业分类，实现产业合理集中，促进全域城镇化建设工作；继续加大宣传力度，广泛发动群众，带动群众以主人翁的精神积极参与城乡一体化示范区和新农村建设工作。

【检查区人民政府2010年“5件实事”办理情况】 11月10日，组织检查组对区人民政府2010年“5件实事”办理情况进行检查。检查组对“5件实事”均已完成或超额完成表示满意。检查组建议区人民政府要认真总结经验，加强后期管理，真正做到把好事办好、实事办实，并提前做好下一年实事的调研和选取确定工作。

【检查螺蛳湾中央商务区（二级CBD）建设情况】 11月18日，组织检查组对螺蛳湾中央商务区（二级CBD）建设情况进行检查。针对螺蛳湾拆迁改造工作进展缓慢，工作机制不健全，政策宣传不够深入等问题，检查组提出建议：认真总结前期工作经验，结合实际及时调整工作思路，建立健全工作机制，加强协调配合，落实奖惩措施，加快拆迁工作进度；要按照先易后难、分期建设的工作思路，尽快启动螺蛳湾片区回迁安置房建设；要进一步加强安全防范监督管理工作，认真细致排除安全隐患，确保工程建设安全、社会和谐稳定；要加大对拆迁改造工作的宣传力度，努力争取被拆迁单位、商户、居民对拆迁工作的理解支持。

【人事任免】 加强与区委组织部及“一府两院”相关部门的工作协调，坚持和完善被任命人员任前法律知识考试、与常委会组成人员见面、颁发任命书和任职表态发言等制度，增强被任命人员的法律意识、责任意识和人大意识。2010年，根据区人大常委会主任会议、区长、区人民法院院长、区人民检察院院长的提请，共依法任免国家机关工作人员80人次，其中任职40人次，免职38人次，接受辞职2人次。

【任命西山区人民陪审员】 依照全国人大、省人大以及最高人民法院和司法部关于完善人民陪审员制度的相关精神和规定，根据西山区人民法院院长何家华的提请，5月31日，区第十四届人大常委会第二十次会议决定任命陈桂莲等40位公民为西山区人民陪审员。

【举办领导干部法制讲座】 7月19日，举办西山区第十四届人大常委会第三期领导干部法制讲座。邀请中共云南省委党校法学教研部副主任吉龙华，专题讲授《中华人民共和国国家赔偿法》。区人大常委会组成人员，区人民政府副区长，区人民法院院长、副院长，区人民检察院检察长、副检察长，西山公安分局副局长，区政府所属各部门的行政领导、驻区市属职能部门的行政领导，各街道人大工委主任，以及区人大常委会机关全体工作人员共100余人参加。

各委室工作

【常委会办公室工作】 为区人代会和常委会、党组会、主任（扩大）会做好组织协调服务工作。全年组织召开区人代会2次、区人大常委会7次、主任会议26次，形成常委会决定23个、决议2个、审议意见9个、纪要7个，主任会议纪要24个；做好常委会组织的执法检查、视察、工作检查、调查等相关工作，全年形成执法检查报告2个、视察报告3个、工作检查报告15个、调查报告5个，为常委会听取和审议“一府两院”工作报告和工作情况汇报做好基础性工作。全年编印人代会文件汇编2本、常委会公报7期，形成工作简报23期，报送工作信息45条，《昆明人大信息》采用40条。为代表邮寄常委会公报、会刊等交流材料3 000余份。全年办理群众来信54件，依照法律和政策规定进行了转办处理，接待群众来访156人次。

【人事代表工作委员会工作】 严格按照任免程序，认真准备提请审议的任免材料，全年常委会共依法任免国家机关工作人员80人次，其中任职40人次，免职38人次，接受辞职2人次。做好代表建议、批评和意见的交办和督办工作，区十四届人大三次会议形成的3件议案和252件代表建议，已全部办理完毕并答复代表。组织和指导区人大代表小组活动42次、指导召开街道人大工委工作联系会2次；先后组织市人大代表视察滇池湖滨生态带建设“四退三还一护”工作和西山区保障性住房及城中村改造回迁安置房建设工作。全年开展市代表活动4次、持证视察4次。完成市人大常委会办公厅下达西山区昆明市第十三届人民代表大会代表名额的推荐上报工作，依法选举产生市人大代表37名。

【教科文卫工作委员会工作】 先后参与组织对区人民政府民办教育及校园安全工作情况、信息化建设情况进行检查；对区图书馆搬迁建设工作进行调查；为主任会议听取区卫生局“七小”行业整治工作情况汇报做好服务准备。积极配合常委会其他委室完成常委会安排的各项视察、检查和调查，参与对区第十四届人民代表大会第三次会议议案及代表建议、批评和意见办理工作和区人民政府2010年“5件实事”办理工作的检查。

【财经工作委员会工作】 先后参与组织开展对区人民政府招商引资工作情况、海口工业园区建设情况、区人民政府推进螺蛳湾重要商务区（二级CBD）建设情况进行视察、检查，开展对银政合作资金使用绩效情况、2010年度上半年国民经济和社会发展计划执行情况、2010年度上半年地方预算执行情况、2009年度地方预算执行和财政收支审计情况进行调查，为常委会听取和审议“一府两院”工作报告和工作情况汇报做好基础性工作。

【城乡建设环境保护工作委员会工作】

为主任会议听取区建设局关于24号规划道路等18条城市道路建设工作汇报做好服务准备和督促工作。协调服务好常委会组织开展的省、市、区人大代表视察、检查、调查，先后参与组织开展对西山区城中村改造重点项目建设情况进行视察，对西山区草海片区征地拆迁工作、西山区国家级风景名胜区旅游环线建设工程、西山区廉租房和安置建设情况进行检查，对区人民政府贯彻执行《中华人民共和国土地管理法》情况进行执法检查，针对存在问题提出意见和建议并形成专题报告。积极配合常委会其他委室完成常委会安排的各项视察、检查和调查，参与对区第十四届人民代表大会第三次会议议案及代表建议、批评和意见办理工作和区人民政府2010年“5件实事”办理工作等检（调）查10余次。全年接待群众来访16人次，处理群众来信10余件。

【民族宗教工作委员会工作】 先后参与组织开展对区人民政府抗旱救灾

和森林防火工作情况、2010年重点水利建设工作情况、农村小型水利工程产权制度和管理制度改革工作情况、城乡一体化示范区和新农村建设工作情况进行检查，为主任会议听取区人民政府关于实施“1245”工程情况汇报做好服务准备工作。积极配合各委室组织开展视察、检查工作，加强与政府对口部门的联系，深入基层，帮助协调解决在经济发展中遇到的困难和问题。

【内务司法工作委员会】 先后组织开展对区人民法院关于2009～2010年6月涉法涉诉信访件办理工作情况进行调查，对区人民检察院关于预防职务犯罪工作情况进行调查，对区人民政府2009年地方预算执行和其他财政收支审计情况进行调查，对西山区社区人民调解工作进行调查，对区检察院反渎职侵权工作进行专题视察，并形成专题调查（视察）报告，为区人大常委会、主任会议研究、审议提供翔实依据。与办公室共同配合完成西山区第十四届人大常委会第三期领导干部《中华人民共和国国家赔偿法》专题法制讲座。完成对提请人大常委会任命的国家机关工作人员30人的任前法律知识考试。全年接待群众来访50余人次，处理群众来信24件。

【“十一五”成就】 民主决策，依法行使审议决定权 2006～2010年，区第十三届、十四届人大常委会先后组织召开6次西山区人民代表大会，听取和审议了区人大常委会工作报告、“一府两院”的工作报告、区财政预算报告和国民经济发展计划执行情况报告，并作出相应的决议和决定。2006年2月9～13日，区十三届人大四次会议依法选举产生李庄、李永芬等44人为出席昆明市第十二届人民代表大会的代表。2007年10月31日至2008年1月17日，历时2个多月，全区142个选区依法选举产生区十四届人民代表大会代表217名。2008年2月25日至3月2日区十四届人大一次会议召开，依法选举产生区十四届人大常委会和“一府两院”领导班子。2010年1月13日区十四届人民代表大会三次会议依法补选何家华为西山区人民法院院长，李兆明、何贵友为西山区第十四届人大常委会委员，补选李志华为昆明市第十二届人民代表大会代表。2010年12月17～19日区十四届人大四次会议召开，依法选举产生李邑飞、李志华等37人为出席昆明市第十三届人民代表大会的代表。

5年来，召开区人大常委会议43次、主任会议105次。常委会、主任会议先后多次听取审议和研究区人民政府关于采取“银政合作”、委托贷款、BT融资、信托投资等方式筹集重点项目建设资金的议案及财政性投资和融资项目资金管理使用情况汇报，分别作出批准融资额度的决定，并要求区人民政府加强资金监督管理，项目完工后的资金使用审计报告须报区人大常委会，保证了全区重点基础设施建设、生态环境建设和民生工程建设顺利推进。

围绕服务全区工作大局，依法行使监督权 5年来，常委会坚持把深化改革与加快发展，维护人民群众利益作为监督工作的重点。围绕全区经济社会发展中的重大项目和全区重点工作，综合运用执法检查、视察、专项调查、工作评议、述职评议等有效手段加大监督力度，先后组织人大代表对区人民政府贯彻执行法律法规执行情况进行执法检查10次、视察15次、专项检查58次。有力地保障了宪法和法律法规在本行政区域内贯彻实施，积极支持和督促“一府两院”依法行政、公正司法。

5年来，常委会共收到人民群众来信450余件，接待群众来访1 560人次，常委会领导亲自协调处理90件，其余360余件督促区级有关部门依照法律和政策规定妥善处理，且书面回复率逐年上升。有效维护了法律尊严以及公民和法人的合法权益，避免各类矛盾激化，促进了社会和谐稳定。

依法任免国家机关工作人员 坚持党管干部与人大依法任免干部相统一的原则。5年来，常委会按照有关法律规定和程序，共任免区级国家机关工作人员213人次（其中任职135人，免职69人，接受辞职9人），任命西山区人民法院陪审员40人。

推进法治西山建设和加强人大自身建设 为进一步提高国家机关工作人员的法制观念和依法行政水平，常委会组织举办了5期领导干部法制培训讲座。在制度建设上，区人大常委会先后制定了《西山区人大常委会关于进一步加强和改进监督工作的意见》、《西山区人大常委会联系区人民代表大会代表办法》、《昆明市西山区人民代表大会议事规则》，修订了《西山区人大常委会关于规范性文件备案审查的规定》等制度。同时结合实际制定了《西山区“人大代表之家”管理使用暂行规定》。通过不断坚持和完善区人大及其常委会议事程序和工作制度，坚持落实各项规章制度，逐步形成职责明确、分工负责、规范有序、务实高效的工作机制。

（焦明芳）

西山区人民政府工作

主要工作

【5件实事】 **提高农村居民最低生活保障标准** 7月1日起，将辖区农村人均年收入低于2000元的居民纳入最低生活保障。经审核公示，2010年西山区纳入农村居民低保人数为1 191户1 576人，保障人数占全区农业人口的1.53%。省级补助资金35.6万元，市级补助资金40万元，区级配套资金360万元。截至12月底，西山区共发放农村居民低保金补差197.8万元，月人均补差标准115元，实现全区农村居民最低生活保障全覆盖。

提高新型农村合作医疗补助标准 根据西山区新型农村合作医疗实施办法规定，西山区参合农村居民年人均筹资标准为150元，其中中央财政补助60元，区财政补助70元，个人缴纳20元。年内经区政府研究，将区财政补助标准由70元提高到80元，使全区参合农村居民人均筹资标准由原来的150元/人提高到160元/人。2010年西山区参合农村居民6.76万人，全区应筹资总额1 081.07万元，其中中央财政补助405.40万元，区财政补助540.54万元，个人缴纳135.13万元。报销普通门诊、普通住院、特殊病种大额门诊2.76万人次，基金支出1 099.43万元，资金使用率占应筹资总额的98.7%，占实际安排到位资金的101.7%。

实施农村“绿色光亮工程”500盏 2010年，西山区计划在碧鸡、海口、团结3个街道办事处分别安装150盏、170盏和180盏农村太阳能路灯。在区级相关职能部门组织安排下，于6月30日全部完成施工。在4个街道办事处13个社区实际安装太阳能路灯716盏，其中团结360盏、碧鸡160盏、海口185盏、永昌11盏，提前超额完成500盏年度目标任务。其中省级补助20万元，市级补助61万元，区级补助330万元，社区投资60万元。全部路灯经安装、调试后均正常运行，10月下旬顺利通过专家组验收。年底，将所有太阳能路灯移交社区居委会管理，相关部门正在拟定《西山区太阳能路灯管养办法》，进一步规范太阳能路灯管理。

开展2 000名残疾人康复、教育及社会保障 康复方面：一是对全区245名白内障患者实施复明手术；二是为5名听力残疾儿童免费验配助听器，并向残疾人发放辅助用品用具471件；三是依托广福医院、金碧残疾人康复中心，为24名残疾人提供脑瘫、肢体康复训练服务；四是扩大残疾人居家托养范围，将脑瘫、智力、精神残疾人纳入享受护理费范围，共有26名残疾人参加机构托养服务，居家托养379人；五是为272名精神障碍患者提供康复服务。

教育方面：开展“春雨助学”、大中专一次性资助工作扶持残疾人教育。补助高中以下义务教育阶段（“春雨助学”行动）770人，发放助学金30.21万元，对52名应届大中专生发放一次性助学金12.5万元。

社会保障方面：一是成功帮助63名残疾人实现就业；二是对59名有需求的残疾人进行职业技能培训，培训涉及摩托车修理、面点师等9个专业；三是对参加新农合的1 155名残疾人按20元/人/年的标准进行补助，共补助2.31万元。

开展万名失地农民培训 截至12月31日，西山区共完成农村劳动力转移培训1.52万人次，占计划1.35万人次的112.6%，其中职业技能培训2 371人。培训后转移就业1.39万人（省外输出344人，省内区外输出3 456人，区内就地就近转移就业1万余人）。

（覃　雁）

【区政府常务会议】 2010年，区政府共召开常务会32次，就研究确定2011年道路建设计划，印发《西山区事业单位人员聘用管理办法》，西山区建设管理中心和建设管理公司组建方案，区“四退三环一护”及“迁村并点”安置房建设，城中村改造学校拆迁学生分流安置实施方案，拨付“四创两争”工作经费，撤销西山区南三环道路建设工程征地拆迁指挥部，海口工业园区征地拆迁补偿指导意见，西山区2010年民主语言机关作风工作实施意见，西山区城乡困难群众医疗救助办法，审核城中村改造相关片区土地一级开发成本、收储成本、收益及交易底价，评选2010年西山区有突出贡献和有贡献优秀专业技术人员，实行公务用车专用卡定额包干管理工作实施方案等事宜，会议作出了决定，以区政府文件下发执行或报市政府、区委等部门审批。

【区长办公会议】 2010年，区政府共召开区长办公会4次，就研究确定将西山区二级医院和学校纳入区级重点单位、西山区庭院雨污水分流及再生水处理设施建设工作、编制西山区医疗卫生资源整合及医院布局布点规划、海口工业园区管委会补偿企业购置土地费、传达2月8日省委书记白恩培到西山区实地察看旱情时召开座谈会的有关精神、区人大议案办理工作等事宜，会议作出决定，或报区委、区人大等部门审定。

（姜璐璐）

【重要会议】

1月28日，区政府召开昆明蓝彩云温泉度假村有限公司退场补偿方案协商工作会议，确保区“四退三还一护”整体工作顺利推进。

1月30日，区政府召开西山区十四届人民政府第四次全体会议，安排部署2010年政府工作。

2月25日，区政府召开西山区2010年经济工作暨招商引资工作会，表彰奖励2009年为西山区经济社会发展作出突出贡献的纳税大户、先进企业及先进个人；分析当前形势，安排部署2010年经济发展的目标任务。

2月27日，区政府召开西山区滇池流域水环境综合治理指挥部工作会议，研究解决目前工作中的困难和问题，部署滇池流域水环境综合治理下步工作。

3月6日，为做好海口新城规划工作，区政府召开西山区海口新城概念性总体规划成果汇报会。

3月20日，区政府召开西山区政企共建廉租房建设项目协调会议，针对项目推进过程中存在的问题和困难进行及时协调处理。

3月26日，区政府召开西山区2010年实施“绿色光亮工程”专题研究会，安排部署西山区太阳能路灯安装工作。

3月29日，针对大平坦村地质灾害隐患，区政府及时召开大平坦村地质灾害隐患整治工作专题会议。

4月17日，区政府召开西山区招商引资、工业突破、园区建设暨效能西山动员大会，总结分析一季度经济形势及各项重点工作推进情况。

4月26日，区政府召开西山区集中整治农房违法加层和无序建房工作推进会议，就坚决遏制和严厉查处违法加层和无序建房工作进行安排部署。

5月5日，区政府召开西山区2010年打击非法采矿暨地质灾害防治工作会议。

5月12日，区政府召开西山区2010年度防汛蓄水工作会议，安排部署2010年度防汛、蓄水各项工作。

5月26日，区政府召开西山区第六次全国人口普查动员大会，明确相关单位提供科学准确的统计信息，并签订责任书。

5月28日，区政府召开农村公益性公墓建设协调会，确保农村公益性公墓建设工作顺利推进。

7月17日，区政府召开区“四退三还一护”及“迁村并点”安置房建设工作专题会，听取相关中介服务机构的汇报，专题研究安置房建设运作方案。

8月5日，区政府组织召开环湖西岸截污完善工程及环湖南岸截污工程专题会议，进一步加快环湖西岸截污工程进度，确保按时完成环湖南岸、西岸截污工程涉及的征地拆迁工作。

10月15日，区政府召开西山区主城区批发（专业及批零兼营）市场关闭搬迁工作推进会，安排部署市场关闭搬迁相关工作。

11月12日，区政府召开西山区2010年第五次安委会扩大会议，部署四季度及今冬明春安全生产工作。

11月23日，区政府召开长坡泛亚商贸物流中心建设相关工作通报会，通报物流中心规划编制工作情况及入园相关政策和项目建设情况。

12月9日，区政府召开区知识产权联席会议2010年工作总结考核会议，总结西山区知识产权联席会议2010年的工作，并对各成员单位目标责任完成情况进行考核、奖励。

12月31日，区政府召开西山区人民政府2011年为民办实事专题会议，听取各职能部门关于2011年实事办理的意见和建议。

（张丽霞）

3月27日，西山区召开第十四届人民政府第三次廉政工作会议。

【法制工作】 **行政复议、行政诉讼相关工作** 2010年区政府收到行政复议申请1件，经做政策法律宣传解释工作后，申请人自行撤回行政复议申请。同时区政府作为被申请人到市政府复议的案件有6件，内容均涉及土地使用权属。经市政府复议完毕，6件均维持西山区政府作出的具体行政行为。区政府发生行政诉讼案件1件，经法院一审审理后驳回原告起诉。

新一轮行政执法主体清理工作 2010年西山区开展了政府机构改革工作，结合机构改革后部分部门职能职责调整变化以及机构名称的变化情况，区法制办将机改后的区属行政执法主体进行清理，并梳理出各执法主体的主要执法依据，交由各相关单位征求意见后报区政府审定，统一对外公布。机改后，西山区有区属行政执法主体38个，其中法律法规授权组织3个。

深化行政审批制度改革 为深化

区行政审批制度改革，优化经济社会发展软环境，精简审批环节，提高行政效能，从2007年以来西山区开展了4次较大规模的行政审批制度改革工作。2010年结合机构改革后部分部门职能职责调整变化以及机构名称变化的情况，区政府法制办对区级行政审批项目再次进行全面清理，将清理后的审批项目情况下发给各相关单位征求意见，并将清理结果报请区政府审定后对外公布。清理后，西山区区级原有行政审批项目34项减为33项。

建立政府法制工作网络和目标考核制度 在各街道办事处、区政府所属行政执法部门中配备法制联络员，各有关单位从现有人员中共选出41名政治思想素质好，有爱岗敬业精神，工作认真负责，原则上要求具备法律专业大专以上学历并具有一定行政执法经验的工作人员作为法制联络员。随着法制联络员工作正式开展，政府法制工作网络基本建立。

从2010年起正式把政府法制工作纳入年度目标任务考核，使“软”任务变成“硬”指标，用具体措施保证工作落实。

成立法律专家咨询组 在总结聘任区政府法律顾问2年工作经验基础上，经报请区政府研究决定对区政府法律顾问进行调整，并成立区政府法律专家咨询组。修订区政府法律顾问室工作规则，充实人员，为提高政府依法决策、依法行政水平提供了保障。

（周　攀）

【决定】 2010年，以区政府文件下发决定10个。

2月6日，区政府作出《关于对2009年度安全工作先进单位和先进个人进行表彰的决定》，对在2009年度安全生产、食品安全、交通安全、防火安全工作中涌现出来的马街街道办事处等24家单位和苏贵等121人进行表彰。

2月25日，区政府作出《关于表彰奖励2009年度“协税护税”先进单位的决定》，对在2009年度“协税护税”工作中取得突出成绩的西山区房产交易中心嘉奖3万元，金碧街道办事处嘉奖1万元。

同日，区政府作出《关于表彰奖励2009年度融资工作先进单位的决定》，对富滇银行西山支行等17家2009年度融资工作先进单位进行表彰奖励。

同日，区政府作出《关于兑现2009年度节能减排工作目标考核奖励的决定》，对在2009年度完成节能减排目标任务的44家节能减排责任单位进行表彰奖励。

3月17日，区政府作出《关于表彰2009年人大代表建议、政协提案办理工作先进集体、先进个人的决定》，对区民政局等15个建议提案办理工作先进集体和张玲萍等21名先进个人予以表彰。

3月31日，区政府作出《关于表彰2009年度西山区卫生系统先进集体和先进工作者的决定》，授予西山区疾病预防控制中心等9家单位“2009年度西山区卫生系统先进集体”荣誉称号；授予李红梅等35人“2009年度西山区卫生系统先进工作者”荣誉称号。

4月13日，区政府作出《关于表彰2009年区长热线工作先进集体和先进个人的决定》，对区城管局等15家先进集体的联动部门和王肆良等25名先进个人予以表彰。

10月27日，区政府作出《关于表彰2010年度森林防火工作先进集体和先进个人的决定》，授予区目督办等23个单位“西山区2010年度森林防火工作先进集体”荣誉称号；授予吴博等66人“西山区2010年度森林防火工作先进个人”荣誉称号。

11月11日，区政府作出《关于授予西山区2010年科学技术奖的决定》，授予“高效、精密、自动、宽幅、双面精磨抛光机系列产品的研发与产业化”等2个项目为西山区2010年科学技术奖一等奖；授予“第二代琢石牌清污机的研发”等5个项目为西山区2010年科学技术奖二等奖；授予“新型耐磨拖曳矿用电缆（矿用移动类耐磨拖曳矿用电缆的改进）”等9个项目为西山区2010年科学技术奖三等奖。

12月7日，区政府作出《关于命名2010年西山区文明单位的决定》，命名云南省安全厅等18个单位为2010年西山区文明单位。

（郑薇薇）

【表彰奖励】 1月，西山区被市委评为“2009年度全市打黑除恶工作先进单位”。2月，区政府被市委表彰为“螺蛳湾商业片区业态升级改造市场关闭工作先进集体”；被“十一五”昆明电网建设指挥部评为“昆明市2009年度电网建设先进奖单位”。3月，西山区被省政府授予“创建无毒乡镇工作先进县”称号；区政府被市政府评为“2009年度人大代表建议政协提案办理工作先进单位”；区政府被市城中村改造领导小组评为“2008~2009年度城中村改造工作先进单位”。6月，区政府被市政府评为“昆明市殡葬改革工作二等奖”。7月，区政府被市政府评为“2009年度全市政务信息工作先进集体”；区政府区长热线办被市长热线电话办公室评为“全市政府热线工作先进集体”。11月，西山区被省政府评为“2009年度县域经济发展十强县”。

（寸云冰）

【通告·公告】 2010年，以区政府下发通告、公告4个。

2月5日，为进一步推进滇池流域污水全面截流收集处理工作，切实抓好城市生活污水的源头控制和管理，区政府下发《关于庭院雨污分流及污水处理再生利用设施建设工作的通告》。

2月11日，为严防森林火灾发生，确保森林资源安全，区政府下发《关于2010年森林防火的戒严公告》。

3月31日，为贯彻落实国务院《全面推进依法行政实施纲要》和《云南省行政机关规范性文件制定和备案办法》，清理区政府制定的现行规范性文件和其他类文件，区政府下发《关于公布2009年度规范性文件清理结果的公告》。

5月26日，为贯彻落实市委、市政府关于对海埂路片区进行综合整治一系列会议精神，解决该片区不符合现有城市规划、用地功能混乱、市政公共设施不配套、交通设施缺乏、整体环境差等问题，区政府下发《关于海埂路片区综合整治项目前卫茶叶市场关闭和搬迁的通告》。

（王旭霞）

【批转报告】 2010年，以区政府文件批转、转发和印发的文件有12个。

1月19日，区政府印发《昆明市西山区新型农村合作医疗实施办法》的通知，将《昆明市西山区新型农村合作医疗实施办法的通知》、《昆明市西山区新型农村合作医疗实施办法的修改补充意见》进行修订与完善。

1月20日，区政府印发《西山区滇池流域污水全面截污收集处理设施建设工作方案》的通知，对实现辖区内滇池流域的工业污水、城镇生活污水、农业面源污水全面截流，实现城镇污水进市政污水收集管网、村庄污水进入湿地，达到一级A排放标准的工作目标作安排部署。

2月10日，区政府批转区人事劳动和社会保障局《创建国家级创业型城市实施方案》，力争到2010年底，"平等竞争、支撑有力、充满活力"的新型创业机制基本建立，创建国家级创业型城市的目标任务基本实现。

3月26日，区政府批转区农业局《西山区2010年都市型现代农业发展指导意见》，对实现全区2010年农业和农村工作各项目标任务，提出西山区2010年都市型现代农业发展指导意见。

4月22日，区政府转发区国土资源分局《清理和处置批而未供土地及清理和查处违法用地工作方案》，全面清理并加快批而未供土地处置，增强政府土地宏观调控能力，切实加快建设用地供应速度，有效保障区各类重点项目用地需求作详细规定。

4月29日，区政府印发《西山区突发公共事件总体应急预案》的通知，为指导全区突发公共事件的应对工作，再次对《西山区突发公共事件总体应急预案》进行修订完善，并同时废止《昆明市西山区人民政府关于印发昆明市西山区突发公共事件总体应急预案的通知》。

5月3日，区政府印发《西山区抗旱水源工程建设相关方案》的通知，为加强区抗旱水源工程建设项目及资金管理，提高资金使用效益，确保工程质量，有效解决全区水资源时间、空间分布不均的问题，促进水资源可持续利用作出详细规定。

8月2日，区政府印发《西山区"质量兴区"活动暨标准化工作实施方案》的通知，力争到2012年，使区重点行业、重点产品质量水平达到国际和国家先进水平，基本适应竞争的需要；到2015年，从根本上提高区主要产业的整体素质和质量水平，使区产品质量、工程质量、服务质量和环境质量跃上一个新台阶。

8月20日，区政府批转区民政局《西山区城乡困难群众医疗救助暂行办法》。对进一步健全城乡医疗救助体系，完善城乡困难群众医疗救助制度，缓解困难群众医疗困难作出指导意见。

10月18日，区政府批转《西山区滇池流域农业产业结构调整实施意见》，为切实做好西山区滇池流域农业产业结构调整工作，结合区实际情况作出安排部署。

10月19日，区政府批转《西山区2011年冬季农业开发指导意见》，充分利用区冬季农业开发的资源优势，扩大冬种覆盖面，推进农业产业结构调整，促进都市型现代农业发展，构筑西山区城乡一体化新格局作出安排部署。

10月27日，区政府批转《西山区2011年度森林防火工作安排意见》，对区森林防火工作作出安排部署。

（马　俊）

【通知·意见】 2010年，以区政府文件下发通知、意见16个。

1月8日，为进一步做好食品安全整顿工作，切实履行食品安全各环节监管职责，区政府下发《西山区食品安全整顿督查和抽检工作实施方案》，督促全区各有关部门按照国务院、省、市食品安全整顿工作部署以及全国食品安全整顿工作办公室督查和抽检工作方案要求，做好阶段性食品安全整顿工作，切实保障辖区人民群众食品安全。

1月20日，为切实做好区第六次全国人口普查工作，区政府下发《关于开展第六次全国人口普查的通知》，以确保提供科学准确的统计信息支持。

2月1日，为贯彻落实2009年全区食品安全工作会议精神，通过绩效考核促进年度食品安全工作任务的完成，区政府印发《西山区2009年食品安全工作目标责任制考核方案》，对考核各单位食品安全工作提出详细要求和标准。

2月15日，为加快建设资源节约型社会，切实推进全区节能减排工作，区政府印发《西山区2010年节能减排工作方案》，督促做好辖区范围内节能减排工作。

3月30日，区政府印发《关于进一步做好现役军人子女入学工作的实施意见》。

3月31日，为实现水源工程均衡布局，充分利用水资源，提高调控能力，增强抗灾减灾能力，降低洪旱灾害损失，区政府印发《关于加快西山区水源工程建设的意见》，结合西山区实际情况强化水资源的节约、保护与开发利用工作。

4月9日，为切实提高保障公共安全和处置突发公共事件的能力，区政府印发《西山区突发公共事件总体应急预案》，有效预防和及时处置自然灾害、事故灾难、公共卫生、社会安全事件，避免和减少突发公共事件造成的损失，实现全区应急管理工作规范化、制度化和法制化。

4月13日，区政府与昆明市交通运输局联合印发《关于西部客运站及周边环境卫生综合整治实施方案》的通知，确保昆明市创建国家卫生城市迎接国家专家组技术评估考核工作顺利通过。

4月15日，为确保西山区2010中国昆明国际文化旅游节昆明狂欢节活动顺利进行，区政府印发《关于成立2010中国昆明国际文化旅游节昆明狂欢节西山区活动部的通知》，对昆明狂欢节活动顺利进行作出周密安排。

5月11日，为进一步完善安全生产监管体系建设，建立安全生产监管“区域全覆盖”制度，区政府印发《关于建立安全生产监管“区域全覆盖”制度的通知》。

6月13日，为切实做好全区艾滋病防治工作，加快构建政府主导、部门合作、全社会参与的有效防控机制，区政府印发《西山区防治艾滋病工作委员会工作制度和成员单位工作职责的通知》，对全区各成员单位在艾滋病防治工作中的职责作出具体分工。

6月9日，为加快高中学校基础设施建设，加强高中教师培养，区政府下发《西山区普通高中强基提质三年行动方案》通知，全面提升区高中教育教学质量，建立健全有利于区高中教育发展的体制和机制。

6月21日，区政府下发《关于调整区第十四届人民政府领导工作分工的通知》，对区长、副区长工作分工进行调整并印发各单位。

8月2日，区政府印发《西山区“质量兴区”活动暨标准化工作实施方案的通知》，建立质量管理目标责任制、奖惩机制和责任机制。

10月13日，为防止动物疫情扩散，区政府印发《关于对结核病布鲁氏菌病检疫呈阳性奶牛进行扑杀的通知》，对检疫呈阳性的“两病”奶牛进行扑杀和无害化处理。

11月10日，为加大西山区境内超限超载车辆治理力度，规范道路运输行为，保障公路桥梁安全运营，区政府印发《西山区加强非法超限超载车辆治理工作实施方案》的通知，全面加强治理非法超限超载车辆工作。

（寸云冰）

政府办公室工作

【机构改革】 区政府办公室是区政府参与政务、管理事务和做好服务的综合工作部门，内设秘书科、综合科、信息督查科。下设区政府法制办公室（正科级）、区长热线办公室（副科级）、区应急办公室（副科级）。设行政编制30名，事业编制2名，机关工勤7名。实有行政编制34名，事业编制2名，机关工勤6名。设区政府领导职数1正5副，实有1正9副（其中1名副区长兼任公安分局局长，4名副区长挂职，均不占编）；设区政府办领导职数1正5副，实有1正9副（含挂职副主任1名，不占编）。

2010年8月，在机构改革中区建设拆迁安置办公室（正科级）、区地方志编纂办公室（股级）整体划入区政府办，区商务局原“外事”职能划入区政府办；原属区政府办的区数字城管指挥中心整体划归西山区城市管理综合执法局。

（陈　萍）

【文件分类】 2010年，区政府办公室共印发文件1 248份，其中西政发文号86份，西政党文号7份，西政任文号113份，西政复文号453份，西政请文号266份，西政函文号276份，西政办发文号13份，西政办通文号319份，西政办请文号47份，西政办函文号20份，区长办公会议纪要36期，专题会议纪要230期，《政务督办》1期，《工作通报》11期，《情况简报》30期，《西山快讯》2期，《西山政情》21期，其他文号印发的文件6期。

（毕　娟）

【政务信息】 围绕区委、区政府的中心工作，按照省、市政府对信息工作的要求，区政府办注意及时发现新问题，加强信息收集、分析、整理和编辑工作，通过信息传输网络向省、市政府办公厅报送信息，为区领导决

3月17日，区政府召开人大建议、政协提案交办暨办理工作表彰会。

策提供各类参考信息，为省、市领导了解、指导西山区的工作提供可靠依据。2010 年共编发《西山政情》21 期、《情况简报》30 期、《西山快讯》2 期、《工作通报》11 期、《区长热线周报》49 期、《热线简报》17 期、《区长热线重点事件每日一报》137 期，采编《报刊舆论督办》96 期。并及时将信息发布在昆明西山网、西山区党政机关电子政务网上。共向省政府办公厅报送信息 1 321 条，向市政府办公厅报送信息 1 443 条，其中省政府办公厅采用 29 条，市政府办公厅采用 213 条；共上载更新昆明西山网头条要闻 575 条，上载更新西山区党政机关电子政务内网每日要闻 671 条，置顶要闻 39 条。

【督办工作】 2010 年 1 月，在区第十四届人民代表大会第三次会议和区政协第七届委员会第三次会议上，区政府向全区人民承诺，2010 年在全面完成各项工作的基础上，办好 5 件关系人民群众切身利益的实事。区政府对此高度重视，多次召开会议进行专题研究，确定由区政府主要领导为总负责人，分管领导为各件实事的责任领导，并明确责任单位、责任人、督办人。制定并下发《关于印发 2010 年 5 件实事、3 件议案、3 件重点提案分解立项方案的通知》，要求各主办和协办单位本着对人民群众高度负责的态度，始终把群众利益放在首位，加强领导，真抓实干，责任到人，资金到位。同时，组织相关承办部门接受区人大检查，确保了 2010 年 5 件实事落实并全面完成。

2010 年，区政府办认真做好重点工作进展情况的报送督办工作，在要求时限内督促相关承办部门认真查处，并形成书面材料，及时报送相关部门。

（苏　航）

【人大代表建议、政协提案办理】 2010 年，区政府共收到省、市、区人大代表建议、政协提案 449 件，其中省人大代表建议 1 件，省政协提案 2 件；市人大代表建议 7 件，市政协提案 6 件；区人大议案 3 件、建议 252 件，区政协重点提案 3 件、提案 175 件。

3 月 17 日，区政府召开 2010 年人大代表建议政协提案交办暨办理工作表彰会。会上，区政府表彰了在 2009 年办理工作中有突出成绩的 15 个先进单位和 21 名先进个人；向 52 个政府职能部门交办 449 件建议和提案；与各承办单位签订“目标管理考核责任书”；下发《关于印发 2010 年人大代表建议和政协提案办理工作意见》、《关于 2010 年市人大代表建议和政协提案的交办的通知》和《关于印发 2010 年 5 件实事、3 件议案、3 件重点提案分解立项方案的通知》，明确了主要领导负总责、分管领导亲自抓、承办人员具体办的三级办理工作责任制。7 月 7 日，区政府召开 2010 年办理市人大代表建议、政协提案面商会，区政府就主办的 12 件市人大代表建议、政协提案，11 件区人大代表建议、政协提案进行面商。449 件建议、提案得到解决和部分解决的有 349 件，占承办总数的 77.73%；已纳入政府工作规划和计划，正逐步落实的有 74 件，占承办总数的 16.48%；因条件限制或其他原因暂时不能解决，已做解释说明的有 26 件，占承办总数的 5.79%。从反馈意见看，非常满意和满意 312 件，占 69.49%；基本满意 136 件，占 30.29%。

（覃　雁）

区长热线

【市长、区长热线受理】 2010 年，区长热线办公室共受理市长热线办公室交办件 2 282 件，全部办结；接听区长热线 8212345 群众来电 5 996 个，立案办理 110 件。

【“区委书记、区长接访日”工作】 “区委书记、区长接访日”每月 3 次，时间为每月 8、18、28 日。每月 8 日区领导深入各街道办事处接访，每月 18、28 日两天区领导在区数字城管指挥中心轮流接访。2010 年，共接访 23 次，接待来访群众 2 340 人，涉及问题 259 件，其中现场答复 114 件，立案办理 145 件。

【领导工作电话接听及办理】 2010 年，区长热线办公室共受理处置市、区领导电话交办件 69 件，均已全部办结，并及时把处理结果上报市级交办部门以及区委、区政府相关领导。

【媒体舆论督办】 2010 年，区长热线办加大媒体舆论督办力度，坚持每天收集《云南日报》、《昆明日报》、《春城晚报》及《都市时报》等地方主流报刊登载的涉及西山区经济社会方面的信息；收集地方电视节目《都市条形码》、《昆明新闻》、《街头巷尾》等播出的有关西山区新闻，对负面报道及时督促区有关部门查处整改。截至 12 月 31 日，共编录报刊舆论督办信息 96 期，收集区经济社会方面的报刊信息 793 条，立案办理 31 件；视频媒体信息 855 条，立案办理 128 件。

【信息工作】 2010 年区长热线办公室进一步加强信息工作，实行重点事件每日一报制、周报制、月通报制、舆论督办制。一年来，共编发报送区长热线重点事件每日一报 137 期，《区长热线周报》49 期，《热线简报》17 期。

【“96128”专线工作】 从 2010 年 7 月起，由区长热线办牵头负责“96128”政务信息查询制度推进工作。截至 12 月 31 日，全区共有 48 个部门设立“96128”政务信息查询专线，“96128”专线平台平稳运行。2010 年，共受理政务信息查询电话 3 724 次，转接成功率 94.46%，满意率为98.65%，达到省“96128”提出的转接率为90%以上，群众满意率为95%以上的要求。其中12月33个单位转接率和群众满意率达到“双百”。公众通过云南省政务信息网络提交的问题17件，已全部由相关部门或单位在线解答。

（陈　玲）

政务服务管理

【机构改革】　2010年8月，西山区进行新一轮机构改革，西山区便民服务中心更名为西山区政务服务管理局，由议事协调机构调整为政府工作部门，并按区委、区政府要求，在区编委的指导下，完成职责定位、内部机构设置定位、人员分工定岗的“三定”工作。按照政府机构改革要求，着力减少内设机构设置，设立办公室、审批协调科、信息技术科。明确职责职能，建立分工合理、执行顺畅、监督有力的行政管理体制。

【简况】　2010年，区属20个单位窗口、市属3个单位窗口共办理各类证照7.84万件，办结7.79万件，办结率99.3%，其中即办件5.93万件，承诺件1.9万件，全面完成各项目标任务。收集、传递窗口单位招商引资信息，协调对接的5家企业已在西山区落地，实际到位资金2212万元，并为企业做好跟踪服务。“五一”节“中心”公安局窗口被评为“昆明市女职工建功立业标兵”。

【规范行政审批行为】　为巩固行政审批改革成果，提高服务效率，对涉及审批事项的区级部门本部门的审批事项进行整合，进一步督促窗口单位落实授权工作。年底，进入区政务服务中心办理的各类项目109项，其中区级行政审批33项，管理服务50项，其他11项，省、市垂直管理部门办理项目15项。

按照“精简、高效、便民”的原则，尽量减少环节，压缩承诺的办事时限，对每项办事环节明确办理时间和责任人，并与区科技局、维保中心协同合作，将之对外公布，切实提高行政审批事项服务事项的现场办结率。区技术监督局将代码证年检时间由法定的1天改为即时办结；西山公安分局拨专款开通邮政快递业务。持续推进和巩固“四个进”工作落实。人进“中心”，各窗口单位都进行了充分授权；公章进中心，确保窗口既能接件，又能办理；值班领导进中心，及时解决窗口各类问题；所有手续进中心，进一步提高窗口直接办事能力。建立科学、准确、高效的统计台账制度，对窗口工作情况每月进行统计分析，及时发现服务工作中的亮点和热点。

【规范服务工作】　紧紧围绕工作职能职责，逐步建立考核管理、奖惩激励、监督制约制度，促进管理工作向规范化迈进。一是认真贯彻执行工作人员准则、AB岗制度等制度，坚持指纹考勤和每周的抽查工作，将平时抽查与年终考核奖惩挂钩，以规范的奖惩机制提高服务意识。二是推进政务公开力度。对行政审批事项的要件、承诺时限、窗口电话和监督电话进行公示。三是建立健全制度。结合西山区实际情况，制定《西山区行政审批服务中心领导值班制度》、《各窗口单位领导接待日制度》、《西山区中介管理办法（试行）》等制度，促进工作规范化。

【市、区、街道三级联动便民服务体系建设】　为促进为民服务体系高效运行，积极推进各街道、社区服务中心（站）建设。全区10个街道办事处在10月底全面建设完成为民服务中心，同时在全区98个社区居委会建立为民服务站。另外，设立团结街道谷律便民服务中心、昆明市海口工业园管理委员会“一站式”服务中心。组成由街道党工委书记为第一责任人，副书记或分管副主任为具体责任人，社区党总支书记为直接责任人的为民服务领导机制。

此外，会同区委组织部、区民政局等相关部门，对全区10个街道办事处98个社区进行全面深入调研，形成调研报告，确定以点带面工作目标，确保工作有序开展。对全区为民服务中心（站）建设情况进行全面检查指导，下发《关于进一步规范西山区各街道办事处、社区为民服务中心（站）建设的通知》。

【“十一五”成就】　“十一五”期间，实践“一站式”服务方法，打破按部就班、各自为政的传统工作方法。2007年再次对“中心”进行改造扩充，面积达到1073平方米。2008年建立电子监察系统并与市级机关联网。2009年建立计算机网络管理系统。2010年机构改革后更名为西山区人民政府政务服务管理局，有20个区级部门和3个市级部门设立窗口，工作人员78人，对外开展审批、许可、登记备案等109项，包括区级行政审批33项，管理服务50项，其他11项，省、市垂直管理部门办理项目15项。

推进基层便民服务中心建设，完善便民服务体系。5年里在全区8个街道办事处建立8个为民服务中心，同时在全区98个社区居委会按照“一个社区、一个服务站”要求，建立了为民服务站。为方便群众，区委、区政府还专门设立了团结街道谷律便民服务中心、昆明市海口工业园管理委员会“一站式”服务中心。2010年底，8个街道办事处为民服务中心办公面积共599平方米，设置窗口66个，全区基本上形成上下联动、互通有无的区、街道、社区三级为民服务体系。此外，认真落实招商引资任务，5年共完成招商引资6426万元。

2006年区工商局窗口被评为市级“青年文明号”，“中心”荣获区级“十五”期间特殊贡献奖；2008年

"中心"妇女小组被评为省级"巾帼文明示范岗"，区城管局窗口被评为市级"工人先锋号"；2009年区工商局窗口被评为省、市级"青年文明号"。2010年"五一"节，"中心"公安局窗口被评为"昆明市女职工建功立业标兵"。

（杨　明）

机关事务管理

【机关综合服务】　全年更换区人民政府综合办公大楼各种水电器件600件套，更换门窗拉手门锁62件次，疏通下水道250次。

为政府住宅小区住户修理太阳能、水电器件78户次，疏通下水道100次，修理太阳能4次。进一步规范机关住宅小区管理，开展门卫人员责任整顿，制定月例会制度和水电费公示制度，顺利完成棕树营25幢56户水表一户一表改造及屋顶漏水检修工作，对住宅小区的绿化进行美化整治和杀虫灭害处理，为机关干部职工营造了一个优美、整洁、安全的居住环境。

做好区人代会、政协会等各大型会议的服务及后勤保障工作。一年来为各部、委、办、局提供会议服务320次，参会人数6.6万人次。根据会务工作需要，购进各种绿色植物、鲜花550余盆。

【安全保卫工作】　严格门卫制度，严格登记，严格巡查，不断加大安全检查工作力度，做好大楼四部电梯、消防设施系统的检修、维护、保养，以开展白天检查与夜间检查、节假日检查与突击检查相结合的方式，组织开展安全大检查，消除隐患。更换了4台电梯的主曳引钢丝绳、限速器钢丝绳以及3号、4号电梯的主机油封等。以创建"礼仪岗"为重点，加强保安人员的理想信念、职业道德和法律法规教育。积极开展消防检查，不断充实义务消防队伍，明确职责分工。通过开展消防演练、举办消防知识培训，提高消防工作能力。对区政府综合办公大楼内各单位公车、私车以及大楼外办公单位用车进行分流停放，换发2010年车辆通行证1 000余张。多方协调，从碧鸡公园地下车库协调了50个车位用于机关干部职工私车免费停放，缓解了大楼停车难问题。

【卫生保洁和食堂工作】　强化日常管理，大楼保洁工作坚持全日制保洁，垃圾做到日产日清。坚持每周1次的公共部分卫生检查制度，发现问题及时进行整改。贯彻落实"爱卫"、"创卫"工作有关规定，切实加强对大楼各单位每季度1次的"爱卫"工作督促、检查，及时将检查情况进行通报，及时整改。注重细节，狠抓落实，对大楼的玻璃幕墙、花岗岩进行清洗，对三楼报告厅顶进行维修喷漆，更换出入口电动伸缩门。在"创卫"检查中，多次接受省、市专家及区级领导检查，并顺利通过国家专家组技术评估督导检查。

每月对食堂的食品卫生、饭菜质量等进行综合考核，不断提高服务水平和质量。加强硬件建设，机关食堂新购置了消毒柜、风幕机等。结合政协提案办理，广泛征求委员和回族干部职工意见，积极协调，报请区政府批准，同意回族干部职工在伊天园回族餐厅搭伙就餐，解决了多年来区政府综合办公大楼回族干部职工无就餐地点的问题。

【政府采购】　严格遵循公开、公平、公正的原则，坚持从实际出发，分类实施，稳步推进，加强政府"绿色"采购，确保采购质量，注重使用效益。在实施采购过程中坚持凡是实行集中采购的，必须签订"拒绝商业贿赂、诚信经营服务"承诺书。2010年，开展采购工作200余项，涉及采购资金1 800万余元，节约资金250万元。

【公共机构节能工作】　及时调整、充实西山区公共机构节能工作领导小组，制定《2010年西山区公共机构节能工作实施方案》，建立公共机构节能工作联络员制度和目标管理考核制度，与69家公共机构签订"2010年西山区公共机构节能工作目标责任书"。积极开展节能宣传，认真组织开展2010年公共机构节能宣传周活动和能源短缺体验日活动。继续推广使用高效节能照明灯，推广节能灯4.78万盏。圆满完成2010年能耗统计和公共机构节能指标任务。

【防漏水维修和给排水管网改造】西山区政府综合办公大楼13楼屋顶防漏水维修工程和给排水管网改造工程是2010年区级重点建设项目，区机关事务管理局认真做好可行性研究报告、专家论证、方案设计、工程立项等前期工作。通过公开招投标方式，确定了施工单位。在工程建设中加强监督、检查，对工程的施工全过程实行全程工程质量监理，确保工程质量和安全。签订廉政合同，严守廉政纪律。区政府综合办公大楼13楼屋顶防漏水维修工程于2010年2月8日开工建设，4月2日竣工，5月19日通过验收。区政府综合办公大楼给排水管网改造工程于2010年9月10日开工，12月2日完工，2011年3月10日顺利通过验收。

【实行公务用车专用卡定额包干管理工作】　区机关事务管理局在区委、区政府和区实行公务用车专用卡定额包干管理工作领导小组的领导下，严格按照市委办公厅《关于主城四区党政机关实行公务用车专用卡定额包干管理的实施意见》、《中共西山区委办公室西山区人民政府办公室关于实行公务用车专用卡定额包干管理的实施方案》文件要求，积极推进公务用车专用卡定额包干管理工作，做到平稳过渡，保证工作正常开展。一是提前做好车辆的清理和分类造册工作，做到情况清、底数明；二是1月14日，按照区委、区政府部署在全市率先启动公车改革工作，首批封停公车270辆；三是认真做好车辆处置，经市委、区委批准，5月11日在全市率先将封停的158辆公车进行公开拍卖，选取评估公司最高评估净值363万作为保留价，其中拍卖成交147辆，拍卖成交价为515万元，拍卖收入上缴区财政；四是及时组建机关公务交通应急服务车队，截至12月底，为区车改试点单位提供出车服务5 615次，保障了全区各项工作顺利运转。

【“十一五”成就】

一是区政府综合办公大楼管理服务水平进一步提高。以安全保卫工作为重点，加强水电、绿化、卫生、食堂、车辆停放等工作，完成信访室、保安室、12楼13楼漏水屋顶的维修。2009年完成双电源改造工程和再生水设施建设工程。该年区政府综合办公大楼被市爱卫会授予“爱卫工作先进单位”和“无吸烟先进单位”。

二是会议服务和住宅管理进一步规范。“十一五”期间，为各部、委、办、局提供会议服务1 380次，参会人数27.31万人次。进一步规范机关住宅小区管理，完成棕树营25幢56户水表一户一表改造及屋顶漏水检修。

三是政府采购进一步规范。严格遵循公开、公平、公正的原则，“十一五”期间，开展采购工作895项，涉及采购资金1.3亿元，通过采购节约资金1 262万元。

四是实行公务用车专用卡定额包干管理工作。收交车辆270辆，并进行公车拍卖。及时组建区机关公务交通应急服务车队，积极推进公务用车专用卡定额包干管理工作，做到平稳过渡，保证全区工作正常开展。

（张丽红）

信访工作

【简况】 2010年，全区各级各部门受理群众来信来访1 828件，其中来信1 026件，来访802批6 137人次。区信访局共受理群众来信来访835件，与上年同期相比，总数增长53.2%。其中处理群众来信556件（重信63件，联名信54件），增长58.4%；接待群众来访279批4 094人次，分别增长43.8%和8.6%。群众来访中个体访162批251人次，分别增长20.9%和20.1%；集体访117批3 843人次，分别增长95%和179.7%。

年内，西山区群众集体到市级机关越级上访81批1 886人次，分别增长224%和270.5%；到省级机关越级集体访31批1 822人次。信访救助工作对确实困难的上访人员发放信访救助金2 200元，发放特殊疑难信访问题专项救助金3万元。

【领导接访日】 2010年，西山区严格落实“区委书记、区长接访日”制度，全年共接待来访群众249批2 026人次，批次下降3.5%，人次增长161.4%。区信访局严格落实“局长接待日”制度，全年共开展“局长接待日”43次，接待群众来访87批1 878人次，其中个体访50批136人次，集体访37批1 742人次。

【领导批办件办理】 2010年是全面完成“十一五”的最后一年，为全面完成好各项工作任务，西山区信访局结合当前形势，迅速转移工作重心，着力解决人民群众反映的实际问题，不断加大处理重要信访件及上级领导批示件的力度。一年来共办理各种重要信访案件和上级领导批示件187件，与上年相比下降25.8%。按照“属地管理、分级负责”和“谁主管、谁负责”的原则，西山区信访局及时把这些信访件转到各相关部门和单位，办结率100%。并实施跟踪、督办，按时回复信访人，确保“事事有回音”。

【网上信访工作】 2010年，针对基层信访干部发生变动、开展网上信访业务不够熟练等情况，西山区信访局组织各已经开通网上信访系统的33个单位及街道办事处的信访干部进行专门培训，进一步规范网上信访的操作程序，有效保障网上信访渠道畅通和高效运转。全年共受理网上信访74件，回复率为100%。

【重点信访工作】 一是做好螺蛳湾拆迁改造中的信访维稳工作。为实现螺蛳湾商业片区相关产业业态整体向螺蛳湾国际商贸城转移，配合二级CBD整体开发建设，西山区信访局于2月1日派出1名工作人员参加螺蛳湾建设指挥部工作组，全程参与协调、处理群众信访问题，确保螺蛳湾拆迁改造工作顺利进行。

二是做好“金座公司”非法集资案参与人员的信访维稳工作。对参与集资重点人员进行法制培训，开展政策宣传和法制教育工作，引导参与集资群众自觉维护正常的社会秩序。

三是积极做好在草海片区开发建设中的信访维稳工作。西山区信访局与滇池草海片区开发建设指挥部签订责任书，工作人员深入一线，宣传政策，协调各方，积极处理群众反映的问题。

四是积极做好海埂路片区综合整治拆迁中的信访维稳工作。在海埂路片区综合整治工作中，永胜批发市场、前卫茶叶市场等都在整治拆迁范围，由于利益关系，市场的经营者都不同程度地存在着不理解的情况，尤其是永胜批发市场的经营户还出现围堵区政府大门、乱贴标语、打砸办公设施、围攻打骂工作人员等过激行为。为妥善解决永胜批发市场问题，5月11日，西山区信访局派出1名工作人员参加专门工作组，全程参加调查、核实和调处工作。

【律师参与信访接待工作】 2010年，利民法律服务所律师参与信访接待20批420余人次，免费为上访群众提供各类法律咨询900余人次，代写各类法律文书、协议书、申请、申诉材料91件，调解民事纠纷73件，解答涉法涉诉信访问题18批，代理民事、经济类诉讼59件，免费为生活困难群众代理诉讼4件。

【信访工作主要特点】 一是从信访总量上看，西山区的信访形势仍然较为严峻，信访总量呈急剧上升态势，尤其是来访人数规模较上年同期在成倍数地增长。

二是从信访类别上看，群众反映的信访问题涉及面越来越广，而涉及重点基础建设、拆迁安置等的城乡建设类问题最为突出，约占信访总量的一半，国土、征地、房产纠纷、劳动保障、“三农”等问题也有所上升。

三是从信访问题上看，重点工程项目的规划、设计和建设等与群众利益之间发生矛盾较为突出，使群众上访，尤其是群体性上访事件在迅速增多。

四是从信访形式上看，大规模集体上访成为群众寻求解决问题的主要途径，越级集体访的频率、规模也正在大幅度地增长，“唯大、唯上”和“小闹小解决、大闹大解决”的观念“死灰复燃”。

【“十一五”成就】 一是信访人员、机构进一步增强。2007年10月29日，西山区机构编制委员会对西山区信访局编制数重新调整，增加复查复核与听证科，人员编制数由原来的5名调整为7名。2010年9月30日，在机构改革中，内设机构重新调整为办公室、接访科和办信科，职责增加网上信访事项受理办理的职责，加强对区委、区政府领导批示件和重要信访件的督查督办职责，加强对信访问题排查化解和信访信息综合分析预测预报职责，加强信访信息系统建设和应用职责。各街道办事处及区属部门明确1名副书记（或副主任）为分管信访工作领导，信访干部队伍得到加强。

二是信访渠道更加畅通。办信、接访、督查等业务工作得到规范，信访事项能够顺畅进入程序、及时妥善处理；建立和推广“网上信访”系统，接入了互联互通、资源共享的全国信访信息系统，搭建了快速高效处理群众诉求的综合平台。2008年3月建立西山区“区长接待日”，7月成立西山区党政领导干部接访下访工作领导小组，建立西山区“区委书记、区长接访日”制度和西山区“党政领导干部接访下访”工作制度，开展党政领导干部大接访、大下访活动。群众反映诉求更加方便，解决问题的周期更短，群众满意度得到提高，“畅通、有序、务实、高效”的信访工作新秩序基本形成。

三是专项活动有序开展。2006年1月5日至2006年3月31日，在全区开展矛盾纠纷集中排查调处工作；6月在全区开展非正常上访集中整治行动。2007年9月，开展集中排查化解矛盾纠纷活动，共排查出的103件矛盾纠纷，涉及土地征用问题35件，房屋拆迁问题6件，村务账务问题11件，国有企业改制问题1件，涉法涉诉问题2件，军转干部问题1件，复员退伍军人问题1件，帮派和“两案”人员稳控问题2件，其他类问题44件。2008年4月，集中开展重信重访问题专项治理活动，按照“属地管理、分级负责”，“谁主管、谁负责”的原则，对2007年1月1日以来本地区、本部门因同一问题来信来访3次以上，且还没有息诉息访的重信重访问题进行认真梳理，区分不同情况，按照重大案件、一般案件、简单案件3个层次进行分类，逐案登记建档。2009年1月，开展“信访积案化解年”活动，对“三跨”（跨地区、跨部门、跨行业）、“三分离”（人事分离、人户分离、人事户分离）以及历史遗留的信访问题进行清理。

四是体制机制日趋完善，法制化轨道基本形成。2007年区处理信访突出问题及群体性事件联席会议专项工作小组由原来的6个调整为8个，2009年再次调整为12个。2008年下发《中共西山区委 西山区人民政府关于西山区党政领导干部接访下访工作实施方案》。2009年下发《西山区关于进一步加强和改进信访维稳工作体制机制制度的实施意见》、《关于成立涉军群体工作领导小组的通知》。2010年下发《西山区党政主要领导工作电话、电子信箱及热线电话办理工作问责规定》，围绕狠抓“一岗双责”落实，西山区联席会议办公室、西山区信访局加大重要信访事项的督办力度，制定《重要信访事项督查督办制度》，把信访工作的督查督办经常化、制度化，从制度层面上推进信访工作快速发展。信访工作制度化、规范化、法制化建设全面加强，把推动信访工作创新发展的关键环节上升为制度规范。

（范文业）

档　案

【档案管理星级创建工作】 年内共有156个单位达到星级标准，其中区级党政机关、街道办事处机关、公安系统所属派出所、教育系统各学校全部完成星级创建工作。组织开展定期跟踪复查，进一步加大对社区、卫生系统等单位的指导服务，督促档案工作规范化管理成果的巩固和提升。档案工作规范化水平显著提高。

【依法行政　依法管理档案】 一是指导、督促区级各单位、街道办事处完成好2009年度的归档整理工作。6月，制定《西山区档案局行政处罚自由裁量权规范细化标准》，在计算机网络上进行宣传。9～11月，开展2009年度的档案工作检查，先后到70

个基层单位进行检查，将检查结果进行全区通报。二是强化各重点工作、专项工作档案的监督管理，围绕区委、区政府的中心工作做好档案服务和督促指导，抽调人员参与“两会”服务工作，完成“两会”归档工作。对“四创两争”工作、农村小型水利工程管理体制改革工作、河道治理工作、城乡园林绿化工作、招商引资工作、基础设施建设项目、民生工作、社区“两委”换届工作、建筑物立面挤占公共空间设施整治等工作中形成的材料进行归档的业务指导。先后到区水务局、区交通局、区道路指挥部、区拆迁办、区住建局、区城投公司等单位督促指导重点建设工程档案工作。抽调3人分别到区城中村改造办公室、区林改办、螺蛳湾建设指挥部负责开展档案工作，先后到大观河（西山段）、老运粮河（西山区段）等指挥部指导，做好全区入滇河道治理工程档案的业务指导。三是加强档案法制宣传教育，5月18日，在西山区碧鸡公园开展《昆明市档案条例》及其他档案法律法规的宣传活动，制作了市档案条例及反映西山档案发展变化情况的7块展板，向前来咨询的群众发放关于档案法律法规、档案征集利用、家庭建档等方面的宣传材料1 600余份，对群众关心的问题进行现场解答，利用计算机网络宣传档案法律法规知识。

【档案信息化建设】 一是继续做好档案数字化转化工作，年内加大档案数字化转化力度，数据库条目增至72万多条，原文扫描45.3万页。全区75个一级立档单位继续维护、使用市级统一要求的“南天档案计算机管理信息系统”。二级立档单位创造条件，努力推进档案计算机条目著录和检索，全区档案信息化建设水平显著提高。推进数字档案馆建设，完善馆藏重要档案电子数据的备份工作。二是做好信息资源数据库维护管理工作，适时更新西山档案信息网页内容，做好西山区政务网、西山区档案局网页的建设和维护，充实丰富网页内容，通过西山区电子政务网和西山区政府信息公开门户网向社会公开档案工作信息。三是规范实施电子政务后文书档案整理归档工作，加强电子文档归档管理，继续做好电子档案管理的指导服务工作，逐步实现电子文件与纸质文件同步运行的“双轨制”，做好电子档案的接收利用工作。

【档案馆（室）业务建设】 按照档案管理“十防”要求，完善档案管理各项规章制度和档案安全应急防范机制，确保馆（室）藏档案的科学管理。加强安全工作，落实安全管理和保密工作责任制，坚持定期、不定期安全检查，发现隐患及时整改，在档案的利用环节上不仅保证档案实体的安全，而且保证档案信息的安全。完成好重点档案的抢救和保护的上报工作。

【档案接收、收集、征集与利用】 全年共接收文书档案1 507件、人事档案82卷、会计档案15卷、印章61枚，并对其进行认真的整理和编目。坚持制度，规范查阅手续，认真做好档案资料的查阅接待、提供利用工作，共接待查阅人1 928人次，提供利用4 834卷档案，为查阅利用者提供优质服务。完善档案寄存、档案鉴定整理、档案抢救、档案目录、档案信息利用、现行公开文件查阅6个中心的相关工作，为社会提供多渠道、多形式的档案服务，发挥档案馆综合性服务窗口的作用。

【档案业务培训】 3月，举办档案综合业务培训班，重点讲授档案业务新知识、城建档案工作业务知识、会计档案工作知识，全区档案专兼职人员共90余人参加培训。结合实际开展有针对性的分散教育培训和分行业系统培训，举办重点建设项目工程档案业务培训班等。先后到西山区消防大队、区检察院、区计生局、金花社区、区水务局、区交通局、区环保局等单位进行一对一的讲解指导。组织档案干部参加省、市档案局组织的岗位业务、新知识、新技能培训和继续教育，参加区相关学习教育活动，开展档案业务学习与交流。

【“十一五”成就】 一是加大法制宣传、执法检查及干部队伍培训工作，“十一五”期间，共进行法制宣传5次，档案执法检查5次，共计检查375个单位；共组织各种业务培训30次，培训人员1 180人。二是档案工作“八项工程”进展顺利，全区65家党政机关，按照党政机关星级验收评定标准，完成档案室建设的星级创建工作，其中达到五星级的5家、四星级的13家、三星级的30家、二星级的17家。10个街道办事处、1家社区居委会、21家公安派出所，按照乡镇机关星级验收评定标准，完成档案室建设的星级创建工作，其中达到五星级的13家、四星级的5家、三星级的13家、二星级的1家。教育系统下属的57家事业单位，按照企事业单位星级验收评定标准，完成档案室建设的星级创建工作，其中达到五星级的1家、四星级的3家、三星级的39家、二星级的13家、一星级的1家。三是做好档案接收工作，一级立档单位到期档案的接收以及机构撤并单位的档案接收工作，加强档案的抢救和征集，“十一五”期间共接收文书档案、人事档案、印章档案等共计1.82万卷（件），馆藏重点档案已抢救543卷，完成率达100%。四是档案信息化建设水平提高，馆藏档案目录全部录入计算机，数据库条目达73万余条，原文扫描达45.3万页，实现全部一级立档单位及部分二级立档使用档案管理软件管理档案。

（李　莎）

地方志

【机构改革】 8月，西山区政府机构改革，区地方志编纂委员会办公室由区民政局整体划归西山区人民政府办公室代管，地志办工作人员随之进行个别调整。年末共有编制5人，在编5人。

【2010年版《西山年鉴》编辑出版】 3月12日，区地志办拟报区政府的《2010年版〈西山年鉴〉编纂方案》在区行政机关内网上下发实施。编辑部全体同志按照岗位责任分工，积极督促对口单位落实撰稿人，并指导编写业务，及时开展组稿和编辑工作。对局域网外的部门及驻区企事业单位和部队，地志办以传真等多种方式落实通知，确保年鉴资料收集覆盖面的广度。全年共有100余个单位部门提供、报送了资料稿。

在编辑加工及主编全盘统稿过程中，严格按年鉴规范和出版要求认真进行加工编写，做好来稿中各条目内容和数据的核实及查缺补漏工作，力求所记条目信息准确、清楚，增强资料信息的质量深度，为编纂高品质年鉴做好基础工作。

结合工作实际进一步调整篇目设置，继续扩大年鉴信息量，增设“滇池湖滨生态带建设”、“西山国家级风景名胜区”类目，并专题反映“螺蛳湾商业片区商业业态升级改造暨建设中央商务区”和“四创两争”工作内容，全面系统地记述2009年全区各条战线在深化改革、扩大开放中的发展变化情况；以新闻照片形式重点突出区委、区政府“滇池水环境综合整治”、“城中村改造及四退三还一护”等重点工作。

2010年版《西山年鉴》设24个部类共90余万字，收录图片208张，其中彩色照片145张。装帧及版面设计不断改进。年末，由云南民族出版社出版。

【第二轮《西山区志》续修整体推进】 年内，继续在全区范围内开展西山区第二轮地方志续修工作。地志办根据全区各部门单位编写任务及地志办内部岗位责任分工，对口联系各个撰稿单位，落实执笔人，了解工作进展情况；先后到区委组织部、区人大、纪委、计生局、卫生局、农业局、林业局、前卫办事处、信访局、教育局、政研室等10余个单位、部门指导续修工作，解决他们在编写工作中遇到的种种业务问题；分别到马街、团结、西苑、金碧办事处和在区农业局及人民银行西山区支行召开的金融系统续修动员会上进行地方志编修业务讲座；对前来上门咨询撰稿业务的多家单位作全面的释难、答疑。区地方志办公室整体联动，坚持定期例会制度，研究、协调和解决各个阶段工作中存在的问题，帮助各承撰单位提高撰稿质量和工作效率。至年末，为《西山区志》提供资料的88个承撰单位，全部按要求成立编撰领导小组、确定撰稿执笔人、上报撰写内容的细化篇目，并着手收集资料、编写本单位志稿。其中有56个单位按时报送了承撰初稿，占承撰单位总数的63.6%。此外，区志的照片收集工作也在同步进行中。

【积极指导基层单位开展部门志编修工作】 在全区第二轮《西山区志》续修工作中，一些单位部门的领导高度重视志书的存史资治作用，在完成本部门承撰入《西山区志》稿任务的同时，积极组织开展本部门志的编纂。地志办不仅从编撰业务方面积极给予指导，上门培训释难答疑，还充分利用地情资料库协助收集资料。至年末，先后有区政协、公安分局、人大、纪委、农村信用社、农业局、林业局、水务局、政法委、总工会、政研室、计生局、教育局及团结、西苑、碧鸡街道办事处等15个委办局和办事处已编纂出版或正着手编纂出版部门志。

【省政府法制办到西山区进行立法调研】 4月28日，省政府法律顾问室副主任、法制办副主任陈晓光，省地志办主任李一是、市政府办公厅副主任汪云兰、市志办负责人马颖生分别率省法制办、省志办、市志办一行16人到西山区进行《云南省地方志工作办法》立法调研。省法制办副主任陈晓光从4个方面细化为地方志工作机构设置、主要职责及履职、人员配备、地方志工作经费列入本级财政预算的情况、向参与编纂地方志的专家学者支付报酬、地方志书的审查验收、地方综合年鉴的管理、综合地情文献的管理、地方志的资料库和网站等信息化建设、公众查阅和使用地方志情况等10个问题，以提问方式逐一询问了解，并就西山区第二轮续修工作及区志办机构设置等问题提出要求和建议。

【《云南省工人疗养院志》编纂出版】 5月，《云南省工人疗养院志》由云南民族出版社出版。全志60余万字，收录照片236幅。上限起于1951年，下限止于2008年。采取平头设志，条目结构，由述、记、志、传、图、表、录7种体裁组成。该志图文并茂，其中收录不少珍贵历史照片，史料性强，增强了可读性和存史价值。

该志由驻区事业单位云南省工人疗养院编纂，记述了云南省工人疗养院57年的创业、守业、探索、发展之路，特别是改革开放30年以来，经过干部职工的艰苦奋斗和不懈努力，疗养院已建成为一所环境优美、功能齐全，集疗养康复、休闲度假、会议服务于一体的全国知名大型疗养院和全国劳模疗休养基地的历程。2008年12月18日，疗养院召开院志送审稿评审会，西山区地志办应邀参加了评审会，2009年11月，院志编纂人员对志稿进行增删补改后终审定稿。

【为省市年鉴撰写报送区情稿】 年内完成为省、市年鉴撰写区情稿任务。

其中为2010年版《云南年鉴》、《云南经济年鉴》、《昆明年鉴》、《云南小康年鉴》提供西山概况、西山小康建设发展状况稿2万多字。

【志鉴发行工作】 年内共向全区各级领导、区属及驻区各部门、单位发放2010年版《西山年鉴》900余册；发行和交换《西山区志》30余部，为各责任单位续修工作提供资料及业务参考。

【加强内部管理 提高编辑人员业务理论水平】 年内，结合全区第二轮西山区志续修工作进度情况，地志办适时召开编撰业务会，分阶段研究安排年鉴和区志续修工作，注重抓好工作人员地方志理论的学习与编辑能力的提高，以适应新形势下地方志编修事业和年鉴编撰工作的新要求。为在全区各级地方志工作机构及修志工作中贯彻学习8月4日省长秦光荣签署的《云南省地方志工作规定》，依法开展区志续修工作。10月，区地志办及时编印集国务院《地方志工作条例》、云南省《地方志工作规定》、中国地方志指导小组制定的《地方志书质量规定》、《西山区第二轮地方志续修工作实施方案》等文献为一体的《地方志工作手册》共500册，供全区基层修志工作人员学习使用。

为保证区志续修及年鉴编纂工作的顺利进行，区志办对内部人员工作量化任务重新作了安排调整，并采取以老带新、以会代训等方式进行新同志的业务辅导；同时进一步加强对基层各单位在资料收集、志稿撰写方面的业务培训及开展部门志编修工作的指导。全体人员各尽其职，按照《西山区志》续修方案和与签订的责任书要求完成好各项续修工作。

【"十一五"成就】 "十一五"期间(2006～2010年)，区地志办全体同志认真贯彻执行国务院《地方志工作条例》、云南省《地方志工作规定》、中国地方志指导小组制定的《地方志书质量规定》及国家《出版管理条例》、《图书质量管理规定》，认真组织开展全区第二轮《西山区志》续修和《西山年鉴》编撰工作，同时指导和协调区属各街道办事处、单位部门开展修志工作。

修志机构改革 2008年1月，区地方志编纂委员会办公室机构转变为参照公务员管理事业单位。办公室全体人员由专业技术人员转变为国家公务员。2010年8月，在区政府机构改革中，西山区地方志编纂委员会办公室由区民政局整体划归西山区人民政府办公室代管。

第二轮《西山区志》续修工作启动 2009年上半年，区地方志办公室几易其稿，修订完善《西山区第二轮地方志续修工作实施方案》及《〈西山区志〉(1978～2008)续修篇目》，并于7月21日召开西山区地方志编纂委员会第一次全体会，对《方案》及《篇目》进行审定通过。9月26日召开全区第二轮地方志编纂工作动员暨撰稿人员培训会，承撰区志续修任务的88个责任单位明确了各自的续修任务，分别与政府签订了"昆明市西山区地方志编纂工作目标责任书"，全区续志工作正式启动。

第二轮《西山区志》续修整体推进 自2009年9月26日西山区第二轮地方志编纂工作动员会召开以来，区地方志办公室积极指导、督促各单位开展续志编修工作。2010年，区地志办加大对各单位修志工作的业务培训和指导，分别到马街、团结、西苑、金碧办事处和在区农业局及人民银行西山区支行召开的金融系统续修动员会上进行地方志编修业务讲座；先后应邀到区人大、卫生局、农业局、前卫办事处、政研室等10余个单位、部门指导续修工作。至年末，为《西山区志》提供资料的88个承撰单位中，有56个单位报送承撰初稿，占任务总数的63.6%。

编纂出版《西山年鉴》 "十一五"期间，区地志办以出佳作、出精品为编撰标准，全面组织发动，认真编辑、修改、校对，编印出版好每一期《西山年鉴》。共编纂2006～2010年版《西山年鉴》5期，系统反映每一年全区政治、经济、社会发展的历史进程，同时集存史料约447万字，收录照片983幅。

部门志编修指导工作 2005～2006年区地方志办指派1名专业技术人员协助、指导区人武部编修《军事志》(续志)，协助收集相关资料，并审阅修改善始善终指导该志编撰成书，全书约20万字。

——2005年区地志办与马街街道办事处梁源社区居委会密切配合共同编修《梁家河村志》。经过两年艰苦细致的收资、撰写、编辑加工，5易书稿，《梁家河村志》于2007年6月28日编纂出书。全书22万余字，收录图片94幅，记述了梁家河村600多年的历史变迁。由梁家河居委会筹集经费印制。

——2007年9月，区地志办指派2人指导并协助区人大开展《西山区人大志》编修工作；协助区政协做好《西山区政协志》编修及审定工作。2008年2月，《西山区政协志》编纂印制，全书37万字，记述了区政协自成立以来至2007年24年的发展历程。同年7月，区地志办参与编纂完成的《西山区国土资源志》(续志)召开评审会，全书约20万字；完成对《西山区水利志》送审稿的审核、修改工作。

——2009年2月，经区地志办审查验收，《福海乡村志》系列丛书——《大坝村志》印制。全书16.2万字。该志由福海街道办事处大坝社区居委会编纂人员历经两载余辛勤编纂而成，是对社区居民进行"富而思源，富而思进"及社会主义荣辱观教育的读物。

——2010年5月，《云南省工人

疗养院志》由云南民族出版社出版，全志 60 余万字，上限起于 1951 年，下限止于 2008 年。该志图文并茂，史料性强。

修志工作成果 2007 年 6 月 19 日，由西山区政府主办、区地方志办公室编纂的 2006 年版《西山年鉴》获第三届全国年鉴编校质量检查评比二等奖。同年 12 月，2005、2006 年版《西山年鉴》分别获云南省第七届年鉴评奖综合一等奖和综合特等奖。2008 年 7 月，2007 年版《西山年鉴》获第四届全国年鉴编校质量检查评比二等奖。2009 年 11 月，2007、2008 年版《西山年鉴》分别获云南省第八届年鉴评奖综合二等奖和综合一等奖。

志鉴发行工作 按照区政府批准的发行办法，采取赠阅、交换、销售等方式共发行《西山年鉴》约 4 800 册，《西山区志》200 余册；按上级部门的要求，每年按质按量完成向《云南年鉴》、《云南经济年鉴》、《昆明年鉴》、《云南小康年鉴》等省、市年鉴编辑部提供“西山区情”稿任务，2006～2010 年共撰稿约 13 万字。

（罗桂莲）

* * * * * *

人民政协西山区委员会工作

【七届三次全体会议】 1 月 9～13 日举行。政协委员们就西山区实现跨越式发展和全面建设小康社会的奋斗目标提出意见和建议

会议听取并审议《政协昆明市西山区第七届委员会常务委员会工作报告》、《政协昆明市西山区第七届委员会常务委员会关于七届二次会议以来提案工作情况的报告》。会议总结了区政协七届二次会议以来的工作，确定 2010 年区政协的工作目标和任务。会议协商讨论了《西山区政府工作报告》、《西山区人民政府关于政协西山区第七届委员会第二次会议以来重点提案、提案办理情况的报告》（书面）、《西山区 2009 年国民经济和社会发展计划执行情况与 2010 年国民经济和社会发展计划草案的报告》（书面）、《西山区 2009 年地方财政预算执行情况和 2010 年地方财政预算草案的报告》（书面）、《西山区人民法院工作报告》和《西山区人民检察院工作报告》。

会议同意主席徐方所作的《区政协工作报告》和常务副主席陈开建所作的《区政协提案工作情况的报告》。会议认为，2010 年区政协深入贯彻落实科学发展观，科学履职谋发展，凝心聚力促和谐，各项工作富有成效，为推进西山区经济社会又好又快、和谐发展作出了积极贡献。

会议赞同区长蔡德生所作的《区政府工作报告》及区政府其他报告和法、检两院报告。委员们对新形势下西山区经济社会发展中面临的一些矛盾和问题十分关注，提出了许多建设性的意见和建议。

【七届九次常委会议】 于 3 月 3 日召开。审议并通过《政协昆明市西山区第七届委员会第三次会议提案审查情况的报告》、《政协昆明市西山区第七届委员会 2010 年工作要点》，并进行了人事任免。

【七届十次常委会议】 于 7 月 29 日召开。听取并协商《西山区政府 2010 年上半年国民经济计划执行情况的通报》、《西山区政府 2010 年上半年财政收支执行情况的通报》，听取相关委室对西山区水源工程建设调查情况、城中村改造中涉迁学校学生分流安置工作调查情况、永宁清真寺贯彻《宗教事务条例》视察情况、西山区博物馆业发展视察情况的汇报，并进行了人事任免。

【七届十一次常委会议】 于 11 月 18 日召开。听取并协商讨论《西山区国民经济和社会发展第十二个五年规划纲要》（征求意见稿）；书面听取了区政协各专委会调查、视察情况报告。

【七届十二次常委会议】 于 12 月 28 日召开。听取并协商区政府 2010 年国民经济计划执行情况、财政收支执行情况及“为民办实事”情况的通报；听取提案委关于政协重点提案办理检查情况的汇报。协商通过关于召开七届四次全会有关事宜。

【联络组、界别组工作】 根据西山区人事变动情况，调整任命部分界别组组长、副组长，及时增加委员 1 名，免 6 名。截至年底，实有委员 221 名，均被区法院聘为审判监督员。10 余名委员被区检察院聘为人民监督员，履行民主监督权力。政协各联络组、界别组根据区政协的总体工作安排，结合实际，认真开展学习或视察活动。

【党派、团体工作】 组织召开区级民主党派、人民团体工作协商会和区情通报会 4 次；各民主党派、工商联、各人民团体就广大人民群众普遍关注的经济社会发展中的“热点”、“难点”问题开展调研、视察、检查 28 次，并形成报告 28 篇，为西山经济社会发展建言立论，献计献策。积极开展以构建和谐社会为主要内容的扶贫支教、“四创二争”、“草海治理”等活动。

【培训、考察、交流学习】 8 月 6 日，在区社会主义学校对西山区 180 余名政协委员、统战人士、民族宗教

人士及相关工作人员进行理论培训，内容包括《西山区科学发展战略》、《云南桥头堡战略中的交通布局研究》、《社会主义核心价值体系与和谐社会建设》、《创文明城市，做文明市民》等；11月中旬，组织部分委员学习考察了河北省石家庄市社区建设工作先进经验。

年内，先后派人参加省、市政协工作联席会，石家庄市桥西区、乌鲁木齐新市区、湖北荆州、福建马尾区、广州荔湾召开的全国部分城区政协工作联系会。接待了天津市红桥区政协、成都市成华区政协、昭通市水富县政协等省内外县（市）区政协来访。

【扶贫帮困工作】 积极参与抗旱救灾工作，组织政协机关在职党员捐款5.11万元，机关干部向永靖社区捐款1万元，7个宗教活动场所捐款1.84万元，区级各民主党派、区侨联、区台联等捐款1.32万元。组织医卫界政协委员到扶贫联系点长坡社区开展义诊，免费发放4 000元治疗药品。组织民盟西山区基层委员会到谷律居委会开展送医、送药、送科技活动，送书850册，发放相关知识手册1 200余份，培训科技示范户118名，并捐赠5 600元作为经济统战帮扶项目资金。组织机关干部参加昆明市“2010年送温暖、献爱心”社会捐助活动，捐款2 350元。“七一”前夕，对长坡社区和西华社区的28位困难党员、老党员进行慰问。协调解决了长坡社区垃圾收集点建设。加强与省扶贫基金会联系，并于六一儿童节完成萨玛瑞坛·斯扑尔斯国际扶贫组织对团结永靖中心学校学生捐赠400多份礼品盒的爱心活动。

【提案工作】 区政协七届三次全会以来，提案委共收到提案199件，经审查立案153件（重点提案3件），立案率80.53%，作为意见办理37件，9件办理权限超出西山区范围，作为委员来信送交省、市有关部门研究。在立案的提案中，委员提案143件，占93.46%；区级各民主党派、有关人民团体的集体提案10件，占6.54%。其中经济类31件，占立案总数的20.26%；科教文卫体旅类24件，占15.69%；城乡规划建设管理交通环保类65件，占42.48%；政法、社会保障、民政、统战类20件，占13.07%；其他类13件，占8.5%。提案分别送交区属51个部门办理。年底解决和正在解决的160件，占提案数（190件）的84.21%；已纳入部门工作计划的26件，占13.68%；因条件限制或其他原因暂不能解决的4件，占2.11%。委员们对办理工作、办理质量表示非常满意和满意的有144件，占提案数的75.26%；基本满意的47件，占提案数的24.74%。委员们提出许多具有超前性和建设性的提案，区委、区政府高度重视，大部分得到采纳和落实，有的正在实施或列入规划之中。如“长坡仓储物流区年内有实质性进展”的提案经多方努力，已经落实；在办理“关于在城中村改造过程中将社区卫生服务机构建设纳入改造规划的建议”时，承办单位采纳意见，将社区卫生服务机构的布局纳入城中村改造专项规划指导意见中；“关于将考取‘三本’、‘二专’贫困家庭学生纳入‘金秋助学’资助范围”的提案，有114名符合救助条件的，及时得到助学救助，共发放助学救助金31.9万元。为提高提案办理实效，提案委还组织开展了提案办理日常督查及重点提案检查，强化对政协提案办理工作的监督。

6月1日，区政协开展对团结永靖中心学校学生捐赠萨玛瑞坛·斯扑尔斯国际扶贫组织礼品盒爱心活动。（区政协　供稿）

【视察、调查、检查工作】 4月13～15日，区政协常务副主席陈开建率部分委员，对团结、碧鸡、海口街道办事处的水窖、蓄水潭等工程项目建设情况进行调查。针对存在的工程建设组织协调难度大，部分居民小组思想观念陈旧、资金缺口大、工作人员少、前期勘测设计工作滞后的问题，调研组提出进一步加大技术指导力度，全力推进工程建设；进一步推进工程管理体制改革，落实管护主体，建立长效管理机制等建议。

4月23日，区政协副主席、区委统战部部长李江鹏率部分委员，对永宁清真寺进行视察。视察组对区宗教事务和永宁清真寺各项工作给予肯定，提出进一步完善各项内部管理制度，以制度化管理推进工作规范化；继续加大宣传教育力度，通过在宗教场所设立活动点等方式，加大对教职人员培养，树立窗口示范作用，促进民族和谐进步等建议。

5月10～11日，组织教育、社会工作界别的部分委员，在区政协副主席、区委统战部部长李江鹏的带领下，对区城中村改造涉及拆迁学校学生分流安置工作进行专题调研。提出成立区学生分流安置工作领导小组，形成合力，协同完成好分流安置工作；拆迁中要严格按照《昆明市中小学幼儿园校舍管理保护条例》中先建校后拆迁的原则实施，文明拆迁，尽快制定出台西山区对拆迁民办学校的补偿办法等意见建议。

6月17日，组织商贸金融、非公经济界别的部分委员，在区政协常务副主席陈开建的带领下，对“南亚风情第壹城”项目建设情况进行调查。委员们提出区政府及相关部门应超前谋划，成立政府牵头、企业参与的开业筹备小组，负责协调解决开业前的问题；工商、税务等相关部门应尽快主动提前介入，为总部经济的发展做好对接、协调、服务工作等建议。

6月24日，组织委员对区图书馆搬迁建设情况进行视察。针对新馆管理中的一些问题，委员提出将区图书馆和北师大附中图书馆两馆合一，实现资源整合、共享；将图书馆与北师大附中教学区进行隔离，保障公共服务职能到位；区图书馆要加强与区委宣传部等部门间的整合，实现共建共享，吸引更多的读者等建议。

6月29日，组织部分委员，在区政协主席徐方的带领下，对西山区铁路枢纽改扩建工程进展情况进行视察。通过实地查看，委员们对区铁路枢纽改扩建工程进展情况给予肯定。针对存在的群众留地安置、拆迁补偿及资金未到位的问题，提出进一步统一思想，树立信心，加强联系沟通，争取各级理解支持，确保按上级要求如期完工等建议。

7月9日，组织部分委员，在区政协主席徐方、副主席李江鹏的带领下对区徐霞客纪念馆、杨升庵纪念馆等博物馆业发展情况进行视察。委员们认为区委、区政府对区博物馆业的建设发展非常重视，形成区文体局负责，区文物管理所具体实施的有机、有序领导和工作机制，加强了对区博物馆业发展的领导和稳步推进。

8月13日，组织委员，在区政协常务副主席陈开建、副主席李江鹏的带领下，对区滇池流域集镇、村庄污水处理设施建设情况进行视察。委员们提出做好工程建后管理，进一步核查污水收集率，定期监测水质情况等建议。

9月6日，组织委员，在区政协副主席、区委统战部部长李江鹏的带领下，对西山区反渎职侵权工作进行视察。针对一些国家机关工作人员和领导干部对渎职侵权犯罪的严重危害性以及惩治渎职侵权犯罪的重要性和必要性认识不高，重视不够的问题，委员们提出了进一步加强与司法机关、行政执法机关及其他相关部门沟通与协作，进一步加强反渎职侵权队伍建设，加大宣传力度，进一步理顺工作机构和工作机制等建议。

9月16日，组织各位常委，在区政协主席徐方的带领下，对区滇池湖滨生态带建设“四退三还一护”安置房建设工作情况进行视察。提出严把工程质量关，做好各地块房屋建筑投资测算，为工程招标做好充分准备；尽快落实“全产权”房相关政策，做好对涉迁安置群众的宣传工作，确保地方团结稳定；将学校、医院、文化活动场所等配套公共服务设施纳入规划。

9月28日，组织部分委员，对区投促局软环境建设情况进行视察。委员们提出加强领导和组织协调，进一步总结和完善“六制”；尽快建立招商引资网络系统，将全区招商引资项目、政策信息等通过网络，向全社会发布等意见和建议。

11月4～5日，组织委员，在区政协副主席、区委统战部部长李江鹏的带领下，对区农村殡葬改革工作情况进行调查。针对当前西山区殡葬改革工作任务重、困难大，火化后二次土葬时有发生的情况，委员们提出必须采取强有力的措施，争取各级领导和部门的支持，争取人民群众的理解，克服困难，在各项工作中取得突破性进展等建议。

11月11日，组织委员，在区政协副主席、区委统战部部长李江鹏的带领下，对西山区“绿色光亮工程”后期维护管养工作进行视察。委员们认为区政府实施“绿色光亮工程”是“民心”、“民声”工程。并提出在实践中不断完善相关的配置技术标准，制定更加适用、科学规范的产品配置技术标准和施工安装标准等建议。

11月12日，组织委员，在区政协常务副主席陈开建、副主席李江鹏的带领下，对西山看守所管理工作进行视察。委员们对看守所管理工作取得的成绩给予肯定，提出在全面做好监管工作的同时，充分发挥监所“违法犯罪信息库”的独特资源优势，开辟侦查破案第二战场；增强看守所民警队伍建设，牢固树立法制意识、人权意识和服务意识，确保各项监管工作圆满完成等建议。

【“十一五”成就】 “十一五”期间，政协西山区委员会组织广大政协委员，紧紧围绕全区政治、经济、文化、教育、城乡建设、非公经济发展及人民群众普遍关注的“重点、难点”问题，开展视察、调查、检查、调研活动。5年来共组织各类视察、调查、检查活动80余次，调研活动30余次，提出委员意见、建议1 000余条，为区委、区政府重要事务和重大问题决策提出具前瞻性、操作性意见。政协机关各委室通过深入基层走访，为各联络组、界别组开展活动提供指导和帮助，提出意见和建议。5年来，各联络组、界别组自发组织各类视察、调研活动130余次，并形成调研报告，为西山区各项事业发展积极建言献策。

“十一五”期间，共收到委员提案879件，经常委会审查，立案658件，其中重点提案15件，提案内容涉及经济建设、科教文卫体旅，城市规划、建设、管理，交通，农、林、水、环保，政法、民政、社会保障等方面。提案办复率100%，面商率99%，满意率93.5%。

“十一五”期间建立健全了《政协西山区委员会全体会议工作规则》、《常务委员会议事规则》、《主席会议事规则》；修订了《政协西山区委员会关于全面贯彻落实科学发展观的实施方案》及制订了与之相配套的《科学发展观阶段实施意见》；修订了《政协西山区委员会关于各联络组、界别组工作安排意见》、《政协委员服务管理办法》、《关于加强对区政府职能部门实行民主监督推动工作落实的意见》；制订了《政协西山区委员会关于贯彻执行〈中共中央关于坚持和完善中国共产党领导的多党合作和政治协商制度的意见〉的措施》、《关于政治协商、民主监督实施细则》、《政协西山区委员会关于加强区政协各委室与区级国家机关职能部门工作联系的通知》、《关于实行公务用车用卡定额包干管理使用办法》、《政协西山区委员会关于加强反映社情民意工作实施办法》等一系列规章制度，促进各项工作的制度化、规范化建设。

“十一五”期间，编辑出版了《西山区文史资料》第十辑，每年编辑出版《西山区政协全会文件汇编》及《西山区政协2006～2010年调查、视察、调研报告汇编》，共采编《西山政协信息》5期178篇。

（杨丽娟）

群众团体

编辑　马　俊

职　工

【党工共建工作】　10月11日，召开推进党工共建创先争优暨“广普查、深组建、全覆盖”集中行动工作会，安排部署工作。各街道相继召开会议及时贯彻落实。11月，区总工会推荐金碧街道总工会、西山区教育工会、团结街道妥吉社区工会委员会和西山区农村信用合作联社工会委员会4个工会组织申报市总工会党工共建创先争优活动示范点。经全区街道社区工会摸底调查，全区实有各类企业2 790个，职工5.41万人。至年底，全区各类企业建工会组织2 392个，发展会员4.92万人，建会率85.72%，职工入会率91%。签订区域性工资专项集体合同10份，覆盖企业1 253个，覆盖职工1.12万人，与20个企业签订工资集体协商合同，覆盖职工1 507人，签订率45.63%。

【基层工会组织建设】　年内，全区10个街道全部成立总工会，并完成换届选举工作，逐步形成区总工会—街道总工会—社区工会委员会组织结构网络。

5月，指导团结街道办事处成立西山区花红园农家乐旅游服务行业工会联合会，进一步加大行业工会建设覆盖面。指导团结街道总工会在妥吉社区建立农民工网络信息技术培训中心，金碧街道总工会创新工作，率先在街道建立关爱帮扶机制，制定下发街道帮扶工作管理办法（试行），区总工会在资金上大力支持，补助2万元。年内，金碧街道总工会获云南省“六好”街道工会荣誉称号，并在省、市工作会上交流经验。大力指导基层工会开展建家活动，从组织机构、软硬件设施、工会活动开展、自身建设、为职工办实事等多个方面进行业务指导。5月，西山区农村信用合作联社工会委员会被评为“全国模范职工之家”。

7月12日，召开全区工会组织建设工作推进会，对街道总工会规范化建设工作进行安排部署，确定金碧、福海等4个街道为试点单位。在困难多、任务重情况下，完成西山区工会组织净增长362个，完成任务数的113%，工会会员净增长8 055人，完成任务数的101%。

【维权工作】　广泛开展宣传教育活动，提高职工维权意识。2月6日，召开2010年安全生产工作会议，表彰2009年度“安康杯”竞赛活动中取得优异成绩的单位和个人，并认真组织开展2010年“安康杯”竞赛活动。二是认真宣传贯彻《劳动合同法》、《企业工会工作条例》等法规，提高职工维权意识。积极参与以“进城求职，帮您解难”为主题的春风行动系列活动，发放宣传资料1 000余份。以《工会法》颁布实施60周年为契机，6月10～28日，举办知识竞赛，全区职工参赛6 200余人，得到市总工会领导充分肯定。7月15日，区总工会、区人民法院召开维权工作联系会，建立农民工维权工作联动机制。9月27日，由区总工会、区人民法院、区司法局和区人力资源和社会保障局共同

6月28日，西山区举行纪念《工会法》颁布实施60周年知识竞赛活动。

协商组建西山区劳动纠纷人民调解委员会，为全区职工、农民工维权工作开辟新途径。努力为职工办实事、解难事，增强维权实效，及时认真处理电话上访、来信、来访。全年接待上访职工40余次，主动依法逐一进行认真办理、办结率达100%，消除不稳定因素。认真做好市总转办的信访件办理工作2件。

【帮扶工作】 区政府大力支持工会工作，特别是对困难职工帮扶，给予资金上的保障，年内财政拨付78万元帮扶资金，在全市帮扶资金支持上名列第一。3月，修改完善《西山区解困资金管理使用暂行办法》，经区解困领导小组办公室认真讨论、反复研究，重新修订部分章节和条款，重点将帮扶救助分类细化，理顺合并，使之更规范、合理，更具操作性。同时"办法"中帮困助学救助部分将西山区考入在"三本"和"二专"的困难学生纳入补助范围，不断完善困难职工、农民工帮扶机制，拓宽帮扶范围，加大帮扶力度。

年内，在全区范围内开展城市低收入家庭住房困难状况调查工作。充分发挥困难职工帮扶分中心作用，继续加大工会帮困资金投入力度。春节、中秋节慰问困难职工和农民工1 015人次，送去慰问金和慰问品30.45万元。开展大病救助和临时性生活救助，补助困难职工医疗费和生活救助金65人23.1万元。继续开展好"帮困助学"活动，发动社会各界积极支持参与此项工作，资助贫困大学生114人，发放助学金31.9万元，贫困大学生帮扶结对子12人，全年提供困难劳模免费体检5人，特困劳模发放劳模荣誉津贴5人4800元，代表省总工会、市总工会慰问区特困省级、市级劳模8人，发放生活困难补助金1.7万元。

6月，按上级统一部署，启动第七期互助活动，辖区415个单位4.2万职工参加职工医疗互助活动。

认真开展农民工培训和创业贷免扶补工作。全年培训农民工72人。8月26日，举行"贷免扶补"创业贷款发放仪式，为创业人员发放贷款10人50万元。

关注女职工身体健康，3~5月，与昆明和万家妇科医院协作开展女职工免费体检活动，此次活动共为困难女职工、女农民工和各社区下岗失业人员和单亲母亲免费体检320人，并免费医治海口农机厂重症妇科病女职工2人，受到困难女职工好评。

【劳模服务管理】 4月29日，召开昆明市西山区庆祝五一国际劳动节暨劳动模范协会成立大会，全区各级劳动模范150余人参加会议。会议选举西山区劳动模范协会第一届理事会理事、会长、副会长、秘书长。

敬老节期间看望慰问全区70岁以上各级劳模，发挥劳模志愿者服务队带动和引领作用，围绕全区重点工作，组织劳模、职工参与到西山区2010年"创卫"迎检大行动、"河道万人清淤、除障保洁"等系列活动10余次。

【工会干部培训】 年内，先后组织全区工会干部200余人次参加省总工会、市总工会、区总工会举办的各类培训班。结合社区工会换届、新当选工会主席多等实际，举办为期两天的基层工会干部业务培训班，全区参训工会干部150人，提升基层工会干部业务水平。

5月，召开基层工会经审工作规范化建设工作会议，更好地发挥全区各级工会经审组织职能作用。全区经审工作规范化建设从B级升为A级。

【其他工作】 1月20日，昆明市老工会工作者协会西山分会成立，会议确定昆明市老工会工作者协会第一届分会长、副分会长人选及今后发展的思路。

3月16日，西山区总工会召开西山区出席昆明市工会第十四次代表大会代表选举大会，选举产生昆明市工会第十四次代表大会代表29人。

积极响应省总工会市总工会号召，大力开展"百万职工抗旱献爱心活动"。全区161个工会组织和个人向受灾地区捐款30余万元，并将捐款全部转交区民政局统筹管理使用。

【"十一五"成就】 组织建设方面：加大非公企业建会力度。至2010年底，全区共有工会组织819个，基层工会涵盖法人单位4 386个，工会会员7.69万人。"十一五"期间，工会组织净增长3731个，工会会员净增长5.64万人。加强街道、社区工会组织建设，提升街道、社区工会规范化建设水平。全区街道社区工会委员会和经审委员会换届选举工作完成。在全区10个街道全部建立街道总工会基础上，扎实开展街道总工会规范化建设"三年行动规划"。行业工会建设有新进展，在团结、碧鸡成立农家乐旅游服务行业工会联合会，得到市总工会充分肯定。

维权工作方面：发挥西山区农民工维权中心作用，组建西山区劳动纠纷人民调解委员会。广泛开展宣传教育活动，提高职工维权意识。积极参与全区大型宣传活动，发放宣传资料2万余份。在全区各街道、各社区落实帮扶联络员，负责基层困难职工联络等工作。平均每年接待受理职工来信来访50件次，参与劳动仲裁10余次，参与处理职工群体性上访10起，为职工提供法律咨询、法律援助200人次，办结率达100%。注重源头维权，加强平等协商签订集体合同工作。5年来全区签订集体合同124份，女职工特殊权益专项合同签订132份，区属企业工会两合同签订率、到期续签率达100%，在全区开展工会与企业、职工"共同约定行动"，签订"共同约定书"企业115个。签订区域性工资专项集体合同10份，覆盖企业1 253个，覆盖职工1.12万人；与20

个企业签订工资集体协商合同，覆盖职工1 507人，签订率45.63%。大力推行厂务公开和民主管理制度，区属国有企业、全部事业单位和城镇集体企业100%建立职工代表大会制度，非公企业超过35%建立职工大会（职代会）制度。全区国有独资公司100%建立职工董事制度。其他性质有限责任公司和股份公司有职工董事的达63%，有职工监事达100%。全区113个企事业单位实行厂务公开和民主管理制度，建立职代会、职工大会企事业单位93个。

帮扶工作方面：加大资金筹措力度，为帮扶送温暖工程奠定物质基础。区政府大力支持工会工作，区财政每年拨付的解困资金从20万元增加到80万元。5年来，于春节、中秋慰问困难职工、农民工3 730人次，送去价值110.65万元慰问金和慰问品；开展大病救助和临时性生活救助，补助困难职工医疗费和生活救助金162人200.81万元，资助贫困大学生278人68.85万元，为23名贫困大学生找到帮扶对子。全区职工参加职工医疗互助活动18.41万人，交纳互助金964.17万元，职工获得补助2.12万人1 115.97万元。认真开展农民工培训和创业贷免扶补工作，5年来培训农民工312人，发放创业贷款100万元，实现就业创业20人。

主题竞赛活动方面：5年来，全区涌现出一批先进集体和个人，并受到表彰奖励：西山公安分局禁毒大队等3个单位被授予昆明市“五一劳动奖状”；西山区环卫处清掏队等17个单位被授予昆明市“工人先锋号”；昆明市第三幼儿园王蕾等9人被授予“五一劳动奖章”；云南林山实业有限公司等5个单位被授予昆明市“和谐企业”；30个家庭被评为省、市级“和谐家庭”；西山区房产交易中心等6个单位被授予昆明市“五一”巾帼标兵岗；杨菊芬等6人被授予昆明市“五一”建功标兵；云南植物药业有限公司等3个企业被评为昆明市“节能减排”先进单位；云南三环中化嘉吉化肥有限公司生产装置操作及技术改造被评为昆明市节能减排“金点子”奖。发挥工会“大学校”作用，全区197个企业开展主题活动，组织各类劳动竞赛89次，参赛人数达5万人次。

（秉　雁）

青少年

【组织建设】　1月，按照“民主、公开、竞争、择优”原则，打破常规、大胆创新，对共青团西山区委书记、专职副书记进行公推直选。通过“报名、推荐、审查、公推、答辩、测评、考察、审批、公示、审议、演讲、直选”程序，在2月5～6日召开的共青团西山区第九次代表大会上，选举产生新一届领导班子，新一届委员会由委员、候补委员36人组成。

3月2日，利用社区“两委”换届时机，全面启动社区团组织公推直选换届选举工作。截至5月12日，全区共选举产生社区团组织书记89人（“公推直选”产生农村和翻牌社区团组织书记58人，考察任命城市社区团工委书记31人）。其中女团干部37人，占41.6%，平均年龄27岁；党员53名，占59.5%；大专及以上学历70人，占78.7%；少数民族18人，占20.2%。51名团干部进入社区“两委”班子，占57.3%。同时，针对城市社区流动团员多、自有团员少、团组织不健全的实际情况，团委对全区31个未成立团组织的社区建立社区团工委，通过联合建团方式整合社区资源，选配一批优秀团员青年到社区团工委书记岗位，实现社区团组织“全覆盖”。

4月，共青团中央第一书记陆昊一行视察永昌街道永兴路社区团工委，对“社区联合建团”基层组织模式给予充分肯定。

年末，团区委共有直属团组织31个，其中团委（工委）15个、团总支4个、支部12个，有团员1.12万人。年度发展新团员572人，团员入党65人，推优入党45人。

【“两新”组织团建工作】　按照上级相关工作要求，与有关部门积极对接，梳理、掌握和分析全区非公企业共青团工作现状和存在困难，11月10日，及时组织召开西山区非公企业建团工作会议，对全区非公建团工作进行全面安排部署。工作中，将该项工作与正在开展的“创先争优”活动紧密结合，按照“党建带团建”、“党建促团建”总体思路，在“两新”（新经济组织，新社会组织）党组织和党员开

2月4日，西山区召开区委工会、共青团、妇联工作会议。（团区委　供稿）

展“创先争优”活动的同时，开展“凝聚青年力量，投身创先争优”活动，在“两新”组织中全面开展团组织建设和活动。

年内，成立“两新”团组织220个，其中新社会组织38个，非公有制经济组织182个，流动团员纳入团区委统一管理5 360人，进一步扩大团组织覆盖面，增强团组织影响力。

【“贷免扶补”工作】 结合实际制定“贷免扶补”项目实施方案，4月20日，在全区启动“贷免扶补”鼓励创业项目。团区委积极发挥组织和人员覆盖优势，发动基层团组织深入辖区内广泛了解青年需求，通过广泛发动与宣传，截至8月31日，共收到创业项目计划书100余份，接受咨询120余人次。经过对申请人创业计划书、可行性、实绩进行严格评审，最终对50个创业项目进行各5万元的创业贷款扶持（其中农民工34人、下岗失业人员10人、复转军人2人、大学生4人），女性占40%、男性占60%，行业包括餐饮、汽车货运、批发零售等。截至9月底，50个创业项目全部与区农信联社办理贷款相关手续并领取创业贷款。同时，经审查、调研，向团市委推荐4个典型项目申请中国青年创业国际计划（YBC），项目在审批中。

【鼓励支持大学生“村官”创业】 7月8日，召开鼓励支持大学生“村官”创业工作动员会，区领导小组对工作进行全面安排部署。工作中，团区委与区劳动就业部门、海口工业园区管委会积极对接、争取支持，分别成立创业园和创业基地，为“村官”开展创业提供良好硬件支持和培训见习平台。至年底，有3名大学生“村官”提交创业计划书，项目评审工作正在抓紧进行。

【共青团“希望水窖”建设】 面对旱情实际，服务农村水利基础设施建设，团区委以建设共青团“希望水窖”为重要抓手，组织团结、碧鸡、海口街道团工委推荐具备实施条件的水窖项目，上报“希望水窖”项目申报表。同时，积极争取上级团组织支持，拨付配套资金10万元，联系辖区爱心企业捐赠，共筹集“希望水窖”援建款28.4万元。主动与街道办事处对接，加快建设进度，284口水窖在雨季前全部投入使用。

【青年志愿者活动】 抗旱救灾行动中，适时建立西山区抗旱救灾青年突击队。在“学雷锋、讲文明、树新风”暨抗旱救灾公民志愿节水集中活动月，组织青年志愿者服务队，广泛动员广大团员青年积极投身抗旱活动。及时将云南省青少年发展基金会、中铁十六局云南指挥部捐助饮用水送到旱情较为严重的受灾地区希望小学，为在校学生饮水困难提供帮助。为缓解旱灾给村民带来的生活困难，团区委与区志愿者协会组织价值1.5万元的大米、油等生活用品送到碧鸡街道长坡社区受灾较为严重的村民手中。

8月25日，西山区文明办、共青团西山区委、西山区志愿者协会联合开展西山区“创建文明城市，点滴从我做起”文明劝导志愿活动。区志愿者协会17支直属志愿服务队志愿者，西苑街道办事处干部职工及辖区志愿者队伍近300人参加启动仪式。随后，全区志愿者进行为期1个月的万名志愿者文明劝导活动，志愿者服务小分队深入到重要公交站台及路口，对不文明行为进行劝导，投入到文明城市创建活动中。

9月30日，省委组织部、共青团云南省委在永昌街道办事处辖区永昌中心公园内举行“云南省社区党员和团员青年志愿服务活动”启动仪式，开展治安防范意识普及、法律咨询、职业指导、义诊等志愿活动。省委常委、省委组织部长辛桂梓亲临现场，并实地视察西山区志愿服务活动开展情况和永兴路社区居委会，对相关工作给予充分肯定。启动仪式结束后，省市领导与党团员志愿者一道深入社区居民生活区共同参与志愿服务活动。

年内，全区各级团组织共组织动员青年志愿者9 000余人次，参与到“河道保洁周”、“河道万人清淤、除障、保洁活动”、“爱滇池，昆明青年在行动”、“西山区2010年城乡园林绿化暨生态建设启动仪式”等系列主题活动计300余场次，为创建和谐西山做出努力。

【爱心助学】 7月，区关工委与团区委、习酒云南公司联合开展2010“习酒·我的大学”公益助学活动，品学兼优的贫困学生5人申领每人5 000元的助学金及“爱心行李包”。

组织街道团（工）委通过捐助学习用品方式，帮助贫困小学生45人。协调市关工委下拨捐款1万元，资助贫困中小学生15人。年内，团区委组织开展“爱心助你上大学”捐款活动。截至年底，共收到社会各界爱心捐款4.02万元，资助贫困学生圆梦大学。

【关心下一代工作】 年内，进一步健全区、街道、社区三级关工委组织网络。通过向社会公开选调方式，选调1名公务员到关工委办公室工作。调整充实网吧监督员工作并落实有关待遇；围绕创建全国文明城市工作，举行专题会议安排部署网吧监督检查工作，预防制止未成年人进入网吧。由区关工委牵头，会同有关部门拍摄电视片《西山区未成年人犯罪警示录》。

“六一”节期间，在西山区世纪金源城市希望小学开展“西山区外来务工人员子女六一儿童节关爱活动”，为300余名孩子送去书包、文具、书籍等节日礼品，并联系“爱心医院”为学生进行免费体检。

组织学生参加“关爱明天、普法先行”青少年法律知识竞赛，获团体二等奖、优秀组织奖。创新开展“法律之光照耀青春航程”检校共建和谐校园项目，开展“小小检察官”、“法制体验营”、旁听庭审等活动；组织少先队辅导员参加“昆明市少先队辅导员技能大赛”。组织开展“益达校园护齿”少儿口腔健康关爱行动。

在福海街道办事处船房社区实施“青春彩云南·青帆快乐课堂”少年儿童假期活动项目。积极筹备“青年志愿者+在校大学生+有特长教师+社区退休老人+农民工子女”项目实施模式，组织建立结对关系，进行结对服务并建立接力机制，实现“青帆快乐课堂”广覆盖、可持续目标。

【“十一五”成就】 全面履行团的各项职能，与切实履行组织青年、引导青年、服务青年、维护青少年合法权益的基本职能结合起来开展工作。“十一五”期间，先后有17人次受到上级团委表彰，97人被评为区级优秀团干部、177人次被评为区级优秀团员；表彰区级“优秀青少年维权岗”13个，市级“青年文明号”20个，区级37个；表彰区级“青年示范岗”10个、命名表彰“青年星火带头人”9人。全区团组织共向各级党委“推优”326人，经“推优”入党165人，先后培养青年领导干部2人。成立“两新”团组织220个，新社会组织38个，非公有制经济组织182个，将5 360名流动团员纳入团区委统一管理。推进“贷免扶补”鼓励创业政策，对132个创业项目进行650万的小额创业贷款扶持。

（俞银辉）

妇　女

【妇联组织及队伍建设】 加强非公经济组织妇女组织建设，在云安会都、宝丽卓蔓美容院、昆明市西山区兴禹水资源开发有限公司建“进城务工妇女之家”，进一步服务进城务工妇女。

3月底至5月底，按照区委、区政府将社区妇联换届选举工作纳入到全区社区“两委”换届总体方案要求，区妇联认真组织，广泛宣传，严格程序，依法选举，完成区社区妇联换届选举工作，做到社区妇联换届与社区“两委”换届同届期、同组织、同部署、同推进、同验收。选举产生社区妇联主席92人，连选连任47人。第四届社区“两委”中，妇女参政议政水平有所提高。

实施妇女代表联系制度，7月，区妇联组织市级妇女代表23人，各街道妇联组织区妇女代表197人开展活动，征求意见、建议。严格工作考评制度，按月考核社区妇联主席工作，全年发放基层妇联主席岗位补贴15.24万元，激发基层妇联干部工作热情。深入开展创先争优活动，结合自身特点，提出“贴近妇女、贴近家庭、贴近实际；服务大局、服务弱势群众、服务基层”的“三贴近、三服务”工作机制，精心组织，超前谋划，立足高起点开局，高标准定位，高质量推进，有力有序有效开展“创先争优”活动。

11月，组织全区街道妇联主席、局行妇委会主任、社区妇联主席等妇联干部160余人举办年度基层妇联干部培训班，讲授妇女创业就业工作知识和女性仪表仪态知识，进一步提高妇联干部工作能力和综合素质。

【新农村建设】 继续实施“新型女农民素质教育行动”，开展种植、养殖、刺绣、计算机等职业技能培训26期，培训农村妇女1 550人。实施农村小额信贷，扶持9个村委会22名农村妇女创业、发展生产，发放贷款20万元，受益89人，上年农村小额信贷资金回收率100%。深化“双学双比”活动，选送“女能人”参加市妇联“女科技致富带头人”培训2人，选送创业女性参加市妇联“巾帼创新业带头人”培训8人，提高妇女创业能力。发挥巾帼文明岗行业特色，开展“岗社（村）联动”，推动社区建设。全年命名“巾帼科技致富示范村”3个。

【促进妇女创业就业】 “三八”前夕，联合区劳动保障局等单位在马街、团结分别举办“庆‘三八’春风送岗位”妇女招聘会，设现场咨询窗口，发放宣传材料5 000余份，提供岗位1 160个，达成就业意向65人。开展城市小额担保贷款，分两批发放贷款24人120万元，创造就业岗位109个。同时，认真做好担保贷款跟踪调查和贷后管理工作，至年底，还款率100%。7月13日，召开女企业家与女大学生“村官”联谊会，12名女企业家介绍创业心得体会和人生经验，给女大学生村官创业就业提供一定启示。“三八”节表彰“巾帼建功标兵”10人，命名西山区“巾帼文明示范岗”9个。西山区房产管理局、西山区工商局注册登记科被市妇联评为“昆明市巾帼文明示范岗”。西山区人民法院政治处被省妇联评为“云南省巾帼文明岗”。

【维护妇女儿童合法权益】 不断健全区、街道、社区三级信访网络，耐心细致接待来访群众。全年接到来信来访89件，其中涉及婚姻家庭类47件，占53%；劳动和社会保障类9件，占10%；财产权利类16件，占18%；综合类17件，占19%，处理率均达100%。继续开展“零家庭暴力示范社区”创建，在西苑街道办事处秀苑社区创建第四个昆明市“零家庭暴力示范社区”，通过宣传、培训、教育、社区社会工作者介入、重点家庭排查和关注等多种形式，预防和减少家庭暴力。创建活动在《昆明日报》10月27日第10版做专题报告。加强法律法规宣传，以“三八”维权周为依托，广泛开展《妇女权益保障法》、《婚姻法》等法律法规宣传。

【家庭文化建设】 深化“争做合格家长，培养合格人才”家庭教育实践活动，邀请“西山区家庭教育讲师团”成员到西山区讲授小幼衔接家庭教育知识讲座14场，参加培训学前儿童家长和流动儿童家长5 600余人；到碧鸡中学、马街小学与300名学生家长交流家庭教育知识。昆明市第三幼儿园、西山区马街中心学校、西山区棕树营小学被命名为“云南省示范家长学校”，西山区西华园小学、西山区南坝中心学校被命名为“云南省留守儿童、流动人口子女示范家长学校”。

开展平安家庭创建活动。3月19日，承办省妇联“云南省平安家庭创建主题宣传周广场活动”，同时，以永昌街道永顺里社区为试点，启动西山区以家庭成员为主体，以“四防”（防拐卖、防盗窃、防抢劫、防隐患）、“四无”（无毒品、无赌博、无暴力、无犯罪）为目标的平安家庭创建工作。6月18日，在永昌街道永顺里社区举办“预防未成年人犯罪，凝聚力量呵护花蕾行动”，推进和谐社区建设。至9月底，永顺里社区创建平安家庭610户，达到社区家庭数的80%。

深化节能减排家庭社区行动，开展相关主题活动。开展福临门杯“低碳家庭·时尚生活”读书征文活动，向市妇联报送低碳实践生活体会、有益经验和先进做法征文13篇。组织妇女参加福临门杯“低碳家庭·时尚生活”知识竞赛活动1 812人。

【扶贫帮困】 2月底，区妇联在全市首家向各界发出援建“抗旱母亲水窖”捐款倡议。4月，用募集捐款14.95万元在碧鸡街道办事处黑荞母社区西合园居民小组建成“抗旱母亲水窖”100眼，帮助山区村民储水蓄水，度过旱灾。此项工作被省妇联作为典型在全省进行推广。2～5月，与昆明丽莎医院联合开展“西山妇女健康行动”，为妇女和进城务工妇女进行免费体检1 850人。春节及“三八”节，走访慰问贫困母亲22人，贫困儿童家庭2户。儿童节前，区委、区政府领导带领区妇儿工委成员单位走访慰问14岁以下残疾儿童183人，带去党和政府的关怀。

5月13日，由区妇联牵线搭桥，福海街道船房社区干部、党员和群众代表到团结街道乐亩社区陡咀居民小组，带去价值2.4万元大米和食用油，并为当地群众捐赠现金1万元，用于乐亩社区水源引水工程建设。船房和乐亩两个社区还签订长期结对帮扶协议，搭建社区携手并进、共同致富奔小康平台。

【实施春蕾计划】 年内，区妇联联合区教育局，继续以分散办班方式，在西一中、昆五中、云光中学、实验中学4所学校组建西山区2010年春蕾普通高中班，招收“春蕾女童”50人，由区财政每人每年配套生活补助金1100元，帮助“春蕾女童”完成高中学业。同时，协调社会力量，为全区不是春蕾普通高中班的贫困高中女童，给予学费、书费、生活费资助。中秋节前夕，召开西山区普通高中“春蕾女童”中秋座谈会，为区两届春蕾普通高中女童共102人赠送月饼，送去节日问候。

【第三期中国妇女社会地位调查】 4月，完成全区92个社区“样本区县所辖居（村）委会相关信息表”等第三期中国妇女社会地位调查样本框资料收集工作。11月，西山区被抽样作为全省43个样本县（区）之一，区妇联抽出妇联干部2人作为调查员在金碧街道巡津新村社区和西坝南社区、永昌街道永兴路社区、棕树营街道棕树营北区社区、西苑街道秋苑社区5个样本社区开展入户调查工作，按时、按质完成《第三期中国妇女社会地位调查问卷》75份。

【妇女儿童发展状况监测评估工作】 3月，召开妇儿工委年度工作推进会，4月，完成全区2009年度妇女儿童发展状况数据收集，及2009年西山区妇女儿童发展规划监测评估报告。数据显示，西山区妇女儿童事业保持良好发展态势，规划目标总体实施顺利，部分指标提前实现终期目标，多数指标基本符合进度要求。

【“巾帼示范社区”创建工作】 年内，以“五好”（班子建设好、队伍建设好、制度建设好、阵地建设好、服务妇女好）、“五有”（有创建方案并开展创建活动、有配套工作经费、有专人负责、有规范台账档案、有一项以上市妇联表彰奖项）为标准，在妇联组织中开展“巾帼示范社区”创建活动。在10个街道办事处创建昆明市“巾帼示范社区”11个。永昌街道办事处永宁里社区开展和谐家庭、和谐楼院创建，8月底，表彰和谐家庭53户、和谐楼院5栋。永宁里社区创建工作，被定为“市妇联和谐社区建设”观摩点，对全市妇女工作起到示范和引领作用。

【省级以上获奖情况】 年内，西山区妇联工作得到省、市妇联和区委区政府领导充分肯定。3月，团结街道永靖社区代琼兰家庭被全国五好文明家庭创建活动协调小组评为“第七届全国五好文明家庭标兵”；5月，永昌街道永兴路社区被全国妇联、民政部、环保部、文化部、广电总局命名为“全国学习型家庭示范社区”；8月，区老干活动中心被全国妇联命名为“全国妇女健身示范站点”；9月，西山区妇联被云南省妇联、省教育厅、省文明办、省关工委授予“云南省家庭教育指导中心”。

【“十一五”成就】 妇女参与经济建设：组织妇女参与新农村建设，开展科技工作者与女致富带头人、女致富带头人与农村妇女牵手结对的“双结对”活动，帮助农村妇女增收致富。

积极组织农村女科技示范户和女科技带头人参加省、市妇联举办的现代农业科技知识培训，不断提高农村妇女科技文化素质；开展新型女农民素质培训、农村实用技术培训、下岗失业失地妇女培训等，提高农村妇女创业就业技能。实施农村小额信贷，加大农村扶贫工作力度。5年来，共发放农村小额信贷资金80万元，扶持农村妇女创业、发展生产128人，资金回收率达100%。

推动城乡女性创业就业：2006年起，开展创业就业援助“五送”活动，为广大妇女创业就业牵线搭桥。深化“巾帼文明示范岗”创建活动，开展“巾帼文明岗与社区联动”活动。西山区人民医院白马分院等10个“巾帼文明示范岗”与10个街道办事处社区结成对子，并结合各自特点开展有声有色活动。2009年，举办育婴师培训，培训下岗、失地妇女28人；聘请成功创业女性和工商、税务等经济部门业务骨干等25人任创业就业指导老师，为区妇女创业就业提供指导。区妇联自2006年开展城市下岗失业人员小额担保贷款工作以来，累计发放贷款789万元，扶持下岗失业人员创业和再就业191人。认真做好担保贷款跟踪调查和贷后管理工作，至2010年底，还款率100%。

维护妇女儿童合法权益：2008年制定妇女儿童维权联席会议制度，强化相关部门依法维权职能，推动区维护妇女儿童权益工作落实。2009年，与区检察院联合成立西山区妇女儿童维权中心，为有效维护妇女儿童合法权益搭建平台。2008年，区妇联协调做好93名四川安县地震灾区孩子接收、安置工作，开展“把爱留给孩子，西山妇女在行动”活动，从362户报名的“爱心家庭”中选定部分“爱心家庭”，开展结对活动，为孩子们创造良好生活学习环境。2008年7月，组织灾区孩子开展夏令营活动，游览禄丰恐龙谷、野生动物园、石林、民族村等。2006～2010年，邀请全省优秀家庭教育专家为区学前儿童家长授课，宣传普及科学家庭教育知识，帮助家长更新家庭教育观念，优化儿童成长家庭环境，5年来，共培训学前儿童家长2.73万人。2008年，区妇联被全国妇联授予“全国抗震救灾先进集体”；被省妇联授予“云南省巾帼文明岗”；2009年，被全国妇联授予“全国文明岗称号”；2010年8月，被省妇联、省教育厅、省文明办、省关工委授予“云南省示范家庭教育指导中心”。

（庞玉红）

法 制

编辑 马 俊

司 法

检 察

【依法批捕、公诉刑事犯罪案件】全年共受理提请批准逮捕案件1 019件1 631人，同比上升16.19%和14.54%。经审查批准逮捕903件1 380人；受理移送审查起诉案件1 024件1 662人，同比上升17.97%和18.04%；经审查提起公诉794件1 241人。高度重视“打黑除恶”专项工作，坚持从快从重方针，坚决做到除恶务尽，共向全区打黑除恶领导小组办公室上报“西山区涉黑涉恶线索信息登记表”51份；在办理犯罪嫌疑人敲诈勒索案时，确定具有黑恶性质团伙1个，并提起公诉；受理“洪兴帮”黑社会组织共75人案件，该案共90本侦查卷宗，组织公诉专案小组专门办理。根据治安形势变化，加强打击犯罪针对性和实效性，形成打击犯罪高压态势，切实维护社会治安稳定。共受理“两抢一盗”案件409件597人，做出批捕决定377件539人；严厉打击毒品犯罪，受理毒品案件293件524人，批准逮捕275件469人。

【创新工作机制 提高执法水平】一是创新答复工作机制。实名举报存在一定比例的非检察职责和不立案情形，在答复举报人时如果处理不当，往往会使举报人对检察机关的工作产生误解，甚至出现重复举报及至引发涉检上访。6月，区检察院引入人民监督员旁听评议，参与对实名举报人的答复，取得良好效果。二是构建“大调解”格局。针对民行息诉工作的复杂性、繁琐性，区检察院将息诉工作上升到综治维稳、化解社会矛盾纠纷的高度，创造“交心工作法”，为构建和谐社会服务。三是在批捕、公诉环节试行刑事和解。对符合条件的故意伤害和交通肇事案，积极与民事行政检察部门沟通协作，促成双方进行民事赔偿，达成民事部分的和解；如果双方当事人在批捕前或起诉前主动达成谅解及赔偿协议的，结合实际情况，区检察院对犯罪嫌疑人决定不予批捕、相对不诉或是建议侦查机关撤回案件。四是创新文明接待工作机制。以新办公楼的建成为契机，按照高检院标准，设置接待大厅和各类专门接待用房，积极争创全国检察机关“文明接待示范窗口”。

为全院执法人员逐一建立执法业绩档案，规范执法行为；实行检察业务绩效考评办法，实现检察工作力度、质量、效率和效果的有机统一；不断规范和完善各项工作机制，审查批捕、审查起诉坚持每案必讯，对于不（予）批捕案件做到“不捕理由说明书”、“补充侦查提纲”每案必发，有效提高办案质量，全年所办案件无超时、无错案。

【贪污贿赂案件受理】全年受理贪污贿赂等犯罪线索73件88人，初查53件61人，经初查，立案侦查19件19人。其中贪污2件2人，受贿17件17人；要案4件4人，大案13件13人，大要案数占立案数的89.47%。全部侦查终结、移送审查起诉，通过办案，为国家挽回经济损失100万余元。

【反渎职侵权检察】全年受理渎职侵权案件线索5件，初查5件，初查率100%，立案4件5人。其中重大案件1件1人，特大案件3件4人；滥用职权、挪用公款1件1人，滥用职权1件1人，玩忽职守2件3人。均已侦查终结、移送审查起诉，为集体挽回经济损失1 000余万元。在办案过程中，发现西山区雨花社区小墨雨居民小组约53公顷集体土地未经合法程序出让，造成农民集体土地所有权丧失，严重损害农民合法权益，村民多次集体上访，严重危害社会政治稳定。区检察院立案侦查涉嫌滥用职权、挪用公款2人，立案查处严重失职渎职1人。经公诉，依法对其进行判处。

【职务犯罪预防】 坚持源头治理，全面加强和改进预防职务犯罪工作。加强内部协调配合，注重案件预防效果，形成符合办案规律的案件预防工作方法；广泛开展调查，深入剖析案例，形成调查报告，并作为预防职务犯罪预测预警材料，报送区级相关部门；以案件为依托，适时开展职务犯罪预防专题讲座、警示教育工作，从检察经费中专门为区委、人大、政府、政协领导及全区各部门、街道办事处订阅《检察日报》，做到常劝导、常警示。

【社会矛盾化解】 主动把执法办案工作向化解社会矛盾延伸，使执法办案过程变成化解矛盾、促进社会和谐稳定过程。一是认真贯彻宽严相济刑事政策。不断完善对轻微刑事案件从宽处理工作机制，依法对29名无逮捕必要的犯罪嫌疑人决定不予批捕，对10名情节轻微的犯罪嫌疑人决定不起诉，对6名被告人提出从轻、减轻处罚的量刑建议。二是积极做好控告申诉检察工作。及时分流处理群众来信来访193件次，深入基层送法进社区25天50人次，送出法制宣传资料3 800余份，向群众提供法律咨询44次51人；开展检察长接待日25天，参加“区委书记、区长接访日”活动21天。三是坚持在执法办案中化解社会矛盾。认真开展释法说理、心理疏导工作，办理民事申诉和解2件；加强检调对接，促成刑事和解22件22人。全年无涉检上访情形发生。四是积极派员参加全区维护社会稳定工作，参与突发事件处置，推动“平安西山”建设。

【强化诉讼监督】 一是强化刑事立案监督，改变以往单纯依靠办案和被害人向人民检察院控告发现立案监督线索的方式，加大工作力度，对辖区派出所实施分片包干，适时介入，变被动受理为主动发现。二是强化侦查监督，加大追捕追诉力度；对因事实不清、证据不足而不予批捕的案件进行重点跟踪监督。三是强化刑事审判监督，经认真审查，提起抗诉2件6人，均已得到改判。四是强化民事、行政诉讼监督，受理民事行政抗诉案件45件，立案21件，提抗（建议提抗）21件。五是强化刑罚执行和监管活动监督，检查西山区看守所和云南省第三女子监狱收押2 451人、释放2 088人，交付执行死刑2人，监督监狱提请减刑、假释、保外就医3 228件，并提出书面监督意见20件，对刑罚执行和监管活动中违法情形提出书面监督意见并纠正9件，清理羁押人员212人，发现羁押期满未及时办理换押5人，向昆明市中级人民法院发出纠正违法通知书5份。

【未成年人犯罪检察】 严格执行《人民检察院办理未成年人刑事案件规定》，对受理的90件154人未成年人犯罪案件，指定专门的业务骨干办理，积极进行犯罪背景调查研究，切实保护未成年犯罪嫌疑人合法权益；与辖区西山第一中学共同举办“法律之光照耀青春航程”共建和谐校园项目，通过“五个一”活动（一堂法制课、一次观摩庭、一篇法制教育心得、一场模拟法庭、一条法律教育热线），与师生面对面进行法制教育，增强青少年法律意识，取得良好社会效果。

【深化检察改革】 主动接受监督，加强和改进与人大代表、政协委员的联络机制。坚持重要工作和重大案件及时主动向人大及其常委会专题汇报，3月和9月，区检察院先后邀请人大代表和政协委员对预防职务犯罪工作和渎职侵权检察工作专题进行视察；严格按照程序办理政协委员提案1项；全面推行人民监督员制度，确保规定案件进入人民监督程序。4月，制定《昆明市西山区人民检察院监所科、控申科办理服刑人员刑事申诉案件工作办法》，从检察一体化角度增强监督效果，维护在押人员合法权益，共办理提请抗诉案件3件，均得到上级检察机关支持，该工作办法被市检察院全文转发。

建立健全制度，拓宽案件来源。5月，拟定《西山区人民检察院民事行政检察案件线索移送工作安排》，使刑事和民事行政检察工作密切配合，共建贯彻宽严相济刑事司法政策平台；加强与律师事务所联系，保障抗诉类案件申诉数量；密切与区信访局、交警支队等单位的联系，主动上门服务，拓宽服务领域，为支持起诉、刑事附带民事诉讼、民事行政申诉等类型案

8月5日，区检察院与云南大学法学院举行未成年人犯罪问题法律诊所续约仪式暨理论研讨会。（区法院　供稿）

件的办理奠定坚实基础。

完善工作机制，保障办案安全。为有效预防和及时处理办案工作中的突发事件，保障办案安全及涉案人员的合法权益，区检察院根据案件特点制定详细个案预防方案，明确责任人员。2月，与区人民医院建立“绿色通道”，防范自侦部门在询问、讯问过程中涉案人员出现的突发状况，全年未发生办案安全事故。

【基础设施及信息化建设】 9月，区检察院办公办案用房和专业技术用房建成投入使用，办公办案用房面积从原来的1 700平方米增加到近8 000平方米，区检察院搬入西山区昆州路新办公楼办公。新综合楼弱电集成容纳独立互联网子网系统11个，实现考勤、支付、门禁、检察专网登录一卡通；建成全数字化院级会议系统，实现同步录音录像；拟建网络实验室、网络教室，用于新软件部署前的安全测试和立项研发；拓展检察专网实现操作和杀毒软件院内升级、操作系统远程安装、应用软件远程指派分发、专网用户权限层级管理、域策略禁用专网内外数据交换5个功能，为检察业务快速推进和健康发展提供有力保障。

【队伍建设】 突出抓好领导班子建设。以检察工作的长足发展为目标，院领导班子充分发挥“谋在前、学在前、干在前”的标杆精神，围绕全院业务、队伍、保障建设，班子成员间互相配合、互相支持，形成团结拼搏良好氛围。坚持党组中心组理论学习制度，提升班子理论水平。凡涉及组织、人事、经济等方面重大事项，提交党组会、检察长办公会讨论决定，保证科学决策、民主决策。充分发挥检委会在检察业务中的核心作用，整体研究、部署、推进检察工作。认真执行民主生活会制度，以人为本，从严治检、从优待检，在干警中树标杆、作表率。

坚持抓好思想政治建设。加强对党和政府方针、政策的学习，明了地方建设大局和发展思路，深入开展“恪守检察职业道德、提高执法公信力”主题教育、创先争优等活动，增强干警大局意识和政治纪律，不断提高干警政治、业务素养。在全院大力弘扬以忠诚、公正、清廉、文明为核心的检察职业道德，不断增强队伍凝聚力和战斗力。充分调动广大干警办好案、办大案、办铁案的积极性，保障区检察院各项检察业务优质发展，提升干警职业荣誉感，把敬业奉献作为自觉行动。

大力发扬模范杨竹芳的人物激励作用，在榜样带动作用下，全院干警将其精神、品德和作风转化为岗位实践具体行动。比先进、学先进、赶超先进，培养出一批受到上级表彰、记功的先进个人和业务标兵。大力营造“院兴我荣”的浓厚氛围，以小胜即败、慢进即退的理念鞭策自身。年内，区检察院被云南省人民检察院评为全省先进基层检察院，荣记二等功；控告申诉检察科参加全国检察机关“文明接待示范窗口”评比活动；3月和4月，最高人民检察院安排区检察院在全国基层检察长培训班上连续两期作“抓班子、带队伍、促工作”的经验交流；4月，《检察日报》专访区检察院，发表文章《拒腐防变打造五层监督网》，有力宣传区检察院各项检察工作取得的成绩。抓住契机，全力争创全国先进基层检察院，2011年2月被中华人民共和国最高人民检察院授予全国先进基层检察院称号。

【“十一五”成就】 一是全力维护社会稳定，为西山区各项事业发展保驾护航。“十一五”期间，共受理提请批准逮捕案件4 963件8 337人，经审查批准逮捕4 441件7 168人，受理移送审查起诉案件5 118件8 563人，极大增强人民群众安全感。积极查办涉农、工程建设、社保等领域和国家公务人员职务犯罪案件，立案查办贪污贿赂职务犯罪案件75件86人，立案查办渎职侵权职务犯罪案件14件17人。

二是坚持标本兼治原则，不断拓宽预防职务犯罪工作领域。及时对区检察院查办案件立项开展个案预防，发出“检察建议书”，针对发案单位存在问题和薄弱环节，提出预防对策，协助建立规章制度，对发案单位干部职工开展法制教育，进行回访，督促整改，达到“办理一案，教育一片，治理一方”目的。2010年起，深入剖析案例，形成调查报告，并将调查报告报送区级相关部门，作为预防职务犯罪预测预警材料；增强系统预防的深度和广度，每年召开预防职务犯罪网络单位联席会议，与成员单位研究讨论预防措施，有力推进重点部门职务犯罪预防工作。

三是对于未成年人犯罪案件，指定专门业务骨干办理，积极进行犯罪背景调查研究，切实保护未成年犯罪嫌疑人合法权益；开展青少年维权岗，与云南大学法学院共建“未成年人犯罪问题法律诊所”，对青少年犯罪问题进行研究，从检察机关角度对预防青少年犯罪提出有益建议；选派业务骨干到学校担任法制副校长，以座谈、报告形式将法律教育课堂开进校园；与辖区西山第一中学共同举办“法律之光照耀青春航程”共建和谐校园项目，为预防和减少未成年犯罪做出应有贡献。

四是坚持抓班子、带队伍，深入开展主题实践活动、创先争优、教育培训和岗位练兵活动，全院各项工作取得明显进步和发展。2006年被评为“云南省检察机关第十次‘双先’先进检察院”；2007年被云南省人民检察院评为“云南省检察机关集中查办破坏社会主义市场经济秩序渎职犯罪专项工作先进集体”；2008年被云南省人民检察院评为“预防职务犯罪、路地共建廉政工程先进集体”；2007年、2009年被云南省委、省政府评为省级文明单位，涌现全国先进典型杨竹芳等先进人物；2010年被云南省人民检察院评为“云南省先进基层检察院”，荣记二等功，被最高人民检察院表彰为“全国先进基层检察院”。

（马祥芬）

审 判

【案件受理】 全年共受理各类案件8 325件，比2009年上升7.35%。经过努力，共审结各类案件6 876件，综合结案率为82.59%。

【刑事审判】 全年共受理刑事案件810件，结案804件，结案率99.26%。刑事审判工作中贯彻落实宽严相济刑事政策，以开展“打黑除恶”专项斗争为重点，始终把恶势力犯罪、暴力犯罪、严重影响群众安全感的抢劫、抢夺、盗窃犯罪作为打击重点，通过依法打击各类刑事犯罪，努力营造平安、稳定法治环境。

认真开展量刑规范化试点工作，提高量刑过程透明度，做到罚当其罪，不枉不纵，当宽则宽，该严则严，对严重刑事犯罪，依法从严惩处，最大限度减少社会对立面，增加社会和谐因素。共判处5年以上有期徒刑52人；对初犯、偶犯、未成年人犯罪和情节较轻、社会危害性较小的犯罪依法从轻处罚，共判处5年以下有期徒刑478人，拘役76人，免予刑事处罚11人，宣告适用缓刑犯罪136人，单处罚金37人。

1月13日，审结云南省首例、全国第二例医疗废物污染环境案件；审结社会各界关注的康志新对昆明市社保局干部实施的故意杀人案，法官执法水平和业务能力得到认可；4月27～29日，配合昆明市中级人民法院在区法院连续3天开庭审理云南省受害人数最多、非法集资金额最高的金座公司非法集资案。

分别于2月9日、8月26日、9月27日组织召开打黑除恶公开宣判大会3次，公开宣判严重刑事犯罪分子32人，有力地震慑涉黑涉恶犯罪，净化社会环境，维护社会秩序。

【民事审判】 全年共受理各类民商事案件4 737件，结案4 381件，结案率92.48%。受理案件数比上年增加140件，收案数上升3.04%；结案数比上年减少127件，下降2.82%。比例较大的民商事案件中，合同纠纷案占53.13%。

民商事审判坚持“能动司法”理念，按照服务全区重点工作的要求，注重通过民商事审判工作为全区营造诚信守法法治环境，切实为全区招商引资工作提供优质司法保障。认真开展重大经济建设项目涉法涉诉问题专项调研，通过前瞻性调研预判，研究制定新的工作措施，为全区重点工作提供司法保障。认真审理合同、金融纠纷，维护公开公平市场竞争秩序。公正、高效审理劳动争议、交通事故赔偿、商品房买卖、物业管理纠纷等案件，切实保护人民群众合法权益。全年依法审理婚姻家庭案件888件，倡导和睦友善社会主义婚姻家庭关系。

10月25日，以个案处理方式，对餐饮业收取消费者一元钱餐具使用费的做法予以否定，在一定范围内规范全市餐饮业服务行为。

以化解社会矛盾为目标，坚持“调判结合，调解优先”原则，实现案结事了。民商事案件调解撤诉结案率59.5%。把维护稳定和防止矛盾激化贯穿于审判活动全过程，大量事关群众切身利益民商事纠纷得到审结，无引发群体性涉法上访事件发生。

【行政审判】 全年共受理行政案件428件，结案421件，结案率为98.36%。受理案件数比上年增加226件，收案数上升112%；结案数比上年增加219件，上升108%。

行政审判坚持“依法受理、依法审理、慎重处理、监督与支持相结合”原则，认真审理各类行政案件428件，既充分保护行政管理相对人的合法权益，又支持监督行政机关依法行政。做好非诉行政案件合法性审查，审查行政非诉案件101件，其中裁定准予执行件98件，裁定不予执行件3件。

探索建立行政诉讼和解机制，促进行政机关与行政管理相对人的和谐关系，行政案件以和解方式结案13件。积极推行行政首长出庭应诉工作，增强行政相对人对行政机关信任感，取得良好社会效果，全年行政首长出庭应诉案件11件。

【执行工作】 全年共受理执行案件2 352件，结案1 270件，结案率53.1%。受理案件数比上年增加96件，收案数上升4.26%；结案数比上年增加8件，上升0.63%。以依法执行、规范执行、文明执行为目标，巩固集中清理执行积案活动取得的成果，继续在人员、装备上向执行工作倾斜，努力改善执行环境，尽力缓解执行难问题。加大执行力度，积极采取搜查、扣押、拘留等法律赋予的强制手段，着力提高执行兑现率。重点加大人身损害赔偿、抚养费、赡养费、扶养费案件，涉及职工生活以及涉农案件执行力度。全面落实执行专项救助金制度，加强困难群众合法权益司法保护，全年对41件案件中的45名涉诉困难当事人进行救助，发放救助金14.43万元。

【社会治安综合治理】 加强立案信访窗口规范化建设，整合立案大厅岗位职能，把立案大厅划分为立案、诉讼服务、纠纷调处3大功能区域，增加工作人员，调整办事流程，分设办事窗口6个。增设叫号服务、高速扫描仪、复印机等，为当事人提供便捷高效“一站式”服务。

5月6日，建成为残障群众提供服务无障碍通道，加强司法救济工作，为农民工、老弱病残、城市低保人员等困难群众免减缓交诉讼费3.71万元。

各审判业务庭加大巡回审判力度，上门服务、巡回审理，通过送法进社区、进厂矿、进农村、进学校、进养老院，一些诉讼纠纷就地解决，切实促进社会矛盾化解，实现法律效果和社会效果有机统一。巡回审判工作作为西山区工作亮点接受昆明市软环境建设小组考核。

以区法院为主要载体，继续加强与云南大学共建“青少年法制教育基地”工作，召开“未成年人犯罪问题诊所”成立5周年研讨会。坚持对未成年人犯罪案件每案帮教，组织在校大、中学生到法院接受法制教育11次。加强法制新闻宣传工作，选择典型案件，向社会公众开展法制宣传，云南首例医疗废物污染环境案件、金座公司非法集资案等案件在本地各大报头版、各电视台重要时段播出，起到较好法制宣传效果。同时，中央电视台《今日说法》、《庭审现场》栏目制作区法院法制节目3期。在“3·15”消费者权益保护周，选派法官7人到《都市时报》现场接听读者热线，现场接待来访群众，开展消费者权益保护工作。

【深化审判改革】 按照“理顺关系，规范管理，提升品质”工作目标，以开展“审判管理深化年”活动为重点，以提高审判质量和效率为目标，从改革工作模式和审判运行机制入手，进一步强化内部管理，提升法院整体司法能力。为解决区法院“案多人少”困难，按照“均衡结案，动态管理”方法，对全院审判工作实行科学、精细管理，对审判执行工作实行量化管理和运行过程动态监控，保障审判运行流畅高效。认真开展案件质量评查工作，结合实际修订审判执行流程管理办法，诉讼、执行案件全部实现计算机网络化管理，堵塞审判管理漏洞。全面推行目标化考核管理。1月，成立目标管理考核办公室，完善量化分类考核办法，按照法官、人民陪审员、书记员、后勤人员等4类标准对全院人员实行科学考核，做到细化目标，量化任务，分类考核。通过实行目标化考核管理，建立科学工作业绩评价机制，使工作评估和考核逐步实现由无形向有形，由数量到质量的转变，形成职责明确，要求具体，责任到人。

创新案件速裁机制，在民二庭、立案庭、各派出法庭建立速裁审理案件机制，根据区法院《民事案件速裁暂行办法》规定，在双方当事人自愿前提下，简化案件审理程序，对简单民事案件以速裁方式审理。开展速裁工作以来，共办结案件366件，部分案件在立案环节得到妥善处理，结案时间最短几个小时，最长不超过10个工作日，当事人提供快速、便宜的化解矛盾纠纷途径，切实满足人民群众“快办案”的司法需求。加强信息化建设工作，年内实现办案计算机网络化管理，实现与省高院、市中院三级联网，开通法院内部局域网，实现与海口等5个派出法庭内部局域网互联，建成电视电话视频会议室，实现公文网上传输，提高办案效率。

【队伍建设】 深入开展公正廉洁执法专项教育整顿活动，加强法院党团组织建设，发挥党员干部先锋模范和党组织战斗堡垒作用。积极开展创建学习型法院、学习型党组活动，着力培育队伍积极向上的争先创优意识。签订党风廉政责任书、廉政建设责任承诺书，把廉政建设目标责任落实到部门和个人。全院未发现干警违法违纪事件。

组织全院干警到大学参加业务培训，全院法官以脱产封闭形式参加全市法院法官续职培训，支持、鼓励干警参加在职研究生学历进修，着力提高干警综合业务素质。通过庭审观摩，提升法官驾驭庭审、辨法析理、制作裁判文书和化解矛盾纠纷能力；加强书记员庭审记录、处理审判辅助事务、熟练运用审判管理软件和现代办公设备能力。进一步提高司法警察处置突发事件、提押、值庭、协助执行实务能力，提高审判质量与效率。

坚持及时向区人大、区政协汇报、通报法院工作情况。在两会期间，派出中层干部列席旁听人大代表、政协委员分组讨论、协商法院工作报告，认真听取、全面收集代表和委员的意见和建议，努力改进法院工作。全面加强党委、人大、上级法院批转的涉法涉诉信访件办理工作，做到主要领导督办，综合部门具体承办，做到件件有回复，件件有结果，区人大常委会以工作经验交流的形式把区法院加强信访工作的6条经验转发全区各部门。

4月，选任新一届人民陪审员40人，至年底，人民陪审员工参加审理案件1 828件，进一步扩大司法民主。

【“十一五”成就】 以化解社会矛盾为主线，充分发挥审判职能作用，关注民生福祉，化解矛盾纠纷，维护公平正义，审判、执行等各项工作取得显著成绩。5年来，共受理各类诉讼案件3.61万件，审结3.33万件，审结率92.38%；受理各类执行案件8 658件，执结6 193件，执结率71.53%。

案件类型方面，刑事案件每年在800~900件，民事案件数量最大，近5 000件。5年里，案件数量呈逐年上升趋势。2007~2010年，新收案件数保持7%上涨率，在工作任务艰巨的前提下，全院干警奋力完成审判任务，依法打击犯罪。5年来共受理刑事案件4 557件，结案率99.65%。受理民事案件2.14万件，结案率96.79%。受理行政案件810件，结案率

99.01%。为切实维护法律权威，保护当事人合法权益，坚持一手抓执行力度，一手抓执行规范，对有一定履行能力的被执行人，适用执行和解，通过分期付款、财产担保、案外人担保、债权转股权、产权抵债等方式，积极促使债权人与债务人执行和解，降低执行工作对抗性，提高执行效果，有力维护法律权威和当事人合法权益，执行工作呈良好发展态势。

以人为本，关注民生。陆续建立立案大厅，公开立案规定和收费标准，设立导诉台，加强诉讼指导和风险提示，切实解决人民群众“告状难”、“立案慢”问题；完善和落实司法便民措施，引导群众依法表达诉求，通过巡回法庭方式，方便群众诉讼；关心弱势群体，体现司法工作人文关怀，5年来共为经济确有困难当事人缓、减、免交诉讼费46.23万元。

加强队伍建设，促进法院文化和谐发展。先后组织安排“保持共产党员先进性”、“八荣八耻”、“学习实践科学发展观”、“人民法院为人民”等专项主题实践活动。采用“走出去、请进来”的方式，聘请知名法学专家来院授课，同时到国家法官学院、云南省法官学院、北京大学等培训机构进修学习，先后组织中层以上领导干部及审判骨干30余人到国家法官学院进行民事审判工作培训，在全院干警中举办刑事审判“宽严相济政策”讲座、民事审判速裁调解专题讲座及“刑事审判标准示范庭”和优秀法律文书评选等岗位练兵活动；执行法官参加业务培训15人，环保案件合议庭和行政庭法官参加业务培训6人。同时鼓励在职学习教育，专门制定相关规定，从制度、时间、经费等方面给予保障。5年来，本科函授毕业12人，硕士研究生在职学习毕业2人，正在就读硕士研究生16人，就读在职本科、硕士研究生人数占全院总人数的32%。

加强基础建设，增强保障能力。抢抓机遇，多方争取项目和资金，2006年9月，建成审判大楼；加强科技强警工作，截至2010年，区法院实现干警人手一台电脑；法院网络建设有新进展，在中心机房投资70万元，网络化建设投资150万元，实现办案计算机网络化管理，与省高院、市中院三级联网，开通法院内部局域网，实现海口等5个派出法庭内部局域网互连，建成电视电话视频会议室，实现公文网上传输，提高办案效率。

（李文华　何婵娟）

公　安

【维护社会稳定】　3月，抽调警力成立工作组，积极配合各拆迁指挥部工作人员收集维稳情报信息、做好处置突发性应急演练等社会面维稳管控工作。9月，建立外网情报信息分析研判中心，至年底，共收集整理上报《互联网信息》504期，封堵相关有害信息612条。全年共收集各类维稳情报信息2 549条，收集上报涉藏、涉疆、涉日、涉恐以及其他社会热点情报信息281条。提炼总结出重点人口“八项管控工作法”，实施风险评估，有效进行管理。查处非法入境、非法居留、非法就业案件43起106人。妥善处置各类群体性事件259起，涉及1.12万人。严打“法轮功”等邪教犯罪，立“法轮功”案13起、破12起，抓获嫌疑人31人；取缔有害气功组织一起50余人；办理涉缅专案1起9人；侦破省厅专案中抓获犯罪嫌疑人4人。

【信息化建设】　加强基础信息采集，更新、维护户籍人口信息47.01万条，采集流动人口信息28.07万条、车辆信息103.15万条、社会信息13.87万条、境外人员信息811条。采集违法犯罪人员信息1.29万条、DNA信息6 137份。收集捺印指纹9 645份，录入案件现场勘察信息2 238条。

加强信息化运用能力建设，成立分局情报中心、大队专业情报分析室和派出所专职情报信息员，通过信息研判，向作战部门下达“深准精”和“短平快”的研判指令，对犯罪活动实施深度打击。

加强信息化实战运用，在实有人口管理中开展“户口网上迁移”，“互联网”网上咨询、受理，“警务热线”预约办理，便民服务中心限时办结等工作。共办理二代身份证2.51万份、审批户口6 705件、办理临时身份证2 102件、网络印章审批8 488枚、特行审验办证680件，受理中国公民出国（境）申请1.72万人次。

加强信息化手段建设，在国家安全保卫大队建立“国保局域网”，加强网侦手段建设，加大网络群体性事件排查、网络犯罪侦控工作。采集“宾馆、酒店式公寓、洗浴中心”等非经营性上网场所网络基础数据，延伸虚拟社会管控触觉。

加强信息化侦查破案机制建设，开展“网上追逃、网上串并、网上破案”等工作。共接收省厅信息化自动预警平台预警信息2.54万条，抓获逃犯120人；通过城市报警视频监控系统抓获嫌疑人131人，制止打架斗殴案件74起，提供案件线索393起；通过案件串并、指纹比对、网上布控、警务核查等信息化手段，破案523起，查获被盗抢机动车6辆。

【和谐警民关系建设】　共排查出各类矛盾纠纷93起（其中涉及征地补偿32起、企事业单位改制7起、城市改扩建27起、特殊群体5起、其他纠纷22起）。牢固树立“社会矛盾纠纷就是警情，调解也是执法”的理念，在社会矛盾纠纷排查化解中进一步密切警民关系。一是在“大走访”中化解一批矛盾纠纷。共走访3 072人次，集中走访企事业单位982个，走访辖区家庭1 856户。通过走访收集信息1 057条，征求意见、建议523条，化解矛盾纠纷78起，整改治安隐患105

起。二是在社区警务工作中调处一批矛盾纠纷。在17个城区派出所建立治安民间纠纷联合调解室基础上，全面推行矛盾纠纷调解“以奖待补”措施，在各社区居委会、小区物管和社区警务室增设治安纠纷调解室173个，调解各类纠纷8 307起。三是在便民服务网站、警务热线、110短信回访中疏导一批矛盾纠纷。共接听受理警务热线3 687件，办结市长信箱、热线督办件132件。通过“警务便民服务网站”、“虚拟警务室”及时受理网民意见建议，及时发现并化解一批社会矛盾纠纷。四是在信访工作中化解一批矛盾纠纷。共受理群众来访来信309件次，牢固树立“把信访工作当作送上门来的群众工作抓好抓实”理念，及时化解矛盾纠纷。五是在宣传报道中拉近警民关系。在西山公安互联网门户网站、云南省人民政府“96128”政务信息查询系统等主流媒体及各类报刊集中报道西山警方信息99次600余条，在新闻宣传中树立西山公安良好形象，潜移默化消除一批社会矛盾纠纷。

【创建执法示范单位】 在前期制定10个大项28个类别135个小项的规范执法执勤制度基础上，结合工作实际制定规范化建设工作实施意见、实施办法等执法制度。将部门执法质量工作作为“政工干部”绩效考核、进职晋升的重要考核依据。在全局民警中组织开展“执法资格认证考试”，在全局民警警务通上安装“法律知识考试系统”、《民警警务实战手册》等电子文书，进一步规范民警执法行为，服务群众的渠道更加畅通、方法更加灵活、警民关系更加密切。

【打击刑事犯罪】 全年全区共立刑事案件1.62万起、破6 522起（同比分别上升134.21%和4.9%），共抓获刑事犯罪嫌疑人2 437人（刑事拘留1 645人、逮捕1 307人、取保候审306人、劳教14人），收教162人；打掉犯罪团伙148个576人；抓获逃犯228人（含命案逃犯17人）。

健全情报信息收集机制，重点收集排查“聚众斗殴、聚众闹事、寻衅滋事、收保护费、碰瓷”等涉黑涉恶警情4万余条，分析疑似涉黑涉恶线索警情303条。成功打掉敲诈勒索团伙1个、涉黑专案1个、涉黑组织团伙1个，共逮捕79人，查证案件80余起；查获组织容留妇女卖淫团伙1个（逮捕20人）。

全力抓好“命案”侦防工作。及时侦破抢劫杀人案、特大抢劫强奸杀人案等严重影响社会稳定的大要案。以打黑除恶、命案侦防、打防“两抢一盗”等犯罪为龙头，精心组织、全警参与、加速推进“冬季行动”、“百日会战”、“严打整治”等一系列专项行动。基本做到“时间上无缝对接、工作力度不减、措施不停、成效不打折”。共打掉犯罪团伙133个469人，缴获大批赃款赃物发还群众，其中仅追缴盗抢机动车一项就达208辆（价值500万余元），“严打整治”战果排名全市第一，实现执法效果与社会效果“双赢”。实现“110”总警情，刑事、治安警情，“两抢一盗”警情全面下降，实现100多天“两抢”警情零接报。

【禁毒工作】 加大毒品案件的打击力度，全年共破获毒品案件344起（同比上升22%），破获万克以上大案8起；抓获毒品犯罪嫌疑人489人（同比上升22%）、逮捕402人（同比上升26%）、强戒907人；缴获毒品323.34千克（同比上升41%）；缴获毒资人民币1 000万余元、缴获运毒汽车42辆；打掉贩毒团伙41个。5月，禁毒大队根据线索，历时4个多月辗转西双版纳、武汉等地，先后侦破特大贩毒案5起，缴毒103.2千克，抓获25人，此系列案件被公安部列为“部级督办案”。

加强“海陆空”、“网上网下”缉毒工作，积极参加省、市公安机关组织的公开查缉毒品专项行动和航空邮件查缉专项行动，查破运输毒品案140起，抓获犯罪嫌疑人145人，缴毒58.2千克；运用信息化自动预警平台破获毒品案件5起、缴毒9千克。规范易制毒物品管控，在对辖区300个企业进行全面检查时，缴获硫酸20吨、丙酮15.62吨；深入开展社区戒毒工作，开具责令社区戒毒（康复）决定书1029份。禁毒工作考评连续5年排名全市第一。

【经侦工作】 全年立经济犯罪案件204起、破190起，挽回经济损失2 966.64万元；抓获犯罪嫌疑人80人，抓获逃犯10人，打掉经济犯罪团伙6个；缴获价值100余万元的假冒茅台、五粮液等知名品牌酒385件；缴获假发票1.53万份，捣毁制贩假发票窝点3个。建立经济犯罪预警、防控、办案协作机制，配合工商、税务、烟草等行政执法部门开展“打击非法传销”、“打击侵犯知识产权”等专项行动，有效遏制重点行业经济违法犯罪高发态势。协助西山区烟草专卖局查获假烟2 216条；协助中信银行追缴恶意欠贷500万元。

【治安行政管理】 2月26日，在全区开展“平安社区·无盗楼院”创建活动，将全区治安管辖区划分为2 614个“无盗楼院”，通过普查摸清辖区高发案数、人口底数、人防物防技防建设情况，对在2009、2010年实现“盗窃”零发案的1 524个楼院（2009年814个、2010年710个）授予“无盗楼院”牌匾。聘用楼栋院长892人，组建义务巡逻队37支491人，新增内保人员307人，新增派驻保安1 547人，以老旧小区、城中村为主，采取动员群众出一部分、村居委会补助一部分的办法，共新装单元防盗门1 219道，安装数字联网报警器917个，安装单位内部监控探头669个。

全区公安机关按照“宽整治、广整治、滚动整治、不留死角”工作原则，以“平安社区·无盗楼院”、“百日会战”以及“2010严打整治行动”为载体，对挂牌整治11个社会治安重点地区进行全方位排查整治。抽调警力22人成立“社会治安重点地区排查整治工作组”，对9项突出治安问题开展滚动整治，将全区280个娱乐场所、719个旅馆业、19个“公寓式酒店”等行业场所纳入日常动态管控视线。在全区287所中小学、幼儿园配备专职保安员343人，安装视频监控探头108个、红外线报警系统4套，在重点部位安装监控报警设备112个，向274所学校选派法制副校长，新建学校保卫组织21个；清理整治校园周边行业、场所、网吧等627个，发现安全隐患、治安问题78起；开展校园安全宣传教育200余次，受教育师生达13万人次。出动警力1.37万人次完成214次保卫任务，涉及人数规模45.9万人，完成警卫任务18次。全年共受理治安行政案件1.48万起、查处1.45万起，一般性程序治安行政处罚1.01万人。调解治安纠纷1.29万起（治安纠纷程序调解3 857起）。

【队伍建设】 坚持以“改革、创新、求真、务实”理念创造良好业绩，年终综合考核再获“优秀公安局”荣誉称号；坚持把队伍建设和执法规范化建设作为公安工作的根基，实现创建“零违纪单位”目标。

按照公安队伍正规化建设总体要求，全面开展“效能昆明”、“争先创优”等活动，定期召开辖区人大代表、政协委员及群众代表座谈会43次，发放征求意见表1 205份，收集意见、建议265条，梳理出意见和建议18条，逐一落实整改措施。制定《西山分局警务督察问责问效办法》，进一步细化、强化日常督察检查工作。推出民警“3+2”（对有功民警强制休假3天，周末2天邀请家属一同休假）强制修养模式，完成5批349名民警及家属休养。慰问看望生病住院民警22人次、慰问烈士家属3次；每季度召开老干座谈会1次。全年成立西山警官俱乐部18个，吸引民警及家属1 257人参与俱乐部团体活动。其中“云莺舞蹈队”代表市公安局文艺小分队赴中央3套“欢乐英雄”栏目演出。聘请特聘教官7人协助分局做好培训工作，进一步增强民警警务技能。

【“十一五”成就】 以构建“平安西山”、“和谐西山”为主线，以深入开展社会主义法治理念教育为契机，全力维护社会政治稳定，严厉打击违法犯罪活动，完成各项公安工作任务，为全市经济社会和谐发展发挥重要作用。2006年，建立醒酒约束中心；2007年8月，建立打防“两抢”犯罪“323”奖励机制；2008年3月，落实重点人口管控经费，同时推出“8599999”警务热线；2009年4月，为执法部门配备现场执法记录仪；2009年5月，建立“民警心理健康服务工作室”；2009年6月，将基本法律知识考试纳入科级干部竞争上岗考试中；2009年10月，建立西山分局互联网门户网站（www.8599999.net）；2010年1月，建立110接处警满意度回访机制；2010年2月，开展“平安社区·无盗楼院”竞赛活动；2010年6月，推行矛盾纠纷调解“以奖待补”机制；2010年9月，首批被评为全省公安机关“爱民实践示范单位”和“执法示范单位”，是全省129个县级公安机关中唯一同时荣获两项殊荣的公安局；2009年10月，代表市公安局参加全省公安机关“三考”（基本法律知识考试、执法办案卷宗考评、信访工作考查）成绩名列全省第一；2009、2010年连续两年荣获“优秀公安局”荣誉称号，2010年实现“零违纪”单位。

（李利娜）

司法行政

【普法宣传】 年内，全面开展法制宣传教育工作，参加“科普活动周”、“安全生产宣传月”、社区两委换届选举等专项法制宣传活动10次，宣传3万余人；利用法制宣传车巡回宣传等手段，深入各街道办事处，对城中村改造、林权纷争、道路施工等重点工作进行政策宣传15次1万余人。以全面提高公务员及领导干部的学法用法能力为着眼点，5月，组织全区国家和区属企事业单位管理人员3 200余人参加全省法律知识考试，10月，组织全区公务员及纳入公务员管理的事业单位人员3 960人进行年度普法教育统一考试；以加强青少年知法守法意识为目标，努力构建和完善学校、家庭、社会联动的“三位一体”青少年法制教育格局。全年组织开展法律咨询服务570余人次，举办法制展览83次，编辑法制文艺节目94场，开展法律知识竞赛12场，向群众发放政策法规宣传资料4万余份。

【推进法治西山建设】 健全部门间的协调配合机制，坚持用制度管权、管人、管事，大力推行政务公开，健全政府信息发布制度，完善各类公开办事制度。推行执法责任制、执法公示制、过错责任追究制，逐步将各项执法活动纳入法治化轨道。加强政府自身建设，构建行为规范、运转协调、公正透明、廉洁高效的行政管理体制，全面推行行政机关行政绩效管理、行政成本控制、行政行为监督、行政效能提升4项制度。贯彻落实重大决策听证制度，确保工作制度化、规范化。以“民主法治社区”创建活动为载体，强化依法行政，规范服务行为，坚持司法公正，有效促进基层依法治理、平安西山建设和法治政府建设。6月22日，西山区“五五”普法、“四五”依法治区工作通过市级考核验收。至年底，4个社区达到省级民主法治社区创建标准，10个社区达到市级民主法治社区创建标准，54个社区达到区级民主法治社区创建标准，创建率、达标率均为100%。

【打黑除恶专项工作】 2月3日，成立以局长为组长的专项工作领导小组，并制定具体工作实施方案。按照工作目标，积极配合司法机关做好刑事辩护工作，加强对黑恶势力犯罪案件律师辩护和代理工作的检查指导；充分发挥法制宣传工作优势，不断提高广大人民群众勇于同黑恶势力犯罪作斗争的责任感；依靠基层和群众，及时开展有针对性的矛盾纠纷大排查活动150次；全力做好重点人员稳定工作，最大限度减少重新违法犯罪。全年司法行政系统共制作宣传栏21期，张贴标语2 000余幅，向群众发放打黑除恶宣传资料4 000余份，营造“打黑除恶”宣传舆论氛围。

【人民调解】 全区共有基层人民调解委员会132个（街道调委会10个、社区调委会92个、其他调委会30个），调解小组536个，人民调解员1 983人。全年共调解各类矛盾纠纷3 227件，调解成功3 105件，调解成功率96.2%，防止民间纠纷引起自杀6件6人，防止民间纠纷转化为刑事案件22件94人，防止群体性上访9件700余人，无因调解不及时转化为刑事案件和引起自杀事件。

西山区在制订《人民调解“以奖代补”试行方案》和《人民调解“以奖代补”工作监督管理办法》基础上，9月4日，成立由区政法委书记任组长，区人大、区政府、区政协相关领导任副组长，区属有关部门及街道办事处主要领导为成员的专项工作领导小组。区司法局结合工作实际出台《西山区人民调解“以奖代补”纠纷案件考核奖励试行办法》，并于11月初完成对全区人民调解案件考核检查工作。全年各调委会共上报案件1 488件，经考核组检查，实际合格案件1 455件，合格率97.78%。

9月，由区司法局牵头，联合区总工会、区人民法院、区人力资源和社会保障局，成立劳动纠纷人民调解委员会。调委会是以化解劳动纠纷为主要职能的区域性、行业性人民调解组织，旨在开创“一站式”劳动纠纷化解工作机制。年内，西山区10个街道办事处相继设立劳动纠纷调解工作室，被聘任为首批西山区劳动纠纷人民调解委员会人民调解员17人。全年调委会及各工作室成功调解劳动纠纷案件12起，涉及金额8万余元，得到社会及群众认可和好评。

【安置帮教和社区矫正】 全年接收刑释解教人员99人（其中解除劳教人员41人、刑满释放人员58人），落实帮教措施96人，帮教率达96.9%；已安置人员84人，安置率88%；全年无重新犯罪人员。在册矫正对象共155人，其中被判处缓刑90人，被判处假释32人，判处监外执行18人，剥夺政治权利15人。

开展安置帮教、社区矫正“两个落实”（落实机构、落实责任）工作，全区10个街道办事处安置帮教和社区矫正工作领导小组都由一名分管政法工作的副主任总牵头，办事处安置帮教和社区矫正领导小组具体负责，综治办、司法所等落实日常管理工作。各居委会、企业成立工作领导小组落实具体工作任务。把安置帮教和社区矫正工作列入各办事处年度综合治理工作考核内容，通过层层签订责任书，实行“三包”（包安置、包转化、包生活着落）、“三定”（定人员、定责任、定目标）方法抓好工作任务的完成。抓好回归人员衔接管控工作，通过及时造册建档，及时确定安置帮教责任，适时做好家访，及时进行法制教育，重大活动及节日期间做好走访和慰问等工作，以预防和减少重新违法犯罪。

【基层法律服务】 年初，对全区18个基层法律服务所、83名基层法律服务工作者进行年检注册。2月，组织全区基层法律服务工作者参加市局举办的培训班，重点对党的路线、方针、政策，牢固树立全心全意为人民服务的宗旨意识等相关执业标准进行系统学习培训；4月，组织全区合伙制法律服务所主任参加市司法局组织的对全市合伙制法律服务所主任培训。全年18个基层法律服务所共为24个单位担任法律顾问，代理诉讼事务98件，非诉讼代理213件，调解纠纷92件，解答法律咨询476人次，参与司法行政工作31次，发挥基层法律服务工作服务社会稳定、服务地方经济发展的良好作用。

9月28日，在团结街道办事处启动“百名法律服务工作者进社区”活动，标志着全区95个社区法律服务工作者进社区工作全面展开。为便于群众及时获得法律帮助，区司法局专门制作公示栏，注明法律工作者姓名、单位及联系方式，挂贴于各社区居委会。自此项工作开展以来，社区法律工作者为服务对象代写法律文书49份，举办法制讲座10场，调解各类纠纷86件，涉及金额170万余元，接受群众法律咨询140余人次。

【法律援助】 畅通维权渠道和规范工作程序，采取多种形式，加大法律宣传力度，不断提升法律援助的社会公信力。充分发挥“148”法律咨询热线的桥梁作用，使群众不出户就能解决法律问题；利用法律进社区等形式，通过发放宣传资料、宣传法律援助案例等广泛宣传法律援助有关知识；建立健全制度，严格按《法律援助实施办法》、《律师承办法律援助案件指派规则》受理承办法律援助案件，严把案件审查关；建立法律援助工作目标考核制，把法律援助案件数量、工作质量、服务态度列入法律服务人员年度目标考核内容，落实奖惩措施，促进和推动法律援助工作有效开展。全年区法律援助中心共办理法律援助案件103件，其中刑事案件97件、民事案件6件，接待来电来访咨询340件，案件指派和办结率100%，无群众投诉。

【公证工作】 3月，制定《西山区司法局对昆明市明诚公证处管理规定》，鼓励公证工作在城中村拆迁改造、拆零拆违、河道整治、辖区道路扩建等重点、热点事项中发挥职能作用，要求公证处党支部积极参与“创先争优”活动，把“创先争优”活动深入到每一项工作中，通过活动对公证处制度建设、队伍素质、公证质量、服务理念、业务拓展等进行不断总结，为公证处更好、更快发展打下坚实基础。全年明诚公证处办理各类公证事项1.49万件，其中，国内公证事项1.44万件，抵押登记24件，涉外公证事项500件。8月，明诚公证处获第一批“云南省公证行业文明公证处”称号和“云南省十佳公证处”称号，同时，公证处负责人王小松被省司法厅评为“云南省十佳公证员”。

【律师工作】 注重学习教育和服务创新，继续在全区律师队伍中开展“中国特色社会主义法律工作者”主题教育实践活动，积极鼓励、引导、发动和组织法律服务工作者走进基层、走近群众，在社区设立法律服务站、咨询点，为居民提供便捷法律咨询服务，为社会创造良好法治环境。全年7个律师事务所共办理案件711件，其中民事案件372件、刑事案件138件，非诉案件103件，法律援助案件98件，为59个单位担任法律顾问。同时，根据省厅和市局统一部署及要求，制定在全区律师队伍中开展警示教育的实施方案，并在全区律师队伍中开展。

【机关建设和内部管理】 发挥班子领航作用，落实党风廉政建设责任制。全年局党组深入基层开展调研活动17次，撰写调研报告3篇。在全体干警中深入开展理想信念、政治纪律、职业道德和法律知识教育，制订年度党风廉政建设工作计划和年度党风廉政建设和司法行政工作责任保证书。由于监管措施得力、制度完善，全区司法行政系统年内无违纪现象和违纪案件发生。局党组书记、局长杨茂根因工作成绩突出，被市级记三等功一次。

年初，制定《“效能西山”建设活动实施意见》、《行政能力提升制度工作方案》。及时修改完善政务公开栏、行政执法责任公布栏、行政行为流程图及行政执法档案。结合工作实际，努力推进机关信息化建设和电子政务建设，制定“西山区司法局电子政务网络使用规定”。全年通报重点工作事项110项，公示重要事项6项。上报上传各类信息简报216篇（条），被省、市司法行政系统，区委、区政府及新闻媒体采用和转载45篇（条）。

1月，局党组实施并完成全局中层干部竞争上岗及一般干部工作岗位双向选择工作，激活机关选人用人机制。开展“创先争优”活动，推进精神文明建设和组织建设。6月，区司法局在云安会都举办为期2天的“首届法律服务工作者运动会”。10月20日，召开党总支委员会换届“公推直选会”，通过公开推荐和无记名投票，当选为新一届区司法局党总支委员5人，增强党的组织建设和先进性建设。全年组织业务学习培训18次，参加区级组织的都市经济、公共服务管理等学习培训7次。

【“十一五”成就】 “十一五”期间，区司法局全面完成全区10个司法所规范化建设工作。2008年2月，局机关增设政工科，机构规格为副科级；2008年4月，区委决定对全区10个司法所所长按副科级配备。2008年，西山区司法局被云南省人民法院、云南省司法厅评为“全省司法行政系统指导人民调解工作先进集体”。

实施“五五”普法教育。在全区公民中普及学习《治安处罚法》、《妇女权益保障法》、《昆明市流动人口管理条例》、《城市居民委员会组织法》、《选举法》、《劳动合同法》、《物权法》等14部法律法规。订购普法教材2万余册，开展送法进社区、进校园、进农户等活动，送学习资料、法律书籍2万余册。制作法制教育图片100余幅，开展普法展览20余场次，文艺宣传演出10余场次。以生动直观的宣传形式对全体公民进行法制教育。

区司法局和区教育局邀请省少管所管教干部及未成年犯3人，为3 500名学生、家长讲授法制教育及亲身体会。区司法局和区教育局，多次组织人员到区中小学调查了解法制教育情况和学生思想状况，共同编制《西山区中小学法制教育宣传材料》分发全区各中小学校。并在中小学生中广泛开展学法、知法、守法等征文活动。

以“民主法治社区”创建活动为载体，强化依法行政，规范服务行为，坚持司法公正，促进基层依法治理、平安西山建设和法治政府建设。自2005年西山区开展“民主法治示范村（社区）”创建活动以来，截至2010年，全区98个村（社区）中4个社区已达到省级民主法治社区创建标准，25个村（社区）达到市级民主法治社区创建标准，54个村（社区）达到区级民主法治社区创建标准。

健全完善司法信息渠道，妥善处理热点、难点、涉法涉诉上访问题。2008年4月，区司法局分别在云南省第一人民医院、昆明市第一人民医院、昆明市儿童医院、西山区人民医院、云南平安中西医结合医院等5个医院设立医患纠纷调解委员会。2008年5月，在马街、东风、大观楼派出所建立人民调解“110”机制。2010年9月，开展“人民调解参与劳动纠纷调解”试点工作。截至2010年底，建立各类人民调解委员会132个，调解小组536个，人民调解员达2 133人，专职调解员36人。2010年6月，区财政拨出专项经费，在全区开展人民调解“以奖代补”工作。将矛盾纠纷划分为简易纠纷、普通程序一般纠纷、普通程序疑难纠纷和普通程序重大纠纷4类，调处完毕后分别奖励50元、100元、300元和500元。

整合多方资源，构建和完善全区基层矛盾调解、法制宣传网络，在全区街道办事处开展“百名法律服务工作者进社区”活动，制定相关工作方案和管理办法。法律服务者进驻社区，以“为民服务、公益为主、正面引导、持续运行、资源共享”为原则，主要提供法律咨询，帮助困难居民依法获得法律援助。

（马维凯）

驻区公安消防

云南省公安消防总队

【火灾情况及原因分析】 2010年，全省共发生火灾2 071起，死亡64人，伤19人，直接财产损失7 319.9万元，与去年同比火灾起数下降4.8%，死亡人数持平，伤人数下降29.6%，直接财产损失上升26.1%。全年无重特大火灾事故，尤其是无群死群伤恶性火灾事故发生。

生活用火不慎引起火灾536起，死21人，伤5人，直接财产损失873.4万元，分别占总数的25.9%、32.8%、26.3%和11.9%；电气火灾464起，死10人，伤3人，直接财产损失1 753.8万元，分别占总数的22.4%、15.6%、15.8%和24.0%；玩火引起火灾225起，死6人，直接财产损失488.2万元，分别占总数的10.9%、9.4%和6.7%；吸烟引起火灾141起，死9人，伤1人，直接财产损失154.5万元，分别占总数的6.8%、14.1%、5.3%和2.1%；生产作业类引起火灾140起，伤3人，直接财产损失840.7万元，分别占总数的6.8%、15.8%和11.5%；其他原因火灾179起，死4人，伤2人，直接财产损失551.7万元，分别占总数的8.6%、6.3%、10.5%和6.7%；不明确原因209起，死8人，伤2人，直接财产损失1 890.8万元，分别占总数的10.1%、12.5%、10.5%和25.8%；放火引起火灾125起，死6人，伤3人，直接财产损失437.5万元，分别占总数的6%、9.4%、15.8%和6%；正在调查火灾12起，直接财产损失147.4万元，分别占总数的0.6%和2%。

【火灾分布】 从火灾发生的地区看，火灾相对集中在昆明、大理、玉溪、文山、楚雄、曲靖等地，其中昆明777起、大理266起、玉溪118起、文山118起、楚雄112起、曲靖108起。从起火区域看，农村火灾所占比例较大，共发生农村（村、寨、屯等）火灾895起，死45人，伤8人，直接财产损失3 076.7万元，分别占总数的43.2%、70.3%、42.1%和42.0%。从起火场所看，住宅、宿舍是火灾多发并造成人员伤亡的主要场所，其住宅火灾819起，死53人，伤12人，直接财产损失2 471.4万元，分别占总数的39.5%、82.8%、63.2%和33.8%；宿舍火灾184起，死7人，直接财产损失412.2万元，分别占总数的8.9%、10.9%和5.6%。

【构筑社会消防安全“云岭防火墙”工程建设】 省政府把构筑“云岭防火墙”工程纳入起草编制的“十二五”消防工作发展规划主要内容，写入与16个州（市）政府签订的年度消防工作目标管理责任状，作为“政府工程”来强力推进，深化平安消防

* * * * *

县（市、区）和“零火灾”乡镇（村寨）创建活动。同时，制定下发出台构筑“云岭防火墙”工程工作基本建设标准等文件；省消防安全委员会制定工作考评细则和奖惩办法，并建立完善定期分析研判、通报督办、奖惩激励等制度，各州（市）、县（市、区）政府也制定下发工作实施方案，为“云岭防火墙”工程深入推进提供政策支撑和组织领导保障。按照“典型引路，以点带面，整体推进”的思路，全省2010年共确定44个政府部门（包括乡镇及街道办事处）、1 060个社会单位、302个社区、3 450个行政村和43个公安机关消防机构为示范典型，并于10月12日组织召开全省构筑“云岭防火墙”工程现场会，总结推广经验。各地共组织召开现场会（推进会）462次，有力地推动整体工作开展。通过大力实施构筑“云岭防火墙”工程，全省1 126个乡镇（街道）、1 051个社区和1.02万个农村成立专门消防工作组织，新建农村消火栓2 914个、消防水池3 652个、消防取水设施4 891个，组建政府专（兼）职消防队248支、企业专职消防队120支、乡镇志愿消防队1.05万支、派出所消防中队25个，配备各类消防车789辆和手抬消防泵、水枪、水带等一批器材装备，农村、社区消防安全条件进一步改善。全省社会单位全年共开展灭火疏散演练1.32万次，自查整改火灾隐患7 896条，培训消防安全“明白人”1.28万人、保安员3.16万人，3 645个社会单位完成消防安全“四个能力”建设任务。

【灭火和应急救援能力建设】 研究制定进一步加强战训工作的意见，组建总队特勤支队；提请省政府出台加强应急救援队伍建设的意见，批准组建省综合应急救援总队，所有州（市）、县（市区）都依托消防部队组建综合应急救援队伍，提前2年完成建队任务。促成省应急救援中心和特勤支队规划调整工作；积极争取部局批准把昆明消防搜救犬培训基地作为全国仅有的2个基地之一予以重点建设；积极争取省级攻坚组装备建设配套经费4 900万元，灭火救援攻坚组装备建设3年规划稳步推进。深化打造“云岭消防铁军”活动，组建攻坚组159个，组织2期426名灭火救援攻坚组队员集中轮训，建立灾情等级力量调派和战勤保障机制，深入开展基层指挥员培训、攻坚组大比武和实战测试演练，提升部队灭火应急救援实战能力。

【火灾排查整治】 根据火灾现实斗争需要，结合实际，把握节点，组织开展建筑消防设施、校园及校园周边、高层和地下建筑、在建工程施工工地等消防安全专项治理和“云岭平安”系列专项行动，全力做好“两节”、“两会”、世博会、亚运会、亚残运会、昆交会等重大节事活动消防安全保卫工作。将3月份作为全省集中挂牌整治重大火灾隐患月，省、州（市）、县（市、区）三级政府共对145个重大火灾隐患单位进行挂牌督办并全部整改销案。在政府的统一领导下，各级公安机关、消防机构联合住建、规划、工商、质监、安监、文化、教育、卫生、旅游、人防等部门，针对突出问题加大火灾隐患排查整治力度，排查人员密集场所1.38万个、高层和地下建筑3 812个、易燃易爆场所2 171个，查处整治火灾隐患2.34万条，行政拘留128人，查处消防产品行政违法案件188起，查封单位、场所301个，有效净化社会消防安全环境。

【社会消防管理创新】 推行行业自律管理新模式。以大理、文山、曲靖等州（市）为试点，积极引导花卉、旅游、服务等行业协会协助消防部门对本行业实施监督管理，指导其将“四个能力”建设要求写入社团组织章程，制定会员消防安全自律公约，建立日常管理、检查报告和评估奖惩机制，督促会员单位落实消防安全责任和消防安全管理措施。健全社会消防中介服务网络。发展消防技术咨询、消防设施检测评价、消防设施维护管理、火灾事故协查等4大类40个消防中介组织，并通过消防中介服务机构从业人员定期考评、动态抽查积分管理等措施，规范其从业行为，基本建立适应全省市场需求的消防中介服务体系。探索建立派出所消防中队。开展消防监督等级评定达标。各级公安消防机构大力加强消防监督执法规范化建设，开展消防监督管理工作质量等级评定、“办案能手”、“精品个案”评选和“云岭消防大走访开门评警”等活动，不断规范消防监督执法服务工作，畅通便民利民渠道，消防工作服务水平明显提升。全年对全省153个执法单位执法质量进行考核评议，31个单位被评为一级达标单位，78个单位被评为二级达标单位；3个支队、12个大队被命名为省级执法示范单位，30个大队被命名为州、市级执法示范单位。

【部队基层基础建设】 坚持面向基层、服务基层，不断强化基层基础建设，夯实事业发展根基，扎实开展“百名校官业务能手下基层帮促”活动，投入4 812万元为基层办好“9件实事”，有效解决基层自身无力解决的难题。新改扩建营房15个，新增营区14.43公顷、营房面积5.2万平方米，完成大理、红河战勤保障大队建设，玉溪战勤保障大队建设稳步推进；总队培训基地和地震灾害救援专业训练基地一期工程竣工投入使用，彻底改变省开展消防教育训练没有专门场所局面。加快网络基础设施升级改造，稳步推进卫星通信网和移动指挥中心建设，8个支队完成信息通信指挥中心改造。投入经费2.08亿元，新购消防战斗车171辆、器材装备2.88万件套，特种防护、抢险救援装备器材配备率大幅提升，举高消防车、涡喷消防车等一大批新型技术装备陆续配备，器材装备投入之大、数量之多创历史之最。

【抗旱救灾】 抗旱救灾期间，全省消防部队先后出动车辆7.2万台次，出动官兵20.4万人次，行程21.2万公里，运水送水28.8万吨，解决群众饮水困难630万余人次，参与扑救森林火灾432起，保护村寨及文物古建筑、寺院等重点单位365个，向灾区人民捐款128万余元，为缓解灾情、保障群众生产生活发挥重要作用，是参战时间最早、作战面最广、持续时间最长、作用发挥最为明显的现役力量，受到人民群众广泛赞誉。总理温家宝、副总理回良玉以及省委、省政府领导亲切慰问战斗在抗旱救灾一线的消防官兵，给予充分肯定。

【“十一五”成就】 深入贯彻落实《消防法》、《云南省消防条例》，大力实施“十一五”时期消防工作发展规划，城乡公共消防安全基础不断夯实，灭火和应急救援实力不断增强，公共消防安全水平显著提升。

全省火灾保持平稳态势。全省共发生火灾1.28万起，死亡347人，受伤153人，直接财产损失2.235亿元，全省每10万人口火灾事故死亡率为0.14，GDP火灾损失率为0.78‰，年均发生火灾2 552起，死亡70人，受伤31人，直接财产损失4 660万元。与“十五”时期相比，年均火灾起数下降31%，死亡人数下降34%，受伤人数下降73%。

城乡抗御火灾能力明显增强。各

地自觉将消防工作纳入经济社会发展大局，普遍制定本地区消防工作发展规划，建立完善政策保障、经费投入和考核奖惩长效机制，推动消防工作与经济社会协调发展。所有县级以上城市、重点（中心）小城镇全部完成消防规划编制任务，新建、补建城市消火栓5 061个，完好率达90%；大力实施“乡乡、村村有消防队”工程，组建专职、志愿消防队约1.1万支12余万人。新建消防站32个，购置消防战斗车辆388辆、装备12.8万件（套），涡轮喷射车、举高喷射车、抢险救援车等一大批新型装备配备部队，基本形成满足现代火灾扑救需要的装备结构体系。

消防安全环境明显改善。各地把消防工作作为社会治安综合治理和平安创建工作的重要内容，深入开展“平安云南·消防安全县（市区）”创建活动，全省所有社区和82%的乡镇完成消防安全创建任务；积极推动火灾保险工作，3 668个消防安全重点单位投保公众火灾责任险，农村房屋财产火灾险投保率达92%。各级、各部门坚持防治结合、标本兼治、重在治本的方针，把火灾隐患排查整治纳入制度化、规范化轨道，加强火灾隐患源头控制，健全重大火灾隐患立案销案和挂牌督办机制，形成政府统一领导、部门行业联合执法排查整治火灾隐患的强劲态势。全省先后开展“红盾行动”、“云岭平安”等专项整治行动147个，排查整改火灾隐患11.2万处，切实消除大批影响公共消防安全的突出问题，创造良好消防安全环境。

灭火和应急救援工作成效显著。省委、省政府在加强地震、地质灾害应对能力建设10项重大措施中，明确把消防部队作为应急救援主要力量来建设，批准立项建设省应急救援中心，新建总队培训基地和地震灾害救援专业训练基地，把昆明消防搜救犬培训基地作为全国仅有的2个基地之一予以重点建设，强化应急救援装备建设；出台“加强全省应急救援队伍建设的意见”，批准组建省综合应急救援总队，所有州（市）、县（市、区）都依托消防部队组建综合应急救援队伍；全省公安消防部队忠实践行胡锦涛总书记“忠诚可靠、服务人民、竭诚奉献”三句话总要求，大力加强部队正规化建设，深化打造“云岭消防铁军”活动，组建灭火救援攻坚组159个，深入开展基层指挥员培训、攻坚组大比武和实战测试演练，成功举行滇中协作区跨区域地震灾害救援拉动训练，部队实战能力大幅提升。5年来，全省消防部队灭火和应急救援出动3.3万次，营救遇险群众1.05万人，救助受灾群众29.3万人次，抢救财产价值23.6亿元，完成抗震救灾、抗洪抢险、抗旱救灾、藏区维稳、边境处突、奥运保卫等重大任务，受到各级领导高度评价。

（王岗　赵璐　李明康　詹保新）

西山区公安消防大队

【队伍正规化建设】　以“抓班子、树正气，抓执法、树形象，抓落实、树新风”实践活动为载体，引导党员干部树立正确的世界观、人生观、价值观。大队及二中队作为昆明消防部队正规化建设精细化管理试点，严格按照部队正规化管理要求，坚持依法从严治警，通过实施精细化管理，规范“战备、训练、工作、生活”4个秩序，规范营区及31个库室设置，规范司令部、政治处、后勤处、防火处对口业务13大类116项台账，大队各项工作得以快速推进，实现工作效率最大化，有力提升部队管理水平，逐步形成责任明晰、制度规范、教育经常、措施科学、工作精确管理格局。年内完成试点、建设并举办现场会。

全力打造从部队管理到执法服务的正规化队伍，大队全体干部在工作中认真学习，积累经验，业余时间强化业务基础，在上级组织的各项培训竞赛中均取得优异成绩，全年未发生因重大执法过错而引起严重后果的执法行为，无行政败诉案件。年内三级岗位资格证考试中，大队外聘文职通过考试2人，获得岗位资格证，为大队执法队伍增添新力量。

【火灾概况】　2010年，全区共发生火灾91起，死亡3人，受伤1人，直接财产损失240.05万元。比上年同期火灾起数下降42%，死亡人员上升200%，受伤人数上升100%，直接财产损失上升210%。分析火灾原因主要以农村发生火灾最多，村民消防安全意识淡薄，火灾中逃生自救意识不强导致人员伤亡上升。

【抢险救援】　注重战斗力生成，着力构建“训练有素、装备精良、准备充分、反应快速、指挥有序、战斗力强”的灭火救援目标体系，全力推进西山消防铁军建设，努力提升部队灭火救援能力。全年大队共接警212起，出动222次（含增援），出动消防车325辆次，消防官兵1 911人次，抢救被困人员47人，疏散人员129人，抢救财产价值71.16万元。完成安全保卫20次，出动车辆22辆次，警力124人次。

【消防安全专项治理】　大队全年共组织开展消防安全专项治理5次。全区共排查单位1 983个，发现火灾隐患267条，发出“责令限期改正通知书”145份；一般程序行政处罚94起，罚款94.41万元，责令“三停”（停产、停业、停止施工）12个，临时查封8个。报市级政府挂牌督办的重大火灾隐患单位2个，共投入整改资金30万余元，整改完成率达100%，火灾隐患整治成效显著。

【火灾防控体系建设】　推进社会消防安全管理创新，前移火灾预防关口，提升社会火灾防控能力，确保全区火灾形势稳定。政府签订“2010

年消防工作目标管理责任状”259份，其中重点单位249份，街道办事处10份，召开消防工作专题会议4次，下发文件14份，区政府副区长杨建军带队检查消防安全大检查2次。3月29日，大队召开西山区社会单位“四个能力”建设动员部署会，会后，大队及时开展相关培训班4期，培训1 500余人。根据上级要求，全年全区属于人员密集场所的重点单位达标136个，至年底，大队建成示范单位30个，并选出精品单位2个，分别召开现场会2次，实现以点带面，全面推进，重点单位中人员密集场所达标110个。

夯实农村、社区火灾防控，大队继续推进农村房屋火灾保险，全区投保2.31万户11.55万元，投保率达100%。按照“一乡一队一车一泵”要求，深入实施“乡乡、村村有消防队”工程。大队组建街道办（海口、团结）专职消防队2支，义务消防队10支。10月13日，召开夯实农村社区“四个基础”现场会，全面推进农村社区“四个基础”（夯实组织建设基础、夯实设施建设基础、夯实群防群治工作基础、夯实队伍建设基础）建设，全年大队建成达标社区22个，完成率81.48%。同时，加强完善公安派出所消防监督管理工作机制，全年对辖区各派出所治安中队中队长、社区民警培训2次。

【拥政爱民】 塑造“亲民、爱民消防”良好形象，继续深化“119爱心助学工程”。全年大队全体消防官兵捐款5 700元资助贫困中小学生入学。积极投身到各种抢险救灾工作中，组织开展“献爱心、送温暖”捐款捐物活动，共慰问孤寡老人、残疾人60多人，向贫困人员捐款1.5万元、捐物30多件。

【后勤保障体系建设】 坚持以经费保障、资产管理、基层基础设施建设、从优待警为重点，着力构建后勤保障目标体系，大力提升部队后勤保障能力。区委、区政府常务会议先后专题研究消防工作4次，确保领导重视和经费投入。全年消防业务经费预算454万元，较上年增长33%。大力加强装备建设，区政府同意投资120万配齐西山消防铁军装备，投资450万为西山二中队配置53米举高消防车1辆。着力加强基础设施建设，大队全年先后投入110万元修缮改造二中队营房。经区常务会议决定，西山区投资1 200万元，土地面积0.67公顷，在西山海口建设西山三中队，选址责任书道路红线图已办结。

【“十一五”成就】 5年来全区共发生火灾724起，死亡5人，受伤1人，直接财产损失540.68万元，过火面积1.34万平方米，受灾241户95人。完成消防规划修编，并科学规划消防安全布局、消防通道、消防水源和消防力量等建设项目。按照《城市消防站建设标准》要求，坚持“城市发展到哪里，消防站配套建设到哪里”的原则，完成西山区消防一、二中队营房改造，西山区消防三中队在建中，配齐配全消防部队车辆器材装备，提高灭火救援能力。2007、2008年，西山大队二中队被公安部消防局评为“公安消防部队基层建设先进集体”、“基层‘六化’建设示范单位”、“基层建设先进单位”，被云南省公安消防部队荣记集体三等功1次。

（张巧珍）

军事

编辑 马 俊

驻区部队

成都军区昆明总医院

【思想政治建设】 坚持党委中心组理论学习制度，抓好第三批科学发展观学习实践活动，不断推动学习实践科学发展观向深度和广度拓展。骨科主任徐永清被全军学习实践科学发展观活动领导小组树立为学习实践科学发展观先进典型，被誉为“全心全意服务边疆军民大爱名医”，并在西南战区作巡回事迹报告6场。深入开展培育当代革命军人核心价值观主题教育，部队心理服务试点工作受到军区高度评价。着力推进政工网建设，增强政治工作实效性。组织政治机关和政治干部集训，参加联勤部教员比武竞赛取得优异成绩。全年发表新闻报道工作稿件823篇，为历史最高。高标准完成文化广场主题雕塑建设。医院文艺节目获全军业余文艺汇演表演一等奖，院史馆被昆明市政府列为“昆明军事医学博物馆”，政治部被联勤部表彰为“先进政治机关”，医院被表彰为“全国城市医院文化建设先进集体”。

【卫勤准备工作】 围绕提高卫勤保障能力，修订完善战备预案。严密组织野战医疗所模块化单元救治、战伤收治演练，应急保障能力通过上级检验评估。以全军卫生系统岗位练兵活动为契机，依据《大纲》严格卫勤训练落实。赴黎巴嫩国际维和二级医院受到中国驻黎大使馆和联黎指挥部高度评价，抗旱救灾工作受到总部、军区和云南省充分肯定。完成军委、总部首长在滇工作期间随行保健工作和友好邻邦国家领导人来院体检、住院治疗等外事任务。

【医教研护工作】 年内，建成军人体检中心，开展“责任中国·千里边防送健康”大型义诊活动，深入云南边防连队送医送药，如期完成精神病科建设任务，高标准完成体系部队官兵体检鉴定工作，全年补贴部队伤病员经费达1亿元。医疗数质量继续保持军区领先，全年门急诊人数70.5万人次，出院病人6.02万人次，平均住院日较上年缩短0.52天，医疗外收入达12亿元。全年共获计划课题34项，资助经费首次突破千万元。获得军队和云南省三等以上科技奖励20项，两名学科带头人被表彰为“全军医学科技工作先进个人”，骨科被表彰为“全军医学科技工作先进单位”。医院相继获得云南省中青年学术技术带头人后备人才、全国优秀药师、中国女医师杰出贡献奖等表彰；积极开展“优质护理服务示范工程”活动，进一步完善护理人力资源配置，规范服务内涵标准，大力推行“探视、陪伴管理制度”，为医护人员和患者营造良好工作、就医环境。医院被军区推荐为“全国卫生系统优质护理服务先进单位”。

【党组织和人才队伍建设】 认真贯彻全军党建座谈会精神，以建设学习型党组织为契机，以加强科室领导队伍建设为抓手，突出解决心浮气躁问题，扎实抓好各级党组织和医院党委机关“增强党性、严守纪律”和“艰苦奋斗、献身使命”教育，以思想作风建设为主题召开党委民主生活会，各级党组织建设科学化水平不断提高；开展重点倾向性问题专项整治，并进行以人员、住房、车辆为重点的三项清理活动，进一步促进医院党风廉政建设；狠抓博士后科研工作站职能管理，积极开设博士后论坛，医院新增云南省医学会分会主委席位2名，第三军医大学硕士研究生导师1名，昆明医学院硕士研究生导师7名，医院卫生干部岗前培训、“重阳工程”、干部转业安置和计划生育工作取得新成绩。骨科被军区表彰为“人才培养先进单位”，医院被总政表彰为“全军文职人员工作先进单位”，被军区表彰为“离退休干部移交安置工作先进单位”。

【院务保障】 完成总部赋予的保障社会化改革试点任务，经验做法被军区和总部转发，承担的全军保障社会化现场观摩工作受到军区、总部高度评价，医院被四总部表彰为“全军保障社会化工作先进单位”。继续抓好“医院财务管理规定”落实，完善公务卡支付结算措施，作为首批全军医院经费收支审计试点单位，完成军区实地审计工作。深入开展节能减排活动，有力推进节约型医院建设。完成第二次全国经济普查任务，医院被表彰为军区先进集体。高标准、高质量抓好北教场经济适用房和1.1万平方米“花园式文化广场”等设施建设。

【安全稳定工作】 深入开展“条令学习月”和“抓教育、查隐患、搞整治”安全隐患排查整治活动，提高安全防范能力。突出抓好医疗任务繁重、执行重大任务期间和人、车、院、密、毒麻精神药品管理。进一步加强营区军警民联防联治，安装重点目标监控系统、智能楼宇对讲系统，设立家属区警务岗亭，搞好个别人排查管控和重要岗位人员政审工作，突出防范政治性问题发生和因医疗纠纷引发的群体性事件，医院连续11年被联勤部表彰为“安全稳定工作先进单位”。

【“十一五”成就】 “十一五”期间，牢牢把握为兵服务方向，扎实做好军事斗争卫勤准备，突出抓好医教研护工作，不断完善基础设施，医院全面建设取得丰硕成果，做到“官兵满意、群众赞誉”，受到部队官兵及驻地群众一致好评，对外医疗毛收入实现3年翻一番的目标。

牢固树立安全发展意识，以防范重大医疗纠纷、政治性问题和各类事故案件为重点，切实加强医疗和财务等方面的管理，基层风气不断改善。“十一五”期间，医院连续被联勤部评为“安全稳定先进单位”。大力培育当代革命军人核心价值观，涌现出以骨科主任徐永清等为代表的一大批先进典型，并大力宣扬先进典型和好人好事，激励鼓舞官兵。2009年，投入300万余元完成院史馆建设，开馆后受到军内外普遍好评，被昆明市确定为军事医学博物馆。2010年医院文艺节目获全军业余文艺汇演表演一等奖。

2009年，投入500万余元完成卫勤指挥中心建设，实现设备信息化、指挥一体化预期目标。2007、2009年，抽组人员赴黎巴嫩执行维和任务，均受到中国驻黎大使馆和联黎指挥部高度赞誉。2008年，抽组4个医疗分队参加汶川抗震救灾，被中共中央、国务院和中央军委联合授予“全国抗震救灾英雄集体”荣誉称号。2010年3月，派出医疗分队开赴红河州、玉溪市等旱情最严重地区进行巡诊和调研，为总部决策提供科学依据。

不断扩大为部队服务深度及广度，为军队医改病人补贴由2006年4 000余万元，增加到2010年1亿余元。综合目标管理考评机制不断深化，规章制度意识深入人心，医教研工作实现新发展和进步。5年来，共获得云南省科技进步一等奖5项、省科技进步二等奖6项、省科技进步三等奖24项、省自然科学二等奖2项、省技术发明三等奖1项、军队科技进步二等奖2项、军队科技进步三等奖18项、军队医疗成果二等奖3项、军队医疗成果三等奖45项。中医护理单元被中华中医药学会评为“中医特色护理单元”。大力加强人才和干部队伍建设，成立博士后科研工作站；被评为“优秀学科带头人”3人，当选军区第二批培养“卫生杰出人才”2人。

大力强化医院信息化建设，抓好军卫二号工程安装调试和使用，开通军事综合信息网、三期网，实现远程会诊、远程教学、远程会议。加快推进现代化、花园式医院建设，新住院大楼等7项工程，并于2009年竣工使用，新住院大楼工程建设成果被军区营房工作会议代表组织观摩。加强通信保障，“一院三片”军线、电视电话会议、军事综合网“三通”工程基本实现。完成总部赋予的保障社会化改革试点任务，经验做法被军区和总部转发，承担的全军保障社会化现场观摩工作受到军区、总部高度评价，医院被四总部表彰为“全军保障社会化工作先进单位”；作为首批全军医院经费收支审计试点单位，完成军区实地审计工作；引进云南省第一个高层次体检中心，院内设备资源利用率得到有效提高。

（徐　利）

中国人民武装警察部队云南省总队医院

【部队建设】 年内，加强思想政治建设，坚持利用院周会、周交班会等时机，开展核心价值观、医德医风等经常性教育，适时组织全院官兵和外聘人员开展防间保密和婚恋观教育，签订上互联网和防范“法轮功”责任书，增强法规意识，筑牢思想防线。认真贯彻总部、总队两级党委扩大会议和依法从严治警集训精神，扎实推进经常性基础性工作落实。8名党委成员先后有理论文章和医学论文在国家核心期刊和军地医学杂志发表。医务人员经常深入科室、中队一线帮建指导、解决问题，确保大项任务工作质量和效果。

重视抓好在外学习培训、探亲休假官兵教育管理，重大节假日实行安全“零报告”制度，确保在外人员不失控。调整充实8个党支部和各类组织机构，发展党员7名，组织38名专业技术干部参加职称外语和计算机等级考试，选派3名技术骨干到武警天津医学院培训。加强宣传工作，医院服务官兵，服务地方群众的事迹在《云南日报》、《春城晚报》和内部网上稿210余篇。加强群众工作组织领导，积极向玉树灾区、西南旱区、云南边防海地3名牺牲烈士家属等先后捐款近15万元。

【完成中心任务】 充分发挥军人病区作用，全年部队官兵门诊量1.5万人次，收治住院伤病员870余人次，补贴部队伤病员经费479万元。派出25批次，68人次医护人员为总部、总队首长提供卫勤保障。为驻昆单位团以上干部、官兵以及退休干部健康体检3 300余人次，为官兵提供心理咨询、心理测查、心理治疗5 200人次。开办第22期卫生员培训队，培训122人。积极协调做好特殊病人服务保障，完成总队65名官兵伤病残评定任务。8月，北教场分院耳鼻喉科中心开业运行。全年对外有偿服务毛收入1 179万元。6月、9月、10月先后完成迎接省卫生厅领导卫勤战备检查、参加总队比武卫勤保障任务，受到总队首长和省卫生厅领导一致好评。

【医学教育和科研】 定期开展医疗、护理技术操作技能考核，坚持落实三级检诊、每月定期讲评、每周医疗查房等制度，以制度落实促进医疗工作依法运行和安全实施。定期邀请地方医院专家开展学术讲座，指导疑难、危重病人救治，培养技术骨干。抓好医学教育和医疗科研，全年发表医学论文26篇，获武警部队医疗成果三等奖1项，邀请知名专家到院会诊45人次，开展远程会诊18人次，举办学术讲座40期，参训700余人次。争取省政府448万元购置急救设备，投入20万元抓好勤务中队配套建设。

【后勤保障】 始终盯牢重点问题，组织开展条令学习月、4次安全大检查和“治三松、严纪律、保安全”等专项整治活动，狠抓隐患排除，确保安全稳定。积极争取总队支持，投入近650万元，建盖公寓房两幢，年内已建成使用一幢。投入40万元对自来水管网进行改造，食堂社会化承包，并定期征求官兵、伤病员意见、建议，提高质量。

【“十一五”成就】 着眼有效履行职责使命，确保完成以医疗为中心的各项任务。结合医院实际，加强队伍建设和人才培养。5年来，先后组织专业技术干部283人参加职称外语和计算机等级考试，选派技术骨干65人到军内外医学院和医院培训，完成132名转业干部和73名移交地方安置退休干部移交任务，做好91名退休干部日常服务保障工作。医院服务官兵，服务地方群众的事迹在中央、省、市媒体和内部网上稿1 000余篇。

做好重大卫勤保障任务和经常性医疗服务工作。突出抓好云南省抗震救灾医疗队组建和实战演练，完成宁洱抗震救灾、楚雄姚安地震救灾、滇东北雨雪冰冻灾害救治、迪庆藏区维稳、中缅边境维稳、防范甲型H1N1流感等大项卫勤保障任务。参加总部卫生部野战医疗救护所教学片录制工作，受到卫生部领导高度评价。先后完成部队官兵门诊量3.96万人次，收治住院伤病员5 918人次，补贴部队伤病员经费1 757.43万元。派出100余批次，900余人次医护人员为总部、总队首长提供卫勤保障。为驻昆单位团以上干部、官兵以及退休干部健康体检2.93万人次，为官兵提供心理咨询、心理测查、心理治疗1.6万人次。开办卫生员培训5期，培训513人。先后组织4个批次30余人到省内外军地医院考察学习，扎实推进妇科中心、康复中心、手足外科中心、肿瘤中心、耳鼻喉科中心的合作创建。医疗收入从2005年的246.71万元增加到2010年的1 179万，同比增长401%。

抓好医学教育和医疗科研，5年来，在国际国内期刊杂志发表医学论文165篇，获武警部队医疗成果三等奖3项，邀请知名专家到院会诊141人次，开展远程会诊88人次，举办学术讲座222期。争取2 027万元购置医疗设备。开展固定资产清查活动，制定相关制度，有效节约经费开支，提高管理水平。共投入1 209万元对基础设施进行改造。医院被总部表彰为“营房营产正规化管理先进单位”。

（高联勇）

中国人民武装警察部队黄金第十支队

【地质找矿工作】 年内，夯实基础地质工作，理清金矿找矿主攻重点区带、矿床类型和找矿方法。加大预查和战调力度，新增可供进一步工作找矿靶区4处。争取到公益性项目2个和整装勘查项目1个，为寻找后备勘查基地创造有利条件。新登优质矿权2个。举办三江中南段找矿方法研讨会，承办总队实验室技术骨干和岩矿鉴定培训班，开展经常性学术研讨活动，综合找矿能力进一步增强。全年新增金资源量16.7吨，新增铜资源量4.26万吨。全力投入抗旱救灾，为灾区运水2 700吨，打井13口，解决4万余名群众饮水急难问题。支队被中央军委表彰为“抗旱救灾先进单位”，被国土资源部表彰为“西南抗旱找水打井先进集体”，并荣立集体二等功。被表彰为先进个人36人次，被表彰为“全国防汛抗旱先进个人”1人。

【思想政治建设】 落实“争创学习型党委机关、争做学习型领导干部”要求，严格理论学习制度，共撰写体会文章20余篇，完成调研报告16篇。严格民主集中制，全年决策营区迁建、干部任用、经费开支等重大问题60余项，均符合制度规范。勤政务实，主动作为，移交长期滞留部队伤残士兵3人。抗旱救灾期间，党委科学统筹，常委率先垂范，确保中心工作和抗旱救灾“两不误”，支队党委被武警党委表彰为先进党委。扎实推进创先争优活动，不断丰富创争载体，一中队经验做法被指挥部推广。深入开展“核心价值观”主题教育，积极评选优秀政治教员。广泛组织群众性文化活动，支队获总队曲艺节目调演比赛优秀组织奖，2个作品获二等奖。大力开展任务中政治工作，在中央、省、市和军队媒体刊稿71篇，支队被指挥部、总队表彰为新闻报道先进单位；配合遂行任务，广泛组织立功创模、火线入党等活动，干部荣立二等功1人，职工记大功1人，官兵荣立三等功16人，官兵火线入党6人。

【安全防范工作】 贯彻相关会议精神，深入开展专项整顿活动，进一步规范部队秩序。扎实开展安全防范工作，对采样工、爆破员、驾驶员43人进行安全培训；加强经常性应急演练，扑灭森林火灾6起。健全分析预测、风险评估机制，不断提高官兵职工规避风险能力，支队被总部表彰为“连续12年预防事故案件工作先进单位”。

【后勤工作管理】 加强后勤规范化管理，建立资金集中支付管理系统，推行公务卡结算制度，新增家底资金120万元。扎实开展地勘成本管理试点，宝兴厂矿区钻探成本下降15%，成本管控较好。积极与地方政府沟通协调，营区迁建有序推进，完成建设规划设计和工程地质勘察，着手施工图设计及报建工作。

【基层建设】 深化指挥部支队主官《纲要》培训和总队网上培训成果，严格蹲点帮建、季度考核、“双向讲评”制度，按纲抓建秩序进一步正规。以党支部“三个能力”建设为重点，不断强化抓建意识，提高自建能力，基层建设水平稳步提高。一中队被指挥部树为标兵中队，四、六中队被总队评为基层建设先进单位，被表彰为标兵中队长和指导员2人。

【部队重要会议和领导检查指导工作】

3月4日，武警总部卫生部部长时立强带工作组一行5人在省总队后勤部副部长杨希德陪同下到支队检查指导工作。期间重点检查卫生医疗设备运行情况，作医疗保障问卷调查，组织召开座谈会。

4月21日，指挥部后勤部部长王奎斌带工作组到支队检查指导工作，听取支队党委工作汇报，并在总队、支队相关领导陪同下，前往支队新基地检查指导工作。

5月12日，指挥部副主任廖征西等一行3人莅临支队检查指导工作，听取支队党委工作汇报，并检查机关营区建设和新基地建设情况。

6月24日，指挥部政治部主任杨继明带工作组一行5人对支队全面工作进行检查指导，同时肯定支队在班子建设、任务完成、安全稳定、营区迁建4个方面取得的成绩，并对下步工作提出要求。

6月25日，总队政委宋增民带领工作组在支队检查指导工作，听取支队新营区建设进展情况汇报，并就如何搞好支队新营区建设作重要指示。同时，工作组成员分别对支队上半年中心工作、军事工作、政治工作、后勤工作和抗旱救灾工作进行检查。

同，由云南省地质学会、武警黄金第三总队主办的“三江中南段找矿方法研讨会”在十支队召开。云南省国土资源厅副厅长李连举、地调局局长李文昌、武警黄金指挥部副参谋长纪成如、武警黄金第三总队总工程师李志宏等94人参加研讨会。实地考察宝兴厂矿区人头箐矿段典型地质剖面、乱铜山矿段大采坑，会议代表和行业专家实地展开讨论。

7月13日，总队长鲁继元带领司令部办公室主任杨应斌莅临支队检查指导工作，听取支队党委工作汇报，检查支队机关建设，并视察新营区。

7月30~31日，武警黄金第十支队召开党委三届十次全体会议。会议传达学习总部党委一届八次全体（扩大）会议、指挥部“两会一班”及总队党委四届十一次全体会议和总队中心工作会议精神，分析总结支队2010年上半年部队建设基本形势，部署下半年主要工作，表彰支队抗旱救灾先进个人。

11月7日，指挥部政委徐田有少将带工作组一行8人对支队机关和宝兴厂矿区全面建设情况进行检查，并从思想政治工作、中心工作、军事行政工作、后勤工作、基层建设以及党委班子建设6个方面，对支队年度工作开展情况进行综合讲评，充分肯定部队建设取得的主要成绩，并对下步工作开展提出希望和要求。

【“十一五”成就】 “十一五”期间，支队累计提交333金资源量10.93吨、334金资源量24.52吨；提交333银资源量24.96吨；提交铜资源量2.07万吨；提交铅资源量4258吨；提交锌资源量5380吨。大理宝兴厂矿区找矿取得重大突破，累计提交333+334金资源量25.55吨、333+334铜资源量8.6万吨，达到大型规模。2006年，支队投入500万余元，修建机关收队楼、修理所，并进行营院装修。2008年，支队投入420万余元，在宝兴厂矿区建成功能齐全的固定营房，解决了支队多年来野外一线无固定营区的困境。2008年6月，武警黄金指挥部批复同意支队选址新建，经多次实地考察和协调，于2009年8月25日取得“建设项目选址意见书”，选定新址。新址位于昆明市西山区碧鸡办事处车家壁村委会旁，距西山区政府约4.5公里，距支队现址约8公里，占地面积为6.31公顷（其中净用地5.49公顷、代征地0.82公顷），设计建筑单体12栋（不含公寓楼），总建筑面积3.2万平方米。先后配发野外宿营车、综合保障车及先进地勘作业装备9台，加强支队野外配套建设，为遂行多样化任务和开展地勘作业打下坚实基础。

“十一五”期间，支队先后有95人被表彰为优秀共产党员，12人被表彰为优秀党务工作者，13个单位被表彰为先进党支部，112人荣立三等功，3人荣立二等功。涌现出勇救落水青年的烈士刘冲冲、优秀科技干部王绍明、全国抗震救灾模范唐萍等先进典型。大力搞好宣传报道，共在军内报刊刊载报道127篇，地方刊载报道149篇。累计为西南特大旱灾和青海玉树地震捐款15.72万元。2006年，支队参与昆明安宁特大森林火灾扑救任务，被云南省评为“3·29森林灭火先进集体”。2008年，支队出色完成“5·12”汶川地震救援任务，卫生队女医师唐萍荣立二等功，并被中共中央、国务院、中央军委表彰为“全国抗震救灾模范”，受到党和国家领导人接见。2010年，支队参与西南抗旱救灾行动，充分发挥技术装备优势，率先打出参战部队第一口水井，受到中央军委副主席和武警总部首长的充分肯定，支队被中央军委表彰为“抗旱救灾先进单位”，被国土资源部表彰为“西南抗旱找水打井先进集体”，并荣立集体二等功，政治委员陈修刚被表彰为“全国防汛抗旱先进个人”。2010年，支队党委被武警党委表彰为先进党委，支队被总部表彰为“连续12年预防事故案件工作先进单位”，被黄金指挥部评为先进支队。

（刘　偲　谭华忠）

中国人民武装警察部队云南省森林总队昆明市支队

【思想政治建设】　年内，各单位将深入开展学习实践科学发展观落到实处，持续抓好整改落实后续工作，直属大队制作“学习实践科学发展观活动剪影”；安宁大队印发学习实践科学发展观活动简报；昆明大队举办“我为中队科学发展献一策”活动，并将整改问题制成图版让官兵予以监督。同时，支队以争当绿色卫士为实践载体，积极开展创先争优活动。

扎实抓好忠诚卫士主题教育，引导官兵自觉践行革命军人核心价值观。支队注重利用橱窗、板报等载体搞好宣传，利用网络抓好教育，印发主题教育简报3期。直属大队采取观看教育影片、到红色景区参观等形式，不断丰富教育内容；安宁大队采取“走出去、请进来”的方法，增强教育效果；昆明大队把“争做学习型军人建设现代化武警”学习成才活动与主题教育结合起来，开展“唱红色歌曲、看红色影视、讲红色故事、读红色书籍、扬红色传统”活动。

积极开展警营特色文化活动，丰富官兵业余文化生活。直属大队大刀队、军乐队已成规模；昆明大队西山中队组建快板队和现代舞蹈队；石林中队舞狮队在全县比赛中取得优异成绩；排演的彝族舞蹈“山歌酒歌赶马歌”多次参加警地重要演出；禄劝中队红色腰鼓成为禄劝县举办大型活动的重点演出节目。

新闻报道工作成效显著，全年在中央级媒体刊载99篇，省级媒体刊稿70篇，在新华网武警频道发稿32篇。

【提高部队战斗力】　认真学习贯彻《武装警察法》，年内针对严峻防火形势，支队先后8次派出工作组深入基层检查指导防期工作。投入20万元为基层修理、补充灭火装备，确保装备完好率达100%。支队还研发“火冰”阻燃剂，改装运水车和装备车，实现人装分离，提高灭火效能和灭火装备科技含量。云南省进入雨季以来，支队牢固树立“防大汛、救大灾、抢大险”思想意识，积极参加防汛抗洪警地协同演练。

积极转化森林部队军事工作集训精神，坚持共同科目与专业科目并举，体能、智能、技能同步提高。本着“火怎么打，兵就怎么练”原则，严格防范军事训练机械化、呆板化、模式化。为提高部队战斗力，支队采取分类别、分层次，混编分训、混编合训等方法，重点突出新兵体能、基本技能和老兵专业技能训练，增强训练针对性和实效性。在确保安全前提下，让新兵在火场进行实战训练，有效提高新兵心理素质和灭火技能。

7月7日，云南森林总队与昆明市防汛抗洪指挥部联合开展防汛抗洪演练，昆明支队230名官兵参加。11月18日，昆明支队联合昆明市防火办举行昆明市森林防火县级指挥员培训暨火场指挥演练，昆明市所属县（区）分管领导、农林局局长、防火办主任参加培训。

支队严格按照总体思路和要求，防期共出动兵力9 100人次，出动车辆959台次，扑救火灾87起（比上年增加42起），完成各类执勤190次。各单位严格按照“正确判明火情、把握重点方向、科学实施指挥和人装最佳结合”四项要求，不冒险、不盲动。支队党委委员始终做到随队指挥，先后有146人次深入一线与官兵并肩作战。春节期间，党委班子同官兵一道坚守岗位，并连续扑灭森林火灾4起。全体官兵充分发扬火场精神，连续作战，因完成任务出色，先后荣立二等功1人、三等功8人。

【防火宣传和抗旱救灾】　为鼓舞士气、表彰先进，开展百名扑火能手评选活动。针对遭遇百年大旱、火险等级居高不下的实际，支队积极开展系列“防火宣传周”活动。春节、清明、“五一”期间，先后组建18个小分队，分62批次深入金殿、筇竹寺等20个重点林区进行防火执勤，累计发放宣传资料15万份，巡护路线1 800余公里，配合林业主管部门收缴火种1 300余个，制止野外用火114起，消除火警16起。

积极投身抗旱保民生工作，先后出动抗旱救灾33次，运送救灾物品70余吨，捐款9万余元，捐助价值5 000元的学习用品；为受灾严重的6个村庄、学校捐水1万余箱。救灾期间，支队还设立诊疗点2处，免费为村民看病。

【部队建设与管理】 年初以来，支队进一步强化“精细化、制度化、能级化、和谐化、动态化、安全化”六个管理理念，在部队管控上求实效。广泛开展“治‘三松’、严纪律、保安全”专项教育整顿和群众性创安活动，形成群防群治、常防常治良好局面和横到边、纵到底的安全工作网络。在人员管理上，着重突出在外人员、公勤人员和单身干部。在车辆管控上，认真抓好执行任务中的车辆安全管控。3月初，及时下派工作组对车辆、军械、弹药、机要等重点部位和水、电、气、灶等设施进行安全检查，针对查摆出来的3大类13个具体问题，责令专人限时整改，成效明显。

积极抓好新兵管理教育，在重点时期求稳定。注重灌输新老兵同步适应理念，坚持做到“四个摸清”（摸清新兵现实表现、现实想法、社会关系和入伍前经历），严格执行“文明带兵十不准”（不准打骂；不准对新兵罚站、罚岗、罚出公差；不准收受新兵钱物；不准调换新兵衣物；不准向新兵借钱借物；不准向新兵摊派公物；不准让新兵请客吃饭；不准拆阅新兵邮件；不准扣压新兵津贴；不准让新兵家人办私事）。还制作连心卡和新兵应知应会小册子下发部队，有效确保新兵顺利渡过“第二适应期”。

【基层建设】 各单位依据自身工作实际，制定切实可行按纲建队计划。支队结合总队《纲要》网上培训，采取学讲话、谈体会、找问题等形式，将学习活动贯穿于工作、训练和学习之中。完善支队“2010年蹲点调研实施方案”，制定机关与基层定点联系划分表，每名班子成员负责一个基层单位，及时了解掌握基层单位工作开展情况，帮助基层协调解决问题。面对繁重艰巨的多样化任务，支队坚持动中教，做到动中训，抓好动中管，加强动中保障，通过一系列举措推动部队全面建设。

【后勤保障】 加强后勤规范化管理，着眼形势任务需要，及时修订完善应急保障预案，建立和完善应急保障体系。严格落实党委理财和“四类经费”管理制度，加大对预算执行、资产处置的管控，提高经费使用效益。为加强物资规范化管理，支队完成资产清查、登记处置工作。认真执行公务卡结算制度，创建节约型后勤，在基层开展“好当家、红管家”活动。在后勤保障上，依靠而不依赖地方。针对部分车辆老化，驾驶员技能偏弱，不能满足灭火作战需要实际，协调地方党委政府和林业主管部门出资140万元为直属大队购买越野运兵车4辆和水罐车1辆，并投入10万元分5个批次维修保养战备车辆52台次，开展为期15天的驾驶员复训。各单位开展农副业生产，官兵生活不断改善，伙食满意率100%。另外，还投入3万余元，订制应急食品2 000份，保证官兵执行急难险重任务能吃饱、吃好。

【各级领导到支队调研、视察、慰问、检查】 2月26日，国务院副总理回良玉看望慰问支队一线执勤官兵。

6月12日，指挥部副主任沈金伦率工作组一行在云南总队主要领导陪同下，莅临昆明市支队，检查指导支队新营房规划工作，听取支队新营房前期规划、征地、资金筹集、手续办理等汇报，并对支队新营房规划进行研究，最终确定建设方案。

7月31日上午，西山区政协副主席、统战部部长李江鹏，副区长杨建军等领导到昆明支队，向支队官兵表示节日祝福和亲切慰问。对支队为西山区防火灭火、抗洪抢险、抗旱救灾等所做出的突出贡献给予高度评价。

10月25日下午，指挥部副主任李全海少将在云南总队和支队主要领导陪同下，到昆明支队视察调研。参观支队自主改装的灭火车辆，并观看支队全面建设汇报片和特色文艺活动专题片，对支队全面建设给予充分肯定。

11月11日上午，指挥部主任王佐明少将在相关领导陪同下，到西山中队实地了解中队正规化建设情况，观看官兵自编自演的警营特色文艺节目，对支队利用业余时间大力开展官兵普遍参与的特色文化活动给予肯定。

12月5日上午，指挥部副主任沈金伦在总队相关领导陪同下，莅临昆明支队西山中队检查指导工作，并高度评价中队各项设施建设情况。

6月12日，指挥部副主任沈金伦莅临昆明市支队检查指导工作。

（武警昆明市森林支队　供稿）

【先进单位】 支队被武警总部评为“连续十二年预防事故案件‘三无’先进单位”；支队被云南省评为“十一五”全省森林防火工作先进单位；支队司令部被武警部队评为先进司令部；支队团委被指挥部评为先进团委；支队被指挥部评为人才培养先进单位；支队被指挥部评为网络新闻信息优秀组织单位；支队被指挥部评为基础设施建设先进单位；西山中队被指挥部评为四项设施建设先进单位；安宁大队四中队被指挥部评为基层建设标兵中队；支队党委被总队评为先进支队党委；直属大队党委被总队评为先进大队党委；支队司令部党支部被总队评为先进机关党组织；直属大队二中队党支部和昆明大队禄劝中队党支部被总队评为先进基层党组织；直属大队二中队团支部；昆明大队石林中队团支部被总队评为先进团支部；支队被总队评为新闻工作先进单位；昆明大队被总队评为先进大队；直属大队二中队和昆明大队禄劝中队被总队评为先进中队。

【先进个人】 年内，被武警部队评为“自学成才先进个人”1人；被指挥部评为“优秀支队参谋长”1人；被指挥部树为“践行核心价值观先进典型”1人；被评为云南省“抗旱救灾先进个人”1人；被评为“云南省森林防火工作先进个人”5人；被评为“昆明市森林防火工作先进个人”5人；被指挥部评为“廉洁自律先进个人”1人；被总队评为“优秀共产党员”11人；被总队评为“优秀党务工作者”1人；被总队评为“优秀‘四会’政治教员”3人；被总队荣记个人二等功2人；被指挥部荣记个人三等功2人；被总队荣记个人三等功2人；被支队荣记三等功11人。

【“十一五”成就】 加强党委班子思想作风建设，每年集中进行专题教育，积极开展“读书思廉”活动，认真贯彻落实民主集中制要求，严格按照党委工作条例规范工作，党委决策质量明显提高。2008年，支队党委被武警部队评为先进党委。同时，打牢官兵“忠诚卫士”思想根基，直属大队二中队班长温德圆被指挥部树为践行当代革命军人核心价值观先进典型。学习成才效果明显，支队先后2次被指挥部表彰为学习成才先进支队，四级警士长何立朝、方作南被指挥部评为学习成才标兵。干部队伍素质整体提高，“双十达标”活动成效明显，先后有12名干部被指挥部、总队评为“四会”教练员、优秀带兵人。经常性思想工作扎实，“阳光心理”走基层深受官兵欢迎。文化活动开展的有声有色，在各单位组建起了具有警营、民族、地域特色的文化活动队。新闻报道成绩突出，支队连续5年被指挥部评为先进单位。理论成果丰富，有50余篇理论文章被刊载、转发、交流。2008年，支队政治处被武警部队评为先进支队政治机关。

加快转变战斗力生成模式，实现人装结合效益最大化。以承办森林部队军事工作集训演示任务为契机，狠抓体能、技能等基础科目训练，部队战斗力大幅提升。5年来，共出击灭火229次、抢险救灾48次、执行各类勤务308次，均安全高效完成任务。2010年，支队被国家林业局表彰为防火工作先进单位，支队司令部被武警部队表彰为先进司令部。

持续落实正规化要求，5年来，投入500余万元规范软硬件建设，强化官兵遵纪守法意识，先后出台干部管理相关规定，制定车辆管理规章制度，支队连续12年实现“三无”（无刑事案件、无责任事故、无严重违纪）。基层建设协调发展。每年开展一次“《纲要》学习月”活动，以“指导员之家”活动为平台，先后举办培训班30余次，基层建设质量明显提高。5年来，先后有6个党支部分别被指挥部、总队表彰为先进党支部。2009年7月，支队被武警部队树为基层建设标兵支队。

（苏英院）

人民武装

【思想政治建设】 3~9月，组织开展学习实践科学发展观“回头看”活动，进一步巩固和发展集中学习实践活动成果，使之保持经常化、制度化、常态化。以“弘扬战区五种精神，忠诚履行历史使命”为重点，深入开展培育当代革命军人核心价值观主题教育活动。始终坚持用革命军人的核心价值观打牢干部职工和广大民兵预备役人员的思想根基，引导干部职工和民兵预备役人员坚定“听党话、跟党走、报党恩”的理想信念，增强履行使命的责任感和全面提高综合能力的自觉性。积极组织学习先进人物模范事迹活动，组织干部职工和民兵预备役人员开展“话宗旨、学模范”思想交流讨论活动。

* * * * *

【党委班子建设】 端正学习态度，转变学习观念，自觉把学习作为政治责任和第一需要并融入工作实践，形成积极向学习要知识、要水平、要境界良好氛围。党委班子把党的创新理论作为核心学习内容，把信息化军事理论知识作为主要学习内容，重点学习胡锦涛关于新形势下国防和军队建设重要论述等，把信息化军事理论和军事科技知识作为主要内容突出出来，提高军事素养。在创新学习机制上求突破。党委中心组坚持“三个结合”

开展学习：集中组织与分散学习相结合，确保在“动态”和“分散”状态下组织好党委中心组学习，中心组学习与带动机关学习相结合；坚持党委成员每月为干部职工授一课的制度，用党委班子自身学习成果牵引和带动全员；全程检查与综合评估相结合，定期检查考核干部职工学习情况，同时建立“注重实效、综合衡量”评估机制，有效形成推动学习持续动力。

【民兵军事训练】 年初，区人武部组织女子民兵医疗救护分队进行为期15天的强化训练，在云南省军区党委全体（扩大）会议汇报演练“民兵医疗救护分队野战救护所的开设”训练课目，充分展示近年来西山区民兵预备役队伍建设成果。3月，组织109人的“西山区民兵多样化任务分队”，狠抓以应急维稳、护林防火、抗震救灾等课目为重点的军事训练，充分做好遂行多样化军事任务行动准备。全年组织民兵参加军事训练560人。在坚持搞好基础训练基础上，突出抢险救灾、应急维稳等科目训练，进一步提高民兵队伍思想政治素质、军事素质和完成急、难、险、重任务的能力。

【国防后备力量建设】 根据昆明警备区指示精神，紧紧围绕“城市防空、参战支前、处突维稳”三项任务，突出重点，对民兵组织进行组织整顿。在编组过程中，注重结合实际和专业特点确定分队建制，克服混编、重编、漏编和有编无兵现象，力求编组科学。6月，对各街道、企业人武部组织2010年度民兵组织整顿工作开展情况进行检查验收，逐单位查看民兵组织登记本、名册、教案、方案，对应急民兵分队进行点验。通过检查，及时发现和纠正民兵组织整顿存在问题，为建强民兵组织，有效履行民兵队伍使命任务，打牢坚实组织基础。

【全民国防教育】 为确保工作有效落实，采取多种形式、抓住多种时机扎实开展全民国防教育工作。7月26日，组织全区党政领导干部近100人开展“军事日”活动，有效强化党政领导干部国防观念；9月18日，组织全区党政领导、干部群众、青年民兵、中小学生1 000余人，在碧鸡公园开展全民国防教育日暨鸣放防空警报活动，在全区广大人民群众中掀起“热爱国防、支持国防”热潮；利用广播、电视、报纸等新闻媒介，积极宣传报道军队先进典型，宣扬部队良好形象；各街道武装部定期在全区主要显要位置悬挂拥军标语，进行国防教育宣传并接受咨询；认真组织学生开展军事训练，确保广大中小学生全员接受国防教育。

【双拥工作】 区武装部以西山区创建省级“双拥模范城”为牵引，积极投身现代新昆明建设。3月份以来，区人武部协调驻西山区部队积极配合地方政府组织实施雨污分流综合治理工程。部长、政委先后10多次到区内7个驻军单位协调相关事宜，了解工程进度，协商解决工作困难，保证雨污分流综合治理工程快速稳妥实施。全年先后组织区人武部干部职工、民兵和预备役人员600余人次，参加市委、市政府组织的“创建国家卫生城市”活动；动员和组织民兵、预备役人员并协调驻区部队2 000余人次参加“一湖两江”水环境整治；组织民兵、预备役人员500余人次参加城中村改造和拆迁工作。另外，各街道、企业民兵联防队，积极配合公安组织开展护村、护矿、护林、护路活动，有效维护社会治安。

【“十一五”成就】 区人民武装工作按照“强作风、打基础、抓落实、保稳定、创先进”整体工作思路，以完成多样化军事任务为目标，努力在工作落实和提升工作质量上下工夫、见成效，有效确保各项任务完成。2006年，被成都军区表彰为“征兵工作先进单位”；2009年，被国防部表彰为“征兵工作先进单位”，被中共云南省委、云南省政府、云南省军区表彰为“‘十一五’县（市、区）人民武装部全面建设达标单位”；2010年，被中共中央宣传部、国家教育部、解放军总政治部、国家国防教育办公室表彰为“全民国防教育先进单位”。

（王国宇）

1月，区人武部组织民兵应急分队进行军事训练。（区人武部 供稿）

经济管理

编辑　刀培凤

国民经济和社会发展计划

【年度计划编制】　2010年经济和社会发展（主要预期目标）计划建议：地区生产总值增长12%以上；规模以上工业企业增加值增长12%以上；地方财政总收入增长12%以上；地方财政一般预算收入增长13%以上；全社会固定资产投资增长40%以上；工业固定资产投资增长20%以上；社会消费品零售总额增长18%以上；规模以上工业万元增加值能耗下降4%以上；城镇居民人均可支配收入增长10%以上；农民人均纯收入增长8%以上；城镇登记失业率控制在4%以内；人口自然增长率控制在5‰以内。

【年度计划执行情况】　编制完成西山区2010年国民经济和社会发展计划执行情况，国民经济实现平稳较快增长。2010年全区实现生产总值244.47亿元，同比增长12.6%，完成年计划增长12%的105%。其中一产业完成增加值2.7亿元，同比降低6%；二产业完成增加值70.4亿元，同比增长12.4%；三产业完成增加值171.73亿元，同比增长13%。三次产业结构比调整为1.1∶29.1∶69.8。地方财政总收入完成46.35亿元，同比增长24.8%，完成年计划41.34亿元的121.19%，其中地方财政一般预算收入完成17亿元，同比增长30.76%，完成年计划15.21亿元的117.69%。

全区经济社会呈现出农业经济稳步发展、工业经济企稳回升、第三产业增势良好、财政收入持续增收、人民生活明显改善的局面。全面完成区第十四届人民代表大会第三次会议批准的经济和社会发展计划，完成“十一五”各项目标任务。

【重点建设项目】　年底，已完工项目有：昆州路东段、昌源路南段、区综合办公大楼十三楼屋面防水工程、20家农村多功能文化室、区综合办公大楼水管管网改造工程已建设完成；国保大队、治安大队、梁源派出所办公用房建设，前卫社区卫生服务中心建设项目主体工程已经完工；长坡水库除险加固工程、西华粮仓项目建设工程、15号道路建设工程、街道综合文化站新建项目已经完工，正进行验收工作。在建项目有：绿荫大道、24号道路、21号道路、119号道路、13号道路、西山旅游环线一期续建设工程、乐亩—大叠水公路建设项目、海口中滩街主干道道路硬化改造工程及道路绿化工程、明朗水库加固扩建工程、一号道路跨螳螂川大桥建设项目、海口工业园区（六、七期）土地平整项目、供水管网建设项目、龙潭中心学校建设、福海中学、昆明市第五中学、棕树营小学危房改造进展顺利。正在完善前期工作项目有：20号道路、197号道路、12号道路、28号道路、168号道路、明朗—棋台公路、晒晒玛坝塘修复工程（团结花红园）、东母沟水库除险加固工程（海口桃树村）、海口集镇供水工程、海口工业园区污水处理厂建设项目（一期）、海口工业园区2号路北延长线建设项目、海口工业园区（四、五期）土地平整项目、海口工业园区11号、14号道路建设项目、海口工业园区标准化厂房建设、海口法庭建设项目正进行前期工作；172号道路、1号道路、19号道路建设项目正在进行拆迁工作。

根据项目前期工作经费滚动使用的原则，全年收回项目前期工作经费1 674.8万元，用于安排2011年区级财政性重大项目前期工作。根据区级各职能部门上报的2011年拟建重点建设项目前期工作经费申请，进行及时汇总，初步提出安排意见，报区政府审定后下达区级重大项目前期工作资金安排计划，共安排重大基本建设项目47项、前期工作经费1 680万元。

【固定资产投资】　2010年，区人代会通过的建设项目涉及工业园区基础设施建设、生态环境建设、城市道路建设、农村基础设施建设、农村路网建设、基层政法建设、社会发展、新农村建设、“四创”工作等9类，计划总投资140.61亿元。2010年全区共融资40.68亿元。全社会固定资产投资完成210.53亿元。

【区级设备购置】　做好全区区级国家机关购置费审批的调查、准备、上报工作，结合区级各职能部门工作实际，在调查研究的基础上，提出初步购置安排意见。经区政府研究同意，及时下达2010年区级设备购置费安排批复，安排19家单位近200万元的设备购置资金。

【积极争取中央、省、市资金】 随着区基础设施建设工作的不断推进，经济社会发展对财力的需求不断扩大。为保持西山区固定资产投资较快增长，积极协调各相关职能部门，对口争取上级的资金和政策支持。2010年通过全区各部门的积极努力，共争取国家和省、市项目资金7.76亿元，其中国家2.87亿元，省1.58亿元，市3.31亿元。上级的资金补助缓解了西山区财政压力，推进了各项目开展。区政府对完成2010年争取国家、省资金情况较好的单位给予了奖励。

【国企改革和医改相关工作】 对西山茶叶公司改制后，补办企业人员参加社会保险的相关手续问题，与区人力资源和社会保障局多次协调沟通，促使企业正式补办完毕。对西山百货有限公司上报的要求拨给退休职工费用的请示，协调区财政局对各企业已拨经费的使用情况进行核实，在此基础上对应该拨付经费提出了处理意见，报区政府讨论批复后拨给经费。对应拨给各改制企业内退职工的非统筹费用问题，完成对各改制企业内退职工的情况核实，向区财政局提出拨给费用的意见，由区财政局拨给企业兑现给职工。

此外，履行西山区深化医药卫生体制改革领导小组办公室相关职责。完成《西山区医改形势分析报告》、《西山区医药卫生体制改革试点工作基本情况》撰写。按照区委、区政府的要求，根据昆明市人民政府办公厅关于昆明市医药卫生体制改革文件相关精神，草拟了《西山区医药卫生体制五项重点改革2010年主要任务和工作目标》，报区政府批准后下发。

【价格收费管理】 严格按照《昆明市行政事业性收费目录及免收目录》、《昆明市西山区人民政府关于公布西山区行政事业性收费目录和免收目录公告》逐一清理，认真审验。共审验行政事业性收费许可证68本（副本109本），办理“云南省行政事业性收费执收人员上岗合格证”6本，审验医疗服务机构收费许可证69本。全区行政事业性收费总额为7 954.96万元，较上年同期增加20.96%，占当年地方财政一般预算收入的2.16%，其中行政性收费总额为6 063.85万元，事业性收费总额为1 891.11万元。完成对辖区内非机动车场点助动车停放服务收费，集体、企事业办幼儿园收费情况和区属中小学服务性收费、代收费的调研工作。共办理民办非学历教育机构收费标准备案21件。进一步优化企业发展环境，促进经济平稳较快发展，对涉及企业的经营服务性收费进行治理整顿。

【价格监督检查】 紧紧围绕政府关注、群众关心、社会反映强烈的价格和收费热点问题，把工作重心放在整顿和规范市场价格秩序上。2010年共受理价格举报件123件，其中昆明市发改委“12358”交办件10件，来人7件，来电直接受理106件，举报内容涉及机动车与非机动车停车服务收费、物业服务费、液化气价格、药品价格、医疗收费、有线电视收视费、公厕收费、电费等与群众生产生活密切相关的方面，投诉办结率100%。

积极开展专项检查，认真履行价格监督职能，完成专项检查工作12项。开展预防甲型HINI流感相关药品价格检查。针对农资销售价格、农村水电价格和计生、土地、农机、兽医、农产品检疫、农民建房的收费情况，开展涉农价格与收费政策落实情况专项检查。配合市价格监督检查局对昆明市国土资源局西山分局、西山区水务局、西山区农业局、西山区建设局、西山区农机服务站、西山区动物卫生监督所动物检疫防治等单位的涉企收费政策落实情况进行专项检查。会同区监察局对辖区内各行业协会的收费进行重点检查。在春节期间重点检查了西部客运站、西山风景名胜区龙门景区、各农贸市场、各商场超市等节日市场价格执行情况，同时对被查单位进行价格法律法规宣传，积极引导市场经营者诚信经营，并对违规单位进行提醒、告诫。加强对抗旱救灾期间市场价格监督检查，进一步维持市场价格秩序和社会稳定。加强对教育收费监管，督促学校清退违规收取的费用，对全区各学校的退费工作进行了复查。积极落实价格干预措施，做好临时价格干预措施实施的监督检查工作。治理规范社会团体收费，对辖区内各社会团体收费进行专项检查。进一步规范非机动车保管服务收费，会同市价格监督检查局、福海街道办事处到杨家社区，就该居委会内所属的6个原村委会投资兴办的非机动车停放服务收费点进行收费检查，并对不执行政府规定标准、收费不规范、群众投诉多的问题进行了分析、调研。参加由昆明市纪律检查委员会、市监察局、市政府纠风办等部门主办，昆明人民广播电台承办，昆明市发改委价格监督检查局现场作客的“春城热线”栏目，共受理涉及西山区范围内的价格举报2起，并及时组织人员在规定办结反馈时限内进行了调查处理。

【涉案财物价格鉴证】 严格按照价格鉴证的客观、公正、科学原则，依法接受西山区辖区内司法机关、行政机关、仲裁机构等单位委托，对刑事、民事、行政、经济案件中涉及的各类标的物价值进行价格鉴定。全年共出具“涉案财物价格鉴定结论书”496份，鉴定金额1 820.85万元。

【价格监测】 根据国家、省、市发改委下达的5个“价格监测报告制度”报送要求，认真核实、分析数据，不断提高价格监测报告质量。2010年，完成上报价格监测报表434份，其中服务收费报表12份，汽车价格报表12份，生产资料价格报表36份，粮油副食品价格报表336份，居民食品价格报表64份。按照区委、区政府要求，完成西山区生产资料价格监测分析报告11份，主要副食品价格监测分析报告11份，为政府加强市场监管实施宏观控制提供了依据。

【西山区“十二五”规划编制工作】 按照区委、区政府要求，完成西山区“十二五”规划的编制阶段性工作。2010年1～3月在全区范围内征求意见。6月，区委召开常委会对纲要文本进行研究。9月，区委、区政府召开“西山区四个重大专项规划汇报会”，邀请市政府副市长周小棋，市发改委主任胡炜彤、副主任李世新，以及市建设局、市滇管局、市土地局、市规划局等相关部门领导对区4个专项规划提出意见建议。11月，起草小组分别征求区人大、区政府、区政协、市区党代表、区专家咨询委、区工商联社会各界等8个部门对规划纲要的意见建议，继续对纲要文本进行修改。经过历时一年半的起草和不断修改完善，西山区“十二五”规划纲要文本基本完成。

（幸让文）

统　计

【常规统计报表】 完成国民经济综合核算、劳动工资统计、社会科技统计、贸易业统计、工业统计、农业综合统计、固定资产投资统计、建筑业统计、房地产统计、城乡住户调查10大统计专业2010年年报表以及2010年定期报表的收集、汇总、上报任务。各种常规性统计报表的收集、上报任务，没有出现迟、漏报现象。

【专项和抽样调查工作】 年内，围绕各级党委、政府关注的社会热点问题、国民经济和社会发展的难点问题，组织完成8项抽样或专项调查任务，具体是：劳动力抽样调查、服务业抽样调查、居民出行调查、城镇居民家庭投资意向调查、旅游调查、公众对城市环境保护的满意率调查、规模以下工业企业调查，以及对西苑、马街、金碧、永昌街道办事处及其所属39个社区居委会党政领导班子及党政领导干部群众公信度调查。

【第六次全国人口普查】 第六次全国人口普查要求从2009年11月开始对各街道办事处出生、死亡人口及时进行登记。2010年西山区人口普查主要完成区、街道办、居委会三级普查机构的设置，落实了普查机构人、财、物及办公地点。召开了西山区人口普查动员大会，对人口普查工作和前期的户口整顿工作进行安排部署，区领导与各街道办事处签订目标责任书，明确分工与职责。组织开展普查区划分和人口普查小区四级手工地图与电子地图绘制工作，至2010年10月15日，3237个普查小区已圆满完成电子地图及手工地图绘制工作。按照市普办要求，组织76名普查员在马街、西苑街道办事处开展人口普查城中村改造流入、流出人口专项试点登记工作，共登记267户。按要求在6～8月开展了户口整顿工作。组织各街道办事处分3期共9天培训1 000名普查指导员，分3组共13天培训3 500名普查员，完成“两员”的选调与培训工作。在10月30日前按期完成普查摸底任务，到2010年底，完成全区94个普查区3 266个普查小区，90.7万人的清查摸底、入户登记调查及复查工作，各项工作进展顺利。

【城住户及农住户样本轮换工作】 调查目的是：更好地了解西山区城镇（农村）居民家庭的收入、消费等基本情况，为政府制定政策提供科学准确的信息资料，为今后的常规城镇（农村）住户调查提供基础样本框。通过监测城乡统筹发展现状，为推进城乡住户一体化工作提供基础数据和参考资料。

2010年，西山区统计局认真核对国家提供的村级目录一览表，按要求抽选出31个调查社区，对抽中社区的93名工作人员进行培训。在街道办事处和抽中社区的积极支持配合下，于7月中旬完成西山区10个街道办事处31个社区居委会1 422户城镇住户的基本情况抽样调查工作和1 422户调查户的选调工作。最终确定西山区城住户调查120户，圆满完成换户工作。

同时，区统计局还组织开展了农村住户调查户的换户工作，按省、市要求对西山区涉农街道办事处进行随机抽样，以二农普资料为基础，充分考虑城市建设等因素，对区3个涉农街道办事处的160户农住户进行调查，最终确定西山区60户农村住户调查样本。

【劳动力抽样调查】 2010年3月，西山区被国家统计局抽中3个街道办事处共6个社区作为样本单位，参与全国劳动力抽样调查工作。历经选调调查员、编制样本框、调查员业务知识培训、入户摸底调查、入户登记、计算机数据处理、汇总上报等各个阶段工作，按月及时完成涉及西山区6个社区的120户常住户360名16岁以上劳动力人口的抽样调查工作任务。

【服务业抽样调查】 2010年为试运行阶段，限额以上企业（年收入达500万元以上）实行全面统计，涉及年报、季报。2010年西山区有限额以上企业113家。限额以下企业以机关、事业单位、社会团体为主，采取抽样调查的方式每年进行1次，2010年西山区抽中单位58家。

【公众对城市环境保护满意率调查】 开展公众对城市环境保护满意度调查，是为了更准确的获知公众对西山区环境状况的感受，充分了解西山区的生态环境状况，为政府有效地解决市民关注的环境难点、热点问题，提出生态建设方案与环保措施提供决策依据。按照工作计划，区统计局于2010年9月安排布置此项调查。调查采取问卷形式，在全区10个街道办事处全面展开，完成全区800户调查任务。按照国家调查方案规定的计分办法，经综合计算，2010年公众对西山区城市环境保护的满意率90.8%，比2009年提高0.3%。

【群众安全感调查】 为准确、客观地把握广大人民群众对当前社会治安状况的反映以及对公共安全、社会治安秩序的真实感受，进而找出、找准影响当前群众安全感的主要因素和存在的突出问题，11月1～10日，进行2010年度群众安全感调查。此次调查采用抽样调查方式，西山区共抽中8个调查小区，调查人数132人。经调查，在目前的社会治安环境下，感觉很安全的34人，占25.8%；感觉安全的78人，占59.1%；感觉基本安全的17人，占12.9%；感觉不太安全和不安全的3人，占2.2%。被调查群众认为所在地的社会治安状况与上年相比有明显好转的53人，占40.2%；有好转的42人，占31.8%；和以前一样的36人，占27.3%，比以前差和比以前很差的1人，占0.7%。

从以上两项主要调查指标可以看出，2010年群众对西山区社会的治安状况具有安全感的比率为97.8%；对西山区辖区内社会治安状况的满意程度即安全感的比率为99.3%。

【统计分析】 围绕社会经济发展的热点和难点，进一步提高统计分析水平和质量，及时准确反映国民经济运行的苗头性和趋势性问题。针对建设社会主义新农村、工业强区、节能降耗、县域经济发展、经济增长方式转变、结构调整、居民生活、构建和谐社会等问题加强调查和分析研究，在调查研究和认真分析的基础上，撰写出有数据、有情况、有建议、有一定参考价值的统计分析资料39期。编制《西山区国民经济主要指标》11期，每季度认真进行全区经济运行情况分析，每月整理市委、市政府考核西山区2010年主要工作目标完成情况统计表上报目督办，准确、及时地向区委、区政府和有关职能部门提供统计数据、信息和分析报告。积极参与区“十二五”规划纲要编制工作，为各级党政领导准确把握经济发展的形势和走势、研究解决经济运行中的突出矛盾和问题提供了科学依据和决策支持。

【统计服务】 西山区统计局每月整理市委、市政府考核西山区2010年主要工作目标完成情况统计表上报目督办，每季度认真进行全区经济运行情况分析。完成全面建设小康社会、县域经济发展、加快城市化发展以及城市人口倍增计划、滇池流域社会经济发展等方面的决策咨询分析报告。根据区委、区政府关于2010年开展民主评议机关作风的实施意见安排，西山区统计局继续负责民主评议机关作风测评表和评议表数据处理工作。年内会同有关部门完成审表、数据录入、汇总及评估报告撰写等有关工作。

根据省委组织部关于开展县乡村领导班子和领导干部群众公信度调查的通知，以及云南省乡、村领导班子和领导干部群众公信度调查工作实施方案要求，在市级指导组的指导下，抽调工作人员深入各街道办事处和社区居委会开展公信度调查测评工作。于6月10～30日完成对西苑、马街、金碧和永昌街道办事处的领导班子及党政正职和39个社区党总支（党支部）、居民委员会班子及社区党总支（党支部）书记、社区居委会主任群众公信度的调查。完成审表、数据录入、汇总及评估报告撰写等有关工作。

【统计单位注册登记、统计资格初审】 年内，西山区统计局对辖区范围内的2 600户单位进行统计注册登记和年审，其中当年新注册登记73户、变更105户、注销40户。完成统计资格初审68人次。

【《统计年鉴》编印】 《西山区统计年鉴》（2009年）于2010年7月印制。年鉴分为：行政区划、综合、人口和计划生育、财政和金融、农业和农村基本情况、固定资产投资、工业、能源及水消费、建筑业、国内贸易、从业人员和职工工资、物价和人民生活、林业和水利、交通、旅游和邮政、城市管理和环境保护、科技、教育、文化及卫生、四创两争、统计法律法规和主要统计指标解释、常用计量单位表共20部分，344页。

【“十一五”成就】 “十一五”期间，西山区统计局严格执行统计法及上级相关政策，开展第二次全国农业普查、第二次全国经济普查、第六次全国人口普查等大型普查工作。同时还开展了劳动力抽样调查，服务业抽样调查，居民出行调查，城镇居民家庭投资意向调查，旅游调查，公众对城市环境保护的满意率调查，规模以下工业企业调查，街道办事处、社区居委会党政领导班子及党政领导干部群众公信度调查等10余项调查工作，写出了具有一定经济参考价值的统计分析资料200余篇，为各级领导和部门科学分析西山区经济社会发展、科学决策提供了重要参考资料。

2005～2006年，按照省、市统一的2005年1%人口抽样调查制度和实施方案规定开展工作，并获得2005年末西山区常住人口66.79万人数据。

2006～2008年，组织开展了第二次全国农业普查工作。此项工作西山区获省级先进集体，团结街道办事处获得国家级先进集体，海口街道办事处获得省级先进集体；获国家级先进个人5人，获省级优秀组织者奖2人，获省级先进个人17人，获市级先进个人14人。

2007～2008年，开展了投入产出调查工作。2009年3月19日，西山区统计局获国家级先进集体称号。获国家级先进个人3人，获省级先进个人3人，获市级先进个人9人。

2008～2010年完成第二次全国经济普查工作，圆满完成5 792家法人单位调查工作。西山区统计局被推荐为国家级先进集体，3个街道办事处被评为省级先进集体；获国家级先进个人3人，省级先进个人24人，省级先进组织者5人。

2010年开展了全国第六次人口普查工作。全区人口普查的35万余张人口普查表的光电录入工作已完成。

（马忠义）

工商行政管理

【法制建设】 完成《效能政府四项制度工作制度汇编》。新拟定《文明用语和行为举止规范》等11个制度，完善《财务管理规定》、《会议及议事制度》等5个制度，共完成涉及“四项制度”的27项制度的收集、整理和汇编。共查找行政执法风险点32个，召开听证会3次。通过以考促学、法制监督员例会制度、组织干部旁听案件诉讼、实施《领导干部讲课制度》、开展“五五”普法考试等途径，多形式开展干部培训。不断强化和规范行政处罚一般程序案件的核审管理工作。通过细化内部核审岗位职责、统一核审思路、加大服务基层力度、严格执行案审会集体讨论制度等方式，对案件进行审核，确保案件质量。同时，主动请区法院、区政府法制办的工作人员上门指导。制定《一般程序案件督察考核评分统计表》，从案件办理程序、取证以及案件事实三方面对案件进行量化考核，按季度将案件存在问题、解决方法以及考核评查情况在内网上进行公布。全年共完成一般程序案件核审341件，审结262件。2010年9月，西山区工商局被国家工商总局评为“全国工商系统法制工作先进集体”。

【人事教育】 对全局干部开展多层次、多形式、全方位的教育培训，先后开展了学礼仪、树形象，品国学、强内蕴，读好书、健身心，聚精神、造团队等系列教育培训活动和职业道德培训，逐步建立以培训需求分析、培训实施监控、培训效果评估三位一体的动态反应机制，在结合4种学习方法的基础上，推行菜单式自主选学，实施年终大考试。全年共开展教育培训35次，参学干部职工1 100余人次。有1人荣获省局登记能手称号，11人荣获市局能手称号，

顺利完成机构改革，机构关系全面理顺，中层结构全面优化，干部普遍轮岗。新增机关内设部门2个，新提拔正股级干部3名、副股级干部14名，轮岗交流人数132人。

按照“高标准立项，分批次建设；高要求抓建，一次性到位；高质量建设，新形象示人”的思路，硬件软件一起抓。上半年，完成海口分局重建，金碧分局的升级改造，并将马街分局、前卫分局的升级改造纳入日程。在抓内部规范方面，将规范化建设作为考核项目进行周推进、月指导，要求各科室每月至少指导分局1次，将分局的创建与机关各业务科室的工作业绩进行捆绑，棕树营、福海、明波3个分局被授予“规范化工商所”称号。在贯彻落实效能政府四项制度中，大力推进分局在规范化基础上的特色监管，10个分局配备流动便民服务车，金碧分局推出“60分钟办照制”，明波分局推出“挂图作战法”，福海分局推出“四零无障碍式服务”，改进了干部作风，提升了服务质量，提高了工作效率。

【企业登记注册管理】 变传统的“坐等式”服务为主动“上门式”服务，提升行政效能。全区新增个体工商户6 776户、私营企业1 779户，实有个体工商户4.09万户、私营企业8 223户。新发展农民专业合作社8户，实有农民专业合作社31户。

为全区招商引资项目做好登记注册服务。对重大招商引资项目，做到急事先办、特事特办，实行预约、上门、延伸、延时等服务，申请材料齐全并符合法定形式的，当场登记。做好事前服务、事中跟踪、事后回访，营造亲商、爱商、护商的良好氛围。高效、便捷开展年检验照工作，完成8 321户企业年检，年检率91.72%；完成1.64万户个体工商户验照，验照率83.61%。办理股权出质登记41件，出质股权数额2.29亿元，担保债权5.1亿元。积极配合有关部门清理“两高一剩”（高耗能、高污染及产能过剩）企业24户，其中，变更登记9户，吊销15户。

【反不正当竞争执法】 加强督察，规范执法，全年共查处一般程序简便方式处罚案件2 239件，回访案件当事人80人。严厉打击传销，创建巡津和金碧2个“无传销社区”。立案查处商业贿赂案件2件，案值13.6万元。加强对各类市场的监管，稳步推进“扫黄打非”专项整治工作。主要围绕查缴和封堵政治性非法出版物，打击各类侵权盗版活动，共收缴盗版压缩光碟2 826本，盗版迷信书籍186本，口袋本、有害卡通画册250本。做好行政执法中涉嫌犯罪案件的移送和报备工作，向盘龙公安分局移送涉罪案件1起。进一步完善与区检察院的工作联系机制，取得相关部门对此项工作原则。

【市场监督管理】 认定信用等级的

商品交易市场信息58条，录入经营户5 800户。把东寺街列为开展“诚信文明示范街”创建活动示范点。昆明佳湖生鲜果蔬市场被认定为5A级诚信市场。积极服务农村改革发展，创建农资“放心店”8户。签订涉农合同21份，金额22.5万元，发放涉农合同文本80份。

本着“全面整治、突出重点、注重实效”的工作原则，全年开展了“两节”“两会”市场，“清明节”丧葬用品市场，狂欢节市场；入滇河道整治、“禁塑”、非法改装车辆、农村违法加层和无序建房等综合整治以及烟花爆竹、水器具、猪肉、建材、网吧（黑网吧）、游戏厅等单项整治，检查各类市场630个、经营户8 057户，查处违法经营户370户，查处案件41件，罚没金额106.08万元。

办理企业动产抵押登记51份，主债权金额为16.441亿元。办理注销户23户，主债权金额为3.327亿元。

2010年，西山区辖区内共有市场87个，其中农副产品综合市场31个，日用工业品消费市场9个，专业食品批发市场2个，鞋帽市场1个，针织品市场2个，屠宰市场2个，生产资料市场20个（建材市场7个、钢材市场4个、旧机动车市场3个、其他市场6个）。

3月2日，区工商局开展农贸市场监督管理工作。

【商标监督管理】 开展商标行政指导工作，走访企业975家，在162家企业建立联络员。推荐126家企业注册商标。发放“商标意见五书”588份。跟踪服务驰名商标22次、著名商标21次、知名商标30次。

以“4·26”知识产权宣传周为契机，在西山区文化馆等地开展商标法律法规及商标知识宣传和咨询活动，宣传工商部门打击商标侵权成果，现场解答咨询6次，发放《昆明市工商局商标常用知识问答（一）至（五）》宣传资料约2 500份、《知识产权普及手册》150本。

全年新增注册商标207件，6家企业商标被认定为“云南省著名商标”，12家企业商标被认定为“昆明市知名商标”。

加大对注册商标专用权保护力度，检查市场32个（含2个大型超市）、经营户2 415家。开展保护“华润”字号、“云南白药”和“亚运会标志”、“世博会标志”等专项保护行动。全年共查处商标侵权案件58件，为“立邦”、“云南白药”、“高露洁”、“贵州茅台”、“雪碧”等一大批驰名、著名和知名商标挽回了经济损失。

【广告监督管理】 加强对广告发布的动态监管，全年共登记许可59件户外（车身）广告，对无法办理登记许可的广告企业发布的户外广告，采用备案登记和动态跟踪监管，使之纳入正常的监管常态。加大对金碧路、西昌路、人民西路等17条主干道户外广告的日常监管工作，对有轻微问题的户外广告，及时通知广告发布者进行整改。全年共监测媒体广告3 565条、户外广告420条。其中违法广告17条，对5条违规广告进行了处罚，对10条违规报媒广告责令整改，对9条轻微违规报媒广告进行教育规范。

进行专项整治，检查市场24个（包括2个大型超市）、经营户859家，分别开展了城中村改造户外广告宣传清理整治、“两节”“两会”期间违法违规广告整治、加强商品包装物广告监管、房地产广告专项整治、户外烟草广告专项检查、和谐社区建设试点6次广告专项治理。

进一步整治和规范辖区户外烟草广告发布行为，清理含有不良文化，不健康不文明内容，违反国家法律、法规、政策和社会主义精神文明内容的户外广告，规范户外广告中使用的文字（外国文字）、汉语拼音、计量单位及书写等，积极组织和推荐广告企业参加“彩云之南广告大赛”。

【消费者权益保护】 制定《昆明市西山区工商行政管理局关于加强12315行政执法体系“四个平台”建设的工作方案》，分派、查处、反馈率达100%。

围绕“消费与服务”年主题，共设166个宣传咨询服务点，开展声势浩大的“3·15国际消费者权益日”宣传咨询服务活动。受理消费者咨询2 144次，投（申）诉343件，成功调解342件，不予受理2件，成功调解率为99%，为消费者挽回经济损失共67.4万元。发布消费警示和消费提示12篇，上报典型投诉案例11篇，开展业务培训12次。全区共有消费者联络站、投诉站192家。

3月13日，西山区举行“3·15”大型公益宣传咨询服务活动。

【食品流通监督管理】 全年组织食品安全宣传、培训共21次，参训人员3 800余人次。依法清理和规范食品经营主体资格，严把流通环节食品经营主体准入关。全年办理“食品流通许可证”共2 379户，其中新发证1 659户，换发到期“卫生许可证”52户，换发未到期“卫生许可证”668户。先后集中开展了重点食品、重点区域等各类专项整治42次。积极配合或会同有关部门对鲜猪肉、蔬菜、“地沟油”等消费者关注、社会反映强烈的热点问题开展专项整治行动。全年检查食品经营户3.47万户次，超市77个次，集贸市场395个次。严厉打击食品经营违法行为，共查办一般程序食品案件31件，案值82.32万元，罚没30.61万元，没收侵犯注册商标专用权的“金星金小麦”啤酒110件、“金星”（纯爽）啤酒109件、“可口可乐”676件、“爽歪歪”益生菌发酵酸奶683箱、假冒“拓东”酱油2件。以点带面，积极开展“食品安全星级示范店”创建活动，在已有93家“食品安全示范店”的基础上，按照要求新创建“食品安全星级示范店”23家，打造海口农村“食品安全示范一条街”。做好食品快速检测工作，全年共抽检食品58种，检测样品1 321组，合格率为99%，与上年相比抽检食品品种增加8种，样品组数增加789组，合格率增加1%。

【个私协会工作】 发放个体户验照、私营企业年检“须知”和“创卫”宣传材料各2万余份，帮助会员年检验照，组织会员积极参加“创卫”；完成“贷免扶补”创业项目50个，为50名创业人员申请到两年期无息创业资金250万元；在“关注旱区献爱心，踊跃捐款见真情”活动中，筹集善款12万余元，支援灾区抗旱；推选的10名“先进个体工商户”，在3月召开的西山区经济工作会议上受到表彰；10月18日，各分会分别组织了丰富多彩的“光彩服务日”活动。

【“十一五”成就】 “十一五”期间，西山区工商局加强市场监管，积极营造良好的市场环境，维护消费者合法权益。5年来共检查各类市场1.1万次，检查各类市场经营主体6.06万户次，查处取缔无照经营7 890户，捣毁取缔传销窝点24个，查处各类经济违法案件1.35万件，案值1.835亿元。受理申投诉2 998件，成功调解2 982件，调解率为99.47%，为消费者挽回经济损失215.95万元。94个社区建立联络站和投诉站，覆盖率100%；18所学校建立青少年维权岗，人员落实到岗率100%；100%的大型超市、商场建立了维权站。

“十一五”末，全区各类市场主体达4.77万户，与“十五”末相比，总量净增3.58万户，增长401%。其中个体工商户发展到4万户，比“十五”末的9 826户增长506%；私营企业发展到6 726户，比“十五”末的1 328户增长409%；外商投资企业发展到124户，比“十五”末的56户增长221%；农民专业合作社从2007年进入市场主体序列以来快速发展，“十一五”末已有33户。全区新增注册商标620件，是“十五”末的8.9倍，总数达1 044件；新增驰名商标1件，著名商标53件；2008年启动知名商标认定工作以来，共认定37件。

“十一五”期间，西山区工商局积极完善自身建设，“法制工商”、“责任工商”、“阳光工商”、“效能工商”建设取得实效。螺蛳湾分局被国家工商总局授予“全国工商行政管理系统先进工商所”称号；注册登记科被团省委评为“青年文明号”；成立云南省第一家企业商标和品牌保护协会；成为全省唯一一个全国工商行政管理系统行政执法先进县区局。

（何伟民）

国土资源管理

【重点工程用地保障】 为全面完成2009～2010年省、市、区重点、重大工程项目的征地工作，分局将征地工作任务细化分解到科室、国土所。要求相关科室、各个国土所、各责任人严格按照职责分工，全力推进重点工程建设项目的征地工作。全年组织开展了草海片区综合整治工程项目、昆明铁路枢纽扩能改造、盘江西路、三环闭合（西、北段）、海源南路、环湖南路正线及景观道二次征地，前卫西路、益宁路、西苑浦路、陆广路、南连接线、昆州西路等18条省、市、区重点建设项目的土地征收工作。

全年完成盘江西路、环湖南路二次征地、三环闭合（西、北段）等项目征地工作，共完成征地32.68公顷。全力推进草海片区、西山区海埂路片区综合整治项目、铁路组扩能改造工程、国道主干昆明绕城高速公路西北段、昌源南路道路建设工程、海源南路改扩建工程、益宁路、前卫西路、西苑浦路、陆广路、昆州西路改扩建、南连接线等工程征地工作，完成征地834.84公顷。

【建设用地报批工作】 西山区2010年共上报审批各类用地945.66公顷。具体为：按城市建设用地上报国务院审批用地325.67公顷；2010年度建设用地报批工作分别按西山区2008年度第四、第五批次，西山区2009年度第二、第三、第四批次农用地转用和土地征收实施方案上报审批建设用地137.99公顷；按西山区2010年度第一、第二、第三批次城镇建设用地上报审批用地141.17公顷，确保西山景前区交通环境整治、草海片区综合整治、城中村改造用地、“四退三还一护”搬迁安置等项目需求；按单独选址新增建设用地上报审批完成西山区生猪屠宰加工项目、西山区城市生活垃圾焚烧发电工程项目、环湖南路西山区段、环湖南路干渠截污西山段、高海公路扩建、云南新华印刷五厂迁建、昆明新机场树古母导航台、省公安厅出入境管理局制证服务大厅、昱西废旧物资回收处理中心项目等用地报批共145.33公顷；城中村用地共完成西山区1号、2号、5号、7号、14号（二期）、17号、19号、20号、24号（二期）、28号、36号、37号、45号、46号、51号等城中村集体建设用地的上报审批195.49公顷。

分局对建设项目临时用地进行严格、仔细审查，上报并经市国土资源局审批，完成前卫社区卫生服务中心综合业务用房、云南新华印刷五厂迁建项目、滇池环湖西岸截污完善工作临时用地的审查上报。

【建设用地初（预）审工作】 按照土地管理有关法律法规及权限规定，对西山区2010年重点建设道路项目用地，均按规定程序及要求，按时完成建设项目用地初（预）审，下发初（预）审文件。完成滇池环湖西岸、前兴路与日新路节点改造工程、昆明市城市快速轨道交通3号线工程、昆明市三环闭合（西、北段）工程、树古母DVOR/DME台配套工程、220KV车家壁输变电站、昱西废旧物资回收处理中心、云南新华印刷五厂迁建、昆明市富民大风丫口风电场等新增建设用地项目用地的初（预）审和审查上报工作。

【新一轮土地利用总体规划修编工作】

规划修编在已完成前期6个专题研究2个报告的基础上，完成《西山区土地利用总体规划纲要（2006～2020年）》编制及《西山区土地利用总体规划（2006～2020年）》文本、西山区各类用地空间布局图、西山区建设用地空间布局图、西山区基本农田调整分析图等各类用地成果资料编制工作。《纲要》及《规划》各类用地成果资料经区政府审查通过上报，市政府审查通过，由市国土资源局统一上报省国土资源厅审查。

在做好新一轮土地利用总体规划的基础上，完成《西山区“十二五”土地利用规划纲要（2011～2015年）》编制工作。

【耕地占补平衡　土地开发整理】

针对西山区已无占补平衡指标和土地后备资源不足的实际，对2009～2010年新增建设用地占用耕地的，按照“占一补一”的原则，采取缴纳耕地开垦费的方式进行补充，在市域内全面落实占补平衡。对单独选址项目严格按照“先补后占”的原则，落实占补平衡，对经批准的批次城镇建设用地，向用地方下发“尽快缴纳耕地开垦费的通知”，督促其尽快缴费。未出现“未补先占、边补边占”情况。

为切实做好耕地保护工作，有效增加耕地面积，结合新一轮土地利用总体规划修改，深入海口、团结街道办事处调研，对海口、团结适宜实施土地开发整理的地块进行实地踏勘，海口街道办事处里仁社区居委会土地整理项目已完成项目建议书的编报、地形测绘、可研编制等，年底正在办理立项相关手续。

【推进“四退三还一护”工作】 积极推进滇池沿岸“四退三还一护”村庄搬迁工作，采取新增建设用地报批、滇池流域“退人、退房”村庄搬迁用地农村宅基地审批和城镇建设用地增加与农村建设用地减少挂钩试点相结合的方式，有效解决“四退三还一护”村庄搬迁用地所需用地指标。

为加快推进“四退三还一护”安置房建设工作，为安置房提供土地资源保障，将“四退三还一护”A、B、D、E安置地块纳入西山区2010年度第三批次城镇建设用地上报审批。组织、开展了“四退三还一护”安置用地征地工作。完成A地块8.43公顷、E地块9.77公顷、苏家村2.16公顷、杨家村2.26公顷、山邑村老村3.24公顷的征地工作，共签订征地补偿协议面积25.85公顷。并且指导、督促搬迁安置业主单位（黄金十支队、云南新华印刷五厂）做好建设用地报批等工作。

开展“城增村减”前期权属、地类、面积等基本情况的调查工作。通过招投标委托昆明市国土资源信息中心编制了《西山区“城增村减”挂钩试点工程实施方案》。

【土地收储】 在上年已移交158.36公顷土地的基础上，积极配合区政府推进白沙地片区土地一级开发相关工作。白鱼口片区收尾工作推进顺利，于11月12日完成片区277.61公顷土地移交工作。太河片区19.88公顷土地3个地块已全部完成土地收储工作，该片区纳入城中村改造项目，土地已供应。海埂路片区综合整治项目需征地117.59公顷，已签订协议108.84公顷，完成92.5%。

【城中村改造】 土地供应报件方面，上半年完成13号片区、18号片区（一期）、32号片区的土地供应报件工作。已供地的有24号片区（一期）5.99公顷，土地收益950.35万元；13号片区2.05公顷，土地收益431.35万元；18号片区（一期）12.47公顷，土地收益935.11万元；32号片区8.9公顷，土地收益1 334.63万元，共完成4个片区的土地交易29.41公顷，土地收益共3 651.44万元。指导7号片区、4号片区、20号片区、36号片区、47号片区、51号片区、17号片区城中村改造开展征地相关工作。

【CBD建设项目征地】 根据CBD建设项目任务分解要求，完成集体土地3.68公顷，国有土地3.78公顷征地任务，其余地块征地工作正积极协商推进。

【矿产资源管理】 符合延续条件的西山区发证的矿山（有3家矿山范围重叠，已按要求进行冻结、备案）都完成了延续变更登记，并将矿区范围坐标系转换成80坐标系；对不符合延续条件的37家矿山予以注销。出具建设项目压覆矿产资源审查说明20份，对30家矿山的矿产资源储量核实报告进行备案。

根据云南省国土资源厅关于开展云南省矿产资源利用现状调查工作的通知精神，开展矿产资源利用现状调查工作。按规定西山区共有10个核查矿区分2个矿种需做矿产资源利用现状调查，由3家地勘单位分别负责开展，年底已完成此项工作，并上报省国土资源厅。

加强对矿山尾矿、废渣排土场堆放点和边坡的排查，防止矿山地质灾害发生。继续加强矿山地质灾害危险性评估工作，凡是没有进行矿山地质灾害危险性评估的或没有落实矿山治理恢复方案中涉及的地质灾害治理工作的不办理相关矿管手续。

对矿业权实地核查工作中发现的问题，坐标漂移再次进行现场核对，及时纠正。对于越界开采行为，先由分局执法大队查处，要求各矿山退回自己矿区范围并接受处罚，根据实际情况进行分类处理，对拒不停止违法行为接受处罚的，按相关规定予以注销采矿许可证。

2010年辖区内共清查出地热水、矿泉水用水单位77家，对到期没有办理延续的用水单位督促其尽快办理。加强对矿山各项费用的征收工作，收取矿产资源补偿费412万元、采矿权使用费6.15万元、有偿使用费271.96万元、采矿权价款43.65万元。

【地质灾害防治】 按照昆明市国土资源局的要求，分局于2月底对全区各地质灾害隐患点进行全面、认真调查和排查。在全面摸底调查的基础上，制定了《2010年度昆明市西山区地质灾害防治方案》和《昆明市西山区突发性地质灾害应急预案》，4月25日经区政府批准公布实施。5月初和8月初分别两次组织召开西山区地质灾害防治专题工作会议。

开展汛期地质灾害隐患再排查紧急行动，排查新发现隐患点7个，并将新发现的地质灾害隐患点列入群测群防网络系统。各街道办事处明确了地质灾害防治工作的责任主体和责任事项，各地质灾害隐患点也安排监测责任人和直接监测人，做到责任到人。通过排查，对每个地质灾害隐患点及存在地质灾害隐患的矿山均填发地质灾害防治“工作明白卡”、“避险明白卡”和“隐患点通知书”，让广大村民及矿山企业全面掌握居住区内、矿山范围内的地质灾害隐患情况，及时掌握紧急避险知识、逃生路线和防灾避灾知识。全区共发放“工作明白卡”81份、“避险明白卡”633份、“隐患点通知书”23份。

巩固和完善群测群防网络，西山区从4月起安排人员并由领导带班进行汛期24小时值班。值班人员和监测人员必须实时了解地质灾害隐患点的变化情况，同时要求做好地质灾害速报和月报工作，要求各地质灾害隐患点每天向国土所报告当天情况，国土所每天向分局报告当天情况，同时做好各隐患点的监测记录及地质灾害防治的相关台账工作。

在2010年的地质灾害隐患排查中，发现团结大平坦洋场沟、碧鸡长坡里仁排土场存在严重地质灾害隐患，

8月6日，西山区召开汛期灾害及地质灾害防治工作会。

投入资金8万元及时邀请云南省第二地质勘察设计院对2个点进行地质灾害调查和危险性评估，提交出调查报告。按专家提出的治理方案及时上报区政府，按照“谁引发，谁治理”原则，由区政府督促因施工建设引发地质灾害责任单位开展相关治理工作。对确定为实施搬迁避让的地灾隐患点，实施跟踪督促检查，全区共有5个地灾隐患点被确定实施搬迁避让，碧鸡古莲村已完成搬迁，其余4个未完成搬迁任务的，分局已请示区政府督促相关责任单位尽快组织实施。

【执法工作】 **日常执法** 巡查辖区土地134次，其中巡查矿产资源55次。下达停工通知书30份、接受用地通知书62份、责令改正违法行为通知书38份。

卫片执法检查 2月，第一次下发图斑14个，8月第二次新提取图斑增至169个，移送度假区27个，西山区共有142个图斑159宗地块。其中违法案件27宗（均已立案查处），违法面积0.93公顷。实地伪变化98宗，面积105.35公顷。新增建设用地61宗（含违法用地）34.68公顷，耕地面积24.2公顷，基本农田0.08公顷。违法用地宗数占新增建设用地总宗数的44.26%，违法用地面积占新增建设用地总面积的2.69%，违法占用耕地面积占新增建设用地占用耕地总面积的1.58%。9月25日，西山区图斑完成第二轮系统上报，经国土资源部抽查为合格。

清理闲置用地 1月12日，西山区召开清理处置闲置土地工作动员大会。4月21日，西山区各职能部门集中对14宗用地进行集体会审。4月27日，区政府召集区清理处置闲置土地工作领导小组和涉及辖区内的14宗疑似闲置土地用地户召开告知会，要求用地户在公示后积极向领导小组提供更为详实的申辩材料及有效证据。14宗疑似闲置用地情况已在《昆明日报》和《都市时报》登报公示。后期清理认定工作依照昆明市国土资源局的总体安排稳步推进。

未报即用案件查处 根据中央、省、市关于查处未报即用违法用地的有关要求，对辖区内未报即用的违法用地进行认真清理和查处，共清理和查处未报即用的违法用地案件11宗，1宗没收地上构建筑物1 300平方米；9宗给予罚款13.11万元，并责令补办相关用地手续；1宗责令改正。

矿产资源执法 制定《昆明市国土资源局西山分局关于打击非法开采矿产资源专项行动的工作方案》，对辖区内私挖乱采矿产资源等违法行为进行集中整治，查处非法开采的违法案件4宗，罚没款2.5万元。分局参与区政府相关部门组成的维稳工作组，对团结街道办事处白眉居委会章白居民小组群体性非法开采行为进行综合整治。

【地籍管理】 完成单位国有土地使用权登记发证55宗，登记面积47.7公顷。个人已购住房土地使用权登记发证1.52万户，其中初始登记1.02万户，变更登记发证5 000户。抵押登记10宗，登记面积8.87公顷，贷款金额4 809.29万元。

4月初，西山区一般建制镇土地调查外业工作全面开展，6月完成外业调查工作，西山区第二次土地调查领导小组办公室向昆明市第二次全国土地调查办公室提交了外业检查验收申请。11月15日，市区二调办组成联合检查组对西山区一般建制镇土地调查外业成果进行市级检查验收，质量评定结果为良，顺利通过验收。在一般建制镇调查成果基础上计划全面开展集体土地所有权、使用权“两权发证”工作，经费由省、市、区各级财政负担。

城中村改造涉及的土地权属调查、土地使用权收回、土地证书收回注销等协助工作，完成18号片区一期、梁家河片区、32号片区、7号片区、海埂路16号（14号、15号、1号、16号4个地块）、马街47号（一期）、马街51号、福海36号、福海28号、棕树营4号、前卫19号、永昌17号（一期）片区国有土地使用权收回注销工作。

【窗口服务】 共受理各类登记8 575件，其中个人已购住房登记8 547件，划拨补办出让手续5件，土地评估备案16件，转让分割7件。接待咨询来人来电共9 000多人次。颁发个人已购住房土地使用证8 385本。

【信息宣传】 全年共编发《西山国土》34期，被省国土资源厅采用稿件

8月11日，区国土资源局举办岗位大练兵知识竞赛。（区国土资源局　供稿）

8篇，被省国土资源厅网站采用稿件1篇。在云南省政务信息公开网站上发布信息149条，通过“96128”政务查询系统的在线解答系统回复群众网络提问4件；在云南省国土资源厅集群网站发布信息401条，回复群众的网上咨询18件，在昆明市国土资源局网站发布信息94条。

【财务工作】 2010年昆明市国土资源局西山分局严格执行“收支两条线管理”的规定，所收行政事业性收费及政府性基金934.34万元全部缴入市、区两级财政专户。其中缴市财政土地出让金26.87万元、市财政土地登记费7.57万元、区财政征地管理费89.59万元、区财政土地出让金248.72万元、区财政耕地开垦费3.67万元、区财政失地农民保障金557.09万元、区财政矿山罚款2.62万元、市局矿产资源补偿费41.2万元、区地税局耕地占用税366.62万元。

2010年，分局严格专项资金管理，实行专款专用，按口径及时上报专项资金收支情况，并接受相关部门的专项审计和监督。

【信访维稳工作】 接待群众来信来访，办理市、区转办件共86件次，其中5人以上集体访的有19件次443人，接听96128热线电话141次。主动下访，及时调查处理涉及国土资源的信访问题，及时化解一些社会矛盾和影响社会稳定的主要隐患，促进社会和谐稳定。

【“十一五”成就】 “十一五”期间，完成《西山区土地利用总体规划纲要（2006～2020年）》编制及《西山区土地利用总体规划（2006～2020年）》文本、西山区各类用地空间布局图、西山区建设用地空间布局图、西山区基本农田调整分析图等各类用地成果资料编制工作。《纲要》、《规划》及各类用地成果资料经区政府审查通过已上报。此外，完成《西山区“十二五”土地利用规划纲要（2011～2015年）》编制工作。

为切实做好耕地保护工作，有效增加耕地面积，2006年完成海口镇双哨村委会下哨村、牌坊村村民小组100公顷的土地整理。通过对项目区山、水、田、林、路的综合建设与整治，形成田、水、路、池、管配套水浇地，新增耕地18.48公顷。该项目通过省国土资源厅、市国土资源局专家组评审验收。结合新一轮土地利用总体规划修改，深入海口、团结街道办事处调研，对海口、团结适宜实施土地开发整理的地块进行实地踏勘，海口街道办事处里仁社区居委会土地整理项目已完成项目建议书编报、地形测绘、可研编制工作。

2009年2月，西山区第二次全国土地调查农村部分的工作通过省级验收。11月，西山区二调城镇部分的工作通过省级验收。2010年11月，西山区一般建制镇土地调查外业成果通过市级检查验收，进入内业数据处理和数据库建设。

5年来，先后完成省、市、区重点重大工程征地1 758公顷，完成各类建设用地审批2 019公顷。耕地占补平衡、土地开发整理方面未出现“未补先占、边补边占”的情况。自2008年7月清理整顿土地市场秩序工作以来，共清理土地448宗，面积1 254公顷，完成自行申报土地清理425宗。5年对辖区内土地和矿产资源实施有效管理，共开展国土资源执法巡查803次。开展了浪泥湾片区、白鱼口片区、白沙地片区、海口屠宰场、官庄片区、周家地块、太河片区、海埂路片区综合整治项目以及其他一系列重点项目收储工作。完成了西山区第二轮矿产资源规划编制工作，以及矿产资源利用现状调查工作。每年制定《地质灾害防治方案》和《突发性地质灾害应急预案》，巩固和完善了群测群防网络。

（龙波　马波）

质量技术监督

【“质量兴区”工作】 3月初，在全区范围内开展西山区“质量兴区”活动调研，并撰写了《西山区“质量兴区”工作调研报告》，对“质量兴区”工作进行系统规划、科学布置。3月25日，西山区“质量兴区”暨标准化工作会议召开，成立以区委常委、副区长冯美琼为组长，19家职能部门和10个街道办事处为成员的领导小组。8月2日，西山区委、区政府下发《关于印发〈西山区“质量兴区”活动暨标准化工作实施方案〉的通知》，对西山区“质量兴区”工作进行全面部署。随后所有成员单位提交上报了实施方案。通过“质量兴区”工作的开展，“名牌”战略工作和标准化战略工作取得成效。

2010年，新增云南名牌企业7家9个产品，已通过资料、现场核查和审定，并进行公示；昆明市名牌企业10家12个产品，已通过资料、现场核查及听证，待市政府核定。超额完成与区政府签订的2010年“省名牌”1个、“市名牌”5个的工作任务。

【标准化工作】 年内，西山森林公园服务标准化工作按计划如期进行。同时，西山区的玫瑰园农业标准化示范项目验收资料已完成验收。对企业进行调研，积极为企业申请标准化发展战略专项资金，帮助云南植物药业有限公司等5家大型药业有限公司申请省政府标准化发展战略专项资金共48万元。专项资金的获得，提高了企业提升标准化工作的积极性和主动性。

【食品安全监督】 由于西山区城中村拆迁，食品生产企业由上年的147家减少到87家。年内结合落实企业主体责任和使用食品添加剂专项整治工作，对全区所有食品企业进行巡查，未发生食品安全事故。全年共巡查食品生产企业168家次，抽检产品176

个批次，已出检验报告168个批次，未出检验报告8个批次，不合格16个批次，合格率90%。企业共提交自检自查表192份，获证食品企业年审54家，同时加强对食品小作坊的监管力度，重新和68家小作坊签订了承诺书。

【特种设备监督管理】 深化大型游乐设施、索道、锅炉、电梯、压力管道和危险化学品储罐车的监督管理工作，进一步完善特种设备数据库，同时加大对重点设备、重点行业的重大事故隐患排查力度，开展电梯专项整治、“两节”大检查、6月“安全月”等工作，全年未发生重特大特种设备事故。全年共巡查特种设备使用单位273家，检查特种设备5899台次，下达特种设备安全监察指令书46份，办理开工告知169家，其中设备464台，压力管道881米。在落实企业主体责任工作中，全年共向81家特种设备使用单位发放了落实主体责任相关文件、承诺书和告知书。

【行政执法】 全面落实辖区打假责任制，专项整治食品、农资、建材等与群众生命健康密切相关的重点产品问题。全年共立案152起，结案152起，涉案货值金额870万余元。无复议撤销、诉讼败诉案件。同时为能掌握好行政案件和刑事案件的界线，杜绝在执法中超出权限办案或履职不到位，于2010年2月4日与西山区检察院、西山区公安分局建立行政执法和刑事司法相衔接机制。

【代码便民服务】 全年共办理组织机构代码证书2 563套，换证547套，变更1 072套，年检5 558套，扫描并上报电子文档1.03万份，代码数据合格率达标。

【专项监督抽查】 根据省、市监督抽查计划和年内开展的抗旱物资、建筑扣件、化肥等专项监督抽查工作要求，全年完成14类工业产品质量档案建档92家，检查生产和销售企业207家，抽检产品206个批次（含省监督抽查）。

【质量管理体系ISO9001认证】 年初开展ISO9001认证，导入ISO9001质量管理体系，经过编写体系文件、质量体系试运行后，7月6日昆明市质量技术监督局和质量体系审核机构组织内审核查组对质量体系运行情况进行了审核。审核中发现体系运行中一般不合格项5项，总体运行情况较好。9月初开展外审，分局质量管理体系ISO9001顺利通过华夏认证中心认证。

【“十一五”成就】 “十一五”期间，大力实施名牌战略，积极开展质量兴区，全方位、多层次地开展服务企业工作，引导和培育企业争创名优，新增省名牌7家企业9个产品、市名牌10家企业13个产品。名牌创建工作的开展进一步促使企业坚持以品牌质量为生命，使更多的产品成为云南名牌和昆明名牌。

5年里，建立农业标准化工作保障和工作长效机制，帮助西山区无公害食用玫瑰种植示范项目顺利通过验收，有效带动本地区经济农作物健康可持续发展。5年来，不断加大食品监管检查和特种设备安全监察力度，建立完善网络化动态安全监控体系，所有食品生产加工企业和特种设备使用企业全部实现信息化管理，初步实现了专兼结合、覆盖企业长效监管。5年未发生重特大特种设备事故。

“十一五”期间，西山区质量技术监督局充分发挥源头打假职能，加大查处大案要案力度，深入开展专项打假和集中整治，建立和完善科学高效的执法监管网络，建立以12365系统为中心的打假联动指挥平台，执法打假应急处置能力得到极大提升。共开展各类专项整治活动40余次，查处质量技术监督违法案件584起，涉案货值金额1 800万余元，有效地震慑了制假售假等违法犯罪行为。

（王　雁）

审　计

【审计上级指令审计项目】 全年共完成审计项目51项（其中省、市定项目5项，自定项目46项），为年度计划数28项的182%。其中包括预算执行审计2项，查出违规及管理不规范资金930万元；行政事业审计3项；专项资金审计10项，审计资金总额12.9亿元，其中重点民生专项资金12.3亿元；领导干部任期经济责任审计8项，查出违规金额68万元，发现问题并移送有关部门处理2人；固定资产投资审计27项，审计金额6.5亿元，审减金额1 788万元，审减率约为2.75%。出具审计报告51篇，提出审计建议96条，被采纳审计建议87条。完成固定资产投资审核项目103项，送审金额94.42亿元，核减金额4.38亿元，核减率约为4.65%。

【预算执行审计】 财政审计工作完成区本级2009年度财政预算执行和其他财政收支审计、区地方税务局2009年度税收征管执行情况审计，对存在的问题及时提出整改措施，促进区财政和税收征收管理工作进一步规范。

【领导干部任期（中）经济责任审计】 完成领导干部任期经济责任审计项目8项，均为科级领导干部。其中离任领导干部任期经济责任审计项目7项，领导干部任中经济责任审计1项。

2010年任中经济责任审计特点是：大力推行审计现场实施系统参与审计，全年经济责任审计项目100%使用审计现场实施系统；审计工作继续秉持“积极稳妥、量力而行”的经济责任审计工作方针，在全面开展逢离任必审计的基础上，大力推进领导干部任中经济责任审计。

在审计过程中坚持以领导干部所在单位的财政财务收支为基础，通过对领导干部任期内经济指标完成情况、个人遵守廉政纪律情况等一系列指标审核，不断扩展审计深度、拓宽审计广度，通过采取召开座谈会、进行审计公示等方法来增强审计透明度；在评价内容上，注重从领导干部是否正确履行经济职责，是否严格执行国家财经法规方面加以评价。

通过审计及时发现并纠正5类违规问题，发现管理不规范金额115万元，违规资金68万元，领导主管责任68万元，移送纪检监察部门2人。提出下步整改建议13条，审计成果为组织部门人事决策提供了参考依据。

【固定资产投资审计】 2010年，固定资产投资审计的特点是：积极采取外聘专业人员参与建设项目审计，调配内部业务骨干及招聘业务能手组成较稳定队伍，整合各方面审计力量，加大了对政府性投资建设项目的审计、监督力度。全年完成工程建设项目竣工决（结）算审计27个，涉及房建、市政、水利、绿化等类别，送审金额6.523亿元，审定金额6.344亿元，审减金额1788万元，综合审减率2.74%，提出审计建议43条。

对入滇河道治理工程中的乌龙河、王家堆渠、螳螂川等10个BT项目进行全过程跟踪审计。计划投资总额3.653亿元，跟踪审计已完成建安工程投资的100%。完成固定资产投资审核项目103项，送审金额94.42亿元，核减金额4.38亿元，核减率约为4.65%。

2010年审计总金额为历年之最。政府性投资建设项目审计以及监督工作有效地为政府节约了财政资金，提高了资金使用效益。

【行政事业单位财务收支审计】 全年完成行政事业单位财务收支审计3项，具体是：西山区螺蛳湾商务区建设指挥部财务收支审计、滇池流域禽畜禁养第一批处置补偿资金兑现情况审计、北京师大附中2006～2009年财务收支审计。

【专项资金审计】 完成专项资金审计6项，专项资金审计调查4项。专项资金审计6项具体是：西山区环湖生态带建设项目专项资金及绩效审计，中小学校舍安全工程跟踪审计，西山区教育局校安工程跟踪审计，2009年新农村建设资金绩效审计，2009年西山区新型农村合作医疗资金使用管理绩效审计，西山区2009年度城镇职工基本养老保险、医疗保险基金收支管理和使用情况审计。专项资金审计调查4项具体是：2007年至2009年教育经费资金审计调查、西山区抗旱救灾资金物资第一阶段审计调查、民族宗教侨务局2008年至2009年省市级民族专项资金管理使用情况调查。审计调查主要特点：调查覆盖面广，注重实地调查，侧重反映资金使用效益。

【机关行政效能四项制度建设活动】 根据区委、区政府的有关安排，由区审计局牵头成立审计、发改、财政、目督、监察5部门组成的西山区行政绩效管理制度协调推进领导小组，制定《西山区行政机关推行行政绩效管理制度工作方案》、《西山区行政绩效管理制度协调推进领导小组2010年实施行政绩效管理制度工作计划》。全区38个区属政府部门制定了部门实施行政机关行政绩效管理制度年度计划，有的部门还建立了行政绩效管理考核制度。各部门按月报送重大工程建设项目、重点工作进展情况以及阶段工作总结。年底全区行政机关行政绩效管理工作正有条不紊开展。

【“十一五”成就】 “十一五”期间，完成上级审计机关和地方政府交办的各项审计任务，累计完成审计和审计调查项目243项，查处各类违规和管理不规范金额4356万元，为政府增加财政收入和节省财政支出166万元，减少政府重点实事工程资金支出5789万元，审计提出建议466条，采纳332条。

“十一五”期间，结合财政体制改革，深化预算执行审计，突出对拥有财物配置权、分配权、重大资金的使用权，拥有执收执罚权的重点领域、重点部门和重点单位的审计；突出对专项经费、专项资金、基金、非税收入的审计；突出对重大决策、重大损失浪费、国有资产流失、资金使用结构不合理、效益低下等问题开展经济效益审计。同时对党委、政府关心的

5月7日，西山区审计局承办第37次全国部分协作城区审计工作交流会议。（区审计局　供稿）

热点问题，社会关注的焦点问题，财政支出管理中存在的影响宏观经济运行的突出问题进行审计调查，提出对策和建议。

2006年以来，围绕提高财政专项资金管理水平和使用效益，以“民生”审计为主，重点突出涉及农业、教育、民政、社保、救灾等专项资金和政府重大建设项目投资资金的审计，开展了对企业职工基本养老保险基金、农村中小学教育危房改造专项资金、中央预算内扩大内需资金、财政支农专项资金等项目进行审计和审计调查。5年共对76个政府投资项目进行了审计，共审计投资额12.46亿元，核减工程款5 789万元。

加强对权力运行的制约和监督。5年共组织实施53项领导干部任期经济责任审计项目，查出违规金额1 187万元，管理不规范资金2 902万元，移送纪检部门2人。

2010年，区审计局在市政府政务网公告了西山区区本级2009年社会保险基金收支管理情况审计结果，并向区五班子、市局、各区县审计局及相关部门发布了《审计结果公告》，增强了透明度。

5年来，累计投入审计信息化建设资金40万余元，硬件配置基本到位，现场审计软件应用尝试初步取得成效。搞好网络建设，完善局域网和广域网建设，同上级审计机关和地方政府的信息资源传输实施网络连接。加强计算机数据库建设，为提高审计工作效率奠定了基础。

自内部审计协会2008年10月30日成立以来，共组织内审培训和内审座谈4次，培训财会和内审人员200余人。组织内部审计128项，内容涉及领导干部任期审计、工程建设投资审计、财务收支审计等。截至2010年底，共有30家单位成为内部审计协会会员单位。

（范雪坚）

银行业监督管理

【内部管理】 银监西山办事处以2010年云南银监局“内部管理强化年”要求为主线，进一步加强对经济金融政策中贷款新规“三个办法一个指引”（项目融资业务指引、固定资产贷款管理办法、流动资金贷款管理办法、个人贷款管理暂行办法）的学习领会及2010年新出现的银行风险点的掌握。对日常监管中发现的问题，及时督促被监管机构认真整改落实，并依法果断采取相关监管措施，努力提高监管质效。加强办事处自身执行力建设，严格执行银监会和省局制定的履职问责制度。按照省局监管授权，结合办事处人员实际，明确监管人员的权利、义务和责任，认真履职。依照银行业从业人员和监管人员行为准则，对从业人员和监管人员进行检查，无违反行为准则内容和禁止规定情况。

为提升监管人员的监管能力，积极参加银监会开展的银行业监管理念监管文化、银行监管实务、商业银行主要业务“三大模块”的学习，全员通过测试，其中通过高级测试3人，中级测试1人，初级测试1人。通过学习，使监管人员政治素质、监管理论和监管能力有了新的提高。

【市场准入、退出和非现场监管】 参与西山区农村信用合作联社第二届社员代表大会，对会议全程进行监督。新的理事会、监事会选举产生后，办事处组织理事、监事和高级管理人员学习了《昆明市西山区农村信用合作联社章程》和《中国银行业监督管理委员会中小金融机构行政许可事项》相关规定。促使理事、监事和高级管理人员对信用社《章程》和监管工作有更加清晰的认识，增强履职责任心，提高履职能力，促进昆明市西山区农村信用合作联社新发展。

为提高经营管理水平，防范操作风险，对任职资格行政许可工作进行有益探索。一是关口前移。改变以往对区联社最终确定拟任职人员的资格进行审核或备案为之前积极参与考察考核。积极参与联社对高管人员的定期考核，听取述职报告，组织民主测评等。二是范围延伸。按相关监管要求，区联社部门管理人员不属于任职资格行政许可范围，但联社部门管理人员的履职能力和履职情况直接关系到联社的管理水平的，对其履职能力也进行相应考察。三是普遍征求意见。在进行任职资格谈话过程中，不仅与拟任职的高管人员谈，还要与其他班子成员谈，群众谈，征求他们对拟任职高管人员的意见。年内共上报任职资格审核或备案初审14人，其中理事核准1人，备案6人，监事核准1人，联社高管核准2人，基社高管核准3人，备案1人。

为增加业务品种、更好地促进“三农”发展，积极支持农村信用社发行贷记卡，对区联社《关于开办金碧贷记卡业务的申办请示》，及时进行初审上报，得到省局批复。

完成滇池信用社设立初审，如期开业，使西山联社下属的基社数达到监管规定要求的8个。由于西山区旧城和城中村改造步伐加快，4个金融机构网点被拆迁。办事处以此为契机，要求提高和改善网点品质和服务形象，适时为其办理了变更营业地点的行政许可。

完成昆明市西山区农村信用合作联社申请募股1.722亿元的初审工作，已得到省局批复。定向募股后，增加了注册资本金，提高了抗风险能力，整合资源，拓宽业务领域，创新业务品种，进一步完善法人治理结构，提高经营效益和支农服务水平。

做好非现场监管工作。认真、及时完成非现场监管报表，按月收集整理西山区金融机构基本情况，每月分析风险，按季写出报告，按合作金融机构监管处的安排和要求，完成对上年度的监管评级工作。

【督促政策执行】 认真履行省局赋予的监管职责，结合西山区实际，围绕“促进结构调整”的核心目标，加强督促辖内银行业金融机构，将“有保有控”的要求贯彻落实到信贷业务工作中，促进银行有序发展。根据国家严控产业结构调整中的信贷风险、案件风险、地方融资平台信用风险、房地产行业信贷风险、个人贷款违规流入股市风险和流动性风险“六大风险”政策要求，进行风险提示和相应防范工作。积极履行监管职责，保稳定，促发展。一是督促金融机构把握信贷投放节奏，逐季均衡投放；二是督促金融机构加强对重点领域和薄弱环节的支持，切实加大对“三农”和小企业的信贷支持，确保农业、小企业信贷投放的增速高于全部贷款增速，信贷投放增量高于上年增量；三是督促金融机构继续严格控制对高耗能、高排放和产能过剩行业的贷款，减少行业政策风险，维护银行业安全稳健运行。

关注和维护市场竞争行为，反对高息揽存。银监会办公厅《关于规范市场竞争、严禁高息揽存的通知》下发后，西山办事处对辖内7家县域行、社发出通知，要求各行、社书面报告贯彻落实情况，督促各行、社落实文件精神，自觉维护金融秩序。此外，还及时处理了多起银行间和客户投诉，维护了金融秩序。

【专题调查】 按上级要求完成《金融支持民族地区失地农民就业创业的成功做法及启示》专题调查。据本次调查结果，2009年西山区范围内失地农民总数近2万户，失地农民贷款户数7379户。针对失地农民的贷款需求，西山区农村信用社开办了小额信用贷款业务、失地农民统建房贷款业务、“金碧惠农卡”业务、个体户经营贷款等信贷品种业务。这些业务不仅拉近了金融机构与失地农民之间的距离，密切了与农村基层村社的联系，也切实解决了失地农民贷款难的问题，增强了失地农民的诚信意识，遏制了地方民间高利贷活动，极大促进了当地农村经济发展，达到社会效益和经济效益“双赢”的效果。

完成《对昆明市西山区农村信用合作联社部分网点持续亏损状况值得关注的调查报告》专题调查。作为统一法人社的西山区农村信用联社具有较好盈利能力。联社加大了网点建设，加强网点成本核算，挖掘潜力，推动西山区信用社整体发展。提出对当前存在亏损网点要加大重视程度，使经营情况尽快好转；地方政府、行业管理、监管部门、财政部门及相关机关要进一步关注基层网点的亏损情况，在政策上给予扶持；对山区社的经营要取得当地政府、村委会进一步理解和支持的意见建议。

完成《对昆明市经济开发（行政托管）区金融服务情况调查》专题调查。2009年8月，昆明市将西山区原金河社区、太河社区、大坝社区、周家社区，官渡区原部分金家社区、星海社区划入滇池度假区。滇池度假区金融业高层次、多元化、全方位的资金支持和信贷服务、金融服务能力不断增加。2010年1月28日，西山区农村信用合作联社在度假区成立滇池信用社，主要为度假区所属海埂街道管理处区域提供金融服务。各商业银行也先后在区域内设立分支机构及营业网点。度假区的管理区域跨西山、官渡、呈贡三区县，2010年尚存在金融服务网点规模与度假区发展不匹配情况。

办事处职工撰写的《云南银行业机构多渠道支持县域经济发展》文章，被《银行监管》（2010年第5期）选用。

【支持服务地方经济】 引导各行、社做好金融服务，积极履行社会责任。要求各行按照区委、政府的经济发展规划，积极支持中小企业和“三农”发展。做好服务环境建设、信用环境建设，同时做好银行服务窗口服务工作。适时为旧城和城中村改造中被拆迁金融机构网点办理变更营业地点的行政许可，支持旧城和城中村改造。按月收集整理西山区金融机构基本情况，反馈给金融机构进行发展横向对比。按省局的统一部署，及时、准确采集农村金融服务地图集的有关经济和银行业数据，真实反映区域内银行业金融机构覆盖和服务情况，以及农村金融服务充分程度和竞争程度，服务于“三农”。

【银行发展情况】 全年全区存款较快增长，贷款增速有所减缓，不良贷款实现“双降”，资产、负债规模进一步扩大，盈利能力平稳提升，经营风险得到控制。年末，辖区存款余额增幅21.7%，其中储蓄存款增幅为22.81%。贷款余额增幅9.04%，不良贷款额较年初下降7100万元，不良率较年初下降0.72个百分点。

【“十一五”成就】 5年来，银行营业网点环境设施进一步改善和规范化，金融机构中营业环境差、设施落后、缺少人员、安全保卫风险大的网点有了较大改善，营业网点脏、乱、差现象基本消失，人性化服务软硬件增加。促进了银政合作和西山区城市基础设施建设投融资工作开展。各银行继续增加新增贷款投放力度，同时开展金融产品创新，保障资金需求，支持经济发展，实现银政共赢。5年间，金融业在支持地方经济发展的同时，自身实力也得到加强。存款年平均增长21%，存款总额增长2.55倍。贷款年平均增长27%，贷款总额增长2.53倍。不良贷款率下降5.6个百分点，资产质量改善，经营风险下降，经济效益提高。

（罗宝荣）

安全生产监督管理

【简况】 全年共发生生产安全事故4起，死亡4人，亿元GDP生产安全事故死亡率为0.016人。低于市政府下达的亿元GDP生产安全事故死亡率0.16人的控制指标。全区安全生产总体形势平稳，实现“杜绝重特大事故发生，减少一般性事故发生”的目标。

全区10个街道办事处成立了安监站，各居委会、居民小组均按要求明确安全生产专、兼职管理员，具体负责辖区内的安全生产工作，全区安全生产监管4级网络已形成。全区安全生产责任书签订率100%。

【安全生产工作会】 2月6日，召开全区安全生产工作会议，安排部署2010年安全生产工作。对在2009年安全生产工作中成绩显著的13个先进集体和25名先进个人及在2009年度“安康杯”知识竞赛活动中涌现出来的10个“优胜企业”和20名先进个人进行了表彰奖励。通过表彰活动，推动了全区安全生产工作深入开展。

【专项整治】 至2010年底，全区72个非煤矿山已经全部取得安全生产许可证，100%的采石场使用潜孔钻爆破技术，非煤矿山揭顶、削坡、降台开采的目标基本实现，矿山安全状况明显好转。全区127家危险化学品生产经营单位取证率100%。

在重点行业和领域安全生产隐患排查治理专项行动中，分4个阶段进行隐患排查治理专项行动，辖区共有各类企业1.65万家，检查工矿商贸企业3 975家，发现安全隐患1 763条，现场整改1 705条，限期整改58条，整改率达97%。区、街道办事处两级政府部门组成督查指导组12个，督查企业376家，发现隐患425处，现场整改386处，限期整改39处，下达隐患整改指令书37份。专项行动取得了明显成效。

烟花爆竹专项整治方面，申报烟花爆竹批发企业1家，核发“烟花爆竹（零售）经营许可证”50本，销售安全监管工作出动203人次。设置零售网点50个，联合执法19次，取缔非法经营点6个，收缴爆竹650万头，烟花13箱，发放《安全燃放烟花爆竹常识》5.6万册和《烟花爆竹安全管理条例》3 100份，质量抽样检查16个，未发现质量不合格产品。

【安全生产教育培训宣传】 全年共举办企业法人、安全管理人员、特种作业人员、涉爆人员及街道办事处和社区安全专干培训班15期，培训各类安全人员2 108人，其中举办企业法人强制培训班2期，培训人员643人，重点培训安全制度的落实、建立；涉危人员安全资格取证培训班1期，培训人员600人；烟花爆竹经营户安全员取证培训班1期，培训112人；新上岗工人安全生产法律法规以及基本知识和技能培训班3期，培训435人；各小区、市场、商场保安人员安全知识培训班2期，培训110人；非煤矿山矿长、安全员证书复审培训3期，培训316人；各安监站以及各街道办事处、居委会和区属有关部门安全管理人员培训5期，培训440人。聘请专业授课老师为在校学生进行20场“校园安全知识”专题讲座。

2月6日，西山区召开安全生产工作会议。

另外，组织各级各部门紧紧围绕“综合治理，保障平安”这一主题，开展“六月安全生产月”宣传活动。认真开展安全生产进学校、进企业、进社区、进工地、进机关的“五进”活动。利用区政府办信息平台向全区科级干部、非煤矿山负责人、危险化学品企业经理共1 000多人发送手机宣传短信。

【安全生产大检查】 2010年，在全区范围内组织开展大规模、全方位的安全生产大检查8次，检查各类生产企业1 954家。其中检查商场254个，市场71个，网吧、电子游戏室45个，城中村21个，建筑工地46个，非煤矿山70个，危险化学品企业97家。共查出隐患457条，现场整改381条，下发整改指令书43份。通过组织开展全区范围的安全生产大检查，及时发现和消除了一大批安全隐患，减少或避免了生产安全事故发生。

【事故应急预案演练】 3月、6月，辖区内的中小学分别开展了灭火应急演练；区粮食局、三环化工按照区政府的安排和要求，成功组织了粮库灭火应急预案演练和液氨泄露应急救援演练，使广大师生和企业从业人员处置突发事故能力普遍提高。

【"十一五"成就】　"十一五"期间，全区共发生生产安全事故14起，死亡14人，亿元GDP（工业增加值）生产安全事故死亡率为0.027人，完成亿元GDP事故死亡率控制在0.16人以内的工作目标任务。

5年里，认真落实"一岗双责"责任制，全区安全生产目标管理责任书签订率100%。开展安全生产大检查，共检查非煤矿山127家、危险化学品生产经营单位137家、商贸企业1.4万家，发现安全隐患1 763条，现场整改1 705条，限期整改58条，整改率达97%。5年共举办安全培训班75期，培训各类安全人员1万余人。对全区发生的14起生产安全事故，依照相关法律法规，对事故责任单位和责任人进行了严肃查处。组织辖区内区属部门、企业、学校开展各种形式的应急救援演练87次，进一步提高了应急救援的组织协调能力、调度处置能力和实战应对能力。

（叶先斌）

食品药品监督管理

【机构改革】　8月5日，根据西山区人民政府机构改革实施意见，省垂直管理的西山区食品药品监督管理局交由西山区管理，为西山区政府工作部门，级别为正科级。8月25日，昆明市食品药品监督管理局与西山区人民政府举行了西山区食品药品监督管理局人、财物移交仪式。9月30日区政府批准印发了《昆明市西山区食品药品监督管理局关于主要职责、内设机构和人员编制规定》。

职责调整：将综合协调食品安全、组织查处食品安全重大事故的职责划入西山区卫生局；划入餐饮服务许可，餐饮业、食堂等餐饮服务食品安全监督管理和保健食品、化妆品卫生监督管理的职责。

主要职责：贯彻执行国家和省、市有关餐饮服务食品、药品、医疗器械、保健食品、化妆品安全监管的法律、法规、规章和方针、政策。负责餐饮服务许可和餐饮服务中的食品安全监督管理；监督实施餐饮服务中食品安全管理规范；负责餐饮服务中食品安全事故的调查处理；开展餐饮服务食品安全状况调查和监测工作；依法查处餐饮服务中的违法违规行为。负责保健食品、化妆品卫生许可和卫生监督管理；负责监督实施保健食品标准、技术规范与化妆品卫生标准、技术规范；开展保健食品、化妆品不良反应监测；负责保健食品、化妆品广告监测。负责监督实施药品、医疗器械生产、流通、使用的质量管理规范；依法监管麻醉药品、精神药品、毒性药品、戒毒药品、放射性药品及特种药械；负责药品、医疗器械广告监测工作。监督辖区内药品、医疗器械生产、经营企业和医疗机构的药品、医疗器械质量；负责辖区内药品、医疗器械生产、经营和使用单位药品、医疗器械的抽样送检；依法查处药品、医疗器械生产、流通、使用中的违法违规行为。

根据职责，昆明市西山区食品药品监督管理局机关设7个内设机构：即办公室、食品安全监管科、药品安全监管科、医疗器械安全监管科、保健食品化妆品监管科、食品稽查科、药品稽查科。人员编制16名，其中机关行政编制15名、其他编制1名。设局长1名（兼党组书记）、副局长2名。

【简况】　截至12月31日，西山区食品药品监督管理局所涉及监管的药品生产企业6家（生产药品5家，生产制剂1家），药品经营企业340家（药品零售企业119家、药品连锁经营企业221家），医疗器械经营企业52家（含"成人用品"店、眼镜店、助听器销售企业），各级各类医疗机构600家（诊所470家、社区中心站67家、乡镇卫生院7家、村卫生所56家），设农村药品供应柜35个。

【行政许可】　2010年，为进一步规范药品经营行政许可，维护药品市场经营秩序，成立由局长任组长的零售企业"药品经营许可证"换发工作领导小组，将换发证工作任务分解细化到科室和人，并及时召开85家换发"药品经营许可证"（零售）经营企业负责人参加的换证工作会。采取报纸、昆明西山网、局网站及政务公示专栏等方式，对换发药品经营许可证所需材料、时限要求等内容进行公示，确保换证工作公开、公正和透明。

全年新申办"药品经营许可证"（零售）11家，受理药品零售企业变更许可证事项33家，注销"药品经营许可证"（零售）33家，完成零售药店换发证71家，完成GSP认证74家。所受理的行政许可均按市局公示时限完成，无投诉和举报。

【宣传教育】　全年共编发食品药品监管信息97期，在中国新闻网发表查处假劣药品信息1篇，省台栏目播发药品相关信息2期，及时向社会宣传发布食品药品安全信息和监管工作开展情况。集中开展了安全生产月、"3·15"、食品药品安全宣传周及食品药品安全宣传进社区等大型宣传活动8次，设立宣传咨询台，面对面、零距离地向群众宣传食品药品监管法律法规及饮食用药安全常识，接受群众饮食用药安全咨询。全年发放《中华人民共和国食品安全法》、《食品安全知识读本》、《食品药品安全知识百问》等宣传材料近万份，展出宣传展板20余块，受理群众咨询250余人次。与《云南经济日报》协作创建西山区药品经营企业及医疗机构宣传平台，扩大区药品经营企业及医疗机构舆论宣传范围。

【药械市场监管】　在日常监督检查和"人用狂犬疫苗"、非药品冒充药品、保健食品添加化学药物成分等30次药械专项检查中，检查药品经营、使用单位1 083家次，其中药品经营企业674家次（含零售药店及零售连锁门店）、医疗器械经营企业64家、医疗机构345家次，查处各类药品（医疗器械）案件48起，结案77起，结案率100%，没收货值金额5万余元的假劣药品和医疗器械324种453批次。年内，共受理举报24起，登记、处理回复及满意率100%。

【药品技术监督】 坚持监督检查和抽样检验相结合原则，严格药品抽验程序，对检查中可疑药品及时进行抽样送检，全年完成市局下达的药品抽样送检任务30批次、医疗器械抽样送检任务6批次。

【药品不良反应监测】 辖区内有“三项监测”工作专兼职人员643人，15家医疗机构注册并开通医疗器械不良事件监测系统，药品、医疗器械监测网络覆盖率达100%。全年收集整理上报药品（医疗器械）不良反应报告186例，超额完成66例，较2009年的155例增长20%。

【诚信档案建设】 为提高企业自律意识和守法意识，根据区政府关于“诚信西山建设实施方案”要求，区食品药品监督管理局与辖区内196家药品生产、经营、使用企业签订“诚信建设责任书”，平时采取动态管理方式，及时采集药品生产、经营、使用企业有关监管信息录入档案，按照信用等级标准划分进行分级管理。年终进行信用等级评定，其中A级占91%，B级占5%，C级占4%。

【食品安全监管】 及时与食品安全委员会各成员单位、各街道办事处签订“2010年食品安全工作目标责任书”，进一步明确责任。定期组织召开食品安全工作会议，研究部署食品安全工作，有效落实工作责任机制。每半年组织人大、政协委员及食安委各成员单位对各职能部门和各街道办事处食品安全工作开展情况进行督查，及时发现和解决工作中遇到的困难和问题。加强综合监管，全年先后组织成员单位开展食品安全专项检查16次，有效防范和遏制了重特大食品安全事故发生，保障了辖区群众的饮食安全。

3月29日至4月15日，为严防“地沟油”和不合格一次性筷子流入餐饮服务环节，切实保障餐饮消费食品安全，区食安委组织区质量技术监督管理局、区工商局、区卫生局，在全区范围内开展了一次声势浩大的食用油、一次性筷子专项检查工作，共检查餐饮服务、流通、生产企业823家。4月29日，组织相关成员单位检查了团结、碧鸡街道办事处的农家乐40家。7月1日，组织相关成员单位开展宗教场所集体用餐专项检查，及时了解和掌握宗教场所集体用餐食品安全状况。7月26日至10月28日，开展食品抽样送检14次，共抽取沙拉、凉拌菜、生食水产品、鲜榨果汁、熟肉制品和非发酵豆制品等样品176件。

【“十一五”成就】

食品综合监管体系初步健全 “十一五”期间制定了《西山区食品安全委员会工作制度》、《西山区食品安全联席会议制度》、《西山区食品安全委员会信息调研工作管理办法》等制度，将食品安全纳入对各级政府、职能部门的目标考核，通过严格实行分段管理、各负其责的综合监管，充分发挥食品安全综合监管的合力效应，全面落实食品安全工作任务，形成“全区统一领导、地方政府负总责、部门协调指导、各方联合行动”的食品安全工作新格局。

药械日常监管不断强化 始终保持药械市场监管高压态势，5年来，查处各类案件269起，收缴罚没款126万余元。积极探索药械监管模式，切实加大市场巡查力度，从2006年开展的“点”、“面”结合方式到2010年“区域监管责任制”，扩大了监管覆盖面，逐步消除监管盲点。提升服务效率，规范行政许可。2009年，将“药品经营许可证”（零售）行政许可办理时限中“自受理之日起30个工作日作出是否同意筹建的决定并书面通知企业”缩减为“15个工作日”，“自申请验收之日起15个工作日作出是否许可的决定”缩减为“8个工作日”，切实提升了服务效率。5年来，采取一

4月，区食品安全委员会组织各成员单位开展食品安全专项检查。

（区食品药品监督局　供稿）

次性书面告知所需材料全部内容的方式，共受理办证申请160余家。根据昆明市食品药品监督管理局下达的药品、医疗器械抽验工作计划，共完成218批次的抽样送检任务。自2006年开展药械不良反应监测工作以来，开通县级医疗机构不良反应电子邮箱2家，且每家药品经营使用单位都配有药械不良反应监测人员，确保“三项监测”（药物滥用、药品和医疗器械不良反应监测）覆盖率达100%。5年来共收集整理上报药品（医疗器械）不良反应报告405例，其中药品不良反应报告363例、医疗器械不良反应报告42例。

食品药品专项整治纵深推进 5年来，年均开展专项检查10余次，纵深推进问题乳粉、食品添加剂、“地沟油”和“创卫”期间食品安全专项整治；同时深入开展农村药品、中药材和中药饮片、疫苗、特殊药品、药包材、一次性使用无菌医疗器械等专项整治和专项监督检查活动，重点对“齐二药”、“欣氟”、假药“糖酯宁胶囊”和“香丹注射液”、“双黄连注射液”等有严重不良反应的药品进行了严肃查处，对药品、医疗器械违法案件查处率100%，受理群众举报案件查办率100%，5年来累计开展各类专项检查150余次。2006年以来，每年元旦、春节、“五一”、中秋、国庆等重大节日期间，及时组织各成员单位对辖区范围内的种植业、养殖业、食品生产加工企业、食品流通环节和消费环节的餐饮业开展节日期间专项检查，同时先后针对重点地区、重点行业、重点品种开展多次专项检查。其中2007年对西山区华亭寺、观音寺、翠金寺3家有素食供应点寺庙进行了食品安全专项检查；2008年对区域内124户农家乐的食品安全基础状况进行摸底调查，全面掌握了农家乐的食品安全状况；2009年针对食品添加剂滥用问题，对全区食品添加剂经营户进行摸底调查和自查自纠工作；2010年开展了“地沟油”和不合格一次性筷子专项检查。5年来，通过一系列的专项检查，确保了全区人民饮食用药安全。

探索长效机制　创新监管方式 在2005年初步建立农村药品监督网、供应网（以下简称“两网”）的基础上，于2006年整合加入食品安全监督网，健全了食品药品“三网”监管网络。2008年将“两网”与“新农合”、“万村千乡”市场工程结合，重新确认云南龙凤谷生物药业有限公司负责辖区农村药品的配送供应任务，5年来加强完善了网络运行。积极推广电子网络管理平台建设工作，2007年6月，辖区内药品经营企业开始定期上报GSP执行情况及药械购销资料电子数据。通过药品流通监控系统，及时了解进入西山区各类药品的通用名、商品名等基本信息，为药品公共事件的应急处置、不良药品的召回和假劣药品的追溯提供了技术支撑。2006年，在已建立的药品经营企业信用档案的基础上，采取动态管理方式，根据日常监管情况，及时采集有关的监管信息，并将其充实到档案中，最后按照信用等级标准划分信用等级，对不同信用等级企业实行分级管理。截至2010年12月31日，医疗机构通过“两个规范”验收26家，建档率100%。

（张曙光）

农林水·新农村建设

编辑 郑 航

农 业

【机构改革】 8月，西山区人民政府机构改革，撤销西山区农业局、西山区林业局，设立西山区农林局，为正科级单位，并加挂昆明市西山区畜牧兽医局牌子。人员编制151名，其中行政编制21名（含其他工作人员控制数4名），领导职数局长1名，副局长4名，局党委书记1名，副书记2名（其中1名由局长兼任）；森林公安西山分局人员编制8名；参照公务员法管理事业单位人员编制数25名；事业单位人员编制数97名。西山区畜牧兽医局局长由区农林局局长兼任。西山区农林局管理昆明市森林公安局西山分局。

根据主要职责，西山区农林局机关内设党政综合办公室、市场信息科、政策法规宣传科（加挂农林综合执法大队牌子）、科技教育科、资源林政管理科；设事业机构16个，其中参照公务员法管理的事业单位6个，即西山区森林防火指挥部办公室、西山区林业资源管理站、西山区森林病虫害防治检疫站、西山区营林和林业技术推广种苗管理站、西山区木材检查管理站、西山区农机安全监理站，事业单位10个，即区农村能源环境保护工作站、区农村合作经济经营管理站、区蔬菜办公室、区农机化管理总站、区种子站、区畜牧兽医站、区茶桑果站、区动物卫生监督所、区植保植检站、区农业技术推广站。

【农作物生产】 全年农作物总播种面积6 917.3公顷，其中粮食作物4 158.5公顷（谷物3 180.7公顷、豆类737.9公顷、薯类239.9公顷），油类221.5公顷，药材2.9公顷，蔬菜、瓜果类2 048.5公顷，其他农作物485.9公顷。粮食单产4.1吨/公顷，总产1.71万吨。

【农作物病、虫、草、鼠害综合防治】 全年完成农作物病、虫、草、鼠害综合防治1.28万公顷，其中病害防治3 100公顷、虫害防治1 033.33公顷、农田草鼠害防治7 460公顷。

【农业重点科技项目】

玉米高产创建项目 按照高产创建“百、千、万”工程体系建设的要求，完成玉米高产创建种植面积673.3公顷，平均单产10.28吨/公顷。其中实施百亩核心区1个，面积6.93公顷，平均单产13.86吨/公顷；实施千亩展示片1个，面积100公顷，平均单产12.29吨/公顷。

水稻高产综合集成技术项目 完成水稻高产综合集成技术示范13.38公顷，平均单产8.48吨/公顷，比计划产量8.25吨增产230千克。其中样板示范23公顷，平均单产9.47吨/公顷，比计划产量9吨增产470千克。

水改旱、间套种及晚秋作物种植项目 全区完成水改旱面积370.93公顷，改种粮豆面积121.47公顷（玉米115.47公顷），改种经济作物249.47公顷（蔬菜223.2公顷）；完成间套种面积677.8公顷（其中套种粮豆面积373.2公顷、套种蔬菜304.6公顷）；种植晚秋作物721.53公顷。

【种植业】 打造芳香植物走廊，加强原种植玫瑰田间管理，深入田间地头指导农户，补死补齐玫瑰苗2.68万株，收购玫瑰23吨；大力推广万寿菊种植，移栽大田254.86公顷，收购鲜花2 700吨，建发酵池7个；完成洋葱示范种植47.86公顷，总产1 286吨。其中套种33.93公顷，平均单产18.77吨/公顷，总产637吨；净种13.93公顷，平均亩产3 108.3千克，总产649.6吨；完成滇池流域农业产业结构调整245.27公顷，其中海口121.73公顷、碧鸡102.13公顷、福海21.4公顷。涉及农业产业结构调整小班地块16块。其中从蔬菜调整为种植绿化苗木的地块14块，蔬菜调整为经济林木（果）的地块2块。

种植加工型花卉200公顷；在团结引入玫瑰加工企业昆明艾谐香料有限公司；西山区现代农业观光园规划通过专家评审，园区规划建设总面积166.67公顷，园区一期工程（核心区）占地16公顷，至年末投入资金300余万元，完成核心区水、电、路、生态大棚餐厅等园区基础设施建设，由昆明惠民农业科技有限公司经营管理。

【水果基地建设】 完成果树冬季整形修剪、清园、冬季施肥、病虫防治、疏花、疏果及套袋等技术措施，共套袋220万个。团结苹果完成重点示范40公顷，带动示范面积66.66公顷，苹果已开始上市；海口黄梨完成老果园提质13.33公顷，新果园管理51.15公顷；里仁完成高枝嫁接改造施肥管理20公顷；建设小型水果保鲜冷库268立方米。引进草莓品种11个，繁育种苗2.68万株，选取3个点完成实验种植。引进苹果品种5个进行高枝嫁接，成活率95%以上。

【畜牧生产】 全区年末存栏生猪8.03万头、牛9 393头、羊3万只、家禽31.43万羽，分别比去年增长27.8%、-4.9%、3.1%、5.7%；全年出栏肉猪10.71万头、肉牛1 672头、肉羊1.36万只、肉禽73.08万羽，分别占年计划8.5万头、1 600头、1万只、60万羽的125.9%、104.5%、135.6%、121.8%；肉类总产9 859.3吨，占年计划9 000吨的109.5%；牛奶产量401吨；禽蛋产量538.3吨。实现畜牧业产值2.035亿元。

【动物疫病防治】 做好重大动物疫病"春防"、"秋防"和免疫补针工作，共实施高致病性禽流感免疫132.51万羽；口蹄疫强制免疫23.84万头次；猪瘟免疫15.46万头次；高致病性猪蓝耳病免疫13.98万头次。四个强制免疫病种应该免畜禽免疫密度均达到100%，免疫密度符合上级要求。加强疫病监测，提高免疫效果，共采集禽血清523份、牛血清51份、羊血清61份、猪血清103份进行免疫效果监测。采集禽喉气管90份，猪脾、肺各30份送上级业务部门进行病原学监测。配合农业部、省、市动物疫病预防控制中心完成采集禽血清100份，喉气管棉试子、泄殖腔棉试子100对。认真组织好疫苗发放工作，共组织发放牲畜口蹄疫疫苗36.5万毫升，高致病性禽流感疫苗38万毫升，高致病性猪蓝耳病疫苗23.7万毫升，猪瘟脾淋苗19.4万头份。

【农产品质量安全】 全年检疫猪、牛、羊胴体29.09万头，生猪屠宰检疫率100%。集贸市场检疫禽类118万只，检疫腌腊制品308.5吨，检疫杂项油脂250.8吨。农村活畜市场检疫活畜4.34万头（其中活猪3.78万头、活牛2 264头、活羊3 288只）。完成检疫收入112.93万元。严格蔬菜检测，全年共检测蔬菜样品8 214个，合格率为98.55%。完成团结、碧鸡、海口办事处奶牛普查、良种登记和奶牛"两病"扑杀、净化工作。推行动物标识及疫病可追溯体系建设，加强动物产地检疫；制定科学的实施方案，佩带二维码耳标6.2万套，在碧鸡、海口、团结设立动物产地检疫报检点。对养殖大户进行监管实行网络化档案管理，完成20户试点规模养殖场的养殖档案录入工作。

【农业面源污染治理】

农田径流减污控污工程 在观音山居委会白草村和观音山居民小组的农田内实施农田径流减污控污工程21.33公顷，工程区以农田为主，局部区域有苗圃、葡萄园、菜地。农田面积占90%以上。完成生态大沟整形及清理417米，1 125.9平方米；生态大沟沟埂整理154平方米；生态沟渠土方开挖及整理1 902.7米，1 522.16立方米；秧田湿地汇水导流沟清理367.8米；农灌支沟清淤、修整2 750米；维护道路铺瓜子石70米，清理杂草394.1平方米；建1.07×1.4米主沟道闸阀1座，滇池湿地清理870平方米、水沟8米，石砌沟渠沟埂4.06立方米，浇灌进水沟3.51平方米；新建三室堆沤池10个；搭建跨沟桥12座。在生态大沟、生态沟渠中种植芦苇1.24万株、香蒲6 320株、黄花鸢尾1.52万株、菖蒲1.89万株、水芹菜1.9万株。完成农田径流水监测点设置3个，取水样3个，对照1个，示范点3个。

测土配方施肥 完成测土配方200公顷，取土样112个送检，制配施肥建议卡4套，入户发放1 200份，入户率达93%，采购配方肥125吨，已实施配方肥示范236.93公顷，占计划任务的118.5%，总增产330.95吨，总节本增效53.27万元，共减少不合理施肥（纯量）18.93吨，减25.8%；推广测土配方施肥技术896.93公顷，开展"3414"试肥效验4组，有效校正施肥配方；项目实施覆盖25个居委会，覆盖率71%，涉及农户7 800户，技术到位率39%。

IPM综合植保技术推广 完成IPM综合植保技术推广66.67公顷，在碧鸡、海口设立病虫监测点10个，设立农药监测点10个；开办农民田间学校一所，培训学员27人；生物农药推广应用219.73公顷；性诱剂推广42公顷；发放粘虫卡8 000张，示范推广26.67公顷；在示范区内设置杀虫灯80盏，控制面积106.67公顷，其中在核心示范区内新安装10盏；在观音山农田安装灭鼠毒饵站100个，面积2.2公顷；在核心示范区建立11个农药包装回收站。

【农村生态环境建设】 全年完成"一池三改"沼气池202口；推广节能气化灶1200眼。在团结办事处朵亩居委会新建沼气服务网点1个。通过宣传动员、发放资料和技术指导等各种科学可行的措施，提高了畜禽粪便利用率、秸秆综合利用率和农村清洁能源普及率。

全区畜禽产生畜禽粪便量8.25万吨。其中牛粪便产生量为4.42万吨、猪粪便产生量为2.32万吨、羊粪便产生量为6 433吨、禽粪便产生量为8 647吨。共利用畜禽粪便7.93万5吨，其中能源化利用（沼气）7 389吨、出售2.77万吨、还田用作肥料利用4.41万吨，团结、碧鸡、海口3个办事处社区畜禽粪便综合利用率达96.1%。

全区农作物秸秆总量2万吨，用作饲料等1.84万吨、还田850吨，合计利用1.93万吨，3个办事处秸秆综合利用率达96.4%。

在全区村村通电的条件下，通过大力推广沼气池、太阳能、节柴灶等清洁能源使用，团结、碧鸡、海口3个办事处共有农户2.33万户，年底全区已累计推广沼气池4 713口、太阳能路灯1 482盏、太阳能热水器7 400台，电能用户2.33万户。3个街道办事处农村清洁能源普及率达到了81.3%。

【中低产田地改造】 完成中低产田地改造133.33公顷，新建排灌沟渠3 413米，田间蓄水池18个，3.5米宽的机耕路3 026.2米。对农户进行无公害蔬菜科技示范种植技术培训716人次，引进优质花菜、叶菜类等适宜蔬菜品种进行试验、示范，安装蔬菜地物理杀虫灯13.33公顷，推广应用生物农药1 000瓶，推广生物肥料150吨，推广粘虫黄板8 572片。

【农村劳动力培训转移就业】 全区完成农村劳动力培训1.52万人次，转移就业1.39万人，其中省外344人，省内区外3 456人，区内就地就近转移就业1.01万人，新增转移收入7 047.2万元。举办绿色证培训班26个，培训1 520人；开展农村实用技术培训204期，培训1.23万人次；举办农业科技进村入户培训班22个，入户培训1 345人；培训汽车驾驶员150人、拖拉机驾驶员137人、农机修理工76人。组织完成2个在读农民中专班6个科目的教学辅导和考试，合格率96.4%。

【村务公开和账务公开】 抓好农村财务公开的监督管理，98个居委会、397个居民小组按期进行财务公开，公开率达99.8%。由村民或村民代表大会对集体生产和公益事业所需劳务和资金进行讨论，设立多种形式的财务、政务公开栏，公布集体经济收支、财产物资、债权债务等涉及村民利益的村务情况及其重大事项，保障农民群众的知情权、参与权和监督权，逐步使村务民主化、制度化、法制化和规范化。碧鸡、海口、团结农村财务公开率为96.3%，先后进行9次村务、财务公开的专项检查，未发现违规违纪行为。通过实施"惠农一折通"及时发放农民综合补贴357.7万元。

【农村土地流转】 全区完成农村家庭土地承包使用权流转1 556.2公顷，成立区级及碧鸡、海口、团结3个办事处土地流转中心，在3个街道办事处建立土地流转信息化平台。组织农民专业合作社和农村集体经济组织项目的调查申报工作，推荐上报2个专业合作社、1个壮大农村集体经济组织共3个项目的申报工作。

【农业产业化经营】 年内新增市级以上农业龙头企业6个、农村专业合作经济组织2个。全区共有龙头企业24个，固定资产达4.697亿元，年产值4.588亿元，带动农户11.65万户（含区外）。

西山区2010年农业产值按现行价格计算为1.78亿元，比上年减少3 321万元；2010年平均亩产值2 172.067元，增加值972.07元，增加值较上年增长率9%。2010年农产品加工业产值1.732亿元，较上年增加1 210.2万元，实现农产品加工增加值1 000万元的目标任务。

加大无公害、绿色、有机农产品认证力度，组织昆明五谷王食品有限公司申报认证绿色食品2个，对欣农科技公司和逸神茶叶公司2个企业3个无公害农产品证书进行复查换证。

推进龙头企业的发展，组织申报2010年省级财政发展生物产业专项资金项目4个、申报云南名牌农产品4个、申报云南省生物产业"十二五"鼓励发展的重点产品1家。推进农业产业化经营，组织申报2010年市级农民专业合作社扶持发展预备项目2个。

【第六届昆明国际农业博览会参展】 2010年第六届昆明泛亚国际农业博览会农业企业30个参展，布置展位40个，其中标准展位36个、形象特展4个，展品主要涉及农业科技、农副产品、花卉园艺、其他4大类，品种总数约150个。在农博会优质农产品评选活动中，西山展团3个企业申报的5个农产品分别获2个金奖，1个银奖，2个优质农产品奖。

【农机推广和培训】 落实农机购机补贴政策，完成农机购机补贴75.08万元（含设施农业10公顷），补贴机具34台。完成机耕、机耙面积1 800万公顷。培训汽车驾驶员198人、拖拉机驾驶员137人、拖拉机修理工76人，办理拖拉机新车落户21台，检验拖拉机850台，检验率达83%。

【农业行政执法】 全年组织种子、农药市场检查8次，检查种子经营户26户次，农药经营企业17个；开展兽药、饲料和饲料添加剂检查21次，检查经营企业264个次，抽查兽药样品127个，饲料及饲料添加剂标签32个；查处假兽药经营案件27件，假劣饲料经营案件4件，收缴罚没款1.85万元。组织农产品质量安全检查5次；召开农产品质量安全工作会议2次，组织有关人员配合农贸市场完成创卫迎检工作；与111户兽药、饲料生产经营企业签订质量承诺书，向88家兽药经营单位下发GSP相关规定学习通知，调处海口山冲玉米种子纠纷案。

【"十一五"成就】 "十一五"期间，完成以都市型现代农业"4210"

工程、“1245”工程、“6+1”产业培育为载体的农业农村各项工作任务。

农业农村经济持续稳定增长 至2010年全区实现农林牧渔总产值5.3亿元，比2005年的3.6亿元增长47.2%，年均增长9.44%；农业产值2.07亿元，比2005年的1.94亿元增长6.7%，年均增长1.34%；畜牧业产值2.3亿元，比2005年的1.14亿元增长1%，年均增长20%。实现农村经济总收入339亿元，比2005年的267.8亿元增26.6%，年均增长5.32%；农民人均纯收入7 591元，比2005年的4 978元增长52.5%，年均增长10.5%。

农业产业结构不断优化 农牧产值的比重由2005年的1:0.58，调整为2010年的1:1.13。至2010年全区农业总产值中畜牧业产值已超过种植业产值，种植业、畜牧业产值分别为2.33亿元和2.07亿元；种植业内部经济作物面积逐年增加，粮食作物种植面积逐年减少，2010年全区粮食产量1.75万吨，比2005年减少9 300吨，减少34.7%。形成以谷律花椒、团结红富士苹果、冷凉蔬菜、万寿菊为主的优势农产品种植基地；以海口黄梨、里仁和海丰优质蔬菜、团结加工型玫瑰为主的农业种植区；以滇池西岸高海公路沿线为主的绿化苗木种植区；以团结、碧鸡、海口为主的生猪、肉牛、肉羊、家禽养殖区。

重点项目建设成效显著 “十一五”期间，7个重点项目的完成情况如下：一是5万亩绿色蔬菜种植：全区共完成绿色蔬菜种植8 833.33公顷，完成率265.17%，生产绿色蔬菜产品2.419亿吨，实现产值2.609亿元。配套技术措施推广生物农药3 891.07公顷次；生物肥料2 788.67公顷次；黄板诱杀害虫1 672公顷次；安装物理杀虫灯260盏，控制虫害面积346.67公顷；建立田间跟踪档案410户，引进蔬菜新品种72个。二是万亩花椒种植：全区共完成花椒种植573.63公顷，34.08万苗，完成计划的86.04%，投入补助资金54.87万元。从2006年开始花椒种植，2009年，加强对已种植花椒的管理，开展花椒补塘工作，共种植红花椒苗4.03万株。由于花椒种植投资回报期长，采摘成本高，影响农户种植管理的积极性，加工厂生产能力有限，后期工作重点主要放在对已种植的花椒的管理上。三是万亩水果提质增效改造：全区共完成水果提质增效改造748公顷，完成率112.2%；区级以上财政安排项目经费424.8万元。经测产，2010年，团结红富士苹果5大果园总产量达1 971.3吨，产值985.65万元。一、二级果率合计63.45%。平均亩产量1 152.8千克，亩产值5 760元。四是万亩药用植物种植：全区共计完成717.93公顷，完成率107.7%；各级财政安排项目经费325万元。药用植物各品种的亩产值均在1 000元以上。五是5 000口沼气池建设，全区共计完成5 013口，完成率100.3%；区级以上财政安排项目经费823.9万元。经测算，每口沼气池年节柴3吨、省工20个、产生沼肥8吨，沼气池建设节能减排效果明显。六是5 000眼节柴灶推广：全区共计推广节柴灶1.11万眼，完成率221.5%；区级以上财政安排项目经费121.83万元。七是300亩设施大棚建设：全区共计建设设施大棚21.33公顷，完成率106.7%；区级财政安排项目经费120万元。

农业产业化经营水平提高 “十一五”期间，全区共发展农业龙头企业24个，其中，国家级龙头企业1个、省级龙头企业2个、市级龙头企业11个、区级龙头企业10个，固定资产达4.697亿元、年产值4.588亿元、带动区内外农户11.65万户；适度规模经营户60户，其中规模养殖户36户，养畜2 428头、养禽24.48万羽，销售收入639.96万元；规模种植户24户，经营面积102.67公顷，销售收入529.8万元。龙头企业经营态势良好，如子弟、艾谱香料、滇养食品、绿舞蔬菜等。生产规模不断扩大、产品档次不断提升、经营业绩不断提高、带动能力不断增强，其中昆明子弟食品有限公司产品已通过国家ISO9001和“绿色食品”认证，年生产量已超过1万吨，实现销售收入1.45亿元。全区有农村合作经济组织（协会、合作社）22个、参加农户1 169户，专业种植蔬菜、水果、草莓、花椒、食用玫瑰等经济作物，经营面积1 506公顷，销售收入6 820万元。

农业生态环境明显改善 以农产品质量安全为核心，围绕粮食、水果、蔬菜、中药材、畜禽等主导产业，建成一大批农产品标准化生产基地。已认证无公害蔬菜生产基地666.67公顷，建立绿色蔬菜标准化生产示范基地1 738.53公顷，有番茄、黄瓜、彩椒、甜椒、大白菜、花菜、甘蓝等7个蔬菜产品和团结红富士苹果、梨两个水果产品获绿色食品认证。2006～2010年累计检测蔬菜样品8.55万个，检疫猪胴体165.09万头，生猪屠宰检疫率100%，对各镇（处）饲养的奶牛、奶山羊进行普查登记。初步建立蔬菜农残检测监管网络和动物标识及疫病可追溯制度。开展滇池流域畜禽禁限养工作，全区2008年共关闭养殖户802户，搬迁畜禽23.83万头（只）。在农村普遍推行“组保洁、村收集、处运转、区处置”的农村垃圾清运工程，建成滇池西岸湖滨生态带164.33公顷，建设生态示范村10个。

农业政策科技建设不断深化 “十一五”期间，农业部门面向农业产前、产中和产后开展各项服务，落实农机购机补贴政策；制定重大动物疫情应急预案；完善重大动物疫病报告制度；实行重大动物疫病强制免疫、动物免疫标识、动物准调证制度；开展重大动物疫情监测工作，动植物疫病和外来有害生物的防控能力进一步增强。2006～2010年累计完成绿色证书培训106个班6 218人次，新型农民科技培训361个班2.08万人次，农村实用技术培训1 006期8.12万人次，农业科技进村入户培训100个班6 965人次，农村劳动力转移“阳光工程”培训912期5.38万人次（其中职业技能培训195班1.16万人）；推广实用技术2.33万公顷次，农作物良种覆盖率达到96.5%；兑现农机购机补贴113.08万元，补贴农机具179台（套）；兑现能繁母猪养殖户1 794户，补贴6 174头，补贴资金47.39万元；扶持区级龙头企业34户、农民专业经济合作组织22个，奖励种、养、加、销大户106户。

公共管理逐步规范 “十一五”期间，西山区有序推进农村劳动力转移和土地流转工作，农民人均纯收入从2005年的4 978元上升到2010年的8 203元。农民人均纯收入中约有70%来自非农产业收入，其中“两转”收入约占30%。2006～2010年实施“阳光工程”，开展农村劳动力转移培训5.38万人次，累计新增农村劳动力转移就业4.31万人次，累计新增转移就业收入2.13亿元，人均转移就业收入6 511元。依法加强土地管理，做好土地承包经营权证补、换发工作，维护农民土地承包经营权；全区共流转土地1.95万公顷，每亩年均流转土地租金收入1 000元。创新机制，加强农村集体资产及财务规范化管理，推行村（居）委会账务镇（处）代管，防止农村集体资产流失，强化农民负担监督管理，防止农民负担反弹。加强农业信息化建设，建成西山区农业信息网和西山区数字乡村网，在碧鸡、海口、团结的35个居委会开通互联网，提高农村信息化水平。

（陆　燕）

林　业

【城乡园林绿化】 全年完成林业绿化755.46公顷，其中新增辖区面山绿化49.46公顷，样板林建设任务14公顷，“五采区”建设任务23.53公顷，新造林地补植补造543公顷，苗木基地建设任务150.26公顷；森林管护面积3.68万公顷；滇池面山低效林改造86.67公顷；滇池流域面山抚育及补植38.8公顷；义务植树79.2万株；村庄绿化99个，绿化面积327.46公顷。

【森林病虫害防治】 受年初干旱影响，导致林业有害生物灾害比往年更为严重，西山区争取市林检局的支持，对碧鸡富善、团结下冲等地的食叶害虫—桤木叶甲进行调查治理。开展村级森防员培训工作，开展村级森防人员培训，完成全区培训村级森防员计划人数的100%。

【林产品加工经营市场管理】 年内，年检木材经营（加工）许可证394户（其中西南木材市场150户、大观木制品市场92户、大商汇木制品市场116户、市场外加工企业36户），全区木材加工企业、经营商户、从业人员1 762人，产值3.267亿元，利润2278.3万元；完成木材（木制品）经营审核办理新商户21户，其中大观木制品市场5户、大商汇木制品市场6户、市场外加工企业变更地址10户。配合省林业厅办理木材二次运输证2 655份，累计出省、市木材5 300立方米。严厉查处打击无证经营、加工等违法行为，定期不定期深入木材市场进行检查，对发现的问题督促商户及时进行整改，逐步健全木材经营管理体制，规范木材经营、加工、流通市场秩序。

【林权制度改革】 完成全区集体林权制度改革的主体工作，共确权集体林面积4.19万公顷（公益林确权面积2.73万公顷、商品林确权面积1.46万公顷），林权纠纷的面积调处率96%，起数调处率95%，仍存在争议面积413.33公顷。针对“自留山、责任山”林权证发放、林权主体改革技术工作、均山等5个方面的林改主体改革进行“再完善”和“再检查”，确保林改主体改革成果的准确性，使本次发放的林权证能经得起时间的考验。开展林改后续改革工作，完善相关配套措施，建立西山区林权交易信息平台，做好数字统计和痕迹档案管理工作，起草“西山区集体林权流转管理办法”等配套改革相关管理办法，为做好下步林改工作的配套改革奠定基础。

【资源林政管理】 按照“三分造、七分管”的原则，从严格执法、依法审批、加大监管入手，实行由林政科专人进行报件初审，然后由科室负责人再审，最后报经分管领导审阅后报局长办公会集体讨论的机制，确保林地报件的规范性和严肃性。年内共办理征用林地手续15宗（包括安晋公路、西北绕城公路、昆明铁路枢纽扩能项目等重点建设项目），涉及林地面积111.89公顷，依法收取植被恢复费647.24万元；严格执行森林采伐全额管理、限额采伐计划，加强采伐全程监管，对申报采伐的现场进行实地查看，对确需砍伐树木的地点、树种、数量及规格进行核查。年内共办理采伐证126件，采伐活林木蓄积3 452.24立方米（其中自用材2 281.54立方米，商品材1 170.7立方米）。全年没有发生超限额、超范围违法采伐的行为。

【野生动物保护管理】 全年为6家经营户办理野生动物驯养繁殖、经营许可证。做好辖区内环西桥、大观公园、草海及高海公路沿线等地的红嘴鸥管护工作。在环西桥安排两名义务监督员管理，负责每星期一至星期五的投喂工作，游客较多的周末则由游客爱心投喂。去冬今春，共投喂鸥粮1 285千克，下拨鸥粮经费共2.5万元，由各个投喂点进行投喂。对区属5个疫源疫病监测监控点实施全天24小时监控，严格执行每天零报告制度，年内全区未发生一起疫情。

【森林公安“三基”工程建设】 按照市级要求于6月30日前完成森林公安分局基层党组织建设，实行经费单列。同时组织实施“三基”工程建设，区委、区政府的高度重视和有关部门的大力支持配合，以无偿划拨方式将原属区交通局位于碧鸡街道办事处龙门社区居委会7号已建成的4号楼划拨给分局作为刑事侦查楼，装修工作于12月中旬全面完成并通过验收，正式投入使用。

【森林防火工作】 进入2010年森林防火期以来，全区遭受严重的秋、冬、春连旱，面对严重的旱情，领导高度重视，资金投入充足、责任落实到位，整个森林防火期，全区仅发生森林火灾2次，过火面积24.6公顷，受害面积5.24公顷，当日扑灭率100%，火案查处率100%，森林火灾受害率0.09‰。杜绝了重特大森林火灾的发生和重大人员伤亡事故，实现“三个力争、三个确保”目标要求，在市级责任制考核中取得全市第一名，西山区农林局被省政府授予“十一五”森林防火先进集体。

【森林防火基础设施建设】 完成66.599公里森林防火通道建设任务，建设与之配套的集雨型森林防火小水窖300余座，制定了《森林防火水窖管理办法》。新建14个取水方便、便于搬运、方便灵活的森林消防储水罐。全年共增交护林员666人，加上天保等人员共有1 000余人；投入80多万元新购买4辆森林防火水罐消防车和1辆森林消防车；新增2套无线通讯电台，增加通讯网络覆盖面。创新森林防火宣传方式，在重点区域及敏感地区，如在西山公园景观大道及马街宝花路等地插放“五色彩旗”250套1 250面，受到国家和省、市森林防火指挥部领导的肯定，并提出值得全省、全市借鉴学习。

【扑火队伍规范化建设】 对已组建的5支共185人的常年森林消防专业队的培训和规范化建设。购买4辆森林消防水罐车，分别派发到各森林消防专业队，配强队伍硬件装备；在参加省、市组织的指挥员及专业队伍培训的基础上，区森林防火指挥部多次组织开展全区森林消防专业队伍集训活动，对基层指挥员及队员扑火技能和安全知识进行培训。树立扑救森林火灾“以人为本、安全第一”的扑火理念。

【数字林业建设】 年内与昆明土地公公科技有限公司合作，完成西山区地理信息平台架构及西山区数字林业信息管理系统建设方案，对西山区辖区进行航拍，获取分辨率30厘米的航片，然后将航片与Dem（数字高程模型）地形数据相结合，集成到三维地理信息平台，形成西山区地理信息平台。在此平台基础上，以管好、保护好森林资源，预防和科学扑救森林火灾为目标，结合三维地理空间信息技术，建立森林防火管理信息、资源林政管理信息、林权管理信息和营林造林管理信息4个子系统。

【林业行政执法】 组织人员参与“利剑2010”森林植物检疫联合执法专项行动，对木材加工厂、摩托木质包装材料等20余个企业进行检疫执法检查。查处林业违法违规案件，加大林业法律法规宣传，做文明执法、严格执法的表率，年内共查处林政案件66起，收缴木材2.6立方米、棋盘1个、野生动物46只，合计罚款110万余元；破获刑事案件8起，取保候审4人、起诉4人、抓获在逃人员1人。

【“十一五”成就】 **造林绿化工作成效显著** 5年来，全区共完成绿化造林任务（含补植补造、样板林建设、“五采区”植被恢复等）2 287.8公顷；天保工程建设项目733.33公顷，其中人工造林66.67公顷，封山育林666.67公顷；完成义务植树356.2万株；苗木基地建设630.47公顷。年管护森林4.45万公顷（含西山林场、海口林场）。至“十一五”末，全区森林资源覆盖率达58.6%，林木绿化率为61.75%。

森林防火工作连创佳绩 5年来投入2 000多万元森林防火专项资金用于基础设施建设、防扑火物资的补充以及专业扑火队伍的规范化建设等。新修建森林防火通道、防火隔离带250余公里，新建瞭望台2座，购买森林消防专用指挥车4辆、消防水车4辆、应急通讯设备3套。组建5支共185人的常年森林消防专业队。增加护林人员1 570人，加强巡护密度及强度。创新工作思路和方式，2009年开始大力打造“五色彩旗”宣传工程。2010年开始与防火通道同步规划建设配套的集雨型森林防火水窖。引入网格化管理的理念，架构西山区数字林业信息管理平台，提高森林防火的科技含量。2006～2010年，全区发生较大森林火灾3起，一般森林火灾4起，荒火8起，火警6起，过火面积73.523公顷，林地受害面积为10.123公顷。

森林病虫害防治工作有序推进 “十一五”期间，西山区认真落实“预防为主、积极除治”的森林病虫害防治方针，共组织开展5次较大规模的冬春季节林业有害生物普查活动，落实森林管护人员101人对管护片区包干负责，密切监测森林病虫害发生动态，一旦发现苗头，及时采取相应措施，有效遏制森林病虫害的蔓延，确保林木的健康生长发育。全区病虫害发生率控制在1%以内；病虫害防治率达90%以上；监测覆盖率达90%

以上；种苗产地检疫率达95%；病虫害成灾率控制在3‰以内。

森林资源林政管理工作不断加强 加大森林资源保护利用管理力度，严格林地征占用审批管理，实现年森林消耗量低于年森林生长量的目标。5年来，共办理永久征用林地手续92宗，面积510.405公顷；办理临时占用林地手续13宗，面积2.3064公顷。依法收取植被恢复费3128.34万元。办理采伐证311件，采伐活林木蓄积2.15万立方米（其中自用材6779.0956立方米），向省厅临时追加的商品材1.48万立方米，没有违法发放采伐证的情况发生。破获刑事案件22起，抓获犯罪嫌疑人24人，抓获在逃人员2人；查处林政案件249起，罚款272.39万元，收缴木材130.7867立方米、活树29株、斑鸠66只、画眉鸟14只、野生蛇139条。2006年国家林业局正式授牌西山区国家级野生动物疫源疫病监测点。5年内共办理13件野生动物驯养繁殖许可证，11件经营许可证。环西桥、大观公园及草海、高海公路沿线等地红嘴鸥的管护投喂工作有序进行。对区属6个疫源疫病监测监控点实施全天24小时监控，期间全区未发生一起疫情。

加强公益林规划补偿工作，完成国家级公益林分级区划上报工作，完成国家财政新增的2666.67公顷国家级公益林及省级、市级公益林生态效益补偿方案的编制上报工作。初步完成2009年西山区到位的公益林生态效益补偿资金的补偿工作。

林产品市场秩序日益规范 “十一五”期间共办理许可证年检累计2262户，全区木材加工企业、经营商户、从业人员1.1万人，产值41.925亿元，利润4.367亿元，交纳税款2183.6万元；审核办理木材（木制品）经营新商户236户；配合省林业厅办理木材二次运输证6380份，累计出省、市木材2.09万立方米。每年对辖区内的木制品加工经营企业（商户）进行年度盘点大清查。

（杨昀平）

社会主义新农村建设

【省级重点村建设】 年内西山区新农村建设项目着重向团结街道办事处经济欠发达的山区居委会倾斜，将团结街道办事处和平居委会多依村，龙潭居委会大河村，乐亩居委会岔河、陡咀，朵亩居委会半天臼，律则居委会上律则、下律则、核桃箐、螃蟹箐和永靖居委会马岭坡、清明丫口、石头山、豪猪洞共13个自然村争取列为新农村省级重点建设村，共涉及农户1178户4892人。按照西山区2009年度省级新农村重点建设村实施方案要求，坚持“缺什么、补什么”的原则，在13个重点村共组织实施建设项目60件，其中民居危旧房改造工程13件、产业发展9件、道路建设15件、水利工程建设6件、社会事业发展8件、生态建设及村容村貌整治工程建设9件。共投入项目资金1313.4万元，完成危旧房改造195户、产业结构调整137.33公顷、村间道路建设1.9万平方米、村间挡土墙建设650立方米、修建水池5个、跨河输水管道300米、拦水坝1座、沟渠960米、安装人饮管网1420米、多功能活动室建设3500平方米、活动广场1400平方米、安装太阳能路灯80盏、太阳能热水器109套、建成公厕2个、墙体美化5.5万平方米、村庄绿化1000平方米。10月19日，西山区新农村省级重点建设村项目工作通过市级考核验收。

【城乡一体化建设】 按照年内西山区与市政府签订单“城乡一体化建设工作目标管理责任书”，共有目标任务48项，主要涉及城乡规划、产业发展、民生工程、基础设施建设、生态环境建设和农村土地流转6方面工作。全年新农村建设及城乡一体化示范区建设共安排并到位专项经费2000万元，区委、区政府制定相关文件，将城乡一体化建设工作纳入全区10项年度重点（亮点）目标任务之一立项督查和考核，区政府分别与区农业局等21个相关区属职能部门和碧鸡、海口、团结街道办事处签订目标管理责任书，将各项目标任务进行细化分解，推进城乡一体化建设工作。按照西山区“五区两带一港”的城乡发展空间布局，打造团结城乡一体化示范区，重点推进村庄规划工作和农村基础设施建设，编制完成团结龙潭特色商业街，十里箐苗族特色村，岔河、陡咀彝族特色村的发展规划；行政村公交开通率、“村村通”油路、自然村通电率、广播电视覆盖率实现100%；居民小组多功能活动中心覆盖率达35.3%、农村路灯覆盖率12.6%、自然村道路硬化率达52.9%、自来水入户率达96.6%。12月20～21日，西山区全域城镇化建设工作委员会对涉及相关工作的24家责任单位进行年终考核，有42项任务指标全面完成，5项指标按市级要求需跨年度续建，未完成指标1项。

【全域城镇化建设】 10月18日，西山区全面启动实施全域城镇化建设工作，专项拨付100万元启动资金用于全域城镇化建设工作，集中各级各部门相关领导及村组干部共350余人进行为期2天的专题培训班，各相关街道办事处也成立相应工作机构和组织开展学习培训。按照市级关于“一板块一步城市化”的总体要求，结合区十二五规划已经明确的“五区两带一港”发展空间布局，主要通过“三重新、三置换、四集中”的基本路径，分步分类实施“主城品质提升、县域规模扩张、新城镇建设、新农村建设”4大行动，在充分调研的基础上，拟将团结街道办事处龙潭商业新区项目争取列为市级全域城镇化工作试点，12月向市级审报《西山区全域城镇化建设工作试点方案》待批，选定海口曹家沟“迁村并点”项目为区级试点。

【新农村建设工作队下基层开展工作】 2月27日，西山区下派第四批新农村建设工作队，共有省、市、区、办事处4级24家单位派出指导员35名，分组形成3支新农村建设工作队，分别下派到碧鸡、海口、团结街道办事处的35个居委会驻村工作，按省、市要求做到一村一名指导员、一镇一支工作队。每个工作队均配备1名队长和1名副队长，由云南师范大学国际语言文化学院院长吴雁江当任3支工作队的总队长、兼任区委副书记，具体领导工作队围绕所驻社区的中心工作，结合村情民意，发挥自身优势，多方面、多层次地开展新农村建设工作。在驻村工作期间，指导员们共走访农户288户，参与各种形式的群众会议96次，提出合理化建议59条，被采纳31条，为群众办实事38起，协助村干部一起调节矛盾纠纷46起，参与开展并圆满完成各居委会“两委”换届选举工作。在工作队下派之际，正值百年不遇的特大干旱严重困扰着农村社区，各工作队及指导员广泛参与捐资救灾和送水下乡活动，多方协调，争取抗旱救灾资金，共帮助受灾社区争取到位资金36万元、各类到位物资折合人民币11万元。区委副书记吴雁江多方协调资金11万元，为团结锁奔多、阿苦里苗族村寨安装户用太阳能，实施广播电视村村通项目，解决2个村的照明问题及广播电视收听、收看问题。团结办事处工作队组织实施农村劳动力转移培训项目——妇女刺绣班，并与台湾等厂商联系，初步达成在团结办事处设立刺绣加工厂的意向。

【实施第二批“一村一名大学生计划”】 按照省、市的安排部署，西山区组织实施第二批“一村一名大学生计划”，通过持续的、有选择的学历培训，实现每个行政村有1名以上有知识、懂技术、大专以上学历、适应新农村建设发展需要的带头人及农村基层组织建设后备人才的目标，7月，制定完善西山区开展“一村一名大学生计划”的实施方案，按学员自主报名、居委会和办事处推荐、昆明广播电视大学统一进行入学考试、区领导小组审核的程序，在碧鸡、海口和团结街道办事处招收具有高中（含职高、中专）毕业或具有同等学力的农村青年进行学历培训，学习专业为农村经济管理学，学制时间为两年半。学员学费由区财政补助90%，个人承担10%，另外补助书费300元/人。年内共招录学员18人，其中碧鸡街道办事处5人、海口街道办事处7人、团结街道办事处6人。

【存在问题及困难】 一是虽然建立健全了工作机构，整合相关部门的工作力量，但新农村建设等工作的有关协调机制、激励机制及投融资机制还有待完善；二是农村基础设施建设历史欠账多，乡村规划编制工作基础差，迁村并点等工作难度大，各类项目建设资金缺口较大；三是面向农村的社会事业及服务业发展滞后，民生保障压力大，城市对农村的带动作用还不强；四是农业产业化程度不高，农业综合生产能力还不强，农民持续增收难度较大，城乡居民收入差距依然较大；五是辖区内可开发利用的土地资源有限，农村规划建设用地指标少，建设用地相对紧缺，有关农村集体土地所有权的权属问题复杂。

（罗华萍）

水　务

【机构改革】 8月，西山区政府机构改革，区水务局与区滇池管理局合并。合并后的西山区水务局为正科级政府工作部门，加挂西山区滇池管理局牌子，划入原西山区水务局与西山区滇池管理局职能职责。西山区水务局人员编制121名，其中行政编制9人，参照公务员法管理人员编制47人，事业编制63人，工勤人员编制2人。实有行政编制人员12人，参照公务员法管理人员38人，事业编制人员48人，工勤人员1人。其中局长1名、副局长3名、局党委书记1名、副书记2名（其中1名由局长兼任）。西山区水务局设10个机构：办公室、水利规划建设管理科、水政水资源管理科、法规科、西山区防汛抗旱指挥部办公室、执法队、河道管理科、审计室（加挂目督办牌子）、排灌站、西山区水利水电勘测设计队。

【水利建设】

大坝水库除险加固工程 大坝水库除险加固工程于2008年5月18日开工建设，于2009年工程已全部完工。年内配合审计部门完成工程审计及督促参建各方完成工程验收相关资料的准备工作。

三家村水库除险加固续建工程 年内完善附属工程进管理所道路、溢洪道护栏、弃渣场挡土墙等项目建设；督促参建各方完成工程验收相关资料；配合开展蓄水安全鉴定工作；开展建设领域突出问题专项治理整改工作；配合审计部门开展工程决算审计；完成水库除险加固工程单位工程验收。

长坡水库除险加固工程 长坡水库除险加固工程于2009年11月10日进场施工，至2010年底完成大坝培厚加固1.6万立方米，坝体充填灌浆1 268.5米，基岩帷幕灌浆170米，溢洪道改建140米，新建输水涵洞98米，新建堆石棱体1座，新建80千伏安配电工程1项，新建机电及金属结构安装及抗旱应急供水工程1项。工程于8月下闸蓄水，蓄水40万立方米。

明朗水库加固扩建工程 年内协调配合设计单位完成《西山区明朗水库加固扩建工程可行性研究报告》的编制工作，并完成工程立项上报工作，昆明市发改委、昆明市水务局批准建设，工程批准可研概算总投资2.48亿元。协调配合相关部门开展明朗水库加固扩建工程地质灾害评估、矿产压覆、地震安全评价、水保、环评等工作，并完成报批。

"五小"水利工程 建成小水窖9 567个、小泵站49个、小水池107个、小引（饮）水管道378.3公里、小水渠52.88公里、小坝塘74个、防渗渠35条共48.93公里。新增有效灌溉面积0.8万亩，改善灌溉面积0.3万亩，解决1.74万人饮水安全问题。

【河道截污及水环境综合整治】

西坝河综合整治 埋设截污管道总长2 491米。完成清淤量1.1万立方米，累计清淤量2.34万立方米。一、二期累计完成绿化面积5.97万平方米。西坝河（下段）两岸5 116.9米道路全线贯通。累计整治河堤5 800米。平桥至规划一号路顺流左岸修建支井37座、埋设管径300毫米的HDPE管254米、管径700毫米的HDPE管70米。规划一号路至入湖口修建支井13座、埋设管径300毫米的HDPE管84米。

老运粮河综合整治 完成堵口查污120个，累计完成埋设截污管道3 600米，完成拆临拆违3.19万平方米，完成拆迁1.5万平方米，完成道路贯通3 230米，完成河道清淤4.05万立方米，完成绿化面积4.13万平方米，累计完成河堤整治1 815米，累计完成DN800清水回补管道1 110米，完成沿岸200米范围内56户禁养工作。

玉带河综合整治 完成拆临拆违2 500平方米，完成拆迁5 646.882平方米。完成河道清淤5.21万立方米。完成埋设截污管1 425米。完成砌筑浆砌石护岸挡墙1.29万立方米。完成绿化面积1.4万平方米。封堵排污口48个。

西边小河排水畅通工程 新开挖河860米，河道工程（河堤砌筑）累计完成1 723米，完成河道清淤1.38万立方米，完成截污管道铺设1 426.13米，完成箱涵工程163米，完成护坡1 470米，完成景观绿化1 040米，完成人行步道1 432米。

螳螂川综合整治 完成拆迁1.01万平方米。截污工程：完成沟渠砌筑1 125.6米，沟盖板安装2 251块。砌筑沉砂井78座，中滩北岛雷诺护垫铺设完成113米，浇注混凝土人行道路1 947.15平方米。

第三标段里仁小村村庄污水收集处理工程完成沟渠清理1 700米；砌筑沉砂井34座；砖砌沟100米；新建610平方米人工湿地1座；种植各类绿化苗木1.2万株；安装日处理污水90立方米设备1套。

第五标段桃树村村庄污水收集处理工程完成了140米φ400砼污水管安装；砌筑6座φ700污水井；湿地淤泥开挖2 000立方米；清理村庄污水沟渠980米；浇筑C25防渗砼65立方米免烧砖砌体48立方米；毛石砼150立方米；现浇沟渠120米；建设850平方米人工湿地1座；安装日处理污水90立方米设备1套；小海口村庄污水收集处理工程完成浆砌砖58立方米；挖土方860立方米；湿地淤泥开挖420立方米；C25砼浇筑67立方米；清理污水沟渠2 363米；建设680平方米人工湿地1座；安装日处理污水90立方米设备1套；团结大乐亩村庄污水收集工程完成了50米φ400截污管安装；湿地淤泥开挖1 585立方米；清理村庄污水沟2 649米，C25防渗砼79立方米；免烧砖砌体63立方米；绿化面积1 460平方米；浆砌石挡墙240立方米；安装日处理污水60立方米设备1套。新建绿化面积8.36万平方米。栽植乔木5 721株、灌木及球类植物9 921株、地被植物2.21万平方米、竹类602丛、新建湿地1.36万平方米、种植湿地植物1.02万平方米、新铺园路2 568.45平方米、花池砖砌397.4立方米。

正大河综合整治 完成合同内截污管道施工1 082米，闭水试验已通过省市政工程质量检测站的检测。新增截污管道长度约为600米，已完成管道铺设、管沟回填及道路恢复，已报请省市政工程质量检测站进行闭水试验检测。完成12个污水口封堵。明河段（三面光）清淤长632米，约1 500立方米，二标完成500米，约5 000立方米。一标完成护脚墙约900米，二标完成护脚墙690米。完成新开挖河道约460米。一标完成渣土清运约3万立方米，二标淤泥渣土外运完成约7 000立方米。安装栏杆227米。完成景观花台9个。一标完成河底铺片石470米，约1 000立方米，二标河底铺片石完成350米，约1 000立方米。完成植草砖铺砌7 000平方米。一标完成坡面绿化4 000平方米；其他绿化2 500平方米。二标完成坡面绿化2 000平方米；其他绿化8 500平方米。

乌龙河综合整治 完成27个污水口、雨污混流口封堵。铺设DN300、DN100的截污支次管道300多米，完善截污检查井20座。拆除涉及企业、集体经济组织、民房等21家（户），计1.2万平方米。搬迁养殖户12户，禁养家畜500多头，家禽6.3万只（羽），实现乌龙河沿岸的全面禁养。河道两岸共破除水泥地坪1.6万平方米，清运垃圾渣土2.3万立方米，增植绿化乔木3 100株、灌木2.3万丛、地被绿化达4万平方米，建成生态湿地1.2万平方米，铺设河道游园小路1.3千米。补种乔木810株。修复河堤2 341立方米，挡墙基础打桩450棵（木桩）。疏挖河道1.7千米，清运淤泥2.3万立方米，修复河床9 400余平方米。完成河道DN630中水回补管铺设573米、回填中砂1 660余立方米，浇筑阀门井2座，蜗轮法兰蝶阀及柔性接头2套，自6月15日以来回补中水30余万立方米，各项设备运转正常。

清水河综合整治 完成42个污水口、雨污混流口封堵。铺设截污支次管道1 910米，设置截污检查井41座，沉泥井34座。清淤734.43立方米。对辖区内清水河的敞开段进行整治，出动人员500人次，清淤泥80吨。完成清淤2.3万立方米，河床施工便道清除2.08万立方米。破除原有砖围墙、毛石挡墙115立方米。修建生态河堤毛石挡墙667立方米，挡墙基础静压松木桩64.8立方米，抛石245.7立方米，C20砼浇灌164.7立方米。东岸挡墙护脚加固2 168立方米。西岸片石堆砌643.5立方米。河床块石加载6 000立方米，静压松木桩7.3立方米，土砂包堆砌加载60.8立方米，河床干砌块石9 820立方米。河道两岸共清运垃圾渣土2.2万立方米，绿化红土回填4 300立方米。开展“万人植树百日会战启动仪式”义务植树活动，完成“河长林”及“交警林”建设，共种植乔木270株，灌木7.5万株，绿化面积达2 450平方米。

采莲河综合整治 完成24个排污口封堵。完成沿河植绿补绿1.5万平方米，种植桂花、毛鹃等6.7万株。拆除临违建筑3 600余平方米。拆除沿河10～30米控制线内农房约2.1万平方米。完成畜禽禁养48户，搬迁大牲畜1 500头，禽1.38万只。清除沿河垃圾、杂草3.5万平方米100余吨。完成河道清淤10吨。

王家堆渠及支流（沟渠）综合整治 完成65个污水口及废弃排水口封堵。取缔两岸200米范围内养殖户105户，搬迁牲畜1 940余头、家禽2万余只。栽种乔木5 039株，灌木1.4万株，竹子3 762株，地被植物7.5万株，绿化面积1.68万平方米。实施生态湿地建设，种植水生植物160万余丛，清除河道两岸杂草9.4万平方米，打捞浮萍、清除枯死植物8 949平方米，垃圾清理外运400余吨，人行道贯通2 076.4米。修复河堤、湿地堤坝320米，路面平整8 744平方米，河道清淤3 000立方米。对王家堆渠旁小围村170户住户进行了搬迁安置。植物药厂岔沟全长999米，完成拆临、拆违157.3平方米，清淤290立方米，道路贯通342米，景观绿化1 259平方米。车家壁岔沟河道全长1 030米，完成拆临、拆违396平方米，清淤4 411.2立方米，道路贯通226米，景观绿化3 360平方米。

船房河综合整治 累计新建截污管道、箱沟10.77千米。沿河两岸114个排污口全部接入截污管道。清除淤泥16.46万立方米。换铺生态河底，在河底淤泥清除到设计高程后，实施抛石、干砌片石、碎石换填，对河底进行生态化建设，恢复河道生态功能，共计抛石2.35万立方米，干砌片石、碎石换填6.85万立方米。拆除旧河堤挡墙6 386.93米，翻新、新建、河堤挡墙1.13万米。取缔养殖户130户，搬迁牲畜8 000余头、禽类1.3万羽。

完成沿岸200余户约12万平方米建（构）筑物的拆迁拆除工作，拆除沿岸临、违建筑约4 900平方米。完成两岸景观绿化面积约15.5万平方米，栽种滇朴、香樟等各类树木约2.33万株。绿化带缺失严重地段植树补绿6 000平方米，种植叶子花、鸭脚木等4.3万余棵。实施湿地恢复工作，共种植芦苇1.8万丛、香蒲3.7万棵、水葱1.6万棵，栽种金竹1 700丛、柳树400余棵。共建设“河长林”1.05公顷，种植黄果树、小叶榕等乔木650棵，地被植物500丛。共铺设完成简易码头190米。恢复提升船房河入湖河口湿地，种植水杉等乔灌木940余株，栽种再立花等水生植物6万余棵。铺设园内游路430米，凯旋利汽车交易市场至广福路3公里，广福路至入湖河口近3.4公里已全部铺设步行道彩装，全部贯通。

盘龙江综合整治 完成84个排污口封堵。新建盖板截污沟670米，改造排污沟渠3 140米，疏挖排水沟1 432米，铺设截污、引污管道2 960米，新建污水收集沉井15个。全面拆除沿江10米范围建（构）筑物面积5.2万平方米，拆临、拆违5 076平方米，搬迁坟墓245冢，征、借地15.67公顷。完成沿江道路9 361米全面硬化贯通。完成绿化23.4万平方米，共计种植乔木1.21万株，灌木41.32万株，各种花卉1.54万株，竹子3 100丛。

【抗旱救灾】 面对严峻的旱情形势，国家防总及省、市相关领导多次深入西山区村社调查指导抗旱救灾工作。组织召开2010年西山区森林防火及抗旱减灾工作会，启动严重干旱（Ⅱ级）应急响应，实行24小时领导带班抗旱值班制度、旱情日报、专报制度；全区共筹集抗旱救灾资金1 856.48万元，其中抗旱资金979.58万元，防火资金282.20万元，发动干部职工、社会各界捐赠抗旱爱心款594.7万元。成立3个抗旱工作指导组，深入3个街道办事处村组指导抗旱救灾及水利工程建设工作。开展以提高防汛抗旱能力为重点的各类水源工程（五小水利）建设，保障人民群众生活饮用水供水。建设3.21万米管道，1个200立方米水池和1个100立方米、1个400立方米高位水池。建设小水窖47个，进行深水井维修。建成蓄水池、水源池12个，安装抽水机4台、30KVA变压器1台、低压线300米。截至5月底，对全区需要拉水解决人畜饮水困难的村组（如双哨、牛鼻村、麦地坝、十里箐等）每天投入拉水车辆约44车次，购置25升塑料桶7 500只，购3吋汽油抽水机30台。各项措施的实施，全力保障了灾区群众的人畜用水供水。

【防汛保蓄】 依托山区半山区水源工程、坝区主要出入湖河道及支流（沟渠）清淤除障工程、滇池流域庭院雨污分流及污水处理再生利用设施建设工程三大平台开展防汛保蓄工作。

年内完成明波排水泵站改造工程、弥勒寺大沟整治、华昌路与采莲路交叉口改造、永新路片区排水沟改造、人民西路六路车场至西苑路口排水管网改造、兴苑路桥涵改造工程、新闻路延长线排水管网改造等7件被列为昆明市2010年防洪排涝应急工程。

制定下达西山区2010年年末全区库塘蓄水计划的通知，明确蓄水任务，落实蓄水措施，摸清蓄水情况，分析预测后期来水、蓄水形势，制定生活和生产供用水调度方案，落实库塘的管护责任。储备防洪袋3.5万条、历年来购置的抽水机械20台套及由木材市场代储防洪桩500根，组织抢险专业队伍200人（森警）。

192件、其他工程63件。已确定改革方案67件，其中承包1件，农民用水合作管理66件。

【水行政执法】 联合昆明市水政监察支队对辖区13家地下水用户进行监督检查，对不按规定取水的行为下发限期整改通知书，责令其严格、依法、按规定取用地下水；开展辖区滇池流域，地下水清理整顿工作，共计封停滇池流域地下水井4口；查处水事违法案件，市、区长热线交办件、督办件，新闻报道件，领导批示件等61件，数字城管交办件192件，罚没收入6.5万元，进行查处对100余起群众举报开采地下水行为，满意率、办结率为100%。

1月15日，西山区召开农村小型水利工程管理体制改革会。

【水土流失综合治理】 治理水土流失面积25.52平方公里。其中，完成绿化造林7.55平方公里，草海综合生态修复、外海环湖湿地建设恢复生态14.78平方公里，河道综合整治完成绿化面积71公顷，各类开发建设项目水土流失整治2.48公顷。

【农村小型水利工程管理体制改革】

开展对全区105个农民用水会户协会相关证照更换工作；完成产权登记申请8 219件，其中小水窖7 101件、小坝塘155件、小沟渠148件、小泵站18件、小水池554件、人饮工程

【创建国家节水型城市】 对全区4家备检企业、5家备检单位、3家备检小区开展备检工作情况进行检查；区市场整治组出动执法人员46次，出动车辆10台次，检查市场2个，检查经营户147户，对3户经营淘汰型用水器具进行下柜处理，对5个淘汰型升降螺旋式水龙头责令下柜处理。与30户经营户签订创建国家节水型责任书。结合创文明城市，对26个农贸市场进行检查督促，开展公共单位用水专项检查；对辖区公共单位、道路沿线及备检单位周边商铺外露用水点用水器具进行检查，对发现的8家单位的15起浪费水现象进行现场整改；发放创建节水型城市宣传资料，节水标志200余份。

【水产品食品安全】 进行水产品食用安全专项整治，对从事水产品生产的养殖场（户）进行水产品养殖投入品记录情况检查，重点查看了各经营户（店）的销售台账记录，对照《食品动物禁用的兽药及其化合物清单》检查了经营品种，并对各鱼药店填写了《鱼药经营户调查登记表》。在食品安全宣传周活动期间，对全区的鱼药经营店（门市）及部分水产养殖场（户）进行了水产品健康养殖用药宣传和禁用药物的执法检查。同西山区科技局签订《滇池高背鲫鱼人工繁殖及苗种产业化生产》项目合同，该项目于10月26日已通过验收。全年生产、繁殖观赏鱼种50万尾，食用鱼引进乌仔鱼种1 100万尾，水花鱼种130万尾，水产品产量500吨。

【污水收集处理】

集镇与村庄污水收集设施建设 完成碧鸡集镇支次管建设；海口集镇区完成污水支次管建设；车家壁村、碧鸡关村待北岸截污工程完工后即接入干管；西化村、白泥洞村、小石墙村、黑荞母村、观音山村、富善村、古莲村、小七十郎村、西华村、百草村、杨林港村、白鱼口村、大黑荞村、禄海新村已建污水收集管网，待西岸截污工程完工后，污水即接入西岸截污干管；花红园、河尾村、王家堆村已建成污水处理设施；古莲村、小渔村已接入西岸截污干管；老街村、马房村已纳入南岸截污范围；三家村已建设污水收集管网，污水接入三家村水库截污干管。

西岸截污工程 完成18.8公顷土地征（借）地工作及富善、西华两个泵站的征地拆迁及土地移交工作，施工单位已进场施工。

南岸截污工程 完成工程红线范

围内的征地拆迁及土地移交工作，共签订拆除协议301份，实施拆除3.37万平方米；完成借地22.13公顷、征地5.93公顷，施工单位顺利进场施工。

【“十一五”成就】 “十一五”期间，病险水库除险进度加快，完成1座小（一）型病险水库除险加固工程（三家村水库），4座小（二）型水库除险加固工程（达家箐水库、大坝水库、长坡水库、里高水库），完成2座小坝塘除险加固工程（半天臼坝塘及西化坝塘）。同时，对全区的水库病险情况进行普查，对10座小（二）型水库进行安全评估，完成2座小（二）型水库、2座小坝塘整治的初步设计工作。

为提升防洪能力，西山区依托山区半山区水源工程、坝区主要出入湖河道及支流（沟渠）清淤除障工程、滇池流域庭院雨污分流及污水处理再生利用设施建设工程三大平台开展防汛保蓄工作。完成西一中至人民西路段防洪治理工程、西山区西职中排洪沟治理工程、华苑路排水沟治理工程、明波排水泵站改造工程、弥勒寺大沟整治工程、兴苑路桥涵改造工程、新闻路延长线排水管网改造工程等防洪工程的治理。

为保障农村饮水安全，共完成农村饮水安全工程50件，解决和改善37 176万人的饮水安全问题。完成管道安装193.85公里，建成蓄水池47个，打深井7口。完成小型农田水利工程3 974件，完成各类岁修工程1 200件，完成沟渠28条，总长22.4公里。完成建设集雨型小水窖1.26万个、小泵站49个、小水池113个、小坝塘74个，完成建设小引（饮）水管道378.3公里、小水渠52.88公里，完成渠道防渗处理53.76公里，新增灌溉面积826.67公顷、改善灌溉面积1 274.6公顷。

“十一五”期间，围绕合理开发利用水资源、节约用水、保护水资源、水土保持、防汛抗旱等方面，制作展出展板188块，发放宣传材料9.27万份，标语54条，小册子500余册，喷刷墙标500余条。审批水土保持方案94家，验收水土保持方案7家，依法收取水土保持“两费”206.10万元，征收水资源费481.78万元。组织开展地下水清理整顿工作，查清地下水井228口，封停地下深水井25口地下水井，填埋地下浅井163口。办理“12345”市、区长热线办交办件253件。查处违法案件113件，对辖区内的王家堆渠、老运粮河、太家河的各种乱堆、乱放、乱搭、乱建、乱占等“五乱”行为实施强制拆（清）除，出动综合执法人员2 270人，挖掘机74台次，运输车74辆次，气钻112台次，切割机51台次，氧焊机46台次，强制拆（清）除河道管理（保护）范围内违章建筑物1.53万平方米，各种堆积物、杂物1 496余吨，河面盖板1 080余块。西山区完成水土流失治理面积73.3平方公里。完成律则水力发电站工程建设，电站装机容量640千瓦，为小（二）型水电工程，年平均发电量336.8千瓦时。

西山区负责的滇池外海生态修复工作已完成滇池外海协议退房29.1万平方米，实施拆除25.21万平方米，退1 650户7 100人，完成滇池外海环湖生态建设1 039.2公顷。负责整治的新运粮河、老运粮河、西坝河、玉带河、大观河、金家河、螳螂川、西边小河、船房河、采莲河、乌龙河和王家堆渠综合整治工程先后于2009年和2010年完工，王家堆渠正式通过验收。

（陆海娟）

经济贸易 · 投资促进

编辑 郑 航

经济贸易

【机构改革】 8月，西山区人民政府机构改革，撤销原西山区商务局，组建西山区经济贸易局；西山区非公经济办公室（参公）连人带编由西山区投资促进局划入西山区经济贸易局；西山区经济贸易局管理西山区商业网点办公室；加挂西山区中小企业局牌子，将西山区经贸局的职责和西山区投资促进局的相关经济贸易职责，整合划入西山区经济贸易局。根据职责，内设综合办公室、内外贸易和都市经济科、市场建设和运行调节科（加挂西山区畜禽定点屠宰领导小组办公室牌子）、工业发展和运行监测科（加挂西山区节能减排工作领导小组办公室牌子）、中小企业服务科5个机构；人员编制12人，行政编制9名，事业编制3名，设局长1名，副局长2名；西山区中小企业局局长由区经济贸易局局长兼任，设专职副局长1名。

【国内贸易】 年内全区社会消费品在较高的增长平台上运行，整体速度明显加快，经济运行质量不断提高，居民生活必需品供应充足，猪肉食品卫生安全状况良好，全年实现社会消费品零售总额160亿元，同比增长20.5%，超计划10.8个百分点。

【都市经济】 至年末，全区共有已建成并投入使用的商务楼宇55幢，总建筑面积近200万平方米，有入驻企业1 172个，完成总部经济一户，新增楼宇面积10万平方米。

【商业网点管理】 积极引导超市、便利店、标准化农贸市场、饮食店、维修回收等商业业态入驻社区，加快发展社区商业。年内新建标准化农贸市场2个（甲壳城市永锐农贸市场、四季鲜室内生鲜超市）；按照市委、市政府为完善城市功能区，对三环以内批零兼营市场关闭进行升级改造，加速新昆明建设的“3年行动计划”要求，至12月31日关闭各类专业及批零兼营市场17家。对商业网点办的资产、债权、债务进行认真清理，建立明细台账。加强对各商业网点的管理，收回历年借款及占用费3万元。

【城乡流通体系建设】 年内建设完成海口白塔农村集贸市场。搭建了把农村需要的农业生产资料和日用消费品送货下乡，把农民生产的优势农产品带进城的有效平台。建成“万村千乡市场工程”农家店（或农资店）6个。12月初通过区级验收，12月底顺利通过市级验收。

【开展家电下乡活动】 根据云南省财政厅、云南省商务厅《关于印发云南省家电下乡工作实施方案》和《云南省家电下乡补贴资金管理暂行办法》的通知，组织开展家电下乡活动。截至年末，完成家电下乡备案110户，已销售家电下乡产品2 301台，实现销售金额497.66万元；实际补贴农民消费者118.42万元。

【外资外贸工作】 登记在册的外资企业87个，建立定期信息沟通渠道的38个。全年西山区实际利用外资任务数为8 000万美元。共有进出口企业68个，其中已有进出口实绩的44个，进出口上100万美元的有10个，年内全区外贸进出口完成9 112万美元。

抓好制度落实，继续做好省外来滇企业认证工作，对外资外贸工作提出新的工作思路，对确定投资300万美元以上的外商投资企业和年创汇50万美元以上的重点企业进行重点服务。在区政府组织召开的经济工作会议上，对云南铜业胜威化工有限公司、昆明环际商贸有限公司、昆明信威食品有限公司、昆明马龙化工有限公司、云南华尔木业有限公司等15户出口创汇总额超100万美元的企业进行表彰奖励，奖励金额共计14.94万元。

积极帮助企业兑现各种奖励扶持资金75万余元，协助企业完成250余万元的各类奖励扶持资金申报工作。帮助企业兑现2009年出口创汇企业和先进个人进行奖励，奖励金额计10.86万元；帮助企业争取省、市各类扶持资金和奖励，兑现48个企业申报的2009年保持外贸稳定增长专项资金、农产品出口增量奖励、出口退税、出口信用保险保费、出口物流等补助资金63.33万元；组织企业做好2010

年度外经贸区域协调发展促进资金的申报工作，昆明信威食品有限公司、云南华尔木业有限公司、昆明华东木业有限责任公司3个企业申请2010年度外经贸区域协调发展促进资金金额合计250.21万元。

【服务企业】 建立重点企业、重点项目联系制度。及时协调解决项目运作和企业发展中遇到的问题。继续做好重点出口企业、重点商贸企业、重点外资企业的跟踪服务，全年责任领导带队走访企业近百次。积极组织企业参加“昆交会”、“农博会”，做好企业对外宣传的工作。进一步推动加快优化出口商品结构，重点扶持光学仪器、纺织服装、磷精加工、数控机床的产品出口，培育以昆明信威食品有限公司、云南胜威化工有限公司、昆明环际商贸有限公司和云南纺织（集团）股份有限公司为代表的出口龙头企业。协助云南饮乡念茶业有限公司申报2009年实施“走出去”战略发展专项资金项目资金。

【畜禽屠宰管理】 完善畜禽屠宰日常监督工作机制，建立屠宰基本情况和生猪价格日报制度、“创卫”月报制度，同时协助企业建立台账。2月20日，按照市商务局的统一部署，联合区农业局动物卫生监督所、区工商局、区卫生执法局、区质监局、区药监局等职能部门，突击检查马街宝珠农贸市场，没收票证不全或无票证猪肉约500千克，并进行无害化深埋处理。全区每天有1 000头左右通过机械化吊挂屠宰，经动物检疫合格的生猪产品流入市场。1～12月份共检疫屠宰生猪37.25万头，同比增长1%。检出病害猪701头，同比增长2%。本地活猪销售价平均为13.5元/千克，同比下降19.47%。白条肉批发价平均在18.5元/千克左右。关闭梁家河生猪屠宰场，11月30日关闭海春屠宰场，12月25日关闭中峰屠宰场。组织各相关职能部门在元旦、春节、“五一”、“十一”期间，联合对辖区内两家生猪屠宰场、部分农贸市场、食品经营商场、食品加工企业、集贸市场、食品批发市场、商场超市等食品经营单位，进行集中安全检查34次。

【成品油零售经营企业监管】 西山区现有48个证照齐全的成品油零售经营企业，其中正常经营的33个，有证无站的企业11个，4个停业多年。在做好成品油零售经营企业年审工作以及新建、改扩建、搬迁、原址原规模改造加油站（点）的初审工作的同时，区经贸局依法组织对辖区内成品油零售经营企业（加油站、点）进行定期或不定期的安全生产检查14次112人次。

【非公经济】 全区非公经济积极适应市场需求，不断拓宽经营领域，发展具有特色的优势产业，不断加大科技投入，企业的科技水平明显提升。已形成磷化工、光学仪器、生物制药、建筑建材、食品加工为重点的优势产业和行业，一批附加值、科技含量和市场知名度较高的产品，使非公企业的竞争实力进一步增强，成为经济发展最强劲的新的增长点和全区财政税收的重要来源。全区非公企业达2.43万个，同比减少7.4%；从业人员达20.3万人，同比增长31.84%；全年完成税收总额27.58亿元，同比增长31.31%；全年完成增加值129.3亿元，同比增长46.08%；完成营业收入486.11亿元，同比增长7.96%。

【乡镇企业】 完成增加值105亿元，同比增长16.02%；完成工业增加值21.26亿元，同比增长20.81%；完成工业总产100.6亿元，同比增长18.03%；实交税金16.16亿元，同比增长18.13%；完成营业收入486.67亿元，同比增长5.39%；完成出口交货值1.45亿元，同比增长3.61%；农产品加工企业总产值29.8亿元，同比增长31.59%。

【“十一五”成就】 实际利用外资从2005年的400万美元增加到2010年的8 000万美元。外贸进出口总额从2005年的7 930万美元增加到2010年的9 112万美元，增长0.15倍。至2010年年末全区进出口企业总数达68家，进出口总额累计完成4.98亿美元。第三产业占GDP比重从2005年的50%增加到2010年的70%，增长20个百分点。商务楼宇从2007年年末的43幢50万平方米增加到2010年的55幢近200万平方米。

以规划引领商贸业发展，围绕昆安高速公路商贸经济带建设，配合城乡规划设计院完成长坡商贸物流园区规划设计工作；审核上报各类商贸流通市场的商业网点布局申请30余件，涉及商业用地55万平方米；积极引进世界知名商贸企业，家乐福、沃尔玛等世界连锁经营巨头及民生、美好家园等云南知名企业相继入驻，大型综合性超市实现零突破。鼓励区内有实力的企业按照规划要求投资大型物流中心和仓储式购物中心、便利店连锁超市。启动西山区再生资源回收体系建设工作，在永昌片区试点完成12个社区再生资源回收站（点）改造建设工作。

立足城乡一体化建设，促进城乡经济协调发展。按照连锁经营理念，实施“万村千乡市场工程”，推进农村现代流通网络建设，实现农民受益、企业获利、市场繁荣、政府满意的“共赢局面”。建成1个区级配送中心，41个“万村千乡市场工程”农家店或农资店。积极组织开展家电下乡活动。完成家电下乡备案110家，销售（冰箱、彩电、手机、洗衣机、计算机、空调、热水器、电磁炉）家电下乡产品共4 382台，实现销售收入903.46万元。组织企业在农村地区建设农副产品交易市场，搭建农产品进城、生活日用品下乡的平台。“十一五”期间，建成6个乡镇集贸市场，总投资近1 000万元。

规范成品油零售经营企业经营行为。对成品油零售经营企业集中进行年度检审以及新建、改扩建、搬迁、原址原规模改造加油站（点）初审工作的同时，依法组织对辖区内成品油零售经营企业（加油站、点）进行定期或不定期的安全生产和运营检查。5年来，共出动检查车辆120余台次，检查人员750余人次，确保各加油站（点）5年来无事故运营。

（关立新）

投资促进

【机构改革】 8月，区政府机构改革，将原西山区经济委员会、西山区中小企业局、西山区乡镇企业局、西山区非公经济办公室所承担的各类工作职能划出，设立西山区投资促进局，为区政府正科级行政单位。根据主要职责内设5个科室，局办公室、内资科、外资科、项目督办科、联络服务科。设行政编制14名，其中局长1名，副局长3名，局长兼任党支书记，工勤人员控制数2名。

【招商引资工作】 2010年，西山区招商引资引进内资项目385个，实际到位资金84.04亿元，其中一般项目61.46亿元、城中村改造项目22.58亿元，完成市政府下达招商引资65亿元任务的129.3%，与去年同期相比增长38.3%。

全年引进外资项目16个，实际利用外资6 085.31万美元，完成市政府下达引进外资6 000万美元任务的101.4%，与去年同期相比增长16.6%，全面超额完成招商引资任务。

【激励培训】 年初修订完善《西山区招商引资考核办法》、《西山区招商引资奖励办法》，把招商引资任务指标分解量化，将招商引资工作纳入全年综合经济工作考核，明确各街道办事处和区级责任单位目标任务，细化考核奖惩措施，用考核助推招商引资，激发全区招商引资工作热情，确保全区招商引资任务的超额圆满完成。

8月25日，组织各街道办事处分管领导、招商引资帮办人员、区属招商引资责任单位的业务人员共82人举行全区招商引资业务培训会。市投资促进局综合调研处处长毕姣娇、市招商引资考核办马琼处长就招商引资相关业务知识进行深入解析。

【创立招商帮办服务制度】 结合招商引资工作实际，创建“招商引资帮办制度”。根据制度要求，区委、区政府从每年新提拔的科级干部中选派10名年轻干部，到各街道办事处从事招商引资帮办工作，作为招商引资项目帮办服务的主要责任人。帮办人员在招商引资工作中：一是为客商提供招商引资优惠政策咨询，帮助企业做好项目立项、规划、选址等工作；帮助办理有关审批事项；做好衔接、协调、服务等跟踪落实工作，促进入驻项目早开工、早建设、早投产。二是负责帮办在西山区投资项目的全程“保姆式”服务，帮助协调解决投资项目在落地、开工、建设中遇到的困难和问题。三是定期参加区招商引资考核办组织的帮办人员联系会议，汇报项目办理进度，将无力解决或超越职权的帮办服务事项汇总上报，提请上级机关和有关单位予以协调处理。

【强化督办】 为及时解决重点招商引资项目建设中遇到的困难和问题，促进项目的顺利实施，对在谈、在建的重点项目实行领导联系制度，针对每个特大项目均安排1名区领导进行跟踪服务，与项目投资企业建立“一对一”的对口联系。按照重点项目领导联系制的规定，定点联系的区级领导必须定期对企业进行走访、座谈，并采取一企一策的方式帮助企业解决项目推进过程中所遇到的实际困难和问题；采用招商引资任务倒逼法，加紧督促各街道办事处加大项目推进力度，确保招商引资项目的落地，保障资金的到位。

【做好“招商引资回头看”】 4月7日，昆明市政府目督办副主任康剑带领由市政府目督办、市人大等相关部门组成的“招商引资回头看”第五督察组对西山区2008、2009年两年招商引资3 000万元以上项目进行为时3天的项目调研和督察，对项目档案逐一查阅和实地查看。

【300亿项目开工】 4月26日，西山区以昆钢科技大厦项目为代表的“重大招商引资、重点产业发展、重要基础设施建设”项目隆重开工。省委常委、市委书记仇和率市人大常委会主任杨远翔，市政协主席田云翔，市委常委、常务副市长李文荣等市领导出席开工仪式，昆明钢铁控股有限公司董事长王长勇、总经理李幼灵、副总经理赵永平等企业领导参加开工仪式。集中开工的昆钢科技大厦暨昆钢总部、国家开发银行云南总部、氟硅酸一步法生产冰晶石、饲料级磷酸氢钙、新型缓释肥料、城中村17号片区改造和昆州东路、昌源南路等61个项目，投资总额超过300亿元。

【17号地块城中村改造项目开工】 17号地块城中村改造项目是西山区城中村改造的一个重点招商引资项目，位于西山区永昌街道办事处，项目总占地约51.13公顷，总建筑面积约220万平方米，其中住宅面积约120万平方米，商业面积约30万平方米。4月28日，市政协主席田云翔、区委书记柳文炜等市、区级领导参加了开工仪式。

【超300亿项目入驻】 4月28日，

区长蔡德生代表区政府与进入西山区的昆钢科技大厦、云广电网络总部、云铜总部大厦、西城国际金融、螺蛳湾中央商务区（二级 CBD）、西山区风能开发6个项目成功签约，预计总投资额348.24亿元人民币。市政府副市长赵德光、市政府副秘书长田文、市投资促进局局长桂春等市领导见证签约。昆明钢铁控股有限公司等项目方的主要负责人、区五班子主要领导及分管领导、区有关部门、各街道办事处主要领导参加了签约仪式。签约仪式由区政府常务副区长郭希林主持。

【昆交会创佳绩】　6月6日，在第十八届中国昆明进出口商品交易会上。西山区以“两带五区一港”的全新产业布局，在昆交会上掀起了新一轮招大商、大招商的热潮。开幕当天成功与云南紫辛盛铝业有限公司、云南昆钢水泥建材集团有限公司、云南龙宇房地产开发有限公司、昆明红星美凯龙商业发展有限公司、云南海航置业有限公司、云南恒誉投资有限公司、云南投资控股有限公司、云南广电网络集团有限公司这8家企业签订8个项目的正式投资协议，协议总投资达161亿元人民币。8个签约项目中，总部经济项目3个，协议总投资78.48亿元人民币，商业项目3个，协议投资80亿元人民币；工业项目2个，协议投资2.9亿元人民币。

【“十一五”成就】　“十一五”期间，西山区高度重视招商引资工作，引资步伐明显加快。5年引进内资项目达1 065个，到位资金249.98亿元人民币；引进外资项目34个，实际利用外资达1.852亿美元。年产120万吨磷铵、200万吨磷矿石浮选、百集龙钢构、东南亚商城、时代广场、大商汇等一批重大招商引资项目相继建成投入运营；南亚风情第壹城、南市区中央金座、云石国际中心、云南医药物流中心、太阳能真空管集热器项目、标准件生产加工项目等一批重大项目基本竣工投入运营，招商引资对经济的拉动作用逐步增强，为西山经济的跨越发展注入新的活力。

（吕雪梅）

海口工业园区开发建设

【机构建设】　根据区委、区政府的要求，本着“精简、效能”和“小机构、大服务”的原则，园区管委会与海口街道办事处全力推进“园处合一”建设步伐，将办事处土地、林业、环保、城管、经委等部门相关人员调整到园区工作。不断完善审批、融资、规划等各项工作，提高办事效率，为企业和群众提供高效、优质的“一站式”服务。园区强化内设科室的职能作用，新设立园区招商分局、综合管理处、企业管理处及团工委等机构，定岗定责，实现园区人力资源效率的最大化。

【经济指标】　2010年园区完成规模以上工业增加值完成18.36亿元，同比增长20%；主营业务收入完成91.9亿元，同比增长24.2%；利税总额完成7.15亿元，同比增长308.2%；工业固定资产投资完成20.85亿元，同比增长50.6%；地方财政一般预算6 210万元，同比增长15.9%。

【制度建设】　为确保按时完成市委、市政府，区委、区政府提出的目标要求，园区拟制了《关于24小时开工建设加快园区基础设施建设进度的通知》、《关于禁止入园企业使用高污染燃料》等制度文件。并以此为契机探索企业化管理模式，将目督工作定人定位定指标，使园区各项发展目标按照进度要求逐项得到了落实。

园区坚持奉行精简高效原则，不断推行行政管理体制、运行机制、劳动人事制度改革，初步建立“小机构、大服务”的管理和服务体系。制定出台《昆明海口工业园区入园企业管理办法》《园区“一站式”服务中心服务承诺实施细则》、《园区“一站式”服务中心首问首办责任制实施细则》等配套制度文件，完善园区入园企业管理制度。制定出台《昆明海口工业园区投资有限公司工资改革方案》、《昆明海口工业园区管理委员会（园区投资有限公司）费用开支管理规定》、《园区办公用品（设备）管理暂行办法》、《园区财务管理专项资金管理制度》、《昆明海口工业园区党政综合办公室内部管理制度》等10余个制度文件，强化园区内部管理。

【基础建设】　年内园区大力加强园区基础设施建设，基础性建设取得突破性进展。累计完成基础设施建设项

海口工业园区远眺（海口工业园区　供稿）

目23个、在建10个，合同投资1.398亿元，实际完成投资1.16亿元，已拨付8 975.66万元。其中完成道路修建及其地下综合配套管线7 571米（部分在建），平整场地146.42公顷，绿化面积1.05万平方米，建设取水站1座（土建部分），钻探深水井3口。完成强、弱电拆迁和建设项目29个，完成项目招投标33个。园区基础设施建设投资额3.17亿元，同比增长40.9%。

全部建设完成园区7号道路、一号路跨螳螂川大桥、2号路南延线一期道路和达子小村地块辅道工程、小海口5×5米箱型涵洞下穿工程；完成小海口片区道路完成路基的开挖和填筑；8号道路工程A标段、B标工程完成大部。

加强同昆明供电局、电信昆明分公司、昆明马龙化工有限公司等有关部门的对接协调，2010年园区完成110kV云龙坝输变电工程站内及进站线路的建设工作，并积极为10kV出线通道建设做协调准备。接驳10kV五海线安装400千伏安临时箱变1台，解决了磷化工片区（西南片）的项目施工临时用电需求。在磷化工片区（北片区）安装315千伏安临时箱变1台，满足该片区入园企业建设项目的施工临时用电需求，解决了园区一期用电范围内入园企业通信业务需求。

在区水务局等业务部门的大力配合与支持下，园区供水建设进展快速。给水项目在选址、立项和水资源论证上推进顺利，生活用水项目正在建设之中，工业用水项目已经省水利厅批复，已进行施工设计。

园区进一步加大土地收储力度，通过大土地储备征收制度的宣传力度，加强土地收储工作的组织管理，盘活存量土地，活化土地资产，取得土地收储工作丰硕成果。全年完成69.07公顷的土地收储，超额完成了目标任务。

标准厂房建设经市工信委正式确认，全年完成标准厂房建设6.5万平方米；“五通一平”工作进展迅速，重点工程进展顺利，完成“五通一平”面积68.07公顷。完成二期配套管网项目、二期供水管网项目建设。完成西片区磷化工组团场地平整项目一期工程并投入使用；云龙地块（大坟地地块）场地平整项目，完成总工程的96%；六期场平已完成总工程的80%；小海口片区20公顷场地平整已全部完成。完成光学片区土地整理一期建设项目的控制性详细规划，并上报有关部门审核。园区工业、生活取水站工程土建部分除受工艺部分影响的污水池和场内道路外，其余已完工，并完成工艺部分设计文件和拦标价的编制，正在进行工艺设备的招标采购。工业污水处理厂建设项目已完成可研、水保、地质灾害、矿产压覆审批手续，环境影响评价正在报审中。由于规划调整，设计单位已按新选址位置重新进行初步设计，报建设局审核中。

【招商引资】 为给园区招商引资工作创造更好的内在条件，加大基础设施建设投入强度。加强门户网站建设和信息报导工作，指定专人负责网站的内容更新与充实，充分利用互联网络、广播电台等多种宣传形式与手段，围绕园区总体发展思路、产业定位、优惠政策和已入住的龙头企业大力开展对外宣传，做好招商引资工作。2010年，园区继续加大招商引资力度和企业入园推进速度，与园区管委会签订意向性投资协议项目34个，协议总投资35亿元；园区履行项目服务承诺制，大力推进项目入园，已开工建设的项目有22个，其中亿元以上项目有11个，已竣工投产项目5个，其中亿元以上项目2个（昆明百集龙实业集团有限公司15 000吨/a钢构、门窗项目，昆明龙业标准件有限公司7万吨/a标准件生产加工项目）；在建项目17个（亿元以上项目9个）。2010年园区引进到位内资18.1亿元，完成目标任务18亿元的100.5%，引进外资1 000万美元。

【“十一五”成就】 “十一五”期间，昆明市和西山区强力推进园区突破、招商引资和产业发展三大战役，按照现代新昆明“一湖四片”的城市空间发展战略和现代新西山“五区两带一港”空间发展规划，昆明海口工业园区委托苏州工业园空间设计研究所进行总体规划设计。至2010年年末，海口工业园已经初步建成了磷化工、光机电产品制造、仪表、机械、绿色能源开发、建材等产业为支撑的工业集聚区。园区现有企业近300余个，其中，国有大中型企64个，从业人员4.2万人。海口工业园区的基础设施建设已经初具规模，基础设施投资累计已达10余亿元，园区道路、供水、供电、生活及娱乐服务、供气及绿化亮化等基础设施配套已较为完善，配套功能基本形成。经过数年的发展，海口工业园区引资环境大幅改善，累计引进到位资金50余亿元。

（金　林）

商　业

编辑　丁于芮

粮　食

【经济指标完成情况】　2010年计划完成商品销售额5 500万元，实际完成6 420万元；计划实现利润40万元，完成利润103万元。

【粮食收购】　年内，严格按照国家粮食局关于做好粮食收购工作的有关要求抓好夏粮和秋粮收购工作，所收购粮食质量等级符合国家标准。收购价格实行随行就市，切实保障种粮农民利益，积极主动掌握粮源，力争多收粮，收好粮，增加国家粮食库存，确保粮食安全。

【粮油储备】　认真执行《云南省省级储备粮管理办法》和《昆明市储备粮油轮换管理办法（试行）》规定，根据行情及粮质适时轮换，推陈储新，确保储备粮油存得住、管得好、调得动、用得上。在轮出储备粮的同时，做好市场行情调查，坚持储备粮的质量标准，严把粮食入库质量关，每一批次的粮食必须送到有资质的检化验中心进行检验，达到标准才能转作储备粮，对已转作储备的粮食每半年必须进行检验。年内，所保管的区级地方储备粮、省级储备粮和中央代储粮食，经全国粮食清仓查库和省、市、区开展的定期或不定期检查，全部达到“一符四无”标准，所储粮食均属于安全粮、宜存粮，确保储备粮在急需时拿得出、调得动、有保障，“一符四无”粮仓工作被市粮食局评为先进单位。

坚持“以防为主，综合治理”的储粮方针，认真执行粮油仓储“五十”检查制度，切实做好粮食“四无”跟踪检测，消除储粮隐患和不安全因素。按照“谁主管，谁负责，层层签订责任制”的要求，年初与下属两企业签订储粮安全责任书和安全生产责任书，做到责任明确，任务落实。为确保责任制的落实，平时开展定期的检查、抽查活动，确保全局一年来无一件安全事故发生。

【市场监管】　明确工作责任，由局长主抓，分管副局长具体抓，并在区粮食局市场管理科加挂监督检查科的牌子，具体负责市场监管工作，全局机关人员都做到持证上岗。在重大节日到来之前，会同工商等职能部门进一步加大市场监督检查力度，遏制不法行为的产生，让广大人民群众吃上放心的粮油产品。按照市局要求做好相关粮油价格统计上报工作，工作中尽量做到数据真实，为政府宏观决策提供参考。继续对马街、高峣、海口、龙潭等地开设的“放心粮店”经营网点进行适时监管，把“放心粮油工程”作为民心工程来抓，让辖区居民购上安全、放心的粮油。

【军粮供应】　为认真贯彻国家各项军粮供应政策和办法，确保驻区部队能够吃上放心粮油，为部队建设做好后勤保障。在工作中严格执行《军粮供应管理暂行办法》和省市区军粮供应政策，建立健全各项规章制度，加强规范化管理。

严格财务制度，建立军粮财务专户，确保补助资金专款专用，封闭运行。做好粮油品种调剂和串换，经常深入部队征求官兵对军粮供应工作的意见和建议，不断改进服务方式，受到部队官兵的好评。

【基础设施建设】　为确保全区储粮安全，在各级的共同努力下，库容1万吨的西华粮仓工程，内年投入使用。年内，对现有粮仓进行维修和维护工作，投入23万元对老旧仓库的屋面、电线、库区道路等进行改造，改善全区仓储条件，进一步提升科学储粮水平，为科学储粮奠定基础。

【应急机制】　切实做好粮食应急工作，组织全局干部职工认真学习粮食突发事件应急预案，做到人人明白各自职责，以便应急工作开展时不慌、不乱，各司其职，并对《粮食应急预案》和军粮应急工作进行实战演练。同时在辖区范围内建9个粮食应急组织网点，确保应急工作有效实施。

【机关建设】　按照工作要求，年初制定全局工作计划和岗位目标责任制及实施意见。坚持每周五下午的学习制度，组织全局干部职工认真学习文件精神、业务知识和法律法规等。按照"一岗双责"要求，完成党政正职与局班子成员党风廉政建设责任书的签订，工作中坚持业务工作与党风廉政建设工作一起抓，较好地落实党风廉政建设责任书规定的领导责任，全年局领导、干部职工无违纪行为。

【"十一五"成就】 2006年西山区粮食局下属企业通过改制，并于2006年8月18日成立昆明西山粮食购销有限责任公司。同年9月，西山区粮食局被省人事厅、省粮食局评为全省粮食系统先进单位。2007年12月28日，由西山区粮食局向昆明西山粮食购销有限责任公司马街分公司颁发西山区第一块"昆明市放心粮店"牌子。2008年7月9日，西山区粮食局召开西华粮库新建项目专家咨询论证会。2009年完成全国粮食清仓查库工作，完成"十二五"粮食流通发展规划编制工作，并召开听证会；7月21日举行西山区粮食局新建粮仓建设工程顺利开工仪式，12月4日西山区粮食局档案室成功通过三星级考核验收。2010年西山区粮食局新建西华粮仓竣工并投入使用。

（杨 惠）

烟 草

【主要经济指标】 全年完成卷烟销3.17万箱，实现销售收入6.595亿元，综合毛利率为27.2%；一二类卷烟比例为19.89%；完成卷烟销售计划3.12万箱的101.58%。8月6日开始烟叶收购，10月14日完成收购计划任务2.1万担，上、中、下等烟均价为14.31元，其中上等烟比例为48.27%，中等烟比例为33.53%，下等烟比例为18.2%。公顷产值由2009年的2 121.32元增加为2 165元，增幅2.05%。全年按合同收购烤烟2.1万担，100%完成计划。

【烤烟生产】 全年投入抗旱人员65人次，抗旱资金32.99万元，投入机动抗旱设备6台套、运水车辆5辆，抗旱用电3.3万度。分公司集中人力、物力、财力投入抗旱移栽工作。结合实际，合理安排抗旱资金，严格抗旱资金规范使用，通过引水、抽水、拉水等措施促进移栽、保苗工作。面对旱灾，采取有针对性的措施培育壮苗，培育高茎壮苗，抓好抗旱移栽和保苗工作。供苗时，以合同为基础，按合同签订的株数进行供苗，建立详细、规范的供苗台账，准确记录烟苗的产、供、存数量和烟苗流向。

认真贯彻落实"预防为主，综合防治"的方针，充分发挥烟草病虫害预测预报及综合防治网的基本功能，积极组织烤烟专用药物供应、用药技术指导服务，最大限度地减少病虫危害，全面做好烟株统防统治工作。

【烤烟收购】 做好烟叶收购等级质量巡检记录以提高烟叶等级纯度为重点强化技术培训，准确把握烤烟收购等级标准，使预检员对烟农的预检工作和政策宣传落到实处，西山分公司各烟叶收购点认真执行收购工作流程，100%进行入户预检。严格按照国家局、省局要求，切实落实"控制总量，稳定规模"的目标，与烟农签订烟叶种植收购合同，杜绝合同签订不实或无合同种植，杜绝超计划收购，在整个收购过程中，无合同变更及无合同数据调整情况，收购合同履约率100%。

【卷烟品牌培育】 制定《西山公司2010年省外卷烟推广活动方案》，推荐208户零售客户按照方案参与促销，客户经理引导客户进行备货，并组织省外卷烟促销点零售客户进行培训，提高零售客户经营意识，根据客户备货情况，完成促销物料的发放及签收工作。加强工商协同，配合红河红云集团及兰州中烟召开零售客户新品上市推广会。

【市场维护】 做好卷烟零售明码标价管理工作，加强对客户经营行为的督促，按照卷烟月度需求预测工作流程，与客户进行互动及沟通，了解库存，对样本客户销售情况进行销售能力测算，完成每月30个品牌的需求预测，开展卷烟营销中心推广零售客户网上订货工作。

【客户资源提升】 按照卷烟网络运行规范及考核制度，严格考核，要求客户经理每周对辖区客户实地拜访服务不少于60户次，确保卷烟销售任务的完成；加强对客户的营销指导工作，按进度完成城镇25%，乡村20%比例的营销指导建议书。对新办证客户加强销售技巧、营销知识、陈列展示出样、店面形象提升等个性化服务的培训指导，提升客户信任度，增加客户盈利能力，保证销售指标的稳定增长。

【专卖管理】 抓好技能鉴定工作，通过自训与集训，有7人参加国家局专卖技能鉴定培训，4人取得高级专卖管理员资格，3人取得中级专卖管理员资格，专卖管理服务水平明显提升。

专卖内管办在烟叶种植收购过程中以合同、计划为监管主线，以数据监管、农户走访为手段对生产部门在政策执行、操作规范、收购秩序、合同管理及废弃烟叶处理等方面积极开展监督指导。卷烟监管方面，对卷烟销售部门和辖区持证户经营情况及物流配送环节做到有效监管。对辖区涉烟废弃物有机肥加工企业积极开展专卖监管，按月收集分析企业经营报备数据，制作监管记录、报告。

因拆迁导致大量零售户自然消失，卷烟终端市场出现空隙盲区情况时，专卖办一方面加强无证经营行为查处力度，另一方面抓紧开展零售许可证的新办客户、延续换发、受理审批和农网延伸工作。以上级内管工作规范为依据，利用信息化平台，积极开展内部监管。

不定期、分阶段、分重点联合公安、工商执法人员组织开展专项整治行动，强化“两烟”市场的监管职能，对涉烟违法行为继续保持高压态势。全年联合公安经侦、便衣、交警、派出所和工商等部门开展专项行动，共受理、处理群众举报投诉127起，查处案件260起（含联合工商查处61起，移交公安4起）。专卖立案查处案件195起，查扣涉案卷烟2.04万条，其中假冒卷烟1.01万条、初烤烟叶2 300千克，涉案值145.05万元，处罚没款15.03万元。销毁假冒卷烟107.06件、销毁制假原辅料35.87千克、制假烟丝1 040千克，变价处理罚没卷烟5 112条，金额18.357万元。全年联合公安经侦、便衣、交警、派出所和工商等部门开展专项行动、错时检查25余次，查处万元以上案值涉烟案件8起，查获5万元以上案值违法经营案件的4起，查扣违法真品卷烟5 896条、假冒卷烟1.01万条，刑拘13人，判刑7人。联合工商查处取缔无证经营61户，处罚款3.5万元。

【企业培训管理】　围绕经济运行分析和对标，分公司开展经济运行分析会议12次，对标工作会议2次。全年实施培训21次，共计1 714人次参加，其中零售客户1 005人次，烟农及技术服务人员403人次，分公司职工306人次。通过培训挖掘差距背后的原因，并针对不足寻找出解决的思路和办法，不断提升企业管理水平。

【“十一五”成就】　“十一五“期间，坚持“双控”不动摇，围绕“市场引导，计划种植，主攻质量，择优布局”的烤烟生产方针。加强以预算和成本控制为核心的烟叶生产管理，积极探索现代烟草农业的生产模式。2006～2010年累计收购烤烟9 800千克，实现收购总值1.22亿元，实现烤烟产品税2 678.23万元。紧紧围绕“集约经营、量化管理、规范专销、共同发展”的经营理念开展卷烟经营工作。累计实现销售卷烟13.04万箱，销售收入22.606亿元，实现毛利额3.169亿元。强化对卷烟零售终端市场的监管职能，保持打击涉烟违法行为高压态势，累计查处违法经营案件1 104件，上交罚没款71.21万元。

自主编程设计预算管理系统、车辆费用管理系统、办公用品仓库管理系统、专卖仓库管理系统，安装维护专卖电话录音系统、客户经理短信群发系统，为企业管理提供保障，2008年12月获昆明市人民政府颁发的“2006～2008年度市级文明单位”。2007年，取得ISO9001（或GB/T19001）、ISO14001（或GB/T24001）、OHASAS1800（或GB/T28001）（即质量、环境及职业健康安全管理体系）认证，企业管理水平得到全面提升。

（夏玉莲）

供销合作

【改革改制】　8月，全区进行政府机构改革。区联社仍定为区政府直属事业单位，根据申请，可接纳“承认供销社章程、自愿加入的社会经济组织”作为成员社。内设党政综合办公室、财会审计科、合作经济发展科3个科室，人员编制为10名。

西山区供销社整体改制工作，自2005年推行以来，在原已完成7个基层社、2个公司整体改制工作的基础上，年内完成谷律供销合作社的改制工作，于6月30日进行工商登记，改制为昆明硕谷商贸有限公司。全区供销社系统仅有团结供销社的改制未完成。

【经济目标】　2010年区供销社以“效能西山”建设活动和供销社“二次创业”为契机，进一步突出“新网工程”建设和农村合作经济组织发展，全年实现利润160万元，占目标任务的103.89%；经营总额完成4亿元，占目标任务的100.5%，获市供销社2010年综合业绩考核一等奖。

【农村流通网络建设】　年内，对药品配送中心进行提升完善；改扩建乡村集贸市场4个；建立乡村信息采集点1个，采集点定点在海口街道办事处海门社区居委会中滩集贸市场内，聘任信息采集员；发展农民专业合作社10个；新成立西山区农村日用品流通协会；规范提升综合服务社8个；

3月15日，区烟草公司开展假冒伪劣烟鉴别宣传活动。（区烟草公司 供稿）

新建“万村千乡”农家店6个。农村流通网络建设，为全区广大农村地区提供优惠和便利，不仅带动农村消费，同时，改变了农村的消费结构和习惯，为城乡一体化建设打下良好基础。

【农资供应】 在农资供应工作中，着力实现西山区都市农业发展目标，做好春耕生产的各项工作。2010年共向全区销售农业生产资料585万元，销售各种化肥3400吨，为全区春耕生产提供有力保障。

【烟花爆竹管理】 供销社日杂经营部作为西山区烟花爆竹批发企业，坚持对全区50户经营户做好销售前的安全经营培训。为加强对烟花爆竹的安全储存，投入20万元与昆明烨阳烟花爆竹专营有限公司在经济开发区阿拉乡清水沟合建200余平方米烟花爆竹专用仓库，并经安全管理部门验收合格。在销售旺季，始终保持市场“打非”的高压态势，积极配合安监、公安等职能部门开展市场整治活动，共出动检查车辆110余台次，检查人员330余人次，没收非法经营的各类烟花30多件。销售结束，对零售点经营户的剩余货物，做到全部返回公司专营仓库统一保管，不得私自留存，确保了烟花爆竹的安全经营。

【食用玫瑰全国农业标准化验收】 全年底，在区农业局的积极推广下，在团结办事处所辖6个居委会发展农户种植，全区已建成食用玫瑰生产技术标准化示范基地66.67公顷，打造了西山区“玫瑰芳香走廊”，推动西山区都市农业的发展。10月18日，由昆明市质量技术监督局、云南省农科院质量标准与检验技术研究所、云南省农业科学院花卉研究所、西山区质量技术监督分局的领导和专家组成的验收考核组，对该示范项目进行考核验收，经严格按照全国《农业标准化示范区效果评价体系表》的规定逐项考核打分，通过项目验收。

【废旧物资收储】 昱西废旧物资收储处理中心作为西山区再生资源回收市场整合后唯一的再生资源回收处理点，选址位于海口办事处青鱼村委会小海口小红山，占地10公顷。西山区供销社作为昆明市再生资源行业协会的副会长单位，积极协助有关部门做好市场建设工作，规划选址意见，地形图测量，勘测定界等前期手续已办理完毕，征地补偿工作已完成，正在修改办公大楼规划方案，护墙施工、基础施工，主体工程备料等工作，市场建设初具雏形。

【农村合作经济组织】 开展农产品经纪人培训是近年来各级党委、政府赋予供销社的一项重要职能。年内举办农民专业合作社建设与发展培训班，参培人员318人；举办第5期农产品经纪人培训班，参培人员205人。

【开放办社】 由区联社牵头并参股，云南龙凤谷生物药业有限公司相对控股，利用滇荞公司引进的年产1000吨的苦荞加工生产线和已取得的“出口生产企业卫生注册登记证”、“有机食品认证证书”以及“全国工业产品生产许可证”（QS）认证，优化重组了昆明滇荞食品有限公司。公司重组后，对厂房进行装修改造，与西盟佤族自治县供销社达成合作协议，让农民放心大胆地搞种植，保证原料资源的供给，带动农民共同致富。

【参加第六届泛亚农博会和千社千品展】 2010第六届昆明泛亚国际农业博览会于9月9～13日在昆明国际会展中心举办，西山区供销社组织4个龙头企业产品：黑松露保健酒和黑松露保健胶囊、滇荞系列产品、谷律花椒油系列产品、玫瑰花系列产品等20余个品种参展；黑松露酒再次荣获金奖，苦荞饮品荣获优质产品奖。

云南省供销合作社于9月12～20日在省科技馆举办的首届“千社千品”暨农特产品展示展销会，是全省农民专业合作社历史上的第一个盛会。展销会向社会各界充分展示了全省供销社系统改革发展、“乡村流通工程”建设、“两社一会”和开展供销社“二次创业”的成果。区联社龙头企业在第六届昆明泛亚国际农业博览会上的获奖产品参加了展示，深受广大消费者青睐，云南龙凤谷生物药业有限公司被市供销社评为优秀企业并受到表彰。

【成立资产经营管理公司】 组建社有资产管理公司被列入供销社2010年工作目标任务，由社有资产管理公司代表区联社行使社有资产出资人职能，专门负责社有资产营运管理，以实现社企分开，加快促进供销社的职能转变。该公司于8月10日经区工商局核准登记成立，公司名称为昆明市西山区供销社资产经营管理有限公司；公司成立后将负责整个供销合作社系统的资产运营管理，以确保社有资产保值增值，发挥社有资产管理公司在供销合作社系统中的龙头带动作用，为支持供销社龙头企业的发展和农村流通体系建设提供有力的经济支撑。

【支持城中村改造】 西山区供销社位于人民西路307号的全部办公用房和职工住宅被划入红庙村2号片区城中村改造。办公室在确保工作正常运转的前提下，于3月1日按时完成办公室整体搬迁到黑林铺前街134号办公。积极响应区委、区政府拆除防盗笼的号召，按时限全部拆除各家外挑式防盗笼17户，受到区委表彰。

【抗旱救灾献爱心】 2010年全省遭遇百年不遇的持续高温干旱，联社发动全社党组织和党员干部职工踊跃捐款2.61万元。在“共产党员抗旱救灾特别捐献活动”中，组织共产党员特别捐款2.35万元。为全区农户让利销售抗旱物资和农业生产资料4.08万元；为石氏果蔬专业合作社送去5 000余元的蔬菜籽种在复垦后（废弃砂场）的土地上套种。

【创市级文明单位】 西山区供销社已连续7年保持市级文明单位称号，2010年西山区供销社再度申报市级文明单位，经市级考评验收组12月1日进行考评，对区联社再创市级文明单位工作给予较好评价。

【“十一五”成就】 西山区供销社自2006年举办首期农民经纪人培训班以来，采取集中培训与进村入户培训相结合的方式，先后举办培训班5期，培训学员641人，其中449人领到由全国供销合作总社与国家人力和社会保障部颁发的职业资格证书，平均每个行政村有农产品经纪人13人。2007年西山区被列为实施“四进村”（便民超市进村、信息服务进村、市场知识培训进村、行业管理服务进村）实现“五个有”（有一个综合服务社、有一个专业合作社、有一个专业协会、有一个集贸市场、有一批农民经纪人）试点区，2009年底，在碧鸡、海口、团结3个镇共设试点村委会12个，投入试点建设资金120万元，“四进五有”工作初见成效。

“十一五”期间，完成6个基层社、2个公司的整体改制工作，1个公司因不具备改制条件进行歇业，另外2个基层社改制工作正有序推进中。2008年组建配送中心，由改制公司——云南龙凤谷生物药业有限公司具体负责承办，在公司设配送中心管理部，积极为全区35个“万村千乡”农家店做好服务工作，抓好春耕农资供应工作，组织货源确保春耕生产用肥需求。

“十一五”期间，发展各类专业协会126个，共吸纳会员6 330人，带动农户5 600余户，服务带动农户6 200余户，助农增收600余万元。发展各类农民专业合作社27个，吸纳入社农户500余户，带动农户5 000余户，社员出资100余万元，销售农副产品900余万元，助农增收600余万元。全区共有综合服务社94个，实现行政村覆盖率为100%，自然村覆盖率为75%，服务农户4.52万户，年销售收入752万元。

区联社于2007年登记成立西山区烟花爆竹行业协会。供销社日杂经营部投入资金100余万元，对原有仓库和设施进行提升改造，通过有关部门验收。

“十一五”期间，基层供销社积打破传统购销经营模式，大胆探索，开拓经营。碧鸡供销社借助西山公园的旅游业，利用现有高峣的经营场地，投资30余万元进行装修改造成“碧海一天”餐厅，随着高海公路的建成，餐厅采取租赁经营的模式。

海口供销社积极投入资金，引进加工生产技术和专利知识产权，共同合作开发“如安斋”牌云南野生食用菌类系列素食品的深加工，试生产出来的产品，引起了云南省宗教学会的关注，被指定为素食品研发基地。企业改制后成立了昆明滇荞食品有限公司，投资150万元，引进一条年产1 000吨的苦荞加工生产线，苦荞系列营养食品主要出口日本、韩国，并完成绿色有机AA食品证书及QS认证等项工作。2008年4月，公司牵头领办并登记注册成立昆明民荞苦荞种植专业合作社，带动农民种植苦荞66.67公顷，实现销售收入50余万元，助农致富增收20余万元，其产品在2009年第五届昆明国际农业博览会上荣获金奖。

东风供销社积极参与农业产业结构调整，在市创新办的扶持下，在团结乡妥吉村委会果园村民小组建立20公顷食用玫瑰种苗种植示范基地，经过几年的发展，现已发展种苗80余万株，可提供1 000余户农户种植133.33公顷的种苗。同时，该社还引进一套加工实验设备，成功提取玫瑰精油4.4千克，玫瑰纯露6.9吨，经云南省产品质量监督检验中心抽样检测，各项理化指标全部合格。为进一步发展该产业，2009年，该社与昆明赫伯香料技术有限公司进行合作开发，发展西山区龙头企业，带动玫瑰花产业发展，在专家的指导下，积极扶持白眉章白村对废弃砂场复垦后移栽种植百叶玫瑰花，使废弃的砂场和荒山变绿，为发展都市农业和生态文明做出贡献。

谷律供销社从2004年探索开发谷律花椒油礼品盒，连续5年加工经营保持平稳增长，形成当地特色产业优势。2005年挂牌成立西山区第一家农民专业合作社——谷律花椒专业合作社，2008年5月，谷律花椒专业合作社按照国务院颁布实施的《农民专业合作社法》完善工商登记手续，取得农民专业合作社的企业法人资格。在“十一五”规划上谷律花椒种植被列为在全区发展“万亩”花椒种植示范点，至2008年年底，已发展种植花椒533.33公顷，部分椒苗已开始挂果。

西山区药材公司改制为云南龙凤谷生物药业有限公司后，与新西兰金太阳制药有限公司联合开发的“黑松露保健胶囊”、“黑松露保健酒”分别被授予2007年第三届、2008年第四届昆明国际农业博览会优质产品奖和银奖。

（孔令西）

交通运输·邮政

编辑 丁于芮

交 通

【公路建设】 2010年农村公路主要实施项目有2项：一是团结乐亩至大叠水公路及沿线综合整治工程建设。该项目起于安富公路K39+300处，经团结街道办事处岔河、陡嘴、老张箐，连接桃树箐分水岭村，止于大叠水风景区，全长11.5公里，按四级公路标准建设，路基宽6.5米，路面宽6.0米，概算总投资4 426万元。年内，区交通局已组织完成团结乐水公路及沿线综合整治工程建设的环评、水保、规划、林业、地灾、矿压、BT合同签订等工作，并于8月组织施工单位进场施工，截至12月，该项目路基工程建设已完成。

二是西山旅游环线一期续建路面工程施工建设，部分路面工程已完成，区交通局争取上级资金补助，完善设计，力争将该项目打造成特色旅游公路。但由于资金保障不到位（合同金额共2 860万元，实际到位415万元，其中上级补助资金为215万元，区级实际到位资金为200万元），导致路面施工无法在2010年底完成。

年内负责组织实施的西山区部分城市道路交通建设重点项目有2项：一是盘龙江西路建设。该项目（海埂路片区综合整治项目六号规划路）起于南坝桥，止于广福路，全长约3 607米，规划红线宽15米，为城市Ⅱ级支路，建安工程总投资近4 000万元。4月，完成盘江西路建设工程已征地拆迁路段道路建设工作，11月30日前完成全线道路建设工作，确保12月1日园博园按时开园。区交通局在组织建设中大胆创新，首次采用彩色防滑路面、彩色斑马线、人性化标志等设施，是昆明市最具特色的城市道路之一。

二是197号路建设工程。该项目位于昆明市西山区西苑片区，西起益宁路，东至西三环，全长565.9米，规划道路等级为城市Ⅱ级次干路，规划红线宽25米，该项目于4月15日完成路基、路面、排水工程施工及监理单位招标工作；由于征地拆迁部门不能提供施工作业面，施工单位目前无法进场，根据区政府办《关于做好城市道路资料移交工作的通知》要求，区交通局于12月15日前将该道路建设全部资料移交到区道路交通设施建设指挥部。

【路政管理】 西山区公路路政管理大队继续在昆安高速公路云安会都下匝口设点对南过境高架桥实行24小时限制通行，对通行高架桥的大型货车进行宣传教育、引导通行，共发放宣传材料5.6万份，减少通行南过境高架桥的大型货车460万余辆次，有效保护南过境高架桥的安全。投入资金35万多元对南过境高架桥限高架进行改善，把原有的硬限高改成现在科学适用的活动限高装置，减少南过境限行工作人力、物力的投入，确保通行安全。

全年依法纠正查处各类路政违章违法案件900余起，结案900余起，路政案件查处率100%，结案率100%，共收缴公路赔（补）偿费、占用公路路产费、清理费、罚没款共计200万余元。

【道路养护、绿化工作】 加快推进

4月9日，区交通运输局组织路政交通宣传活动。

养护体制改革工作，组织完成辖区乡村公路的日常养护工作，做到有路必养，确保辖区农村公路安全畅通。年内主要完成安富公路K35—K42路面中修工程，总里程7公里，总投资203万元，其中市级补助资金160万元。至年末该项目已全面完成。

【公路运输协调工作】 区交通局于4月10日联合市交通运输局运管处现场考察未开通公交车的棋台、妥吉、双哨、桃树4个居委会，并上报市交通运输局关于开通公交请示。截至12月，西山区3个山区街道办事处的35个社区居委会已全部实现通公交，行政村公交通行率实现100%，成为全省继安宁之后第二个实现100%行政村通公交的县区。

【招商引资工作】 为完成区交通局年度招商引资任务，专项成立领导小组，制订下发《2010年招商引资奖励办法》。一方面依托团结乐水公路及沿线综合整治工程建设项目引进国外资金，已到位招商引资资金70万美元；另一方面，区交通局积极协助海口工业园区管委会完成云南三环中化化肥有限公司120万吨磷铵装置项目二期的招商引资服务工作，完成招商引资任务3 000万元，较好地完成了年度招商引资任务。

【“十一五”成就】 “十一五”期间，全区共完成农村公路建设项目45个，公路建设里程284.5公里，完成投资3.652亿元。西山区先后建成以浑（水塘）团（结）公路为代表的农村公路路面多形式示范路；以明（朗）和（平）公路为代表的安保设施多样化示范路；以乐（亩）律（则）武（家箐）公路为代表的农村公路生态示范路；以宝（珠寺）花（红园）路为代表的农村公路“路、站、运”一体化示范；以乐水公路、西山旅游环线为代表的集旅游、文化、森林防火、国防等多功能农村公路示范路。至2010年12月，全区实现行政村公交通行率100%，是全省第二个实现100%行政村通公交的县区。西山区在全省率先实现行政村道路路基改造和路面硬化率双100%，农村公路建设在全国、全省处于领先地位。

“十一五”期间，全省16个地州、129个县市区政府或交通行业领导先后到西山区参观学习农村公路建设经验成果。2008年11月，区交通局被省委评为云南省科学发展先进集体；2008年12月，西山区乐律武公路被省科学技术厅和省交通运输厅联合授牌为“云南省农村公路科技示范路”；2009年4月，《中国交通报》农村公路版对西山区农村公路作了题为《科技环保理念“植入”西山村路建设》的宣传；2009年4月，交通部组织交通运输部及11个省、自治区交通行业培训中心和相关院校领导现场参观西山区明和公路、乐律武公路建设成果。2009年11月，参加中国—东盟公路规划、设计、建设与养护管理研讨会的各国嘉宾20余人考察区乐律武科技示范路建设情况；2009年12月，中央电视台七频道“聚焦三农”栏目报道宣传西山区农村公路建设成果。

“十一五”期间，西山区注重农村公路科技创新工作，采取走出去、请进来，与科研院校合作等形式，完成近10项农村公路科技创新工作，取得6项专利成果。2009年区交通局与重庆交通大学合作研究开发的“山区农村公路安保措施多样化技术及应用示范研究”和“复合碾压混凝土在云南省农村公路中应用研究”项目，通过专家鉴定，达到国际先进水平；2010年，区交通局牵头与重庆交通大学共同研究的《山区农村公路安保措施多样化技术及应用示范研究》科研项目获云南省人民政府“科学技术进步三等奖”。

（张志刚）

邮　政

【主要指标完成情况】 全年完成业务总收入5 442.18万元（结算口径），完成年计划的100.64%，同比增长16.18%，绝对值757.31万元。收支差完成4 892.51万元，完成年计划的100.01%，同比增长25.37%，绝对值991.47万元，缴款率达97.44%。三大板块业务中，邮务类完成2 068.89万元、速递物流类完成791.16万元、金融类完成2 749.29万元，所占比率为41:13:46。

【函件业务】 全年累计完成函件业务收入1 385.66万元，完成年计划的

区邮政局召开党总支成立大会（王家发　摄）

99.69%，占总收入的24.32%，其中国内函件1 136.12件，国际和港澳函件7 933件。4大重点产品中数据库商函立足精心筛选，以节假日、校园业务为主要目标，全年实现收入29.9万元；账单业务通过对工行等重点客户工作的重点维护，全年收入达271.43万元，同比增长22%；封片卡以贺卡、幸运邮天下为抓手，全年收入达479.25万元；无名址函件形成收入300万元。

【包件业务】 重点发展学生包裹，退伍兵包裹和家乡包裹，其中学生包裹和退伍兵包裹同比增长分别为28%和105%，全年累计实现收入10.92万元（结算口径），包裹合计4.92万件。

【集邮业务】 全年实现收入440.68万元，完成计划进度的88.14%。及时对产品和集邮市场进行分析，抓住新春节庆、上海世博会等业务发展契机，新春邮品销售16.88万元，世博邮品销售7.31万元。新增省委和前新路支局销售专柜，全年网点邮品销售367.08万元，专业收益、定向开发利润率不断提高。其中集中业务138.59万枚，集邮品1.65万册。

【代理业务】 全年累计实现收入231.62万元，完成计划进度的118.78%，较去年同期增长16.93%。全年新增邮储短信1.65万户，占新开户2.65万户的62.3%，累计扣款数2.72万户，扣款成功率71.34%，形成收入165万元，占代理信息业务收入的71%。

【速递业务】 全年累计完成速递业务收入569.33万元，完成计划进度89.9%，较上年同比增长321.29%。其中思乡月系列产品分别完成省公司联动产品5 212盒，实现收入18.82万元；市局自组产品917盒，实现收入2.17万元；区局自组产品4 800盒，实现收入27.7万元；特惠箱3.34万个，实现收入76.41万元。

【金融业务】 不断强化主动服务意识和窗口宣传营销力度，通过服务水平的提升增强网点自然吸储能力和交易量的增长，年末余额达12.895亿元，当年净增4.719亿元，增幅达57.71%，单点过亿的网点由上年末的1个增至5个，比例由5.89%提升至31.25%。全年个人揽储余额4.489亿元，参与人数120人，达职工总数的81.6%。

年初，搜集到市政府将对335个城中村进行改造，而涉及到西山区的有115个城中村的信息后，一方面向区政府、拆迁指挥部汇报邮政业务种类、网点布局等情况，另一方面调动员工积极性，全员参与城中村揽储工作。通过努力，城中村业务完成余额3.875亿元，占全年余额增长的82.11%。

代理保险采取“训练营”、“客户联谊会”等方式，与新华、中人寿、太保联合发展，全年代理保费423.74万元，实现收入26.57万元。重视新增网点业务发展，兴苑路、前兴路、日新中路、白马支局4个新增网点余额均过5 000万元，其中兴苑路通过网点调整及城中村项目拉动，余额由年初的2 999万元上升至年末的1.103亿元，当年净增8 027万元。

全局开办2个网点办理存单质押业务，贷款结余笔数6笔，金额122.6万元；小额贷款结余106笔，金额为589.56万元；商务贷款结余26笔，金额462.7万元；二手房贷款结余517笔，金额为1.55亿元。汇兑业务累计完成收入159.51万元，因代发工资手续费结算原因，当年收入中56.24万元未列收，导致进度仅完成69.35%。

【大客户营销工作】 把“幸运邮天下”这个集中国邮政与中央电视台双重资源优势的项目作为重点，向中国人寿昆明分公司提出开发制作“分红十年、国寿喝彩”幸运刮刮卡营销方案。4月底与昆明分公司签订6万枚“国寿幸运刮刮乐”幸运卡，6月份又开发省公司“幸运卡”22万枚，共计收入62万元。大客户中心全年实现营销收入711.61万元，人均57.15万元，2人业绩超过100万元，其中陆翠全年营销业绩为211.62万元、发展储蓄余额1 053万元，代理金融专业客户经理刘心洁个人发展储蓄余额4 272万元。

根据市场客户需求变化，将集邮产品与市场收藏热点有机结合，向昆明博兰特生物科技公司推介个性化金银币集邮册，实现收入96万元，成为2010年度昆明定向开发第一大单。贺卡专项营销有较大增长，共计形成收入401.18万元，同比增长76.78%，开发客户161户，同比增长53.33%，1 000枚以上客户数达55户。

【财务管理】 加强对往来账款的管理，对用户欠费的回收进行细致管理，2010年初用户欠费余额235.48万元，年末余额为102.01万元，减少133.47万元。强化财务管理，对支局的领料及出售品进行动态管控，在保证生产经营正常进行的前提下，努力降低耗费，在业务收入提高的前提下，控制成本费用开支，提高各项经营效益。

【设备维护管理】 对兴苑路、前兴路、绿色家园3个网点新增储蓄台席，重点对商贸市场、业务需求旺盛的地方进行调整，力求快速提高网点质量。为南华、豆腐营两个支局的大堂经理配备理财系统终端，以加强业务宣传和代理业务的快速办理，促进支局业务发展速度。根据市局要求做好关于汛期设备的安全管理，重点落实各营业网点计算机、ATM机具、发电机房、仓库等部位的防范措施，立足于防大汛、抗大灾、保安全，确保网点正常营业。

【人力资源管理】 配合市局继续做好新的计量工资推行工作，提高工资发放透明度，加大薪酬对员工工作积极性的调动。配合上级部门做好各种技能培训考试、网上远程学习5次、储蓄业务制度培训1次，保险业务培训及座谈会16次。

认真配合上级做好定员定岗的“双定”工作，并按上级优化作业流程等要求，合理安排班务，对不合格从业人员进行转岗。截至2010年底，区局共有11人持银行从业资格证，14人持基金销售从业资格证，47人持代理保险从业资格证；持三证的10人，持二证的3人，持一证的36人，区局持三证人数在昆明市邮政局位居第一。

【服务质量管理】 开展“服务质量提升年”专项活动，在日常检查中以查代训，组织相关业务培训7次。开展“服务质量优胜单位”流动红旗评选活动，通过评比，充分调动职工的工作积极性，涌现出一批以徐红英、杨玉琼为代表的优秀窗口服务榜样和以省委支局、兴苑路支局为代表的流动红旗优胜单位。2010年西山区邮政局工会获省邮政公司“先进基层工会组织”奖，前卫支局获云南邮政“工人先锋号”称号。

宽敞明亮的邮政营业大厅（王家发 摄）

加强软、硬件方面的投入，保持营业厅环境干净整洁，因地制宜设置业务受理区、用户等候区、产品展示区，在5个条件成熟的网点设立大堂经理，负责营业厅内生产现场的管理，将用户的不满和投诉解决在营业厅室内，将整改工作落实在现场。

加强各监控岗位的履职考核及各项规章制度执行情况考核，全年共对146人进行相关经济考核，合计考核金额2.3万元；抽查邮件规格质量4 751件，不合格232件，不合格率4.88%；抽查总包479袋，不合格21袋，不合格率4.38%。圆满完成亚运、亚残运会邮件安全检查工作，未发生误收误寄情况，确保邮政经营生产的安全进行。

【“十一五”成就】 “十一五”期间，西山区邮政坚持以市场为导向，以效益为目标，以改革为动力，成功地由追求“又快又好”向“又好又快，持续健康”发展转变，业务收入由2005年末的3 073万元增加到2010年末的5 442.18万元（2010年收入中剔除银行、速递物流划出数），储蓄余额由4.172亿元增至12.895亿元，营业网点新增9个，为持续稳定增长奠定基础。

（王家发）

城乡建设·城市管理·生态及环境保护

编辑 刀培凤

城市村镇建设

城建投资开发

【银政合作贷款】 2010年，由于国家金融政策宏观调控，银行信贷资金对政府项目投放缩紧。为此，区城投公司进一步加强与区辖金融机构的协调对接，及时了解掌握最新金融信息，拓宽融资渠道，创新融资模式。2010年公司完成银政合作贷款8.54亿元，有力地保障了政府基础设施建设等重点项目资金需求。配合银行对2009年公司银政合作贷款23.1亿元及以前年度贷款余额进行全面清理，完成债务保全工作。

【道路建设项目】 按照西山区2009~2011年道路建设指挥部的安排和部署，2010年公司负责承担昌源南路南段、21号规划路、24号规划路、19号规划路和12号规划路南段，共5条道路的建设工作。其中21号规划路靠前兴路口300米段于6月10日实现主路通车，昌源南路南段于7月12日实现主路通车，道路附属绿化和路灯工程顺利通过初验。年底，24号规划路正进行工程桩施工；19号规划路、12号规划路南段项目前期手续基本完成。

【区检察院“两办用房”代建项目交付使用】 区城投公司作为西山区检察院“两办用房”建设项目代建单位，严格按照区政府批准的建设规模和项目总投资，以及“两办用房”建设指挥部确定的总工期等要求推进工作。该项目主体工程于2010年6月通过验收，9月区检察院入驻新楼。

【碧鸡公园通过专家组“创卫”检查】 根据区“四创两争”指挥部的要求，西山区城投公司自1月1日全面接管碧鸡公园以来，认真履行管理职责，按照“政府主导、包片责任、全民参与、齐抓共管”的原则，进一步加强公园环境卫生管理，做到“责任到位、措施到位、人员到位、资金到位”，确保国家卫生城市各项考核指标验收达标。

一是做好公园5万多平方米地面清扫、保洁工作，对长期以来未进行清洗的喷泉装置、碧鸡雕像、灯杆等设施进行全面细致地清洗，确保全面覆盖、不留死角。按照病媒防治工作要求，重点做好公园2所公厕的卫生保洁工作。二是针对公园绿地红土裸露现象，公司投入26万元完成苗木补种5 000多平方米，草坪补种800多平方米。三是为保障公园市政设施及环卫设施正常使用，公司投入7.8万元对垃圾桶、路灯等重新购置和更换。6月，碧鸡公园通过“创卫”国家专家组对公园病媒生物防治和市容环境卫生的检查验收工作。9月通过“创建文明城市”专家组暗访检查和创建“节水型城市”检查。

【城投商务楼建设项目】 建设项目是公司第一个投资项目，商务楼总用地面积6 665.7平方米，总建筑面积1.78万平方米。年底，商务楼建设项目已完成可研编制、立项、环评、水保、人防、滇保和抗震设防等审批工作；取得“建设用地规划许可证”，正在申报“建设工程规划许可证”；商务楼施工监理，深基坑支护工程和基础工程的BT招标已结束，试桩工程已完成，进入养护期；施工图设计已完成70%，现场施工条件基本具备。

【其他工作】 合作项目“尚领明珠花园小区”是公司为盘活张峰地块土地，与豪美房地产公司以合作方式开发的项目。项目于7月24日开盘，年底房屋销售量达70%，主体工程进入第6层顶板浇灌阶段，完成总工程量的40%。

此外，根据市委、市政府为控制土地成本，保障土地收益，国有企业可在城中村改造中获得土地一级开发专属权的相关规定，公司积极向市、区政府申请48号城中村土地一级开发权。年底，申请获批准，前期工作正有序推进。

【“十一五”成就】 “十一五”期间，公司本着“尊重历史、妥善处理”的原则，多方筹措，投入资金近5 000万余元，解决了困扰公司多年的昌源地块、张峰地块遗留问题。相继完成清苑路、海源南路、广宁路北段和昌源南路等多条道路的修建工作，进一步完善了西片区交通路网，优化了西片区人居、出行环境。区“十一五”重点建设项目西山区检察院“两办用房”于2010年国庆节前完工移交西山区检察院入驻办公。

从2006年年底开始，集中开展“退田还林”和“退塘还湿”工作，至2008年年底，建成614公顷湖滨生态林和湿地，先后引进30家绿化企业，实现西山区辖区内72公里滇池湖滨生态带全线闭合。2010年9月19日，“退田还林”和“退塘还湿”项目通过省、区审计部门审计调查。

自2006年以来，公司共征用土地133.33公顷，用于城市市政设施建设和项目开发。先后完成昆明市电信第二枢纽工程、西片区220KVA变电站及西山区消防中队等市政设施建设项目用地10公顷。通过招商引资方式，寻求投资伙伴，完成“西翥园”、“美丽新世界”、“香格里拉”等房地产经营项目合作开发32公顷，完成与宝树集团、云安公司、中晟房地产公司土地转让33.33公顷。

2010年6月，碧鸡公园顺利通过“创卫”国家专家组对公园病媒生物防治和市容环境卫生的检查验收，9月通过“创建文明城市”专家组暗访检查和创建“节水型城市”检查。7月24日，公司合作项目“尚领明珠花园”小区开盘。2010年，公司第一个投资项目——城投商务楼建设项目启动，彻底解决公司“招拍挂”出让土地未建设问题。公司抢抓机遇，获得市、区两级政府批准实施西山48号片区城中村土地一级开发整理项目。

至2010年，10余家金融机构与公司建立良好合作关系的，累计为区政府重点建设项目融资贷款46亿元，保障了政府基础设施建设等重点项目的资金需求。

（刘召霞）

建设拆迁安置

【滇池草海保护治理和开发建设】草海北片区东至西坝河，西至成昆铁路，南至南绕城高速规划路暨西坝河入湖口，北至南二环路，总面积约11.15平方公里。经过调查，在此区域内需拆迁各类建（构）筑物约611万平方米，需征用土地约972.32公顷，共需安置村民9 907户，需安置建筑面积约198.14万平方米。涉及西山区马街、福海、棕树营、金碧、碧鸡5个街道办事处的11个社区居委会约50个居民小组。其中草海片区东至西坝河，西至昆安高速公路，南至南绕城高速规划路，北至南二环路，总面积约8.73平方公里，需拆迁各类建（构）筑物约450万平方米，需征地约751.89公顷，自身需安置6 798户。3个安置地块需拆迁各类建（构）筑物约161万平方米，需征地220.43公顷，自身需安置3 109户。具体是：安置地块一（城中村改造37号片区），东至南方公园，西至西坝河，南至鑫益花园，北至福海大村，涉及福海街道办事处辖区新河、福海2个社区居委会，拆迁户数247户，需拆迁各类建（构）筑物15.01万平方米，需征地23.3公顷，主要安置草海东岸安置户；安置地块二（城中村改造45号片区），东至益宁路，西至成昆铁路，南至昆安高速，北至成昆铁路，涉及马街街道办事处普坪、大渔、马街3个社区居委会，拆迁户数1 795户，需拆迁各类建（构）筑物77.74万平方米，需征地99.97公顷；安置地块三（城中村改造46号片区），东至明波立交桥，西至益宁路，南至昆安高速，北至成昆铁路，涉及马街街道办事处积善、张峰、大渔3个社区居委会，拆迁户数1 067户，需拆迁各类建（构）筑物68.25万平方米，需征地97.16公顷。

安置点规划方案于2010年2月23日通过市规委会审批，按照城市住宅小区的标准进行规划建设，教育、市政配套设施完善。3个安置地块控制性详细规划方案于10月29日通过审批。12月16日取得规划部门核发的45、46号2个地块规划条件，12月21日取得37号地块规划条件，规划方案已初步确定。年底已取得3个安置地块地下管网资料、平面控制点成果，已制定地勘详勘方案并组织地勘进场开展工作。12月28日回迁安置房建设开工启动，12月30日取得37、45、46号地块回迁安置房建设的规划意见。

11月23日，西山区政府向市土地储备中心、市轨道交通公司移交了已完成征地工作的草海北片区426.67公顷土地、安置地块69公顷土地。截至12月31日，草海北片区共签订拆迁协议8 548份，签订率（按协议份数统计）86.28%；协议面积308.55万平方米；拆除241.6万平方米；完成征地512.08公顷。

2010年市委、市政府下达西山区工作目标是：启动草海片区开发治理，年内完成安置地块规划方案深化及审批、启动安置房建设、完成草海片区征地约400公顷，完成各类建（构）筑物拆除200万平方米。截至12月31日，超额完成征地工作目标约28.02%，超额完成建（构）筑物拆除工作目标约20.8%。

【三环闭合建设工程西山段征地拆迁工作】 三环闭合建设工程由昆明市交通局组织实施，西山区段征地拆迁工作由西山区政府具体负责。2009年7月6日，完成三环闭合建设工程西山区段全线地面建（构）筑物拆除工作，共拆迁拆除各类建（构）筑物约20万平方米。2010年8月31日，三环闭合西山段建成竣工通车。

【昆州路西段建设工程】 昆州路西段（华苑路至海源南路段）长约1.6公里，道路规划红线宽25米，绿线宽为道路红线两侧各5米。昆州路道路建设工程需拆迁各类建（构）筑物6.6万平方米，征地7.47公顷。道路路面及配套设施建设于2010年4月30日完成，5月1日实现道路全路段通车。道路建设实施了云冶铁路专用线平交道口和跨越新运粮河桥涵2个节点工程，安装照明路灯96盏，新增绿化面积2.56万平方米。6月3日昆州路西段工程通过初步验收。6月4日昆州路西段移交马街街道办事处管理。

昆州路西段是西部客运站重要的市政配套道路，同时也是马街街道办事处张峰社区的主要通道。该道路的建成，对改善西部客运站对外交通状况、方便居民出行起到重要作用。

【益宁路建设工程】 益宁路（兴苑路至区195号规划路段）全长1.69公里，红线宽为40米，为城市Ⅰ级主干道，两侧各设宽10米的绿线，全线为双向四车道，路面类型为沥青柔性路面。其中西苑浦路至规划197号路段（下穿成昆铁路和铁路西货场）暂不实施，石安公路至195号规划路段因位于草海片区范围内，根据市政府要求暂停建设。因此本次实施路段长747米。道路路面及配套设施建设于2010年5月30日完成，6月1日实现全路段通车，道路全线共安装照明路灯48盏，新增绿化面积1.4万平方米。7月9日，益宁路建设工程通过初步验收。2011年1月21日，益宁路移交区城市管理综合行政执法局管理。

益宁路是马街大渔片区城市主干道路网重要组成部分。该道路的建成，对改善大渔片区对外交通状况、方便居民出行起到积极作用。

【马家社区市政规划1、2号路建设工程】 1、2号路，起于南二环路，止于金牛小区。1号路长355米，规划红线宽度为15米；2号路长211米，规划红线宽度为12米。为配合BT项目单位昆明盛高置地发展有限公司项目开发计划的需要，马家社区规划1号路于2009年12月20日实现通车，2号路于2010年3月31日实现通车。

（邹舜尧）

城乡建设

【机构改革】 2010年8月5日，按照区政府机构改革实施意见，组建西山区住房和城乡建设局，加挂昆明市西山区人民防空办公室牌子。将西山区建设局、西山区房产管理局的职责整体划入西山区住房和城乡建设局。

西山区住房和城乡建设局内设机构13个，分别为：党政综合办公室、计划合同财务科、房屋安全鉴定办公室（正科级）、保障性住房建设管理科（正科级）、房屋拆迁管理处（正科级）、房地产业科、城乡规划科、物业管理科、公房管理科、城市建设科、建设工程及建筑市场管理科、工程质量安全科、建设项目招标投标办公室。行政编制37人，其中局长1人，副局长4人，局党委书记1人，副书记2人（其中1人由局长担任）。

住建局管理区防震减灾局（副科级）、区建筑工程管理处、区市政设施建设处、区城镇住房制度改革领导小组办公室、区房产交易中心、区第一房管所、区第二房管所。全额拨款事业编制29人，自收自支事业编制83人。

【规划编制】 按照2010年城乡规划全覆盖工作要求，完成全区各类规划编制情况的调查、梳理工作，明确团结编制4个控制性详细规划，16个社区居委会编制20个村庄规划；碧鸡8个社区居委会编制4个村庄规划；海口12个社区居委会编制7个村庄规划。

牵头编制完成花红园片区、明朗片区1:2000地形图测绘工作；螳螂川、卧云山2个片区1:2000地形图。

团结规划 完成团结街道办事处处域425.8平方公里总体规划的修编及中心区20.3平方公里控制性详细规划编制工作。根据团结街道办事处经济社会发展前景，确定编制花红园、明朗、螳螂川、卧云山4个片区约45平方公里建设用地的控制性详细规划。已完成花红园片区、明朗片区1:2000地形图测绘工作。村庄规划完成西北绕城西山区团结庙村、新邑2个安置点的修建性详细规划的编制，选址已办理。

海口规划 完成《海口新城概念性城市规划设计》，村庄规划自然村56个。2010年完成自然村村庄规划6个。

碧鸡规划 碧鸡规划含长坡片区规划。经与市规划部门对接，已纳入昆明主城总体规划中，并由市级组织编制完成报国务院审批。长坡仓储物流园区7平方公里总体规划纳入海口工业区规划进行编制，已基本完成。完成昆安高速及高海公路沿线（即滇池西岸）控制性景观规划；市级相关部门已组织编制高海公路沿线控制性详细规划；西山景前区控制性详细规划的编制已开展。村庄规划社区居委会8个，居民小组32个，自然村43个。并点位置为里仁居民小组，用地规模为100公顷，建筑样式为小区单元房，户型面积为200平方米。

海口工业园区规划 完成海口工

业园区32平方公里总体规划及长坡仓储物流园区7平方公里总体规划的编制。完成6.25平方公里控制性详细规划编制工作。完成光学片区1.23平方公里控制性详细规划编制工作。

【创建全国无障碍城市工作】 9月22日，成立西山区创建全国无障碍城市工作领导小组办公室。草拟《西山区创建全国无障碍城市冲刺阶段实施意见》，并制作任务分解表，将任务分解到各个相关职能部门开展无障碍建设调查、统计、资料收集、上报及台账整理，按时上报区无障碍建设进展情况。11月26日创建工作通过国家专家组验收。

【道路建设】 根据市政府《2010年昆明市交通设施建设白皮书》建设任务，西山区共承担18条道路的建设任务（其中17项为道路基础设施建设白皮书内容，168号路为二环支撑道路建设任务），道路总长22.08公里，计划总投资44亿元。

在道路建设工作中，西山1号路南段、236号规划路涉及草海片区路网控规调整，暂缓实施。12号规划路需移栽树木，待市园林局审批，尚未办理“建设工程规划许可证”。19号规划路因红线内移栽树木需重新调整红线，年底，正在办理“建设工程规划许可证”，拟进行施工图设计。西坝路由于道路北侧涉及西坝河敞开段改造为3米，故道路规划红线由40米调整为43米，已取得“建设项目选址意见书”、“建设用地规划许可证”、“建设工程规划许可证”。剩余的西山15号路、西山21号路、绿荫大道、西山28号路、西山24号路、西山13号路、西山119号路已开工建设，昌源南路、昆州路东段主路通车。按照区政府的要求，按时完成海源南路的征地拆迁工作，确保了海源南路年内竣工通车。

【争取上级资金情况】 道路建设方面：西山区2010年18条道路计划总投资44亿元，已到位资金22.57亿元，其中争取市级建设资金已到位4 400万元，同时为缓解财政建设资金的压力，将道路建设和城中村改造结合起来，将道路建设的资金摊在土地一级成本之中，有效解决道路建设资金问题。廉租住房建设方面：积极与省、市相关部门对接，争取到2010年新建廉租住房中央和省级补助资金3.245亿元。

【建筑企业资质管理】 严格按照建筑业企业资质管理规定，认真开展西山区建筑业企业管理与服务工作。2010年完成20家企业申报资质的初审工作，其中新办企业15家，企业资质升级3家，企业增项2家。办理25家建筑业企业资质变更。共组织3批次7家建筑业企业参加建造员培训，共完成35人建造员报名考核条件的初审工作和项目经理转建造员申报工作。

【工程质量监督管理】 先后与区属各建筑业企业签订“西山区2010年度质量目标管理责任书”，将工程质量目标管理责任制落实到各企业。同时，加强工程实体质量监督巡查和基础、主体等隐蔽工程检查。共监督新申报项目16个，建筑面积7.53万平方米。完成6个项目竣工验收备案。针对西山区道路建设、庭院雨污分流项目、中小学校舍及其他建筑工程的质量安全，开展6次专项检查。同时，派出专业技术人员配合区教育局和海口工业园区，对龙潭中心学校、云光中心学校项目和园区各项目的建设工作进行对接，并对工程实体质量进行监督抽查。

【安全监督管理】 2010年纳入区监管的在建工地共有152个。为保证建筑工地安全施工，全年分别开展了一系列专项安全检查整治活动和安全文明施工大检查，排除安全隐患，全年未发生较大的安全事故。同时，按照市住建局要求，在辖区内重点开展建筑工程安全质量标准化达标活动，共有11个项目基本上通过市、区两级主管部门验收。此外，开展了农民工安全教育培训28期，共培训农民工6 200人，基本上完成市政府下达的农民工安全教育培训任务。

【清欠工作】 为切实做好维稳工作，及时向全区建筑企业印发国务院、省、市、区关于维稳工作的要求和相关文件，处理群体讨要工程款及工资突发事件7起；配合劳动监察队开展农民工工资专项检查12次。

【“三项费用”管理】 2010年共征收散装水泥专项基金12项21.57万元；征收新墙材专项基金12项151.28万元。同时严格按程序开展专项基金返退工作，全年共返退散装水泥专项基金2项3.35万元；返退新墙材专项基金2项31.95万元。

【招投标管理】 严格落实相关法律法规，全年共受理监督管理招投标建设项目136个，公开招标136个。在招标过程中，严格落实市委要求，确保区建筑工程招投标活动公开、公平、公正进行。

【防震减灾工作】 观音山监测基地认真收取实时地震前兆数据，先后完成地震监测预报和短信预报的跟踪、采集、传输工作。全年传送本地数据3 013条。为进一步加强地震群测群防网络建设，积极依靠宏观联络员网络，使覆盖面做到全区无盲点并分别加强与街道办事处的联系，建立基层重点信息观测点。开展主题为“减灾从社区做起”等活动，发放大量图文并茂的防震减灾科普读物4 800份、自救互救宣传挂图1 500册，同时还提供现场咨询服务。

根据近年来地震灾害日趋突出的实际，2010年8月西山区成立综合应急救援大队，在此基础上相应成立地震灾害紧急救援队。

【人民防空工作】 2010年对辖区内人防设施开展安全大检查3次，重点围绕防火、防盗、防止警报设施、集控设备、专用线路被盗和损坏以及杜绝防空警报误响、误鸣等进行。8月，举办了防空警报操作与维护管理培训班。完成“9·18”防空警报鸣放工作。针对完善人防工程管理、人防工程维护及废置人防工程封堵等，于10月在全区范围开展人防工程大普查活动。

与区教育局联合在西山区福海中学开展中学生防空疏散演练和人防知识宣传教育，组织该校近800名初一、初二学生和教师进行保护疏散演练，并组织全体师生观看在学校操场布置的60块人防知识宣传展板。在人民防空创立60周年之际，联合区教育局参加昆明市中学生人民防空知识竞赛，派员单位西山区实验中学取得第一名。

【“十一五”成就】 “十一五”期间，西山区以交通为重点的基础设施建设取得重大突破，主城支次道路改造“541”工程稳步推进。先后完成福海立交改造工程，大渔路、气象路东段拓宽改造工程，南塬路、省工商局东侧规划道路建设工程，近华浦路道路改扩建工程，大观河桥建设工程，西华北路大观河桥建设工程，大观河人行桥建设工程，云兴路改扩建工程。前卫西路（南三环—广福路段）、陆广路、昆州路西段、益宁路、盘江西路改扩建工程。实现昌源南路南段、昆州路东段、西山15号路、益宁路、昆州路西段前卫西路一标段主路通车；西山21号路、西山24号路、绿荫大道Ⅰ标段、西山28号路、西山13号路、119号路已开工建设。这些道路的建成，大大方便了周边群众的出行，缓解了交通压力，提升了西山区城市品质。

（葛惠娟）

城市管理

建设规划管理

【行政审批工作】 全年受理规划行政审批项目260件，其中“建设项目选址意见书”25件，“建设项目规划条件”50件，“建设用地规划许可证”52件，“建设工程规划许可证”52件，“费用减免”11件，项目预审70件。

【规划编制】 年内，分局协助指导全区概念性总体规划、专项规划、城市设计、修建性详细规划的编制工作。

总体规划：《昆明海口新城概念性总体规划（2008~2020）》、《昆明市长坡·泛亚商贸物流中心概念性总体规划》经昆明市城乡规划委员会审议通过。

专项规划：结合城中村改造工作编制完成《西山区教育资源整合及学校布局布点规划》、《西山区社区医院设施布局布点规划》、《西山区公安派出所设施布局布点规划》、《西山区垃圾收集站（中转站）及公厕布局布点规划》等专项规划。

城市设计：《昆明市草海片区城市设计方案》、《昆明金融聚集区概念规划设计》经昆明市城乡规划委员会审议通过。

此外结合西山区城乡建设发展实际，协助编制单位修改完善《西山区“十二五”城乡建设规划》。

【城中村改造】 2010年，办理城中村建设项目规划报件共32项。其中完成修建性详细规划指导意见1项：27号片区；办理上报昆明规委会审查通过的专项规划方案8项：37号片区、45号片区、46号片区、12号片区、30号片区（二期）、48号片区、24号片区（二期）；核发“建设项目规划条件”和附图16项：1号片区、4号片区、5号片区、7号片区、17号片区、18号片区（一期）、19号片区、20号片区（一、二期）、28号片区、36号片区、45号片区、46号片区、47号片区（一期）、51号片区；核发

* * * * * *

“建设用地规划许可证”4项：13号片区、18号片区（一期）、24号片区（一期）、32号片区；核发“建设工程规划许可证”3项：13号片区、24号片区（一期）、18号片区（一期）。

【规划道路新改扩建】 完成和部分完成新建、改建、扩建道路建设工程规划服务17项。其中办完“两证一书”规划手续15项（昆州路东段，昌源路南段，西山13号规划路，15号规划路，20号规划路，21号规划路，24号规划路，28号规划路，119号规划路，168号规划路，172号规划路，197号规划路，绿荫大道，西坝路、西、南二环增加匝道项目）；办理“建设项目选址意见书”和“建设用地规划许可证”2项（12号规划路、19号规划路）。

【滇池沿湖河道截污及水环境综合整治】 海口污水处理厂一期已办理“建设用地规划许可证”及“建设工程规划许可证”（副本）。完成清水河（高朱村—广福路）、正大河（前旺路—汇云路）、杨家河、王家堆渠、大观河、螳螂川及金家河7条河道治理工

程，以及滇池环湖西岸截污完善工程、《西山区入滇河道水系调整规划》的规划意见。办理河南乡泵站、白马庙泵站、昆明市三环闭合工程（西、北段）4标段下穿成昆铁路排水泵站等项目的“建设项目选址意见书”、“建设用地规划许可证”。办理昆三中泵站“建设项目规划条件”及土堆泵站“建设工程规划许可证”（副本）。积极配合做好西山区二环路以内庭院雨污分流及污水再生利用设施建设工作。

【城乡规划全覆盖】 积极配合西山区政府开展城乡规划全覆盖工作，对西山区的规划覆盖任务情况进行梳理。截至年底，已完成全区概念性总体规划方案；指导团结街道办事处编制明朗、花红园片区的控制性详细规划；协助碧鸡街道办事处完成长坡安置房地块、“四退三还一护”B安置地块修建性详细规划；协助海口街道办事处完成“四退三还一护”C、D、E安置地块修建性详细规划；协助团结街道办事处完成龙潭中心区安置项目及新邑、庙村的修建性详细规划。

【土地储备相关工作】 积极做好储备地块的“建设项目规划条件”办理工作，推进土地收储年度目标任务顺利实施。全年分局按要求办理完毕目标责任书中2号、4号、7号、17号、19号（一期）、36号、47（一期）、51号等城中村改造片区、白沙地项目及海口工业园8个地块的“建设项目规划条件”。

【保障性住房规划审批】 西山区2010年保障性住房任务有5项：西山区2010年经济适用住房配建廉租住房地块一、地块二项目及云南冶金集团、云南西仪工业股份有限公司、云天化山立公司廉租住房项目。全年共办理完成4618套住房的规划审批手续。

【招商引资工作】 积极做好招商引资项目实施中的相关规划工作。配合做好“昆明宏盛达·月星商业中心”、“新闻路390号清源宾馆修缮”等重点招商引资项目以及具备招商引资条件的城中村改造项目协调工作，及时办理相关规划手续，推进项目建设进度；引进石油炼化技术研发中心项目，协议投资5 308万元，完成区招商引资下达任务的106%，获得“西山区2010年度招商引资先进单位”称号。

【“十一五”成就】 5年来，编制完成西苑、马街（含石头山的白沙地区域）、草海（含草海西、草海东、高峣）、杨家、前卫、棕树营、永昌、弥勒寺、螺蛳湾等分区控制性详细规划；《昆明海口片区概念性总体规划》；《西山区团结分区规划及其中心区控规（2007～2020）》；《昆明市长坡·泛亚商贸物流中心概念性总体规划》。结合城中村改造工作编制完成《西山区教育资源整合及学校布局布点规划》、《西山区社区医院设施布局布点规划》、《西山区公安派出所设施布局布点规划》、《西山区垃圾收集站（中转站）及公厕布局布点规划》等专项规划。完成《昆明市草海片区城市设计方案》、《昆明金融聚集区概念规划设计》、《螺蛳湾中央商务区（二级CBD）规划方案》等重点规划。编制完成11条主要出入滇池河道的综合治理方案等。

乡、村庄规划：结合“四退三还一护”工作编制完成西山区高海路沿线A、B、C、D、E、苏家村、杨家村7个地块修建性详细规划；明朗片区新邑、庙村“迁村并点”一期修建性详细规划；白眉居委会十里箐苗族新村修建性详细规划；龙潭片区中心区“迁村并点”及配套设施项目修建性详细规划。

西山区城中村改造共有51个片区109个村，其中32个片区的规划方案通过市规委审批，18个片区回迁安置房500多万平方米启动建设，已建成回迁安置房25.7万平方米。全市第一个城中村改造工程“南亚风情第壹城”即将竣工。全面启动草海北片区8.73平方公里范围内的保护治理和开发建设工作。

积极推动“全域城镇化”建设，完成碧鸡、海口、团结撤镇建处工作，全区城镇化率达93%。持续开展“重大基础设施建设推进年”活动，以交通为重点的基础设施建设取得重大突破，主城支次道路改造“541”工程稳步推进，昆安、高海、安晋高速公路，西二环快速系统，西北三环闭合工程西山段，草海下穿隧道，海源南路等实现通车，福海立交、西坝路改扩建、老海埂路改扩建相继完工，弥勒寺片区等22条交通微循环改造工程全面完成，铁路枢纽扩能改造西山段工程顺利推进，西部客运站建成并投入使用。全区公路路网结构得到较大改善。

（王颜英）

住房管理

【产权产籍和房产交易管理】 为做好房产产权产籍和房产交易管理工作，设立便利服务平台，通过摆放展板、政务公开查询机、便民显示机、服务指南（手册）等方式公开工作流程和办事程序，政务环境进一步改善，办事程序进一步简化，办事效率进一步提高，服务水平和服务质量有了明显提升。2010年，共办理房屋所有权登记1.41万件，登记面积250.6万平方米；核发“房屋所有权证”1.68万本、“房屋他项权证”8 011本；共完成档案装订1.27万卷，对内对外查阅档案1.67万卷，新增档案8 451卷；办理公告59卷；完成商品房合同备案3 377套，合同备案面积29.76万平方米，合同成交金额23.35亿元；办理租赁合同备案40份，备案面积2.06万平方米。实现经济收入1.95亿元。其中税收收入1.871亿元、经营服务性收入428万元、预算外收入（行政事业性收费）361 万元。经济收入与上年同期相比增长 41.16%。

【保障性住房建设管理】 2010 年市发改委下达给西山区的廉租房建设计划指标为 1 655 套，建筑面积 8.28 万平方米，其中建设农民工出租房 250 套，已配建在区政府统建项目二号地块。9 月 28 日市发改委根据四区建设情况重新调整计划后，区新建廉租住房建设项目计划指标为 3 898 套，建筑面积 19.36 万平方米。

2010 年廉租住房建设采取政府统建和政企共建两种形式：经规划调整变更后，政府统建廉租住房项目 909 套；政企共建廉租房项目：云南西仪工业股份有限公司项目 400 套，云南冶金集团股份有限公司项目 2 589 套。

区政府统建项目进展情况

项目 1 号地块位于马街上村（云南变压器厂厂房之后），用地面积为 2.3 公顷。项目一标段于 2010 年 3 月 1 日开工建设，7 月 24 日项目主体工程提前 38 天封顶。一标段工程形象进度已完成 95%。

项目 2 号地块位于马街街道办事处张家五组，用地面积为 4.74 公顷。项目二标段已全部完成北区桩基施工工作，南区已完成 70% 工程桩施工工作。二标段工程形象进度已完成 15%。

政企共建项目进展情况

云南西仪工业股份有限公司项目：位于西山区海口街道办事处山冲该公司内，由于规划限高，经规划审批新建廉租房 400 套，建筑面积 2.4 万平方米。该项目于 2010 年 7 月前完成规划选址、立项、环评、水保、抗震、人防、水务、规划、用地、林木移栽等相关工作。工程形象进度完成 18%。

云南冶金集团股份有限公司建设项目：位于西山马街石咀（小渔村），新建廉租房 2 589 套，建筑面积 16.34 万平方米。该项目前期审批手续基本办理完毕，取得立项、水保、环评、抗震、规划选址、用地等相关批复。年底已经完成 6.5 万平方米建构筑物的拆迁工作，正开展场地平整等相关工作。

【廉租住房分配及管理】 全区用于实物配租的廉租住房共 904 套，其中市级分配给西山区的廉租住房银河一、二期幸福家园 400 套，西山区自建的廉租住房翠峰花园 504 套。2009 年底对剩余房源进行了清理，于 2010 年 4 月按申请家庭数及困难程度重新分配入住低保无房户 14 户。年底西山区共分配入住城镇低保家庭 931 户。同时，完成廉租住房的租金收缴 35.13 万元。2010 年对符合发放住房租赁补贴的 973 户低保住房困难家庭，发放金额 204.17 万元。按照《昆明市城镇最低收入家庭廉租住房保障办法》的相关规定，2010 年共核减低保户及优抚对象共 306 户，总核减金额为 8.33 万元。

【经济适用住房申请及受理】 在各街道办事处及社区居委会的积极支持和配合下，进行经济适用住房的登记受理工作，截至年底，累计受理审核登记经济适用住房并审核后移交市住建局办理的共有 5 063 件，发放购房凭证 4703 份。部分群众已购买子君村和蒜村经济适用住房。

【直管公房管理】 制定西山区《直管公房雨季防汛抢险救灾突发事件应急预案》和应急处理措施；组织准备了抢险物资、资金和车辆及防汛抢险救灾疏散地点。为确保辖区直管公房安全度汛，进一步提高工作人员防汛抢险应急能力和实战技能，于 6 月 10～11 日组织了房管一所、二所防汛抢险救灾突击队员 40 余人进行防汛演练和业务培训。为巩固“创卫”工作成果，继续加大直管公房综合整治力度，组织 170 人次对崇善街、福荣里、卢家营、东寺街等片区卫生死角和小广告进行清除。同时，制定西山区直管公房“创卫”达标管理制度，印制 5 000 份宣传册上门发放给承租户。全年对管理的直管公房进行安全检查 12 次，对检查出的 91 个栋号的房屋进行了维修，维修面积 6 546 平方米，维修费用 23.97 万元。

【城中村改造】 全区共有 45 个片区 102 个村有意向投资人参与改造，城中村改造投入资金 165.339 亿元；29 个片区 46 个村的专项规划已通过市规委会审批；区城中村改造共有 9 个片区 12 个村新开工建设，占目标任务的 109%，新开工面积 179.8 万平方米，占目标任务的 119.87%；63.89 万平方米建筑已封顶断水，占目标任务的 128%。

2010 年，新增 7 个片区 10 个村安置房建设，20 号片区红庙寺村二期的安置房 14.1 万平方米已启动建设；全区共启动拆迁 26 个片区 50 个村，拆除建（构）筑物 687.54 万平方米。新增 10 个片区 22 个村全面进入实质性拆迁，约占目标任务的 88%。全区城中村已征收土地 725.33 公顷，5 个片区 7 个村共 49.71 公顷完成了土地交易工作。

【拆迁管理】 先后配合区属其他部门完成西坝路改扩建、西绕城高速公路（安晋高速公路）拆迁工作及审计工作；“四退三环一护”拆迁工作拆除面积 28.7 万平方米，占总任务的 98.9%。螺蛳湾升级改造中央商务区（不含云纺商业区）已签订协议 4 222 户，签约率为 69.6%；个体经营户签订协议 179 户，签约率为 52.2%。铁路枢纽改扩建工程拆迁征地面积 88.75 公顷，完成率 86.80%；已拆除房屋面积 20.82 万平方米，完成率 60.56%。西山区绕城高速公路西北段征地拆迁已拆除房屋面积 3.1 万平方米，完成总拆除面积的 68.4%。海埂路片区综合整治项目：一期工程已完成1 387户的拆迁工作，拆除各类建筑物77.2万平方米；二期工程已全面展开，完成测绘779户，拆迁协议已签订596份，协议签订率95.92%；一、二期需征地总面积117.47公顷，已签订协议65.47公顷，并于10月29日与市土地收储中心签订了土地移交书，顺利移交40.6公顷土地。

【物业管理工作】 全年新办物业三级资质9家，完成91家物业公司资质证年度检审和换证。指导成立业主委员会2家，指导业主大会筹备工作10家，指导业主委员会换届备案4家。累计归集38个住宅小区的维修资金总额1.24亿元；全年拨付5个小区维修资金共11.72万元。

为做好物业服务监督检查指导工作，按照《昆明市住宅物业基本服务标准》，对辖区所有物业服务企业的日常服务工作进行监督检查，并与辖区内57家物业公司签订责任书。

【房屋安全鉴定】 全年共受理各类报件共105件，实地查勘鉴定面积5.78万平方米，发出鉴定报告109件（幢），其中，危房鉴定21件，办理特行证和学校72件，修缮房屋提取公积金16件，收取鉴定费6.15万元，按政策免收涉农收费11件2 200元。

【“十一五”成就】 2006年，西山区政府将解决城镇低收入群体住房困难问题（廉租住房建设工作）作为关注民生的“八件实事”之一，西山区廉租房（翠峰花园）项目顺利启动。

“十一五”期间，西山区以廉租房建设为最基本保障，解决“双困户”中最困难群体的住房困难问题，共分配入住917户城镇最低收入家庭。以租金减免的方式为辅，解决租住公房“双困户”的住房困难问题。自2009年开始审核直管公房租金核减工作，至2010年共核减低保户及优抚对象620户，总核减金额18万元。以货币补贴为补充，解决“双困户”中租住私房户的住房困难问题。2008年至2010年，累计对低保住房困难家庭符合发放住房租赁补贴共2 702户，发放租赁住房补贴563万元。

（葛惠娟）

城市管理综合行政执法

【机构改革】 2010年8月5日，按照区政府机构改革实施意见，组建西山区城市管理综合行政执法局。将西山区城市管理局中的城市管理职责、昆明市综合行政执法局西山分局的职责，整合划入西山区城市管理综合行政执法局，不再保留昆明市综合行政执法局西山分局。将西山区城市管理局中的园林绿化职责划入西山区园林绿化局，不再保留西山区城市管理局。西山区数字城市管理综合指挥中心整体划入西山区城市管理综合行政执法局。

西山区城市管理综合行政执法局机关内设机构7个，分别为：党政综合办公室、计划财务科、市容广告管理科、建筑渣土管理办公室、市政道路桥梁管理科、政策法规科、行政执法管理监督科。

全局下设11个处室，按级别分：正科级3个（区综合行政执法大队、区环境卫生管理处、西山区数字城管综合指挥中心）；股所级7个（党政综合办公室、计划财务科、市容广告管理科、建筑渣土管理办公室、市政道路桥梁管理科、政策法规科、行政执法管理监督科），自收自支的事业单位1个（环卫机械厂）。

编制总数328名（不含环卫机械厂），其中局长1名，副局长4名，局党委书记1名，副书记2名（其中1名由局长兼任）。

【综合行政执法】 全年共清理取缔占道经营3.41万起，清理夜市烧烤摊2 124个，销毁燃煤炉2 030个，清理覆盖小广告9 396条，拆除违规招牌条幅255处。配合街道办事处对签订“门前三包”责任书的经营户进行检查、宣传，实行严管重罚。成立由街道办事处、中队、协管员组成的“七小”专项整治分队，并请西山区疾病预防控制中心对分队人员进行系统专业培训，统一检查标准，规范检查流程，建立“七小”行业经营户管理档案485户。全年整治查处大型燃煤锅炉62个，取缔小型燃煤炉2 031个，取缔“黑诊所”347家。

采取农贸市场开办方和所在社区作为市场管理主体，对市场经营设置、布局经营项目、场内和门前经营秩序等履行职责的管理方式，要求市场经营规范，秩序井然，卫生状况良好，门前无占道经营、店外经营。各中队对市场周边组织巡查守点，出现市场经营秩序混乱、占道经营时督促市场进行整改。集中力量对辖区内石安公路、人民西路、兴苑路、春雨路等道路户外广告牌进行摸底调查，共调查摸底广告牌1 365块，下达“限期拆除通知书”826份，拆除违章户外广告牌1 263块1.6万平方米。将城中村违规建房加层管理和建设新西山改造草海片区、47号、45号、51号片区城中村改造紧密结合起来，坚决制止各街道办事处范围内的违章建盖、加层行为。在查处“黑车”非法营运管理方面，采取每天组织人员分班进行巡查守点，教育劝离和处罚相结合等方式，使客运站周边“黑车”拉客现象得到有效遏制。

【环境卫生管理】 认真做好全区40米以上城市道路和区环卫处直接管理道路的清扫保洁，做到全天候保洁。实行晴天每天2次洒水降尘和每星期2次道路清洗的清扫保洁制度，主要道路机械化清扫率达60%以上。2010年清运生活垃圾出动车次2.2万次，清运生活垃圾22.26万吨，在垃圾运输过程中，采取全密闭措施，定点清运率、垃圾无害化处理率100%。共清掏化粪池4 229个，清运粪便5 852车次2.74万吨，确保粪便清掏清运合格率100%，零投诉。

加强对区环卫管辖的23座垃圾中转站及51座公厕日常管理。新建公厕8座、中转站1座。全年办理渣土处置备案卡2.68万份，办理市容保洁责任书44份，处理违章1 336起。

督促云南绿色能源有限公司按相关要求实施西山区城市生活垃圾焚烧电项目。年底该项目化水站主体框架已完成，墙体砌筑完成30%；检修材料间主体已完成，冷却塔池底、池壁混凝土浇筑已完成。

加强对各街道办事处40米以下道路环境卫生工作的监督、指导，基本实现城乡生活垃圾“全收集”、“禁填埋”工作目标。完成城中村47号片区马街垃圾中转站、马街新华书店旁公厕、马街幼儿园旁公厕的拆迁补偿工作；完成城中村15号片区螺蛳湾垃圾中转站及其楼上公厕、螺蛳湾茶水站公厕、螺蛳湾居委会公厕拆迁补偿工作；完成城中村4号片区土堆垃圾中转站的拆迁补偿工作。完成《西山区环卫基础设施布点规划》。文明监督岗工作劝阻、教育1.25万人次，督促临街商铺“门前三包”3 582家次，清理小广告1 702条。

【数字化城市管理】 西山区与市级同步运行数字城管系统，区数字城管指挥中心每天24小时通过数字城管服务热线12319、数字城管系统平台，受理媒体曝光、公众举报、城管监督员上报的城市管理方面问题，数字化城市管理模式可覆盖西山区所辖区域内64.8平方公里范围。率先在全市将数字城管系统与政府电子政务平台整合起来开展工作，实现市、区、专业部门三级联动运行。年底，与区数字城管指挥中心联动运行的区级专业部门共26个，为深入推进数字城管工作提供了基础平台。

经区政府批准，区数字城管指挥中心招聘50名城管监督员于2009年12月15日正式上岗，每人一部城管通，在指定的责任网格中工作。区级监督员到位后，主动发现问题量大幅度增加，并自行快速处理轻微的城管问题。全年区级城管监督员上报案件量7.13万件，占区数字城管指挥中心受理案件总数的49%；快速、有效地自行处理非法张贴小广告、少量垃圾暴露、占道经营游商等轻微城管问题8.2万件，占案件总量的56.4%。为使城管监督员尽快熟悉工作，履行好工作职责，区数字城管指挥中心先后对各专业部门和城管监督员进行系统培训6次。同时，每月召开2次例会，针对监督员工作中存在的问题，开展学习培训，提高了监督员的业务操作水平。并实行数字城管平台信息员和监督员岗位交流制度，每周2名信息员、2名监督员分别交流岗位、互换角色，使数字城管工作人员全面掌握数字城管工作各个环节的工作流程，提高数字城管工作人员的综合素质。

为加强督办力度，有效地解决问题，区数字城管指挥中心实行月通报制度，每月对各街道办事处和有关专业部门开展数字城管的工作情况进行通报。截至年底，以区政府办公室文件发出《西山区数字城管工作通报》共17期。区数字城管指挥中心与区创建办进行联合督办，发出督查通报7次，全面提升了西山区城市管理水平。

西山区数字城管指挥中心全年共受理数字城管案件14.55万件，全部通过数字城管系统派遣处置，结案14.16万件，结案率97.4%。

【市政道路桥梁管理】 对辖区40米以上（含40米）的城市道路依法进行管理，全年共办理审批175件，其中城市道路占道行政审批158件，城市道路挖掘行政审批17件。依法征收城市道路占用费、城市道路挖掘修复费35.91万元。加强城市道路巡查管理，完善市政设施抢险应急机制，共补盖失缺或损坏窨井盖1 327块，更换破损雨水篦子1 047块，完成主城区管辖范围内40米以上（含40米）17条主干道雨水篦子5 910块的清疏工作。组织实施环城西路、环城南路、西昌路、广福路、兴苑路、东寺街等破损路面的整修工作。完成春雨路马街路口、眠山路口、益宁路口、电机厂路口、大渔路口及大渔路口铁路北侧沥青路面开裂及下凹形成明显沟槽的修复工程，修复破损路面7 036平方米，修复破损人行道路面（含小块、青石板）1.04万平方米，修复破损街沿石、流水石2 380米。对西山区管辖范围内城市道路护栏进行刷漆、清洗、修复。监督并督促各所辖街道办事处对40米以下城市道路上出现的市政道路桥梁设施破损问题进行整改。

【市容广告管理】 建立一套严格的办事流程，严格依法审批，依法办证，建立健全“行政审批项目接件登记簿”、“行政审批项目发证登记簿”等有关接件办证记录台账，将店招店牌的审批纳入微机管理，全年共办理店招店牌审批402件。年内为推动户外广告设施审批的规范管理，暂停新增户外广告牌审批工作，仅在“四创”工作和美化市容市貌需要的情况下，审批新增户外广告牌2件。对辖区内43个占道亭棚定期检查，并进行登记备案，发现问题，现场督促亭棚业主进行整改。按照“四创两争”工作安排，在人民西路、西园路、滇池路、广福路、十里长街、金碧路等主要道路征用施工围栏广告牌23块次、自行车围栏广告牌125块、征用大型户外广告牌11块。积极指导街道办事处对40米以下道路两侧店招店牌的审批管理工作，不断促进审批规范化。

【停、洗车场行业管理职能移交】 按照昆明市城市管理综合行政执法局、昆明市交通运输局关于昆明市停、洗车场行业管理职责划给市交通运输局管理，昆明市城市管理综合行政执法局停止对昆明市二环路以内停、洗车场实施管理，由昆明市交通运输局负责管理的文件要求。区停管处、区洗管处积极做好移交相关工作，于2010年4月8日向昆明市公路运输管理局西山分局移交洗车场档案264套，停车场档案252套，顺利完成移交工作。

【拆临拆违工作】 截至年底，除个别地块外（一部分为区级机关剩余的临违建筑，已详细上报市领导小组，待市级研究；一部分为已纳入城中村改造范围的，将按照改造计划统一进行拆除），其余区级、街道办事处级和社区级临违建筑拆除工作已按要求拆除完毕，并通过市级组织验收。5月，按照市指挥部“零申报”工作要求上报了新普查出的临违地块53个，面积2.64万平方米。截至11月1日，已拆除26个地块，面积1.08万平方米，还有27个地块，分布在金碧、永昌、前卫、棕树营街道办事处，面积共1 320平方米临违建筑正在拆除中。按照市级部门的统一要求，经各街道办事处拉网式普查后，各街道办事处共上报生态文明建设临违建筑13个地块，面积2.2万平方米；流动人口在城郊、山区搭建的临违建筑19个地块，面积365平方米，围墙675米。年底，普查的生态文明建设和流动人口在城郊、山区搭建的临违建筑已全部拆除完毕。全区普查出滇池面山临违建筑52个地块，面积2.25万平方米，年底已拆除临违地块43个，面积2.21万平方米，剩余海口、碧鸡、马街街道办事处9个地块拆除工作正在推进中。做好住宅小区违法建筑整治工作。各街道办事处通过为期1个月的拉网式全方位普查后，共上报住宅小区特别是别墅区内的违法建筑676户，面积1.65万平方米。其中金碧街道办事处普查出38处1 344平方米；永昌街道办事处普查出173处5 219平方米；前卫街道办事处普查出179处5 735平方米；福海街道办事处普查出250处3 782.83平方米；西苑街道办事处普查出36处416平方米。马街和棕树营街道办事处均申报辖区内未普查出住宅小区私搭乱建情况。年底已拆除91处，面积2 310平方米，剩余部分的拆除工作正在推进中。7月以来，收到市拆临拆违建绿透绿工作领导小组督办通知涉及西山区尚未办结的临违建筑案件170件，年底办结32件，其余138件正在办理之中。

西山区全年共拆除临违地块574个，建筑面积25.96万平方米，围墙2 381米。

【临街建筑物立面挤占公共空间设施整治工作】 为保证工程质量，指挥部甄选多家资质全、信誉好、规模大的拆除安装公司推荐给各街道办事处，从源头上确保施工质量和安全。统一制定了施工安全责任书，要求各办事处必须与拆除安装公司签订安全责任书，从施工监管、安全措施、事故防范、文明施工等方面与施工公司做了约定，确保施工安全。定期由区安监局召集组织各施工单位集中进行施工安全培训。同时为保证住户的人身财产安全，切实维护群众利益，尽可能减少对群众正常生活影响，确保当日拆除当日安装。在整治过程中切实做到“统一拆除、统一安装、统一样式、统一材质”。指挥部还统一规范了“逃生门”的设置标准，本着尊重住户意愿，自愿安装的原则为住户安装“逃生门”。

推行“整幢拆除法”，即先将拆除时间提前告知整幢楼的住户，请住户提前安排好时间，在安排的拆除时间住户仍然不在家，只涉及单一防盗笼设施的，就直接进行拆除，从而大大提高了拆除进度，也最大限度地减少了拆除中邻里间的相互影响。实行一日一报制，要求各街道办事处必须对拆除和签约工作情况进行日报，指挥部办公室对各办事处日报情况统计汇总后，再由专人到实地拍照，逐户进行初验，切实做到“拆除一户、检查一户、验收一户”，全面协调推进工作。建立“一户一档”，指挥部统一制作了“西山区临街建筑物立面挤占公共空间设施整治工作验收表”，每家每户的拆除、安装验收必须由业主、拆除安装公司、各街道办事处、指挥部办公室四方同时签字认可方能达到验收标准，既保证了住户的利益又使工作得以有效监督。

2010年全区共普查出建筑物立面挤占公共空间总户数1.34万户。其中区级机关、企事业单位，以及街道、社区、居民小组所有财政供养人员（含差额拨款和财政补助人员）2 535户，面积6.98万平方米，已于3月20日全部拆除完毕；社会面建筑物立面挤占公共空间总户数1.09万户，拆除1.05万户。其中30米以上道路沿线拆除7 468户，30米以下道路沿线拆除3 040户，完成率96.6%。

【集中整治农房违法加层及无序建房工作】 明确街道办事处是整治无序建设和违规加层责任主体。各街道办事处对辖区内农房违法加层和无序建房情况进行摸底调查，做到一户一档，底数清晰。按照“先公路沿线再重点区域，先党员干部再一般群众”的原则，逐步向村内延伸，明确拆除范围、工作措施及时间安排，采取“三断三清”及“四保”（“三断”即断水、断电、断施工材料进入施工现场的渠道；“三清”即清除建筑材料、清除施工工具、清理施工队伍；“四保”即保安全、保稳定、保按期拆除、保安置）的工作措施，做到24小时巡查，确保发现1起，制止1起，拆除1起。制定《西山区整治农房违法加层和无序建房投诉举报奖励办法（试行）》，并在《昆明日报》进行公示，对举报属实的每起给予200元奖励。印发、张贴《昆明市西山区人民政府关于整治农房违法加层和无序建房的公告》1.3万份。努力解决群众反映的实际困难和问题，积极引导其自行拆除违规建筑，最大限度避免群体性事件发生，维护辖区社会稳定。针对危房户、水淹户、火烧户，街道办事处、社区、小组积极想办法，利用社区、小组的集体公房进行妥善过渡安置，没有集体公房的给予部分经济补助。区相关部门加快制定安置建设规划，尽快解决三类房住户的住房需求。区纪委监察局4个督查组负责全面督查督办。

2010年，西山区范围内仅有碧鸡、海口、团结3个街道办事处发现农房违法加层和无序建房共96起，建筑面积7 671平方米，围墙290米，已于5月1日前全部拆除，拆除率100%。5月1日后未发现新增农房违法加层和无序建房行为。

【“十一五”成就】 “十一五”期间，全面贯彻落实城市管理综合行政执法新体制，不断完善科学的执法组织体系和日常管理机制，建立切实可行的城市管理综合行政执法工作运行机制。西山区市容市貌明显改善，环境保护明显加强，违法建设得到有效遏制。

5年来，对乱搭乱建、乱晒乱挂、乱堆乱放等行为实行严管重罚，清理在主要道路上的烧烤摊、水果摊及无照经营户1.16万宗，教育纠正占道经营行为8.35万人次。共查处城中村违法加层11起，建筑面积1.1万平方米；查处各类违法建筑共768件。环境卫生管理工作方面，主要道路机械化清扫率提高到60%，垃圾无害化处理率提高到100%，清运垃圾12.47万车次115.82万吨，清掏清运粪便3.17万车次14.9万吨。新建公厕98座，改造公厕10座。新建中转站8座，改造中转站7座，购置环卫车142辆。

“十一五”期间，在全市率先完成农村环境保洁及生活垃圾集中收运处置工作。在团结、海口、碧鸡3个街道办事处所辖的35个居民委员会222个居民小组全面开展强化农村环境保洁及生活垃圾集中收运处置工作，建立“组保洁、村收集、办事处转运、区处理”的四级管理运行机制。

数字化城市管理模式覆盖西山区所辖区域内64.8平方公里范围，率先在全市将数字城管系统与政府电子政务平台整合起来开展工作，实现市、区、专业部门三级联动运行。至2010年12月，与区数字城管指挥中心联动运行的区级专业部门共26个，为深入推进数字城管工作提供了基础平台。

5年来，按照市委、市政府昆明市城市支次道路交通微循环改造工作安排和部署，西山区承担了一期弥勒寺、双龙桥2个片区后新街、书林街等13条道路；二期棕树营片区新闻路、西华北路、近华浦路、西苑浦路及大观河桥；三期棕树营片区、福海片区云山路、云兴路等8条道路改扩建，安康路西段等3条道路管养维护，益康路、永兴路等14条道路综合整治改造任务，有效地改善了双龙桥、弥勒寺、棕树营、永昌、福海几个片区的支次道路人车混行、线路不平整、道路狭窄、架空线凌乱等状况，部分解决了道路拥堵问题。

5年来，做好了辖区内城市道路、桥梁维护管养工作，共补盖失缺或损坏窨井盖3 544块，更换雨水篦子1 534块，更换砼制窨井盖624套，修复花台1 035米，对辖区西昌路、棕树营南北社区道路等26条道路进行了修整，修复破损车行道面积7.32万平方米，更换损坏人行道小块面积1.35万平方米。

路灯建设管理职能于2004年下划到西山区至2009年上划市城管综合行政执法局期间，共新建有路无灯道路54条，新建路灯1 233组，维护路灯1.25万组。2004年停、洗车场的管理职能下划到西山区至2010年4月职能移交期间，全区新办停车场116家，办理停车场法人变更30家，停车场名称变更4家、注销10家、移交滇池旅游度假区4家，完成年检换证823家次，新办非机动车停放点63个，完成93家生态停车场改造；完成洗车场所年检换证1 000余家（起），洗车场名称变更184件；洗车场业主（法人）名称、地址变更391件。

5年来，西山区共拆除临违地块3 086个，建筑面积241.98万平方米，围墙1.12万米。

（张圃瑞）

【“四创两争”工作】

创建国家园林城市 2月4日，国家住建部授予昆明市“国家园林城市”称号。西山区“创园”工作取得成功。

创建国家卫生城市 6月初，西山区“创卫”工作通过国家专家组技术评估考核，“创卫”工作取得阶段性成果。为进一步延伸“创卫”工作，不断拓展工作成效，年底又全面启动了卫生乡镇、卫生村的创建工作。

创建全国文明城市 9月初，西山区接受了中央文明委组织的创建全国文明城市公共文明指数暗访测评第二次暗访测评。根据国家专家对全市“创城”工作的反馈评价，全区相关职能部门认真总结上一阶段的工作，继续深入推进各项“创城”工作。组建了西山区创建全国文明城市专项检查指导组及督查督办组，积极与市级相关部门协调联动开展对医院、客运站、公园、农贸市场、商场商业街道、网吧、道路交通、市政设施、行为规范、建筑工地等的专项检查指导工作，并做好创建无障碍设施督查工作。开展校园周边环境综合整治工作，以确保全区校园周边200米范围内无网吧、电子游戏室、彩票（体育彩票和福利彩票）销售点、性病治疗室和“成人用品”店。组织开展昆明市创建“文明交通工程三年行动计划”先进推荐工作。加大宣传力度，在“创城”迎检期间，全区7个主城街道办事处发放《文明城市知识50问》、《文明城市宣传挂图》、《入户测评问卷调查》3种宣传资料42万份；发放宣传电影贴片500片；制作“创城”布标1 300余条、墙体广告2 490平方米、大型广告9块、街道两侧宣传栏275块、社区黑板报327期；组织志愿者劝导活动10万人次；组织大型宣传培训活动15次；发放“创城”倡议书10万余份；播放“创城”宣传片23场次。

创建全国环保模范城市 6月，“创模”工作顺利通过省级考核。8月完成国家申报工作。26项“创模”考核指标中，西山区3项基本条件全部达标；23项考核指标中，21项达标，1项基本达标（饮用水水源地水质达标97.47%，取全市数据），1项正在改善（市辖区内水质达标功能要求跨界断面水质达到要求）。

创建国家节水型城市 4月，全区“创节水”工作顺利通过省级专家验收。在“世界水日”、“中国水周”期间开展了水法律、法规宣传活动，共发放宣传材料1万余份，展出宣传展板8块次，动用宣传车辆2台次，投入宣传经费近10万元。庭院雨污分流及污水处理再生利用设施建设工作推进顺利，截至12月24日，已开工建设262家，完工243家。西山区海康花园、南方公园、阳光小区昕苑、香槟小镇、水岸艺城、鑫逸苑、中央丽城、四季阳光8个小区被昆明市创建国家节水型城市分指挥部授予“节水小区”称号；昆明春城花园酒店有限责任公司、昆明市中级人民法院、昆明海航商务酒店3个单位被授予“节水型单位”称号。积极推广节水型器具，对节水器具普及整改未达到100%的单位，及时督促进行整改。12月中旬，“创节水”工作顺利通过国家专家组考核验收。

创建国家生态城市 35项“创生”指标中，西山区5项基本条件全部达标；30项考核指标中，达标26项，基本达标1项（单位GDP能耗≤0.9吨标煤/万元［0.9101］），3项未达标〔受保护地区占国土面积比例≥20%［13.22%］；水环境质量达到功能区标准，且城市无劣Ⅴ类水体［有劣Ⅴ类水］；二氧化硫＜4.5千克/万元（GDP）且不超过国家总量控制指标［9.9］〕。年底，全面开展生态社区、生态村创建工作。

争创中国人居奖、联合国人居奖 结合西山区实际，对《昆明市争创“中国人居环境奖”、“联合国人居环境奖”2010年工作目标任务》提出修改意见。根据《中国人居环境奖评价指标体系（试行）》，针对西山区一级指标A、居住环境，二级指标A1住房与社区，三级指标社区配套设施建设中的社区教育、医疗、体育、文化、便民服务、公厕等各类设施配套指标现状、存在问题、目标任务完成情况等进行分类统计。同时，加紧推进河道整治、城市道路建设及城中村改造等配套设施建设工作。结合市级分解表，及时制发《西山区争创“中国人居奖环境奖”指标任务分解表》，对各项工作任务进行细化分解，并与相关部门签订目标责任书。结合创建指标体系，全面开展争创“中国人居环境奖”台账资料收集、整理工作。

创建国家森林城市 根据昆明市委、市政府关于创建“国家森林城市”有关文件精神，12月底，西山区及时成立创建“国家森林城市”分指挥部，全面铺开各项“创森”工作，并委托云南省林业调查规划院昆明分院对全区创建“国家森林城市”开展规划编制工作。

（马　萍）

园林绿化建设

【机构改革】 2010年8月，根据昆明市西山区人民政府机构改革实施意见，设立昆明市西山区园林绿化局，级别为正科级。

昆明市西山区园林绿化局内设6个科（室），即办公室、园林绿化管理科、园林绿化规划建设科、园林科技法规科、公园建设管理科、昆明市西山区绿化处。园林绿化局机关行政编制为6名。其中局长1名，副局长2名。

【城乡园林绿化及生态建设】 2010年，西山区建成区范围完成绿地建设218.95公顷，完成市级下达任务数200公顷的109.5%，其中公园绿地52.51公顷、道路绿化34.57公顷、单位（居住区）附属绿地37.93公顷、草海及滇池沿湖绿地建设20.67公顷、城市面山绿化（含“五采”区）27.83公顷、河道绿化13.46公顷、其他绿地31.98公顷；种植乔木22.56万株、攀援植物34.4万株，屋顶绿化3个。

截至2010年12月，西山区建成区绿地总面积2 254.91公顷，绿化覆盖总面积2 342.15公顷，绿地率47.57%，绿化覆盖率为49.41%，人均公共绿地面积为31.97平方米。

公园绿地建设 完成龙江公园、山邑村生态园、船房河入湖口公园、海口湖滨生态园、益宁路小游园、省委党校周边绿化等建设工作，建设绿地52.51公顷。

龙江公园建设 西山区龙江公园（园博园）选址盘龙江下游西岸，北起南二环官南立交桥，南至广福路，东起盘龙江河道中心线，西至盘龙江西路。南北向长约为3.88公里，东西向平均宽度为30米，最窄处为21米，最宽为河长林段195米。总建设面积19.2公顷，总投资1.512亿元。公园于2010年8月初进场施工，11月底正式完工，历经116天建设完成。园内建设占地面积约1 300平方米，包括建筑面积约1 700平方米的钢结构主展馆、19个世界各地各式风情的精品庭园（丘园、水园、迷园、彩园、岩园、七彩园、新中式庭院、日式庭院、中式古典庭院、东南亚庭院、山茶园、竹园、奇石园、杜鹃园、英式庭院、北欧庭院、美式庭院、欧式庭院、地中海式庭院）及展示盘龙江历史和文化的雕刻，还有髯翁园、积肖码头、滇池故事为主题的景观节点。建设时空长廊64.1米、景观廊架5座、收集处理雨水的雨水花园约7 000平方米、占地面积约140平方米的公厕1座，铺设彩色透水混凝土园路1.5万平方米，种植滇朴、黄连华山松、枫香、桂花、重阳木、红花羊蹄甲、多杆榕、山玉兰、乐昌含笑、香樟等各类大小乔木6 000余株，种植八角金盘、毛鹃、假连翘、红花继木、满天星、清香木、鼠尾草、鸢尾、比利时杜鹃、茶梅等地被植物160万余株，绿地率83.55%。

道路绿化建设 完成昆州路西段、昆州路东段、益宁路、安晋公路、西三环、昌源南路南段、西苑浦路、高海公路、盘江西路等道路绿化建设工作，建设绿地34.57公顷。

单位（居住区）建绿工作 完成省委党校、铁合金厂“怡芳苑”二期经济适用房、市第三污水处理厂、月光宝盒小区、中央丽城二期等单位（居住区）附属绿地建设工作，建设绿地37.93公顷。

草海及滇池沿湖绿地建设 结合“四退三还一护”建设工作，完成高海公路沿线晖湾地块、富善地块、白鱼地块20.67公顷中山杉种植任务。

城市面山绿化 完成海口尖山磷矿“五采区”植被恢复、滇池面山龙门村索道周边绿化建设工作，面积27.83公顷。

河道绿化 完成老运粮河上段、老运粮河东支西支、玉带河、正大河、金家河等河道绿化建设工作，建设绿地13.46公顷。

苗木基地建设 完成高峣立交区旁苗木基地、万子红苗木基地、碧艺晖小七十郎苗木基地等建设工作，建设面积31.98公顷。

屋顶绿化 完成云亭商苑、中央丽城二期、龙江博览馆3个屋顶绿化建设工作。

乔木种植 种植香樟、桂花、滇朴等乔木22.56万株，完成任务数15万株的150.4%。

攀援植物种植 种植攀援植物34.43万株，完成任务数9万株的382%。

背街背巷围墙绿化 对西山区辖区62家背街背巷围墙实施围墙拆除改造和绿化工作。完成27家围墙的拆除改造和绿化工作。其余35家分别为：属城中村片区改造拆迁范围的26家；2家学校围墙按照市教育局规定将围墙内外绘制成文化墙，不同意拆除改造绿化；3家属军事管理区，不同意拆除改造绿化；4家单位无围墙，沿人行道进行了绿化。

驻昆省级公共单位建绿补绿 督促西山区辖区内50家驻昆省级公共单位进行建绿补绿。完成建绿补绿工作43家；划入滇池旅游度假区3家；单位搬迁4家。

鲜花摆放 对西山区辖区范围内主要道路及景观节点等区域种植摆放鲜花。配置成色彩艳丽的红、黄色图案，扮靓了街道，充分展现“春城无处不飞花”的昆明景观特色，并营造亮丽、欢快、热闹、喜庆的节日氛围。种植、摆放各种色彩的孔雀草、一串红、海棠等盆花102万盆。

【园林绿化管理】

园林绿化旱季浇灌工作 按照《西山区园林绿化局关于进一步加强辖区内城市道路附属绿化设施旱季浇灌工作的实施方案》和《西山区园林绿化局关于加强西山区城市绿化抗旱保苗工作的实施方案》，要求各职能部门按照方案全面落实抗旱保苗各项措施。督促2家绿化管养单位全力做好西山辖区公共绿地抗旱保苗及日常养护管理工作。采取24小时轮班制对管辖绿地进行旱季浇灌工作，确保不出现因缺水导致苗木死亡现象。并编制园林绿化旱季浇灌台账。

此外，按照昆明市园林绿化局制定的《昆明市园林绿化工程旱季浇灌情况统计周报表》，对西山辖区公共绿地浇灌情况进行认真填报。

公共绿地日常养护工作市场化运作 5月18日完成招标工作，将西山区公共绿地日常养护管理划分为5个标段，其中一标段为马街街道办事处片区；二标段为西苑、棕树营街道办事处片区；三标段为金碧街道办事处片区；四标段为福海街道办事处片区；五标段为永昌、前卫街道办事处片区。经投标，四标、五标中标单位为昆明市西山区观音寺苗圃；一标、二标、三标中标单位为云南云浩景观有限责任公司。年内中标单位对西山辖区城市道路绿化、城市道路沿线拆临建绿绿化地块、部分河道沿线绿地、立交桥部分绿地等公共绿地30.63万平方米进行日常管养。

绿化管养维护单位管理 形成对绿化管养单位的管理制度，坚持定期对绿化管养中标单位昆明市西山区观音寺苗圃和云南云浩景观有限责任公司进行月检、季检，邀请园林绿化专家对绿化管养情况进行打分，作为年终核拨年度管养经费的重要依据。

道路绿化乔木、灌木补植、新栽种工作 对东寺街、兴苑路、书林街、西园路、人民西路、近华浦路、西昌路、金碧路、明波立交桥、环城南路等辖区内道路上缺失行道树进行补栽共702株。对西园路、新闻路、后新街、近华浦路、环西路、人民西路、广福路、红光玩具厂、大观河、南三环等辖区内道路绿化带内缺失的灌木进行补植共4.68万株。

绿化方案初审工作 对西山区辖区内2010年度道路建设的附属工程绿化方案进行初审，并上报市园林绿化局进行审核批复。2010年完成西山区13号、20号、172号、119号、15号规划路和西坝路改扩建工程，以及《昌源南路南段改扩建工程设计方案》、《西山区绿荫大道绿化方案》等

22个绿化方案论证以及初审批复。

【古树名木和后续资源保护工作】

积极协调昆明市园林绿化局、昆明市环境保护科普协会及相关街道办事处于8月13日对海口、碧鸡2个街道办事处辖区内的古树名木进行了走访调查，并于10月22日协调昆明市绿色环保协会和海口、碧鸡街道办事处相关工作人员再一次对滇池周边的古树进行了实地调查。结合市园林局下发的关于对古树名木和古树后续资源进行调查的通知要求，将调查结果上报市园林局。西山区共有古树名木后续资源67株（待市园林局组织专家鉴定后，将实行挂牌保护）。

【市政设施管养维护】

规范收费管理 对西山区辖区40米以上（含40米）的城市道路进行依法管理，共办理城市道路管理行政审批194件，其中城市道路占道行政审批152件；城市道路挖掘行政审批17件；绿化移植、修枝、打顶、绿地临时占用审批25件。

市政设施管理 年内组织实施环城西路、环城南路、西昌路、广福路、兴苑路、东寺街等破损路面的整修工作；完成春雨路马街路口、眠山路口、益宁路口、电机厂路口、大渔路口及大渔路口铁路北侧沥青路面开裂及下凹形成的明显沟槽的修复工程，修复破损路面约7 036平方米；修复破损人行道路面（含小块、青石板）1.04万平方米；修复破损街沿石、流水石2 380米。对西山区管辖范围内城市道路护栏进行整治，其中刷漆2 010米、清洗6 100米、修复缺失护栏198米、金碧路护国天桥护栏刷漆1 000平方米。

城市道路巡查管理 完善市政设施抢险应急机制，及时发现和解决问题。2010年共补盖缺失或损坏窨井盖981块，更换破损雨水篦子810块。完成主城区管辖范围内40米以上（含40米）17条主干道雨水篦子5 910块的清疏工作。

40米以下城市道路市政设施监督管理 监督并督促各街道办事处对40米以下城市道路上出现的市政设施破损问题进行整改，以保证西山区城市道路附属设施的管养维护工作更加完善。

完善碧鸡公园周边城市基础设施 6月8日，完成该项目设计、监理、造价招投标工作。6月中旬，完成该项目设计方案并征询区人大代表意见形成初步设计及资金概算后，分别向区政府和区发展改革局上报了该建设项目的资金请示和立项请示。同时，积极与规划部门对接，取得项目规划审批意见，并进行了施工图设计、工程造价编制等工作。2011年初，完成碧鸡公园周边城市基础设施建设工程。

【市级园林单位、园林小区评选工作】

经过认真排查、实地查看、仔细筛选，对符合申报条件的4家单位（小区）上报到昆明市园林绿化局。经昆明市园林绿化局组织专家进行现场考核打分，并上报市政府，2010年西山区4家单位（小区）被评定为昆明市园林单位（小区），其中昆明市园林单位2家，分别为昆明市西山区海口新华中心学校、中国人民解放军77306部队；昆明市园林小区2家，分别为西楚眠山花园小区（四星）、盛高大城小区（四星）。

【“十一五”成就】 “十一五”期间，做好辖区内城市道路、桥梁维护管养工作，修复花台1 035米，修复破损车行道面积4.89万平方米，更换损坏人行道小块面积2.04万平方米。道路建设完成第一期、第二期、第三期交通微循环东寺街、书林街、鱼课司街、后新街、敬德巷、石桥铺、崇善街、土桥路、高地路、铁皮巷、市委南侧巡津巷、安康路、永乐路、西华北路、新闻路东段、新闻路西段、西华北路至新闻路间连接道路、云山路、云山支路、安康路西段、云霞路、澄碧巷等22条道路的改扩建工作；完成陆广路道路交通设施建设、棕树营南北社区道路改造工程、巡津桥（原小人桥）拆除重建工作。完善市政绿化设施巡查机制，共补盖失缺或损坏窨井盖3 800块，更换雨水篦子1 540块，更换砼制窨井盖624套。

5年里，绿化建设“拆临拆违建绿透绿”工作完成138个地块，建设绿地面积6.9万平方米。建成小游园4个，建绿面积2 090平方米。完成玉带河公园5 248平方米的滨河绿化建设任务。“万株树木进城”活动共种植大树2 666株。西山区城市环境综合整治绿化建设、改造工作，完成12个地块的绿化建设工作，建绿面积3 291.9平方米。为迎接第七届“残运会”道路绿化改造工作，种植行道树104株、地被9 828.14平方米。完成攀援植物种植29.06万株。完成28.8公顷苗木基地种植，共种植乔木55.43万株。

“视觉补差、缺塘补栽”工作，在70条主、次道路和街、巷栽种乔木1.56万株；明波立交区绿化建设工程栽种乔木1 879株、灌木1 390株、地被灌木5 000株；碧鸡公园绿化景观改造栽种高大乔木150株；广福路绿化景观工程（西山段）栽种乔木7 226株。

主城出入道路绿化景观建设工作完成昆安高速路（碧鸡关隧道—太平环岛西侧段）工程建设任务。其中昆安高速路（碧鸡关隧道—太平环岛西侧）段栽种乔木2 687株，建绿面积1.37万平方米；昆安高速路（进碧鸡隧道高峣村段）栽种乔木739株，建绿面积8 421平方米。

滨水绿化建设工作，在大观河沿岸绿化景观节点，建绿面积共5 800平方米，栽种乔木136株。入滇河道综合整治工作完成大观河综合整治绿化建设2 311.62平方米，栽种乔木417株。昆石米轨绿化整治工程（西山段），完成绿化建设面积2.95万平方米，栽种金竹约10.32万丛。十里长街（南三环）沿线绿化整治工程，完成绿化建设3.15万平方米，栽种乔木银杏2580株。

高海公路（省委党校—黄金支队）段绿化采购项目，建设绿地3.2万平方米，栽种水杉1996株、速生杨1237株、爬山虎7600株、钓鱼慈竹4.47万株。新闻路延长线（省民族中专—西坝河）段道路绿化整治工程，建绿面积约5350平方米，栽种乔木524株、灌木球瓜子黄杨333株。百米见绿绿化建设完成建绿面积2.38万平方米。摆放鲜花559.8万盆。

“十一五”期间165个单位（小区）被评为市“园林单位”（小区），1个单位（小区）被评为云南省“绿色社区”。

（史剑梅）

* * * * *

生态及环境保护

环境保护

【宣传教育和创建活动】 2010年，区环保局组织了“六五”世界环境日大型环保宣传活动，参与了区科技局组织的科技活动周宣传活动、区交通局组织的中国“无车日”等宣传活动，共发放环保宣传资料4.5万份，展出展板20多块，张贴宣传布标2块。

积极动员和组织开展“绿色”创建工作，学校、社区14位负责人参加创建培训，并取得培训合格证。年底，盘龙云海小区、云磷小区被授予市级“宁静小区”称号；西山区工人新村小学、瑞宁格幼儿园、西山区正和小区幼儿园、西山区童心幼儿园4所学校被命名为“2010年度昆明市‘绿色学校’”；弥勒寺社区和西岳庙社区被命名为“2010年昆明市‘绿色社区’”；西山区阳光小学被命名为“2010年昆明市环境教育基地”。

【节能减排】 根据市级下达的“十一五”工业源总量控制指标（二氧化硫总排放量控制在1.03万吨/年以内，化学需氧量控制在909.4吨/年，滇池流域COD控制在284.4吨/年以内），2010年，西山区二氧化硫总排放量为6923.18吨，化学需氧量排放量为642.05吨，主要污染物排放量均控制在指标范围内。2010年西山区减排项目为昆明市第三污水处理厂扩建一座污水处理厂，设计处理能力为6万吨的二级生化处理以及21万吨的深度处理（将老厂的15万吨及新厂的6万吨的一级B标出水经深度处理后达一级A标排放），完成后预计削减化学需氧量2290吨。年底，工程全部完工，深度处理试运行阶段完成。

【污染源普查动态更新】 根据国家环保部开展污染源普查动态更新调查工作的通知要求，2010年区环保局对普查时点、对象、范围和普查技术路线、步骤、普查组织实施内容等各阶段的工作进行规范细化及任务分解，完成辖区内污染源普查动态更新调查工作。全年普查重点工业污染源65家、集中式污染治理设施3家、农业源19家。

【环境管理】 加强建设项目监督管理，辖区内所有建设项目环境影响评价制度执行率100%。全年共办理环保“三同时”验收129家，“三同时”合格执行率100%。完成排污许可证企业年检177家，发放排污许可证113家。共受理建设项目环保申请588件，其中已办理585件（登记表299件，环境影响报告表176件，环境影响报告书6件，否决104件），年底正在办理3件。并将审批数据及时录入“昆明市污染源信息管理系统”。

2010年，征收42家排污单位排污费约502.57万元，超额完成上级下达的360万元征收任务。

【环境专项检查】 积极组织辖区内“辐射安全许可证”办证换证工作，对辖区内部分放射性同位素使用单位的放射性同位素及非密封性放射性物质工作场所进行专项检查。

加大对重金属排放企业、重点排污企业、饮用水水源保护区、污水处理厂监管和整治，对西山区内各涉重金属企业及重点化工企业进行摸底排查，排查辖区内6家涉重金属（一类）企业的环评及手续办理情况，对存在问题的企业下达限期整改通知书。年底，已按要求完成整改。

【环境监察】 坚持做好重点污染源按月监察和一般污染源按季监察，发现问题及时查处。监察过程中，重点对企业建设项目环境影响评价制度和“三同时”制度执行情况、各类污染源污染物排放情况、污染防治设施运行情况、限期治理项目完成情况、排污口规范化整治情况以及污染源自动监控系统建设和运行情况进行监督检查，做好日常监察记录。加强对城市污水处理厂日常监管，防止污水处理厂擅自停运或设施故障发生二次环境污染。对西山辖区内生态区开展日常监察，全年未发现重大破坏环境事件发生。年内对西山区重点污染源单位开展环境监察共320次，一般污染源监察997次。

【河道查源】 建立河道巡查制度，

加大对河道周边污染源监管，及时查处各类违法排污行为。年内开展了普渡河、盘龙江、螳螂川专项整治工作。全年排查周边各类企业700余家，共取缔企业4家，对101家存在问题的单位下达限期整改通知，查处企业违法排污2家，停产4家，列入搬迁17家，整治行动进一步规范了企业的环境守法行为，摸清了河道及支流沟渠周边的排污底数。

【专项整治】 组织开展对分散式农村饮用水源地（辖区内无集中式饮用水源地）的专项清查整治工作，对辖区内的三家村、长坡、大坝、里黑泥凹、里母高水库等周边的排污企业进行集中检查和整治，规范企业排污行为；对周边的养殖场所进行依法取缔，确保西山区饮用水源地安全。

处理各类噪声污染扰民1 000余件，重点加强对熙蓊苑、中央丽城、金马跃兴园等小区建筑施工噪声扰民投诉的查处。在中、高考“禁噪”期间，开展为期20天的“绿色护考”禁噪专项整治行动，对辖区内居民集中区的建筑施工工地、娱乐场所、制造加工行业等120家企业实施现场监督与管理。对辖区内的工业企业、餐饮业、城中村“七小”行业涉及使用高污染燃料的单位和个人进行查处和取缔。2010年，共查处废气污染事件80起，取缔、销毁燃煤风炉、热水炉92个，现场取缔拆除高污染燃料锅炉10台。并对2009年申请延期使用高污染燃料的企业进行逐一核实。

【环境监测】 2010年，完成西山区域内新运粮河、老运粮河、乌龙河、西坝河（断流4个月）、王家堆渠、大观河每月1次的监测任务；金家河交界断面、船房河交界断面、采莲河2个交界断面每月1次的监测任务，并按时报送市环境监测中心；按西山区管理部门要求对螳螂川海口水文站、磷肥厂大桥、石龙坝电站进行监测；完成降雨1个测点逢雨必测的监测任务。完成2个点降尘、硫酸盐化速率每月1次的监测任务。

污染源监测方面，全年监测污染物排放单位540家，其中建设项目“三同时”竣工验收监测110家、排污许可证年度监测400家、其他监测30家。对西山区国家级重点污染源昆明马龙化工有限公司废水进行监督性监测4次，对28家市区级重点源进行了监督性监测。

2010年，共完成辖区内“烟尘控制区”95%复测工作任务（除2台1吨/小时锅炉未监测外其余点源已全部监测完毕），对茶炉、大灶、窑炉、锅炉烟气黑度进行了监测。按照市监测中心要求，完成46个区域环境噪声监测点位的监测工作。配合“创卫”工作，对西山区38家医疗机构进行监督性监测，按照污染源动态更新工作要求，增加部分重点污染源的监督性监测频次，配合市区环境监察大队完成20多次污染事故、违法排污企业的监测工作。2010年，区环境监测站共获得有效监测数据3.1万个。

【“创模”、“创生”工作】 按照国家环保部印发的《“十一五”国家环境保护模范城市考核指标及其实施细则（修订）》，“创模”26项考核指标中，西山区3项基本条件全部达标，21项达标，1项基本达标（饮用水水源地水质达标97.47%，取全市数据），1项正在改善（市辖区内水质达标功能要求，跨界断面水质达到要求）。

“创生”指标共35项，2010年底5项基本条件全部达标。30项考核指标中，达标26项，基本达标1项，未达标3项；水环境质量达到功能区标准，且城市无劣Ⅴ类水体（有劣Ⅴ类水）；二氧化硫未超过国家总量控制指标。

【工业污水全面截流收集处理设施建设】 2010年6月，区工业污水全面截污收集办公室组织对西山区28家工业污水全面截流收集处理建设工作进行验收，验收结果为：对工业污水能接入城市管网的，自建污水处理设施达相应的排放标准排放进管网进行验收的5家；不能进管网的自建污水处理系统，经处理的生产废水达一级A标外排进行验收的企业6家；自建污水处理系统，实现废水循环使用不外排（或收集后交由污水处理厂进行处理）进行验收的企业11家；6家企业停产搬迁。全面截污建设工作的开展进一步削减了污染物的排放量，确保了各项污染物达标排放，切实改善了滇池流域水环境质量。

【庭院雨污分流及污水处理再生利用设施建设】 经排查，在辖区内365家单位中，列入2010年底城中村和片区改造的有82家，为避免重复投资，确定需实施庭院雨污分流及污水处理再生利用设施建设共283家。截至2010年12月，西山区庭院雨污分流及污水处理再生利用设施建设工程开工263家，完工243家，在建20家，开工率95%，完工率89%，项目概算投资1.589亿元，财政到位资金共770万元。

【西坝河水质自动监测站建设】 根据市局相关要求，结合西坝河综合整治和草海片区总体开发，及时向区政府申请落实建设资金，向区发改局申请立项，积极与土地、规划部门进行对接，取得规划部门的审查意见，按程序推进建设。西坝河水质自动站建设项目中标单位为上海摩威环境科技有限公司，中标价为138万元，建设点位选于草海隧道入口与西坝河交叉绿化带内，年底工程已完工，正进行仪器比对、调试，待验收。

【环保投资指数】 按照2010年GDP增长12%的要求，西山区共投入滇池流域水环境整治资金2.5亿元、“四退三还护”工作资金 3.5 亿元、庭院雨污分流改造 6 480 万元、其他城市基础设施 2.7 亿元，共 9.348 亿元，环保投资指数 3.97%，超额完成 3% 的工作目标任务。

【环境规划】 2010 年，按照区委、区政府高标准、高要求，西山区环保局和规划编制单位多次对规划指标和规划项目与区发改局、国土资源西山分局、区规划局进行对接，同时与市环境保护和生态建设规划进行了指标体系的统一工作。经过区政府常务会、区委中心组学习会、区委常委会多次会审，多方征求意见，最终形成《昆明市西山区“十二五”环境保护和生态建设规划纲要》定稿。

【“十一五”成就】 “十一五”期间，以创建“国家环保模范城”为契机，按照构建生态文明的总要求，开展宣传教育活动等 80 余次，组织辖区内共 210 多家企业负责人参加培训。创建省、市级“绿色学校”33 家、“绿色社区”20 家、“宁静小区”8 家。共办理环境项目申报 4 984 件，其中审批登记表 3 271 件，环境影响报告表 723 件，建设项目申请否决件 306 件，共办理建设项目环保验收手续 468 件，“三同时”验收 450 家，限期验收 18 家，“三同时”合格执行率 100%，完成排污许可证企业年检 712 家，累计发放排污许可证 627 家。

“十一五”期间，共普查工业污染源 2 333 家，生活源 4 176 家，行政村 121 个、建制镇 3 个、居民小区 116 个，集中式污染治理设施 3 家，农业源 1 452 家。共削减二氧化硫 1.63 万吨，削减化学需氧量 2 462.75 吨。

加大执法力度，排查各类企业 2 266 家，共取缔企业 4 家，对 275 家存在问题的单位下达限期整改通知，查处企业违法排污 2 家，停产 22 家，列入搬迁 18 家。开展环境监察 1 300 余次，一般污染源监察 4 000 余次。在此期间共征收排污费 2 000 万余元。

5 年办理各类交办、信访投诉等案件共 1.1 万件，各类投诉、信访件回复率 100%。区环境监测站共获有效监测数据 12.9 万个。

（杨明芳）

滇池湖滨生态带建设

【农房“退人退房”】 西山区滇池湖滨生态带建设“四退三还一护”工作指挥部严格遵循“尊重历史、依据现实、房地合一、拆建结合”的原则，积极稳妥地推进农房拆迁工作。截至 12 月 31 日，签订退房协议 29.1 万平方米，完成建构筑物拆除 28.7 万平方米，退人 1 594 户 7 604 人，完成农房退房总体任务的 98.9%。

【生态带建设】 按照《环滇池生态保护规划》、《滇池湖滨生态湿地建设详细规划》，西山区“四退三还一护”工作指挥部在辖区滇池湖滨带范围内大力开展退田还林、退塘还湿工作。截至 12 月 31 日，建成环湖生态带 1 359.07 公顷（包括草海和外海），其中生态林 862 公顷，湖滨湿地 218.67 公顷，河口湿地 38.4 公顷，湖内湿地 240 公顷。该项任务已完成。

2009 年 12 月 28 日，市政府向滇池沿湖各县（区）下达了滇池湖滨带种植中山杉的工作任务，要求西山区在 2010 年 2 月 10 日前完成 20 公顷中山杉的种植任务。为确保工作任务顺利完成，区“四退三还一护”工作指挥部积极与相关部门对接，选择晖湾、富善、白鱼 3 个地块开展种植，共完成 20.67 公顷的种植任务。此外，区指挥部对已完成拆除的退出地块抓紧实施生态建设工作，编制完成山邑村湖滨生态园规划设计方案和西华生态湿地公园生态恢复规划设计方案。方案已通过专家评审并上报市级部门审批，取得批复。区指挥部对退出地块的生态建设坚持“生态最大化，人工干预最小化，投资节约化”原则，公开招标，完成山邑村、富善、西华、观音山、白鱼、海丰片区退出地块生态建设工程施工和监理招标。截至 2010 年 12 月 31 日，完成 5.05 公顷山邑村湖滨生态园工程建设，并通过初验。与此同时，依据昆明市滇管局拟定的相关文件精神，结合实际情况，完善了一套适应于西山区生态带的管理养护机制，切实对已建成的生态湿地、林带进行管理养护。

【省属单位及驻昆部队搬迁】 西山区“四退三还一护”范围内涉及省属单位及驻昆部队搬迁共 3 家，搬迁安置工作协调难度大。2009 年 12 月 31 日，武警黄金十支队迁建地块完成土地征用，并移交给支队，2010 年 11 月 3 日正式开工建设。区指挥部按照土地“占一补一”、“房地分离”的原则制定了支队原址的搬迁补偿方案，协议待支队上级批准后即可签订。对云南新华印刷五厂搬迁地块，区指挥部积极协调相关部门，调整了土地利用规划，取得“建设项目选址意见书”、“建设用地规划许可证”。环评、地勘、水保、地质灾害及矿产资源压覆等工作已完成，并于 11 月 3 日正式开工建设。与该厂的搬迁补偿方案正在协商中。

云南国资水泥海口有限公司按照省政府滇池水污染防治专家督导组的安排部署，及 2010 年 5 月 9 日市政府组织召开的云南国资水泥海口有限公司生产区关闭和生活区搬迁工作座谈会会议精神，区指挥部与云南国资水泥海口有限公司就厂区关停、生活区搬迁等进行了多轮对接协商。为加快推进工作，成立了云南国资水泥海口有限公司关闭、搬迁安置工作小组，制定了《关于海口水泥厂搬迁的方案》（讨论稿），年底相关工作正统筹推进。

【安置房建设】 为保障滇池湖滨生态带建设“四退三还一护”及“迁村并点”范围内被拆迁居民能够得到妥

善安置，区指挥部按照“统一规划、统一建设、集中安置”的原则组织实施建设安置房，做好民生保障工作。根据市规委会通过的《西山区滇池西岸“四退三还一护”及“迁村并点”安置规划》，西山区共有苏家村地块、杨家村地块、恒威游泳馆A地块、高峣枢纽立交B地块、耐火材料厂C地块、里仁小村D地块和红泥嘴后山E地块7个安置点，分别位于碧鸡、海口街道办事处高海公路沿线，总面积约133.33公顷，计划解决区“四退三还一护”、“迁村并点”及高海公路沿线重点工程安置户9600余户。截至12月31日，已有5个地块完成投资人招标，苏家村地块已完成总体形象的95%。杨家村地块需进一步调整控规，将居住用地调整为商业用地。区指挥部已组织设计单位按商业性质完成了设计方案，并同步上报规划局审批，年底正在重新办理用地规划许可证。A地块已取得“建设项目选址意见书”和“建设用地规划许可证”。为加快安置房建设，区指挥部拟将A地块分为两期建设。B地块已取得“建设项目选址意见书”，由于该地块选址位于立交枢纽区，属城市重要节点，景观要求高，且依据规划按匝道起点连线退距的要求，该地块实际面积大幅减小，经区指挥部与规划部门多次对接，同意在综合考虑安置需求及地块敏感性的基础上给予突破一定规划条件。调整后的新方案已通过市规委会审批。C地块已取得“建设项目选址意见书”，年底正在申报“建设用地规划许可证”，编制工程规划许可证报建图、地勘及拆迁招标已经完成。该地块已纳入西山区高海公路-白鱼口片区土地一级开发项目。年底地块安置房规划设计方案已通过市规委会审批。D地块已取得“建设项目选址意见书”和“建设用地规划许可证”，地块安置房规划设计方案已通过市规委会审批。E地块已取得“建设项目选址意见书”和“建设用地规划许可证”，该地块安置房项目于2010年11月18日开工，年内完成土方平衡总量的65%。

（解赤红）

财政·税务

编辑 郑 航

财 政

【财政收入和支出】 2010年，全区地方财政总收入完成46.35亿元，为预算43.93亿元的105.50%；比上年同期的36.92亿元增收9.43亿元，增长25.55%。其中上划中央“四税”收入完成15.74亿元，为预算14.77亿元的106.60%；比上年同期的12.85亿元增收2.89亿元，增长22.54%。上划省级收入完成2.97亿元，为预算2.7亿元的109.7%；比上年同期的2.11亿元增收8 600万元，增长40.41%。上划市级“九税”收入完成10.64亿元，为预算10.2亿元的104.25%；比上年同期的8.95亿元增收1.69亿元，增长18.82%。地方财政一般预算收入完成17亿元，为预算16.26亿元的104.59%；比上年同期的13.01亿元增收3.99亿元，增长30.74%。

在地方财政总收入中，区本级完成21.6亿元，为预算20.3亿元的106.39%；比上年同期的17.71亿元增收3.89亿元，增长21.97%。街道办事处完成24.74亿元，为预算23.63亿元的104.74%；比上年同期的19.21亿元增收5.54亿元，增长28.85%。

地方财政一般预算支出完成19.81亿元，扣除省、市专款3.77亿元，实际支出16.04亿元，为预算15.62亿元的102.65%；比上年同期的12.85亿元增支3.19亿元，增长24.8%。其中区本级支出15.16亿元，为预算14.74亿元的102.8%；街道办事处支出8 800万元，为预算8 800万元的100%。

【融资工作】 年内在国家宏观调控政策的影响下，政府融资遇到前所未有的困难。通过强化沟通、组织协调，采取“银政合作”、BT融资等方式，优化资源、拓宽渠道，实现融资逆势突破。全区完成融资40.68亿元，完成区人大年初批准额度35亿元的116.23%，完成争取目标数40亿元的101.70%。

【非税收入管理】 严格“收支两条线”管理，统筹组织政府各项非税收入，确保依法足额征收，全年非税收入完成1.532亿元（其中教育费附加6 914万元），为缓解财政收支矛盾起到积极作用。

【财政公共服务】 全年公共安全支出2.238亿元，同比增长17.27%。除人员、日常公用经费外，主要拨付办案业务费3 832万元，业务装备费3 331万元，看守所囚粮及医疗费629万元，安排信访维稳经费129万元，全区维稳工作顺利开展；拨付安全生产经费110万元，优化全区安全生产环境。

落实教师工资改革，全年全区3 492名教师工资改革支出2.1亿元；投入在建及农村标准化学校建设工程2 000万元，夯实学校建设基础；补助农村学校公用经费提高及免除城市义务教育阶段杂费1 235万元，增加学生受教育机会；奖励接收进城务工子女公办学校816万元，改善学校办学条件；为“两基”、教研网络等投入设备购置费680万元，提高学校硬件设施水平；中等职业学校及民办学校投入525万元，促进学校管理的规范化和办学规模化；昆五中、福海中学、棕树营小学、市委机关幼儿园排危改造322万元，为学生创造安心的学习环境；投入校园安保经费313万元，加强学校安全建设；补助15所寄宿制学校学生生活费242万元，惠及学生3 777人次。

全年区级资金用于科技投入2 950万元，主要通过科技强警1 000万元、中小企业发展240万元、绿色光亮工程200万元、地理信息航拍120万元等项目的投入提高科技创新能力；文体及传媒支出1 061万元，同比增长19.21%，通过拨付各类运动会25万元、文物普查10万元、全民健身6万元、西山音乐节5万元等项目，促进全区文体事业蓬勃发展。

【公共基础设施建设资金】 年内主要拨付重点道路建设1.4亿元、“四退三还一护”拆迁1亿元、“四创两争”建设7 203万元、河道建设3 500万元、北京师范大学昆明附属中学建设2 800万元、昆明绕城公路西北段建设

1 850 万元、泛亚产权交易所建设 1 034 万元、农村道路建设 867 万元、治安大队及梁源派出所建设 860 万元、区委党校合并搬迁 700 万元、西华粮食仓库建设 600 万元、检察院建设 500 万元、柳树居民小组搬迁 320 万元等。

【社会保障资金】　全年廉租住房建设支出 2.517 亿元，逐步改善低收入人群的住房条件；离退休人员工资区级拨付 1.072 亿元，保证全区 3 005 名离退休人员的生活安定；城市低保支出 2 468 万元，全区 8 556 名城市低收入人群的基本生活得以保障；采取“一折通”的方式，发放农村低保金 198 万元，惠及全区 1 576 名农村低保对象；区级拨付 5 223 万元医保资金，“病有所医”得以落实；拨付再就业资金 1 390 万元，确保就业形势的基本稳定；拨付新农合资金 946 万元，落实参合标准提高政策；全年住房公积金支出 4 430 万元，维护参保人员的切身利益；拨付扶贫及解困资金 418 万元，解决弱势群体的生活困难。

【推动城乡统筹发展】　年内区级投入 480 万元的“小农水”建设资金，新增、改善有效灌溉面积 733.33 公顷，解决 1.74 万人饮水安全问题；投入 316 万元用于抗旱救灾，为缓解西山区旱情提供有效保障；投入 80 万元用于农业综合开发土地治理，把改善农村生产生活条件落到实处；拨付汽车和家电下乡补贴及汽车以旧换新资金 832 万元，促进城乡协调发展；投入新农村建设资金 2 000 万元，通过村间道路硬化、多功能活动室、人畜饮水工程、太阳能路灯、农田水利等项目的建设，提高农民生产生活水平。

【支持企业发展】　年内兑付全区纳税大户奖励 1 543 万元，有效提高纳税积极性；拨付中小企业发展资金 600 万元，支持企业进行技术改造、清洁生产及节能工作；安排粮油、动态储备和风险基金 582 万元，将粮食储备工作落到实处。

【财政制度改革】　推进部门预算改革。通过科学安排编制 2010 年度部门预算，与预算单位沟通，“两上两下”核减预算编制资金 3.193 亿元，提高部门预算编制的科学性、合理性、完整性。

深化国库集中支付改革。全年财政直接支付资金 1.846 亿元，其中区级工资统发直接支付 1.395 亿元；专项资金直接支付 3 076 万元，同比增支 628 万元，增长 26%；政府采购直接支付 1 430 万元，同比增支 956 万元，增长 202%；授权支付下达用款计划 4.359 亿元，年终收回清零剩余额度 439 万元。

实施公务用车改革。实施公务用车专用卡的办理、发放，同时制定相关管理制度。截至 12 月底，全区公务用车包干经费累计支付 467 万元。

推进公务卡结算制度改革。全区 72 个预算单位、10 个街道办事处全部与公务卡代理银行签订公务卡办理协议。公务卡结算制度的推行，强化了行政成本控制。

探索财政结余资金管理改革。对各部门分散沉淀的结存资金进行集中管理、统一调度，全年统筹调度资金 3 亿元，发挥财政资金的调控职能。

落实财政奖补政策。对海口、团结、碧鸡街道办事处实施年度村级公益事业建设“一事一议”财政奖补项目 37 个，奖补资金 295 万元。

【财政监管】　年内开展对区属国有及国有控股企业的国有股权及“小金库”的清查，促进企业进一步规范财务管理；对海口依兰中心学校新建项目、大坝水库绿化工程等 6 个项目开展区级财政性投资评审，对 250 套农民工保障性出租住房、卫生文化体育设施等 10 个涉及民生项目进行绩效评价。通过评审（价），逐步提高财政资金投向的有效性。

【政府采购监督管理】　完善政府采购规程。与市级同步推行办公自动化协议供货采购，提高采购效率。全区共进行 538 项采购业务，涉及采购预算资金 1 451 万元，实际支付采购资金 1 400 万元，节约资金 51 万元，节约率 3.51%。

【会计事务管理】　年内对区属 1 358 名行政事业单位会计人员进行继续教育培训，通过计算机网络学习培训辖

7 月 22 日，区财政局举办支农惠农会计委托代理服务培训班。
（区财政局　供稿）

区企业会计人员 1 500 名，提高财会人员业务水平，促进各部门财务管理的规范化。

【“十一五”成就】 “十一五”期间，全区地方财政总收入累计完成155.77 亿元，比“十五”期间的37.27 亿元增收 118.50 亿元，年均递增 24.85%；地方财政一般预算收入累计完成 56.17 亿元，比“十五”期间的 17.78 亿元增收 38.39 亿元，年均递增 26.85%。全区地方财政实际支出（不含省、市专款）累计完成62.46 亿元，比“十五”期间的 18.47 亿元增支 43.99 亿元，年均递增22.94%；地方财政一般预算支出累计完成 54.97 亿元，比“十五”期间的17.76 亿元增支 37.21 亿元，年均递增 25.66%。

“十一五”期间，西山区非税收入累计完成 5.7 亿元，从 2005 年的0.49 亿元到 2010 年 1.53 亿元，年均递增 25.39%，成为地方财政收入的有益补充。2008 年依托区金融工作办公室的成立，通过银政合作、BT、信托理财产品等方式融资 92.37 亿元，融资资金的落实到位，在很大程度上缓解了西山区重大建设项目资金需求矛盾。

财政改革力度逐步加大。2006 年8 月 1 日，西山区国库集中支付试点正式运行；2007 年政府收支分类改革正式启动；2008 年 6 月全区公务员（含参公）津贴补贴正式兑现。逐步探索和建立财政支出绩效评价制度及落实财政奖补政策，2009～2010 年财政奖补资金 473 万元。2010 年顺利实施公务用车改革及公务卡结算制度改革。

财政队伍建设力度加强。“十一五”期间，有 4 名同志被提拔为副科级领导，新任命 12 名同志为中层干部，4 人获省、市财税先进个人荣誉称号，局机关及福海财政所获市财税先进集体荣誉称号，截至 2010 年全局大学本科以上学历占职工比例为 56%。

（尹碧波）

国　税

【收入完成情况】 全年共组织税收收入 14.69 亿元，比 2009 年同期增长24.67%，增收 2.91 亿元。完成市局任务目标 12.93 亿元的 113.63%，超收 1.76 亿元。全年税收与经济均呈增长趋势，国内增值税和消费税“两税”收入累计完成 8.3 亿元，比上年同期增长 9.14%，增收 6 954 万元。企业所得税收入累计完成 3.402 亿元，比上年同期增长 156.51%，增收2.076 亿元。个人所得税收入累计完成 247 万元，比上年同期减少72.37%，减收 647 万元。车辆购置税收入累计完成 2.954 亿元，比上年同期增长 7.17 %，增收 1 977 万元。

【收入特点】 一是税收与经济均呈增长趋势。年内规模以上工业增加值同比增长 10.5%，社会消费品零售总额同比增长 22%，城镇固定资产投资同比增长 46.7%，其中房地产投资同比增长 54.9%，工业固定资产投资同比增长 66.2%。二是重点税源增值税收入呈现增长的态势。年内西山区纳入重点监控企业 62 户，1～12 月累计入库增值税 7.525 亿元，同比增收7 976 万元，增长 11.86%，占全局增值税收入的 54.34%。三是增值税收入呈慢增长态势。全年增值税收入8.304 亿元，同比增长 9.14%。四是企业所得税收入快速增长。企业所得税收入增幅达 156.51%，主要是房地产企业共计入库税款 1.849 亿元，同比增长 359.28%，增收 1.446 亿元。五是总体税负增高，但税收弹性有所下降。年内税收收入总体税负为6.26%，比 2009 年增加 0.6 个百分点，税收弹性系数为 2.01，比上年降低 0.28 个百分点。

【税源分析】 一是分税种对比：1～12 月税收收入合计中，增值税、个人所得税、车购税所占比重有所下降，分别下降 8.04、0.59 和 3.28 个百分点，消费税、企业所得税所占比重有所增长，分别上升 0.02 和 11.9 个百分点。企业所得税的增长贡献率最高为 71.4%，个人所得税的增长贡献率为负数。二是分经济类型：西山区专业市场拆迁及经济形势影响，除集体企业、股份合作企业、私营企业和其他企业所占比重分别上升 0.96、0.01、5.47 和 0.41 个百分点外，其他各种经济类型比重均有所下降，其中联营企业下降最多，下降 35.57 个百分点。三是分行业收入：1～12 月 12 个重点行业中，变化最大的是化学原料及化学制品业，比重下降 6.67 个百分点，非金属矿物制品业、印刷业和记录媒介的复制和金属制品业也分别下降1.39、0.98 和 0.55 个百分点，其他行业比重均有所提高。商业对增值税的贡献率最高占 120.06%，非金属矿采选业也提供了 31% 的增长贡献，非金属矿物制品业、化学原料及化学制品业、印刷业和记录媒介的复制和金属制品业出现负增长，分别抑制税收增长 36.53%、32.84%、28.81% 和28.03%。四是增值税纳税人分类型收入：1～12 月增值税一般纳税人入库增值税 7.525 亿元，占增值税总收入的91%；小规模纳税人入库增值税 2 876万元，占增值税总收入的 3%；个体户入库增值税 4 919 万元，占增值税总收入的 6%。

【税法宣传】 4 月，在全国第 19 个税收宣传月中，在辖区内各专业市场举办以“税收·发展·民生”为主题的“税收宣传进市场”大型宣传咨询活动。宣传活动共接待各种涉税咨询850 人次，悬挂标语、横幅 20 条，向广大市民发放各类税收宣传材料 2 000份，在各类媒体登载税收宣传文章 6篇。运用网上税企互动宣传平台发布涉税通知910条，涉及纳税人1.57万户次，发布涉税公告19条，解答税收咨询321条，处理建议11条，并进行个性化预警提示信息。

【税务稽查】 建立大稽查格局，围绕税收中心工作，查处税收违法案件为重点，加强税收专项检查和发票专项整治工作，以查促收、以查促管、以查促查为工作目标，全年稽查局稽查户数2 027户，有问题户1 316户，移送公安机关3件，曝光5件，查补合计8 689万元，入库总额8 689万元。

【执法检查】 全年共组织各项纳税评估256户，移交稽查3户，评估入库税款4 324.76万元。督导5 424户纳税人开展自评自查，送政策上门，辅导纳税人对税收政策执行情况和纳税申报缴纳情况进行自查。开展执法专项自查工作，将税款及时、足额入库；无积压、挪用、截留、转引税款现象；全年无违反国家税法规定批准企业减免税、退税、抵税、延期纳税、汇总纳税问题；无违反规定核定税额、认定增值税一般纳税人、发售增值税专用发票和其他发票问题。做好税收执法管理信息系统V1.1版运行工作，共处理23.85万条数据。

【各税管理】

增值税管理 加强固定资产进项税抵扣管理。开展实地核查，转出不予抵扣固定资产进项税122.3万元。做好增值税税负预警核实，通过核查评估，补缴增值税156万元。落实增值税减免政策，办理增值税即征即退6户，退税96万元；为140户企业办理了享受优惠政策报批、备案手续。办理增值税一般纳税人认定367户，转正300户，取消一般纳税人资格108户。245户企业纳入防伪税控开票系统管理；355户企业纳入网络申报；331户企业纳入网络抄报税。

企业所得税管理 全区企业所得税年度应申报户5 557户，实际参加汇算清缴户5 548户，汇算面达99.84%。其中查账征收户4 945户，定率征收603户，应汇算而未汇算户8户。通过政策宣传辅导，提高纳税申报质量等措施，亏损面降至41.31%，亏损率下降31.14%，在全市亏损面下降率中排行第一。

车购税管理 清分下发车辆税收“一条龙”异常发票核查1 579条，涉及企业200户，查补税款4.51万元。做好车辆购置税的减免审核、审批工作，全年共审批减免税车辆216辆，免征车辆购置税1 153万元。

【出口退税管理】 西山区国税共有出口企业75户，其中一般纳税人内资生产企业24户，外贸企业40户，小规模企业11户。有业务开展的企业23户，其中生产企业8户，与2009年同期比减少20%；外贸企业15户，与2009年同期比增加7.14%。共审核生产企业67户次，审核应退税额635.94万元，免抵税额31.16万元。办理出口货物退（免）税认定14户，注销3户。

【发票管理】 开展普通发票简并换版工作，年内共推行网络版机打普通发票2 092户，新版手工普通发票2 330户。完善供票制度，把普通发票的预警监控管理融入到税源管理中。年初起对不同起征点纳税人根据其生产经营实际情况核定供给相应发票用量。完善发售工作流程，强化事前检查审核工作，防止骗购发票和发票流失，1~12月，共有3 512户纳税人将单份普通发票开具金额超过1万元，共1.21万份发票，向税务分局报备开具情况。加强发票管理力度，对168户发票违法违章户处以罚款16.01万元。

【信息化建设】 日常做好税收征管信息系统、公文处理系统、金税工程、出口货物、内部网站等信息系统的升级和维护工作，做好金税工程发行、维护工作，全年金税卡初始发行104户次，变更发行236户次，注销发行58户次，发行维护205户次。配合全省财税库银横向联网平台、网上税企互动宣传平台、普通发票简并换版开票系统试点的测试维护。

【廉政建设】 开展以“效能昆明”建设为主题的软环境建设活动，坚持“纪检日”活动。召开28户企业税企座谈会和专题民主生活会认真查摆问题、制定措施开展“效能西山”国税建设。每月对基层管理分局进行2次明察暗访工作，治“拖”查“推”，推进行政问责制度化和规范化。

加强节前双向监督和制约。提高干部职工拒腐防变的意识和能力，向纳税人发放以廉政公约为主要内容的告知书5 000份，强化双方应履行遵守规定，营造风清气正的良好氛围。自行研制开发廉政公约管理软件，开展的书信、电话、短信回访通道，试开通电子邮件回访通道，搭建监督网络平台。建立完善软环境建设和作风效能建设监测点3个，广泛接受社会各界监督，健全完善制约机制。

【队伍建设】 在区局政务网站开辟“三读”学习专栏，推荐“三读”学习书目、刊载“三读”学习体会。全局干部职工撰写“三读”学习体会89篇，组织1期“三读”活动学习体会展示，推进学习型西山国税建设，6月29日，西山区国税局以参加昆明市国税局第八届业务能手竞赛为契机，组织44位来自机关各业务部门和征管查一线的干部职工，开展2010年业务能手选拔赛，产生年度西山区国家税务局业务能手25名。在此基础上，抽选6名选手，组队参加昆明市国税系统第八届业务能手竞赛，获团体第三名，2名选手获昆明市国税系统第八届业务能手称号。西山区国税局被昆明市政府授予2010年度“全市财税系统先进集体”荣誉称号；杜国庆、罗加荣、谢娟、汤伟、沈康康、王剑峰、马锐、詹军、孔祥钰9人被评为全市财税系统先进工作者。

【党建工作】 全年共有11个党组织，87名党员参加此项“创先争优”活动和“云岭先锋”活动。对10个办事处，全局所管户1.5万户企业进行税收政策宣传、纳税疑问解答、税情民意互动等形式内容的“纳税服务进社区”活动。各分局党员干部分别到30余个社区，10余个商场进行税收政策咨询、政策宣传、发票使用等服务，接受纳税人咨询6 000人次。

【“十一五”成就】 国税收入屡破新高。西山区国税收入从2006年的6.32亿元，达到2010年的14.69亿元，5年累计组织收入50.73亿元，“十一五”期末比期初增长132.53%，年均增幅达到25.28%。其中增值税从“十一五”期初的4.9亿元，达到期末的8.3亿元，年均增幅14.14%；车购税从期初的1.01亿元，达到期末的2.95亿元，年均增幅31.75%。

征管水平显著提升。截至“十一五”期末，西山区国税局共有税务登记户数4.46万户，比“十五”期末增加1.88万户，增长72.01%。其中开业户为1.81万户，纳入全市重点税源监控管理的企业为56户，缴纳税款4.13亿元，占全区国税总收入的28%。抓好户籍管理，累计清查漏征漏管户1 829户。

依法治税成绩斐然。加强税务稽查，5年累计查补税款入库1.9亿元，移送司法机关处理案件10件。2008年以来会同公安、地税分别开展打击发票违法犯罪的“捕鼠”行动和“端点”行动，打击西山区假发票和非法代开发票的“卖方市场”，共查获各类假发票8.81万份。落实税收优惠政策，确保国家各项税收宏观调控措施落实到位，5年来企业免税销售额共计491亿元，办理出口退（免）税3 300万元。

队伍建设硕果累累。“十一五”期间，共举办各类培训539期，共8 772人次参训，推行“一对一”教育培训工作。以业务能手竞赛为龙头，开展多种形式的岗位练兵活动。“十一五”期间共选拔培养省局能手1人、市局能手6人、区局能手54人，这些能手成为各个岗位的标兵和骨干，有的能手经过选拔培养和锤炼，走上领导岗位。“十一五”期间，西山国税先后被云南省人民政府评为云南省省级文明单位；被云南省国家税务局授予云南省国税系统先进领导班子、云南省国家税务局文明单位；档案工作达到云南省党政机关档案建设五星级标准；被市委、市政府授予昆明市财税系统先进集体，昆明市市级文明单位；被昆明市国家税务局授予市国税系统先进领导班子和市国税系统文明单位；荣获昆明市国税系统第七届业务能手竞赛团体一等奖；被昆明市人民政府命名为“花园式单位”；被昆明市总工会、西山区总工会分别授予“昆明市模范职工之家”和“西山区模范职工之家”；被西山区人民政府命名为“文明单位”和“西山区扑灭‘3·29’森林火灾先进集体”等等。

（陈 舒）

地 税

【税费收入】 全年组织税收收入13.43亿元，其中完成地方税收收入6.52亿元，占区政府任务6.16亿元的105.9%，超收3 622万元。规费总体收入5.874亿元，社会保险费累计入库5.648亿元，同比增收9 356万元，增长19.9 %，累计征收率为98.91%。

【税政管理】 注重培训工作，不断提高政策实施水平，全年组织汇算清缴培训会，参训企业涉税人员及税务干部人数达2 000人。完成年所得12万元以上个人所得税自行申报工作，有408人进行年所得12万元以上个人所得税的纳税申报，申报年所得额1.32亿元，应纳税额1 554.96万元，已缴税款1 536.5万元，补缴税款18.46万元。年内纳入2009年所得税汇算清缴的应汇算企业有1 942户，自汇自缴面达到100%。其中查账征收1 725户、核定征收217户。2009年度企业自汇自缴补缴企业所得税4 900万元。4月，制定印发《西山区地方税务局土地增值税清算管理办法》，全年完成15个房地产开发楼盘的土地增值税清算，共补缴入库土地增值税3 003万元。审批再就业优惠减免39户，减免税款28.44万元；办理城中村拆迁补偿再购置住房有关契税的减免手续，全年共办理1 826宗，涉及减免金额1 095.6万元。

【税收征管】 创新和完善服务制度，开展“四项服务”延伸服务、上门服务、全程服务、提醒服务。开展纳税信用等级评定管理工作，评定纳税信用等级1 659户；落实欠税公告制度，公告欠税户5户次，公告欠税2 423.7万元。

在全局范围内全面开展“征管数据清理月”活动，重点做好静态数据、动态数据和代码数据的清理。共有管户2.46万户，其中内资企业共1.15万户，个体工商户1.23万户，其他类型824户。拓展规费征管，抓好重点费源监控管理，加强跟踪动态监控管理，清理回收欠费905万元，同比增收105万元。

加强发票管理。推进全省地税发票简并改版，强化发票购用检查，完善有奖发票兑付制度。4月，在西山区团结办事处混水塘出租房内捣毁制假窝点1个，缴获涉案机器4台。10月开展“闪电”行动，严厉整治违法违规使用发票，共计检查1.02万份发票。

【信息化建设】 以数据大集中系统为平台，电话、网络等科技手段为载体，对全局各业务系统、办税服务厅的安全监控和维护管理，运维管理综合效用得到全面发挥。建立地税工商数据交换平台，年初实现工商、税务登记数据共享；改造多元化申报系统社会保险费申报子系统，丰富简易申报扣款方式。应用12366纳税服务热线对外开展服务，为纳税人和社会公众提供高效、优质、规范、快捷的税收业务咨询服务，推动地税信息化建设总体水平上一个新台阶。年内先后投资605万元，对全局的老、旧电脑办公设备进行更换，排除各类安全隐患，各项业务系统平稳、安全的运行。

【内部管理】 一是完善内部管理各项规章制度，严格车辆管理，强化固定资产管理，落实内部管理各项标准和规范化要求。二是强化政务督查督办，完成上级督办交办事项；完善和创新信息、宣传、信访、保密、档案、接待等工作的方法和手段，严格工作痕迹管理。三是深化ODPS系统的运用，严格发文审核、签发程序，确保公文质量，规范公文运转管理；继续抓好档案管理工作，做好2009年度的文书整理归档工作。四是严格财务制度，加强财务管理。做好经费预算。

【党群工作】 年初层层签订党风廉政建设责任书，明确责任主体和责任人，按照各项责任内容贯彻落实，做到责任明确、措施到位；全面开展“评廉考廉”，实行“廉政提醒”，“告诫谈话”，谈话面超过全局干部职工的2/3，注重预防教育，增强干部职工的服务意识、大局意识、依法治税意识和廉洁自律意识。继续与区检察院完善预防职务犯罪联系制度，年内邀请区检察院预防职务犯罪科的工作人员对5名新任职的中层干部进行诫勉谈话。

开展“青年文明号”创建和“巾帼文明岗”活动，党、政、工、青、妇齐抓共管，创建精神文明建设，至年底全局8个基层分局中有8个分局分别创建市、区级文明单位。创优争先活动中坚持“将活动内容与工作任务相结合”、“将整改落实与健全机制相结合”、“学习活动与开展重点工作相结合”的“三结合”。共发出创先争优活动信息简报17期，被报刊杂志、上级机关等采用共16篇，电视台播出1次。

【“十一五”成就】 地方税费收入平稳增长，从2006年的11.68亿元增长到2010年25.46亿元，连续跨上11亿元、15亿元、18亿元、20亿元、25亿元5大台阶。5年累计组织地方税费收入90.75亿元，年均增长23.58%，增收13.78亿元。西山区地税局发挥地税部门的征管优势，履行新的征费职能，2007年1月1日起，承担工会经费和建会筹备金的代收工作；2008年11月1日起，承担省属、市属企事业单位离休干部统筹费的代征工作；2009年承担残疾人就业保障金的代征工作。至“十一五”末西山区局负责征收的地方税费种已达24个。

干部队伍建设不断加强，综合素质和执政能力得到提升。抓好全员教育学习，2007年，按省、市局安排开展基层税收管理员培训活动、选拔稽查查账能手活动和全系统纪检组长业务培训等等，在培训考试中产生6名省局标兵，20名市局标兵。2008年有序开展竞争上岗，全局党员人数由75人发展到127人。开展精神文明创建活动，截至2010年底，西山区局8个分局都已分别创建市、区级文明单位，覆盖面达到100%。2009、2010年度区局连续获昆明市地税系统“一级局”荣誉；5人获得昆明市优秀财税工作者表彰，60人次受市地税局表彰，43人次受区委、区政府表彰。

信息化建设步伐加快。2009年西山区地税局结合全省地税信息化建设安排，全面完成数据大集中系统建设，实现地方税费数据省级集中处理；开展培训，深化了数据大集中系统应用；为广大纳税人、缴费人提供全方位、多元化、低成本、高效率的税收服务。

推进党风廉政建设。在干部职工中开展以到监狱看、到病房看、到殡仪馆看、到贫困地区看为主要内容的“四看”警示教育活动，以“课堂教廉”、“读书思廉”、“环境育廉”、“网络传廉”、“活动促廉”、“家庭助廉”、“机制保廉”为主要形式的教育活动，建立与检察院的联系制度，持久抓好廉政教育。2006年在开展政风行风评议，经过2007年跟踪检查，广大纳税人和社会各界对地税政风行风综合满意率从2006年的97.43%提高到了99.5%。贯彻落实法治政府、责任政府、阳光政府、效能政府四项制度，增强地税干部的工作责任心，提高服务质量和行政效能。

征管机制不断改善。从2006年起，开展税收“征管质量年”活动；从2008年起，以办税服务厅窗口建设为载体，开展“优秀办税服务厅”创建活动。2007年首次开展年所得12万元以上个人自行申报纳税工作，全区共有207人到地税机关申报缴纳2006年个人所得税，2010年408人向地税机关申报缴纳2009年个人所得税。2010年将现行6类84种发票简并为3大类发票，从8月1日起在陆续开始启用新版发票。加大税务稽查力度，建立税警协作机制，深入开展税收专项检查和专项整治，打击涉税违法犯罪行为，5年累计查补入库税款1.818亿元。

（王　昆）

金融·保险

编辑 郑 航

中国人民银行西山区支行工作

【货币政策执行情况】 年内贯彻落实适度宽松的货币政策，结合西山区实际，制定西山区2010年货币信贷工作指导意见，5月，召开辖区金融联席会，宣传货币政策，加强与各金融机构的沟通，通报经济金融运行情况，引导辖区金融机构加大对“三农”、支柱产业、中小企业的信贷投入。年末，全区29家金融机构各项存款余额509亿，比年初增加92亿，同比增长22.15%；各项贷款余额266亿，比年初增加51亿，同比增长24.12%；其中农业贷款（大农业）余额42亿元；重点建设项目、入滇河道治理、人居环境建设等项目投入信贷资金6.85亿元。

继续做好农村信用社改革资金支持工作，巩固和深化农村信用社改革成果，严防农村信用社改革“走下坡路”，支行继续做好后续管理和监测工作，特别对其资本充足水平、内部管理、法人治理结构、专项央行票据置换资产处置、农村金融服务功能等进行重点监测，定期向上级报送各类监测报表、考核表及监测信息。6月，对西山区农村信用联社央行票据兑付以后的各项工作进行现场检查，形成专题报告上报。加强对涉农经济金融情况的动态监测分析，建立2002年以来《农村合作金融机构经营财务状况数据库》，全面系统地收集了信用社8年以来的信贷收支、资产负债、贷款分类、涉农贷款等8方面的信息，为总行深化农村金融改革和促进改善农村金融服务提供决策依据。从监测情况看，信用社经营财务状况和资产质量明显改善，涉农信贷投放大幅增加，服务“三农”功能明显增强，中央银行资金支持政策的正向激励作用得到充分发挥。12月末，信用社各项存款余额为86.323亿元，较上年末增加19.058亿元，增长28.33%；各项贷款余额为54.827亿元，较上年末增加9.161亿元，增长20.06%。

加强利率管理和存款准备金的管理，存款准备金率和存贷款利率是中央银行最具影响力的货币政策工具，能直接调控货币供给。加大对地方法人金融机构监测的同时，主动对小额贷款公司的利率监测，利用参加西山区金融办组织的对西山区7家小额贷款公司进行检查的机会，对所有小额贷款公司执行利率的情况进行检查，对执行国家利率政策的必要性进行宣传，通过检查西山辖区无违反利率政策的情况。

【金融调研】 加强对地方经济的金融服务，重视金融信息与调研的报送。全年共完成调研报告26篇、信息61篇。被昆明中支《金融信息》采用3篇、《党建》采用5篇、《时代金融》采用17篇，完成2010年的信息与调研的报送。

【信用建设和征信管理】 加强征信知识宣传，11月，开展“征信知识宣传周”活动，向企业和市民发放宣传单和宣传画，利用职工大会和支行《信息与调研》平台，进行征信知识宣传，提高职工的信用意识。加强信息调研工作，撰写《对当前农村信用体系建设的思考》、《重视你的第二张身份证》等文章，被《时代金融》杂志采用。

加强对企业信用信息基础数据库的管理，做好贷款卡的发放及年审工作。在企业系统的日常运行中，注意维护系统的安全稳定，确保系统工作状态正常，定期开展系统数据核对工作，规范数据的报送和使用，对数据不健全、信息不完整的不予入库，确保中小企业信息征集的质量。在办理中能严格按照行政许可程序、时限、流程办理贷款卡和年审操作。年末新核准办理贷款卡304张，建立中小企业信用档案304户，年审贷款卡880户，年审合格率100%。个人信用报告本人查询17人次。

【现金、反假币和反洗钱】 加大对金融机构的现场检查力度，支行一直重视与地方政府、企业和金融机构的沟通，在对金融机构的现金管理工作、银行结算账户工作等现场检查中及时发现问题，帮助金融机构改进工作方法。全年共审批提现179户，办理支票违规行政处罚326笔，收缴入库罚金38万元；9月，参加人民币收付业务专项检查，上报信息6篇，现金月度分析报告12篇，风险排查报告1篇。

10月，组织反假人民币、支付决算等宣传。组织辖内金融机构在西山区碧鸡公园进行反假货币、反洗钱、支付密码——账户资金支付的安全卫士的宣传活动。采取了悬挂条幅、广播、宣传板展示、散发宣传折页和宣传物品、工作人员讲解等多种形式，发放宣传资料和宣传物品共1万余套。以通俗易懂的方式宣传、阐述《中华人民共和国反洗钱法》和《支付决算办法》颁布实施的重大意义。向广大市民群众介绍假币、洗钱活动的危害和使用支付密码的优点。

年内报送昆明中支反洗钱调研文章2篇（其中，《反洗钱仅是被动“防御”吗?》被《时代金融》杂志采用），信息12篇，反洗钱季度报表4次。

【会计国库、企业支票管理】 12月末，西山区财政收入51.7亿，财政支出22.4亿，国家金库业务量达28万笔，做到无事故、案件发生。

依据空头支票行政处罚规定，对辖内违规签发空头支票和与其预留的印鉴不符的支票的企业给予罚款处罚，对全区违规签发空头支票的企业给予罚款处罚，全年共办理支票违规行政处罚326笔，收缴入库罚金38万余元，上报月报表12篇，支票违规处罚季报表4篇，季度分析报告4篇，屡次签发空头支票黑名单报送4次。

【安全管理】 认真贯彻落实领导责任制和安全目标责任制，层层签订安全保卫工作目标责任书，定期对职工进行安全防范意识和保密意识教育，及时通报安全信息和社会治安情况。年内，支行进一步加强内部管理，在劳动纪律上下工夫，每天上下班由行领导轮流值班并严格打考勤，强化职工制度意识，对内部管理制度进行认真的梳理，修订并完善支行的财务管理暂行规定制度。定期对要害人员思想状况进行分析，及时了解情况，消除隐患。年内，支行未发生重大责任事故。

【党风廉政建设】 支行层层签订党风廉政建设责任书，坚持党风廉政建设工作与其他业务工作同部署、同落实、同检查、同考核、同奖惩。制定了《党风廉政建设量化管理办法》，做到领导班子严格执行个人重大事项报告、收入申报、礼品登记、廉政谈话等廉政制度。抓好党组中心组学习。党组中心组学习做到“有计划、有记录、有总结”，保证时间、人员、内容三落实。全年共进行12个专题12天次的学习。采取“声形并茂”的手段，抓好党员干部和职工的政治学习，以“愉快学习，快乐工作，开心生活”为宗旨，每周二组织全行职工进行丰富多彩多媒体光碟学习，学习各项金融政策、法律、法规。提高职工业务素质。支行以“创新金融服务、支持经济发展”业务竞赛为契机，组织全行职工参加昆明中支组织的多种业务竞赛。

【完成支行搬迁工作】 马街47号片区拆迁启动以来，支行党组高度重视，为保障支行整体搬迁工作的顺利进行，支行成立专门的领导小组，多次与开发商进行多轮商谈，落实搬迁补偿和回迁事项，落实搬迁临时办公地点和搬迁前期各项准备。经请示上级党委同意，完成与拆迁方补偿和回迁事项相关协议的签订工作。完成临时办公用房、仓库、职工食堂的租用。正式搬迁前完成安全防卫、办公室装修、机房综合布线等前期工作。在搬迁前，支行及时向上级行各处室、辖区金融机构、西山区政府通知支行搬迁的时间、搬迁地点。

（王亚梅）

中国工商银行股份有限公司昆明西市区支行工作

【机构】 2月，经云南银监局批复，西二环路分理处、马街分理处、王家桥分理处分别升格并更名为兴苑路支行、马街支行、王家桥支行。年底，工行西市区支行共有1室4部，辖内有1个营业室，即支行营业室；5个二级支行，即碧鸡支行、梁源支行、兴苑路支行、马街支行、王家桥支行；2个分理处，即黑林铺分理处、花园分理处。

在职职工149人，其中女性89人，男性60人；研究生1人，本科生56人，大专生60人，中专生23人，高中生9人；共产党员33人，共青团员33人；25岁以下19人，26～30岁26人，31～35岁15人，36～40岁22人，41～45岁32人，46～50岁32人，50岁以上3人；行领导6人，中层干部20人，一线职工115人，二线人员37人。

【经营效益】 年末，实现扣除资产减值损失前利润7 662万元，较去年同期增加2 466万元；实现扣除资产减值准备后利润7 081万元，较去年同期5 181万元增加1 900万元；实现净利润4 974万元，较去年同期4 738万元增加236万元，完成全年任务计划5 781万元的81.96%。

【各项存款】 年末，各项存款43.306亿元，较上年末增加4.557亿元，增长10%。其中人民币储蓄存款31.112亿元，较上年末增加3.13亿元，增长9%。对公存款12.194亿元，较上年末增加1.428亿元，增长10%。

【各项贷款】 个人信贷业务发放稳步增长，年末，各项贷款12.916亿元，较上年末减少4 489万元，下降3%，其中公司贷款8.243亿元，较上年减少1.214亿元，下降17%；个人贷款4.673亿元，较上年增加7 647万元，增长20%。存贷占比30%，较上年34.49%，下降4.49个百分点。

【中间业务】 年末，全行共实现中间业务收入2 295万元，完成全年任务的102.55%，同比增加142万元。

【不良贷款的清收】 年末，信贷资产12.916亿元，其中正常类11.823亿元；关注类5 849万元；次级类35万元；可疑类5 049万元；损失类1万元。不良贷款余额5 185万元，较上年末增加32万元，占比4.01%，比上年末上升0.15个百分点。

【百日迎新劳动竞赛】 1季度，开展以个人金融业务、公司业务、机构业务、小企业金融业务、银行卡、电子银行、结算与现金管理、国际业务八大业务为主线的“百日迎新劳动竞赛”活动，全行上下紧紧围绕业务发展、抢占同业市场的中心工作，力求做到早谋划、早部署。通过层层广泛动员，行领导班子亲历亲为，积极开展全员营销，抢抓市场、攻克目标，主要经营指标创造了良好业绩，实现了“开门红”。截至4月10日，人民币存款余额40.43亿元，其中储蓄存款增加2.647亿元，完成中间业务收入377万元。

【储蓄存款“强个金”发展战略】 以“夯实基础，强化管理”和“创先争优”等主题教育活动为抓手，提高个人金融业务经营综合收益水平，拓展存款工作思路。围绕总行实现“大个金”向“强个金”跨越的战略部署。行领导亲自带队对辖区内外的企业、单位认真梳理、逐户逐个开展上门营销工作；根据不同时期存在的问题支行多次召开职工动员会、中层干部分析会、客户经理、大堂经理例会，形成全员营销格局。发挥支行核心竞争力网点优势，努力抢占高端客户市场。认真督促每一名客户经理认真做好优质客户建档工作，责成网点负责人每日检查客户经理的建档维护情况。为确保各项业务齐头并进的发展，将基金、新增代发工资等业务与绩效工资挂钩，鼓励先进、鞭策后进。促进个人金融和银行卡业务健康快速发展，成立检查小组由分管行长带队对个人金融业务和银行卡业务进行认真细致的检查，加强了个人金融业务操作风险及银行卡业务风险管理。

【对公存款】 公司存款大户统一由信贷部门管理和营销，将日平均100万元以上的无贷公司客户挂钩信贷员和行领导，参照贷款客户管理制度定期走访营销，建立客户信息台账。公司存款纳入“支行绩效分配考核”，对网点进行“存量维护”和“增量”计分考核。成立对公存款营销领导小组，由行领导班子和部门负责人以及对公网点负责人组成，每月下旬召开对公存款分析会，对本月营销存款情况总结，提出月末目标措施，保障对公存款任务的完成。从新开账户入手，提升账户含金量，对有突出贡献的营销人员或部门网点进行绩效奖励。做好“以贷引存、以贷稳存”工作，对下家账户存款进行联动营销，对每笔大额存款支付都进行信息跟踪，采取回流本行营销措施。

【内控、案防工作】 贯彻内控案防工作重防范、重教育、重约束、重激励的理念，通过完善内部机制，强化内部控制来防控风险和案件。切实抓好日常防范工作，认真开好两月一次的安全防范分析会，分析经营活动中的安全隐患，解决实际问题，把案防工作的触角前伸到各业务环节，实现防范关口前移。经常分析掌握员工思想行为动态和带倾向性、苗头性的问题，抓好员工违规经商办企业、涉赌问题和“小金库”的专项治理和问题排查，在全行开展了员工涉赌情况专项排查治理工作，与每位员工签订员工远离赌博承诺书、中国银行业反商业贿赂承诺书。组织相关部室及涉人员开展保密知识的学习培训，开展保密知识竞赛。关注关键人员、关键岗位的风险，定期进行轮岗和强制休假，加大监督与管理，确保无案件事故发生。

【党群工作】 开展“创先争优”活动，强化基层党组织建设，发挥党支部的战斗堡垒作用和党员的先锋模范作用；抓好干部队伍建设，推行以公开选拔、竞争上岗为主的选拔任用机制，提升网点负责人、客户经理和柜员的履职能力。先后组织学习《中国共产党党员领导干部廉洁从政若干准则》、胡锦涛在中国共产党第十七届中央纪律检查委员会第五次全体会议上的重要讲话，就共产党员如何加强党性修养进行专题讲座。以“立足岗位争优秀、推动发展作表率”为主题，制定创先争优活动实施方案，充分利用网讯、简报、板报等多种形式，营造浓厚的活动氛围，全行35名党员写出目标承诺书张贴在创先争优宣传专栏上对外公示，上报专题简报9篇。

开展员工培训，提高员工队伍素质，建设好个人金融客户经理、对公客户经理、大堂经理等3支队伍。发挥支行工、青、妇等群众组织的作用，组织年度员工体检，开展群众性文化活动，组织登山健身活动，员工趣味运动会，增强员工凝聚力。开展“爱心志愿”行动，组织“抗旱救灾献爱心”活动，全行152名员工积极向受灾地区捐款4 035元。

（黄云江）

中国农业银行西山区支行工作

【机构】 8月6日，大观支行搬迁到西山新城百集龙家居广场一楼营业，并更名为西山新城支行。年末，营业网点数为支行营业室1个，分理处1

个，二级支行7个；在岗人员总数为145人，其中劳务派遣人员21人。

【存款业务】 年末，各项存款达44.643亿元，较年初增加8.94亿元，完成全年任务的112%；其中对公存款17.868亿元，比年初增加4.246亿元，储蓄存款26.774亿元，比年初增加了4.694亿元。

【贷款业务】 年末，各项贷款余额35.475亿元，比年初增加6.269亿元；其中法人类贷款23.486亿元，全年新增2.158亿元，个人类贷款12.069亿元，全年新增4.11亿元。全年累计发放一手房贷款2.271亿元，二手房贷款3.903亿元，实现了个人住房贷款存量、增量全辖排名前列。

全年清收个人不良贷款110万元，完成全年不良贷款清收任务的275%。年末不良贷款余额为186万元，不良率为0.15%。

【其他业务】 年内全国农行股改完成并成功上市，在办好传统业务的基础上，加大营销力度，各项业务取得较好发展。全年办理结汇1 294.82万美元；国际业务结算2 363.12万美元；信用证结算844.73万美元；出口跟单托收业务211.35美元；票据贴现1 426.66万元；销售基金2.498亿元；实现代理保险手续费收入114万元。

【经营效益】 实现拨备前利润1.149亿元，比上年增加4 338万元，完成全年计划的132%。实现中间业务收入1 835万元，比上年增加622万元，完成全年任务的87.38%。

【内控管理】 认真执行领导干部带班查看监控录像制度，督促存在问题的营业网点认真整改。规范柜台业务授权操作，加强业务授权管理，做到员工违规行为积分管理制度化。加强会计监控系统预警信息核销，强化会计内控管理，抓好员工行为排查、员工强制休假和岗位轮换、会计内控管理、委派会计主管暂行规定等制度和规定的落实。开展合规文化教育活动，落实安全保卫各项规定。支行党委与机关各部室，基层各网点签订安全保卫责任书和合规操作责任书，按季做好防暴预案演练，提高员工的安全防范和自我保护意识。加大反洗钱工作力度，配合上级行做好防控案件集中排查、集中审计和自查工作，遏制违法违纪案件的发生，被云南省分行授予“内控管理先进单位”。

【党建和党风廉政】 培养群众基础好，业务能力强，综合素质高的优秀员工向党组织靠拢，不断提高党员队伍的整体素质，全年发展党员2名，转正3名。加强基层党组织建设，撤销老干支部，将离退休党员并入机关支部，党委下设支部数由4个调整为3个，年末党员总数为56人。开展党风廉政建设和反腐败工作，切实加强理想信念、思想道德、法律、法规和党纪政纪教育。

【群团工作】 加强领导，充分发挥工、青、妇组织的职能作用，促进支行全面和谐发展，农总行授予“全国农行精神文明建设工作先进单位”。发挥工会组织的职能作用，切实维护员工合法权利，定期召开职工代表大会，审议通过了《2010年业务经营综合考核办法》。推行行务公开，增强民主管理，对行内重要决策、决定、业务经营、员工利益等事项以多种行务公开的方式引导员工积极参与。建立稳定协调的劳动关系为着力点，成立了劳动争议调解委员会和劳动法律监督委员会，加大劳动关系协调力度；体现集体温暖，切实保障女职工合法权益和特殊利益。“三八”节，工会积极筹备丰富多彩、主题鲜明的纪念活动；“六一”节对职工子女进行慰问，逢年过节慰问离退休干部，看望生病住院的职工等；加强信访接待工作，对员工反映的问题派专人认真了解和反馈，及时化解各种矛盾。推进企业文化建设，10月，组织66人规模的合唱队参加营业部组织的“打造大型上市银行活动”歌咏比赛，获三等奖。

（聂庆国）

中国建设银行股份有限公司昆明西山支行工作

【经营情况】 年末，全口径存款12.755亿元，比年初增加2.515亿元，其中企业存款余额为4.917亿元，比年初增加3.098亿元；储蓄存款余额为43.435亿元，比年初新增5 823万元。各项贷款余额为4.028亿元，比去年增加2 094万元，其中公司类贷款余额为2.61亿元，比去年增加3 500万元；个人贷款余额为1.418亿元，比去年增加5 594万元。

【业务营销】 年初，建行西山支行企业存款受去年几家大客户资金转出影响，导致上半年对公存款出现较大数额负增长，为弥补上述资金转出对公存款带来的不利影响，努力拓展对公存款。西山支行作为西山区住房维修基金唯一主办银行，一直配合西山区房管局梳理辖区楼盘，积极拓展基金归集业务。通过平时扎实的基础工作以及二级行牵头进行的积极营销，使对公存款负增长的不利局面将逐步改观。经过对区内政府部门及主要企事业单位各重大项目的跟踪、拓展，西山支行在2009年10月完成，西山区昆明铁路枢纽扩能改造工程征地拆迁安置工作指挥部账户的开立工作。该账户为国家铁路系统枢纽工程扩能改造项目所涉及征地拆迁等前期筹备工作所开立的专用账户，截至10月底，该账户到位资金已陆续到位2 000万元。

完成部分存量对公客户授信规模的扩大工作，1～10月完成昆明电缆股份有限公司、云南鸿翔一心堂药业（集团）股份有限公司、西山区城市投资开发公司信用等级的评定工作以及云南变压器电器有限公司1.3亿元的授信工作。

【个人方面】　个人类贷款方面，前期跟踪项目——“尚领明珠”于三季度开盘，在城西支行个贷中心的通力配合下，积极拓展楼盘个人贷款业务，以优质的服务及高效的工作争取到了较大的业务份额 。

西山支行自2004年开办西山区社保代工业务，为区内1万多名退休职工办理社保代发工资业务，使网点形成稳定的存款沉淀。由于多年来与社保局良好的合作关系，西山支行代发比例逐年提升，为网点的储蓄存款新增起到了较大的促进作用。根据分行的部署，顺利完成了网点二代转型的验收工作。

【中间业务】　年内在保险、理财产品、基金、信用卡等多项产品上实现全面推进，均取得了较好销售业绩，为网点中间业务的完成起到了关键性的作用，多项产品销售在均突破网点历史最好成绩并在城西支行排名前列。

【内部管理】　深化激励约束机制改革，建立新型收入分配机制和客户服务机制，调动了全体员工的工作积极性、主动性。一是制定了绩效工资考核分配办法，全面推行绩效工资买单分配，以业绩论英雄、按贡献取报酬的收入分配机制初步建立；二是强化客户经理服务意识，把“在家等客户上门”的被动服务变为“走出门去营销”的主动服务。本着“谁营销、谁维护、谁受益”的原则，对原有账户进行了细分，对每个账户均确定了客户经理，对重点客户成立客户经理小组，目前在我行，人人关心业务，人人营销存款，员工的积极性、主动性得到较好发挥。结合实际对现有工作流程和岗位内控制度进行了改进，在行内实行竞岗、轮岗，结合人事激励机制，合理安排工作岗位，实行弹性工作法，充分发挥每个员工的潜能。

（黄兴明）

中国建设银行股份有限公司昆明海口支行工作

【机构】　建行昆明海口支行位于昆明市海口中滩街193号，隶属建行昆明城西支行，现有在职工16名，平均年龄36岁，其中党员4名，团员3名，大专、中专以上学历15人。行长1人，副行长1人，委派会计主管1人，下设1个营业网点和综合业务部2个部门，建立有党支部、工会和团小组等组织。

【业务及工作业绩】　年末，建行昆明海口支行一般性存款余额达到4.5亿元，较2009年新增1 500万元，各类贷款余额3.5亿元，较2009年新增8 000万元；实现利润1 100万元。全行基础管理工作和风险内控进一步加强，领导班子坚强、团结，职工素质和服务水平显著提升，近年来均无重大事故和案件发生，连续5届保持市级文明单位称号。

在继续保持传统的存贷款业务发展势头的同时，主要通过产品和收入结构的调整，增强了市场竞争和可持续发展的能力，在小企业贷款、保理业务、票据业务、代理基金保险、理财产品等各方面都有了较快增长。通过调整业务增长方式，中间业务收入在主营业务收入中的占比提高到了25%。

【内部建设】　按照上级行合规文化建设和强化内控管理、案件防控相关要求，先后组织员工学习，省分行、城西行《基层机构案件防控量化考核办法》、《员工禁止性行为规定》以及银监局、人民银行和本行各类业务相关制度和规定累计超过600多项。通过每天的晨会、每周的职工大会、每月的案件防控例会和每季度的员工行为排查等各种形式学习教育，引导员工树立依法合规经营、风险案件防控的意识，在日常工作中注意养成良好的工作习惯，规范操作流程，防范各类案件和事故。提高员工处置突发事件的能力，全年无重大差错、案件和事故发生。

（李智辉）

中国银行股份有限公司昆明市西山支行工作

【存贷业务】　年末，各项人民币存款余额101.205亿元，较上年末增加13.664亿元，其中人民币公司存款余额45.584亿元，较上年末增加3.35亿元；人民币储蓄存款55.594亿元，较上年末增加10.295亿元。人民币各项贷款余额33.9亿元，较上年末减少1.844亿元。其中公司贷款余额20.892亿元；零售贷款余额12.293亿元，较上年末增加1.778亿元。

【经营效益】　全年累计实现净利润1.62亿元，人均创利54万元。全年实现中间业务净收入1 888.78万元，同比增幅25.31%。

【资产及负债】　人民币、外币资产负债总额持续增长。资产总额较上年末增加28.367亿元，增幅43.58%。负债总额较上年末增加28.217亿元，增幅44.02% 。

【内控合规】　强化内控精细化管理体系，重点加强一道防线内控管理职能，完善监控联网建设，形成内控防案有效合力。加大检查力度，注重检查效果，特别突出对重要岗位人员的监督，并对重点人员实行档案管理，跟踪监控，定期与其部门领导谈话，并形成谈话笔录，及时掌握情况，预防案件发生，充分发挥纪检监察职能部门的作用，对案件易发单位、岗位增加检查频率，进行重点治理。

【党建工作】　加强党风廉政建设，联系支行发展实际，加强对支行领导班子自身建设和监督管理，提高领导班子的决策能力、经营管理能力、市场应变能力、开拓创新能力、风险防范能力、驾驭局面能力和执行能力。加强纪检监察队伍建设，按照提高纪检监察干部队伍建设的要求，健全机制，建立制度。加强思想建设、组织建设和作风建设，按照新时期对纪检监察干部的要求，努力提高纪检监察干部的政治水平和业务素质。做好企业文化建设，全面加强企业文化建设，为促进改革发展稳定和业务发展提供强有力的文化支撑。

（谢开雄）

西山区农村信用合作联社工作

【经营效益】　年初与各基层社签订目标责任书，分解、落实任务指标，坚持激励机制和约束机制有机结合，做到目标责任落实，奖惩分明，保证存款任务的顺利完成。年末，各项存款余额突破 86 亿元，增幅 28.33%。做好涉农贷款的管理工作，12 月末，全区信用社共建立农户经济档案 1.62 万户，占全区农户总数的 43.3%，核贷农户 1.11 万户，核贷金额 8 757 万元，发放信用贷款证 1.32 万本，评定信用农户 254 户，评定信用组 6 个，评定信用村 2 个，发放农户小额信用贷款金额 3 238 万元。各项贷款余额达 54 亿元，较年初增长 9.161 亿元，增幅 20.06%，存贷比 63.51%。

【信贷管理】　加强信贷管理工作，提高信贷风险防控能力。坚持贷款“三查”制度，认真做好贷前调查、贷时审查、贷后检查工作，有效控制信贷风险。积极安排对大额贷款进行贷后检查。全面推进法人客户信用评级工作。年末，圆满完成全区 251 家法人客户的信用评级，其中 AAA 级 1 户、AA + 级 2 户、AA 级 4 户、AA - 级 12 户、A + 级 29 户、A 级 168 户。着重强化风险管理，力促不良“双降”，采取一户一策、一户多策等形式，逐户制定不良贷款清收目标和具体方案。依靠法院、经侦、律师等各种社会力量，清收处置不良贷款，维护信用社的合法权益，打击逃废银行债务的行为。

【涉农贷款】　西山联社始终坚持以农为主，为农服务的经营理念，把支持农村产业结构调整、农民增收和提高农业综合生产能力作为工作的重点，在信贷资金的投向上予以倾斜。12 月末，全区信用社共建立农户经济档案 1.62 万户，占全区农户总数的 43.36%，核贷农户 1.11 万户，核贷金额 8 797 万元，发放信用贷款证 1.32 万本，评定信用农户 254 户，评定信用组 6 个，评定信用村 1 个，发放农户小额信用贷款金额 3 119 万元。

【中间业务】　本着服务当地经济、方便大众的原则，累计安装 pos 机 91 台。办理大地保险代办车辆保险业务 41 笔保险业务，涉及金额 17 万元。办理安贷宝业务 420 笔，安贷宝业务的有序开展促进广大农户风险防范意识的增强，筑起了农户贷款的风险保障机制。

【新业务】　以科技手段为依托，不断推广新兴业务。年初，在省联社的统一安排下推出电子银行、手机银行业务。10 月，获得贷记卡发卡资格。12 月，第一批贷记卡顺利发行，打破联社自成立以来无贷记卡发卡的历史。

【电子化建设】　在全区范围内加强电子设备建设，全年共配置主机 93 台，笔记本电脑 7 台，液晶终端 77 台，存折打印机 41 台，报表打印机 13 台，验钞机 53 台，密码键盘刷卡器 34 台，其他设备 40 余台。加强计算机管理，建立规范制度，完善考核方式，保证计算机安全运行；完成前卫信用社、滇池信用核心系统指纹识别仪的安装布放工作，在部分网点试点安装多功能收银槽产品。

【强化内控】　加大稽核检查力度，组织全区 100% 网点的库存现金、重空、抵（质）押品、印章管理专项稽核、案件风险排查专项稽核审计、计算机网络安全管理专项稽核审计及贷款真实性及账户管理合规性专项检查。建立案件查访机制，提高防范意识。深入开展“管理年”活动、案件专项治理和治理商业贿赂工作。3 月，组织内控管理的突击检查，4 月，按照银监会和省、市联社要求开展了案件风险排查工作，通过检查整改，内控管理不断加强，案件防控工作取得了显著成效，全年无案件发生。加大“三防一保”工作力度，全区共整改营业网点 3 个。全区对外营业网点 35 个，均已全部安装防弹玻璃、与公安“110”联网红外线探测自动报警器、电视监控网点，安装率达 100%，达到省联社的“双基本”建设要求。

【党群工作】　层层签订党风廉政建设责任书，全年组织完成全区联社中层干部、信贷员、分社负责人共 106 人的廉政谈话。发出廉政公开信 300 余份；组织干部职工进行廉政教育 4 次、观看警示教育展览 1 次，实况录像 2 次，全区联社全年无违法违纪事件发生。认真开展创先争优活动，抓支部建设，完善基层支部管理工作。年初成立滇池信用社党支部。总支所属支部召开党员大会 21 次，召开班子民主生活会 10 次；支部上党课 12 次，提升区联社共产党员的先进性。严格党员发展程序，共有预备党员 5 人按期转正，现全区信用社有 9 个党支部，全区党员总数 125 人，其中正式党员 120 人、预备党员 5 人、退休党员 14

人，推荐2名同志参加区委组织部举办的入党积极分子培训班学习。认真组织对口联系制度工作，出资2万元帮助村民开展农业技术培训、补助村委会10户贫困家庭子女每人每年人民币500元，解决其上学难的问题，对口联系工作取得实效。

8月，由全国总工会发起，在全国范围开展的“建设职工之家”的评比活动中，联社获“全国模范职工之家”称号。8月19日下午，省联社主任助理、市联社党委书记、理事长高波，西山区区委副书记沈桂芝，副区长李笠菲，区政府总工会常务副主席王友莲等领导到场授牌和证书。

【队伍建设】 继续做好“三项制度”改革相关工作。7月，新招合同制员工30人。12月5日，在福海信用社会议室举行2010年中层干部副职竞聘会，选拔了一批年富力强、有丰富工作经验的年轻干部，充分体现了“能者上、平者让、庸者下”的竞争机制。建立正向的激励考核机制，充分调动职工工作的积极性和主动性，保护职工合法权益。重视精神文明建设工作。全区联社共有7个单位被命名为市、区级精神文明单位。

采取多种形式宣传，打造西山联社优质品牌形象，按月编撰报送《西山信合》简报，及时反映工作状况与职工思想动态。抓住黄金时机开展“迎接新春 情系三农”优质服务月等活动。在部分网点安装DMB海报屏滚动播放业务宣传、企业形象等信息。

【二届一次社员代表大会】 8月19日，联社在云安会都召开二届一次社员代表大会，选举产生了新一届理、监事会，聘任了经营班子，形成了决策、管理、监督相互制衡的运行机制，领导班子建设得以加强，形成了较强的班子战斗力和凝聚力。

【网点建设】 至年末，区联社共有机构网点36个。按照“五统一”的要求，加强网点建设，网点形象和布局更加合理完善。完成滇池信用社的筹建并于1月28日开业，9月21日完成明波分社的搬迁，9月27日完成谭家营分社的搬迁，10月27日，金河分社搬迁至光福小区理想红树湾22栋商业部分一楼，同时更名为拥护分社，12月8日，前卫信用社搬迁至前新路。12月16日，官庄分社搬迁至沃尔玛商业区并及更名为望城分社。网点的重建改造是对新昆明建设的支持和拥护，是贯彻省联社“服务创优工程”的具体实践。

【员工培训】 4月10～11日，在云南财经大学举行星级柜员综合考试，之后陆续安排点钞、计算机录入等考试。此次星级柜员考试评出五星级柜员3人，四星级柜员37人，三星级柜员39人，二星级柜员22人，一星级柜员10人。6月12日和6月19日，组织2批“三个办法一个指引”培训，培训面达分社负责人一级，共培训140人，加深参培人员对贷款新规的认识，促进了贷款新规的贯彻落实。10月，联社与太平洋保险公司合作，在联社开展了保险代理从业资格培训并组织职工参加了保险代理从业资格考试。各基层信用社分别组织了1次防暴预案演练，防火预案演练，参训率达100%，通过演练提高职工的安全防范技能，建设过硬的员工队伍。

（杨其芬）

富滇银行股份有限公司昆明西山支行工作

【存贷款业务】 年末，全口径存款余额为45.59亿元，较年初增加11.32亿元，增长33.03%。一般性存款余额35.538亿元，较年初增加11.333亿元，增长46.82%，完成年度经营计划指标数的135.61%，其中公司类存款余额28.611亿元，较年初增加11.277亿元，增长65.06%，完成年末经营计划指标数的140.73%；个人存款余额6.927亿元，较年初增加552万元，增长0.80%，完成年末经营计划指标数的118.19%。

【各项贷款】 年末，各项贷款余额为15.412亿元，较年初增加2.353亿元，增长18.02%，完成年末经营计划指标的87.04%，主要是受信贷政策及规模调控影响。其中，公司类贷款余额为11.51亿元，较年初增加1.456亿元，增长14.48%，完成年末经营计划指标数的82.54%；个人贷款余额3.902亿元，较年初增加8 974万元，增长29.87%，完成年末经营计划指标数的103.74%。各项贷款日均余额14.01亿元，较年初增加1.3亿元，增长10.23%，完成年末经营计划指标数的87.75%，其中公司类贷款日均为10.486亿元，较年初增加3 348万元，增长3.30%，完成年末经营计划指标数的86.67%；个人贷款日均为3.524亿元，较年初增加9 649万元，增长37.71%，完成年末经营计划指标数的103.84%。

【市场营销】 严密监控大额存款支取，注重存贷款大户资金信息收集，及时掌握资金进出动向，对项目资金实行行内流动。2010年，西山支行资产业务发展面临巨大压力，“银政合作”资产业务由于项目大部分是属于公益项目，无法进行授信融资，导致发展不前，西山支行积极调整行业信贷政策，全方位支持小企业发展。年初针对中小企业在客户信用评级、授信管理、贷款审批权限、业务流程再造、贷后管理要求等环节，进行相应改革简化，制定资产客户三步走战略：稳定原有客户云南变压器电气有限公司，该公司连续三年在富滇银行办理资产授信业务，实现投放金额1.5亿元；深挖现有资产客户需求，搭配使用不同业务产品，新增加强林石化有限公司，昆明铭真旅游运动有限公司项目贷款4.8亿元，给予云南云天化联合商务有限公司1亿元综合授信业务，该授信业务拉动公司结汇金额达到2 279万美元，11月，通过办理该公司3亿元银行承兑汇票贴现资产业务后，营销其购买理财产品3.09亿元；重点营销新资产客户，四川科贸建筑有限公司云南分公司、云南恒通恒电力工程有限公司、云南健新医疗设备服务有限公司、西山城改置地发展有限公司贷款1.8亿元。

打造个人贷款精品业务，继续拓展“二手房”贷款业务，与家闻房地产经纪有限公司开展全方面合作，在办好传统二手房贷款业务的同时积极开展富滇银行二手房“交易宝”业务品牌的营销。除原有驻点至西山支行营业大厅的业务外，3月初，在西山区产权交易中心开办二手房交易宝业务，这也是富滇银行唯一一个在产权交易中心开设二手房资产业务的服务机构。12月，共办理发放个人二手房贷款324笔，发放二手房贷款金额9 747.7万元，其中二手房履约保函4笔，金额157.5万元，采取每发放一笔贷款，至少为客户提供2只以上的个人产品，把个人信贷业务与其他金融产品实行“打包营销”、“捆绑式销售”。

【防范信贷风险】 一是提出风险防范汇聚的置换方案，提高小企业的担保方式的有效性，担保能力，提升小企业风险防范汇聚能力。二是结合业务操作实际情况，根据“三个办法一个指引”的要求，通过多种渠道和方式，传达“实贷实付”的诚信理念。降低企业的财务成本，督促企业把项目的可行性分析、资本金管理和现金流管理做实做细，让企业的经营发展更加有理有据。三是提升风险管理能力，起草《富滇银行昆明西山支行授信业务操作流程》、《富滇银行昆明西山支行信贷档案管理办法》规章制度，把风险管理作为系统工程来实施。四是根据国务院以及云南省银监局关于政府融资平台贷款相关文件要求，对支行的政府融资平台贷款进行清理，完善了相关手续，对平台性质、贷款投向、风险状况进一步细分。年末，西山支行政府融资平台贷款余额通过“解包还原”工作，提出了信贷资产整改保全和分类处置的意见，分析了多渠道化解融资平台贷款风险的可行性及抵（质）押担保的有效性和可实现性，完善还款来源，按期收回2010年贷款金额为1.46亿元，贷款余额较2010年下降34%。

【内部管理】 全面做好财务收支工作，对全行的资产、负债、所有者权益、各项收支、费用等进行核算、反映、管理和监督；加大对各网点会计基础管理的检查力度，针对支行业务操作流程、会计核算和规章制度执行情况。定期或不定期对各网点日常现金和重空及有价单证的查库力度，做好检查记录，消除风险隐患；加强支行内部风险控制，强化存款风险管理，根据存款风险滚动式检查重点遵循“三优先”的原则，对所辖棕树营支行、西苑支行、度假区支行和西山支行本部进行存款风险滚动式检查，逐步健全和完善了监督检查机制。

【队伍建设】 年内，积极鼓励员工通过学习提高自身能力，目前支行已经有多名员工参加厦门大学研究生深造。支行逐步建立起竞聘双向选择、干部能上能下、员工能出能进、收入能高能低的经营机制，上半年组织西山支行中层干部竞聘工作，对支行涉及的中层干部全部免职后，重新进行聘用，选拔出较为优秀的人才担任支行的中层干部，为总行选拔后备干部提供一定依据。注重软环境建设，西山支行通过对原有西苑、福海支行进行搬迁改造，大力改善业务环境，从每项细节进行整改，梳理业务流程、梳理服务流程、布置营业大厅，增加报刊、摆放糖果、提供茶水、实行温馨人性化服务，10月，西苑支行顺利取得“云南金融机构四星级服务网点”称号、“省级文明规范服务示范单位”的称号。

【安全保卫工作】 对于安全保卫工作坚持“警钟长鸣、常抓不懈”的方针，贯彻落实“五防三保”工作要求，重视全行安全保卫工作，对“110联网报警系统”进行定期检测，对消防、电力等有安全隐患的也积极配合有关部门进行了整改和维修，及时上报并防患于未然。年初支行与各部门各网点签订安全保卫责任书，经常召集保安进行开会学习以提高警惕性，定期不定期进行查班、查岗。另外上半年根据棕树营支行片区拆迁的周边环境情况，对棕树营支行进行每周不定期上门查岗、查班，发现问题及时与支行领导和五华保安公司沟通联系，保证了棕树营支行在上半年停业前的安全过渡。12月，被总行评为“2009年度案件防范和安全保卫先进单位”称号。

（熊俊波）

广东发展银行昆明分行工作

【经营情况】 年内及时研究出近40项推动和促进存款、贷款、中间业务、个人业务、票据业务等有效增长的政策、措施，使昆明分行各项工作得到前所未有的发展。截至年末，各项存款余额226.85亿元，日均存款余额214.12亿元，各项贷款余额173.57亿元，累计票据直贴量达245.22亿元。

【公司业务】 一是抓好公司业务的深度营销，扩大存款规模。加强各级财政部门、社保基金、公积金中心、机关团体等无授信客户的营销，大力推广商票、国内信用证等新的模式，有效带动存款的稳步增长；拓宽同业合作领域。年末，同业存款余额达26亿。二是根据云南省产业发展规划纲要，对旅游文化、烟草等十大产业分别制定不同的业务发展计划，有效地对各产业龙头企业开展营销工作；利用云南资源优势，对“采矿权抵押担保”、“林权抵押”等创新担保方式进行研究，积极推进公司业务产品创新；借助总行推出的“施工企业授信”、“并购贷款”、“银团贷款”等公司业务产品，扩大公司银行业务的市场份额。三是积极促成云南德股集团有限公司现金管理系统上线、云南省财政厅财政票据电子化管理系统上线，与云南冶金集团财务公司实现了银企直连。四是重点加强与省商务厅、省外管局等机构的密切联系与合作，借助各级政府招商引资的契机，大力发展资本金业务，实现国际业务经常项目和资本项目的同步发展；深度挖掘存量客户潜力，实现在岸、离岸业务互动，寻求国际结算量增长点；先后与澳门分行、梅隆银行、花旗银行纽约分行等多家境内外银行建立了业务代理联系。与中国银行广州分行建立人民币境内外代付关系，紧紧围绕汽车、钢材、有色金属、能源、家电、医药和医院等核心企业，发挥产品经理优势，对重点客户提供一对一的服务和指导。

【票据业务】 结合总行票据业务管理新要求，及时调整业务发展策略，持续深化同业合作平台建设工作，为票据业务规模化发展发挥极其重要的作用。现已拥有优质、稳定的票据转贴现合作伙伴45家，遍布华北、华东以及西部等地区。加强商业承兑汇票业务营销的组织和推动工作，建立票据业务联络员管理工作，为一线提供优质、高效服务。重新启动央行再贴现业务，丰富票据出口，提升盈利空间。全年，累计票据直贴量245.22亿元，分别占云南银行业、股份制商业银行总量的22.38%、37.67%。

【零售业务】 一是加强零售业务队伍建设，组织开展产品及业务培训，提升营销技能；组织持证上岗资格认证考试，全行88名零售客户经理持证上岗；制订全行中高端客户资料、客户分层管理及增值维护方案。二是组织个金竞赛、储蓄营销、真情理财进万家等系列营销活动，并实施多项营销配套政策。三是把个贷业务作为优化贷款结构的重要举措，加强个贷业务营销，在费用政策、审批支持上给予充分保障。年末，个贷余额19.68亿元，较年初增加10.37亿元，增长111.37%。四是抓好代理业务和理财产品销售，开展保险代理业务，先后与泰康人寿、新华人寿、人保财险、大地财险等保险公司签订代理合作协议，丰富了产品线，实现银保中间业务收入42.75万元；与太平证券、招商证券等9个证券公司签订协议，合作推广个人第三方存管账户业务，年末，第三方存管有效开户数1 251户。五是全力发展网银业务，开展真情回馈、迎亚运等主题营销活动，支持和引导网银活跃客户。新增网银客户数1.86万户，新增活跃网银客户数1.06万户，全年网银交易笔数12.38万笔。

【信用卡业务】 将优质企业、商户和各类社会团体进行有效的资源整合，大力开展项目发卡，突破分行渠道发卡瓶颈。认真组织交叉营销，实现高端卡业务的历史性突破。全年新增高端卡437张，同比增长49倍。积极拓展营销收单商户，确保业务持续、稳定发展。加大风险防范和风险管控，使信用卡效益得以大幅提升。

【内控管理】 完善、梳理管理规章、管理流程和管理制度。认真落实首问责任制度，服务一线承诺制和催办、督办、查办制度。要建立完善“内部客户关系制度”，建立了个人之间、单位与单位之间高度的协作服务关系，提升工作运转效率。完善内控体系建设，把风险、内控职能前移，建立包括以业务一线部门、业务管理部门、法律与合规部门在内的“内控三道防线”，牢牢树立合规经营是底线、风险管理是生命线、廉政建设是高压线的“三线观念”。强化信贷管理，切实防范信贷风险。高度重视银监会“三个办法，一个指引”的贯彻落实，强化全行信贷人员依法合规经营意识，全面开展对政府融资平台贷款的清理整顿工作，完善政府平台贷款档案资料。组织完善反洗钱制度体系、金融统计管理体系，细化了内控和操作风险管理。深化开展“内控和案防制度执行年”活动为契机，加强全行职业道德教育，深入开展风险排查活动，强化各级责任制落实和追究，完善内控风险防范机制。切实抓好信息安全管理，制订信息科技风险评估计划，组织开展信息安全风险评估和检查。

【金融服务】 年内开展“世博·亚运”系列活动，通过大堂经理培训、服务礼仪培训、知识讲座、业务技能竞赛、英语演讲等活动，提升网点的对外服务水平。组织世博、亚运服务的宣传，深入开展金融产品进社区活动，对广大居民进行金融知识的推广普及。细化服务质量的监督、考核，定期通过现场检查、监控检查、客户满意度问卷调查、电话调查等不同途径，及时掌握、评价服务质量状况，严格落实奖惩措施。经考评，有1家网点被评为中国银行业文明规范服务“全国千佳示范单位”，2家网点被评为云南银行业文明规范服务“示范单位”，1家网点被评为云南银行机构网点最高星级“五星级服务网点”，4家网点被评为“四星级服务网点”；辖属所有网点百分之百达到总行“标兵单位”标准。4月，广东发展银行昆明分行朱灿璋获昆明市政府昆明第十届优秀企业家称号。

【广东发展银行昆明大商汇支行】 年内，以增加存款为中心，以公司业务为龙头，以增加中小企业授信为主线，落实各项交叉营销的措施，加强员工业务技能的培训和提高。抓好中小企业授信客户的渠道建设和维护工作，中小企业客户的营销由个体营销向渠道建设和维护转化，提高营销效率。抓好存量授信客户潜力的挖掘工作，对存量客户逐一进行梳理，优化授信方案，通过授信方案的优化锁定客户结算和存款。重点拓展贵宾卡、代发工资、信用卡、第三方存管以及保险业务。年末，支行人民币各项存款余额 11.25 亿元，各项贷款余额 6.69 亿元；累计完成票据直贴 18 亿元，其中商业票据贴现 3 亿元。

【广东发展银行昆明金碧路支行】 年内，实行员工轮岗制度，加强业务知识的全面学习，采取集中学习和分散学习的方式，在学习中不断总结；营造一种“比、学、赶、超”的氛围，加强账户管理及柜台结算工作，按月认真执行账户检查和核对工作，有效防范风险。抓大不放小的公司客户营销思路，加大对中小客户的营销，就全面改造城中村的有利时机，努力寻求合作机会。通过“1+1>2”营销模式，加大对现有客户的深度挖掘及上下游客户的主动营销；细分国际结算类客户，主动上门营销，加大客户群的开发力度，深度挖掘客户潜力，加强客户营销工作；积极开展公私业务联动营销，各种产品交叉销售，通过对公授信拉动储蓄存款 1 亿多。年末，支行人民币各项存款余额 16.99 亿元，其中企业存款余额 14.89 亿元、储蓄存款余额 2.1 亿元；开具银行承兑汇票 1.73 亿元，累积贴现 3.98 亿元。

（许红玲）

中国人民财产保险股份有限公司昆明市西山支公司工作

【经营情况】 在广大员工的共同努力下，完成实收保费 5 506 万元，同比增长 155%，有效已决赔款 1 750 万元，实现利润 1 215 万元。

【队伍建设】 年内，公司为改善人员结构、培养后备人才、提高队伍素质，本着从长远发展考虑，招录多名应届毕业生；经过长期的深化培养、审核考试后，输送到各个岗位中。公司长期推崇爱岗敬业、勤奋工作、无私奉献、效率与质量同重的职业精神；在此基础上，为公司改革和发展做出积极贡献的员工，争取到很多发展、学习的机会；与此同时在省、市公司的各种表彰通报中，也涌现出大批先进个人和团队。

【销售建设】 开拓新型销售渠道，全面开展“直通车”产品，运用电子商务及服务优势打造的电话投保专线产品。拨打专线即可享受“保险顾问全程指导”、“免费送单上门”、“快速理赔”、“100% 服务贴心回访”等“车险管家”专属服务。借全面开展电话直通车业务的契机，公司适时调整销售方向，完成传统销售向电话销售转变的发展进程；现代资讯的便利成就了“中国人保财险电子商务平台”的上线网络销售的建立，年末实现了打造“保险业电子商务第一品牌”的奋斗目标。

（宁　玲）

中国人民财产保险股份有限公司昆明市分公司海口营业部工作

【经营情况】 全面开展企业财产保险、机动车辆保险、家庭财产保险、货物运输保险、计算机保险、幼儿学生意外伤害保险等多项保险业务。努力提升自身服务水平，公司设有环境优雅的客户接待区。通过全体员工的辛劳工作，全年实现保费收入 1 426.79 万元，比去年增加 92 万元。

【保险业务】 年初，海口营业部开办人保财险直通车业务，拨打投保专线就可以购买保险，给客户更多的优惠，免费送单服务给客户提供便利。在其他保险业务方面针对海口地区区域广、客户分布散的特点，通过“95518” 24 小时服务电话，指派专人实施 365 天无休保险上门服务。由行业型服务向社会型服务转变，建立完善防损防灾机制，专门抽调资金配合客户进行风险评估和风险管理，主动为黄金客户上门服务。加强职工业务知识学习，把文明优质的服务贯穿展业、承保、防灾、查勘、定损和理赔全过程。

【内部管理】 严格执行财务资金管理强化成本意识，严格控制成本。实行收支两条线、一支笔审批制度，严格会计监督和财务纪律，以经济行政手段强化管理。严把单证领用制度，从行政、财务、监督、业务等方面加强管控，完善监督管理机制，做好防灾防损工作。

【社会治安综合治理】 年初，与昆明市分公司签订了“中国人民财产保险股份有限公司昆明市分公司 2010 年度社会治安综合治理目标管理责任书”。搞好安全保卫基础设施建设，抓好要害部位，落实值班人员，坚持 24 小时值班，切实做好防盗工作。全年无火灾事故、无重特大交通事故，实现人、财、物、车安全无事故。年内海口营业部被昆明市公安局西山分局授予“无盗楼院”称号。

【党风廉政建设】 年初，与昆明市分公司签订“中国人民财产保险股份有限公司昆明市分公司 2010 年党风廉政建设责任制目标责任书”。组织员工开展多层次的学习教育活动，开好民主生活会，坚决贯彻总公司的廉政建设方针，切实抓好纠正行业不正之风的工作，认真执行金融方针、政策和法律法规，依法合规经营，不断学习提高。

【员工队伍建设】 年内，组织全体员工学习党的方针政策，贯彻落实科学发展观。加强对保险理论业务知识的学习，多次组织员工学习新保险法和新版的各项保险条款，开展职业道德教育，提升员工职业道德修养，不断提高员工的综合水平，提升服务质量。引进本科应届毕业生，为公司发展注入新鲜血液，员工中学历本科及以上的达到公司员工总数的60%。做好新员工如司教育，使其尽快转换角色适应工作环境。加强对老员工的教育培训，使其跟上保险业发展步伐，充分发挥其宝贵的工作经验。

（罗 茜）

中国人寿保险股份有限公司昆明市西山区支公司工作

【业务发展】 年内西山区支公司实现保费总收入3 694.67万元，其中实现首年期交保费814.76万元，人身意外险保费67.59万元，完成任务的130%；10年期以上为188.59万元，5年期以上799.51万元；个险全年续收1.11万件，续收率达到95%。

【赔付支出】 全年各项赔（给）付875万元，其中死亡赔付77.5万元，医疗给付31万元，赔款支出93.3万元，满期给付553万元，年金给付54.3万元，其他部分支出65.9万元。

【基础管理】 年内从出勤、活动量、会报、表报、会议营销、职场教育训练等方面的基础管理工作着手，严要求、严管理。建立、培养了主管自主经营管理体系。增强主管的自主发展意识、市场开拓能力、争先创优意识、诚信经营意识，按照标准化营销团队模式进行团队建设，分层经营、有序管理，建立日常考核标准，在目标上实现有量化的考核，使各部门经理在规划上有目标，在考核上有标准，在发展上有空间，在业务上有竞争，树立长期经营的营销理念。

【内部管理】 完善内部管理，使公司内部管理专业化、规范化。引进优秀管理干部，优化管理干部队伍，内退3人，辞职3人，队伍由15人降为9人，每季、每月、每周做到思想统一，目标清晰，岗位清晰、责任清晰。大力发展营销员队伍，推动主管晋升速度，合理调整业务结构，提升营销伙伴收入为重点开展工作；人力稳定在100人以上，发展自主经营的组长、经理以上主管队伍30人。

【内控管理】 根据中国人寿保险股份有限公司《内部控制执行手册（2010版）》和配套的风险管理矩阵，参照岗位发送给本具体岗位，做到一岗位一手册，采取现场教学、网络视频，利用晨会、夕会的形式就《执行手册》向各层级员工及销售人员进行宣导培训。所有员工均在公司内部网站上签署“内控标准执行承诺书”，签署覆盖率达到100%。为规范业务人员的展业行为，公司配备了销售督察专（兼）职人员，长年对业务人员的展业过程追踪、回访、监督，全年无违规违纪现象发生。

【争先创优活动】 围绕中心工作抓好活动，切实把创先争优活动与中心工作有机结合起来，围绕中心、服务大局，联系实际、科学安排，把创先争优活动作为深入贯彻落实科学发展观、推动中国人寿改革发展的强大动力，始终使活动围绕中心、服务中心、推动中心，确保业务平稳较快健康发展，完成当前任务、实现阶段性目标的实际成果，体现、衡量和检验创先争优活动的实际成效。

（赵瑞祥）

科学技术和信息化·科协

编辑 丁于芮

科学技术和信息化

【机构改革】 2010年8月，根据《昆明市西山区人民政府机构改革实施意见》，设立昆明市西山区科学技术和信息化局（加挂西山区知识产权局牌子）。内设办公室、科技管理科、计财科（加挂区科技奖励办公室牌子）、信息化发展科、网络信息科5个科室，区知识产权局由区科信局管理。

【科学技术经费投入】 2010年区级财政共投入科学技术经费2 950万元，达到区级财政预算支出的2%；其中科技研究与开发经费2 068万元。

【招商引资】 全年共有9个项目5 338.45万元通过市、区考核办认定，比年度考核任务2 000万元超额3 338.45万元，超额完成266.92%。

【全社会研究与发展（R&D）调查】 根据《西山区R&D资源普查工作方案》，由区科信局、区统计局牵头组织在全区开展2010年R&D资源重点调查工作，对摸底调查确定的105个单位进行重点调查。经统计汇总，全区2010年R&D经费投入为4.29亿元，按西山区2010年GDP为240亿元计算，R&D经费投入占GDP比重达1.79%。

【科技项目管理】 2010年区政府安排区级科技研究与开发经费1 307万元，组织实施78项科技项目（含28个科技专项项目和50项科技计划项目）。其中科技计划项目按照“征集、申报、形式审查、调研筛选、专家论证、科教领导小组审核”等10个环节进行规范管理；在立项实施的计划项目50项中：工业、医药类25项，电子信息类7项，农业科技类11项，社会发展类7项，50个项目顺利通过专家验收。区级财政投入科技研究与开发经费502万元，带动企事业项目实施单位投资6 679万元，当年增加产值6.5亿元，增加税收3 331万元。

全年共推荐申报国家、省、市科技项目和中小企业技术创新基金项目22项，争取资金支持1.021亿元。培育各级企业技术中心5个，认定省级企业技术中心1个（云南省煤田地质局技术中心）；推荐申报认定国家高新技术企业3个（云南飞隆劳尔设备有限公司、昆明中药厂、昆明市护苗学生营养食品有限公司）。

【科技示范工程】 自2008年开始实施的“太阳能热水系统与建筑一体化应用”和“高压、大缸径、长行程液压油缸研究开发及企业创新平台建设”项目是市委组织部、市科技局确定的西山区党政一把手“科技富民强县”示范工程。3年来，西山区“科技富民强县”示范工程领导小组认真组织项目实施，两个项目的各项技术、经济指标均达到和超过合同要求，并于年内通过市级验收。

【绿色光亮工程】 2010年区委、区政府继续将“绿色光亮工程”作为为民办的5件实事之一，区科信局牵头，与相关单位协作，共投资471万元，在团结、碧鸡、海口和永昌4个街道办事处的13个社区19个点，安装716盏太阳能路灯，超计划216盏，群众满意率达99.35%。

【新农村建设】 组织实施“加工及观赏型玫瑰种植示范与产业化开发”、“现代生态农业体验园观赏瓜长廊建设示范”、“区优质果木低产果园改造”等13项重点农业科技项目。全年共完成农村劳动力转移、绿色证书、新技术、新技能等培训4.99万人，比原计划2.15万人的城乡一体化指标任务超2.84万人，超额完成132%。根据《西山区科技培训活动室创建的实施意见》，在已建成科技培训活动室60个的基础上，新认定科技培训活动室17个；为其中7个社区小组拨付科普经费7万元，为10个社区小组配备桌椅250套、黑板10块、书柜10个，发放科技书籍资料1 770本。全区77个科技培训活动室共举办各类科技培训和科普讲座153期1.17万人。被评为“西山区2006～2009年新农村建设工作先进集体”等荣誉称号。

【信息化建设】 组织实施“区教育城域网三期建设”、“区绿色蔬菜田间档案管理系统”、“视觉成像条码识别烟箱缺条检测系统研发及中试”、“区委、区政府多媒体系统建设”等9个电子信息化建设项目；完成区人大常委会组织的对区政府信息化建设情况迎检工作；9月6日，举办“县（区）信息化规划、建设与应用的分析研究”的领导干部培训日信息化专题讲座。9月26日完成“数字西山”建设前期相关情况的摸底调查，向区政府报送《西山区信息化建设基本情况调研报告》。截至11月30日，经区科信局审查，区政府大楼外已有68个区属单位接入区电子政务网（内网）。

【科技奖励】 5月，在西山区2010年科技活动周启动仪式上，表彰2009年西山区科学技术奖获奖单位16个，获奖个人80人。公开征集2010年西山区科学技术奖励推荐项目27项（其中1项不符合申报条件），区科信局对符合申报条件的26项2010年西山区科技奖励推荐项目进行专家评审，通过区奖励委员会表决、公示等，经报请区政府批复同意，共有16项获奖，其中一等奖2项、二等奖5项、三等奖9项。

区科信局推荐辖区企事业单位申报昆明市科技奖励项目共16项，已获得市级一、二、三等奖的共12项，其中首次获得专利一等奖1项。

2010年西山区科学技术奖一览表

奖项		项目名称	完成单位	项目内容
一等奖	1	高效、精密、自动、宽幅、双面精磨抛光机系列产品的研发与产业化	云南飞隆劳尔设备有限公司	该项目采用自主创新的机械机构，采用计算机控制，优化抛光加工工艺，成功实现脆性、超薄晶片的超光滑表面加工。项目生产企业目前达到规模批量生产，创造了良好的社会和经济效益。
	2	舒肝颗粒等10个药品标准的研究和提高	昆明中药厂有限公司	该成果完成了舒肝颗粒等10个药品标准的研究和提高，更好地控制和提高药品的质量和疗效，保证药品的安全性和有效性，对国家药品标准的规范和发展作出贡献。
二等奖	1	第二代琢石牌清污机的研发	昆明琢石机电有限责任公司	该成果研发了中小型水电站的清污机械，能及时清除拦污栅前的污物，提高了电站的发电效率和安全性，产品具有较好的应用前景。
	2	地平式数字化自动寻星天文望远镜	昆明晶华光学有限公司	该项目将计算机技术与天文望远镜结合，开发出具自动寻星功能的数字化天文望远镜。加速带动本地光、机、电个协作产商的生产需求，为推进以西山区为中心的全球天文望远镜系统生产基地建设奠定了坚实的基础。
	3	乳腺癌中趋化因子受体CCR7的表达与淋巴结转移的关系	云南省肿瘤医院	该课题应用免疫组化技术对乳腺癌中趋化因子受体CCR7的表达于淋巴结转移的相关性进行研究。该成果应用于临床，有利于个体化制定手术方案，减少手术并发症，降低了医疗费用，取得了一定的社会效益。
	4	舌系带过短与言语障碍的关系及矫治方法研究	昆明市儿童医院	该课题通过观察和研究对因舌系带过短引起语音障碍的程度及探索最佳治疗方法，从而指导临床治疗及预后判断。填补了该领域省内空白。
	5	心理学与多媒体课件在农机培训中的应用研究	昆明市农业机械化技术农机校	该项目针对农机技术培训教学的薄弱环节，引入图文并茂、生动直观的多媒体教学，创新农机成人教育方法，提升了培训质量和效果。课题形成的两项成果具有创新型、实用性和可操作性。

续表

奖项		项目名称	完成单位	项目内容
三等奖	1	新型耐磨拖曳矿用电缆	昆明电缆集团股份有限公司	该项目主要针对井下或露天采矿电装载设备专用电缆开展研究，研发出新型耐磨拖曳矿用电缆，降低了矿山开采成本，具有广阔的市场前景。
	2	城市特殊地段下人工挖孔井下接管接口的地下敷管工程新技术	西山区水务局水勘队	该项目针对城市特殊地段下敷管工程施工需求，采用人工挖孔井下接管接口的地下埋设管道施工技术，大幅节约成本。该成果施工工序合理，施工安全，具有较好的推广应用价值。
	3	利用当地资源开发旅游产品以促进当地旅游业的发展	团结街道办事处农科站	该项目以当地特色农产品为原料，研发生产特色旅游产品。项目在产品配方上有独创性，在开发利用当地资源、农产品精加工等方面有示范带动作用。
	4	云南人鼻咽癌免疫紊乱及 CIK 治疗的研究	云南省肿瘤医院	本课题采用流式细胞术检测云南籍鼻咽癌患者组织即外周血中 CD4 + T 等细胞及 CCR4 阳性细胞在淋巴细胞中的比例，探讨鼻咽癌患者全身及肿瘤局部的免疫状态以及与 CCR4 的关系。CIK 的应用开创了鼻咽癌治疗的新手段，并通过临床实践取得较明显的疗效。
	5	早产低体重儿脑神经发育状况的早期随访调查及影像学评估方法的研究	昆明市儿童医院	本项目对早产低体重儿在 90 天内脑部影像“正常”与神经心理学评估和神经发育检查为发现异常的幼儿进行系统早期随访研究，有效开展高危儿监测与管理，有助于脑神经发育异常的早发现、早诊断和早康复，可提高婴儿生存率并有效降低致残率，值得大力推广。
	6	应用酶联免疫吸附试验（ELISA）监测动物性食品中兽药残留	西山区动物卫生监督所	该项目首次把应用酶联免疫吸附实验监测动物性食品中兽药残留，能最大限度地提高动物源性食品安全质量，具有较好的社会效益。
	7	综合植保技术在绿色果品生产中的应用	西山区农业局	该项目按照绿色果品生产要求，采用 IPM 农民田间学校的培训模式，把“农业、物理、生物和化学”等综合防治技术应用于水果生产，在提高果树产量和效益的同时，确保了果品的质量安全。
	8	促进外来务工子女在城市小学全面发展的行动研究	西山区永昌小学	本课题主要以行动研究为主，辅之以个案研究等有效方法。形成了外来务工子女学生养成教育的策略、外来务工子女学生家长的培训模式及奖励机制等，具有推广应用价值。
	9	研发幼儿园英语园本教材，提高教师教学策略	昆明市第十七幼儿园	该项目研究体现了“以幼儿为本”的教育理念，开展幼儿园英语教学研究，研发园本教材，促进了幼儿教师专业化水平的提升，并以环境创设作为激发幼儿对英语学习的兴趣、培养幼儿对多元文化的认知。

【科技人才管理】 全年组织和推荐5名辖区企事业科技骨干参加昆明市第八批带头人和后备人选的选拔工作。受市培引办委托，完成区政府管理的昆明市第五至六批共有1名带头人和3名后备人选2009年度考核工作，带头人1人和后备人选3人均达到"实现年度培养计划目标"，顺利通过考核。

区科信局认真推荐12家企事业单位，参加两年一次的"西山区有突出贡献的专业技术人才"评选工作，组织9名专家对41名被推荐者进行评审，共评出20名有突出贡献的专业技术人才，10名有贡献的专业技术人才。推荐昆明市第一人民医院肝胆科主任陈刚、昆明市海口林场厂长周庆宏参加评选并获得第三届"昆明市青年科技奖"荣誉称号。

【科普工作】 5月15～21日，由区科技局牵头举办了以"携手建设创新型城市，助推西山和谐发展"为主题的西山区2010年科技活动周系列活动；活动周期间，共发放各类科技宣传资料近2万册，各类药品（具）3 000余份，开展义务科技咨询1 000余人次，举办社区科普讲座11场1 180人次，技能培训15期1 330人次，滇池生态环境保护知识竞赛2场600人次。参加"三下乡"启动仪式及宣传活动，现场赠送1 000个节能灯、1 200册科技图书、1 000份《云南科技报》、400份对联、200多份农村实用日历等。

区科信局组织辖区5家科技型企业参加西山区2010年"全国科普日"暨第四届西山区科普节活动，现场开展宣传咨询及产品展示活动，赠送《西山区知识产权学习读本》、《西山区科学技术和信息化局业务指南》等宣传材料。云南省科技活动周组委会授予西山区科信局"2010年云南省科技活动周'科学在我身边'青少年科普系列活动优秀组织奖"。

【知识产权管理】 市知识产权局8月11日批复同意西山区成为昆明市2010年"知识产权强县"（培育）工程县（市）区。根据市级对区级差别化考核工作目标要求，2010年区专利申请和授权数为518件，市知识产权局认定西山区专利申请数和授权数合计596件，超额完成115.06%。

全年受理市级授权专利初审资助41件，市级资助资金1.69万元；办理区级授权专利资助44件，区级资助资金1.33万元。通过联席会议领导小组与各成员单位签订责任书的工作方式落实知识产权工作，并于3月召开2010年西山区知识产权联席会议第一次会议，与17家成员单位签订目标考核责任书；12月对17个联席会议成员单位进行年度考核，区教育局等8家单位评定为一等奖；区委宣传部等9家单位评定为二等奖。

在工作中不断创新工作机制，引入中介服务机构，获得省、市知识产权局的支持和认可。与昆明祥和知识产权代理有限公司签订合作协议，在西山区开展10场知识产权宣传、教育、培训活动，代理业务21件，编制区"五五"普法材料《西山区知识产权学习读本》；与云南八谦律师集团签订法律服务合作协议，确保知识产权工作中的专利权、商标权、著作权等各项知识产权的法律规范性，同时，提供相关法律咨询、论证。

【企业知识产权试点工作】 2010年新认定区知识产权试点企业2家，市级知识产权试点单位3家，市级知识产权试点培育单位2家。全区有13家企业被确定为昆明市知识产权试点示范工作培育单位，其中云南白药集团股份有限公司1家已成为国家知识产权示范单位，昆明振华制药厂有限公司等3家已成为国家知识产权试点单位。

【知识产权宣传教育】 年内安排10万元资金，为昆明市暨西山区知识产权宣传教育基地购置3 200余册知识产权、科技类图书，为西山区建立云南省知识产权发展研究院查阅库奠定基础。区考核验收小组对2009年度的6所知识产权教育试点学校进行考核验收，确定西山区实验中学、云光中学、福海中学等8所学校为2010年度知识产权教育试点学校，涉及学生1 840人、教师45人，发放教材1 885册。昆明市知识产权局授予西山区科技局"昆明市中小学知识产权教育工作优秀组织奖"。

4月24日西山区举办首届知识产权在基层论坛和区级知识产权成果展示宣传活动，宣传周期间举办8期培训班和知识产权进校园、进社区、进企业等一系列宣传活动，发放知识产权相关宣传手册及宣传材料5 000余份。4月27日，对马街街道办事处石咀玻璃批发市场涉及商标侵权的经营行为进行检查。在清查过程中，共检查经营户45家，对涉及外观专利侵权行为的3家经营户责令业主当场进行整改。

【"十一五"成就】 "十一五"期间，共争取国家、省、市科技资金4 626.5万元，进一步完善科技项目的管理、科技奖励的评审、国家和省市科技项目的推荐申报、科技资金的规范管理、科技投入的绩效统计与分析、人才队伍建设、信息化建设、知识产权工作、科普宣传、科技网络体系建设相关制度，努力营造有利于科技进步与创新的科技管理新体制。

西山区区级财政科技资金投入共计8 586万元，当年地方财政支出从1.4%增加到2%。其中科技研究与开发经费每年按照不低于科技资金的2/3的要求安排，共投入7 151万元，保证了322项科技项目顺利实施。2008年开始新认定国家高新技术企业10个，国家、省、市企业技术中心14个、知识产权试点示范企业14个，申请专利1 504件，获得授权925件，其中发明专利107件。评审区级科学技术奖励项目90项，获得市级以上科技奖励56项。2005～2009年连续两轮通过国家科技进步考核，2005～2006年获得云南省科技进步先进县（区）称号，2007年11月获全国科普示范城区荣誉称号。全区农业、工业、信息化建设等方面的科技进步水平和创新能力迈上新台阶，科技进步与创新对全区经济社会发展的支撑作用日益增强。

（杨丽娟）

科学技术协会

【召开科协第四次代表大会】　西山区科学技术协会到2010年6月已届满5年；经区科协主席办公会议研究讨论，并请示区委和市科协党组同意批复，西山区科协第四次代表大会于12月10日召开。会议审议并通过西山区科学技术协会第三届委员会题为《团结动员广大科技工作者 为建设和谐新西山再立新功》的工作报告，选举产生西山区科协第四届委员会31名委员、15名常委及区科协主席1人，副主席6人，其中兼职5人。

【全国科普示范县（市、区）创建】　2007年11月，西山区被中国科协命名为第三批“全国科普示范县（市、区）”，在2008～2009年两年的创建有效期内，西山区做了大量卓有成效的科普工作。2010年6月，西山区再次成功申报成为2011～2015年度全国科普示范县（市、区）创建单位。

【科普宣传】　1月26日，区科协参加由区委宣传部牵头组织的西山区2010年文化、科技、卫生“三下乡”活动。发放突出西山特色、涵盖“四创两争”、科学普及等内容的科普春联600份以及节能减排、环境保护、生活科普小常识等宣传材料1 000余份，联合区科技局为参加活动的群众赠送节能灯600个。

4月24日参加2010年西山区“4·26”知识产权宣传周暨首届“知识产权在基层论坛”启动仪式，向市民发放知识产权漫画宣传页1 000份。5月15～19日，参加在碧鸡公园、金碧街道办事处西寺塔广场、海口办事处中滩街、团结办事处龙潭农贸市场举行的4场科技周宣传活动，发放《抗旱救灾生活中节水知识》、《抗旱作物种植栽培手册》等7个品种宣传资料共5 000份。

9月19日，启动西山区2010年全国科普日暨第四届西山区科普节活动，活动期间开展了节能减排、创建文明城市宣传活动，在碧鸡公园及各街道办事处举办西山区首届学生机器人竞赛、“四创两争”、“抗灾减灾、低碳生活”等科普系列活动；放映科普电影，组织竞猜谜语、主题宣传、游园活动、健康卫生等科普讲座、培训、科普宣传、展览42次，共摆放科普展板120块，发放《全民科学素质行动计划纲要》、《国家中长期科技发展规划》等各类科普宣传资料4万份，受益群众5万人。

【组建科普专家宣讲团】　为贯彻实施《全民科学素质行动计划纲要》，整合全区科普资源，建立健全科学素质教育长效机制，区科协在各方推荐的基础上，聘请王玲玲等10余名从事心理卫生、健康教育、农业科技、环境保护、青少年科技教育等方面的专家教授组成西山区科协“科普专家宣讲团”，于8月20日下午在团结街道办事处举行西山区科协“科普专家宣讲团”启动仪式，并举办首期讲座；“科普专家宣讲团”全年在全区企事业单位、社区、学校、军营等开展宣讲活动22期。

【科普志愿者服务】　组织科普志愿者服务分队参加区志愿者协会开展的各项活动。“三下乡”活动中组织圣爱中医馆科普志愿者20人为社区居民进行免费健康义诊；5月6日，组织20名科普志愿者参加清水河（高朱村至广福路段）的“河道万人清淤、除障、保洁活动”；5月30日参加城乡园林绿化暨生态建设启动仪式植树活动和在金碧办事处东寺街、西昌路、环城南路开展的卫生环境整治工作。

【农村科普】　全年完成手绣、蔬菜种植、计算机、烹饪等专业的农函大教学3 563人。11月底在曲靖召开的2009年度农函大工作总结表彰会上，西山区辅导站连续14年获得农函大办学“先进集体”称号。

组织协会会员参加第十七届中国杨凌农业高新科技成果博览会，推荐富善草莓种植技术协会会长张起洪参加农民高级技师评定获得通过；指导团结街道办事处蔡家社区韭黄种植专业技术协会、西山区朵亩蔬菜种植专业协会筹备成立的相关工作，并给予成立批复。

3月，指导、推荐章白村中草药种植协会成功申报2010年云南省科普示范项目，获5万元补助经费；11月，指导团结“美的”农业展示园、海口林场申报2011年省级科普示范项目。

【青少年科技创新大赛】　2月，区科协、区教育局组织昆三中、阳光小学等15所学校获奖教师代表及福海街道办事处科协近50人参加昆明市第25届青少年科技创新大赛表彰会；全区共有1 042件作品获奖，占全市5 781件获奖作品的18%，保持参赛率及获奖率居全市前列。组织区昆三中、棕树营小学、马街中心学校等7所学校师生共37人，参加第25届云南省青少年科技创新大赛科幻绘画、学生发明、教师论文、教师方案、科技实践活动等项目竞赛，共获得62个奖项。

5月，组织工人新村小学、书林

二小等学校的14支代表队36名小学生机器人爱好者和13名教练员，参加了第25届云南省青少年科技创新大赛机器人竞赛，区代表队参加了工程小学组创意、小学组滑雪比赛、小学FLL工程挑战比赛等3个项目的角逐，共有1支代表队获一等奖，7支代表队获二等奖，6支代表队获三等奖。

【首届西山区学生机器人竞赛】 9月下旬，西山区2010年全国科普日暨第四届西山区科普节期间，区科协、区教育局共同举办首届西山区学生机器人竞赛，市教科院、市中小学生课外科技活动中心、广州中鸣数码科技有限公司提供技术支持。比赛设简易机器人定点行走、电脑机器人的“机器人带你游西山区”竞赛及小学FLL智能运输等3个项目。6月底区科协完成对首届中小学生机器人竞赛辅导教师的培训和学生的培训选拔等前期工作，全区16所学校的155名学生参加，42名学生获得一等奖，84名学生获得二等奖，13名学生获得三等奖，16名学生获得鼓励奖，表彰优秀指导教师25名，优秀组织单位17个；昆明第八中学、昆明第三十中学、官渡区第五中学、昆明经济技术开发区阿拉民族中学等4所学校受邀参加活动。

【科普示范单位的动态管理】 3月底制定出台《西山区区级科学技术普及项目管理办法（暂行）》，以项目带动资金的形式，加强对示范单位的动态管理，对昆三中、棕树营小学等7所科普教育示范学校、富善草莓协会、永兴路社区等进行了科普立项。通过在永兴路社区新建科普长廊、完善科普活动室的制度，对社区换届后的新任科普宣传员进行现场指导等形式，加强对示范单位的巩固提高。

【科普阵地建设】 对35个涉农社区“一站一栏一员”建设进行完善，特别是对科普活动室进行规范，科普志愿者功能等各项制度进行上墙，新配备3 500册科普图书、明确科普宣传员的职责，为更好地推广科普工作奠定基础。

推荐金碧社区、永兴路社区参与申报“西部科普工程——社区科普益民类”项目，获中国科协、省科协10万元补助经费。在金碧社区和永兴路社区分别兴建科普长廊10米、壁挂式科普橱窗14.4米。开展社区青少年暑期机器人培训班、社区健康生活科普讲座、科普示范家庭评选等活动。

【“十一五”成就】 “十一五”期间，西山区被中国科学技术协会列为第三批全国科普示范城区创建单位，区委、区政府以创建为契机，安排科普经费167万元、创建专项经费25万元，另外拨付“第22届昆明市青少年科技创新大赛”和“首届西山区科普节”专项经费50万元。区科协累计创建科普示范单位共计61个，其中科普文明示范社区22个、科普富民示范村5个、科普教育示范学校21所、科普兴农示范园6个、科普创效示范企业7个，2007年底，西山区以125.5分通过检查验收。

自2006年起，全区10个街道办事处先后召开地区科协代表大会，建立健全地区科协组织，明确由办事处党委副书记或副主任担任地区科协主席并设有科协秘书长，至2010年，全区94个社区居委会配齐至少1名科普宣传员，将人均每月50元补助经费足额拨付到各街道办事处，有效促进了全区科协三级组织网络健全完善。

5年来，全区10个街道办事处共建成科普长廊635米，科普活动室（阅览室）67个、科普公园4个、青少年科技活动室21个，区级青少年科普教育示范基地2个。实施了团结、碧鸡、海口3个街道办事处35个涉农社区居委会“一站一栏一员”建设项目，建成科普宣传栏295.5米，科普活动室（图书室）35个，配备图书3 500多册，农村科普基础设施建设得到加强，100%覆盖了涉农社区。

全区47个农函大办学点，累计培训学员1.6万人次，西山区辅导站连续14年被评为云南省农函大办学先进集体。培养出农村乡土技术人才302名，成立19个农村专业技术协会，会员1 100多人，辐射和带动农民6 840人。全区有3个农村专业技术协会入选“昆明市50强农技协”，夏忠泽、赵远仙当选为“昆明市优秀农技协会长”；团结小村科普生态示范基地、富善草莓种植经济技术协会被中国科协、财政部授予“全国科普惠农兴村计划先进单位”荣誉称号。

创建西山区一中创新民族研究实验室、棕树营小学植物组培实验室等10个青少年科技创新实验室，数量占全市1/5；指导海口新华中心学校开展工业机械类科技创新活动，申报成为省级青少年科普教育示范基地；联合中华青少年航天科普网授牌团结明朗中心学校等3所为该网活动站点；云光中心学校等4所入选昆明市青少年科普旅游基地示范单位。组织全区青少年、科技教师参加第22～25届全国、省市青少年科技创新大赛，获得5 556个奖项，其中市级奖项每年均占全市所评奖项数的以1/4以上，全区青少年科技创新活动硕果累累，连续多年走在全市前列。

（梁　璞）

气　象

【气候概况】 2010年西山区的气候是一个光热资源充足、干旱影响严重的年景，全区气温较常年特高。年内冬春季旱情严重，雨季开始较常年略晚，主汛期降水量偏少，秋季多次出现间断性的连阴雨天气。对农业生产条件而言光温水条件配合较差，属偏欠年景。

【主要气候要素变化特点】

降水量 2010年西山区全年降水

量为867毫米，较常年平均偏少144毫米，偏少幅度为14%，较2009年年降水量571毫米偏多296毫米。全区冬季（2009年12月至2010年2月）降水量为4毫米，较常年同期偏少91%，突破自建站以来历史同期最少记录。春季（3～5月）降水量为94毫米，较常年同期偏少33%；夏季（6～8月）降水量为458毫米，较常年同期偏少22%；秋季（9～11月）降水量为283毫米，较常年同期偏多17%。2010年12月降水量为29毫米，较常年同期偏多156%。

1951～2010年西山区年均降水量变化

（单位：毫升）

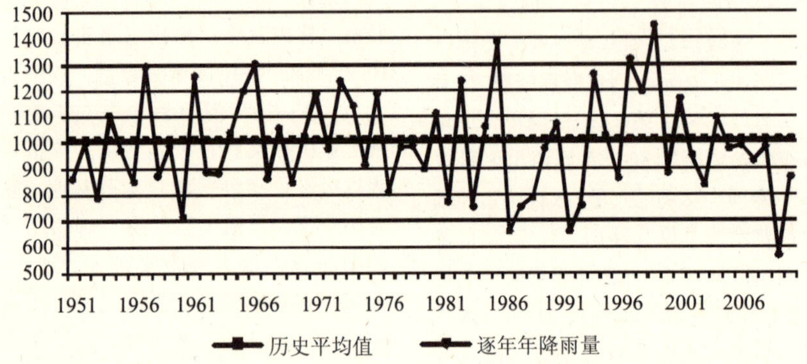

气温 2010年西山区年平均气温为16.7℃，较常年平均14.9℃偏高1.8℃，较2009年偏高0.1℃，与1951年以来历史同期最高值16.7℃（2005年）持平。冬季（2009年12月至2010年2月）平均气温为11.6℃，较常年同期偏高2.9℃，突破1951年以来历史同期最高值记录。其中1月全区气温突破自建站以来历史同期最高值记录；“暖冬”气候特征表现异常明显；春季（3～5月）平均气温为18.7℃，较常年同期偏高2.4℃，突破1951年以来历史同期最高值记录，春季全区未发生“倒春寒”天气；夏季（6～8月）平均气温为21.0℃，较常年同期偏高1.3℃，突破1951年以来历史同期最高值记录；6月和8月全区气温稍高至偏高，7月气温特高，7月月平均气温突破自建站以来历史同期最高值记录，全区夏季未发生大春作物抽扬期低温冷害天气；秋季（9～11月）平均气温为15.6℃，较常年同期偏高0.7℃；2010年12月月平均气温为9.5℃，较常年同期偏高1.3℃。

日照 2010年西山区气象局观测到全年日照时数为2137小时，较常年同期偏少60小时，偏少幅度为2.7%，较2009年偏少73小时。冬季日照时数为763小时，较常年同期偏多120小时，偏多幅度为18.6%；春季日照时数为726小时，较常年同期偏多14小时，偏多幅度为1.9%；夏季日照时数为367小时，较常年同期偏少37小时，偏少幅度为9.2%；秋季日照时数为328小时，较常年同期偏少109小时，偏少幅度为24.9%。2010年12月日照时数为193小时，较常年同期偏少7小时，偏少幅度为3.5%。

【主要气候灾害及影响】

冬春旱情严重 由于自2009年秋季至2010年春季全区气温较常年持续偏高，降水量持续偏少，加之2009年西山区雨季结束较常年偏早、降水量异常偏少，导致从2009年秋季至2010年春季全区出现了有气象记录以来最严重的一次秋冬春三季连旱，其持续时间之长、影响范围之大均为历史罕见，全区森林火险等级长时期偏高，火灾频发。干旱导致全区湖泊水位下降，大量库塘出现干涸，水资源严重匮乏，城乡人畜饮水和农作物灌溉出现严重困难。全区农田土壤墒情极差，小春作物大面积受灾，减产严重，对大春作物的适时栽插造成影响，花卉、林业、茶叶、橡胶、蔗糖等产业也因旱灾蒙受巨大损失，一些地区由于土地无法耕种不得不组织农民离乡务工。

雨季开始及结束偏晚 2010年4月下旬和5月下旬全市多降雨天气过程，全区雨季于5月26日开始，较常年平均偏晚3天。9月下旬至10月接连出现4次较明显的阴雨天气过程，全区秋季大部分地区降水量较常年同期偏多、日照偏少，是近年来秋季连阴雨天气影响较重的年份，持续出现的降雨天气过程导致2010年昆明地区雨季结束较常年偏晚。

2010年西山区暴雨洪涝灾害主要

1951~2010年西山区年平均气温变化

（单位：℃）

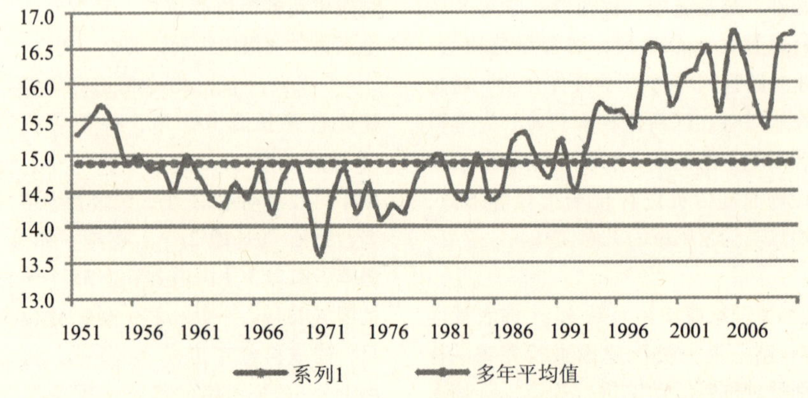

发生在主汛期6月下旬和8月上中旬，8月16日全区城区也出现暴雨天气，造成市区刘家营等地积水尤为严重，最深处达60厘米以上。9月下旬以后北方冷空气和孟加拉湾暖湿气流活动频繁，全市降温降雨天气过程较历史同期明显增多。

【气候对小春作物的影响】 2010年小春作物生长季气温偏高，日照时间长，降雨量极少，经历了有气象记录以来最严重的一次旱灾，干旱成为制约2010年小春作物生长和产量形成的最主要因素。

秋播期间（2009年9～11月），由于2009年秋季降水量异常偏少，雨季结束偏早，全区库塘蓄水严重不足，导致小春作物秋播困难，部分地区小麦播种后苗情差，出苗率低，甚至出现严重的死苗现象。小春作物生长中期（2009年12月至2010年2月）全市旱情持续发展，小春作物生长发育受限，光合作用严重不足，植株矮小。小春作物产量形成期（3～4月）全市旱情加重，各地饮用及灌溉用水严重匮乏，土壤墒情差，表层土壤严重缺墒，存活小麦长势差，基本上不能形成籽粒，导致减产或绝收。

据统计，受2009年秋季至2010年春季严重干旱的影响，2009年的小春作物除部分水利条件好的地区外，在水利条件差的山区、半山区及一些坝区小春作物长势差，减产严重，几近绝收。

【气候对大春作物的影响】 2010年全区水稻于3月26日播种，9月19日成熟，历时177天，大春作物生长过程期间有利气象条件有：春播育秧期间气温偏高，无“倒春寒”影响；大春作物生长季期间气温偏高，热量条件好，对丰产高产有利。不利气象条件有：前期冬春季持续重旱，导致大春收作物不能在最佳节令内适时栽种，旱地作物播种后出苗困难，不利于满栽满插；汛期局部地区出现洪涝、冰雹等灾害，导致部分农田被毁、农作物受灾；大春作物成熟期出现多次连阴雨天气，对秋粮的收割、晾晒和入仓造成困难，导致粮食霉烂。

2010年大春作物生长期间，气温偏高、降水量偏少、日照充足，有利于植物的光合作用及干物质积累，对作物生长发育有利。2009年秋季至2010年春季的干旱影响作物的播种面积，导致播种面积减少，水稻的三叶期、分蘖期、拔节期较常年推迟了10天左右，空秕率较高，水稻单产理论产量一般，综上所述，2010年大春作物为平年略差年景。

【气象科普教育】 2010年7月，区气象局与云南大学资源环境与地球科学院共同协商，成立“云南大学大气科学专业实习基地”、“云南大学资源环境与城乡规划专业、地图学与地理信息系统专业实习基地”，宣传气象基础数据在国民经济、日常生活、防灾减灾、低碳经济、环境资源、可持续发展中的关键作用。

【人工增雨】 西山区气象局于1月20日派出工作人员进驻海口镇双哨、团结镇青瓦棚两作业点，开展为期近6个月的春季人工增雨森林防火作业，到6月10结束。8月中旬，西山区旱情继续加重，西山区气象局通过对区域内历年降水路径的分析，精心选择作业点，实施人工增雨库塘蓄水作业工作，于8月25日进入棋盘山和海口两作业点；至11月3日止，人工增雨期间共作业125次，发射增雨火箭弹493发，作业区及受益区内普降中到大雨，取得明显的作业效果，为西山区森林防火、春耕生产和库塘蓄水作出贡献。

【“十一五”成就】 西山区气象局“十一五”期间在科技服务、台站建设、人才培养、技术装备、科研等各方面均取得显著成绩。

自2007年挂牌成立西山区气象局以来，西山区气象局的业务能力得到跨越式发展，从原来纯测报业务转变为集多种气象业务和服务为一体的多功能气象部门。在测报业务的基础上，先后开展气象行政执法、气象科普教育、气象科研、人工增雨作业、公共气象服务、气象决策服务、西山区中期天气预报、短期天气预报、气象情报、气象简报服务等工作。基础测报业务多年较好地完成省、市局下达的目标，2006～2010年区气象局测报业务质量在云南省名列前茅。5年来，获得中国气象局颁发的“250班无错情”奖24个，获得云南省气象局颁发的“百班无错情”奖79个。

2007年以来，每年发布《西山气象》35期，《土壤干旱分析》9期，

“云南大学大气科学专业实习基地”受牌仪式（区气象局　供稿）

《气象服务专题》3期，《人工增雨简报》4期，发送气象预报、预警手机短信2万多条。2008年创建西山区文明单位，成立昆明市气象行政执法支队；2009年获得云南省气象局“全省大气探测先进集体”光荣称号；2010年被云南省气象局授予“全省气象部门抗旱救灾先进集体”荣誉称号，同时受到区政府、区防火指挥部授予的区“森林防火先进单位”和“先进个人”荣誉称号。

2007年开始，在昆明农业试验站的技术支持及指导下，完成《西山区水资源承载能力研究》并通过专家验收。2008年西山区气象局所属昆明GCOS探空站承担了在溪洛渡开工建设的国家大型水电项目《坝区、库区极地气候分析》低空探测项目，圆满完成GPS低空探测任务。2008～2009年西山区气象局承担了《昆明地区旱涝灾害及人工增雨示范》地面、高空数据库建立子项目课题；2008～2009年承担了西山区农、林、水、气象GIS信息平台，气象数据库管理系统建设子项目。

“十一五”期间区气象局对气象公益服务的内容和方式不断丰富和更新，西山区气象局针对西山区气象监测站点稀少情况，在全区3个镇、重要水库、河道、农业主产区、森林保护区和城市水淹点，建立7个自动气象站，实现气象观测资料、数据的应用服务。2008年年底在海口镇的11个村民委员会各配备一台新农村专用气象灾害预警系统，2009年在区政府办公楼、3镇7个办事处、新农村示范点白草村安装12块LED气象电子显示屏。2010年完成35个村民委员会的新农村专用气象灾害预警信息系统建设工作。

（陆　鹏）

教育·卫生

编辑 郑 航

教 育

【机构改革】 8月，西山区人民政府机构改革，西山区教育局为正科级行政单位，教育督导办公室设在西山区教育局，规格为副科级，设主任1名。教育局机关内设10个机构，分别为党委办公室、行政办公室、工会团委办公室、人事科、纪检监察审计科、计财科、德育科、基础教育科、基建设备科、体卫艺科；西山区教育局管理西山区招生办公室、西山区教育局社会教育科、西山区人才服务中心教育分中心（西山区民办教育服务中心）。人员编制38名。其中行政编制17名，参照公务员管理的事业编制9名，核定事业编制10名，工勤人员控制数2名。设局长1名，副局长4名，局党委书记1名，副书记2名（其中1名由局长兼任）。年末在编24人，其中行政编制人员18人，参公管理事业编制人员4人，工勤人员2人。

西山区教育局下属事业单位60个（所），编制共3 554人，其中幼儿园10所事业编制311人，小学（含中心学校）31所事业编制1 644人，中学15所事业编制1 282人，九年制学校3所事业编制284人，教科研信息培训中心1个，事业编制33人。至12月，区教育局下属事业单位实有教职工3 432人。

【教育机构】 年内全区共有省、市、区属各类学校232所。其中，中学36所（3所市属中学）、小学80所、幼儿园99所、特殊教育学校1所、职业高中1所、教育科研信息培训中心1个；在职教职工8 789人；在校（园）学生总数12.03万人，其中教办学校6.23万人（区级教办学校5.63万人、市属学校5 766人、特殊教育243人），民办学校5.8万人。区域内人均受教育年限11年。“两基”各项指标全面达到国家标准，完成昆明市教育局和区委、区政府下达的各项年度目标任务，区教育局连续8年获市教育局教育工作目标管理考核一等奖，年内获区委、区政府目标责任考核一等奖。

【教育经费】 在实行“以县为主”的管理体制基础上，政府进一步加大对义务教育的投入力度，确保全区教育经费的“三个增长”和及时、足额到位。西山区地方财政对教育的拨款3.086亿元，占财政收入的25.5%以上，同比增长18.01%；预算内教育事业费拨款2.508亿元，同比增长7.83%以上；依法足额征收教育费附加，用于教育5 935万元。

【学校基础建设】 年内全市100所农村标准化学校建设项目中，西山区有龙潭中心学校、新华中心学校两个项目。其中龙潭中心学校项目计划投资834.7万元，新建教学楼2 151.9平方米；新华中心学校项目计划投资970万元，新建教学楼3 780平方，两个项目是年内市、区两级重点建设项目。教育局以安全为前提，以质量为核心，实行项目法人责任制、招投标制、工程监理制、质量终身责任制和竣工验收制，保质保量地完成校舍建设任务，12月，获昆明市农村中小学标准化建设先进集体一等奖。

建立西山区中小学校舍安全工程档案室，完成对2009年实施校舍安全工程以来形成的各类材料的收集归档工作；对福海中学教学楼、昆五中教学楼进行危房排查工作。12月，全区已完成23所教办中小学校舍安全排危建设，拆除危房面积1.73万平方米，新建校舍面积2.31万平方米。

开展学校“拆临拆违”集中整治工作，涉及学校、幼儿园31所，拆除及整改面积达6 177.76平方米，100%完成区综合治理办公室下达的拆除及整改任务。

督促二环路以内28家责任单位明确职责，推进庭院雨污分流工作，投入资金213.93万元，10月，100%完成教育系统雨污分流工程。

在全区学校开展“绿化校园齐行动、建设生态文明美春城”活动，根据区城市管理局对主城区48所学校的规划意见，展开教育系统的绿化美化工作。年内新建成的春苑小学（二期）、拥护中心学校、依兰中心学校、徐霞客中心学校、马街中心学校、昆十九中6所学校均按国家规定比例实施绿化工程，其他学校按要求进行补种、管养。全区89所中小学、幼儿园

（含校点）绿地总面积为37.48万平方米，平均绿地率39.77％。全年新创4所绿色学校，全区共有省级绿色学校9所，市级绿色学校27所。

【义务教育“两免一补”执行情况】 继续实行学生免费教科书。补助标准为小学90元/生/年、初中180元/生/年，补助经费共534.6万元（由中央承担），春秋两季受益学生5.5万人，其中小学3.96万人，初中1.54万人。免除城市公办及民办学校学生杂费。补助经费431.7万元（中央承担资金215.85万元，市级承担资金215.85万元）。免除城市公办学校学生杂费，春秋两季惠及学生3.35万人，其中小学2.55万人，初中7 959人；补助经费295.2万元（市级承担资金59.04万元，区级承担资金236.16万元），免除城市民办学校杂费，春秋两季惠及学生2.39万人，其中小学1.98万人、初中4 065人。落实农村义务教育保障经费，补助经费508.01万元（中央承担资金254.005万元，市级承担资金254.005万元），免除学生杂费，提高补助公用经费，春秋两季惠及学生1.43万人，其中小学1.05万人，初中3 889人。保障学生区级生均公用经费，补助标准为小学115元/生/年、初中160元/生/年，共投入经费724.17万元，全年惠及学生1.41万人。

【贫困学生救助】 落实教育扶贫的各项政策、措施，免除义务教育阶段借读费，政府补助资金46.22万元，将1 219名外来务工人员随迁子女安排在具有办学资质的民办学校并享受公费学位。按时、按质完成年度高等学校生源地信用助学贷款工作，91名西山区高校新生和在校生获助贷款52.18万元。完成符合资助条件10名贫困大学新生年度资助工作领到一次性交通和行李补助和生活补助共1.8万元。为20名大学生办理创业贷款共100万元，为6名大学应届毕业生办理应征入伍学费代偿8.1万元。

【实施“三个一”工程】 推进“三个一”工程，即“建好一个基地，办好一个食堂，救助一批学生”，落实政府为学校办实事工程，补助11所学校勤工俭学基地建设资金22.36万元，加强省级勤工俭学示范基地建设，鼓励支持农村寄宿制学校开展勤工俭学活动，发展以种植、养殖为主的校园经济，勤工俭学经济持续、稳步增长；补助15所寄宿制学校食堂、宿舍管理费38.5万元，解决农村寄宿制学校食堂炊事员、住校生管理员无编制、缺资金的问题；补助15所农村寄宿制学校学生生活费241.17万元，惠及学生3 777人次。

【学前教育】 年内全区有省、市、区属各类幼儿园99所，在园（班）幼儿2.06万人，学前教育三年入园（班）率达86.87％，学前一年入园（班）率达89.6％。农村每个乡镇均设有幼儿园，实现了农村乡镇幼儿园的整体覆盖。十七幼西区园、西山锦艺幼儿园、西山邦力幼儿园、西山凯苑幼儿园4所民办幼儿园通过省一级幼儿园复评验收，全区省一级幼儿园达13所，其中省一级一等园2所。

【小学教育】 年内全区共有省、市、区属各类小学80所，在校学生5.15万人，其中区级教办小学64所，有教学班777个，学生3.58万人；民办小学8所，有教学班238个，学生1.13万人。小学入学率、巩固率、合格率保持在100％，辍学率为零，小学毕业生升学率为100％。

【中学教育】 全区共有省、市、区属各类中学36所，在校学生数2.75万人，其中初中1.93万人，高中学生8 227人。初中毛入学率达102.5％，辍学率为2.1％；高中阶段毛入学率97％。教育教学质量进一步提高，2010年中考平均分为493.59分；高考上线率达94.7％，西一中获“高考质量优秀奖”和“高考质量进步奖”，北京师范大学昆明附属中学、云光中学获“高考质量进步奖”，昆明市第五中学获“普高特色进步奖”。11月，北师大昆明附中晋升为省一级三等高完中。

【职业教育】 完成职教“十一五”攻坚计划及“两后双百”任务。全区有职业学校8所，教职工1 100人、学生1.88万人，发展较好的有西山区职业高级中学、云南经贸外事职业学院、云南昆明联合经济学校等。其中西山区职业高级中学依托西山区幼儿教育集团的优质资源及今后的发展需求，新增教育类学前教育专业作为重点专业并投入100万元专项经费进行打造，招生3个班，达130人；通过招商引资引进的云南经贸外事职业学院，年底共投入资金2亿余元，建成投入使用的校舍建筑面积4.6万平方米，有3个在省内同层次院校中独有的实训基地，各类在校学生8 900人，专兼职教师300多名。

组织20所学校的70余名教师对5 973名初、高中毕业学生的去向逐一进行调查，确定西山区“双后双百”人员22名（初中），与区劳动就业局对接安排培训，22名学生顺利毕业并就业。

【民办教育】 全区共有民办学校112所，其中中学8所、小学8所、九年一贯制学校11所，幼儿园78所、职业学校7所。有教职工3 658人，其中中小学1 191人、幼儿园1 367人、职业学校1 100人。在校学生5.75万人，其中初中4 904人，占全区学校的23％；高中1.44万人，占全区高中阶段教育的66.46％；小学1.13万人，占全区学校的24％；在园幼儿1.48万人，占全区学校教育人数的88.9％；

职业学校1.21万人。完善对民办学校的奖励、补助机制，促进民办学校管理的规范化和办学规模化，投入资金19.7万元，对39个办学条件好、办学水平较好、年检考评优秀的民办教育机构进行表彰奖励。教师节期间，对28所学校的43名非义务教育阶段的教师和31所学校的47名义务教育阶段的教师进行表彰奖励。开展流动人口扫盲工作，在民办学校开设扫盲班，通过“小手拉大手”活动，完成市级250人的扫盲任务。妥善分流安置城中村改造中被拆迁的15所民办学校的3 088名学生，维护学校和社会的和谐稳定。

【招生考试】 全面完成年度各级各类招生考试工作，12月，西山区获得昆明市招生工作一等奖。以实施招生“阳光工程”为主线，确保义务教育阶段“就近免试入学”，推动区域内义务教育均衡方针。招收小学一年级新生6 379人，其中当地户口3 272人，外来务工人员随迁子女3 107人，占招生人数的48.7%。因西山区教办资源有限，408人委托有办学资质的民办学校进行培养，享受公费学位。小学升初中的招生工作，按照“以校划片，结合户口或实际居住地，就近、相对就近”原则分配入学，全区小学毕业进入初中享受九年义务教育6 107人，其中有2 405名外来务工人员子女进入公办学校就读初中，西山区初中实际公费学位已达40%。

严格执行公办高中学校招收择校生“三限制”政策，将所有取得高考资格的学生名单和580名取得高考加分资格的学生名单向社会公示，接受社会及广大群众的监督，对不符合报名条件和接到举报的考生，经核查后坚决取消报名资格。加强保密室建设和试卷保密工作的管理，试卷保密室的建设达标、符合规范。在北京师范大学昆明附属中学建立国家教育考试考务管理与服务监控平台，发挥该平台网上巡查、应急指挥、考务综合管理、视频会议、考生服务等五大功能，推进考试信息化建设。

【师资队伍建设】

校级干部常规培训 完成校级干部寒暑假两次100%常规培训；开展校长“三个一”工程培训，6月，邀请中国教育学会中小学整体改革委员会常务副理事长兼副秘书长、教育部中小学校长培训中心兼职教授吴国通为60余名校（园）长作题为《教育家办学与学校规划发展》的专项报告；组织校（园）长参加“2010年全国中小学校长校园安全管理国家级远程专题培训”、“云南省现代教育示范学校建设工程培训”；选派校长参加昆明市继续教育中心组织的中学校长培训班；选派优秀校（园）长参加国内外、省内外的各类培训40余人次。西山区教育科研信息培训中心每月组织1次为期半天的校长论坛，加强校际交流学习，促进优质教育资源共享和教育均衡。

农村教师培 实施“西山区农村中小学教师素质提高工程”，组织全区教师参加“国培计划——云南省农村中小学骨干教师培训”，全区共154人参训，农村教师参训率为100%。在对全区中小学176名骨干教师后备力量进行的为期6个月的培训中，农村中小学教师有114名，占参训数的65%。3~9月，教育科研信息培训中心举办了3期教研组长培训，全区农村学校参训率为100%，参训的农村、民办学校教师共150人，占参训总人数的70.4%。6月9~15日，组织41名农村小学骨干教师赴上海进行异地培训。

中小学骨干教师培训 2月，启动特级教师培养工程，36名中小学、幼儿园教师参加第一期培训。4~9月，以“聚焦问题、专业引领、文化提升”为主题，组织中小学骨干教师培训，对176名学员进行一对一课堂问题调研，针对8大共性问题展开培训。

新教师培训 采用“三年培训、跟踪管理、务求实效”的模式，促进西山教育人才资源的可持续发展。考核2008年招考的92名新教师，继续对2009年招考的121名新教师进行培训，启动2010年招考新教师的培训。组织教龄5年以下的新教师及部分教龄5年的教师参加省级一类课程培训考试，参训1 315人，考试合格率为96.%。

班主任培训 组织100名骨干班主任参加“国培计划——知行中国小学班主任培训”。

年内新增副高职教师49人，5名教师获“云南省首届学科带头人”称号，21名教师获“云南省骨干教师”称号；12名教师获“昆明市第七届学科带头人”称号，13名教师获“昆明市骨干教师”称号，西山区省、市级学科带头人、骨干教师人数从101人增加到152人，增长率达50.5%。

【信息化建设】 推进教育城域网“一二三一”工程建设，在全区中小学、幼儿园深入推广运用。平台上建成涵盖中星教育资源库、北大方正电子图书馆、教育部农村中小学远程教育资源库、西山教研本土资源库的四大资源库。西山电教馆搭建西山教育博客，开设校长博客，确保校（园）长“三个一”工程的实施；开设教师博客，促进校际教育教学交流；开设教研员博客，为一线教师提供100多万字的教研信息。12月，全区教师实名注册西山教育博客2 160人，发表博文9 908篇，上传课件808个，发表评论9 433条。年内，点击率上升100万人次，总点击率突破170万人次。

采用分级培训的模式，提高全区教师对西山教育城域网的运用水平，累计对全区学校信息化运用骨干进行6期培训，共计180个学时，153人参训；进行2次关于西山教育网运用的全员视频培训，5 700 人参训；对西山区 300 名班主任和 160 多名骨干教师进行远程培训；对西山区 60 名学校通讯员进行在线培训。

以山区农村学校为重点，在全区各类学校开通 22 个视频系统试用点，探索西山区本土化教师远程培训方式，开发西山区教师远程培训网，开设骨干教师培训、学校通讯员培训、校长安全培训、班主任培训等一系列培训课程；开设“在线课堂”栏目，将全区优秀课堂视频上传，供全区教师观摩。利用网络视频会议系统，以西山区教育科研信息培训中心为主会场，把每一个学校作为一个分会场，尝试城乡异地视频教研活动。强化现代信息技术在基层学校日常教育教学中的有效运用，10 月，在 15 所学校试用电子备课系统。

【体育、卫生、艺术工作】 5 月，组织体育教师参加云南省第六届录像课比赛，获一等奖 4 个、二等奖 4 个。6 月，举办西山区小学生游泳运动会。7 月，组织学生参加昆明市小学生“萌芽杯”篮球比赛，拥护中心学校获男子组第三名、女子组第一名。9 月，举办西山区中小学生乒乓球运动会；9 月，参加高中校园青春健身操比赛，获二等奖 1 个、三等奖 5 个。10 月，举办西山区中小学生校园足球运动会；同月，参加昆明市中小学生校园足球运动会，华昌小学获小学组第一名，昆明市第五中学获中学组第二名；同月，参加云南省第六届音、体、美教师课堂教学竞赛，获一等奖 6 个、二等奖 1 个；参加全国二十七届“十城市”体育教学比赛，获一等奖 2 个、二等奖 1 个；参加全国第四届中小学体育教学观摩展示活动，获三等奖 2 个。11 月，举办西山区中小学学生田径运动会；同月，参加昆明市小学生软式排球运动会，育红小学获第五名。

把健康教育作为提高师生整体素质的重要工作来抓，学校健康教育课本拥有率、开课率均达 100%，学生健康知识知晓率、健康行为形成率均达 90% 以上。高度重视传染病防控工作，4 月，与区卫生局、区防控中心联合召开教育系统卫生培训会，对禽流感、手足口病、甲型 HINI 流感等传染病的防治及甲流感疫苗接种工作进行培训。结合“创卫”要求，加强食品安全管理，学校食堂监测面达 100%，食堂管理人员培训面达 100%，做到食品 48 小时留样，台账管理规范。建立区、中心学校、直属学校三级预防艾滋病的培训和环境教育骨干师资网络，在“世界无烟日”、“国际禁毒日”、“世界艾滋病日”开展主题活动，使教育系统“防艾”知识知晓率达 98%，禁毒知识知晓率达 100%。在一年级学生中开展口腔健康教育，发放高露洁牙膏 8 000 支。对自愿参加新型农村合作医疗的学生，按人均 80 元给予补助，全年参保学生 8 754 人，区财政承担资金 70.03 万元。

4～5 月，开展庆祝六一国际儿童节暨第二十一届学生艺术节系列活动，全区学校上报绘画作品 800 余件；华昌小学节目《红领巾在阳光下》被市教育局选为教师节表彰会汇演节目；在昆明市第二十一届学生艺术节合唱比赛中，永昌小学、西山一中获一等奖，阳光小学获二等奖，教育局获优秀组织奖；7 月，组织学生参加昆明市学生奶创意大赛、第二十五届青少年科技创新大赛及昆明市中小学生节能减排绘画作文大赛，教育局获优秀组织奖；10 月，与区图书馆共同举办“爱祖国、爱家乡”中小学生读书活动演讲比赛。12 月，参加第二十三届西山音乐节“歌唱祖国”主题合唱比赛，西山区教师合唱团获第一名，永昌小学学生合唱队获第三名。

【教育督导】 开展学校督导评估工作，规范幼儿教育及民办教育管理。对群众关注的提质减负、学校安全、农村义务教育新机制保障问题等热点难点进行专项督导检查。

始终把高标准、高质量巩固“两基”成果放在教育工作的首位，落实制度保障、人员保障和经费保障。按国家原标准全面消除中小学危房，实现全日制办学目标，小学辍学率保持为零，小学合格率达到并一直保持在 100%，巩固率保持在 99.68%；全区 15 周岁初等教育完成率 100%，全区 17 周岁中等教育完成率 100%。全区青壮年人口文盲率保持在 0.1%。将教师培训当作系统工程实施，教办教师合格学历全部达标。巩固“两基”成果，多次受到上级部门表彰，顺利通过国家、省、市各级检查验收。

【纪检监察】 春秋两季对各级各类学校教育收费情况进行专项检查、自检自查和重点抽查，巩固西山区省级“规范教育收费示范县”成果。8 月 24 日，西山区教育局组织 120 余名中小学、幼儿园校级干部及 30 余名机关干部，到省纪委警示教育基地进行警示教育。10 月，区教育局组织对 60 家教办学校 194 名校级干部民主评议。为使教育专项经费能够专款专用并得到合理使用，11 月，对海口街道办事处 5 所学校（云光中心学校、依兰中心学校、新华中心学校、建磷中心学校、昆十八中）的专项教育经费进行审计；同月对 2009 年离任的 5 位校长进行离任经济责任审计，全年无违纪事件。

【人事工作】 校级领导干部 200 人：书记 50 人，校长 56 人，书记、校长一肩挑 4 人；副校级领导 74 人；校长助理 16 人。在试点学校进行公推直选工作，通过交流、提拔等方式，任免干部 53 人次，其中调任 18 人，选聘 11 人、竞聘上岗 4 人、提任 8 人、转任 10 人，免职 2 人。通过自下而上的民主推荐，在全区 40 岁以下的市区级以上的“学科带头人”、“骨干教师”、

“教坛新秀”中选拔后备干部，对符合条件的50名候选人进行考核，任命11名年轻教师为校（园）长助理。

3月，由区教育局、区人力资源和社会保障局、区纪委和随机抽取的专家库成员组成招聘小组，在北京师范大学、华东师范大学和西南大学3所重点师范学院现场招聘20名优秀应届毕业生。两次组织省内公开招聘教师，招聘应届毕业生89名。全年共招聘教师121人，其中应届毕业生109名（硕士7人、本科90人、专科12人），选调在职教师12人。所属公办学校共有事业编制3 554人，实有教职工3 432人，空缺编制121人。

推进教职工聘用制度改革，坚持按需设岗、竞聘上岗、按岗聘用、合同管理，全面推行岗位管理制度和聘用制度。年内非义务教育学校实施绩效工资，西山区教育局所属公办学校全部实施绩效工资。

【党建工作】 全区教育系统设党委1个，基层党组织69个，党总支8个、党支部61个（含8个民办学校党支部），共有党员1 770名（在职党员1 350人，离退休党员420人）。按照发展党员的“三项制度”，把好“入口关”，全年共发展新党员37名，转正党员49名，选送49名入党积极分子参加区委组织部举办的入党积极分子培训班。探索党员帮扶机制。在广大党员干部中开展形式多样的“帮扶救困”活动，组织“共产党员抗旱先锋行动”等活动，全系统共向灾区捐款80余万元；为困难教师争取“困难党员资金”补助。

与各学校、党支部签订年度工作目标责任书、党风廉政建设责任书，完善领导干部目标量化考核评分标准。教育局党委以创建“五好”先进基层党组织、争当“五带头”优秀共产党员为主要内容，在全区教育系统基层党组织和共产党员中深入开展“创先争优”活动，细化目标责任，创新工作机制，“分片指导制”、“双督双考”督考制（区教育局活动领导小组办公室与分片指导检查组联合督导考查各支部）。申报区级示范点5个和先锋岗3个、先进典型1个。经区委宣传部推荐，教育局党建工作和创先争优工作被刊登在《昆明党建》、《昆明日报》等报刊上。

“七一”期间，教育局党委对15个基层党组织（其中民办支部1个）、91名优秀党员（其中民办4名）和25名优秀党务工作者（其中民办1名）进行了表彰。教师节期间，西山区政府对5名优秀校长（其中民办学校1名）、239名优秀教师（其中民办学校48名）、93名优秀班主任（其中民办26名）和50名先进教育工作者（其中民办9名）进行了表彰。做好先进典型推荐工作，教育系统1人获“市级五一劳动奖章”，1人获“昆明市女职工建功立业标兵岗”称号，云光中心学校教师李丽芬入选市级“和谐家庭”。

【校园安全工作】 校园安全工作做到年头有计划，年中有检查，年尾有总结，有会议记录，有隐患排查，有方案及应急预案。5月3日，在北师大昆明附中会议室召开安全工作紧急会议，安排部署预防校园暴力工作，局机关及校级干部300余人参会，派出10个工作组按片区到220所学校（园）进行拉网式排查。8月，对校（园）周边环境再次进行综合整治，坚决清除环境安全隐患。11月，组织督导组对7个学区已获和正在申报“平安校园”称号的84所学校（园）进行考核验收。拨付资金313.2万元，为学校（园）配置保安，营造良好的育人环境。

全面开展法制宣传教育，规范和落实法制副校长、法制辅导员制度，73名法制副校长为全区学校授课300余次，西华园小学作为西山区“五五”普法示范点，6月22日通过昆明市普法办公室的检查。

不断开辟第二课堂，邀请民警、交警、消防、卫生等部门的同志到学校举办法律、交通安全、防火、自我安全防范和自救自护知识讲座，举行“文明出行”道路交通安全知识竞赛，组织师生到110指挥中心及消防中心参观，开展防火、防震演练200余次。向初一学生免费发放人民防空教材8 000份，在市人防办、市教育局组织的“人防”知识竞赛中，实验中学获一等奖，区教育局获优秀组织奖。通过家访、“致家长一封信”、邀请家长参加学校安全教育活动等多种途径。

【“十一五”成就】 “十一五”期间，教育投入逐年大幅增加，全区教育经费总支出达17.016亿元，为西山教育发展提供坚实保障。高标准巩固“两基”成果。全区15周岁初等教育完成率100%，全区17周岁中等教育完成率100%，小学优质教育资源逐步增加，中考成绩稳步提高。连续8年在昆明市教育局对14县区教育目标责任考核中获得一等奖。2004年西山区实施“两免一补”政策，2005年增加“免除初中寄宿制学校学生住宿费”扶助政策，将其扩大为“三免一补”。2008年，实现农村、县镇义务教育阶段中小学的全免费教育，提高农村寄宿制学生生活费的补助标准。加强学校基础身上建设，投入学校建设资金3亿元，配置教育教学设备2 400万元，新增学校面积11.97万平方米，完成农村中小学标准化建设项目9个、校安工程2个，教办学校实现零危房。

坚决落实省市政府关于进城务工人员子女入学政策。“十一五”期间共接收3.93万名进城务工人员子女入学，其中2.17万名进入公办学校，1.76万名安排进入民办学校。新建城市希望小学专门招收外来务工人员子女就读，共有学生301名，拥护中心学校、杨家中心学校等校在读学生中外来务工人员子女超过 75%。招收4 103名外来务工人员子女进入公办中学就读，占年度新招生总数1.39万人的45.12%。

基本实现幼儿教育、学前教育的社会化。西山区教办幼儿园均为省一级示范幼儿园，省一级园达13所，其中一级一等园2所。2004年开始，与北京师范大学合作办学，区财政投入资金2.28亿元，不断扩大高中规模，全区普通高中学生2006年为7 316人，2010年达到8 227人；努力推进新课程改革，高考上线率2006年为67.18%，2010年达到94.7%，高中教育落后的状况得到了较大改变。

“十一五”末，全区有省、市、区属职业学校15所，在校学生18 772人，占中等教育学生数的69.5%，基本实现普教与职教的均衡发展。全区共有民办学校112所，在校（园）学生4.98万人，占全区在校学生数的41.3%，初步形成一支与公办学校互补的教育队伍。

加大投入，加强师资队伍建设。开展“安心工程”，实行山区教师生活补贴制，稳定队伍；实施山区教师素质培训工程，提高水平。2006年起，对团结镇所属中小学、碧鸡徐霞客中心学校猫猫箐小学、海口依兰中心学校双哨小学的400余名教职工按在山区工作年限给予每人每月60～100元的补贴；区教育科研信息培训中心与云南民族大学合作开办本科学历提高班，定期开展山区教师培训活动。与西南大学合办教育专业研究生课程班，新增研究生学历121人；重点实施“高层次创新人才工程”、“校长培训工程”、“农村山区教师培训工程”，培训教师4.4万人次；探索区域教育科研管理机制，以课题研究促进全区教师水平的提高，建立市级名师工作室3个，187项教科研课题在全国、省、市、区立项。“十一五”期间，全区增加省特级教师3名，共有在职特级教师8人；新增高级职称141人，共有高职教师301人；新增省级学科带头人6名，市级学科带头人、骨干教师105名；增加本科以上学历教师422人，教办学校教师学历全部达标。中小学、幼儿园教师参加各级各类竞赛累计获奖749个，其中国家级奖项205个、省级奖项87个、市级奖项134个，区级奖项323个。

整合资源，规范管理。“十一五”期间，通过整合，撤并3个高中办学点、6个初中办学点、11个小学办学点，扩大校均规模，高中由校均不足300人达到校均800人以上，初中由校均不足300人达到校均800人以上，小学由校均不足200人达到400人以上。启动西山教育局域网建设，利用教育网络格局，打造教育科研和教育公共服务平台，建设教育科研信息培训中心，实现优质教育资源的全面整合和广泛运用和教师培训的远程化、适时化、规模化，优质资源共享和全区教育信息现代化。开展以“减负增质”为核心的素质教育提升工程，坚持开展“减负”专项督查，做到减负不减质，减负不减责。

（李治宇）

卫　生

【机构】　7月，西山区人民政府关于设置西山区红十字会相关问题的批复，原西山区红十字会办公室职能职责和人员编制从卫生局划出，西山区卫生系统设区卫生局机关，为财政全额拨款正科级行政单位，内设8个科室，党政综合办公室、医政科、计财科、基层卫生科、爱国卫生运动委员会办公室、新农合管理办公室、防治艾滋病工作委员会办公室。局机关人员编制16人，行政编制16人，年末实有公务员15名，参公管理1人，专业技术人员5人。辖西山区人民医院、西山区卫生局卫生执法监督局、西山区疾病预防控制中心、西山区妇幼保健中心、西山区新型农村合作医疗管理办公室5个直属单位。区卫生执法监督局属副科级参公管理事业单位，西山区新型农村合作医疗管理办公室为副科级事业单位，其他3个为卫生医疗事业单位。直属单位有干部职工337名，其中参公管理人员14名，工勤人员3名，专业技术人员286名，职员3名，技术工人31名。专业技术高职21名（区医院16名，保健中心3名，疾控中心2名），中职111名（区医院82名，保健中心13名，疾控中心16名），初职142名（区医院103名，保健中心18名，疾控中心21名），未聘专业技术人员12名。

【医疗卫生资源】　年内，辖区有政府举办的非营利性医疗机176个，民办医院23个，个体医疗机构488个；医疗机构总床位数6 505张，其中非营利性医疗机构设置床位数5 388张，营利性医疗机构设置床位1 117张。共有医务工作人员1.32万人，其中执业医师7 204人，护士3 437人，药剂人员366人，管理人员563人，其他卫生技术人员623人，乡村医生135人，非卫生技术人员892人。

全区有社区卫生服务机构76个，其中社区卫生服务中心25个，服务站42个；公办37个，民办11个；国有企业转型15个。卫技人员1 224名，执业医师406名（全科医师108名），高级职称64名，中级职称156名，护理人员318名（全科护士67名）。

街道办事处卫生院7个，有正式职工129人，其中卫生技术人员119人，其他专业技术和工勤人员10人。卫生技术人员中执业医师56名，执业助理医师20名，注册护士26名，卫生院管理人员（卫生技术专业）15名。农村卫生室60个，乡村医生120名，每个卫生所至少有1名女乡村医生。

【医疗保障制度】　一是实施国家基本药物制度。2月25日起，全部卫生院、卫生室、政府办社区卫生服务机构通过“云南省药品耗材采购交易监管系统”上网采购药品，实行零差率销售。年度基本药物制度实施对象药品网上采购金额为1 859.09万元，其中基本药物采购金额占52%。二是建立转诊制度。白马、棕树营（北）等13家社区卫生服务中心与昆明医学院附一院等省、市级医院的专家结成“专家进社区”对子，至年底，全区共办理医师多点执业241人，占全市办理总数的24.8%。三是进行公立医院改革，修订完善经济管理分配方案，开展院店结合等优质服务，完成事业单位全体职工的岗位设置及工资待遇落实工作。四是规范医疗服务行为，对全区医疗机构的医务、护理、控感、传染病防控等工作开展医疗质量监督检查。

【疾病预防控制】 加强艾滋病、结核病、乙肝等重点传染病防治，控制鼠疫、霍乱、非典、人禽流感的发生。完善区、乡、村三级结核病防治网络建设。全年传染病管理督导组累计出动206人次对104个医疗机构、中心乡镇卫生院和社区卫生服务中心进行2次疫情考核，共查出传染病952例。全年接报甲肝报告39例，伤寒及副伤寒报告61例，猩红热报告15例，乙脑（按报告单位流调）报告2例，疟疾报告6例，出血热报告1例，登革热报告1例，血吸虫病报告1例，以上疾病流调率均为100%。区医疗机构肠道门诊接诊9 810人，02号菌培养3 295人。对20例腹泻病人的监测。全区设外环境污水02监测点5个，每月至少监测2次；完成各大宾馆、饭店海产品监测50份。全年共上报各类简报94篇。

【食品药品监督管理】 在餐饮单位实施食品卫生监督量化分级管理，开展创卫“七小”行业系列专项整治行动，进行经常性及预防性卫生监督7 156次，监督覆盖率达100%，开据卫生执法文书1 000余份。结合春节期间专项整治、学校食堂春季食品安全检查、问题奶粉、“地沟油”、一次性筷子专项检查及“六一”、“双节”、食品安全宣传周等专项整治行动工作，累计出动执法人员1 235人次、执法车辆256辆次，对辖区内幼儿园及学校食堂、建筑工地食堂和集体食堂，餐饮店、熟食店等单位开展食品卫生安全专项检查13次。对沙拉、凉拌菜、生食水产品等7类高风险食品，3类餐饮具，4类粮油制品，2种家禽品及水产类、蔬菜、生活饮用水、禽蛋类、鲜奶制品共21类164样件高风险食品和餐饮具进行抽检，合格率达97.5%。

全年共换发食品卫生许可证1 720户；公共场所卫生许可证1 015户，做到受理、审核发放符合规定的程序和条件。共对1.23万户次经营户进行日常卫生监督，其中食品经营单位7 156户次；公共场所经营单位3 854户次；医疗机构1 250户次；其中共取缔无证经营242户，食品卫生方面限期整改558户，罚款106户，共计17.83万元；公共卫生方面限期整改150户，罚款12户，共计1.48万元；诊疗机构限期整改85户，罚款13家，共计2.9万元。

【妇幼卫生】 围绕“提高孕产妇和儿童保健系统管理率”和“降低孕产妇死亡率和婴幼儿死亡率”的目标，大力宣传“母婴保健法”，及时启动“降消”项目，通过宣传、筛查、诊治、救助、补助、随访、访视等方式开展工作，确保各项指标的顺利完成。全区年度统计（数据统计时限为2009年10月1日～2010年9月30日）共筛出高危孕产妇1 470人，住院分娩1 470人，高危孕产妇筛出率24.47%；高危孕产妇管理率100%；高危孕产妇住院分娩率100%；新法接生率100%；孕产妇建卡率100%；0～3岁儿童系统管理率97.44%；0～6岁儿童保健覆盖率97.08%；婴儿死亡率3.47‰；5岁有以下儿童死亡率3.80‰；高危体弱儿筛出率15.67%；高危体弱儿管理率100%。

【社区卫生】 初步建立转诊制度，促进医疗卫生人才合理流动和技术交流，白马、棕树营（北）等13家社区卫生服务中心与昆明医学院附一院等省、市级医院的专家结成“专家进社区”对子。海口云光、碧鸡龙门、长坡，海门、白鱼及中宝6个社区卫生服务中心（站）被确定为转型改扩建项目，年底，全区有社区卫生服务机构70家，其中服务中心25家、服务站45家。海口云光社区卫生服务中心、白鱼社区卫生服务站完成改扩建任务，中宝、海门、龙门、长坡社区卫生服务站完成部分装修，前卫社区卫生服务中心完成主体工程。

【新型农村合作医疗】 一是巩固提高新型农村合作医疗参合率。继续在碧鸡、海口、团结3个街道办事处推行新型农村合作医疗制度。3个街道办事处农村居民人口数7.07万人，参加城镇居民基本医疗保险农村居民数2 908人，应参加新型农村合作医疗人数（新型农村合作医疗覆盖农业人口数）6.78万人，实际参加新型农村合作医疗6.76万人，农村居民参合率达到99.7%，超额任务数2.7%。

二是提高新型农村合作医疗保障水平。2010年人均筹资标准160元，其中个人缴纳20元，中央财政补助60元，区财政补助80元（2010年区政府把提高新型农村合作医疗补助标准列为为民办实事，每人增加补助10元，区财政补助标准从70元提高到80元）。应筹资总额1 081.07万元。其中个人缴纳135.13万元，中央财政补助405.40万元，区财政补助540.54万元。新型农村合作医疗基金全年总收入1 115.35万元。其中当年实际安排到位1 080.88万元（个人缴纳

135.13万元，中央财政补助405.21万元，区财政补助540.54万元），其他收入和利息收入34.47万元。报销住院、普通门诊（2009年补偿于2010年拨付资金）、特殊病种大额门诊3.16万人次，医疗费用补助支出1 218.92万元，占当年基金收入的109.29%。

三是建立省级信息管理平台。辖区卫生院和区级医疗机构、海口街道办事处的厂矿医院已实现出院现场减免，向碧鸡、海口、团结街道办事处派驻工作人员，对不能现场减免定点医疗机构出院患者提供报账服务。逐步推进民营医疗机构现场减免工作，改进新型农村合作医疗管理信息系统，简化到上级医疗机构就医转诊程序。

【医政工作】 开展医疗质量监督检查，结合西山区医疗机构的整体情况，按照西山区卫生局关于2010年区属民营医院“创先争优”暨医疗质量考核评比的检查通知，对辖区内12家民营医院进行考核评比，初步建立医疗质量考核体系。为合理规划设置医疗机构，优化医疗卫生资源配置，完成西山区2009～2013年医疗机构设置规划。以创卫“七小”行业整治为契机，制定“打非”工作长远方案，联合公安、环保、工商等部门加大对辖区内的“黑诊所”打击取缔。为保证医疗机构医源性污水处理达到创卫要求，邀请市级专家对医源性污水管理及技术进行了专门指导，对照污水处理指标，对36个民营医疗机构进行污水处理后抽检；470多个诊所、门诊部设置污水处理桶；60多家社区卫生服务中心（站）污水处理设施项目，如挖三联池等。对影响创卫工作未达标者实行一票否决制。全年处理各类医疗纠纷或事故85起；开展中考、高考、金座专案、司法考试、成人考试等各类卫生保障工作7次。5月8日，“红十字会日”牵头组织昆明血液中心、区人民医院、区中医院、区红十字会医院、区属的各乡镇卫生院开展义务献血活动，在碧鸡公园开展献血法和临床用血管理办法、传染病管理办法等有关法律法规的宣讲。发放宣传单近2万张。

【艾滋病防治】 全年开展艾滋病防治知识宣传教育活动，发放宣传材料20.8万份。组建区、街道办事处、居委会148人的入户宣传队伍，开展自愿咨询检测570人，婚前保健人群HIV检测1 950人，分娩产妇9 730人当中，孕期检测7 967人，产时检测1 762人，累计发现HIV抗体阳性809人，累计接受教育的目标人群714人（7 862人次），发放宣传材料8 041份，发放安全套7.09万只，场所干预覆盖率100%，目标人群干预覆盖率95.19%（规模估计数792人）。

开展针具交换及同伴教育工作，开展外展服务397次，共发放针具3.54万支，回收2.94万支，回收率82.93%，覆盖吸毒人员794人（3 202人次），发放宣传材料1 671份，发放安全套1.03万只。

开展吸毒人员同伴教育活动4期，80名吸毒人员参加活动，转介184名IDU到疾控中心接受VCT服务。目标人群干预覆盖率84.2%（规模估计数943人，指标80%）；海口云光美沙酮门诊累计治疗人数89人，11月，在马街电机厂社区卫生服务中心设立拓展点。

【计划免疫】 全年共办理接种证8 978本，基础免疫接种率建卡率100%，卡介苗接种率98.10%，脊髓灰质炎疫苗接种率99.52%，百白破接种率98.10%，麻疹接种率97.14%，四苗全程95.24%，乙肝疫苗接种率99.52%，乙脑接种率98.57%，流脑接种率90.48%。1月10～15日，开展脊髓灰质炎疫苗强化免疫，共接种1.07万人。全年辖区内监测医院共报告麻疹病例9例，均按要求开展应急接种。9月11日～10月份，开展麻疹疫苗强化免疫工作，全区摸底调查应种人数5.43万人，实种5.31万人，报告接种率97.64%。主动监测AFP病例报告19例，新生儿破伤风8例，均为流动儿童，报告率及处理率均为100%。7～8月，辖区内开展健康人群麻疹抗体水平的监测，全区共调查396人，采集396份血样，通过检测，麻疹抗体阳性318人，抗体阳性率80.3%。

【结核病防治】 全年区疾控中心结核病门诊接诊196人，共治疗、管理传染性肺结核病人113人；做痰涂片474余份，每月按规定对每个病人进行督导一次。全球基金八轮结核病项目（2009年10月1日－2010年9月30日）共治疗、管理传染性肺结核病人120人，每月按规定对每个病人进行督导一次。完成全年初治涂阳病人数市级任务的87.96%、全球基金项目任务的100.2%。“3·24”世界结核病防治日活动，组织专业人员、车辆、结核病防治宣传资料，到集市、各街道办事处、学校、厂矿进行结核病预防知识宣传，发放小学生练习本、环保购物袋、围裙、折页、防治图片等宣传材料1.64万份，展出宣传展板110块次。与区妇联合作，发放宣传资料4.7万份，与“互满爱”非政府组织合作在船房、张家村、城市领地奥尔玛、永昌盛高大城建筑工地开展结核病防治知识宣传的文艺义演活动4次，培训乡村医生及驻区医疗机构医生250人次。

【健康教育】 全区有7个街道办事处健康教育网络覆盖所辖全部社区居委会，网络覆盖率为100%，122个公共户单位中有112个单位纳入健康教育网络管理体系。全区专兼职健康教育人员达到195人。全年共组织基层健教人员5次共202人参加市级业务技能培训，痕迹资料健全；定期对基层健教工作进行业务指导，对街道办事处、社区居委会、医院、社区卫生服务中心（站）、学校、厂矿等单位督导102家次，各基层共出黑板报、宣传栏676期、开展健康知识讲座435期、健康咨询指导19.7万人次、悬挂卫生宣传标语582条、发放健教处方、宣传资料27.03万份。

【爱国卫生工作】 全年印制“创建国家卫生城市，共同建设美丽家园”公开信8万份、环保手提袋1.5万个、“创卫”知识大课程表4 000份、小课程表10万份。全部下发至辖区各街道办事处、社区居委会、学校。针对不同人群设计印制宣传画册1.5万份、宣传折页2万份、书签60万份、预防甲型HINI流感小常识5万份等创卫宣传资料。共出动2.65余人（次）参加宣传活动，发放宣传资料2.38万份，出宣传展板2 347块。

全区共组织大型义务劳动12次，共2.65万人参加，出动车辆218辆，清除违章占道经营984家，清洗小广告9 871条、清理污水沟1.74万米，清运垃圾4 788吨。共投放灭鼠毒饵22.48千克，灭蝇药100千克，灭蟑药笔700支、灭蟑药300支，投入经费44.88万元。通过布粉块监测，灭前鼠密度2.9%，灭后鼠密度1.2%，四害密度有效控制国家标准以内。全年完成鼠肝、脾监测306份，鼠血清监测105份。对省市区医院、镇卫生院自然死鼠、不明原因高热急发病人进行月监测，坚持“逢泻必检，逢疑必报”的原则。

年内，各街道办事处共上报创建市级爱国卫生先进单位15个，无吸烟先进单位9个，卫生社区7个，除四害达标街路1条；2个社区居委会（立夏社区居委会、永兴路社区居委会）获“创建昆明市卫生社区”称号；5个单位（昆明市人才服务中心、昆明市军队离退休干部白马庙干休所、昆明市健康教育所、西山区妇幼保健中心、昆明市第十五幼儿园）获“创建昆明市爱国卫生先进单位”称号；9个单位〔昆明市第三幼儿园、昆明市第十五幼儿园、昆明市西山区白马小区幼儿园、昆明市健康教育所、春苑小学、西山区妇幼保健中心、北师大附中、昆明市公交集团五公司（眠山车场）、西山区实验中学〕获“创建昆明市无烟先进单位”称号。

【中医工作】 根据2010年国家中医药管理局安排部署，8月23～28日，西山区组织全区各社区卫生服务中心（站）、办事处卫生院、村卫生室中医医师86名到西山区中医科教基地——区人民医院，进行6～10项的中医适宜技术培训，期间聘请省中医学院教授进行专题授课。10月14～15日，区卫生工作者协会组织本区著名老中医30名深入团结办事处——线山区进行义诊宣传活动，为230多名群众看病。

【突发性公共卫生事件应急处理】 建立完善4支应急处突队伍，落实工作措施，建立健全部门间协调工作机制，加强卫生应急队伍建设，构建“统一指挥、反应灵敏、协调有序、运转高效”的应急管理体制。及时修订甲型HINI流感防控工作预案，成立甲型HINI流感防控工作领导小组和两支应急队伍，对专业技术人员进行相关知识和技能的培训，举行应急演练，储备价值14.5万元的应急物资，印制甲型HINI流感宣传画1 000份，宣传折页5万份下发到各街道办事处及社区居委会。实行24小时疫情值班制度，对甲型HINI流感疫情采取“日报告”和“零报告”。8月10日，进行霍乱应急演练。全年全区有1起突发公共卫生事件达到国家突发公共卫生事件网络直报标准——西山区高支队幼儿园发生手足口病爆发疫情，报告及时率为100%。此次手足口病爆发疫情共波及208人，累计发病24人，无死亡病例，罹患率为11.54%。

【阳光政府四项制度】 推行阳光政府四项制度，全年在云南省人民政府网站上公布重要事项公示16件，重点工作通报25件，接受“96128”政务信息查询、咨询达百余次，初步实现行政权力公开透明、规范高效的运作模式。处理上级交办件9件，处理了群众对食品经营户的投诉70起，办理结果均及时反馈给相关部门和人员，处理率达100%。发布各种信息121期。

【“十一五”成就】 “十一五”期间西山区区卫生资源总量继续增加，至“十一五”末，辖区内有政府举办的非营利性医疗机构176个，民办医院23个，个体医疗机构488个，社区卫生服务机构76个，街道办事处卫生院7个，医疗机构总床位数6 505张，有医务工作人员1.32万人，其他卫生技术人员623人，乡村医生135人，非卫生技术人员892人。

西山区公共卫生服务能力明显提高，“十一五”期间，在疾病预防控制方面，麻疹、流行性乙型脑炎、流行性脑脊髓膜炎、百日咳等疫苗可控制传染病发病数均有大幅度下降，手足口病、甲型HINI流感等重点传染病得到有效控制，结核病、艾滋病等重大传染病防治力度不断加强。西山区区妇幼保健水平不断提高，全区孕产妇住院分娩率由2005年的98.75%提高到2010年的99.91%，婴儿死亡率从2005年5.04‰下降到2010年3.14‰，高危孕产妇系统管理率从2005年的97.58%上升到2010年的100%。“十一五”期间，西山区创建昆明市卫生社区1个，昆明市十佳环境卫生社区2个，昆明市除四害示范街路2条，149个单位获“昆明市爱国卫生先进单位”称号，210个单位获“昆明市门内达标单位”称号。

西山区卫生执法能力进一步加强，

“十一五”期间，为深化西山区卫生监督体制改革和加强卫生执法监督体系建设，全面实施规范执法、阳光政务等一系列便民利民措施，为全区经济建设持续稳固发展尽职尽力，累计换发食品卫生许可证2.28万户，公共场所卫生许可证7 715户，对食品、公共场所经营单位从业人员进行健康体检，共查处五病阳性人数1 389人，累计开展各类培训32次，共实施行政罚款单位1 600个，罚金169.12万元。

西山区基层卫生事业成效显著，“十一五”期间，明确乡镇卫生院为“由各级政府举办的非营利性医疗卫生事业单位”。在农村基层医疗卫生机构普遍落实健康教育、老年人体检、儿童预防接种、孕产妇管理等9类国家基本公共卫生服务项目，社区卫生服务体系，服务功能逐步完善，社区预防、保健、健康教育、康复、计划生育技术服务、医疗“六位一体”功能逐步显现。医疗人才队伍建设进一步完善，乡村医生待遇有所提高，“十一五”末每名乡村医生补助增加为山区500元/月、坝区300元/月。

西山区医药卫生体制改革也进一步向纵深推进，“十一五”期间，西山区在农村推行新农合制度，2010年全区共集资869.791万元，较2005年比集资总额增加239.151元，为提高参合农民受益程度，对区级统筹后连续3年（即2007~2009年）参合的农民，住院费报销比例上调5%，参合农民在街道（乡镇）、区（县）、省（市）级定点医疗机构的住院费报销比例分别提高55%~70%、50%~65%、40%~60%，将新农合定点医疗机构增至109个。

（段鑫　王秋）

文化·旅游·体育

编辑 郑 航

文 化

【机构改革】 8月，西山区人民政府机构改革，撤销原西山区文化体育局、原西山区旅游局，设立昆明市西山区文化旅游体育局，为区政府正科级工作部门。划入原西山区文化体育局和原旅游局职责，增加拟定文化、旅游、体育市场发展规划、政策以及指导文化旅游体育文物市场综合执法的职责，指导著作权保护工作，文物执法，划分与评定A级、AA级旅游景区（点）质量等级；划分与评定三星级以下（含三星级）乡村生态旅游经营质量等级，旅行社业务经营许可证补发（换证）及变更备案，旅行社分社及旅行社服务网点备案，加强推进文化、体育公共服务，促进多元化文化、体育服务体系建设，推动全民健身，加强指导和推进青少年体育工作的职责。

根据职责，西山区文化旅游体育局机关内设5个机构：办公室、文化科、旅游科、体育科、市场管理科。局机关行政编制11名，其中局长1名，副局长3名。设立西山区文化旅游稽查队，为西山区文化旅游体育局下属副科级参照公务员法管理事业单位，事业编制11名，设稽查队队长1名。将西山区文化稽查队和西山区旅游监察中队职责整体划入西山区文化旅游稽查队，不再保留西山区文化稽查队和西山区旅游监察中队。西山区文化旅游体育局管理西山区文化馆、西山区图书馆、西山区文物管理所、西山区体育场。

【春节系列文化活动】 1月26至2月28日，举办为期近1个月的春节系列文化活动，一是组织“三下乡”活动，以丰富多彩的文化活动为主线，卫生、科技、法律为辅助，活动覆盖全区所有的居委会，共组织演职人员430人次演出10场，共120个节目，观众达6万人次；组织电影放映10场10影片，观众达3万人次。二是组织书写春联和免费赠送春联、门神6万余幅，期刊杂志3 000余册；组织文化遗产保护宣传活动10次，展板12块，发放宣传材料6万余份（册）。

组织各街道办事处各自安排符合地方实情的文化活动。马街街道办事处于春节期间，在全处范围内邀请省、市书法大师10人，区书法爱好者10人，在大渔、普坪等地开展进社区为群众现场书写春联活动；在办事处7个社区内开展演出活动，2月13～28日共演出102场文艺节目。至2月22日福海街道办事处组织滇剧、花灯专场演出20场次，前卫街道办事处花灯专场演出12场次，团结街道办事处民族歌舞专场演出48场次，海口街道办事处5个居委会共举办群众自娱自乐的专场演出20场次，金碧街道办事处组织社区文化专干开展登山活动1次，共演出15场。西苑街道办事处组织书写春联活动1次，举办文艺演出活动1场。永昌街道办事处举办文艺演出活动12场，宣传活动1次，涉及单位4个，发放宣传材料1 500余份。碧鸡

1月26日，西山区举行文化、科技、卫生“三下乡”活动启动仪式。

街道办事处组织篮球比赛7场，文艺演出活动103场；棕树营街道办事处举办区域内文艺专场演出活动1次。

【广场展演活动】 作为西山区品牌活动之一的“魅力碧鸡，和谐西山”文化广场活动已连续举办10次，共计10个街道办事处30支队伍1 200人210个节目在广场演出中亮相。5月1～3日中国昆明国际旅游节昆明狂欢节期间，区文化旅游体育局承担金马碧鸡坊广场巴西桑巴舞、越南特色文化展示、安顺市国家非物质文化遗产地戏展演等主题广场的接待和民族舞、街舞大赛等任务。共完成6场次，30个节目，演职人员2 000人次的演出接待任务；独立组织节目14个，演出5场，演职人员300余百人。

民族舞和街舞大赛是本届昆明国际旅游节的主要内容之一，西山区从216支队伍中选出14支队伍，演职人员300余人，从42个节目中遴选出14支队伍的14个节目进行加工和再创作。获得优秀组织奖1个，金奖2个，二等奖2个，三等奖1个，表演奖1个的好成绩。参选节目90%以上系自创，街舞《风雷》获集体金奖、街舞3V3组别获金奖；老年大学《红梅赞》、红舞鞋艺术团《映山红》获二等奖；东方民族艺术团《云之雀》获三等奖；红土情艺术团《彝鼓》获表演奖。

【丰富多彩的民俗文化活动】 组织实施“六月十九”观音山民族民间艺术展示活动、第二届团结山歌调子节、第二十三届西山音乐节暨首届“睡美人杯”青年歌手大奖赛等一系列品牌活动。7月29日，组织队伍2支，演职人员30人在观音山社区举办为时8小时的民族、民间艺术展示活动。内容包括花灯、滇剧表演、民族舞蹈展示、民间乐器演奏、手工艺展示等，观众达1.2万人次；9月15日，在团结街道办事处举办第二届山歌调子节，来自昆明地区的50多位歌王、歌后以及山歌爱好者经过初、复、决赛，选出一、二、三等奖共计12名优秀歌手。9月，举办第二十三届西山音乐节暨首届“睡美人杯”青年歌手大奖，历时22天，报名参加的歌手320余名，经过各街道办事处和其他音乐成员单位各种形式的初赛，选拔50名歌手参加在玉兰园举办的复赛，角逐产生18名优秀歌手进入决赛，产生一等奖2名，二等奖4名，三等奖6名。

【非物质文化遗产保护展示】 6月12日是全国第五个文化遗产保护日，昆明市文化广播体育局组织的“文化遗产日”宣传活动，区文化旅游体育局组织非物质文化遗产保护展示项目，邀请著名民间艺人蒋雨田、陆光才等，向广大观众展示陶塑、瓢画等优秀的民族民间传统工艺，区文化馆编排了富于民族特色的文艺节目《苗山情》在文庙广场表演。

【参与承办2010年滇池泛亚文化艺术节系列活动】 7月25日举办为期6天的“2010年滇池泛亚文化艺术节”，西山区主要承担“盛世和鸣”音乐会和昆明非物质文化遗产展示活动西山区专场2项任务。区文旅体局结合西山区情，精心组织筹划与协调工作，组织省级民间美术师陆光才（瓢画）、非物质文化遗产传承人蒋雨田（陶艺）、萧凤兰（昆明小调）、李铮（花灯）、陈宝裘（树叶）到文庙进行现场展示；组织近60人的文艺队伍2支进行文艺演出。为提升活动期间的节日气氛，还在组委会规定的任务外增加“魅力碧鸡，和谐西山”主题广场文艺演出活动和市级非物质文化遗产保护项目“六月十九”观音山庙会西山区民间艺术展示活动。参加活动的演职人员近百人，观众上万人次。

【图书馆、文化馆搬迁改造建设】 2009年末，区图书馆与北师大图书馆进行资源整合，将区图书馆由原址（现区文化馆地址）搬迁至北师大昆明附中，完成北师大昆明附中移交的近7万册图书的数据库建设，通过专家组验收。3月31日，西山区图书馆完成搬迁，新馆正式对外开放。图书馆安全监控设施、消防设施建设已完成并通过验收。9月13日文化共享工程西山区支中心和电子阅览室正式对外开放。

区文化馆在区图书馆完成搬迁后，利用中央补助资金，在现有基础上进行标准化建设工程。3月底，区文化馆在征求省、市专家意见、馆务会讨论的基础上拟定西山区规范化建设的方案，于4月13日举行有省、市专家，区人大、政府、政协及相关部门负责人参加的方案论证会。后又根据专家论证会的意见对方案进行最后的修订，10月，区长办公会正式通过方案。整个改造分为两期，第一期为非物质文化遗产传习中心和文体娱乐中心建设；第二期为青少年活动空间、排练厅、小剧场建设。

【获奖文艺节目】 6月12日，区文化旅游体育局组织的3个节目舞蹈《阿佬俵》、《映山红》、《我心中的红梅》在省文化馆“文化客厅”大舞台进行节目录像，接受省、市专家评委的初评，《阿佬俵》、《我心中的红梅》两个节目进入复赛。6月14日，经过复赛《我心中的红梅》和其他县区推荐的节目代表昆明市被省文化厅选中参加文化部新一届“四进社区”优秀队伍和节目评选活动。从筹备、选拔、编创、加工、定型，该项工作自2009年12月到2010年6月历时半年，参加创作的演职人员上百，得到云南省著名舞蹈专家侯跃的大力支持。

【文化市场管理】 完成文化市场各经营项目年检换证工作，共办理行政审批和备案项目1 752件，咨询件2 012件，无超时办理和被投诉情况发生。年内区文化旅游稽查队将日常巡查与专项行动相结合，日常检查与突击检查相结合，重点清理整顿与重点项目清理整顿相结合，市场稽查与相关管理部门检查相结合的办法，加大稽查力度和频度，完成“创建全国卫生城市”、“创建全国文明城市”、“校园周边文化市场专项整治行动”、“文化市场安全生产大检查”、“扫黄打非专项整治行动”、“西山区网吧专项整治行动”等各类大检查13次。在全年的各类检查中共出动车辆400余辆次，执法检查人员1 100余人次，检查文化经营单位3 200余个次，收缴非法音像制品7万余盘片。与各级相关职能部门及街道办事处开展联合执法34次，协助有关职能部门取缔无证照经营场所72家，其中“黑网吧”4家，收缴用于经营的电脑41台。共接到群众举报18次，查办18次，针对社会反应的焦点、热点问题及行业中存在着各种违规现象进行重点清理查处。特别是中小学校周边200米范围内影响未成年人成长的音像、娱乐经营单位及各类游动摊点进行了重点清理，取缔无证经营摊点41家。

【文化站（室）建设】 文化站（室）的建设是西山区公共文化服务体系的重要组成部分，年初，区文化旅游体育局拟定《2010年西山区文化站改扩建实施意见》和《2010年西山区文化室改扩建实施意见》下发各街道办事处，与站室建设有相关街道办事处分管领导签订责任书。要求各责任主体对工作进度、开展情况、成绩和困难等数据每月形成文字报告，每月都随机选定1~2家进行抽检。全年共完成团结街道办事处、碧鸡街道办事处两个文化站建设以及20个文化室的改扩建工程。

团结、碧鸡两个街道办事处文化站改扩建10月8~10日开展招投标工作。团结街道办事处文化站工程由昆明鹏豪建筑公司为施工单位，云南中冶建筑工程监理有限公司为监理单位，选址在原团结镇党委办公楼及楼前场地，改造后总面积1 665平方米，争取资金20万元（中央16万元，省4万元。市级补助10万元已于2007年第一次改、扩建时购买设备）；碧鸡街道办事处文化站工程由碧鸡建筑公司为施工单位，云南中冶建筑工程监理有限公司为监理单位。选址在碧鸡街道办事处办公楼左侧的食堂大楼，改造后总面积500平方米，争取资金30万元（中央16万元，省4万元，市10万元）。11月12日全部完成两个文化站基建工程。

在上年完成选点和《可行性研究报告》制定工作基础上，年内改、扩建文化室20个，面积4 571.48平方米，于9月已全部完成基建，争取资金60万元。设备购置到位后，将进入设备配置、制度健全和人员培训工作。

【农家书屋配送工作】 8月24日，西山区2009年度农家书屋图书配送工作全面启动。按照市文化广播电视体育局的要求，2009年度全区计划建设20个农家书屋，按照要求于5个工作日内把图书配送到位，完成书屋挂牌、图书上架，制度上墙，每个农家书屋配送20件图书和音像制品，计图书1 264种1 500余册，音像制品100余盘（盒），期刊35种，价值2.3万元，包含了文化教育、科技农业、政治经济、少儿、生活、综合等几大类，8月27日，海口街道办事处4个、碧鸡街道办事处4个、团结街道办事处的12个农家书屋的图书配送完成。

【文化信息资源共享工程】 8月10日，文化信息资源共享工程区级支中心和8个基层站点设备到位，8月25日，全部设备安装调试完毕，支中心配置27台计算机、4台服务器、2套播放设备、1台照相机、1台摄像机等。基层站点配置6台计算机、1台服务器和1套播放设备。8月26日通过省文化厅和文化共享工程省级分中心的验收，9月8日支中心试运行，9月13日正式对外服务，已举办一期共享工程业务培训班，国庆期间（9月28日至10月7日）免费放映科普影片和爱国主义影片，用此活动加深与读者的沟通与联系，丰富群众文化生活。

【第三次全国文物普查第二阶段工作】

普查中采取边普查登记、边挂牌保护、边申报公布、边进行保护规划、边进行合理利用相结合的多种有效方式创新普查工作方法，在全市独树一帜，起到带头示范作用。全面完成了10个街道办事处，93个行政村（社区）的田野调查工作。全面掌握区域内的文物分布及保存状况，摸清区内的文物家底，完成全国第三次普查第二阶段的工作任务和目标。共调查登记不可移动文物245处，其中新发现205处、复查35处，调查登记消失文物5处，超额完成市里下达的180项目标任务，普查完成率达113%。实地文物调查社区93个、自然村246个，覆盖率达100%、到达率100%、普查数据校验通过率100%，新公布第三批区级文物保护单，其中新发现的“中央电工器材厂一厂旧址”、“云南省水泥厂立窑”两项珍贵工业遗产，被推介为第七批全国重点文物保护单位申报项目。

西山区文物普查第二阶段（实地调查阶段）工作，4月1日一次性通过市普查组的验收，5月14日代表昆明市通过云南省文物普查督察验收组抽验收，同月区文物普查队被云南省文化厅、云南省文物局评为云南省第三次全国文物普查实地调查阶段突出贡献先进集体。6月，区文物普查办公室被国务院第三次全国文物普查领导小组办公室评为全国第三次文物普查实地调查阶段先进集体。根据第三次全国文物普查的基本资料，邀请相关专家共同编辑汇集西山区第三次全国文物成果的西山区文物锦集《聚焦时光》编辑完成，得到国务院“三普”办及国家文物局专家组的肯定和认可。

【文物保护修缮】 年内完成两处新发现文物点的抢救修缮。“文笔塔”，位于团结街道办事处棋台社区居委会笔架山上文笔塔，系西山区第三次全国文物普查新发现文物点。该塔建于民国22年（1933），有较强的地方文化特色，具有较高的历史和艺术价值。由于年久失修和被人为地盗掘破坏，文笔塔面临损毁的危险。区文物部门、团结街道办事处、棋台社区居委会共同出资对其进行抢救性维修，3月14日正式动工，4月9日竣工，4月28日，通过市、区文物部门组织的验收。

“海口达子长村榨油房”，位于海口街道办事处中平社区，是第三次全国文物普查新发现的文物点，保存了民国时期和建国初期农村榨油的全套设备，是传统农耕文化的实物见证。在昆明地区保存较为稀少。由于长期闲置和年久失修。造成屋顶漏雨较为严重，局部屋顶倒塌。区文物部门积极争取到市级财政抢险维修专项补助经费10万元对这一珍贵的文化遗产进行修缮，工程采取由达子长村居民小组具体负责实施，区文物部门按照文物维修的原则和要求，进行全程指导、监督的方式。

完成全国重点文物保护单位“石龙坝水电站”维护修缮工作，根据省文物局的要求，1月23日按时按质做好“石龙坝水电站”申报国家专项文物保护维修补助资金的工作，指导完成全国重点文物保护单位石龙坝水电站办公中院建筑群的维护修缮，9月8日通过省级文物行政部门验收。

【博物馆建设】 滇池博物馆是利用区级文物保护单位“陈家花园”进行陈列布展的一个小型博物馆，9月5日，滇池博物馆的陈列大纲进行第三次专家论证会，最终形成较为完善并可以进行布展的陈列大纲。10月12日按照政府采购的要求组织形式设计和预算询价评审会，确定昆明尚展展览服务有限公司为中标单位。布展工作10月20日开工，11月23日完成，12月16日通过验收。

5月19日邀请专家拟对进行挂牌的“昆明大观博物馆”进行现场论证后，按照相关程序已上报审批。8月，“昆明大观博物馆”被批准为昆明市挂牌博物馆。

2010年西山区新公布第三批区级文物保护单位一览表

1	盘龙阁	位于盘龙路25号原中共昆明市委大院内，建于1930年代，原系民国时期担任过云南省财政厅长、民政厅长等职务的李培天的私人园林式住宅静园中的主体建筑。
2	中国远征军司令部旧址	位于碧鸡街道办事处高峣村冷水塘1号今紫园内，1940年龙云命时任云南省财政厅长的李培天在西山脚下建盖，原本是为接待蒋介石而建，后作为了中国远征军将领住所。
3	昆明国际无线电之台旧址（红庙收信台旧址）	位于前卫街道办事处红庙村358号，占地约4亩，建筑形式为“L”型，该建筑的结构样式保存完好，2004年进行过修缮。
4	廖新学墓	位于西山森林公园内，墓为地穴墓，三级方形台阶上立长方形墓碑。著名美术大师吴作人为墓碑题书“美术家廖新学之墓”。
5	聂耳母亲彭寂宽墓	位于西山森林公园内，1956年，75岁的彭寂宽去世，安葬在聂耳原墓之旁，母子相伴。聂母墓占地8平方米左右，圆形墓冢，周围用青石镶嵌，立有墓碑，上书“聂母彭太夫人讳寂宽之墓”。
6	陈家花园	位于西山区棕树营街道办事处小岛村内的大观河边，目前保留有一幢主体建筑，该建筑系20世纪三四十年代的建筑，距今有七八十年的历史，是民国时期国民政府监察院监察委员陈廷壁的私宅。
7	马家别墅	位于昆明市财经商贸学校内，马家花园建于民国时期，原是一位马姓团长的园林式别墅。抗日战争期间西南联大著名教授周培源、任之恭曾在此租住。1950年后，马家花园先后由昆明市财贸干校、昆明市电镀厂、昆明市商贸学校、昆明市财经商贸学校使用。

续表

8	鲁氏别墅	位于大观公园南园内，系原爱国抗日将领、国军陆军中将鲁道源的园林式别墅。又称“子泉别业馆”。别墅建于1927年，后经不断扩建，成为园林式别墅，称为鲁园。
9	甘美医院旧址	位于市区巡津街35号（市第一人民医院内），系1931年法国人在昆明开办的一所设备较先进的综合医院。
10	巡津新村5号裴氏楼	位于金碧街道办事处巡津新村5号，建于1940年代，原系民国时期曾任军事参议院总务厅厅长，昆明市市长、国民党云南省党部书记长裴存藩住宅。1950年后，为中共昆明市委管理使用。该建筑平面布局呈十字交叉，占地约257平方米，建筑面积约550平方米。
11	中央电工器材厂一厂旧址	位于昆明电缆厂内，中央电工器材厂是当年国民政府资源委员会创办的大型工厂之一。于1938年迁到昆明马街。1939年7月建成投产。生产出中国第一根裸铜导线，从此开创中国自己独立生产电线电缆的历史，被誉为“中国电线电缆工业的摇篮”。
12	云南水泥厂立窑	位于海口街道办事处云南水泥厂内，云南水泥厂的前身“昆明水泥厂”创立于1939年，是云南的第一家水泥企业。该立窑为由中国自己设计、制造的第一座半机械化立窑，在全国水泥生产中影响巨大。
13	柿花桥	位于金碧街道办事处西岳庙社区内的玉带河上，柿花桥，原名赐官桥又名西石桥，建于明代万历年间，为单孔，沙石、拱桥。桥身长9米，宽5米。桥面被水泥铺盖，除护拱券局部损坏，桥主体基本完好。

【“十一五”成就】 “十一五”期间，西山区，文化娱乐活动精彩纷呈。每年深入全区10个街道办事处开展文化演出系列活动，免费为群众赠送春联、年画、门神、科技图书等，放映露天电影百余场次，观众达10万余人次。组织民族舞蹈、花灯小戏、山歌对唱等节目参加“三月三 耍西山”民俗活动，不断注入了民族民间工艺品和工艺品制作流程展示，成为昆明市民每年翘首期盼的文化盛会；筹备举办每年一届的西山音乐节，逐步成为彰显西山新风貌、讴歌时代主旋律的先进文化代表；从2007年8月开始，每月在碧鸡公园举办一次“魅力碧鸡、和谐西山”广场文化演出，紧紧围绕构建和谐西山的主题，推动了社区群众文化活动的发展。

文艺创作硕果累累 “十一五”期间，结合民情民意民生，创作了一大批深受广大人民群众喜闻乐见的花灯小戏、民族歌舞等文艺剧目，舞蹈类节目有《踏浪》、《花儿为什么这样红》、《世纪春雨》，展示西山区优秀人才技艺的歌曲《昆明是个好地方》、《耍山调》等等，培育了一支独具西山区特色的秧佬鼓队；白马艺术团、老知青艺术团，市工人文化宫艺术团、张峰文艺队等一大批优秀文艺团体演出的《大彝乐》、《军民鱼水情》、《喜马拉雅》、《春水河》等30余个具有鲜明民族特色的节目。

文化基础设施建设不断完善 “十一五”期间，全区共完成2个文化站、22个文化室、22家农家书屋建设工作，整合资源完成文化信息资源共享1个区级支中心和马街、金碧、前卫、福海、棕树营、永昌、团结、海口8个乡村基层站点建设，配置各类硬件设施设备99台（套），其中团结街道办事处文化站被省文化厅评为一级文化站。2008年区图书馆获得市级“文明单位”称号，2009年全面实现了图书管理自动化，建成面向广大青少年开放的“绿色网吧”。

文化遗产保护得到加强 根据《国家“十一五”时期文化发展规划纲要》，西山区于2007年4月开始开展第三次全国文物普查，计划止于2011年12月，在第三次全国文物普查第二阶段工作中，区文旅体局调查登记不可移动文物245处，消失文物5处，超额完成市里下达的180项目标任务，普查完成率达113%，普查数据校验通过率100%。全区共有各级文物保护单位43项，其中全国重点文物保护单位3项、省级文物保护单位4项、市级文物保护单位13项、区级文物保护单位23项。拥有注册博物馆3家，挂牌博物馆11家。2008年6月成立“西山区非物质文化遗产保护中心”，完成全区6类12项市级非物质文化遗产保护名录从原始资料收集、筛选、编辑、制作归档的任务。

文化市场规范管理　“十一五”期间，开展“反盗版百日行动”、“迎奥运”文化市场安全生产整治、文化市场绿色行动计划专项整治、出版物“惊蛰行动”专项整治、“创建全国文明城市”、“校园周边文化市场专项整治行动”等各类文化市场专项整治行动，每年平均出动执法车辆400余辆次，执法检查人员2000余人次，检查文化经营单位1600余家，检查旅游企业220余家，收缴非法音像制品15万余册（盘），取缔无证照文化经营场所50余家。

（张　鹏）

旅　游

【旅游收入】　2010年全区监测范围内的旅游经营单位共计接待游客585.31万人次，同比增长30%，实现营业收入3.47亿元，同比增长27%，其中景区（点）、度假山庄接待游客267.19万人，实现营业收入5002.6万元；乡村旅游经营户接待游客235.94万人，实现营业收入2691.21万元；宾馆（酒店）接待游客80.64万人，实现营业收入2.391亿元；旅行社接待游客1.54万人，实现营业收入3137.4万元。

【黄金周假日旅游工作】　春节黄金周期间，全区纳入监测范围内的旅游企业共计接待游客77.27万人，同比增长16.91%，实现旅游收入1021.29万元，同比增长16.29%，其中宾馆酒店接待游客2.15万人，同比增长128.72%，实现营业收入203.23万元，同比增长79.31%；景区（点）、度假山庄接待游客62.16万人，同比增长8.29%，实现营业收入628.05万元，同比增长7.39%；乡村旅游经营户接待游客12.9万人，同比增长67.53%，实现收入125.36万元，同比增长7.12%；旅行社接待游客600人，同比增长50%，实现营业收入64.65万元，同比增长2.61%。

“十一”黄金周期间，全区监测范围内的旅游经营单位共接待游客29.06万人次，同比减少25%，营业收入693.84万元，同比减少11%。其中宾馆酒店接待游客1.86万人次，同比增长84%，营业收入221.99万元，同比增长90%；各景区（点）及度假山庄接待游客17.25万人次，同比减少37%，营业收入294.15万元，同比减少21%；农家乐接待游客9.95万人次，与上年持平，营业收入177.7万元，同比减少14%。

【新增A级景区的服务指导工作】　区文化旅游体育局加强宣传、指导工作鼓励辖区内符合A级评定条件的景区参与旅游景区等级评定工作，根据昆明市旅游局验收评定时提出的整改意见，指导经典假日谷滑草场按照《旅游景区质量等级的划分与评定》国家标准中3A级景区的要求及整改意见查缺补漏、及时整改按时完成各项整改，通过市旅游局的复检。11月25日，昆明市旅游局下达关于评定西山区经典假日谷滑草场为国家3A级旅游景区的批复。

【旅游宣传促销工作】　以扩大区内旅游资源的市场知名度和影响力、满足和服务游客为目标，制作《品味西山 色彩生活》便携旅游手册1.7万份，围绕西山区整体区位图，从吃、住、行、娱、购等全方位地将丰富的旅游资源整合标注于地图中，图文并茂，一目了然。在2010中国昆明国际文化旅游节期间发放，并向省、市旅游局及各县市区旅游主管部门以及辖区内星级宾馆（酒店）、景区（点）、旅行社进行发放。组织区内部分旅游企业参加2010年第六届昆明国际农业博览会，鼓励和支持旅游企业进行异地营销；拓宽更新宣传营销途径，结合机构改革后新的职责职能，建成旅游文化体育网站，11月中旬投入试运行。

【乡村旅游服务及规范管理】　发挥旅游行政管理职能职责，指导乡村旅游的发展，开展两批乡村旅游服务接待设施等级评定的基础上，广泛宣传动员全区证照齐全的乡村旅游经营户参与到星级评定活动。严格根据昆明市乡村旅游服务接待设施等级评定标准进行考核打分，有15户乡村旅游经营户达到评星标准。9月21日，区文化旅游体育局在团结街道办事处豹子箐生态旅游度假区召开西山区第三批乡村旅游服务接待设施等级评定授牌仪式，对2010年新评定的15户星级乡村旅游经营户进行正式授牌，其中三星级8户，二星级6户，一星级1户。

为继续提高乡村旅游整体素质，促进乡村旅游业健康发展，5月，在团结街道办事处花红园乡村旅游服务管理处，7月，先后在新成立的海口街道办事处海门乡村旅游服务管理处举办2期乡村旅游从业人员培训，共培训人员100余人。

“云南省旅游特色村”开发建设稳步推进。6月，碧鸡白草村被列为云南省第三批开发建设的旅游特色村，区相关部门即组织编制白草村乡村旅游发展规划，根据上报的拟建项目，有计划、有步骤地实施项目建设。

【旅游招商引资】　结合实际情况，建立2010年旅游招商引资项目储备，项目主要有：团结桂皇阁景区建设项目、大龙门景区主题公园、玉兰园公园建设项目、团结街集镇中心区改造项目等。5月，成功与昆明钢铁控股有限公司签约昆钢科技大厦项目，项目总投资17亿元，全年实际完成投资额3318万元。与云南海航置业有限公司签约昆明海航皇冠假日酒店项目，项目占地1.23公顷，项目总投资12亿。昆钢科技大厦项目，全年实际完成投资额3318万元。世界蝴蝶生态园项目，实际完成投资额2.296亿元。南亚风情·第壹城豪生酒店项目，实际完成投资额1.964亿元。

【旅游安全生产】 原区文化稽查队与原区旅游监察中队合并成立区文化旅游稽查队，根据当前形势和工作实际，进一步对旅游安全生产工作领导小组进行调整，督促辖区内所有旅游企业根据自身实际情况设置安全生产事故应急救援组织机构和建立健全应急救援预案，定期不定期组织安全应急救援演练并在总结中汇报相关情况；自上而下强化大局意识、高度重视旅游安全生产工作、狠抓对旅游经营单位的宣传教育、制度规范和日常检查。2009年底，与辖区星级接待户26家，服务管理处4家，团队服务中心2家，景区（点）9家，旅行社13家，星级宾馆（酒店）10家，非星级宾馆酒店10家共74家旅游企业分别签订安全生产责任书、森林防火责任书、消防安全责任书；开展各类旅游安全生产检查83次。其中森林防火23次，发放宣传资料1 500份；节庆、黄金周专项安全检查56次；联合区安监局进行安全检查1次；牵头饭店协会对宾馆（酒店）进行安全检查1次；配合市旅游局对景区（点），安全检查2次。检查发现整改隐患43处，建立和完善安全生产检查台账、安全事故台账、责任书签订台账、安全活动台账。全年，未发生一起重大旅游安全事故。

【西山国家级风景名胜区发展建设工作】 区文化旅游体育局协助西山国家级风景名胜区编制西山大旅游区系列规划，并按照市委的最新要求，参与以城市中央公园为主题的规划编制工作中围绕“创建西山国家5A级景区”目标，加快旅游交通建设、配套基础设施建设。12月底，《西山城市中央公园建设实施纲要》通过审核报送至市委、市政府，纲要明确了西山国家级风景名胜区发展的战略目标、方向及创建城市中央公园的方案，高标准、高规格、高水平地推进景前区建设，打造设施齐全、功能完备的游客服务中心，完善景区旅游标识系统建设等旅游基础设施建设，对5A级景区创建工作的落实具有指导意义。

【旅游基础设施建设】 全年争取市级资金补助一部分（22万元），区级财政安排专项资金支持一部分（10万元），企业自筹剩余部分的方式，分别在世界蝴蝶生态园、豹子箐生态旅游区新建三星级、二星级旅游公厕各1座，2座旅游公厕于年底通过验收投入使用。为加强景区的旅游基础设施建设，区财政专门安排资金1.5万元，用于昆明西山团结现代农业观光园、陡嘴大叠水公园修建、修缮、更换景区旅游导游图、导向标识及游客服务中心等公共服务设施。

【“十一五”成就】 “十一五”期间，西山区旅游业结合乡村文化旅游特色，打造旅游特色村镇。2007年7月，组织全区村镇参加“昆明市文化旅游特色村镇”推选活动，碧鸡镇排名第六，9月23日被市文产办、市旅游局命名为首批昆明市文化旅游特色村镇之一。2009年，团结街道办事处龙潭社区被云南省旅游局命名为首批全省乡村生态旅游特色村。2010年，碧鸡街道办事处的白草村社区被省旅游局命名为第三批全省乡村生态旅游特色村。

2008年起，逐步在花红园社区、龙潭社区、卧云山、猫猫箐社区、海门社区5个试点成立乡村旅游服务管理机构，开展乡村旅游服务接待设施等级评定和业务培训，共举办7期培训班，培训人员1 200余人，评定星级乡村旅游经营户39户（五星级1户，四星级2户，三星级17户，二星级13户，一星级6户）。

改善旅游服务功能、规范旅游基础设施、加大宣传力度，2006年9月，在团结镇主要路口和特色乡村旅游经营户门口安装旅游标识26块。2008年初开始，启动西山区旅游标识系统规划建设，历时近两年建成高海路观景点7个形象旅游标识，团结2个旅游形象标识和6个导向信息标识，为西山区整体旅游形象建设奠定坚实的基础；2009年编印的专题旅游宣传书籍《我在西山等你》，2010年编印《品味西山 色彩生活》便携旅游手册，展示西山区丰富多彩的文化旅游资源。

西山旅游区（现更名为西山国家级风景名胜区）划归西山区政府属地管理后，做好西山国家级风景名胜区移交工作，筹划西山国家级风景名胜区战略发展规划（草案），2010年，立足西山国家级风景名胜区创建国家5A景区和打造城市中央公园的目标，协助管委会做好西山大旅游区布局概念性规划的编制，推进景前区建设，打造设施齐全、功能完备的游客服务中心，完善景区旅游标识系统建设等旅游基础设施建设。引导经典假日谷滑草场参与国家3A级景区的申报，根据A级标准具体指导申评工作，经过初审和市旅游局的终审，2010年经典假日谷滑草场被评为国家3A级景区，实现自行建设A级景区的零突破。

“十一五”期间，全区累计接待游客1 780.52万人次，累计实现旅游综合收入10.746亿元。5年来黄金周内，实施假日旅游值班制度，把建立健全部门统计制度和强化实施作为重要工作内容，加强基础旅游数据统计工作。2005年3个黄金周共计接待游客70.47万人次，实现营业收入1 490.49万元；2006年3个黄金周共计接待游客34.53万人次，实现营业收入814.82万元；2007年2个黄金周共计接待游客32.91万人次，实现营业收入830.65万元；2008年2个黄金周共计接待游客22.83万人次，实现营业收入1 269.12万元；2009年2个黄金周共计接待游客105.07万人次，实现营业收入1 659.03万元；2010年

2个黄金周共计接待游客106.33万人次，实现营业收入1 715.13万元。

（张　鹏）

西山国家级风景名胜区

【旅游人数及收入】　年内景区经营管理秩序良好，经济效益提高，全面完成既定的年度目标任务。1～12月份，景区实现总收入2 403.86万元，同比增长22.81%。其中门票销售收入1 620.21万元，同比增长21.89%；索道经营收入616.64万元，同比增长16.83%。节假日和双休日游客持续增加。春节、“五一”和“十一”3个黄金周，分别接待游客2.3万人、7 000人、1.9万人，分别增长2%、14%、18%。旺季双休日接待游客平均每天达2 000人左右，最高达到2 500人以上。

【经营管理】　2月23日，召开创建5A级旅游景区动员大会，启动创建国家5A级旅游景区工作。景区严格按照《风景名胜区条例》规定以及国家5A级旅游景区各项标准，进一步加强了景区各项保护管理工作，4月1日，召开推进旅游服务质量标准化工作培训大会，提升景区服务水平，为创建国家5A级旅游景区各项软件达标奠定坚实的基础。突出体现在以下5个方面：一是围绕创建国家5A级旅游景区成立创建办公室，制定创5A景区工作责任分工及时间表，挂图作战，倒逼进度，建立旅游服务标准化体系，软件建设初步达到5A标准。二是积极建设信息化、数字化景区。年初景区已成为免费提供电子导游服务的旅游景区。三是按照旅游质量服务标准化要求，在景区全面开展旅游服务标准化建设，制定174项旅游管理和服务标准化规范，编印成册，以此规范景区的旅游管理和服务行为。四是加大《风景名胜区条例》及景区生态环境保护的宣传、贯彻力度。制定景区生态环境整治实施方案，成立景区绿化公司，开展景区绿化美化环境工作。五是加强治安管理，加大巡逻防范力度，实现景区“两抢”警情零接报，创建“平安景区”。

【宣传营销】　景区积极对接近200家昆明各大旅行社，向各家旅行社了解与西山景区的合作情况，分析当前旅游市场现状，听取他们对景区的建设、发展和服务等各个方面的意见和建议。4月22日，组队前往重庆会展中心参加全国旅游交易会。管委会和总公司结合实际情况进行市场调研和分析，适时调整市场营销工作思路，根据旅行社的需要，在“月结签单”的基础上，增加了“现付签单”的结算方式，有效地增加了景区的团队量。共与200多家旅行社签订合作协议，在年内行业竞争激烈、云南干旱、门票涨价和上海世博会多重因素的影响下，最大限度地抑制了自1999年以来景区旅游团队量逐年下滑的趋势，保证了景区门票收入的稳步增长。9月16日，参加由云南省旅游局、云南省旅游业协会、云南省旅游协会景区分会、云南日报报业集团举办的“七彩云南，喜游心选”评选活动进入云南省旅游景区、景点20强。

【项目建设】　年内积极对接城市地铁建设3号线建设工作，先后7次对高峣片区交通和环境综合整治的修建性详细规划进行调整；完成昆明市2010年城镇用地第一次批次报件。景区项目建设工作任务重、时间紧，按照创建国家5A级旅游景区标准全面提升改造景区。全年景区先后投入500多万元完成龙门灯光亮化及旅游服务中心区改造工程、投入945万元完成320国道改弯工程、投入31万元完成小游园交通环境微循环改造工程和票务中心改造装修等重点建设项目。其中景区灯光亮化工程于5月1日正式对外开放龙门夜景游，6月5日，参加“昆明十佳夜景”和“昆明十佳夜景观景地”评选活动，西山风景区被评为“双十佳”之首。票务中心、咨询中心、购物中心装修改造后焕然一新，游客中心服务功能更加齐备，标识标牌、导览图等服务设施更加规范和醒目。

年内，西山风景区高峣片区交通及环境整治在建项目取得实质性进展，已投入9 420万元顺利完成景前区征地拆迁、项目设计优化、可研、立项、规划批复、环评、水保、土地批次报件、龙门路建设等重点工作和建设项目；完成风景区主要旅游路大修以及初步设计图纸、碧鸡历史文化古镇设计方案、立体停车场招标资料等设计招标工作；签订相关项目工程合同16份，签订碧鸡关、高峣居民小组的征地协议并拨付补偿资金。

【招商融资】　年内积极与中国银行、建设银行、工商银行、农业银行、交通银行、富滇银行、信用社、招商银行等多家金融机构对接融资事宜。与国内多家有实力的企业洽谈，9月25日，管委会与云南城投置业股份有限公司签订战略合作框架协议，西山风景区综合提升改造工作按照“昆明西山大旅游区”的战略规划向前推进了一步。向云南城投置业股份有限公司借款2 000万元用于景前区建设，待双方成立新公司后，云南城投置业股份有限公司将注入资本7 000万元。这次合作促成优质资源与优势企业的对接，实现由政府投资向政府引导、企业投资为主的转变，成为景区融资工作一次尝试。

【森林防火、安全生产】　景区担负着重点文物古建及866.67公顷森林的防火工作，随着进山游客的不断增加，及2010年干旱的气候情况，景区职工全员参与、防控结合、层层签订责任书等措施，严控景区火灾。取得全年无森林火灾、零伤亡成绩，完成景区森林防火和抗旱救灾任务。共投入森林防火经费150余万元，投入退耕绿化经费80余万元，完成山邑居民小组

（大索道周边）6.67 公顷耕地补偿款的拨付，挖塘 3 万多个，栽种树木、竹子 2 万多棵，建成 2 个蓄水池。清理景区公路沿线及游览线杂草，开设防火隔离带，封堵入山小路，降低火灾隐患；完成防火水窖建设工作，修建森林防火小水窖 200 多个；配合区林业局、森警中队和相关部门支援周边防火扑救，派出防火人员及防火水车参加海口、团结、马街、碧鸡等多处山火扑救，连续两年获得西山区森林防火先进单位的荣誉称号。

景区响应市、区旅游局，景区协会，创建平安景区的各项工作任务。坚持每月及重大节假日均组织人员进行森林防火、古建防火、特种设备、交通、治安、用水用电、危石危树等安全检查，并加强安全事故应急处理培训；做到 365 天对索道、电瓶车机械、配件等实施安全性能测试及检修，确保安全隐患得到及时有效排除。为确保索道的全年安全运行，1 月，景区索道进行停机 10 天的大检修，完成各项检修任务，4 月，省质量技术监督局安全检查和国家索检中心的安全检查中，景区索道顺利通过安检换证，确保全年设备的安全运行。景区消防、食品卫生等安全工作做到零事故。

【环境整治】 景区对面山和公路沿线两侧范围内的摊点进行规范和分类整治，成立规范经营、交通秩序综合治理领导小组，利用悬挂标语、张贴宣传通知、签订责任书等方式普及相关法律法规，让群众认识到景区环境整治工作的重要意义，集中景区派出所、景区综合执法中队、景区管委会综合管理处、工商等部门力量全面开展核心景区以及旅游服务中心区专项整治行动，坚决打击非法营运；拆除临危建筑，清理私搭乱建；迁移外来人口。通过强力整治，改变了旅游服务中心区及聂耳墓停车场周边原来脏、乱、差的环境和混乱拥堵的交通秩序，杜绝非法营运车辆进入景区的拉客现象。

为创建文明旅游景区，景区认真规范旅游服务中心区、龙门观景路沿线、小石林景区游步道的商铺摊点经营，制止围追兜售、拉客宰客、漫摊经营等现象，景区经营秩序明显改观。为建设生态、低碳景区，与景区内经营商户签订使用环保燃料的协议书，逐步取代使用煤炭和木材等影响生态环境的燃料。

【“十一五”成就】 “十一五”期间，西山国家级风景名胜区管委会完成移交工作及机构改革，理顺景区管理体制，组建昆明西山旅游投资开发有限公司进行实体化运作。管委会成立后，对景区交通、周边环境进行综合整治，完成 320 国道改弯、景前区北门龙门路修建、景区灯光亮化、游客中心改造、临时植草生态停车场建设等重点项目工程，征转土地 22.67 公顷，拆迁 2.75 万平方米，完成投资 1.5 亿元。招商融资成效明显，向西山区农村信用合作社碧鸡信用社和建设银行昆明西山支行分别贷款 4 000 万元和 1 000 万元；向云南天润源实业有限公司和云南西铁置业有限公司融资 1 050 万元和 350 万元；作为融资主体向富滇银行昆明西山支行贷款 2.45 亿元用于西山区 21 号规划道路建设。深入推进规划工作，确定景区发展方向。

景区旅游收入和游客人数稳步增长。2006～2010 年实现总收入 1.1 亿元，增长 20%；接待购票游客人数 215 万。其中 2010 年春节、“五一”和“十一”3 个黄金周分别接待游客 2.3 万人、7 000 人、1.9 万人，均创历史最高纪录。与省内外 200 多家大旅行社签订合作协议；确定“魁星文穴、红榜通道”宣传主题，利用电视、广播、报刊、网络、公交等方式全方位进行宣传；打造昆明第一夜景观景地、学子游、西山年卡等旅游项目；与云南民族村、滇池旅游索道 3 家单位组成“浪漫滇池”一日游联盟，集中了 3 个旅游资源的优势。

管理措施不断创新。建设电子门禁系统、电子导游服务系统和视频监控系统，实现数字化、信息化管理；购买天然气环保旅游大巴，完善营运手续，实现环保、低碳旅游；成立景区派出所，加强治安管理，加大巡逻防范力度，实现景区“两抢”警情零接报，创建了“平安景区”。成为云南省首批国家旅游服务标准化试点单位，制定和纳入 181 项旅游管理和服务标准，软件建设初步达到 5A 标准。投入防火经费 500 万余元，完成护林防火工作，实现火灾火情零报告。

（黄　兴）

体　育

【群众体育活动】 6 月 27～30 日，由昆明市文化广播电视局举办的昆明市第三届“农民体育健身工程点（村委会）”农民篮球赛在昆明市体育馆举行，西山区组织海口街道办事处代表队参加本次比赛，获二等奖。8 月 8 日，全国第二个“全民健身日”，云南省体育局、昆明市人民政府举办“沃特杯”2010 年云南省“全民健身日”昆明市万人穿城跑暨全民健身嘉年华活动，西山区组织永昌、西苑、金碧、福海、马街、棕树营 6 个街道办事处 600 人的队伍参加活动。并于 8 月 20 日上午在西山区碧鸡公园举办 2010 年“全民健身月”系列活动——昆明市第四届 4 种健身气功交流展示通讯赛。10 月 22 日，全国百城健身气功交流展示系列活动云南大会昆明会场活动在西山区碧鸡公园举行，西山区组织 300 人的队伍参加展演。12 月 6～7 日，西山区组织 5 个社区 100 余名运动员参加昆明市第五届社区运动会，获得袋鼠跳、健康路径、篮球三分投篮比赛 3 个一等奖。

【学校体育活动】 2 月，在西双版纳举行的云南省后备力量少年足球比赛，西山区组织西山区青少年体育学校足球项目的 2 支代表队获得 U15 组比赛的第三名，U17 组比赛第二名。4 月

22～25日，举行昆明市中小学生田径运动会，西山区组织3个组别72人的代表队夺得4金、5银、3铜。6月4～6日，举行昆明市中小学生游泳比赛暨全年冠军总决赛，西山区组织5个组别35人的代表队夺得11金、3银、10铜。西山区运动员董晋良包揽了小学男子1998年组100米自由游、100米蛙游、200米混合游三枚金牌；李柏蕾包揽了小学女子2001年组50米自由游、50米蛙游、50米蝶泳3枚金牌。7月1～6日，举行昆明市小学生“萌芽杯”篮球赛，西山区组织体育传统学校拥护中心学校和海口新华中心学校参加比赛，拥护中心学校获得女子组第一名，男子组第三名。7月13～21日，在开远市举办云南省青少年足球比赛中，西山区组织体育传统项目学校昆五中参加比赛。

西山区组织举办西山区中小学生乒乓球比赛，共设有男子单打、女子单打、男子团体、女子团体4个项目。来自全区21所中小学校200余名运动员参加本次运动会。组织举办西山区中小学生篮球比赛，来自全区23所小学校22支男队、12支女队；中学组6所中学6支男队、5支女队共500余名运动员参加本次运动会。

【云南省第九届少数民族运动会】11月，云南省第九届少数民族运动会在普洱市举行，按照昆明市是总体安排部署，西山区代表昆明市参加秋千项目的比赛，获得55公斤以下级单人触铃第三名。

【社会体育指导员培训】 10月16～17日西山区三级社会体育指导员培训班在西山区老年大学举办，来自全区10个街道办事处及西山区老年体协的100余人参加培训。通过为期2天的培训，对考核合格的学员，颁发“三级社会体育指导员证书”。

【体育基础设施建设】 年内在海口街道办事处海门居委会宽地坝居民小组、碧鸡街道办事处黑荞母社区居委会、白草村居民小组、永昌街道办事处金牛社区居委会、团结街道办事处永靖社区、碧鸡街道办事处安装5条健身路径；完成5个农民体育健身工程的建设工作任务；选址西山区文化馆2楼建立了一个西山区国民体质检测中心。

【老年体育活动】 1月12～15日，昆明市老年人体育协会主办的中国门球冠军赛昆明分赛区暨昆明市第二十四届“迎春”老年人门球赛在昆明市老年活动中心举行，西山区选派11支队伍参赛。3月10日，在昆明举行的“2010年昆明市老年人网球比赛”，西山区代表队取得男子乙组第一名，女子甲组第一名，女子乙组第二名。3月23～27日，在昆明举行“春城杯”城市门球邀请赛。西山区老体协选送西华北社区代表队参赛。4月，在寻甸举行的昆明市中老年气排球比赛，区老体协选派2支队伍参赛。7月6～10日，首届“红云红河杯门球邀请赛”在昆明举行，区老体协组织了昆明电机厂门球队、前卫官庄社区门球队2只代表队参加，官庄社区门球队夺得第二名。7月，昆明市老年人沙式太极拳、太极剑比赛在昆明举行，区老体协组队获二等奖。

【“十一五”成就】 “十一五”期间，西山区竞技体育水平持续提高、群众体育和体育产业得到长足发展。积极组队参加高规格的体育赛事促进竞技体育的快速发展，并取得荣誉。在城市社区配置各种群众性体育设施，对城市居民开展健身活动起到了良好的推动作用。5年来，区文旅体局依靠“体育彩票公益金”的支持，共投入资金96.14万元，为全区10个街道办事处安装了77条全民健身健康路径，建设14个农民体育健身工程。

加强学校体育人才的培养，2006年区文旅体局把全区中小学生田径、游泳、篮球、乒乓球和足球比赛实行竞赛制度化，每年各举办一次，极大地提高全区的中小学生体育竞技水平和学生的体质。组队积极参加省、市、区组织的各项体育比赛，为西山区争得了荣誉。2008年成立了西山区青少年竞技体育学校，结合实际设置田径、篮球和游泳3个重点项目的分校，对提高全区体育教学，培养各类竞技体育人才打下良好的基础。

先后组织全区干部群众参加西山区“五四杯”篮球赛、“奥运火炬传递路线发布仪式”、“昆明市迎春门球赛”、“昆明市少数民族健身操比赛”、“昆明市首届风筝节暨昆明市业余风筝赛”、“2009年昆明市趣味健身运动会”等一系列体育活动和趣味赛事。发展竞技体育的同时，认真贯彻落实全民健身计划，注重深化人民群众健身意识。

（张　鹏）

9月30日，区文化旅游体育局举办全区中小学生乒乓球比赛。

（区文化旅游体育局　供稿）

社会生活

编辑 马 俊

人口·人民生活

【人口】 2010年末，西山区常住人口75.38万人，其中户籍人口50.11万人。在户籍人口中，男性25.09万人、女性25.02万人，男女性别比为100.28（以女性为100，男性对女性的比例）。非农业人口39.63万人，占户籍人口的79.07%。年末户籍人口与上年末相比，增加6 581人，增长1.33%。

【人民生活】 据统计，2010年农民人均纯收入达8 245元，同比增长9.1%；城镇居民可支配收入1.98万元，同比增长11.02%。

2010年西山区城市住户调查情况表

项 目	单 位	2010年	2009年	2010年比2009年增减%
人均可支配收入	元/人	19 802.96	17 119.46	15.68
人均消费支出	元/人	13 861.2	11 071.78	25.19
1. 食品	元/人	5 149.64	4 620.76	11.45
2. 衣着	元/人	1 440.77	1 097.05	31.33
3. 居住	元/人	1 699.46	1 964.3	-13.48
4. 家庭设备用品及服务	元/人	560.19	301.77	85.63
5. 医疗保健	元/人	717.6	551.26	30.17
6. 交通和通信	元/人	2 621.44	1 569.46	67.03
7. 教育文化娱乐服务	元/人	1 444.22	789.34	82.97
8. 其他商品和服务	元/人	227.89	177.83	28.15

2010年西山区城镇居民家庭平均每百户耐用消费品拥有量表

项目名称	单 位	2010年	2009年	项目名称	单 位	2010年	2009年
1. 摩托车	辆/百户	9	13	11. 钢 琴	架/百户	2	3
2. 助力车	辆/百户	48	40.5	12. 其他中高档乐器	件/百户	3.5	2.5
3. 家用汽车	辆/百户	27	15	13. 微波炉	台/百户	85.5	74.5
4. 洗衣机	台/百户	100	94.5	14. 空调器	台/百户	0	0

续表

项目名称	单　位	2010 年	2009 年	项目名称	单　位	2010 年	2009 年
5. 电冰箱	台/百户	100. 5	90	15. 沐浴热水器	台/百户	93. 5	90
6. 彩色电视机	台/百户	123. 5	123	16. 消毒碗柜	台/百户	12. 5	12. 5
7. 家用电脑	台/百户	80. 5	56. 5	17. 洗碗机	台/百户	2	1
8. 组合音响	套/百户	48	50	18. 健身器材	套/百户	5	3. 5
9. 摄像机	架/百户	8	5	19. 固定电话	部/百户	44. 5	37
10. 照相机	架/百户	60	48. 5	20. 移动电话	部/百户	241	199

2010 年西山区农村住户经济调查情况表

项　目	单位	合计	调查点						
			中宝	长坡	陆家营	和平	海丰	谷律	太河
一、调查户数	户	70	10	10	10	10	10	10	10
人口	人	249	32	35	32	41	33	39	37
二、主要耐用消费品每百户拥有情况									
1. 洗衣机	台	68	10	10	10	11	7	10	10
2. 电冰箱	台	54	10	4	9	6	10	5	10
3. 摩托车	台	25	8		2	3	11	1	
4. 汽车（生活用）	台	13	3	2	2	2	1	1	2
5. 固定电话机	部	11			3			8	
6. 移动电话	部	179	28	26	28	22	28	20	27
7. 彩色电视机	台	92	17	12	14	15	13	11	10
8. 照相机	架	17	2	2	4	1	1	4	3
9. 家用计算机	台	28	6	4	5	2	2	4	5
三、人均住房面积	平方米	63	62	31	108	52	54	36	117
四、农村人均总收入	元	8 455	6 284	6 482	10 040	7603	11 985	7 951	10 741
（一）工资性收入	元	2 185	3 642	207	2 742	2 279	407	1 623	3 947
1. 在非企业组织中劳动得到收入	元	692		205	892	396	407	456	2 531
（1）乡村干部收入	元	579		205	892	396	407	394	1 738
（2）行政事业单位等职工收入	元	113						62	793
2. 在本乡地域内劳动得到收入	元	1 301	3 559	3	1 781	1 883		18	1 351
（1）在企业中劳动得到收入	元	733	922		819	1 883			996
（2）提供其他劳务收入	元	490	2 397	3	962			18	356

续表

项　目	单位	合计	调查点						
			中宝	长坡	陆家营	和平	海丰	谷律	太河
（二）家庭经营收入	元	4 120	1 178	4 627	3 512	4 956	9 301	4 900	2 431
1. 第一产业收入	元	2 871		2 286	3 512	4 718	6 932	3 390	1 573
（1）农业收入	元	2 719		2 181	3 458	4 450	6 901	3 084	1 573
（2）林业收入	元	12			54		25	15	
（3）牧业收入	元	125		105		268	6	292	
（4）渔业收入	元	15							
2. 第二产业收入	元	358	448	71			291	238	425
（1）工业收入	元	254						228	425
（2）建筑业收入	元	104	448	71	2 996		291	10	
3. 第三产业收入	元	891	730	2 271	1 350	238	2 077	1 271	433
（三）财产性收入	元	1 638	908	1 430	1 573	175	995	916	4 072
1. 集体分配股息和红利	元	584	692	132		85		459	956
2. 租金（包括农业机械）	元	727	167	706	73	90	209	410	2 533
3. 利息	元	14		23		791		27	53
4. 其他	元	13		26				10	
（四）转移性收入	元	513	556	217	9 009	193	1 283	512	292
其中：农村亲友赠送收入	元	27			130		82	44	
五、人均总支出	元	10 140	7 001	7 011	130	4268	32 959	3 691	9 744
（一）家庭经营费用支出	元	414	148	449	97	437	851	805	29
1. 第一产业生产费用支出	元	368	133	391		378	829	664	22
（1）农业生产费用支出	元	235	67	344	33	260	826	84	5
（2）林业生产费用支出	元	21	3					115	17
（3）牧业生产费用支出	元	109		39	47		118	4	465
（4）渔业生产费用支出	元	3		25					
2. 第二产业生产费用支出	元	7						44	3
3. 第三产业生产费用支出	元	38	15	58		58	22	97	4
（二）购买生产性固定资产支出	元	267	8			200		4	1562
（三）人均生活消费支出	元	9 056	6 348	6 543	7 948	3 384	31 230	2 733	7 907
1. 食品消费支出	元	1 884	1 722	1 454	2 396	1 398	2 614	1 210	2 584

续表

项　目	单位	合计	调查点						
			中宝	长坡	陆家营	和平	海丰	谷律	太河
2. 衣着消费支出	元	743	788	377	611	331	2 047	172	1 061
3. 居住消费支出	元	685	1 113	300	809	177	381	146	1 972
4. 家庭设备、用品消费支出	元	382	493	245	168	322	1 011	84	419
5. 交通通讯消费支出	元	3 411	689	2 623	939	219	20 140	470	368
6. 文化教育、娱乐消费支出	元	1 174	1 031	904	2 071	316	3 248	187	918
7. 医疗保险消费支出	元	580	325	574	655	620	1 110	413	400
8. 其他商品和消费支出	元	198	188	66	299	2	680	50	185
（五）人均转移性支出	元	356	498	20	928	247	526	149	246
其中：赠送农村亲友	元	120	211	3	67	139	300	89	48
六、人均全年纯收入	元	8 245	6 519	7462	10 584	6 066	8 830	5 134	1 3627
（一）工资收入	元	3 235	4 474	1 418	4 125	3 372	376	2 543	6 244
（二）家庭经营纯收入	元	2 123	667	3 370	2 087	2 031	4 439	2 258	130
（三）财产性纯收入	元	2 081	1 338	2 420	4 268	390	910	236	5 372
（四）转移性纯收入	元	805	41	254	104	273	3 105	96	1 881
七、人均全年可支配收入	元	7 962	6 227	7454	9 653	6 234	8 037	5 062	13 390

人口与计划生育管理

【主要指标完成情况】　2010 年，全区共出生 4 519 人，出生率为 9.02‰；死亡人数 4 274 人，死亡率为 8.53‰；人口自然增长率为 0.49‰。符合政策生育率 96.25%，优选节育率 75.14%，计生政策知晓率 96.69%，宣传品进村入户率 95%，各项奖励制度资格确认准确率 100%，流动人口计划生育信息交换平台回复率 95%，流动人口育龄妇女信息采集率在 80.3% 以上，叶酸服用率 70%，叶酸服用依从率 60%。

【宣传教育　依法行政】　结合实际力求创新，把计划生育宣传教育活动有机地融入到社区文化之中，采用黑板报、墙报、发放宣传资料、新建人口文化宣传点等形式进行广泛宣传，营造良好人口文化氛围。抓住元旦、春节、“三下乡”、协会会员日等有利时机，结合开展“出生缺陷干预”、“奖励扶助”、“婚育新风进万家”、“关爱女孩”、社会治安综合治理、公民道德宣传等活动，区、街道、社区开展形式多样的宣传活动，宣传计划生育政策法规、避孕节育、出生缺陷、优生优育、生殖保健等知识。全年全区开展人口计生宣传活动 60 余次，发放宣传资料近 7 万份，受教育群众近 24 万人次。完成生育文化示范社区创建工作。区计生服务站坚持每月都举办培训班，全年培训 2 867 人。

严格执行生育政策，加强对各街道违法生育处理指导和监督。全年处理违法案件 32 例、违规 201 例。严格审批再生育件 356 件。认真做好“96128”热线和信访工作，全年共接听热线 126 个，接待来信、来访群众 156 人。同时，对全区街道计生干部和村（居）委会计生宣传员进行培训，提高计生系统依法行政能力。

【计划生育优质服务】　认真落实国家计划生育免费服务政策，为育龄妇女实施各类计划生育手术、避孕节育咨询服务和发放避孕药具，同时还免费上门为育龄妇女开展妇女病普查。全年计生服务站为育龄妇女免费查环查孕 957 例，开展免费咨询 548 人次，为育龄妇女 159 人施行计划生育手术，发放避孕药具 3 800 份，为育龄妇女 216 人进行妇女病普查，并对患者进行及时治疗。积极实施出生缺陷干预工程，为孕前、孕期育龄妇女免费发放叶酸制剂，全年共发放 1 000 余份，全区出生缺陷干预率在70%以上。同时积极开展“TORCH”检测，全年共检测846例，未发现阳性病例。提高避孕药具管理水平，专人负责药具管理工作，按照工作职责建立账卡，推行科学、规范管理。建立“区为面、街道为片、户为员、人为主”的药具发放网络。年内，在省计生委组织的药具“三基”（基本理论、基本知识、基本技能）知识征文比赛中，西山区选送的参赛者成为昆明市唯一获奖选手，获三等奖。

【计生惠民工作】 全面落实奖优免补政策，完成计划生育奖励政策资格认定工作：低保独生子女家庭资格认定1 729户；养老生活补助资格认定24人；符合再生育条件自愿放弃再生育夫妻资格认定14对；特别扶助家庭资格认定69户111人，一次性奖励家庭资格认定6人；农业人口独生子女中考加分资格认定266人；高考加分资格认定126人，农业人口独生子女高中、大学阶段“奖学金”资格认定486人，准确率100%。全区“社会人”独生子女保健费得到较好落实，全年兑现发放123.19万元。

【流动人口管理】 进一步完善流动人口管理与服务。抓住纪念日、节假日、赶集日，充分利用各种宣传形式，开展多种宣传活动。到流动人口密集地方，向流动人口宣传计划生育各项方针、政策。据不完全统计，全年共组织宣传活动49次，展出各种展板150块，出动宣传车25次，免费发放各种宣传资料15万份，宣传橱窗黑板报156期，接受咨询服务3万余人。各街道进一步落实流出人口地责任，强化源头管理，做好外出人员登记、落实避孕节育措施、免费办理“流动人口婚育证明”等相关工作。健全管理网络，10个街道所有社区全部配备流动人口专管员，在一定程度上缓解城市社区流动人口计划生育管理力量薄弱的问题，为做好流动人口计划生育工作奠定网络基础。

实行目标管理责任制，区、街道、社区层层签订流动人口计划生育目标管理责任书，制定流动人口计划生育责任指标，形成层层衔接、环环相扣的目标管理体系。坚持市民化服务原则，把以人为本、优质服务、关心关爱育龄妇女健康理念贯穿于管理与服务全过程，让流动人口已婚育龄妇女能够及时、方便地得到避孕节育、生殖健康等免费服务，全年为流入已婚育龄妇女提供生殖保健服务2万人次。推进流动人口信息化管理，加强区域协作。各街道办事处每季度对流动人口进行清理清查1次，对违法生育和计划外怀孕情况登录交换平台，与流动人口原籍互通信息，实现双向管理。年内，先后与贵州安顺、浙江诸暨、福建南安、重庆等地签订流动人口计划生育管理和服务双向协作协议书，进一步推进两地信息联通、管理连接、服务联动，推进区域合作。

【基础建设工作】 积极参与“十二五”规划编制工作，完成区“十二五”规划人口规模、构成及演变趋势研究课题。认真做好省育龄妇女及家庭成员数据库信息采集和录入工作，全区人口信息核查录入14.35万户33.94万人，并对信息核查工作进行评估。进一步完善局机关工作制度，制定管理规定，把经常性工作制度化，将科室工作人员日常工作纳入制度管理考核，年终兑现奖惩。按上级要求，完成农民评计生和流动人口评计生的“双评”活动，群众满意度达95%以上。结合“四项制度”实施，狠抓机关行政效能建设，进一步规范机关办公秩序，优化工作流程，提高服务质量和效率，群众办理生育证、独生子女父母光荣证实现零投诉。

【计生协会工作】 各级协会认真开展协会评估认定工作，4月，通过市计生协会评估验收。结合“阳光计生”创建，从健全社区计划生育村民自治章程、民主决策和民主评议计划生育事务、组织开展人口计生宣传教育服务、公开计划生育事务等方面着手，扎实推进计划生育居民自治工作，建立起“两委负总责，协会做骨干，依法立规矩，群众参与做主人”的基层计划生育工作新机制。壮大协会志愿者队伍，充分发挥协会志愿者巡查服务队伍作用。

【“十一五”成就】 “十一五”期间，西山区人口与计划生育工作因措施得力，各项保障落实到位，全面完成市下达的各项指标任务；加强计划生育管理工作队伍建设，稳定基层服务网络；加速信息网络化建设，充分发挥人口信息计算机管理系统作用；不断开展婚育新风和政策法规进万家活动，完善宣传工作的硬件设施；进一步增强服务意识，全面开展计划生育优质服务；加强流动人口计划生育管理，依法兑现和落实奖励优待政策；充分发挥协会在计划生育工作中的特殊作用，推进全区计划生育工作顺利开展。

“十一五”全区人口出生率5.87‰，与“十五”的7.98‰相比下降2.10‰；自然增长率2.32‰，与“十五”的3.23‰相比下降0.91‰。“十一五”期间兑现计划生育一次性奖励3 695人；教育奖学金1.58万人；养老扶助153人；特别扶助404人。处理行政违法案件1 113件。

（杨 飞）

人力资源·社会保障

【机构改革】 2010年8月，按照西山区机构改革相关文件精神，西山区人事劳动和社会保障局更名为西山区人力资源和社会保障局。机关行政编制20人，领导职数2正6副。内设机构5个：党政综合办公室、公务员和专业技术人员管理科、工资福利科、劳动就业和社会保障科、信访仲裁科。西山区机构编制委员会办公室划归区委隶属管理，不再和区人力资源·社会保障局合署办公。

机构改革后，有下属机构5个：昆明市西山区社会保险局（由西山区社会保险事业管理局更名）（副科级）；西山区劳动就业服务局（副科级）；西山区医疗保险中心（副科级）；西山区人力资源和社会保障劳动监察队（由西山区劳动监察队更名）（副科级）；西山区农村社会保险局（由西山区农村社会保险中心更名）（副科级）；西山区自主择业军队转业干部管理服务中心和西山区人才交流服务中心（与公务员和专业技术人员管理科合署办公，主任由公务员和专业技术人员管理科科长兼任）；西山区职业介绍、职业培训中心。

【机关事业单位工作人员考核】 完成2010年度机关、事业单位工作人员考核工作。全区机关公务员参加考核1 276人，优秀等次231人，基本称职等次1人，不称职等次1人，平均优秀比例18.1%。机关工勤人员参加考核211人，优秀等次36人，平均优秀比例17.06%；事业单位工作人员参加考核4 783人，其中优秀等次696人，基本合格9人，不合格1人，优秀比例14.55%。根据《昆明市公务员考核实施办法（试行）》，对确定为优秀等次的公务员实施奖励，其中荣立三等功46人。

【机关事业单位人员招考选聘工作】 全年通过公开招考、选调等方式引进本科以上人才271人，其中组织部门通过公选直推、面向全国选拔领导干部14人，选调公务员5人。招考公务员67人（含检察、森林公安部门统一招考下派的8人），全区机关事业单位调入公务员11人，流出26人。

教育系统分两次招聘、选调教师147人，卫生系统招聘11人，其他事业单位招聘27人。招聘、选调工作始终坚持公正、公平、公开、透明的原则，严格程序，无违反招考纪律、徇私舞弊现象。加强专业技术人员管理服务，全区共181个事业单位参加岗位设置聘任，设置岗位5 061个，实际聘任4 428人。完成2010年各级有突出贡献优秀专业技术人员人选推荐工作，确定14人为“西山有突出贡献优秀专业技术人员”、10人为“西山有贡献优秀专业技术人员”表彰对象，推荐2人为“昆明市有突出贡献优秀专业技术人员”人选，推荐1人为“云南省有突出贡献优秀专业技术人员”人选。

【干部教育培训】 西山区从2009年8月启动“三普”教育培训，已完成外语培训3 400余人，计算机培训1 800余人，普通话1 200余人，正在进行培训查缺补漏工作。开展公务员“忠诚教育”培训，组织征订教材1 261册。努力建设学习型机关，有效提升公务员政治素质和业务素质。强化专业技术人员继续教育，开展低碳经济知识、创新与突破极限、计算机应用能力考试等培训，副高职以上专业技术人员教育培训102人，完成2010年高层次人才培养引进目标任务。

【军队转业干部管理】 做好区属企业军转干部和流入社会军转干部维稳工作，组织各街道办事处对辖区内工作对象定期谈话，进行思想疏导和政策宣传，及时掌握思想动态，解决好思想问题和实际困难，全年全区未发生军转干部上访情况。重新审核在西山区登记管理的124名企业军转干部个人信息，对符合补助条件的122人发放困难补助金234万余元，解决医疗费用2人20余万元；贯彻落实军转安置政策，安置军队转业干部14人。

【工资福利】 根据上年机关事业单位工作人员考核结果，为符合滚动升级的机关工作人员331人晋升级别工资，为连续两年考核为称职以上机关工作人员2 479人晋升级别工资档次，审核、审批当年考核为称职（合格）及以上的机关工作人员2 732人年终一次性奖金，审核公务员考核奖金63.5万元；为当年度考核为合格以上等次事业单位工作人员4 610人增加薪级工资，审核、审批事业单位工作人员1 798人上年纳入绩效工资总量的一个月基本工资额度。

按照全市统一部署，完成全区公共卫生与基层医疗卫生事业单位在职人员70%的基础性绩效工资和退休人员生活补贴核定兑现工作；做好工资日常审核工作，按政策核定因工作调

10月30日，区人力资源和社会保障局组织全系统职工运动会。

动、职务（岗位）变动、招考录用、提高学历等机关和事业单位工作人员工资待遇和补贴，涉及739人；做好工资统发审核工作，月平均审核1.28万人次，涉及金额380万余元。

严格退休审核登记工作，共审核登记退休1 200人，其中机关事业单位102人、企业1 098人；审核全区机关、事业单位在职及离退休死亡后丧葬费、抚恤费及遗属补助费53人，开展丧葬抚恤费调整工作；加强企业职工保险福利待遇政策宣传，指导企业做好职工在正常假期及病、伤、残期间及死亡后待遇保障工作；清理、调整机关事业单位职工死亡后遗属生活困难补助标准，全区130人符合遗属补助条件，按文件规定从2010年4月1日起享受新的遗属生活困难补助标准。

【劳动就业】 狠抓公共就业服务工作，开展就业援助月活动，为就业困难人员送岗位。元旦、春节期间，会同区残联对贫困残疾人家庭、就业困难人员家庭进行走访慰问和送岗位、送政策活动。2月，组织就业困难人员就业援助现场招聘会，提供就业岗位1 250个，达成就业意向110人；会同区农业局、区残联、团区委、区妇联等部门组织农民工就业"春风行动"，为返乡农民工、进城务工农民工、失地农民提供就业岗位1 160个，发放"春风卡"、《农民工进城务工政策知识问答》、《劳动合同法》等宣传材料5 000余份。4月，开展"移民就水，送岗下乡"活动，举办招聘会6场，共有36个用工单位提供岗位1 856个，200多名有求职意向的农村劳动力参加招聘会。组织6个企业参加"大理州农村劳动力转移就业特别行动计划招聘会"，为当地灾区农民工提供就业岗位366个；继续开展民营企业招聘周活动，150个用工单位现场提供就业岗位2 000多个，850多名各类人员参加招聘会，160人达成就业意向。7月，开展2010年高校毕业生就业服务月活动，共发放宣传材料1 000份，收集用工信息岗位4 860个，达成就业意向高校毕业生507人。各街道劳动保障所、社区服务站广泛开展入户调查，对登记失业的696名应届高校毕业生建立就业信息台账，对10户困难家庭高校毕业生以予重点帮扶，提供"一对一"就业服务。至年底，全区6个社区被市级授予充分就业社区，18个社区通过市劳动就业部门初审，32个社区于2011年进行申报。

积极开展小额担保贷款和贷免扶补工作，为符合贷款条件的高校毕业生、失地人员、残疾人、返乡农民工、进城务工人员等提供免息贷款，促进失业人员自谋职业，办理小额担保贷款87人431万元，符合贷免扶补条件者贷款50人250万元；认真落实社会保险补贴政策，落实社会保险补贴资金2 590人621.5万元；大力开发公益性岗位，全年开发公益性岗位360个，安置就业困难人员212人，发放公益性岗位补贴163.57万元；在西南仪器股份有限公司等5个就业基地开发高校毕业生就业见习岗位220个，进入就业见习岗位220人。

扎实推进援企稳岗工作，通过发放补贴，帮助生产经营暂时困难的企业稳定就业岗位，全年享受稳定岗位补贴企业16户618人，补贴金额135.3万元；享受转岗培训补贴企业3户232人8.7万元。

全年共培训下岗失业人员616人、退役士兵87人；加大农村富余劳动力和失地农民技能培训力度，开展农村劳动力技能培训、岗位提升培训19期，城乡劳动力职业技能培训1 633人；认真组织创业培训，开办创业培训班2个，有创业愿望并具备一定创业条件人员100人参加培训，培训效果较好。

全年核定参保企事业单位2 276户，核定失业保险基金2 021.5万元，新增参统企业305户4 133人。全年接收失业职工档案8 900余份，核发"失业保险手册"5 000余本，发放失业保险金2.15万人次1 490.99万元。发放培训补贴133人次10.5万元。发放农民工生活补助655人次181.72万元。失业保险金做到按月、按时、足额发放，发放率达100%。

加强劳动力管理，规范劳动力市场用工秩序。依托社会保障所、社区服务站做好劳动力资源管理，建立、建全相关信息台账，办理"失业证"2 041本，"农民工服务手册"1 261册，办理招用工备案手续8 272人。

【大学生及大学生"村官"创业园建设】 按照上级部署和要求，西山区研究制定"大学生及大学生'村官'创业园实施方案"，区财政投入资金

山区大学生及大学生"村官"创业园开园。（区人力资源和社会保障局　供稿）

67.8万元，经过5个多月筹备，9月底，西山区大学生及大学生“村官”创业园正式开园，有5个大学生团体带着项目入园创业。

【医疗保险】 认真贯彻执行昆明市城镇居民大病补充医疗保险实施办法，1月，启动社区、学校、幼儿园、居民大病补充保险工作，完成城镇居民大病补充医疗保险参保8.69万人；全面启动居民生育医疗费用报销工作，支付参保居民生育医疗费605人72.92万元。着力开展城镇医疗保险参保扩面工作，全区参加城镇基本医疗保险人数36.5万人，完成目标任务的100.56%。其中城镇职工基本医疗保险完成扩面18.28万人，城镇居民基本医疗保险完成参保18.23万人。

按时拨付定点医疗机构、定点药店医疗费用，切实解决医院资金垫付积压问题，至年底，共审核结算92个“两定”机构发生城镇职工、居民基本医疗保险医药费用7982万元；及时兑付职工、居民个人垫付医疗费用，完成职工、居民医保手工结算798份，兑付参保人医疗费328万元，保持医疗费用兑现零投诉；做好离休干部、机关事业单位工伤、女职工生育医疗费用兑付工作，支付离休干部医疗费用63人136.8万元，支付区属机关事业单位工伤、生育医疗费用164人次45万元，及时足额兑现公务员住院医疗补助，落实医疗照顾待遇150人，办理“两特”（特殊疾病、慢性病）待遇2 224人。

按上级安排，及时开展2010年度缴费基数调整及稽核工作，至年底，共完成2 247个单位11.3万名城镇职工基本医疗保险基数核定工作，职工缴费工资由人均2 723元提高到3 018元，增长10.85%。完善医疗保险稽核工作制度，加强基金支付专项稽核队伍，共受理举报基金支付事件20起，约谈调查40余人次，追扣不合理费用37.3万元，退回个人不合理费用5万余元；严格控制不合理费用支出，审核92个“两定”机构基本医疗保险医药费用，其中不合理费用55.46万元；共查处违规欺诈7起，违规、欺诈医疗费用56万元，追回金额46万元，稽查查处“疗养式”住院人276次、挂床住院人43次；积极配合省、市、区医保中心开展联合专项检查，对全区5个定点医疗机构、零售药店进行抽查，对2个医院下发整改通知书，责令限期整改；完成92个城镇职工、城镇居民基本医疗保险定点医疗机构、定点零售药店2010年协议签订、经办人员培训工作。

完成社会保障IC卡制卡工作。对全区定点医疗机构、定点零售药店、社区居民医保经办点医保信息系统网络进行定期维护，处理系统问题700余次，确保信息系统安全运行。完成昆明市城镇职工、城镇居民基本医疗保险医保实收数据入库分账工作，制作城镇职工（居民）社会保障卡IC卡制作1.38万张。

【社会保险】 全年核定养老保险参统企业2 588户，参统职工10.13万人，完成目标任务的102%，月缴费基数7 788.8万元，超额完成城镇职工基本养老保险扩面任务。核定工伤保险参保企业2 631户5.21万人，缴费基数8 625.99万元。生育保险参统企业2 572户4.19万人，月缴费基数7 224.08万元；认真做好个体、灵活就业人员养老保险申报征缴及关系接续工作，扩大农民工工伤保险覆盖面，农民工参保人数达1.9万人。

按时足额发放参统企业离退休人员的养老金，全年发放养老金2.8万人3.4亿元，社会化发放率保持100%；按时足额支付参统企业工伤、生育保险待遇，共支付工伤保险待遇279人323.16万元。支付生育保险待遇604人498.5万元；发放死亡离退休人员“两费”423人763万元；落实老工伤待遇，至年底，共纳入老工伤人员（含工亡遗属）843人。同时，做好企业离退休人员养老金领取资格认证工作。对居住在昆明市区的2.72万人、异地居住离退休职工240人进行认证，认证面达100%，及时暂停支付未在规定时间内提供养老金领取资格认证手续退休职工194人的退休金，杜绝社保基金流失；继续做好清缴养老保险欠费工作，积极协助地税部门对欠缴基本养老保险的企业，采取各种措施，共追缴历年欠缴720万元。

做好机关事业单位养老保险服务工作。西山区参统差额拨款事业单位20户，参统职工671人，参统率100%，共征收基本养老保险基金494万元，收缴率100%，发放参统单位离退休人员退休金447人993万元。代区财政发放机关及全额拨款事业单位离退休人员退休金2 193人8 350万元，发放省、市属国有企业学校剥离退休教师工资差额570人985万元。

结合西山区实际情况，认真开展省属企业退休人员移交实地社会化管理服务工作，全年共移交企业5户，退休人员2 196人。

【农保工作】 通过加强政策宣传、优简业务办理流程、制定奖励补助措施和落实分解责任制等办法，全年完成新增参保4 005人，完成目标任务的100.1%。积极落实农村社会保险政府补贴工作，按照个人参保、集体补助、政府补贴原则，正确引导农村居民积极参保，认真做好被征地人员基本养老保险费用征收工作，全年收取被征地人员个人和集体补助基金6 670.88万元，政府补贴资金650.4万元。

做好农村社会保险待遇支付发放工作，被征地人员基本养老保险生活费按时足额发放，全年新增待遇领取人1 183人，累计待遇领取人数达6 749人，全年发放基本养老生活费1 531.3万元；严格按照政策办理因参保人员死亡等原因进行个人账户退保退账手续，办理被征地人员基本养老保险退保退账41人，返还发放个人账户金额27.3万元；原农村社会养老保险新增待遇领取人数645人，全年待遇领取人数5 082人，全年发放养老金36.88万元；办理原农村社会养老保险个人账户一次性支付216人，共返还发放个人账户金额7.99万元。

在原有基础上，超前谋划、研究新型农村社会养老保险制度，完成老农保参保数据信息收集整理、核对和录入信息库工作，充分做好新型农村社会养老保险启动准备；健全被征地参保人员档案，全年新建参保缴费类档案2 655份、待遇领取类档案6 749份、退保退账类档案87份。

【社区保障服务】 积极与区财政部门协调，做好社区建设经费预算工作，落实工作经费35.5万元、社招人员工资156.7万元、社招人员社会保险费51.4万元；调整、补充社区工作人员14人。4月，开展西山区就业再就业专项资金管理使用私设“小金库”问题自查自纠工作，经清理检查，全区就业再就业专项资金管理使用审批手续完善，管理使用上无侵占、截留、挪用和私设小金库行为。按照上级统一部署，9月10～25日，西山区社会保障监督委员会办公室对全区机关事业单位职工基本医疗保险缴费基数进行检查调研，重点抽查机关单位1个和差额拨款事业单位1个，并针对发现问题及时向市社会保障监督委员会办公室提出意见和建议。完成评估认定定点医疗机构资格14个、定点药店资格6个，并完成上年度“两定”资格证书年检工作。受理工伤案件357件，认定为工伤356件；积极开展职业资格技术鉴定等工作，加强高技能人才管理工作，完成机关事业单位工人技师到期续聘6人，完成年度机关事业单位技术工人技师申报评定工作，新评定晋升技师6人；完成年度全区机关事业单位技术工人职业资格培训报名工作，申报初、中、高级工培训鉴定59人。组织全区机关事业单位技术工人31人，参加全市职业技能竞赛活动，获组织三等奖。

【信访仲裁】 及时处理好劳动争议案件，共接待来信来访513件，涉及劳动者832人，其中群体性来访106批次，涉及职工425人，来信来访回复率保持100%；受理申诉申请246件，其中劳动争议仲裁立案91件，结案86件，正在调查取证5件，其他案件通过调解完成结案。各类申诉争议案件涉及金额830万余元，裁决支付、补缴社会保险等380万余元；加强劳动合同备案管理。新签劳动合同登记2.29万人，续签合同登记6 081人，办理解除、终止合同488人，劳动合同签订鉴证合格率达100%。审核集体劳动合同4户，涉及职工400人。事业单位聘用合同鉴证294份，涉及事业单位19个。

【劳动监察】 2月28日至4月5日，开展清理整顿人力资源市场秩序专项行动，以工商企业密集区、流动人口聚居地、职业中介机构集中地和自发形成的人力资源交易场所为重点，监察检查职业中介机构、用人单位遵守劳动法律法规和就业管理法规情况，及时纠正中介机构、用人单位存在的违法违规行为。开展农民工劳动就业“春风行动”，向用工单位发放“西山区用人单位用工自检自查情况登记表”，对用人单位用工情况、劳动合同签订情况和工资支付情况等进行督察检查，涉及用人单位5 258户，涉及农民工5 425人。6～7月，在全区开展整治非法用工打击违法犯罪专项行动，主要对象是排查辖区内所有砖厂，杜绝“黑砖厂”出现，检查砖厂11户，均为合法用工单位。此外，还检查小作坊和其他用工单位24户，涉及劳动者3 332人。9～10月，开展医疗机构劳动用工情况专项整治行动，共检查定点机构和定点药店55个；日常监察常抓不懈，主动监督检查用人单位83户，涉及劳动者2 075人，立案95件，结案率100%；追缴拖欠工资12.98万元，涉及劳动者125人；清退风险抵押金2.62万元，涉及劳动者19人；及时处理突发性劳动纠纷，协助建设部门处理拖欠工程款，参与处理突发事件13件，涉及劳动者235人。首次将劳动保障执法年审工作延伸到街道办事处劳动保障事务所，把集中年审改为以街道办事处辖区为单位进行年审，缩短年审时间，全年审验用人单位1 929户，涉及劳动者8.74万人。

【存在问题】 一是人才引进档次偏低，高层次、高技能人才尚未成为核心资源，整体素质有待提高。人才结构与布局尚欠合理，特别是招商引资、城建规划等专业人才缺口较大。创业载体相对较少，对高层次人才吸引力和集聚力不强，缺乏符合西山市场发展需求高层次人才引进机制。

二是促进就业工作任务仍然繁重。“4050”等就业困难群体就业压力不减，高校毕业生就业难度增大，农村劳动力转移就业任务加重，劳动者技能结构层次较低，就业质量及稳定性较差。

三是基本养老保险缴费基数随着全省在职职工年平均工资的提高，计算应缴保险金额过大，灵活就业、自谋职业人员难以理解和承受，断保人数逐年增加；产生欠缴社会保险费原因较复杂，追回历史欠费工作难度越来越大，尤其是特困企业、停产企业、破产倒闭企业追欠困难。

四是物价快速上涨，而基本养老保险基金筹集和保障水平与当地社会经济发展以及当地生活水平不相适应导致被征地人员参保扩面困难。

【“十一五”成就】 5年来，社会保障体系进一步完善，各项社会保险覆盖人数迅速增长，保障水平逐步提高，管理服务网络不断完善，人才队伍建设取得长足发展，工资收入分配制度和人事制度改革不断深化，各项主要目标任务全部超额完成，为西山区保障和改善民生、促进经济发展与社会和谐稳定等方面发挥重要作用。

一是人事制度改革取得新突破。实施“人才强区”战略，通过人才培养、引进和结构调整，全区人才素质、结构明显改善。“十一五”期间，通过公开招聘、选调和公务员招考，引进本科（中职）以上专业技术人员427人，招考公务员114人。加大人才培养力度，每年对高层次人才、高技能人才进行更新知识培训。2009～2010年，采取直接到省外高等院校招聘的办法，共引进德才兼备教学人才50余人。认真贯彻落实《公务员法》，加强公务员队伍管理，形成一整套考核、奖惩和使用管理制度。

二是就业和再就业工作取得新进展。5年内，共提供有效就业岗位7.17万个，实现城镇新增就业5.02万人。其中城镇下岗失业人员再就业2.13万人，就业困难人员就业1.1万人，“零就业家庭”全部实现动态清零。转移农村劳动力就业4.46万人次；完成城镇失业人员职业技能培训9 986人，完成“贷免扶补”（扶持失业人员创业获得“贷免扶补”）贷款151人750万元，新建大学生创业园1个。城镇登记失业率控制在4%以内，共举办大、小型专场招聘会85场，现场提供就业岗位3.6万个，符合条件创业人员免息小额担保贷款159人693万元，发放灵活就业社会保险补贴1.54万人次3 814.5万元。努力开发公益性岗位，安置就业困难人员，提供大学生见习岗位330个，对38户区属困难企业给予享受稳定岗位社会保险补贴和转岗培训补贴，失业保险金做到按月、按时、足额发放，发放率达100%，发放失业保险金3.23万人8 827.7万元，及时为失业人员办理失业登记，发放“失业证”2.79万本。

三是社保扩面工作取得新成绩。全区城镇职工养老保险参保人数达10.76万人，确保2.8万名退休人员按月领取养老金，企业离退休人员养老金社会化发放率100%，完成省属企业移交退休人员属地社会化管理人数2.28万人，企业退休人员社会化管理率达99%。全区企业工伤保险参保人数5.21万人，按照“平安计划”要求，农民工参保人数达1.9万人；全区企业职工生育保险参保人数4.19万人；全区参加城镇基本医疗保险36.4万人，其中城镇职工基本医疗保险参保17.9万人、城镇居民基本医疗保险参保18.5万人；全区企业失业保险参保人数9.7万人；全区被征地人员基本养老保险参保缴费1.2万人，累计待遇领取6 749人，原农村社会养老保险累计待遇领取5 082人。

四是执法能力建设上新台阶。2010年9月27日，成立全省首个劳动纠纷人民调解委员会，创新调解方式，增强基层处理劳动纠纷能力，使西山区劳动纠纷调解率及调解满意率均大幅度提高。全区劳动合同签订率保持95%以上，劳动仲裁结案率达100%。

劳动保障执法年审企业户数稳步增长，共检查企业8 074户，涉及劳动者28万余人；督促补签劳动合同户，涉及劳动者7 433人，努力为劳动者追回拖欠、克扣工资和押金等共42.65万元，涉及劳动者889人，进一步完善举报投诉处理制度，做到“受理不推诿、查处不拖拉、事事有回音、件件有落实”，制定出台《西山区建设领域农民工工资支付管理办法（试行）》，并开设农民工工资保证金专户。

五是社区平台建设工作开创新局面。西山区在10个街道办事处建设社会保障事务所10个，在居（村）委会、厂矿企业建设社会保障社区服务站70个；社会保障事务所工作人员41人，社会保障社区服务站工作人员138人；事务所及社区服务站承担着全区社会保障事务所法制宣传、劳动就业、各项社会保险服务、执法监察、事务管理等工作职能，积极做好企业退休人员社会化管理服务工作，区、街道和社区三级劳动保障服务网络基本建立。

（胡有标）

民族·宗教

【年度少数民族人口】 西山区少数民族众多，除彝、白、回、苗4个世居少数民族外，还有壮、傣、哈尼、纳西、满、蒙古、布依、傈僳、拉祜、藏、佤、景颇、瑶、布朗、阿昌、怒、普米、独龙、基诺、水等少数民族。2010年末，全区总人口50.1万人，其中汉族42.5万人，占总人口的84.9%；少数民族7.6万人，占总人口的15.1%。少数民族人口中彝族3万人，占少数民族人口的39.2%；白族1.9万人，占少数民族人口的25.2%；回族1.5万人，占少数民族人口的19.3%；苗族2 000人，占少数民族人口的2.6%；其他少数民族1万人，占少数民族人口的13.7%。

【年度少数民族干部】 2010年，全区机关、事业单位共有干部5 535人，其中少数民族干部1 151人，占干部总数的20.79%。机关干部1 380人，其中少数民族干部294人，占21.30%；事业人员4 155人，其中少数民族857人，占20.63%。区级领导干部36人，其中有少数民族5人，占13.89%；科级领导干部472人中有少数民族113人，占23.94%。

【慰问民族宗教侨界人士】 1月27日，中共西山区委、西山区人民政府在云安会都喜宴宫召开西山区2010年社会各界代表人士新春座谈会，区民族、宗教和归侨侨眷代表人士40人参加座谈会。座谈会上，区委书记柳文炜致新春贺词，区长蔡德生通报西山区区情和经济社会发展情况，驻区企业、纳税大户、民主党派、民族宗教界人士代表分别发言，市委统战部部长作重要讲话。

1月28日至2月3日，西山区民族宗教侨务局领导带队走访慰问民族、宗教界代表人士110人，特殊困难归侨侨眷8户。9月16日，西山区人民政府侨务办公室和侨联联合举办西山区归侨侨眷迎国庆、庆中秋餐叙会，全区近100名归侨侨眷共聚一堂。

【少数民族语言文字培训班】 7月23~29日，区民族宗教侨务局在团结街道办事处清龙潭白族休闲园开办为期7天的西山区第二期苗文培训班，培训学员48人。内容为系统教授苗文声母、韵母和声调，让学员们掌握苗文拼写、拼读方法，学习用苗文创作歌曲等。本期培训班具有教师专业、教学精、学员年轻、文化层次相对高、接受能力强等特点。省民语委充分肯定西山区多次举办苗文培训班，对学好、用好、传承好苗族文字，保护民族文化具有重要意义。

8月12~21日，西山区民宗局在团结街道办事处清龙潭白族休闲园开办首期彝文培训班开班。此次培训班为期10天，旨在确保彝族文字传承，发掘、保护民族文化，教授彝文常用字的读、写。参训学员62人。

【法律法规宣传教育】 3月30日，组织开展西山区民族团结教育宣讲活动。邀请到省社科院马列研究所原所长、研究员向翔讲授专题讲座。全区副科以上干部，区委统战部、区民宗局全体干部，各街道办事处民族宗教专干，民族、宗教代表人士，各社区居委会书记、主任共500余人参加。

5月15日，区民宗局全局人员参加科技周宣传活动启动仪式，随后，全体人员分别在碧鸡公园、西寺塔广场、海口集贸市场及团结集贸市场等4个场所，面向社区、学校、企业、农村，广泛宣传党和政府的民族、宗教政策、法律法规，归侨侨眷权益保护法，崇尚科学反对邪教等，共发放各种宣传资料5 600份。9月19日，参与全国科普日暨第四届西山区科普节活动。各街道办事处结合科普宣传在辖区内各举办一次民族团结宣传日，进行党和国家民族宗教政策、法律法规、规章制度宣传，做到家喻户晓。

【指导支持群众抗旱救灾】 年内春季旱情严重，为帮助少数民族和民族地区群众战胜灾害、渡过难关，局长带领局领导班子先后到团结柿花园、分水岭、桃树箐、十里箐、阿苦里等居民小组调研和指导抗旱。区民宗局从2010年区级民族机动金中补助柿花园居民小组苗族散居户新建15立方米小水窖4个、十里箐苗族村200立方米蓄水池1个、阿苦里苗族村50立方米蓄水池2个，并协调相关部门定期拉水供应，以解决人畜饮水困难。同时，召开全区批准开放的22个宗教活动场所负责人座谈会，充分发挥宗教积极作用，向灾区献爱捐款3.56万元。局党支部结合部门职能安排民族机动金7万元用于抗旱救灾基础上，又组织党员捐助现金8 000元。

3月30日，西山区举行民族团结教育宣讲报告会。

【清真食品检查】 6月30日至7月2日，联合区药监局、质监局、工商局、卫生局等食品安全工作领导小组成员单位，深入永宁清真寺、安康路清真农贸市场、海口里仁清真寺等20个涉及经营、销售清真食品和食用清真食品人员较为集中的场所，针对食品进货、仓储、加工、销售等各个环节存在问题进行检查，规范清真食品管理。同时，为全面掌握西山区清真食品行业基本情况，保障食品安全，按照市民委统一安排，9月15日至10月25日，在全区10个街道办事处进行清真食品行业普查和清真食品安全专项检查工作。此次普查、检查涉及全区66个从事清真食品生产、加工、销售的个体经营户和私营企业，其中企业2个，清真农贸市场1个，餐馆63个。通过普查，建立66个清真食品行业台账、进行信息录入，逐步实现清真食品行业动态管理。

【民族团结进步示范社区创建】 为探索新时期城市民族工作新方法和新路子，建设团结、文明、和谐新社区，按照省、市民委工作部署，经区十四届人民政府第四十次常务会议研究，把金碧街道办事处复兴社区作为省、市、区三级联创共建城市民族团结进步示范社区。区民宗局与复兴社区主要开展了一系列创建工作，2011年1月13日，全省民族工作会上，西山区金碧街道办事处复兴社区被省政府授予省、市、区三级联创"民族团结进步示范社区"称号。

【依法打击非法传教活动】 2月7日下午，西山区民宗局与昆明市宗教局、西山区公安分局国家安全保卫大队及棕树营派出所联合执法，对鱼翅路一起非法传教活动依法予以取缔。

7月31日，西山区民族宗教侨务局会同区公安分局国保大队、梁源派出所在西苑街道办事处兴隆小区取缔一起非法基督教培训点。10月17日上午，西山区民族宗教侨务局在昆明市宗教事务局、昆明市公安局西山分局国保大队的配合下，对福海街道办事处船房社区基督教非法传教活动点进行依法取缔。经调查，参加聚会的是来自云南昆明、楚雄、大理、红河以及江西、贵州、四川、湖北等省、地区的信徒。

【妥善处理涉及民族方面的矛盾纠纷】 8月，妥善处置里仁一起因交通事故引发的械斗事件。事件发生后，市公安局领导率相关部门到海口指导纠纷处置，区政法委、统战部、民宗局、司法局等部门主要领导及时介入进行协调处理，做好信教群众疏导工作，确保民族团结、社区稳定。

11月3日，云南穆盛达商贸有限公司生产区发生斗殴事件，导致生产区封堵致停业。事件发生后，区政法委书记张志强召集公安、统战、民宗和福海街道办事处的有关领导在西华派出所召开维稳会议，要求公安机关进一步加大办案力度，尽快抓捕犯罪嫌疑人，区委统战部、区民宗局作好伤者及家属的安抚工作，使该公司早日恢复营业。之后，区委统战部、区民宗局领导亲自到医院看望伤者，并多方疏导、化解此次事件。

妥善处置《春城晚报》"清真米线"不良报道事件。12月8日《春城晚报》B1/13版报道《清真米线段氏家传》，把"合煮"误写为"和猪"，严重地违反党的民族、宗教政策，伤害民族感情，引起昆明城区穆斯林强烈抗议。接到群众举报后，区民宗局领导及时赶到伊徕贝小吃店了解情况，并及时向市民委、市宗教事务局汇报，向《春城晚报》编辑部作通报。《春城晚报》编辑部高度重视，启动"不良报道"应急预案，及时在网络上进行更正，及时收回尚未发行完的《春城晚报》，向伊徕贝小吃店法人、员工致歉，并在12月9日的《春城晚报》A02版作更正、致歉，《春城晚报》编辑部逐一向36个市民的热线电话进行解释、致歉。西山区民宗局积极做好广大穆斯林疏导、化解工作，把负面影响降低到最低程度。

【"十一五"成就】 民族工作突出各民族"共同团结奋斗、共同繁荣发展"主题，认真贯彻落实党的民族政策和法律法规，围绕中心抓团结、分类指导促发展，促进少数民族和民族地区又好又快发展，巩固和发展平等、团结、互助、和谐的社会主义民族关系。

认真开展民族团结宣传和教育，每年举办少数民族干部培训班，集中学习民族政策和相关法律法规，弘扬以爱国主义为核心的民族精神。把协调民族关系、维护民族团结摆在民族工作突出位置，认真做好影响民族团结矛盾纠纷隐患排查调处和突发性事件处置化解工作。

加快少数民族和民族地区经济社会发展，充分发挥民族专项资金拾遗补缺作用，管好用好各级政府对民族地区的扶持资金，5年来，省、市、区共投入723万元，完成以道路基础设施、农村安全饮水、科技培训等为主要内容的民族机动金和散杂居民族专项资金项目140项，其中省级10项111万元、市级40项282万元、区级90项330万元。

抓好城市民族工作，开展"民族团结和谐示范社区"创建工作，发展新型社会主义民族关系，确保社区民族团结、宗教和睦及社区稳定。加大监督管理力度，对安康路清真农贸市场、牛羊私屠乱宰进行专题调研，进一步规范清真食品的生产经营活动，维护少数民族权益。在深入调研寻甸、会泽等驻区外来少数民族流动人口管理经验基础上，加强少数民族流动人口管理服务。

挖掘、保护、传承少数民族文化，共举办西山区苗文培训班2期和西山区首期彝文培训班。2007~2010年，开展《西山区少数民族民风民俗》研究，2010年调研、编印《西山区民风民俗文化资源》（含光碟），支持少数民族优秀文化传承、发展、创新，促进民族地区各项社会事业健康发展。

坚持依法管理宗教事务。做好观音山庙会安全管理工作，进一步规范伊斯兰教、佛教、基督教方面举行的大型宗教节日活动管理。深入实际调查研究，掌握宗教方面的动态，及时排查解决矛盾纠纷和不安定隐患，坚决抵御境外敌对势力利用宗教进行的各种渗透、干扰和破坏活动；妥善处理宗教方面的突出问题，努力促进宗教关系和谐。

指导和支持宗教场所自觉坚持独立自主自办原则，帮助其结合各自特点加强自身建设，开展宗教工作现状、民间信仰活动场所调研，深入研究新形势下宗教界爱国人士成长特点和规律。加大培养力度，组织宗教界人士到昆明市社会主义学院参加社会主义核心价值体系学习，努力形成一支政治上靠得住、学识上有造诣、品德上能服众的宗教教职人员队伍，保证宗教组织领导权牢牢掌握在爱国爱教人士手中。指导宗教场所建设，配合抓好在城中村改造过程中马街清真寺、马街基督教堂、明波基督教堂、明朗基督教堂、爱昆基督教堂拆迁事宜，维护宗教财产合法权益，保护信教群众合法权益。

（徐　爽）

民政工作

【救灾救济】 年内，西山区先后遭受干旱、洪涝等自然灾害，特别是遭遇百年不遇的严重干旱灾害，造成农作物受灾严重和部分人畜饮水困难。干旱缺水涉及24个自然村，饮水困难人口3.77万人次，饮水困难大牲畜2.5万头。全区因干旱造成的农作物受灾面积1 477.73公顷，成灾面积1 251.5公顷，绝收面积1 186.1公顷，直接经济损失达768万元。洪涝灾受灾面积56.3公顷，成灾面积34.4公顷，绝收面积18.5公顷，受灾人口420人，农作物经济损失10.9万元。

全年购买救灾粮400吨，支出经费201万元。下发抗旱救济粮148吨，发放冬寒新衣被1 956件（套），旧衣物1万余件，储备救灾粮323吨。困难户住、食、生活等方面临时救济514户78.65万元，农村困难户危房修复救助46户10.3万元，实现城乡临时救助率达100%的工作目标。

【捐赠工作】 4月26日，团结、碧鸡、海口3个街道办事处启动“共产党员特别捐献”关爱资金补助发放仪式，补助受灾地区特困群众1 885户94.25万元。拨区水利局200万元，修建“共产党员爱心水窖”约1 000个。帮助对口帮扶迪庆州维西县开展抗旱救灾工作拨款40万元。至年底，全区共收到抗旱救灾爱心捐赠款158.08万元（其中工会组织捐款35.7万元、抗旱救灾水资源建设项目捐款35.4万元）。党组织、党员捐款443.54万元。全年社会损赠款额638.35万元，捐赠衣被2.1万件。

【城市居民最低生活保障】 切实维护和保障困难居民基本生活权益，规范城市低保资金、审批及监督检查工作制度，针对城市低保工作涉及面广、政策性强、资金量大的特点，不断加强管理工作，严格把关，规范工作程序，使低保金的申请、审批、审核、发放规范和制度化。以切实保障城市困难居民生活权益为原则，对批准享受低保待遇的居民，由居委会或单位采取适当形式以户为单位进行公布，接受群众监督。对城市居民最低生活保障工作实行动态管理。每个季度对全区保障对象进行审核，根据家庭人均月收入发生变化情况，办理停发、减发或者增发手续。保障金以家庭为单位按季度足额发放到保障对象手中。全年全区城镇纳入低保5 794户8 556人，保障人数占全区非农业人口的1.61%，发放低保金1 819万余元，月人均补差212元。

【农村居民最低生活保障】 7月起，西山区提高农村居民最低生活保障标准工作，凡共同生活的家庭成员，年均纯收入低于2 000元的农村特困户均属保障范围。严格按照制订实施方案，实行差额补助，实施分类救助。进一步加大宣传力度，接受社会和群众监督，形成全社会参与农村低保工作良好氛围，使广大农村群众理解和支持此项工作。全年全区纳入农村低保1 190户1 574人，保障人数占全区农业人口的1.64%，全年发放农村低保金及补贴197.8万元，月人均补差94.18元，全区农村低保月人均保障水平94.18元。2010年度农村低保覆盖达100%，实现“应保尽保、应保才保”。

【城乡医疗救助】 为解决全区城乡困难群众就医难问题，草拟《西山区城乡困难群众医疗救助办法》，召开听证会听取意见后，区政府于9月制定下发《西山区城乡困难群众医疗救助暂行办法》，城乡医疗救助工作机制进一步得到完善，并以此为依据有效开展医疗救助工作。全年救助农村、城市医疗困难群众367户，发放医疗救助金91.06万元。为农村五保户和低保人员购买农村合作医疗缴费1 378人4.13万元。实现城乡医疗救助率达100%的工作目标。

【农村五保供养】 将五保供养经费列入财政预算，统一供养标准，办理合作医疗，五保对象生活得到基本保障。全区农村五保户250户261人，共支出供养费82.6万元，保障率达100%。其中，集中供养149户150人，按每人每月285元给予补助；分散供养101户111人，按每人每月235元给予补助。

【社会福利事业】 不断完善敬老院硬件设施，丰富养老服务内容，提高服务质量。结合全区老年人不同层次需求，积极引导和鼓励支持社会力量创办高、中、低层次民办敬老院和老年公寓。进一步加强对区社会福利养老机构的管理、监督和指导，严格规范审批程序，全年同意审批民办养老服务机构2个。至年末，全区有民办福利机构14个，公办集体办敬老院3所，床位1 668个，入住751人。

春节、中秋节期间，走访慰问全区在册农村五保户269人、城市低保户8 552人、农村低保户1 583人，麻风病院1所、敬老院4所、市属福利单位5个和区皮肤病防治医院，发送慰问金和慰问物品计125.7万元。

【养老服务事业】 在全区范围内开展养老机构“两规范一标准”专项检查活动。至年底，全区养老机构11所，均为民办非企业，分布在全区9个街道办事处，总床位1 141张，收养老人共649人。总占地面积5.76万平方米，总建筑面积2.28万平方米，固定资产总额3 783万元。职工167人，其中领导及行政人员35人，医师14

人，护理人员79人，其他人员39人。

【社会福利企业】 年初，与社会福利企业和双扶企业签订安全生产责任书7份。6月，会同区安监局抽检社会福利企业、双扶企业安全生产工作，对查出的安全隐患提出具体整改要求和时限。完成对西山双扶印刷厂承包年度财务结算工作，做好与昆钢对原腾飞耐火材料厂债权债务的结算工作，收回退税资金90万余元。完成局救灾仓库安全保卫和对7个社会福利企业的年检、年审工作。

【弃婴和孤儿收、送养】 全年依法办理收养关系43例，被收养人中残疾儿童1人，女性34人。送养到儿童福利院社会弃婴和孤儿56人。

【流浪乞讨人员救助】 维护生活无着流浪乞讨人员合法权益，促进社会稳定，并及时为符合条件的自愿救助和被救助流浪乞讨人员提供救助，及时查明流浪乞讨人员的身份和流出地，并帮助其返乡，同时做好被救助人员的管理和教育工作。全年出动车辆190余次，送市救助站无生活来源靠拾荒露宿街头流浪乞讨人员82人，自愿救助16人，劝离聚众广场、名胜风景区乞讨人员398人，街头巷尾算命、占卜人员60余人，以唱歌、演奏等方式乞钱人员50余人，机动车道、红灯路口向驾驶员强讨强要人员120余人。全年送入市精神病院减免费病人49人次。

【双拥工作】 发挥桥梁纽带作用，做好军地之间的对接与协调。积极协调好部队参与全区抗旱救灾、“四创两争”、国防教育宣传等工作。组织开展对重点优抚对象、军休干部、无军籍退休职工、企业困难复退转军人、驻区部队的慰问活动，送去慰问金141.9万元。2月3日，区委常委、区武装部政委荣德海和区政府副区长朱绍格一行，对居住西山区的维和烈士钟荐勤家属进行慰问，送去慰问金1万元。在金宝山生命文化园修建“维和英烈纪念雕塑”及“忠诚卫士英烈广场”，成为西山区又一个爱国主义教育基地。积极帮助部队建设，解决实际困难，慰问抗旱救灾部队11万元，补助西山雷达站官兵抗旱资金4万元，补助黄金十支队维修经费3万元，补助武警总队医院现役军人家庭困难经费2人1万元。

成都军区昆明总医院先后两次到团结永靖、团结民族中学为群众义诊，惠及600余人，免费送出价值5 000余元的药品和一台价值5 000元的复印机，捐赠贫困学生助学金13人1.3万元；5月10日，该医院“爱心义诊车队”启动。另外，驻区部队为干旱灾区送水、打井等，解决受灾群众生产生活用水问题，并发动官兵捐款32万余元。

【优待抚恤】 继续执行“重点优抚对象抚恤补助标准自然增长机制”，核算下发抚恤补助，并制定实施《西山区优抚对象医疗补助实施细则（试行）》。按规定对病故和因公牺牲军人2人、军休干部30人、无军籍退休职工和地退人员11人办理并发放一次性死亡抚恤金324.4万元；解决优抚对象“三难”问题35人，补助经费4.6万元；报销门诊及住院医药费20人次3万元；登记审核部分参战退役人员，审核认定“两参”人员52人。

【退役士兵安置】 严格按照“双考”安置规程和要求做好各项工作。3月25日至4月16日，组织退役士兵进行考前文化培训。4月20日至5月12日，组织104名退役士兵进行技能培训，其中取得高级资格证书21人、中级资格证书47人、初级资格证书36人。6月12日，组织城镇退役士兵139人参加全省统一文化考试。7月，组织为期两天的安置选岗工作。全区接收退役士兵252人，其中回农村安置退役士兵68人，符合城镇安置183人（义务兵100人、复员士官40人、转业士官43人），不符合城镇安置1人。参加选岗现场会选岗安置39人，到行政事业单位19人、国有企业18人、非国有企业2人；申请办理自谋职业113人，自谋职业率达61.7%。发放城镇退役士兵待分配期间生活费123万元，农村退役士兵生产扶持金1.3万元，培训补助费1.3万元；一次性自谋职业补助金407万元。

继续抓好复员干部相关待遇落实，全年发放复员干部困难生活补助53人38.3万元；办理复员干部参保手续2人，复员干部办理养老保险接续手续2人，办理复员干部退休手续1人；复员干部临时困难救助3人3 800元；补助医保、养保经费16.4万元。

【军队离退休干部安置服务管理】 1月初，为上年接收军休干部办理工资卡、医保卡，并确保其工资足额按时发放；对上年接收的军休干部档案进行认真清理；全年发工资6 020万元；发放军休干部住院及伙食补助1.5万元；发放春节慰问金50.5万元；征缴老干部基本医疗保险费857万元。发放死亡军休干部丧葬费、遗属补贴3人约19万元；支付离休干部门诊医疗费12人次约11.2万元；办理工会医疗互助860人6.8万元；为享受副厅以上待遇军休干部268人办理省级干部就诊证。积极协调部队，租用部队房产，建成西山区军队离退休干部分散服务管理中心，组织老干部疗养、举办知识讲座、开展文体活动。不断强化服务管理水平，落实好“两个待遇”。全年按要求接收军休干部33人。

8月，成立西山区军队离退休干部分散服务管理中心，办公地点由气象路金碧办事处搬至大观路168号成都军区疾控中心内；12月，成立西山区军队离退休干部分散服务管理中心党总支，下设党支部17个，按照党章要求和局党委安排开展党建工作。

【第四届社区“两委”换届选举】 3月2日，召开第四届社区“两委”换届选举暨创建和谐社区动员大会，全区社区“两委”换届选举工作全面启动。3月21日，全区89个社区党组织全面实行“公推直选”，直接选举产生社区党组织委员510人和书记89人，大学生“村官”党员当选社区党组织副书记38人。截至4月22日，全区93个社区居委会进行选举，选举产生社区居委会主任93人，副主任171人，委员302人，大学生“村官”当选社区居委会副主任36人，占应选数的100%。实现党组织书记和居委会主任“一肩挑”社区49个，占89个社区的55.1%。

【社区建设和服务】 加强社区居委会干部队伍建设，完成西山区2010年社区、小组干部培训。5月7～9日，组织社区干部1 150人进行培训。邀请上海、天津等地社区、街道领导作经验介绍，进一步增强全区社区“两委”班子依法履职、建设和谐社区能力。组织社区干部到省外考察学习2期。

进一步健全城乡社区服务体系，拓宽基本公共服务覆盖面，逐步丰富服务领域和内容。切实做好“三有一化”（有人管事、有钱办事、有处议事，推进城市基层党建区域化建设）试点社区建设各项工作，加快和谐社区建设步伐。

调整充实西山区和谐社区建设工作领导小组。3月，召开西山区建设和谐社区暨创建和谐社区动员大会。7月，召开和谐社区建设工作推进会。区委牵头成立专题调研组3个，对全区街道、社区深入开展和谐社区建设进行实地专题调研，并制定下发“领导小组成员单位职责”。

从10月起，全面提高社区办公经费，每个社区每月再增加1 000元，社区每年办公经费均在5.6万元以上，最高达8万元。落实社区工作人员教育培训经费，按照每个社区每年不低于5 000元安排，增加社区干部岗位补贴。从5月起，提高社区书记、主任、副书记、副主任等岗位补贴，翻牌社区和农村社区委员岗位补贴从无到有，按每月700元发放；10月起，居民小组长、党支部书记、居民小组副组长中部分提高岗位补贴，另外一部分补贴从无到有。加大财政投入，逐步解决社区办公用房问题和社区办公设备配置，建立增发第十三个月岗位补贴的年终一次性奖励机制。

全区分别确定省、市、区、街道四级联动示范社区22个，形成“一居一品牌、一居一特色”社区建设路子。形成以区政务服务中心为龙头，以街道为民服务中心、社区为民服务站为补充的“三级联动”为民服务网络体系，建立街道为民服务中心10个，社区为民服务站90个，为社区居民提供方便、快捷、有效的一站式服务。制定《西山区和谐社区建设“十二五”规划》、《西山区社区设置调整工作方案》、《西山区开展静脉社区建设试点工作方案》，不断探索社区建设新路子。

【婚姻登记】 依法办理结（离）婚登记，全年共登记结婚4 294对，离婚1 683对，出具未婚、未再婚证明1万余份，接待咨询来电、来访人员1万余人次。

【社团、民办非企业登记管理】 全区共登记有民间组织408个，其中社会团体168个、民办非企业单位240个。年内，开展社会团体“小金库”专项治理工作，经自纠自查和联合检查组重点抽查，全区168个社会团体中无“小金库”现象。

【殡葬管理】 年内，区政府与13个区殡葬改革领导小组成员单位签订“西山区殡葬改革目标责任书”、与10街道签订“西山区殡葬管理目标责任书”，并与相关单位签订“三沿五区”坟山墓地整治目标责任状，制定下发实施意见，进一步明确近年西山区规划建设农村公益性公墓、全面扩大火化区、全面治理乱埋乱葬和加强“三沿五区”绿化工作任务。通过考核评比兑现殡葬考核奖计11.46万元。加强殡葬政策法规宣传，营造文明殡葬、平安祭祀良好氛围，全区10个街道办事处、3个公墓共组织大型宣传活动15次，发放宣传品4.3万份、宣传布标53条，宣传人员150人次，参与群众5万余人。强化管理，严格执法，严厉打击违反殡葬法规行为，清明期间，配合碧鸡街道办事处取缔偷埋骨灰事件1例，杜绝该片区乱葬情况再度发生，全区殡葬管理秩序稳定。进一步提高公墓管理服务水平，加大绿化美化力度。按要求，全年在玉案山公墓、观音山公墓、金宝山艺术园林、马街小青龙山、海门、白鱼公益性公墓植树2.85万棵，投入资金300余万元，至年末，“三沿五区”坟山墓地绿化工作基本完成。为满足丧属不同需求，各经营性公墓不断探索新葬式葬法，年内大力推行树葬、草坪葬、壁葬、鲜花葬等，推出军魂园、艺术园、宗教园区，使公墓不断向园林化、艺术化、人性化方向发展。农村殡葬改革工作进一步得到发展，火化率达100%。成立农村公益性公墓建设工作领导小组，制定《西山区农村公益性公墓建设管理暂行规定》，在海口街道已建成2个公益性公墓的基础上，在桃树再启动1个；碧鸡街道在西华羊洞山启动1个；团结街道在和平、妥排、乐亩启动3个。

【地名·门牌·勘界】 2010年是昆明市开展第二轮县级行政区域界线联合检查工作的第一年，根据市民政局安排，年内西山区与富民县联检，由富民县牵头，完成实施方案制定，界桩、界线联合检查等相关工作，全面完成联合检查工作，昆楚线西山区与禄丰县段完成实施方案制定，界桩、界线外检工作。协助永昌、前卫2个街道办事处再次明确管辖线走向。

全年共审核上报地名命名请示9件，其中住宅类命名8件，前卫辖区4条道路命名1件，并经过市民政局批复。办理门牌变更手续68件。办理昆明市城管案件处理件99件，云南省网上信访系统信访件1件。配合公安等相关部门处理《都市时报》刊载关于一地多名的问题。针对国家创卫检查组暗访后提出的存在问题，对全区小街、小巷地名标志牌及门牌缺失损坏情况进行全面清理整顿，新装巷牌81块、新装街路巷门牌2 500余块，新制作安装居民户门牌1 500余块，取得阶段性成果，并通过国家“创卫”验收。根据市政府要求，辖区街、路地名标志牌设置走市场化运作，由企业出资进行安装，至年末，全区34条街路上共安装灯箱式地名标志牌940块，其中年内安装126块。

【“十一五”成就】 5年来，民政各项工作成绩突出：一是减灾救灾能力不断增强，切实保障受灾困难群众基本生活。5年来，下发救济粮295吨，储备量420吨；积极储备生活物资，共下发冬寒衣被5 000余件（套），旧衣物5万余件（套）；重点走访慰问困难群众300余户（次），发放慰问金400万余元；因灾造成民房倒损危房修复补助318户58.3万元；共接收各单位、团体和个人各类捐款2 655万元。

二是大力推进城乡社会救助体系建设，困难群众基本生活得到有效保证和提升。不断完善、规范管理工作，做到动态管理下应保尽保，分类施保下按标施保。“十一五”期间，城市居民最低生活保障年均保障5 997户9 316人1 953万元。保障人数占全区非农业人口的2.01%，月人均补差198.1元，城市低保覆盖率达100%。2007年年初，全面启动农村居民最低生活保障工作，4年内3次提高农村低保标准，至2010年7月，西山区将农村低保标准大幅提高为年人均保障2 000元。5年间年均投入保障资金118.5万元，救助882户1 276人，保障人数占全区农业人口的1.58%，月人均补差101元。农村低保覆盖率达100%，做到“应报尽保”。随着社会发展需要，2006年3月、2009年1月、2010年7月，3次提高农村“五保”供养标准，至2010年末，全区有五保老人259人，其中集中供养162人、分散供养97人。

三是不断完善城乡困难救助制度。2009年8月1日，制定并下发《西山区城乡困难群众临时生活困难救助实施细则》，进一步规范临时救助审批程序，提高救助标准，扩大救助范围。“十一五”期间，共对全区因医、病、住、食等方面造成临时性生活困难的群众1 735户给予救助，投入资金212万元；加大城乡困难群众医疗救助力度，2010年9月，制定下发《西山区城乡困难群众医疗救助暂行办法》。2010年底，西山区被市民政局选定为全市唯一医疗救助“一站式”服务试点单位。

四是社会福利事业稳步发展，社会福利社会化水平不断提高。截至2010年末，共有民办福利机构14个，公办集体办敬老院3所。建立完善城镇职工和农村养老保险制度，城镇职工年参保8.7万人，年发放保险金达1.58亿元；农村参加养老保险6.6万人，年发放养老金30.2万元。救助贫困老年人991人，受助养991人。减免城乡特困家庭中精神病患者286人医药费、住院费和生活费。依法办理收养登记证242例，社会弃婴和孤儿送养到儿童福利院401人。送昆明市救助管理站安置186人，劝阻劝离乞讨行为2 742人次。社会福利企业服务管理有序。“十一五”期间，全区有社会福利企业8个，双扶企业1个，职工总数247人，其中残疾职工121人。完成销售收入3.679亿元，完成利税1 480万元。完成各项债权债务清理工作，收回昆明腾飞碳系材料厂在经营终止后所欠免税基金款96.48万元。

五是认真落实优抚安置政策，确保全区重点优抚对象2 277人各种待遇落实。严格执行“双考”安置政策，做好退役士兵安置工作。5年来，共选岗安置退役士兵255人。接收退役士兵1 191人，其中回农村安置退役士兵280人，符合安置城镇退役士兵903人。落实复员干部相关待遇工作，共发放困难生活补助69.73万元，缴纳医保参保费5.53万元，补助医保、养保经费33.85万元，给予临时困难救助21人次，补助经费1.28万元。

“十一五”时期，西山区双拥办真抓实干，促进现代新西山和驻区部队全面建设。帮助驻区部队解决实际困难，不断改善官兵生活条件，5年来为驻区多个部队补助经费126.6万元。在环境整治、社会治安综合治理、抢险救灾等急、难、险、重任务方面，全区部队官兵迎难而上，积极响应，共出动数千名官兵，车辆数百余台次参与各项活动和任务。2009年，西山区被命名为省级“双拥模范区”，实现“五连冠”。

六是深化城市社区建设，夯实和谐社区基础，扎实推进城乡基层民主政治建设。“十一五”期间，组织开展和谐社区示范创建活动，拓展社区服务内容、探索社区服务管理模式与运行机制等方面进行积极探索和实践，取得明显成效。2004年成立社区建设领导小组办公室，2007～2010年，3次提高社区、小组干部补贴，解决养老保险、基本医疗保险和失业保险。5年来，全区投入近1 000万元，改善和解决21个社区居委会办公用房。改、扩、建社区居委会办公用房面积累计5.06万平方米。农村社区逐步向城市社区管理服务推进，社区服务向深度和广度拓展，同时，全面开展城市文明和谐社区等各种创建活动，发挥典型示范引导作用。至2010年末，建成市、区党建“五好”社区24个；全国、省、市、区“文明社区”27个；省、市、区“民主法治示范社区”80个，“科普示范社区”40个，省、市“绿色社区”18个；创建省、市、区“平安社区”84个，“平安街道”10个，“文明和谐社区”14个；2010年，永昌街道被民政部命名为“全国和谐社区建设示范街道”。

七是依法行政，规范管理社会事务管理工作。婚姻登记规范化服务水平显著提高，自2006年10月起，为特殊困难人群（高龄、行动不便、卧病在床等）提供预约上门登记结婚、补办结婚手续工作，在结婚登记高峰期及时增派人手工作，2010年9月13日正式开展免费婚检工作。5年来，共登记结婚2.24万对，离婚6 815对，补领结婚证2 797对，补领离婚证282对，出具未婚、未再婚证明2.62万份。接待咨询来电、来访人员5万多人次。共办理民间组织登记408个，其中社会团体登记168个；民办非企业单位登记240个。

八是积极推行殡葬改革工作，加大政策法规宣传力度，倡导文明殡葬、文明祭祀理念。5年来，全区各扫墓点无安全事故发生。殡葬执法有力、“三沿五区”整治成效显著，全面完成坟山墓地整治。2010年1月7日，在全市“三沿五区”坟山墓地整治工作目标考核中成绩优秀，碧鸡街道办事处得到市民政局通报表彰。全区农村人口死亡火化率逐年提高，到2010年，全区火化区死亡人口火化率达100%。进一步规范公墓建设及管理，加强对经营性公墓管理，2010年，收清历年公墓管理费421.28万元，公墓经营性红利205.5万元。农村公益性公墓建设逐步推进，2010年内完成7个农村公益性公墓建设任务。

九是区划地名管理进一步规范，“十一五”期间，随着城市建设日益发展，城市道路不断增加，采取“以牌养牌”方式，由企业注资设置街路巷地名标志牌，在地名标志牌设置灯箱式广告，效果较好。全面清理整顿区内小街小巷缺失损坏地名标志牌及门牌。完成西山区与安宁市、晋宁县、富民县、禄丰县等第二轮县级行政区域界线联合检查工作，再次明确街道办事处间管辖线走向。

老龄工作

【开展老龄事业】 至年底，全区60岁及以上老年人口9.23万人，比上年增长3.32%，占全区总人口的18.43%，比上年上升0.54个百分点。年内，区老龄办制定下发西山区老龄工作安排意见和基层老年协（分）会老龄工作台账相关文件。全年召开区老龄委成员单位和相关部门协调会议2次，老龄干部会议4次。编写《西山区老龄事业发展“十二五”规划提纲》。发放助养助医特困老人慰问金144人4.3万元。举办老龄工作培训班3期102人次，基层举办培训18期400人次，参加市老龄干部培训13人次。

【老龄组织建设】 年初，发放“老龄工作台账”100本，作为规范老年人协会工作管理要求。6月初到7月中旬，完成西山区新一届基层老年协会换届选举工作。年末，全区建立社区老年人协会92个，建会率97.87%；居民小组建立老年分会376个，建会率99.21%。92个老年人协会中，社区党总支书记任会长55个，社区主任或副主任担任会长37个。

【办证服务】 全年共办理老年证8 606本，其中便民服务中心办证点办理6 771本，补办证676本；海口街道办证点办证906本，团结街道办证点办证253本。

【高龄老年人保健补助发放】 严格按照高龄老年人保健补助标准，全年发放保健补助金9 263人215.92万元，其中80～89岁8 345人、90～99岁918人。在资金发放过程中，严格操作程序、认真核对，确保资金发放准确无误。同时，建立健全公示制度，每季度将发放人员名单在社区信息公开栏处进行公示，接受群众监督。联合区民政局、区财政局组成督导小组2个，深入全区各个街道办事处及重点社区进行督促指导，对各地保健补助资金发放工作进行检查验收，确保资金发放到位。

【老年人文体活动】 7月，全区各级老龄组织纷纷举办庆祝建党节活动。全区10个街道办事处组织中老年文艺队进行庆祝中国共产党成立89周年文艺汇演，省、市有关部门领导应邀莅临指导，各老年协会共进行文艺表演10场，参与表演3 000余人。在敬老节期间，区五班子和区老龄委成员单位领导分成慰问组5个，走访慰问百岁老寿星15人、90岁以上高龄老年人629人和助养助医特困老年人144人。区属各单位、街道办事处、社区、居民小组，根据本地实际，采取走访慰问、召开座谈会、郊游活动、召开庆祝表彰大会等不同的方法和形式，组织敬老节庆祝活动。10月16日，组织由老年人代表、3支老年文艺队和受表彰的“孝亲敬老之心、好会长、敬老模范村（社区）”代表及工作人员组成的180人队伍，参加在圆通山举行的“昆明市第二十四届敬老节庆祝暨表彰大会”，展示老年人风采。

【探索社区居家养老工作】 积极探索社区居家养老服务工作，将海口镇山冲社区西仪养老院列为西山区“爱心护理工程”试点项目。12月24日，西山区首个社区居家养老专业服务站——“金色怡园”社区居家养老服务中心在西山区永昌街道办事处永宁里社区正式启动。国家、省、市老龄办和西山区委、区人民政府领导出席启动仪式。该中心的成立，为提高全区社会化养老机构服务品质注入新活力，形成“社区为平台，服务进万家”工作格局。

【老年人维权】 改进和加强老年人维权组织，便捷高效地为全区老年人提供法律援助服务。全年全区92个基层老龄维权组织共接待来信来访150人次，法律援助中心提供法律咨询服务607人次，处理涉老案件138起，切实维护老年人合法利益。全年未发生重大侵权案件，无老年人群体越级上访事件发生。

【助老工程】 10月，西山区老龄事业发展促进会和区民政局联合向全区社会各界发出倡议，开展“为贫困老人捐献一元钱”活动，得到全区各级政府部门、各企事业单位、人民团体和社会各界大力支持，至12月30日，西山区老龄事业发展促进会捐款专用账户到账资金18.5万元。至年末，西山区老龄事业发展促进会和区老龄办共对全区老年人进行医疗救助和生活救助230余人，发放老乡干部危房改造补助金3人6万元。走访慰问助养助医特困老人144人，发放慰问金4.32万元。

【老龄工作创建活动】 在全国老龄工作先进县（区）创建活动工作中，组织全区各部门、各单位和老龄战线广大干部职工开展“老龄工作先进单位（个人）”、“敬老先进社区（村）”等创建活动。经努力，在被评为省老龄工作“模范区”基础上，8月被省老龄委推荐参加全国老龄工作先进县（区）评比。11月，西山区被全国老龄工作委员会评为“全国老龄工作先进区”。年末，西山区老龄工作在市老龄委考核中获全市第一名。

【“十一五”成就】 积极推动老龄事业健康发展，老龄组织建设日益完善。2008年，西山区被评为“云南省老龄工作模范区”，2010年，被评为“全国老龄工作先进区”。“十一五”期间，全区94个社区、村委会组建老年人协会92个，基层老龄组织日益健全，四级老龄工作网络更加牢固。老年教育和文化体育事业蓬勃发展。全区建成区级老年活动中心1个，“老年星光之家”26个，街道老年活动中心9个，区级老年大学1所，老年学校9所，健身广场24个，健身路径50余条，农村老年活动场所57个，社区居委会小组老年活动站（室）172个，为城乡老年人开展文体活动创造有利条件。组建区老年体育协会、西山区老年篮球队、老年门球队、老年诗词书画协会等各类老年人文体组组织。93个老年文艺队活跃在全区城乡，城市老年人健身参与率60%，农村老年人健身参与率30%。老年福利事业不断发展。2007年6月至2010年末，共办理“云南省老年人优待证”10.13万本。2008年1月至2010年末，发放80岁以上高龄老年人保健金9263人633.44万元。按照以“居家养老为主，社会养老为依托，机构养老为补充”的工作思路，结合社会化养老示范区建设，完成3个社区居家养老试点建设，探索社区居家养老服务工作，形成居家养老服务的“昆明模式”。

（李　淳）

残疾人事业

【残疾人就业保障金征收工作】 制定“2010年西山区征收残保金工作实施方案”，并组织开展业务培训，抽调专职委员16人开展年度审核工作，配发审核用品用具，修改、审定和印制征金工作用表1.2万套及宣传提纲7300册。5月1日起，启动西山区2010年残疾人就业保障金审核征收工作，审核单位1870个715万元，实际入库687万元。

【残疾人培训及就业指导】 根据市残联工作安排，拟定开展残疾人职业技能培训工作相关通知。在7月28日闭幕的昆明市第二届残疾人职业技能竞赛中，西山区残联获团体第三名，并在单项竞赛中取得一等奖2个、二等奖2个，另外，选送9人参加省残疾人职业技能竞赛，获第三名1人，鼓励奖8人。按照市残联培训要求，依托定点培训机构，累计组织残疾人参加技能技术培训56人；残疾人就业求职登记2人，向用工单位2个推荐残疾人5人，共计安置残疾人就业63人。

【残疾人就学助学工作】 完成对全区770名符合义务教育阶段及高中阶段残疾人助学补助审批工作（含特教学校），涉及补助金额30.21万元（其中义务教育阶段697人、高中阶段53人、特教学校20人）。

【残疾人社会保障工作】 完成团结、海口、碧鸡3个办事处参加新农合农村居民补助工作，补助1155人2.31万元。按照市残联工作要求，做好“阳光家园计划”100名托养残疾人表格填报、数据录入和上传工作。发放重度残疾人护理费18.18万元。按照工作安排和救助政策规定为参加机构托养残疾人提高护理费补助标准，对困难残疾人家庭提供生活、医疗特殊困难补助52人3.45万元，为5名残疾人自谋职业自主创业提供创业资金扶持1.15万元，用于残疾人个体经济发展。

【康复服务工作】 在做好CBR视力残疾康复服务工作的同时，全面开展脑瘫儿童康复，依托昆明广福医院为14名脑瘫患儿开展住院康复训练。组织12名下肢缺肢者参加长江新里程项目工作假肢安装；经过筛查及审核，为眼疾患者245人免费实施白内障复明手术；为12名听力障碍患者补助验配助听器，为271名各类残疾人免费发放用品用具，为2户残疾人家庭实施无障碍设施改造等工作。全区正在接受康复各类残疾人共504人，其中肢体残42人、视力残34人、精神残272人、智力残6人、听力残1人、脑瘫34人、综合残3人、职业康复5人，进行后期随访81人。送精神病患者到新丰医院精神科，免费接受住院治疗和训练康复26人。

【宣传工作】 “助残日”期间，全区10个街道办事处组织千余名残疾人及其家属参加各类游园、文体活动，团结、马街、永昌3个办事处组织宣传、义诊活动，共计发放各类康复宣传资料3 000余份，各办事处张贴标语近30条。全年共计向市残联、区政府报送各类工作简报32期，此外，《300聋人家用上闪光铃—五彩光提醒主人有客来》、《西山区积极创建全国白内障无障碍区》等文章被市级新闻媒介传播。

【办证、信访和维权工作】 认真做好第二代残疾人证办理、换发工作，严格按照国务院残工委规定的残疾人评定标准，办理核发“中华人民共和国残疾人证”。为方便农村残疾人办证工作，区残联办公室组织工作人员到团结为常年生活不能自理、卧床不起、出不了门的残疾人上门服务，办理残疾人证，提供康复求助指导，极大方便了农村残疾人，全年换发、办理残疾人证1 525本，并对办证信息采集表及鉴定表进行整理归档。

认真处理残疾人来信来访，共接待残疾人及其家属来访251人次，来信15件，春城热线1件，市长热线1件；办理人大建议1件；为5名残疾人办理联通爱心互助卡、为42名残疾人出具办理爱心公交卡证明。

【“十一五”成就】 西山区残疾人在基本需求方面与经济社会发展水平的差距逐步缩小、平等参与社会政治生活的环境进一步改善、良好的扶残助残社会氛围正日趋形成，树立残疾人自尊、自信、自强、自立精神。

5年来，通过组织实施白内障复明手术、聋儿语训、精神病防治与康复、社区康复、辅助器具供应等为重点的康复工作，为各类残疾人提供便捷实效康复服务。经统计，实施白内障复明手术1 943例，为65人次的聋儿提供语训补助，为精神病患者850人次提供免费服药，建立社区康复机构3所和34个社区残疾人康复站（室），发放辅助器具2 629件，“一对一”社区康复项目惠及残疾人673人，为104户残疾人家庭实施家庭无障碍改造，健全完善各类残疾人康复需求档案8 000余份。利用彩票公益金项目，为贫困下肢残疾人37人实施假肢安装，为贫困低视力残疾人免费配发助视器289具，为贫困脑瘫患儿配发生活辅助器具74件，为精神病人开展免费住院医疗项目救助30人。5年共投入残疾人康复专项经费400余万元。

抓好残疾人教育和就业工作，逐步提高残疾人素质、改善残疾人生活状况。5年来，每年有近120名残疾少年儿童通过随班就读接受义务教育；通过积极争取“长江新里程——中西部地区盲童入学、春雨计划和扶残助学”等项目，为视残儿童35人、义务教育阶段及高中阶段的学生3 009人次予以助学补助，对当年考取国家承认学历的大中专残疾学生及残疾人家庭子女220人提供一次性就学资助。按照“总体安排、自愿接收与协商安置”原则，采取分散按比例安置就业、集中就业、鼓励自谋职业等形式，为474名残疾人进行求职登记，安置就业155人；依法对未达到按比例安置残疾人就业的辖区单位，累计征收残疾人劳动就业保障金3 263万元；举办绿色证书实用农技培训班30期次，实用职业技能技术培训25期次，945名残疾人掌握以种植花卉、养殖家畜及家电维修、办公自动化、手机维修、盲人保健按摩、烹调为主的实用技术；为53名残疾人自谋职业自主创业提供创业资金扶持和小额贷款。

2007～2010年，通过协调卫生部门，对4 231人次参加新农合的农村居民个人自负部分实行全额补助、重度残疾人居家安养补助惠及707人次。针对239名生活、医疗等临时性困难的残疾人给予救助，对29户残疾人家庭住房进行修缮和改造；2010年修订出台新的《西山区残疾人困难救助办法》，提高救助标准，扩大救助范围。

5年来，结合爱耳日、全国助残日、国际聋人节、国际盲人节、国际残疾人日等残疾人节日主题，认真开展内容丰富的社会助残和扶残活动，惠及各类残疾人近5万人次。全区残疾人事业发展的社会影响不断扩大，广大残疾人积极参与社会物质、文化生活实践，整体素质明显提高。2007年，西山区参加全国第七届残运会的残疾人运动员6人，获3金2银；2008年北京残奥会上，西山区选手在气手枪两个项目比赛中，获得第五和第八名。2009年11月，云南省第九届残疾人运动会暨云南省第三届特殊奥林匹克运动会上，西山区4名运动员为昆明市残疾人体育代表团取得团体第三名。2010年10月，第九届全国特奥会，西山区运动员1人获游泳3金1银佳绩。此外在特奥乒乓球、特奥足球等项目中西山区运动员也表现突出，成绩喜人。为让更多残疾人能够融入社会，从2008年起，西山区连续举办3届以趣味运动项目为主的西山区残疾人运动会，参赛人数逐年增加，从2008年的150人发展到2010年的300多人，参赛项目近10个。在2010年7月28日闭幕的昆明市第二届残疾人职业技能竞赛中，西山区获团体第三名，并在单项竞赛中取得2个一等奖、2个二等奖，西山区首次在参加残疾人职能技能竞赛中获得团体名次。

保障残疾人合法权益，经统计，累计换发、办理第二代“残疾人证”8 089本，接待残疾人及其家属来访1 325人次，处理来信78件、春城热线7件、市长热线6件，回复人大建议3件，为356名残疾人办理爱心电话卡、为1 256名残疾人办理爱心公交卡，协助公安交警部门为288名下肢残疾人办理机动轮椅车落户办证工作。2008年5月18日，区残联开通“4166277”残疾人爱心咨询热线，在社区、残联与残疾人之间搭建沟通交流平台。

2007年11月，西山区被民政部、卫生部、中残联评为全国残疾人社区康复示范区；2009年，区残联被省残工委评为“云南省残疾人之家”；2010年，西山区创建全国白内障无障碍区通过验收。

（杨建明）

扶贫工作

【基础设施建设】 围绕农业增效、农民增收目标，在深入基层调查研究基础上，广泛征求意见，优化筛选报区政府批准2010年扶贫项目5大类共9项，总投资1 052.7万元，扶贫补助资金180万元。

改善群众生产生活条件，主要以欠发达地区居民小组多功能文化活动室建设和安装太阳能路灯等为主，共安排5项，改善3个小组74户303人的科技文化活动场所及生产生活条件、改善10个农村社区居住环境、解决永靖及周边群众蔬菜中转及销售场地问题。预算总投资612.7万元，其中扶贫资金补助125万元。

5个项目中，团结街道办永靖居委会蔬菜批发市场建设项目，建市场大棚1 440平方米、建商铺398平方米及市场其他附属设施，解决永靖居委会及周边居民小组群众蔬菜中转及销售场地问题。项目预算投资120万元，扶贫办配套资金30万元，该项目于10月通过验收。团结街道办乐亩居委会老张箐居民小组多功能活动室项目，新建多功能活动室150平方米，硬化村间道路1 200平方米，改善老张箐苗族居民小组25户99人的科技文化活动场所及生产生活条件。项目预算投资25.6万元，扶贫补助资金25万元。该项目于6月10日开工建设，年内全面完工，待验收。团结街道办朵亩居委会租迷居民小组多功能活动室项目，新建多功能活动室219平方米及附属设施，改善租迷居民小组19户75人的科技文化活动场所及生产生活条件。项目预算投资25.3万元，扶贫补助资金25万元。该项目于6月1日开工建设，年内全面完工，待验收。团结街道办妥排居委会小乐居居民小组多功能活动室项目，新建多功能活动室190平方米及附属设施，改善妥排居委会小乐居居民小组30户129人科技文化活动场所及生产生活条件。项目预算投资36.8万元，扶贫补助资金25万元。该项目于6月5日开工建设，年内全面完工，待验收。2010年度“绿色光亮”工程被列为西山区人民政府2010年为民做5件实事之一，扶贫办配合区科技局在团结、碧鸡、海口3个街道办农村安装太阳能路灯500盏。项目经费预算405万元，扶贫办配套资金20万元，该项目于10月全面通过验收。

实施产业扶贫，配合区农业局在团结、碧鸡、海口3个街道办计划种植万寿菊，帮助欠发达地区农民增收。项目经费预算250万元，扶贫办配套资金10万元。

【技术培训】 配合区转移办实施农村劳动力转移培训1.35万人，转移就业1万人。项目经费预算投入150万元，为确保全区转移培训任务的完成，扶贫办配套劳动力转移培训经费5万元。截至10月，全面完成计划并通过市级考核。

结合欠发达地区农业科技推广，安排培训费10万元，计划完成各类实用技术培训2 000人次，通过实施科技培训，不断提高欠发达地区贫困人口素质。全年完成各类实用技术培训2 150人次，占年计划的108%。

【项目资金管理和使用】 为确保扶贫项目工程质量，多功能活动室建设在严格招投标基础上，委托云南中冶建筑工程监理有限公司全程监理。严格按照《云南省财政扶贫专项支农资金管理办法》和《西山区扶贫资金管理办法》管理和使用扶贫专项资金，按照国库集中支付的要求规范资金拨付程序。对扶贫项目资金进行监督检查，以确保扶贫资金专款专用。针对特大旱灾，安排预备费30万元，用于零星的扶贫项目和救急、救灾。全年共安排抗旱等应急项目17项30万元资金，占年计划的100%。

【定点帮扶】 年内，按照“整合资金、因地制宜、突出重点、科学合理、效益优先”原则，结合新农村建设，经区政府批准，实施嵩明县贫困地区群众急需解决基础设施项目4件、扶贫开发示范村建设项目2件、村级活动场所建设项目1件、中草药种植示范项目1件，至年底，8个帮扶项目全面完成。

【推进庭院经济发展】 为进一步促进欠发达地区经济社会协调发展，增加农民收入，针对部分农户在生产和开展家庭经济经营中缺乏资金的问题，与区妇联联合开展小额信贷工作，通过区妇联发放小额扶持资金20万元扶持农户。小额扶持资金在农村家庭种植、养殖业发展中发挥重要作用，由于小额扶持资金无利息，受到广大农户欢迎。

【“十一五”成就】 “十一五”期间，共投入帮带资金750万元，组织实施帮带项目70项，其中基础设施建设项目52项、经济开发合作项目5

项、科技文化项目8项、易地搬迁扶贫项目1项、新农村建设项目3项、中草药种植项目1项。新建取水井12口，50～300立方蓄水池17个，架设主水管5.1千米，共解决21个村小组4 634人、3 900余头大牲畜饮水困难；道路硬化10.27千米，改扩建砂石路18.94千米，解决35个自然村6 081人出行困难问题；新建村小组多功能文化室7个1 987平方米；扶持种猪、种牛、种兔和中草药种植等种、养殖项目4个。通过帮带，加深县区间友好交往和相互了解，也体现全社会关心、支持贫困地区发展，走共同富裕道路的决心。

（潘焕平）

街道办事处概况

编辑　丁于芮

马街街道办事处

【大事记】　1月4日，昆明城市主干路网重要组成部分、西山区首条生态道路——海源南路正式通车。即日，市委组织九届六次全体（扩大）会议650余人对海源南路进行了实地考察。

3月5日至4月20日，第四届社区“两委”换届选举工作圆满完成，选举产生新一届社区“两委”班子。

8月28日上午，办事处城中村改造47号片区、51号片区安置房建设正式启动。

9月2日，办事处第六次全国人口普查动员暨工作安排大会召开。

【人口·面积】　马街街道办事处地处昆明市西南部，东与西山区西苑街道办事处、棕树营街道办事处相接壤、北与五华区黑林铺街道办事处、昆明高新开发区相依，西、南与西山区团结街道办事处、碧鸡街道办事处相连。辖区总面积27.96平方公里，辖梁源、明波、大渔、张峰、积善、马街、普坪7个社区居委会，32个自然村，62个居民小组，14个居民小区。驻辖区中央、省级、市属企业单位78个，区属企业单位56个，个体私营企业5 580多个。

据西山区统计局统计，至年末全处总户数2.23万户，总人口4.96万人，其中城镇人口3.81万人，农村人口1.14万人。

【党建工作】　结合街道建设学习型机关和行政机关公务员“公共服务职业道德与技术方法”等培训教育活动，全年共举办各类培训班及讲座16期，参加人数2 657人。各社区举办培训班20期，参加人数2 106人，同时组织参加区级各类培训864人次。

继续开展“共产党员户”星级管理分项挂星活动，街道7个社区共有856户共产党员户全部完成挂牌工作。全年共记《民情日记》1 742篇。7个社区党总支在428名无职党员中设置“治安巡逻岗”等10余种基本岗位。通过“共产党员活动日”和定期召开街道、社区党建工作联席会议等措施，为群众办实事、办好事。

严格按照“五好五带头”要求，深入开展“创先争优”活动，学习阶段先后组织集中学习13次，参加学习党员干部960人次，编发简报71期，撰写心得体会134篇。所属各级党组织按要求开展“评旗定级”、“评星定级”和公开承诺等活动，组织“两代表一委员”、群众代表和党员进行评议，通过群众评议、支部自评、基层互评、会议测评、党工委审评5个步骤，评出5“旗”党工委1个，5“旗”党委1个，5“旗”党总支9个，5“旗”党支部57个，4“旗”党支部22个；5“星”党员997名，4“星”党员443名，3“星”党员84名。

全年共发展新党员11名，其中35岁以下的7人，占总数的63%；初中以上学历6人，占总数的54%；初中学历5人，占总数的45%；妇女5人，占总数的45%。

【社区“两委”换届选举】　按照区委、区政府的统一安排部署，历时1个半月，辖区7个社区党总支，52个党支部，1 051名党员和7个社区居委会，62个居民小组，1.45万名选民参加了第四届社区“两委”换届选举，选举产生7名社区党总支书记、4名专职专选大学生“村官”副书记、40名社区党总支委员、52名党支部书记；选举产生245名社区居民代表、50名居委会成员，其中社区居委会主任7名，副主任14名，大学生村官副主任3名，委员26名。实现社区书记、主任“一肩挑”一家（明波），占社区总数14.3%；社区“两委”委员交叉任职22名，占社区“两委”成员总数的21.8%。党员平均参选率达86.24%，选民平均参选率达99.6%，超过法律规定参选率。街道党工委全面推广“四议两公开”工作法，把党务公开与政务、居务、财务公开有机结合起来。同时按照市、区要求，组织60人参加街道党政领导班子及领导干部群众公信度调查，各社区组织50人参加社区党政领导班子及领导颁布群众公信度调查，圆满完成相关调查工作。

【经济简述】　全年总体财政收入达5.28亿元，同比增收1.47亿元；一般预算收入1.56亿元，同比增收3 379万元；上划中央两税1.43亿元，同比增收3 124万元。完成社会消费品零售总额16.42亿元，同比增长17.96%；完成固定资产投资17亿元，同比增长33%。街道全年共引进项目17个，协议总投资17.4亿元，实际到位资金14.4亿元。居民人均纯收入达8 500元。

【非公经济】 明确招商引资目标责任，落实招商引资工作职责，主动采集投资信息，加紧对未落地项目的协调服务工作，使其能尽快落地投资。加大已完工项目的跟踪服务工作，使其有一个良好的经营环境，促进以商招商，全面完成上级下达招商引资目标任务。推行立即办、主动办、上门办、跟踪办、公开办的“五办”作风，全年共引进项目17个，实际到位资金14.4亿元，超额完成区级下达招商引资目标任务。

【财务监管】 严格按照相关财务制度，对处辖7个社区居委会、64个居民小组集体经济实行统一管理、统一核算。严格按照审批流程及权限，进行集体资金使用审批，全年共审批用款报告1 180件。下属7家社区居委会、64个居民小组2010年1～4季度财务公开工作全部按要求完成，公开率100%。

【环境保护】 严格按照环境保护审批要求，严格程序，依法做好日常环保审批工作，全年共依法审批各类环保项目152件，办理排污许可证98件。积极组织开展禁煤、禁白、禁磷、禁噪“四禁”查处工作，共查处违禁商户、单位72家，收缴销毁燃炉192个，收缴填埋一次性不可降解餐饮具2.1万个，查处噪音污染超标商户7户。按区环保部门要求，对辖区开展高污染源燃料使用企业（个人）的查处工作，共查处高污染源燃料违规企业5个，销毁大、中型锅炉7台。

【畜禽疫病预防】 畜禽禁养后，全处动物防疫工作的重心转移到辖区内鸽子和观赏鸟的禽流感预防以及宠物的疫病预防上来。通过春、秋两季防疫，共完成禽流感预防注射132户共4 297只次；犬类五联、六联苗免疫236只次。认真开展兽医门诊和技术咨询工作，保证“农户有困难找得到，有疑问可咨询，畜禽生病有处医”，全年共诊治犬340多只次，禽类620多只；开展阉割手术鸡2 350多只，犬42只；推广畜禽饲料13类共43.6吨，提供技术咨询4 920多人次。

【安全生产】 继续与各社区签订2010年安全生产责任状，认真按上级安排部署进行安全大检查，会同各社区居委会对辖区各类在建施工工地、危险化学品企业、人员密集场所、食品、各旅游景点及饭店进行拉网式排查，共检查大型综合市场或人员密集场所7个，易燃易爆单位、网吧、电子游戏室、歌舞厅、茶室等企业193个，下发整改通知书44份，现场整改5起。国庆、中秋期间组织各社区重点对城中村、集贸市场、人员密集场所、易燃易爆单位等重点企业进行拉网式排查，共检查企业130个，发出自检自查通知12份，发出限期整改通知18份，并重点检查城中村改造施工现场，杜绝野蛮施工。

【城市建设】 紧紧围绕“四创两争”工作目标，完成全处32个城中村环卫进社区清扫保洁责任制及小广告专人清理责任制，全处共配置环卫清扫保洁人员358人，清扫道路91条，清扫面积110万平方米，实现全区域所有道路清扫保洁、小广告整治全覆盖。组织7个社区居委会完成辖区责任道路沿线共计5 000户商户、单位门前“三包”责任制的签订及履约登记本发放工作。以路段为单位，充分发挥综合执法人员、文明卫生监督岗人员职能作用，做好沿街商户、单位门前“三包”知晓率的宣传工作，定人、定路、定段做好门前“三包”签后监管工作，在实现门前“三包”签订率100%的基础上，全面提高门前“三包”履约率、知晓率。完成辖区40米以下城市道路门头招牌的清理整治工作，拆除违章广告牌（架）95块，清理整改不规范门头招牌111户，依法规范审批门头招牌设置96块。通过一系列城管日常机制的建立健全及有效运行，办事处在国家创卫专项技术评估检查中，以良好的市容市貌、整洁的卫生环境顺利通过检查验收。

【国土资源】 认真做好国土资源执法、地质灾害防治等日常工作，按照相关工作要求，积极抓好草海片区及安置地块综合整治工程、海源南路、昆州西路、西苑浦路、昌源南路等道路建设工程和铁路改造工程等重点工程征地工作及各类建设用地相关工作。2010年，草海片区签订征地补偿协议面积343.27公顷，其中集体土地343.06公顷，国有土地0.21公顷；45号安置地块签订征地补偿协议面积38.13公顷，其中集体土地36.05公顷，国有土地2.08公顷；46号安置地块签订征地补偿协议面积27.96公顷，其中集体土地26.06公顷，国有土地1.9公顷；签订海源南路征地补偿协议面积11.81公顷，其中集体土地6.35公顷，国有土地5.46公顷，全部完成征地任务；签订昆州西路征地补偿协议面积6.41公顷，全部完成征地任务；签订西苑蒲路征地补偿协议面积4.59公顷；签订铁路枢纽扩能改造工程征地协议面积16.8公顷。认真做好城中村改造相关土地权属调查及征地工作，年内完成47号片区征地任务21.16公顷、51号片区征地任务12.54公顷。

【城中村改造】 处辖15个片区中，

45号、46号、47号、51号片区专项规划已通过市规委审批，47号、48号、51号、53号片区已进入实质性拆迁阶段。其中47号片区已完成土地组件工作，进入招拍挂阶段；51号片区已完成土地组件工作，两片区安置房建设已于8月28日正式启动。53号片区已完成拆迁协议签订321户，协议签订率94.1%，完成拆除建构筑物面积28.6万平方米，拆除完成率53.7%。48号片区已完成拆迁协议签订321户，协议签订率94.1%，完成拆除建构筑物面积28.6万平方米，拆除完成率53.7%。

【滇池治理】 辖区范围内主要入滇池河道及支流岔河进行市场化管理，聘请专业队伍进行河道保洁，全年共出动保洁人员1.8万人次，打捞河道垃圾、漂浮物、割除河岸杂草共计530吨，使河道环境得到了有效改善。积极做好支流岔河的综合整治工作，先后完成大沙沟、郑河路沟、污水沟(小渔子沟)、车家壁岔沟、小沙沟、董家沟和扁担沟等综合整治工作，共计拆临拆违1.77万平方米、清淤1.76万立方米、道路贯通2050米、绿化2.18万平方米。积极协助相关部门对大、小沙沟，郑河路沟，扁担沟等支流进行截污管网调查和前期设计，并进行截污设施建设。

【文化体育】 年内，经对各社区文艺队伍的基本情况调查统计，全处共有29支文艺队，详细登记各文艺队基本情况，通过登记逐步实行正确规范引导管理。

精心组织全区“三下乡”活动，春节期间邀请省、市、区有关书法专家到大渔社区、普坪社区、海口、团结及前卫街道办事处免费义务写春联2500余对，演出文艺节目28场，节目124个，观众达6800人次。在第三次全国文物普查中，办事处在西山区文管所的帮助指导下进行了全面系统的普查，做到不重、不漏、不错，并在此基础上申报文物项目18家。

【计划生育】 2010年全处出生105人，出生率2.59‰；死亡人数180人，死亡率4.44‰；自然增长率-1.85‰；符合政策生育率100%，综合节育率为90%，宣传品入户率98%，流动人口信息交换平台回复率100%，生殖健康服务覆盖率80%。群众对计划生育工作满意度较往年有所提高。

继续做好“奖、优、免、补”各项工作，为30户农业人口独生子女家庭办理一次性奖励手续，为15名年满60周岁的老人办理养老生活补助手续。为高考24人、中考48人开展农业人口独生子女报考本省大专院校及中考享受加分优待工作；为小学488人、中学223人办理独生子女在校学生办理教育奖学金申报审批工作；为42名符合享受国家计划生育家庭特别扶助的对象进行审核上报，并完成兑现工作。完成考取高中、大学并享受奖学金的农业人口独生子女家庭的审批、上报工作，其中高中65人、大专18人、大学15人。抓好优生优育，提高人口素质，为全处符合政策生育的在孕和待孕妇女给予免费发放“斯利安”100盒。组织常住人口、流动人口进行生殖健康检查，免费检查1379人，提高避孕节育全程服务，重点抓好避孕方法知情选择指导到位、孕前服务到位、技术服务质量到位的“三个到位”，健全和完善基层药具供应网络，落实责任，加强管理和随访工作。

通过一系列规范管理制度工作，提供流动人口计划生育服务与户籍人口同等的优质服务，同时对违法生育和计划外怀孕情况登录交换平台，与流动人口户籍地互通信息，逐步实现双向管理。在全处范围内开展流动人口清理清查工作，形成每季一大查每月一小查的制度，并将清理后的流动人口信息录入“全国流动人口计划生育PADIS管理系统”加强管理。

【社会保障】 全年新增城镇就业1681人，提供有效就业岗位1670个，下岗失业人员再就业601人。新增城镇失业人员失业证办理460本。新增小额担保贷款和创业贷款16人，办理灵活就业人员失业保险548份。认真开展辖区内有用工行为的单位、企业的劳动执法年审工作，全年共完成217家企业劳动执法年检。认真做好城市低保的申报、审批、公示、发放等工作，春节期间对810户低保户进行慰问并发放慰问金；对所有B类和C类低保户进行核查，对一些子女已长大成人或收入发生变动的领取户采取或停或减处理。广泛宣传全民医保惠民政策，全年累计参保2.11万人；周密安排失地人员养老保险工作，对相关人员进行专项培训，累计参保居民1049人。认真做好军转干部安置工作，春节和建军节期间组织慰问军转干部，完成第七期军转干部医疗互助交费12人。

【民政工作】 2010年昆明市发生80年不遇严重旱灾，辖区马街社区灾情严重，部分村民出现饮水困难，普坪、大渔、马街3个有林社区护林防火形势严峻，办事处成立抗旱救灾领导小组，组织人员积极开展抗旱救灾工作，确保灾区人民群众的生产、生活。全年共走访慰问农村五保户、特困户、残困户347户，发放慰问金4.34万元；慰问老乡干部、居委会离职干部、困难党员110人次，发放慰问金2.2万元；发放冬寒救济衣物90件(套)。办理城乡特困户、低保户临时生活救济、医疗救济85户，发放救济金7.995万元；为2名年满百岁老人办理百岁老人定期生活补助。同时建立健全各类救灾物资、资金发放台账，确保救灾物资的公开、公正发放。

严格财务制度，做好各类民政对

象的补助金、救济金定期发放工作。全年在办事处领取各种补助金的民政对象共有304人，其中在乡老复员军人和带病退伍军人22人，革命伤残军人54人，三属对象21人，老乡干部8人，60年代精减退职人员12人，投诚起义人员2人，遗属7人，参战退役人员176人，百岁老人2人，2010年共发放各类民政资金122.44万元。

继续巩固双拥工作，年内共走访慰问部队18个，发放慰问金4万元；慰问派出所、交警大队6家，发放慰问金3万元；慰问“三属”对象39户，发放慰问金7 800元；慰问企业生活困难的复退转军人300人次，发放慰问金3万元；慰问办事处机关复退转军人、现役军人家属56人次，发放慰问金1.12万元；兑现现役军人立功奖励21人次，发放奖励金2 900元；兑现农村义务兵优待金26人，发放优待金12.14万元；办理3名参战退役人员定期生活补助，落实2户优抚对象烈属待遇，并根据上级文件精神为254名重点优抚对象增加伤残金、抚恤金等生活补助。

继续抓好农村殡葬管理工作，防止土葬发生。全年死亡107人，火化107人，死亡火化率达100%。清明节期间，开展以“文明祭祀，平安清明”为主题的系列宣传教育活动。认真开展“96511”殡葬服务热线、殡葬政策等宣传工作，共悬挂横幅大标语41条，发放宣传材料1.65万份。巩固“三沿五区”坟山墓地绿化整治工作成果，做好已种树木的管护工作，办事处共迁坟54冢，种植圣诞树、塔柏等树木700株，投入殡葬管理经费15.6万元。

【社会治安综合治理】 结合工作实际积极推进“科技创安”工作，在条件基本成熟的张峰社区张家村二组开展平安村（组）建设。安装监控探头14个，建立群防群治队伍，将出租房、流动人口纳入管理，建立一户一档、租房登记、人走销户的工作台账。认真落实市公安局提出的“八项重点工作”，积极开展争创“平安社区·无盗楼院”竞赛活动。年内经各派出所审核认定评比，在2009年度内未发生盗窃案件的辖区楼院中确立107家为第一批“平安社区·无盗楼院”。坚持“边排查、边化解、整治滚动排查、滚动化解整治”的原则，对排查出的治安复杂地区和突出治安问题，分别按月填写“治安混乱地区排查整治情况登记表”上报公安部门。在社区“两委”换届选举工作中，深入辖区7个选区有针对性开展工作，对有争议的矛盾纠纷先期化解，坚决制止和查处“拉票贿选”等违纪违法行为，维护社区“两委”换届选举工作的稳定。对辖区内46个中小学、幼儿园周边安全进行全方位、多层次拉网式排查，排查治安和安全隐患7条，及时向相关单位、部门下发整改通知书。严格排查管控长期违法缠访闹访人员、精神病人、情绪行为偏执人员、对社会极端不满人员等高危人员，切实维护学校及周边的安全稳定。

【信访工作】 针对办事处重点工程相继开工的新形势，及时妥善解决信访问题，做到信访工作件件有着落、事事有回音，促进办事处各项工作的顺利开展。2010年上访诉求主要集中在草海片区拆迁安置、城中村改造、土地权属等方面，全年共受理各类信访案件55件次，来信40件次，来访15件130人次，来电60件次，办理网上信访2件。办理市长热线110件、区长热线9件、电话交办50件，电话自办件30件，办结率100%。办理媒体（电视）舆论交办件25件，办结率100%；办理云南政务信息网“96128”交办件4件，办结率100%。

【司法调解工作】 年内，结合第四届村民委员会换届选举对各社区人民调解组织进行调整，并对厂矿人民调解组织进行充实，全处共有人民调解委员会11个（其中街道1个，厂矿3个，社区7个），调解小组85个，调解人员306人，形成处、居委会、小组三级调解网络。年内召开调解工作会议2次，采取以会代训方式对调解人员进行政策、法律和专业知识的学习培训，积极指导人民调解组织依法调处民间（事）纠纷，做好日常调处工作。全年共调处矛盾纠纷682件，其中公民与公民之间纠纷633件，公民与法人及社会组织之间纠纷49件，调解成功642件，调解率100%，调解成功率94%，履行609件，履行率94%。在682件纠纷中，邻里纠纷154件，占20.7%，婚姻家庭纠纷48件，占7%，赔偿纠纷103件，合同纠纷30件，劳务纠纷9件，房屋宅基地纠纷19件，征地拆迁纠纷25件，其他纠纷294件。各社区人民调解组织在草海片区改造中，充分发挥调解组织平息矛盾、解决纷争的作用，大部分矛盾（主要是买卖房屋后和家庭财产分割矛盾）均解决在基层，化解在萌芽状态，推进了草海片区改造工作顺利开展，通过矛盾调处，防止发生非正常死亡15件，涉及15人，防止民转刑案件30件，涉及40人。

2010年是“五五”普法工作的最后一年，认真安排布置普法工作，7个社区居委会共举办普法骨干培训班7期，共培训骨干500余人。联合综治办等部门认真组织开展“综治维稳月”活动，通过设点和宣传展板巡回展出等形式进行法律咨询。组织开展3次交通法规、食品安全、消防安全等人民群众生活相关的法律法规知识宣传普及教育活动。开展法律进社区活动，7个社区居委会均已与律师事务所（法律服务所）签订“法律服务进社区”协议书，建立10余个法律宣传专栏，建立7支法律服务法律宣传志愿者队伍。

【精神文明建设】 党工委、办事处高度重视精神文明建设工作，年内共召开3次专题会议，研究“开展全国文明城市创建”的指标任务分解及其满意度测评等问题，拟定相关活动方案，形成党工委综合办公室负责组织协调，各社区、公共单位积极参与的工作机制，推动精神文明建设深入开展。

按照区文明办要求，开展市、区级文明单位、文明社区的创建推荐工作，年内申报市级文明单位4家，市级文明社区1家。区级文明单位1家，已考核验收。组织辖区的文明单位和社区积极参加区第二届道德模范的评选，经过最后评审和公示，杨竹芳、杨云芬被评为区第二届道德模范，同时杨竹芳推荐参加市道德模范的评选，并受到表彰。

以“四创”为契机，开展昆明市民文明公约宣传教育活动延伸到社区、居民小组，倡导市民养成良好文明行为习惯，不断提升市民文明素质，建设整洁优美的城乡环境。通过全方位、多层次、广角度的创城宣传工作，共向7个社区，20个省、市、区文明单位发放《文明城市知识50问》宣传册3 800份，“全国文明城市测评调查问卷”8 000份；发放、张贴“创文明城市 做文明市民”倡议书8 000余份；建立全国文明城市公共文明指数测评堡垒户500户；辖区主要街道显要位置张贴宣传挂画、宣传挂牌1 800张；制作悬挂创建宣传标语160条；出专题黑板报64期；开展主题宣传活动10次。

【“十一五”成就】 “十一五”期间，全处以经济社会发展为基础，城市建设管理工作有序推进，区域竞争力进一步提升。2010年全处财政收入5.28亿元，比2006年增长94.12%。工业总产值、乡镇企业增加值、实交税金等指标比2006年实现较大增长，增幅明显高于历史水平。5年来共引进项目89个，累计到位资金44.26亿元，为实现办事处经济可持续发展增强了后劲。紧紧围绕“四创两争”工作目标要求，大力促进城市管理，城市管理工作达到了一个新水平。大力开展城市基础设施建设，配合市、区全面完成西三环马街段、昆州路西段等道路基础设施征地拆迁和建设工作。加快实施城中村改造，辖区15个片区中有6个片区修建性详细规划已通过市规委审批，4个片区已进入实质性拆迁阶段。47号已完成土地招拍挂工作。

以治理辖区环境和开展河道综合质量为抓手，全力构建生态文明，区域环境质量进一步改善。全面完成西边小河、大小沙沟、董家沟、郑河路沟等支流岔河综合整治，完成河道两岸拆临拆危面积21.06万平方米，清淤1.76万立方米、道路贯通2 050米、绿化2.18万平方米，辖区内入滇河道水质和卫生得到明显改善。积极组织开展“四禁”查处工作，共查处违禁商户、单位652家，收缴销毁燃炉2 712个，收缴填埋一次性不可降解餐饮具7.5万个。

以打造平安马街为目标，加快建设和谐社会，社会治安综合治理进一步强化。积极配合辖区各派出所和社区开展“平安社区·无盗楼院”竞赛活动。对辖区所有中小学、幼儿园周边安全进行全方位、多层次拉网排查，解决、排除各类治安和安全隐患。完善“大防控”工作机制，强化专群结合、群防群治、齐抓共管的治安防控体系建设，配合公安部门集中整治治安重点地区和治安突出问题，依法严厉打击各类违法犯罪活动，不断提升人民群众安全感。

坚持以人为本，抓好社会事业，服务群众、服务社会的能力进一步加强。实施科教兴处，教育工作成绩斐然，九年义务教育率达99.8%，“四率”保持100%。完善巩固三级医疗预防保健网，抓好常见病、多发病、传染病、流行病和突发病的防治工作，广泛深入开展健康教育活动，采取多种形式普及卫生防疫和健康知识。加强宣传力度，做好计划生育工作，计划生育率100%，符合政策生育率100%。两保、民政、武装、文化、残联、老龄委、兽医站和农林水等有关部门急人民所急，想人民所想，有力促进了街道和谐社会的建设。

加强党的建设，充分发挥党组织的战斗堡垒作用。深入学习实践科学发展观，强化基层组织建设，通过抓载体，实施“云岭先锋”工程取得新成果，进一步保持共产党员的先进性。加强为民服务体系建设，发挥“为民服务中心（站）”功能和作用，街道所辖7个社区居委会已全部成立以两委班子为核心、由总支书记兼任为民服务站站长的为民服务站。按照“五好五带头”要求，深入开展“创先争优”活动，围绕西山区“五项创先争优目标”，立足实际，力争在效能马街建设、推动科学发展、促进社会和谐、加强基层组织、服务人民群众的实践中建功立业。

（张　虹）

金碧街道办事处

【大事记】 4月26日，省委常委、市委书记仇和出席金碧辖区“昆钢科技大厦项目”开工仪式，并视察昆钢科技大厦项目实施情况。

6月25日，省委常委、市委书记仇和到金碧街道办事处考察调研为民服务“一站式”工作情况。

8月17日，金碧街道办事处召开第六次全国人口普查工作动员大会。

10月9日，昆明市举行西山区城中村改造7号片区回迁安置房开工仪式。省委常委、市委书记仇和，省文化厅厅长黄峻，市长张祖林，市委副书记李邑飞，市人大主任杨远翔，市政协主席田云翔，市纪委书记应永生，市级有关部门领导、西山区五班子领导、区级各职能部门及街道办事处负责人出席了开工仪式。市长张祖林宣布7号片区回迁安置房建设开工。

【人口·面积】 据西山区统计局统计，至年末，全处总户数3.87户，总人口10.03万人，其中城镇户口9.95万人，农村户口722人。辖区占地面积6.23平方公里，办事处下辖15个社区居委会、10个社区居民小组。驻区公共单位有十四集团军、昆明市委、云南省第一人民医院、昆明市总工会等165个及23个学校（幼儿园）。

【党建工作】 以加强社区干部队伍建设、完善经费保障机制、改善社区办公条件和构建共驻共建基层党建格局为重点，强力推进社区“三有一化”（有人管事、有钱办事、有场地议事，构建区域化党建格局）建设，做到四个有保障（人员、经费、场地、资源有保障）。围绕学习实践科学发展观活动、创先争优活动、和谐社区建设等主题开展学习教育活动16次，对社区党员干部采取以会代训的学习培训30余次。辖区15家社区党组织利用远程教育播放系统，组织广大党员观看《村官普发兴》、《第一书记》等励志影片60余场次；组织社区书记、主任到成都、西安、郑州等地，到友邻船房、永兴路等社区学习和谐社区建设、为民服务体系建设的先进经验和做法。年内组建党组织2个，新发展党员27名，转正党员33名，已无党员空白社区。金碧街道党工委、办事处为居民办理218件看得见、摸得着，促进科学发展的实事好事，干部群众满意率达98%。

街道党工委通过与辖区122个公共单位建立起共驻共建联席会议制度，让共建单位多方面支持辖区党建工作。区拨付每个社区2万元党建经费已下拨，每月4 000元的办公经费按时划拨，基本实现有钱办事。街道党工委积极争取区委、区政府支持，累计投资300多万元重点解决得胜桥社区和书林街社区的办公用房，并不断改善社区办公条件，辖区15个社区共有办公及窗口用房面积2 481.8平方米（含租用），活动场所用房面积866平方米，基本实现有场所议事。

办事处有大学生村官14名，其中担任副书记的有6人，担任副主任的有3人。街道党工委、办事处制定出台《金碧街道关于选聘的社区任职高校毕业生管理办法》、《西山区金碧街道办事处鼓励支持大学生“村官”创业工作实施方案》。年内推荐10名大学生“村官”参加由区委组织部、区农林局联合举办的为期20天的SYB创业培训班，提升其创业能力。

节日期间，街道党工委共慰问人员2 250人，发放慰问金24.8万元。街道下属15个社区对辖区内750名困难党员群众进行慰问。街道23个党组织和7个单位，605名党员干部在“共产党员抗旱救灾特别捐献活动”中向受灾地区捐款共计11.33万元。

【创先争优活动】 街道党工委于5月27日召开动员大会，在所辖71个党组织（含3个党委、8个党总支、60个党支部）和1 731名党员中深入开展创建先进基层党组织、争当优秀共产党员活动。活动开展以来，党工委先后组织集中学习13次，参加学习党员干部近1 000人次，撰写心得体会160多篇。在活动中各级党组织通过喷绘25块宣传栏，粘贴千余幅宣传标语，出黑板报（105期）等有效形式，广泛宣传开展活动的重大意义、目标要求、方法步骤。街道创先争优活动领导小组办公室编发17期简报、6篇典型案例，在《昆明日报》上刊发2条专题新闻。街道党工委依据社区自评、互评情况，根据得分高低，按社区党组织数50%的比例评出“居民需求调查之星”、“创先争优承诺之星”、“队伍素质提升之星”，其中复兴、得胜桥、巡津新村3个社区连续4次被评为“每月之星”，通过比学赶超，形成齐争共创良好格局。

【经济简述】 全年，地方财政总体收入完成2.63亿元，完成区政府下达任务数2.381亿元的110.45%，超任务2 490万元；地方财政一般预算收入完成7 226万元，完成区政府下达任务数6 736万元的107.27%，超收490万元；上划中央“两税”完成8 929万元，完成区政府下达任务数6 385万元的139.75%，超收2 544万元；社会消费品零售总额完成22.62亿元，增长21.04%；企业增加值完成7.62亿元，增长14.55%；工业企业增加值完成6 980万元，增长13.88%；企业实交税金完成1.047亿元，增长19.96%；企业现价工业总产值完成3.735亿元，增长13.10%；企业营业收入完成年任务的100.02%，增长5.02%；零商税完成代征税款2 222.55万元，其中地税收入1 182.68万元，国税收入1 039.87万元，与去年同期完成710万元相比，增加1 512.55万元。

【招商引资】 积极推进“昆钢科技大厦”、“文化空间大型国际文化商业旅游城”、“东寺街玉石珠宝批发交易商城”、“时代广场”、“非常天地”、“华海新境界”、“海航酒店”等项目全程跟进服务工作。其中昆钢科技大厦项目是西山区重大招商引资、重点产业发展、重要基础设施项目，于2010年4月26日开工，项目总投资20.24亿元，用地面积1.972万平方米，总建筑面积14.58万平方米。位于环城西路388号的“海航酒店”，是海航集团投资12亿元进行超五星级酒店升级改造项目，该项目将引进全球著名的皇冠假日酒店进驻，并将成为全市重点的地标性建筑之一；“非常天地”项目作为招商工作的重点，占地面积7 400平方米，经营面积1.55万平方米，办公面积1.56万平方米，主体工程已经全面完工。

年内，办事处引进项目44个，引进资金5.25万元，完成区政府下达任务数5亿元的104.94%。办事处被区委、区政府评为“西山区2010年度招商引资先进单位”。

【社区建设】 街道党工委分别确定复兴社区为省、市和谐社区创建示范点，得胜桥社区为区和谐社区创建示范点，巡津新村社区为街道和谐社区创建示范点，书林街社区、西坝北社区、金碧社区为争创和谐社区示范点单位，并按照“一社区一品牌、一社区一亮点”的创建思路，指导社区突出优势，以特色引领推进和谐创建工作。如复兴社区4 519户9 325人居民中，人户分离的住户达到2 505户4 290人，人户分离现象十分严重。社区以第六次人口普查为契机，加强同辖区派出所、公共户单位、小区物业的联动，完善人户分离人员信息，通过建立“一户一档”，针对不同类型的居民，建立不同的管理服务方式，确保管理和服务的全覆盖，争创优化人户分离管理服务示范社区。办事处还明确得胜桥社区为争创志愿服务、共驻共建示范社区，金碧社区为争创科普示范社区，巡津新村社区为争创共驻共建、无毒示范社区，西坝北社区为争创文化活动示范社区。年内共完成和谐社区创建达标工作6个，其中省、市级验收达标1个，区级验收达标5个，金碧、复兴两个社区被评为省级科普示范社区。

进一步健全街道、居委会两级妇幼保健管理服务体系，在10个社区卫生中心（站）按“六位一体”的工作要求，落实公共卫生职责，完成辖区内卫生服务基础设施建设项目，落实配套经费。加强疫情规范的报告、管理工作，降低疫情漏报率，加强突发公共卫生事件的应急处理和疾病预防控制能力。同时按照“六位一体”的工作要求，提高辖区居民的健康意识，实现了辖区初保覆盖率达100%的目标。

【社区“两委”换届选举】 金碧街道办事处下辖社区居委会情况多样，有集体经济的社区1个、纯城市社区14个，居民小组10个。按照区委、区政府关于做好第四届社区居民委员会换届选举工作的统一部署，办事处成立换届选举工作指导小组，各社区成立换届选举委员会，负责组织本社区的换届选举工作，办事处印发宣传资料“致社区居民的一封公开信”1.1万份，拉横幅68条，张贴宣传标语63条，制作专栏、板报10期，召开宣传动员会18次，使换届选举工作做到家喻户晓。在换届选举工作期间，办事处抽调干部组成15个换届选举指导工作组，深入社区指导工作，整个选举工作严格按照法定的程序进行。本次选举共产生居民代表650名，到4月22日各社区顺利完成换届选举任务。“公推直选”选举出社区党组织委员64名，差额选举出社区居委会委员116人，其中社区“两委”班子成员交叉任职达50%，书记主任“一肩挑”比率达87%。新当选的社区“两委”委员年龄结构有所优化，学历和综合素质都有所提高。社区居委会成员中党员42人，大专以上学历67人，高中学历的39人。同时选举了各社区协商议事委员会和居民小组长。西山区社区“两委”换届工作领导小组授予金碧街道办事处“2010年社区‘两委’换届工作先进集体”荣誉称号。

【为民服务】 针对辖区公共单位多、困难群体多，服务任务重的实际，街道设置为民服务中心，15个社区均设有为民服务站，人民调解室、图书室、社区公民文明学校、“两保站”。办事处还投资100余万元，对办事处为民服务中心及社区为民服务站进行规范化建设，在复兴社区、得胜桥社区、书林街社区、巡津新村社区、金碧社区、西坝北社区建立了“一站式”为民服务大厅。15个社区均建立党员、青年、妇女、法律等志愿者服务队共1 286名，经常开展社会救助、助残、老年服务、维护社区安全、文明倡导等志愿服务活动。

办事处在门头许可证审批过程中，按照上级主管部门的要求结合辖区实际，实行快捷简便的办证办法，印制详细的办证说明，在材料提交、现场勘查等过程中尽量方便商户，保证在商户提交申请材料后第一时间办证，符合办证条件的7个工作日内即可领到许可证。全年共计审批新办、延期、变更门头许可证141件，未出现投诉、举报，赢得了辖区商户的赞扬。

【安全生产】 2010年，办事处进一步加强安全生产监督管理工作，调整成立“安全生产年”工作领导小组，开展专项大检查“三项行动”，落实安全生产“一岗双责”责任制。与203个公共单位、15个社区居委会签订“金碧街道办事处2010年度‘三项安全’工作目标管理责任书，将“三项安全”责任层层分解、逐级落实，明确企业法定代表人承担企业安全生产主体责任。年内组织开展近30天“拉网式”安全生产大检查，出动人员362人，检查老旧居民区45处，检查8处建筑施工工地，检查34个公共单位，检查9个批发市场，对存在安全隐患的单位及场所下发限期整改通知书41份，查出各类安全隐患119条，要求立即整改96条，限期整改41条。

加强辖区志愿消防队伍正规化管理，开展辖区志愿消防队“一队一档”建设工作。办事处统一出资5.2万元，为15个社区配备公共消防设施。汛期期间，办事处检查老旧居民区45处，对282处危险房屋进行重点复查和跟踪检查，确保居民群众平安度汛。2010年办事处被西山区评为“消防安全工作先进单位”、“安全生产工作优秀单位”、“道路交通安全工作优秀单位”。

【城市管理】 严格按照“创卫”整治的17项标准逐项自检自查，认真整改、规范“七小”场所。开展拆除违章建筑、取缔占道经营、平路、整治规范集资市场的工作。认真做好40米以下道路清扫保洁、垃圾清运及辖区内环卫基础设施管理和维护工作，加强小广告整治，达到创建国家卫生城市标准，做好辖区内40米以下道路及附属设施、绿化设施的管理和维护，努力达到创建国家园林城市标准；加强辖区内门头招牌和道路占用、开挖审批，杜绝违章审批，营造良好环境；积极配合上级有关部门开展好辖区内主要街道及高层建筑的亮化工程，营造优美的城市夜景。

在区级职能部门配合下，办事处组织全体干部职工和社区工作人员1.7万人，对15个社区居委会、5个城中村、老旧居民区、农贸市场等地段进行环境卫生综合整治，清理卫生死角528个，清理小广告6.45万条，清除各类垃圾850吨。投入资金73万元，对崇善街、工人新村、卢家营等社区的老旧居民区和城中村的立面墙进行粉刷，共计7.4万平方米。

【拆临拆违】 2010年2月对15个社区内临违建筑物进行普查共有573个地块，上报甄别3.28万平方米，完成入滇支流岔河综合整治拆除14个地块面积611平方米。完成区城管局下达拆临拆违任务，拆除11个地块面积2 035平方米，围墙2处300米；完成铁路改扩容拆除12个地块面积3 145平方米。昆明市综执局下达督办案件拆除18个地块1103平方米，在按规划通知下达的任务拆除后，上报区城管局并通过市拆临拆违办验收，将拆除地块移交区园林绿化局，进行绿化建设；完成辖区内住宅（别墅）3个地块面积150平方米；完成道路两侧临违建筑拆除21个地块面积1 418平方米。全年，办事处总计完成拆临拆违任务86个地块，面积8 762平方米。

【重点工程】 西坝路改扩建工程：签协议421户，占总户数55.8%，已拆除面积占总面积的48.3%，现已征地46.91户，已完成总征地面积的55.6%。四环十七射：对辖区内“四环十七射”所属路段二环南路控制区范围内进行了普查，涉及建（构）筑48幢（座），总面积2.83万平方米，交通标志牌8块，已拆除30幢。铁路枢纽扩能改造工程：完成1.48公顷，占93%，拆迁1.06平方米，占78%。滇池草海保护治理征地拆迁项目：共涉及卢家营居民小组104户，协议签订率100%，拆除2.22平方米。完成柿花桥公共绿地建设工程征地拆迁工作：规划用地范围内的共需拆除19户，面积938.43平方米。玉带河—篆塘河截污及水环境治理工程：按滇池流域水环境综合整治工作的总体要求，完成对玉带河周边89户房屋进行拆除，拆除面积为6 263.89平方米。昆明电动车批发市场建绿透绿工作：拆除8 345余平方米，并实施绿化。完成庭院雨污分流及污水处理再生利用设施建设：下达目标任务数165家，完成143家。外挑式挤占公共空间设施整治：一期防盗笼871户已全部完成拆除安装工作，完成率100%；二期防盗笼任务1 496户，已拆除并安装1 577户，安装面积为2.5万平方米。

【城中村改造】 金碧街道办事处共承担西山区6、7、8、9、10号片区城中村改造任务。年内，各片区工作有序推进。7号片区总用地面积20.69公顷。采取“整体规划、分期拆迁、分期建设、净地交易”的方式运作。一期回迁安置房于2010年10月9日开工建设，计划在2012年6月完成；10号片区于2010年10月16日启动征地拆迁工作，各项工作有序推进，计划总投资16亿元，履约保证金到位5 000万元，征地资金到位3.5亿元，发放过渡安置费3 000万元。

【河道治理】 按照河道治理“158”工作的要求，办事处开展大观河、玉带河、船房河、兰花沟、弥勒寺大沟5条入滇河道拆临拆违、河道清淤、两岸绿化等工作，仅大观河、玉带河水环境整治就拆除建筑面积8 483.52平方米。整治后辖区河道水面、河岸无垃圾杂物，两岸景观明显改善。

【科技工作】 加快科技成果转化，推进科技与经济的紧密结合。一是振华制药厂《竹红菌素软膏生产工艺规范化及质量标准提升研究》确定为西山区“富民强镇（处）科技示范工程”项目，该项目已经验收。二是共推荐辖区单位昆明市第一人民医院《西山区社区40～55岁人群慢性阻塞性肺病普查及干预》、《善臻胶囊保健食品研发》；新知图书城有限公司《出版发行业云南本土最优秀电子商务平台单位》，《出版物EGI电子数据交换平台》；云南省疾控中心《西山区卫生行政部门食品安全综合协调工作模式的探索性研究》等6个项目申报2010年西山区科技计划项目。

【创卫工作】 为迎接国家专家组对昆明市创卫验收检查，办事处调整充实“创卫”、“爱卫”领导小组，对辖区300人以上的公共户单位的爱卫组织进行完善，把“爱卫”工作与“创卫”工作紧密结合起来，做到有机构、有人员、有落实，确保爱卫工作的全面展开。

办事处认真开展除“四害”工作，在单位居民区、老旧居民区，特别是重点单位、重点部位在投药上做到三饱和，做到灭前有计划、有监测，灭后有检查、有小结，彻底清除“四害”滋生场所。办事处出动人员2 500人次，车辆310台次，投入专项资金30万余元、共投药7 100千克，建立人造鼠穴275个。清除“四害”滋生场所557个，对接专业消杀公司对辖区下水道、重点单位和“七小”行业进行了全面消杀，确保“四害”密度降到国家标准范围以内，达到不足危害的程度。

【计生工作】 办事处辖区常住人口符合政策生育率达到100%，配备计划生育专职干部2名。通过与171个公共户单位及15个社区签订“目标管理责任书”，明确流动人口计划生育管理工作目标，为流动人口计划生育“四同”（同宣传、同管理、同服务、同考核）管理工作提供保障。认真做好总人口信息采集录入工作。完成总人口信息采集录入2.53万户，共5.64万人，其中育龄妇女1.54万人，已婚育龄妇女9 935人。

【第六次人口普查】 8月17日办事处召开社区居委会、辖区公共单位参与的动员大会，做到机构、人员、经费、办公地点“四落实”。在区人普办的具体指导和帮助下，完成“两员”选调及培训工作。培训普查指导员165名、普查员610名，绘制548张普查小区图，至年底普查户口5.69万户，普查人口16.21万人。

【社会保障】 办事处辖区共有低保家庭1 467户，低保人员2 003人，年内累计发放低保金683.539万元。为辖区失业人员提供有效就业岗位1 800个，登记城镇失业人数1 976人。开展劳动技能和创业培训，组织65人参加创业培训，对自主创业的48名申请小额贷款进行受理和信誉征询，对辖区非公经济组织294家进行劳动执法年审。办理被征地人员养老保险申报117人，办理城镇居民基本医疗保险申报1.93万人，自谋职业、灵活就业社会养老保险申报4 361人。办事处有优抚对象1.46万人，年内共发放抚恤金189.66万元，其中分两次为在部队立功军人发放奖励金共7 300元，为217名参战人员发放生活补贴30.67万元，为197名伤残军人发放抚恤金158.78万元。为211名原参战退转困难军人发放生活补贴34.69万元，伤残抚恤金206.049万元。对226户困难家庭给予临时救济，发放临时救济金4.68万元。

【残联工作】 年内，举办三期社区残疾专干培训班，进行新残疾证发放规定和精神病防治等专业知识培训，培训225人次。复兴社区西山区金碧残疾人康复中心对130名残疾人进行康复训练。办事处对8名贫困残疾人进行临时性补助，共计9 100元。换发第二代“残疾证”566本，安排社区4名残联专职委员配合区残联在税局完成2010年残疾人就业保证金的收缴工作；节日期间，对辖区残疾人家庭进行了走访慰问，发放慰问金249人4.38万元。

10月9日，金碧街道办事处举办人口普查员业务培训会。（区统计局 供稿）

【武装工作】 辖区15个社区均设置民兵连长和武装专干，负责武装部日常工作及国防教育宣传工作。年内加强街道武装部办公室和资料室建设，为应急分队购买服装、器材等，使街道民兵组织的办公设施和装备条件得到改善。在辖区26个公共单位组建329名民兵志愿者消防队，健全民兵志愿者消防队档案。

7月按照区人武部的统一要求，办事处认真组织民兵开展军事集训，在训练考评中，所有参训人员全部合格。冬季征兵工作中，坚持“选优选定”的原则，在严格把关的基础上，预征报名青年总计43人，其中大学生14人，在体检和政审全部合格的前提下，选定政治面貌好，入伍动机端正、文化素质较高的对象为报批兵员，共向部队输送28名优秀青年，圆满完成了征兵任务。

在“四创两争”工作中，辖区共出动民兵930人次，清理辖区道路、老旧居民区以及城中村城市环境卫生200余处，清除垃圾2 000余吨，在创建全国文明城市迎检工作中，出动应急分队民兵约800人次，做好文明劝导员工作，积极开展文明监督，为全市创建“全国文明城市”，作出积极贡献。

【社会治安综合治理】 加强对重点“法轮功”人员的稳控和教育转化工作，全年共开展反邪教宣传教育26次。辖区共8名教育转化对象，其中社会面4人、监所4人。办事处坚持“三个一”方法，通过入户、入监所、入单位走访对接，完善教育转化预案，采取有针对性的包保措施，初步转化成功5名。全年列入社区戒毒的有164人，签订康复协议114人，签订戒毒协议11人。在区禁毒办的指导下，按“三位一体”的要求，组织辖区50多名学员定期开展防艾知识讲解、文艺演出、参观学习等活动，不断巩固提高戒断效果。“6·26”国际禁毒日，办事处组织各个社区在城中村、金碧广场和学校开展系列禁毒宣传活动。辖区35名帮教对象全部列入帮教，安置工作7人，解决生活困难17人，管控能力进一步得到提高。2010年，金碧街道办事处被中共昆明市委、昆明市人民政府授予“2008～2010年度平安乡镇（街道）”荣誉称号；被中共西山区委、西山区人民政府评为“2007～2009年度防范和处理邪教工作先进单位”。

【信访工作】 全年处理完结来信来访46件，调处重大矛盾纠纷7件，一般性矛盾纠纷286件，调处成功281件，金座集资案重点人员未发生上访。在7号片区毛纺厂批发市场的拆迁之中，因呈钢公司与经营户的利益纷争，引发近200名商户与中天文化产业保安的矛盾纠纷并到市政府的上访，办事处及时组织双方进行协商，引导商户分流进入新螺蛳湾市场，有效化解矛盾，使市场拆迁工作按时安全关闭。

【“十一五”成就】 “十一五”期间，金碧街道办事处各项经济指标实现了大幅度增长，2010年与2006年相比总体财政收入增长2.63倍；地方一般预算收入增长2.57倍；上划中央“两税”增长3.46倍；社会消费品零售总额增长1.64倍。

在实施昆明市第一、二、三期城市道路交通微循环改造工程中，上级规划下达金碧街道办事处18条道路改造建设任务，办事处完成17条，总计拆除建筑面积1.005万平方米，西华北路于2008年11月底实现全线通车。第三期道路交通微循环改造工程有安康路（西段）、广宁路两条，分别于2008年10月、12月相继竣工通车。与辖区各公共单位签订目标责任书，成立专业技术指导组，力求做到“必到现场、必有方案、必有回复、必有落实”。种植大树1.41万棵；完成补绿面积4.33万平方米；完成生态停车场38个；栽种垂吊植物1.5万株；建设完成小游园3个。

加大入滇河道截污治理力度，加强水源地保护，对所辖15个社区，48个单位中水回用情况进行调查。在大观河截污及水环境治理中，办事处总计拆除建（构）筑物3 354.26平方米，拆除3栋共计16户土木结构建筑居民房739.26平方米。玉带河—篆塘河截污及水环境治理工程中，签订拆迁协议53户，拆除建筑面积4 390平方米。坚持河道日常保洁制度，打捞河道漂浮物，并与河道周边单位、商铺签订“门前三包”责任书。完成兰花沟、弥勒寺大沟等5条入滇河道拆迁整治和150户庭院雨污分流及污水再生利用设施改造工作。

在创建全国卫生城市工作中，办事处对辖区老旧居民区进行认真的摸底调查，将20个老旧居民区列入整治范围，出资粉刷清洗老旧居民区墙面4.3万平方米；“七小”行业整治达标率为95.65%。与4 200个沿街单位、商铺签订“昆明市门前三包责任书”。办事处严格按照“创卫”整治的17项标准逐项自检自查，认真整改、规范“七小”场所。办事处组织全体干部职工和社区工作人员出动人员1.7万人次，重点对15个社区居委会、5个城中村、老旧居民区、农贸市场等地段进行环境卫生综合整治，共清理卫生死角528个，清理小广告6.45万条，清除各类垃圾850吨。投入资金73万元，对崇善街、工人新村、卢家营等社区的老旧居民区和城中村的立面墙进行了粉刷，共计粉刷墙面7.4万平方米。

“十一五”期间，办事处为社会提供有效就业岗位4 264个，城镇新增就业人数6 150人，其中持“再就业优惠证”就业2 416人，特殊困难群体就业1 289人，“两高双百”就业人数90人。城镇失业人员培训2 110人，审核参加失业保险单位813个，核定失业保险费495.72万元，城镇居民基本医疗保险应参保人群办事处辖区户籍人数7.8万人，应参保人数3.75万人（参保居民人数包含幼儿园儿童和在校生），完成核定人数1.73万人。

（戴元宏）

永昌街道办事处

【大事记】 1月27日，国务院法制办朱卫国处长一行10人在省两禁处高运红处长，市两禁处王兵处长、赵贵昆副处长的陪同下到社区，对《社区戒毒》条例的立法工作进行调研。

3月19日，由云南省妇联、昆明市妇联主办、西山区妇联承办的云南省2010年“平安家庭”创建活动在永昌中心公园举行。

4月19日，团中央第一书记陆昊在省、市相关领导和区委书记柳文炜、副书记沈桂芝的陪同下，到永昌街道永兴路社区检查指导团工委工作。

6月10日，省文明办领导在区委、区政府领导的陪同下，实地察看永兴路社区的硬件、软件设施建设，确定永兴路社区为昆明市和谐社区示范点。

6月13日，省委常委、市委书记仇和在相关领导陪同下，到永昌街道永兴路社区调研指导工作。

7月23日，中央“610”领导到永兴路社区视察工作。

9月30日，由省委组织部、团省委、省民政厅共同主办的“共建创先争优 共创和谐社区”党员团员志愿者服务行动启动仪式在永昌社区广场举行。

11月15日，马洒营社区召开选举大会，选举圆满成功，马洒营社区居民委员会正式成立。

【人口·面积】 办事处辖区面积3.88平方公里，下辖永兴路、永顺里、益康路、黄瓜营、永和里、永宁里、螺蛳湾、金牛地缘型社区8个，马家、永联都市村庄型社区2个，金花、云纺单位型社区2个；11月新成立马洒营社区居委会，全处现有社区居委会13个，有盛高大城居委会筹备组一个，村民小组10个。据西山区统计局统计，至年末，全处总户数1.98万户，总人口5万人，其中城镇人口4.78万人，农村人口2 270人。

【党建工作】 永昌街道党工委下辖党组织21个，下设社区党（总）支部13个，“两新”党总支1个（下设6个支部），机关支部1个，离退休支部1个。全年共发展新党员11名，辖区共有党员780人。

以“创先争优”为重点，以“一项工程促服务，三项机制布网络，七项活动创一流”为载体，加大文明单位创建力度。2月5日，办事处组织召开2010年大学生村官调研、慰问座谈会。3月5日，永昌街道召开2010年党政工作会议。年内共创建、复核市级文明单位5个、区级文明单位3个，全力做好全国文明城市迎检工作。

组织街道班子成员到区检察院进行预防职务犯罪的培训，强化廉政教育，建立“不愿为”的自律机制。认真组织廉政文化进社区活动，街道所属12个社区以廉政文艺演出、廉政知识讲座等形式，把党风廉政建设延伸到社区，为构建和谐社会创造良好环境和有利条件。加强组织领导，签订“党风廉政建设目标责任书”，形成一级抓一级，层层抓落实的党风廉政建设工作机制。

认真开展党务、政务和居务公开工作，探索廉政建设的新机制，坚持“立”、“行”并重，结合实际，对原有制度进行逐一梳理，为今后的党风廉政建设打下良好基础。严格落实建设工程招投标、经营性土地使用权出让、政府采购等制度，深化源头治腐，坚决纠正损害群众利益的不正之风。加强行政成本控制，全面推行公务卡结算制度。

【软环境建设】 以“效能西山”建设活动为契机，结合永昌重点工作要求高、任务重的实际，广泛宣传动员，确实提高干部职工对开展“效能西山”建设活动的认识。党工委通过动员大会、中心组学习、专题讲座、开展调查研究、个人自学等方式，组织干部职工认真学习“效能西山”建设活动必读篇目，办事处全体干部职工联系各自工作实际，撰写学习体会。领导班子成员、各社区认真对照上级要求和相关制度规定，结合征求群众意见发现的问题，认真查找存在的突出问题，召开专题民主生活会。

认真贯彻落实法制政府、责任政府、阳光政府和效能政府四项制度，大力推进政务公开，发布工作信息120条，重要事项公示28件，重点工作通报113件。保持“96128”线路畅通，及时解答、回复公众查询事项，自开通以来共接听电话16件，在线解答群众查询3件，转接成功率100%，满意率98%。加强电子政务建设，做好政府门户网站信息更新、维护工作，增强网上办事功能，提高行政效能。

【“四创两争”工作】 建立办事处、社区居委会、公共户单位、居民楼院以及路、点包干制的城市管理暨“四创”工作五级组织网络，全面落实“门前四包”责任制，签订率达到100%。组织开展春季灭“四害”活动，在“爱卫月”活动期间发放宣传资料5 000余份、宣传布标113块。加大“七小”行业整治力度，加强辖区环境卫生清扫保洁工作，做好辖区内158条工作40米以下市政道路、554座居民楼、2个城中村社区的清扫保洁任务，做到“日产日清、密闭化”管理运输，对98个垃圾房（库）、512个果皮箱、758个垃圾桶进行清洗维护，采取服务外包方式，进一步完善长效管理机制，辖区环境有较大改观，顺利通过国家专家组检查，创卫工作取得阶段性胜利。

【人大工作】 认真履行人大工作的各项职责，当好街道党工委的参谋和助手。4月，听取街道经济运行分析情况，积极提出建议和意见。5月，听取了计划生育工作情况汇报，8月，视察螺蛳湾商务区建设情况，9月，视察城中村改造工作，并检查了劳动就业工作情况，12月，组织代表对办事处城市管理工作进行考察调研，对街道2010年经济社会工作进行了评议，提出意见和建议。

6月26日，永昌街道办事处举行建党庆祝活动。

加强对人大代表建议的办理，永昌办事处先后共接到区政府办公室交办人大建议主办件4件，协办件8件，都按规定时限办理完毕，向人大代表进行答复，做到代表满意、群众满意。努力推进社区民主管理进程，组织人大代表对社区“居务、财务公开”实行督查。加强对关乎民生的道路、城中村改造、城市建设及河道治理等工程的监督和检查，加强工程招投标的监督，为公平、公开、公正地实施阳光工程尽到监督、支持、服务的责任。

【妇联工作】 街道妇联关注下岗、失业妇女，积极开展妇女创业就业培训。全年，组织辖区妇女代表参加市、区妇联举办的各类培训共6次，有效提高妇女的综合素质和劳动技能。认真开展“五送活动”，加大城市小额担保贷款的宣传，促进下岗、失业妇女创业和再就业。

积极组织妇女参与城市建设和精神文明建设，组织辖区巾帼志愿者参与到创卫攻坚行动中，在妇女群众中起到模范带头作用。7月，永昌街道妇联认真组织街道办及社区妇女党员干部、共青团员、党员志愿者服务队、入党积极分子共50余人参加3号分会场即盘龙江（昆安路至南坝桥段，昆明中药厂旁空地）清淤、植树、绿化、保洁活动。

深化“文明家庭”、“平安家庭”创建活动，推进家庭、社区和谐建设，永顺里社区申报市级“五好文明家庭”一户。组织妇女代表参加区妇联纪念三八国际劳动妇女节100周年暨表彰大会及庆祝建党89周年活动，激发妇女干部的创优争先意识，增强妇联组织的凝聚力。

【社区建设】 4月17日，永昌街道顺利完成纯居民及翻牌社区居委会换届选举工作，依法履程选举出社区居委会主任及委员，12个社区居委会产生委员78名（含大学生村官委员6名、2个单位型社区委员6名）。成立永昌和谐社区建设指导委员会；永兴路社区、金牛社区被列为全市和谐社区创建试点；永兴路社区推进的“为民服务规范化建设”列为全市观摩点，先后有近20批300余人次参观。5月，永兴路社区被全国妇联、民政部、文化部、环境保护部、国家广电总局联合授予“全国创建学习型家庭示范社区”荣誉称号。永昌和谐社区建设经验在全区大会交流；永兴路、金牛、永顺里等7个社区顺利通过区领导检查组的考评验收；7月16日，西山区委、区政府在西山区党员服务中心举行“侨法宣传角”挂牌仪式，“侨法宣传角”落户永昌街道。9月1日，由市妇联组织全市基层妇女干部近200人到永宁里社区居委会，参观指导妇联基层组织建设工作；11月，新成立马洒营社区居委会，盛高大城社区居委会积极筹备中。所辖社区居（村）实行账处代管，全部交由社区财务管理中心代管，做到居务公开、民主管理。

按照“便民、高效、廉洁、规范”的服务宗旨和“一窗式受理、一站式办结、一条龙服务”的要求，办事处不断深化为民服务体系建设，及时成立为民服务中心建设指挥部，以西山区党员服务中心为平台，整合资源，设立街道为民服务中心，2010年，新建成永宁里、永顺里、金牛社区为民服务站。为民服务中心开设党建群团、城市管理、经济、社会事务、司法综治五类服务窗口，改造完善后的为民中心于9月7日正式运行。截至12月，街道为民服务中心共办理服务事项889件，咨询600人次。12月24日，永宁里“金色怡园”居家养老服务站试运行，成为西山区乃至昆明市又一居家养老示范点。

【经济简述】 全年完成总体财政收入3.197亿元，比去年增长19.8%；地方一般预算收入完成1.067亿元，比去年增长18%；上划中央“两税”完成7 466万元，比去年增长14%。

全年，乡镇企业实交税金指标完成2.61亿元，完成任务数105%；乡镇企业增加值完成21.1亿元，完成任务数的104%；固定资产投资完成10.35亿元，完成任务数的100.5%；规模以上工业增加值完成9 450万元，占任务数的101%；从业人员指标完成1.72万人，完成任务数的100%；营业收入指标完成103.3亿元，完成任务数的100%。

【招商引资】 全处2010年度招商引资工作任务为实际引进到位市外资金（含外商投资）9亿元人民币。在对辖区内相关企业进行跟踪服务和大量调研的基础上，重点跟踪服务海埂新都昌商业广场、昆明螺蛳湾投资发展股份有限公司、金坤世纪商业中心、昆祥大型机械设备投资等招商引资项目，全年完成任务10.228亿元，完成任务数的113.64%。

【环境保护】 联合相关执法部门开展了环保整治大检查行动，加强辖区内燃煤和使用高污染燃料锅炉的检查和取缔，先后取缔燃煤炉16台次，不可降解泡沫餐盒5 000余个。积极开展辖区内建设项目环境影响评价专项检查工作，认真清查河道沿岸“四小行业”，积极做好200平方米以下餐饮行业和其他400平方米以下行业环保项目审批手续，年内先后办理环保投诉件19件、“建设项目环境影响登记表”53份、变更申请7份、“云南省排放污染物临时许可证”48份，继续开展“绿色社区”创建工作，滇保、环保取得了实效。

【安全生产】 进一步强化各企事业单位对消防工作和安全生产工作的责任意识，完善消防安全工作责任网络，加强火灾隐患的检查、整改，全年共开展大规模安全检查和专项整治400余次，整改安全隐患256处，发出“检查警示告知书”30份。修订安全生产事故应急救援预案，加强应急管理工作，注重食品安全检查，确保了辖区居民的饮食安全和身体健康。组织辖区内的企事业单位进行消防演练，积极开展“安康杯”竞赛活动，提高广大职工群众的安全意识。

针对永昌辖区的螺蛳湾片区升级改造及城中村改造面积大、项目多、安全隐患较为突出的情况，办事处多次组织辖区各建筑施工公司、拆除公司负责人、施工现场管理人员进行了安全生产知识的培训，召开现场会，进一步建立健全安全生产“一岗双责”及隐患排查治理责任制；确保拆迁施工现场的安全。

【土地管理】 按时完成省、市、区重点项目征地工作和土地收储工作。13号片区征地工作已全部完成，并于3月招拍挂成功。螺蛳湾片区已征地6.24公顷。前卫西路改造项目征地工作已全部完成，征地面积共计3.52公顷。17号片区已基本完成该片区一期土地的征收工作，征地面积共计24.02公顷。按要求完成闲置土地清理6.09公顷。前卫西路（永昌段）征地拆迁现已完成签订协议112份，民房拆迁补偿资金已全部补偿到位。老海埂路综合整治（平桥村段）征地拆迁现已拆除面积23.25万平方米，完成率为89%。铁路枢纽改扩建（永昌段）征地拆迁现已拆除面积1.24万平方米，完成率为53%。

【园林绿化】 完成“旧居住区、单位改造新增绿化面积”任务，永昌小区种植各种灌木656平方米，协调辖区内公共户单位，完成区绿化处“攀援植物种植”1.5万株，进一步提高辖区绿化覆盖率。全处街头绿化任务为1公顷，已积极协调社区寻找地块完成任务。采取服务外包方式，委托永昌服务中心对1.52万棵乔木、49.36万株灌木，共计4.88万平方米的绿化区域进行绿化管养，克服干旱少雨的困难，加强绿化管养，巩固“创园”绿化成果。认真开展义务植树活动，因辖区无可种植地，采取缴纳植树费的方式，异地植树7.5万株（棵）。

【城市建设】 大力开展建筑物外挑设施排水管乱搭乱接整治工作，完成第一阶段30米以上道路两侧挤占公共空间设施整治工作，整治742户。第二阶段涉及永昌路、云兴路、前卫西路3条道路共计630户，共完成整治715户。为加强市政维护工作，通过招投标引进昆明隆都装饰有限公司开展辖区市政维护工作。全年共更换破损沟盖板、窨井盖86个，修补永昌路、永兴路、益康路破损路面3 992.12平方米，粉刷华昌路等外墙3 780余平方米。清掏雨水篦子、窨井324个，排水管淤泥1 600立方米，清理清运淤泥31车次共248吨，安装钢筋修复破损垃圾桶12个，修建防腐木凳5个，市政维护工作不断得到加强。制定《永昌街道办事处防汛抗旱应急预案》，加强防汛抗旱值班工作，做好降雨量检测每日上报工作。

【城中村改造】 进一步加强城中村改造组织领导，建立、完善工作推进、档案管理、现场管理、资金管理等制度，强化责任，狠抓落实，截至12月，11号片区（老鸦营）规划指导意见已经上报待批，12号片区（解家桥）修建性详规已通过审核，进入招标代理公司招标程序。17号片区丰盛村、沈家沟村、大营村、马家营村四个村的改造全面启动，并完成拆迁工作，现正在进行回迁安置房基础施工建设。13号片区（豆腐营）南地块回迁安置房基础工程进展顺利，北地块异地补绿已经进入征地准备工作阶段。14号片区（黄瓜营）协议签订率达70.6%。15号片区（螺蛳湾）协议签订率达56.6%，各片区改造工作不断推进。

【拆临拆违】 全年完成20个地块拆临拆违任务。在道路临街挤占公共空间整治中，共拆除违章建筑20户，面积515.3平方米。做好“四环十七射”道路两侧控制区现状的调查摸底工作，并登记造册，拆除海狮酒店货运部临时违章建筑188.15平方米，完成相关拆临拆违工作。及时拟定《永昌街道办事处加大查处农房违法加层和无序建房行为的实施方案》，对工作进行安排部署，明确工作重心、职责任务。组织各村民小组对城中村建筑物现状进行摸底调查，建立“一户一档”。每天派出巡查小组进行巡查，加强对建筑材料的运输管理，联合交管部门加大对运输违法加层建材的车辆查处力度。

【市场搬迁】 根据西政办通《西山区主城区批发（专业及批零兼营）市场关闭搬迁3年行动实施方案》工作要求，及时拟定《永昌街道办事处2010年～2012年辖区批发（专业及批零兼营）市场关闭搬迁行动实施方案》及《永昌街道办事处2010年～2012年辖区批发（专业及批零兼营）市场关闭搬迁行动工作计划》。按照计划，辖区内共涉及8个专业及批零兼营批发市场，其中西南百货城已经纳入17号片区城中村改造、黄瓜营电子市场纳入螺蛳湾次CBD升级改造。办事处联合辖区各相关职能部门，成立永昌街道办事处批发市场关闭搬迁行动分指挥部，截至10月，关闭市场4个（昆明炳瑞商城、黄瓜营电子市场、云南前卫茶叶市场、云岭商贸）。

【滇池治理】 成立河道整治领导小组，签订目标责任书，实施河段长责任制。加强对杨家河、清水河、金家河、采莲河入滇河道的清淤保洁工作，每日派出河道保洁员进行清淤打捞，开展万人河道清淤工作及河道沿岸环境综合整治，清除河道沿岸杂草420平方米、修复盖板8块、清淤百余吨，在清水河沿岸搭建施工围栏260平方米。按要求完成了辖区12个规雨污分流工程，开展辖区内建筑物外挑设施排水管乱搭整治工作。

【科技文化】 继续实施“科技示范工程”（党政一把手科技工程），落实配套资金1.2万元。截至10月，申报区级以上科技项目2项，区级科技奖励评审项目2项。开展“知识产权宣传周”活动，以实验中学、永昌小学为重点开展知识产权进校园试点工作。完善科普长廊建设，开展科技讲座4期，完成各类科技素质教育培训2 000人次。开展“科技三下乡”、“全国科技活动周”等大型宣传活动，活动参加人数共计5 000人。积极协调区科协，在永昌公园建设11盏太阳能路灯。

组织文艺队参加“三下乡”、“知识产权宣传周”、“全国科技活动周”、“和谐西山、魅力碧鸡”等大型活动。组织辖区内55名老年人参加“西山区老年人文体健身”系列活动，进一步丰富辖区居民群众的业余生活。在党员服务中心建立侨法宣传角、远程信息共享工程，将辖区内14支自发业余文艺队纳入规范化管理。

【卫生工作】 年内，辖区内初级卫生保健覆盖率达到100%，健康知识知晓率和健康行为形成率分别达到82.5%、79.6%。利用宣传栏进行健康宣传教育，安装5块健康教育宣传专栏。以“老年人心理健康”、“结核病防治”、“禁毒”等为题，举办健康知识讲座10期，规范健康教育宣传栏64块。完成辖区内15名HIV患者的资料收集，开展2次艾滋病知识讲座和3次入户调查、1次广场宣传活动；完善突发卫生事件应急建设，做好春防和狂犬病防治工作，推进社区卫生服务建设，落实公共卫生职责。

【计划生育】 全面落实市、区下达的各项指标任务，奖优免补政策知晓率达95%。严格执行属地化管理制度，认真做好流动人口计生管理服务，按要求完成全国基础信息录入工作。辖区有常住育龄妇女7 502人，其中已婚育龄妇女6 174人，流动育龄妇女2 008人。全年发放“奖优免补”经费一次性奖励9人，“教育三免”173人。办理一孩生育证197本，为二孩审批及二孩生育证办理24本，领独生子女证261本，流动人口婚育证15本，对违反计划生育政策进行行政处罚21人，征收社会抚养费3人，共计处罚2.57万元。

【社会保障】 全年完成劳动保障执法年审160户，完成城镇职工基本养老保险核定1 863人，完成城镇居民基本医疗保险续保手续1.2万人。

认真落实社会保障相关政策，严格审批制度，确保“全民参保、应保尽保”，继续开展城镇特困居民医疗救助工作，做好城中村改造失地人员社会保障工作，按计划完成各项目标任务。对永昌地区现有城市低保对象进行一次全面清理重新核查，共清理核查低保505户735人；办理农村失地人员养老保险246人；认真做好低保人员申请廉租住房及住房补贴工作，廉租住房补贴发放70户142人。

坚持市场导向的就业机制，多渠道开发就业岗位，积极帮助下岗失业人员、大中专毕业生、残疾人、零就业家庭和就业困难群体就业，为200名下岗人员和无业人员开展就业前培训，举办各类招聘会2场，并为20名下岗失业人员自主创业办理了小额担保贷款。办理“失业证”176本，“再就业优惠证”、“失业证”年检共计1 030本。组织开展“民营企业招聘周”和“大中专毕业生招聘会”，提供就业岗位1 800个，为15名大学生办理贷免扶助创业贷款。

【民政工作】 全年为106户特困户、孤儿及残疾人员、特困家庭发放救济衣物，为辖区困难居民办理临时救济62户，慰问辖区特困群众107人；定期为辖区离职老干部、百岁老人及60年代初期精减职工发放生活补助费；在“清明”、“中元”期间做好殡葬宣传工作，按照省、市、区的要求，完成“96511”便民殡仪服务热线进社区的挂牌宣传工作，粘贴相关材料300余份、出黑板报26块、悬挂布标6条、制作5块展板、发放殡葬宣传资料600多份。完成辖区4个季度的殡葬报表统计工作，全年死亡人员108人。做好民政社会事务，为辖区考上大学的学生出具“高等学校学生及家庭情况调查表”证明材料48份，为辖区居民出具门牌编号更改证明10份。对辖区内以各种方式乞讨的人员进行了6次重点专项救助管理工作。

做好双拥优抚工作，按时为残疾军人、烈属、遗属发放抚恤金，定期为在乡老复员军人、老女兵发放生活费。落实部分退役人员的优抚政策，认真做好复员干部的维稳工作，做好7名复员干部的维稳工作，接收代管无军籍职工44人。在春节、“八一”节期间走访慰问企业困难复退转军人、“三属”人员、优抚对象，到西岳庙干休所等3个共建部队进行慰问。

【残联工作】 全区共有残疾人702名，其中肢残334人、视残127人、听力残53人、智残67人、精残103人、语言残18人。全年共慰问辖区295名残疾人，慰问金5.42万元。推荐、介绍4名有一定劳动能力的残疾人参加残疾人技能培训。坚持深入开展CBR项目一对一康复训练服务，使10名残疾人心理得到康复，肢体上得到提高。组织9名白内障残疾病人进行白内障筛查，2名白内障病人最终符合手术条件并进行手术，组织康复知识培训2次，参加人数共计68人。为62名残疾人免费发放用品用具，为35名贫困精防病人发放免费药品。对辖区内“春雨助学”活动的68户残疾家庭的受助学生发放助学补助金，对辖区内当年考取大、中专的8户残疾人家庭子女发放补助金，为25名重度残疾人发放护理费。

【老龄工作】 年内，出黑板报96块、悬挂保护老年人权益的宣传布标5条，展板3块，举办培训班35期，组织各种讲座共12期，组织健康教育活动15次，组织文体老龄大型活动4次。节日期间，对辖区内的百岁老人、孤老、敬老院等85名老人进行慰问，走访和看望高龄、困难和生病老年人18户。在“敬老节”期间，对辖区内的百岁老人3名，90岁以上高龄老人、特困助医助养老人10名进行走访慰问。免费为社区99名老年人进行血压测量等健康检查，为辖区老年人办理“昆明市老年人优待证”共125本。发放高龄老年人保健补助金，辖区内1 157（80～89岁老年1 058名、90～99岁老年99名）高龄老人领取到了高龄补助金计29.63万元。

【司法行政】 辖区60余个公共户单位与永昌街道办事处普法与依法治理领导小组办公室签订“永昌地区普法与依法治理工作目标责任书”，继续以责任书的形式规范各单位的普法、依法治理工作。开展以“一学三讲”（学法律、讲权利、讲义务、讲责任）为主题的法制宣传教育，抓好“法律四进”活动。组织街道办事处机关干部、职工和社区居委会干部开展普法培训3期440余人次；组织全处机关干部参加了“2010年昆明市全民普法考试”；组织指导各单位、社区居委会出法制宣传橱窗、黑板报186期，开展广播宣传39次，放映录像38场次，在永昌中心公园和社区广场开展法制宣传教育和法律咨询服务活动15场次，上街宣传48场次，散发宣传材料8万余份，悬挂宣传布标380余幅，展出各种图片710余幅。受教育人数达12万余人次。

注重加强与各社区帮教小组和公共户单位帮教小组的联系，及时组织开展安置、帮教工作，未发现重新违法犯罪人员。年内，接收刑满释放人员5人，已列入帮教，均已自谋职业。接收矫正对象4人，其中保外就医2人，缓刑2人（含异地矫正1人，已解除矫正），已分别对其进行社区矫正。

【社会治安综合治理】 与辖区各企业、事业单位和社区签订2010年度社会治安综合治理暨平安建设工作、消防及安全生产等工作责任书，形成一级抓一级，层层抓落实的工作格局。织密人防、物防、技防三张网络，加大严打综合整治力度，有效遏制抢劫、抢夺、盗窃等多发性案件的发生，全年3个派出所共立案1 648件（含110接警），比去年有所下降。认真贯彻落实全国综治维稳电视电话会议精神，进一步加强辖区内学校及幼儿园安全工作，对永昌辖区内的16所学校、幼儿园及1家敬老院的安全防范工作、校园周边区域治安整治工作进行专项督察。6月18日，西山区社会治安综合治理委员会、西山区永昌街道办事处、永顺里社区综治维稳志愿者协会、西山区党员服务中心、永昌派出所、永昌小学在永昌中心公园联合举办“凝聚力量 呵护花蕾”——为青少年健康成长创造和谐的社区环境大型活动。全年共接办各类信访件37件，市长、便民热线113件，接待群众来访8起60人，办结率为95%，积极协调和妥善处理了城中村改造、道路建设征地拆迁等引发的矛盾和纠纷。

以“说法进社区”活动为契机，积极推进平安家庭、平安社区、平安单位创建活动。3月1日，永昌地区争创“平安社区、无盗楼院”竞赛活动正式启动。现辖区共有2家市级“平安建设先进单位”，办事处共有610户居民创建了“平安家庭”。积极开展创建“无毒社区”工作，社区康复中心组织小组活动30次，累计参加活动的帮教人员达190余人次，组织社区吸毒人员家属举办家庭联谊会9次，积极推进社区戒毒工作。

【“十一五”成就】 区划以来，永昌辖区财政收入每年以12%～14%的速度递增，2005年辖区总体财政收入首次突破亿元大关，2008年突破2个亿，财政收入从2004年的9 000万到2008年翻一番，区政府“2008年度总体财政收入超亿元先进单位”荣誉称号。

2006年合同引进市外资金1.786亿元，招商引资6个；2009年，累计完成14个招商引资项目，总计4.4亿元，2008～2010年连续获得西山区“年度招商引资先进单位”荣誉称号。

结合四创工作，2006年以来，分两期4个阶段进行“创园”，组织完成道路、居民宅院绿化综合整治5.51万平方米，种植乔木1 310棵、灌木40.7万株，永昌老小区绿化覆盖率由原来的19%提升到25%，实现小区绿化全覆盖。对辖区72个老旧居民小区进行环境卫生综合整治，有效改善老旧居民小区的面貌，受到市委的高度评价并向全市推广。实现临违建筑、绿化盲区、卫生死角、绿化未达标小区、违规违法排污、沿入湖35条河道绿化盲点等10个零申报。结合永昌实际，组建一支60人的以保安及城管巡防为主的城市管理综合巡查员队伍，并在西山区率先实行办事处领导“一路、一村、一社区”城市管理责任包干制，建立和落实“门前四包”、“门内达标”创卫工作制度，至2010年有省级“绿色社区”1个，市级“绿色社区”5个。

积极协调各方关系，采取稳步推进城中村改造工作。辖区10个城中村6个片区的改造工作顺利推进。2009年5月，13号片区（豆腐营）城中村改造正式启动，2010年初，13号片区征地工作已全部完成，并于2010年3月份招拍挂成功，现回迁安置房基础工程加紧施工中。2010年，进入拆迁改造工作的有第14号、第15号、第17号片区。街道办事处采取有效措施制止违法加层，10个城中村无一违章加层现象。

2006年，精心组织开展永昌东南二环路征地拆迁工作，圆满完成各项任务。2008年，组织完成老海埂路下穿、福海立交桥改扩建、云兴路延长线微循环改造、平桥村整体拆迁等重点工程的征地拆迁工作。2008年完成永丰路维修保通工程。2009年，马家社区马洒营北区环境问题列为人大重点议案得以解决。2010年，前卫西路（永昌段）、铁路枢纽改扩建（永昌段）征地拆迁工作积极推进中。

按照现代新昆明建设的规划和部署，占辖区商贸业比重最大的螺蛳湾商业片区将转变业态、产业升级、重新布局。2009年2月，办事处召开螺蛳湾市场管理工作会议，按要求将螺蛳湾商业片区批零兼营、低端销售及仓储的商业业态转移到三环路以外，原地建设“二级CBD”，8月，配合螺蛳湾商业片区商业业态升级改造暨螺蛳湾中央商务区建设指挥部完成螺蛳湾中央商务区建设及经营户搬迁关闭市场听证会。11月，区政府已授权云南新瑞安控股（集团）公司为片区整合、开发投资发起人，并已成立昆明螺蛳湾投资发展股份有限公司。11月30日，螺蛳湾市场顺利关闭。2010年，结合14、15号片区改造，进入征地拆迁阶段。

采取“五个一点”投入方式，加大社区基础设施建设力度，2006年，投入90余万元改建和新建永宁里、永和里两个社区居委会的办公用房。2006年10月，办事处配合省委办公厅管理局协同成立金牛社区，加强基层政府对省委小区的服务和保障。2008年6月，建成集医疗、康复、预防、保健、计划生育及健康教育为一体的马家社区卫生服务站。2008年12月，认真配合区委和组织部门，建成西山区党员服务中心，为党员管理、服务提供全方位的工作平台。

结合办事处地缘型、单位型、小区型、翻牌型几种类型社区的特点，围绕建设“一居一特色、一居一模式”新型社区，结合各社区实际和要求，实现差异化发展，和谐社区建设工作成绩突出，先后获得“全国青少年文明社区”、“全国城市体育先进社区”、“全国学习型家庭示范社区”、“云南省先进基层党组织”、“云南省社会治安综合治理先进单位”、“云南省敬老模范小区”、“云南省关心下一代工作先进集体”、“云南省社区建设工作先进单位”等荣誉称号。

2009年10月，永昌街道获“全国和谐社区建设示范街道”荣誉称号，辖区12个社区分别荣获国家荣誉表彰1次、省级3次、市级5次、区级3次。永兴路社区被评为全国文明社区、云南省和谐示范社区、昆明市无吸烟先进单位；永宁里社区荣获省妇联授予的巾帼文明岗称号，被评为第二届昆明十佳环境卫生社区、昆明市卫生社区、昆明市级文明社区；永顺里社区被评为昆明市文明社区、昆明市民主法制社区；黄瓜营社区被评为昆明市文明社区、昆明市党建五好社区；永和里社区被评为昆明市文明社区、西山区民族团结和谐示范社区；螺蛳湾社区、益康社区被评为市级文明社区。2009年12月，永兴路社区和金牛社区获得云南省第十二批“云南省文明社区”称号。2010年，在永兴路社区推进的“为民服务规范化建设”被列为全市观摩点，先后有近20批300余人次参观。2010年5月，永兴路社区获全国妇联、民政部、文化部、环境保护部、国家广电总局联合授予的“全国创建学习型家庭示范社区”荣誉称号。结合创先争优活动，永宁里社区开展的“和谐楼道”、“和谐家庭”、“无盗楼院”等创建活动，被市妇联列为全市基层妇联建设的观摩点。2010年，永宁里社区获得“云南省绿色社区”、昆明市政府“昆明市园林小区”、昆明市妇女联合会“昆明市巾帼示范社区”称号；金牛社区获得昆明市政府“昆明市园林单位”、昆明市委组织部“昆明市党建‘五好’社区”称号；永顺里社区获得“昆明市（第三届）十佳卫生社区”、“昆明平安社区”称号；黄瓜营社区获得“昆明市绿色社区”、“昆明市园林小区”称号；益康路社区获得昆明市政府“政府消防安全责任制先进社区志愿消防队”称号；永和里社区获得“昆明市绿色社区”、“昆明市‘巾帼示范社区’”称号。

（黄迎红　顾　斌）

前卫街道办事处

【大事记】　3月5日，前卫街道办事处召开第四届社区“两委”换届动员工作大会。

5月1日，前卫街道办事处启动第六次全国人口普查工作。

8月13日，前卫街道办事处组织办事处全体机关党员干部、社区领导干部共计70余人到西山区看守所参加警示教育。

8月26日，前卫街道办事处召开第五次残疾人代表大会。

【人口·面积】　办事处辖区面积10.75平方公里。据西山区统计局统计，至年底，全处总户数2.7万户，总人口5.72万人，其中城镇人口4.44万人，农村人口1.28万人。

前卫街道办事处地处昆明南市区，东邻官渡区关上街道办事处，南濒滇池，北面紧临永昌街道办事处，西邻福海街道办事处和滇池度假区管委会。广福路、南三环、老海埂路、前兴路、前卫西路贯穿境内，有10余条公交线路在辖区内运行。前卫街道办事处辖区有4个翻牌社区居委会和1个纯社区居委会，25个居民小组。4个翻牌社区居委会共有办公用房2 350平方米，纯社区居委会（省委广福小区社区）办公用房100平方米。辖区内有中、高档住宅小区40多个，有昆明市南市区公交枢纽站等省、市级国家机关30多个，驻处单位140个，有建材、国际酒店设备用品市场等企业2 000多家。

【党建工作】 4月召开街道“效能西山、效能前卫”动员部署会议，与各社区党总支及直属党支部签订“党建工作目标考核责任书”，进行量化分解，建立起一级抓一级、层层抓落实的工作责任制。5月召开深入开展创先争优活动的动员部署会。

街道党工委统一安排，深入社区、小组、企业就城中村改造、道路建设、河道整治、招商引资、党员创先争优、为民服务体系建设6个重点问题及时了解和掌握广大党员、干部、群众的思想动态，按季度定期分析党员干部思想状况，有针对性地解决社会群体在不同阶段的思想问题。全年向社会各界通报街道重点工作110次，报送工作进展信息169篇，公示街道重要事项22次，解决群众反映的各类问题184个。

年内功能齐全，占地800余平方米的为民服务中心升级改造完成，投入使用。辖区内各社区均建立为民服务站，实行“一站式”办公、“六公开”办事。街道党工委、办事处在4个社区因地制宜的创办了党员服务中心和党群活动室，为广大党员、群众提供优质、高效、便捷的服务。

做好社区党组织和第四届社区居民委员会换届选举工作，3月18日党总支换届结束，4月18日居委会委换届结束。其中官庄、红庙、拥护选出由7人组成的社区居民委员会，南坝选出由9人组成的社区居民委员会，4个社区居委会主任连选连任。各社区的大学生村官顺利当选为社区居委会副书记（主任）。在新一届社区居民委员会中，女性5名，占比例16.6%。年龄最大的61岁，年龄最小的39岁，50岁以下（含50岁）的22名，占比例73%，50岁以上的8名，占比例27%。大专以上学历4名，占比例13%，高中、中专学历7名，占比例23%，初中学历19名，占比例64%。

街道办事处为加强党风廉政建设和反腐败工作建设，对社区小组干部换届后，组织办事处全体机关党员干部、社区领导干部共70余人集体参观西山区看守所。从而提高廉洁从政意识，活动达到警示、教育、提高的目的。

【创先争优】 街道党工委、办事处统筹部署，召开街道党工委扩大会议，对如何开展“创先争优”建设活动进行专题研究和安排部署，成立“创先争优”领导小组和办公室，落实领导责任，明确职责。各社区单位共设置宣传栏6处，上传创先争优活动信息30余条，利用广播宣传学习创先争优活动12次，悬挂宣传标语36幅，制定固定标语36条、流动标语160余条，在全处党员群众中形成人人参与的良好社会氛围。

2010年3月，全省遭遇历史罕见的特大旱灾，全处积极组织动员机关干部、群众、爱心企业为受灾地区捐款6.38万元；3月24日，街道办事处再次组织机关全体党员及各社区党总支、直属党支部捐款，再次为灾区捐款9.95万元；3月26日，街道办事处组织了辖区企业到碧鸡街道办事处的8所中小学进行捐水，驻处9家企业共捐水款23万元。

前卫街道办事处结合生态文明建设的工作方案，组织180名党员和全处740名党员参加在创先争优活动启动仪式上，向现场党员和干部职工发出“西山区党员干部创先争优”、“西山生态文明建设百日大会战”的倡议，得到广泛响应，在启动仪式现场开展共产党员“捐种一棵树，绿化新西山”，为西山生态文明建设捐款4 500元。在正大河边种植90棵胸径15厘米的树木，种植小树苗100余棵。下河清淤10余车。在4个社区分别在各社区动员广大党员居民参与的道路保洁、环境卫生整治、生态文明建设宣传等活动。

【经济简述】 2010年区下达办事处

3月26日，前卫街道办事处组织辖区各企业为碧鸡小学抗旱捐水活动。
（前卫街道办事处 供稿）

总体财政收入为 2.312 亿元，其中地方财政一般预算收入 8 235 万元，上划中央“两税”4 842 万元。全年实际完成财政总体收入 2.53 亿元，完成下达任务的 109%。其中地方一般预算收入完成 8 765.1 万元，完成下达任务的 106%；上划中央“两税”收入完成 5 001 万元，完成下达任务的 103%。

2010 年全处各项经济指标完成情况良好，增加值 10.207 亿元，工业增加值 3.178 亿元，实交税金 1.626 亿元，营业收入 27.325 亿元，社会消费品零售总额 9.826 亿元，分别略超全年目标任务。全年共上报招商引资项目 21 个，累计到位市外资金 12.329 亿元，完成 12 亿元的招商引资目标任务。

【重点项目】 2010 年完成国债项目前卫社区卫生服务中心在官庄五组的征地任务 4 200 平方米，盘江西路改扩建工程海埂路片区范围外征地任务 3.02 公顷，有序开展海埂路片区综合整治工程项目征地，已完成 49.97 公顷。开展城中村改造 19 号、20 号片区征地工作，2010 年完成 19 号片区 13.23 公顷征地任务和 20 号片区一期 29.17 公顷的征地任务。

前卫社区卫生服务中心业务用房建设工程是省、市、区重点建设项目，4 月中旬选址于前卫西路与绿荫大道交叉口西北侧，在短时间内完成拆迁、征地工作及前期各项手续，完善用地报批手续；7 月完成监理、施工单位的招投标工作；8 月 17 日正式开工建设，于 11 月 22 日主体完工，12 月底完成初装修。

【环境保护】 认真贯彻执行《中华人民共和国环境影响评价法》和省政府 105 号令，防止国家明令禁止或淘汰落后工艺和设备向本地区转移；根据省、市、区级环保部门的要求，对排污企业实行排污许可制度，企业排污实行总量控制和浓度控制。全年，共审批适用填写环境影响登记表的项目 93 个，所有项目的审批严格执行国家产业政策的规定。

6 月 7 日办事处在希望路佳湖农贸市场门口组织开展“6·5”世界环境日宣传咨询活动，发放创建国家环保模范城市宣传资料 200 余份，放发倡议书 1 000 余份，宣传板 3 块，清理整治内外环境 100 余起。

【城市管理】 认真做好城中村“五防安全”检查，全年共拆除临时违章建筑 1 700.18 平方米。认真开展安全隐患排查整治工作。重点整治广福路拥护社区路口交通拥堵问题，老海埂路、前兴路黑车及黑摩载客的非法营运等占道经营问题。清理整治存在消防安全隐患的南坝社区居委会四组积肖村邓业工业园，各类工厂、手工作坊和官庄社区蜡烛街单位 108 个，下发限期整改通知书 37 份。

7 月 1 日，前卫街道办事处开展生态文明建设百日会战。(前卫街道办事处 供稿)

【“四创两争”工作】 对希望路、前旺路、前兴路、爱地路、十里长街等路段进行较大集中整治，对道路两边围墙进行重新粉刷，对中林佳湖小区、理想小镇、香榭丽园等小区进行了大的清理和整治，全面修补破损路面及人行道，对道路两边商铺进行全面清洁。通过清理工作，办事处“创卫”工作通过国家专家组检查验收。

2010 年，为进一步加大创建全国文明城市新闻宣传和社会宣传力度，全处干部实行定岗定区域，包片到人，责任到人，并交纳保证金。主要检查南三环前卫段、希望路、前旺路、前兴路、广福路前卫段等主要道路（红线 25 米至 40 米），盲道 10 条，现场清理占用人行道、盲道停泊的车辆 80 余起，清理占用人行道、盲道经营的 30 余起，拆除占用盲道设施的宣传群 2 块。

按照市、区创建节水型城市工作要求，将辖区内香槟小镇小区、水岸艺城小区、昆明中药厂定为创建全国节水型城市备检点，按工作要求，街道办事处积极开展创建节水整治、内外环境整治宣传工作，组织 3 个备检点人员参加了区水务局组织的各种培训。发放创建全国节水型城市宣传资料 300 余份，制作宣传板 3 块，清理整治内外环境 56 起，在市、区检查组检查时发现整改问题 13 起，3 个备检单位更换水龙头 200 余件，整改中水处理 8 起。

【城中村改造】 16 号片区（含南坝

社区五个居民小组，官庄社区一组、七组，拥护社区的第三居民小组）由市政府委托土投公司进行一级土地开发。一期：民胜村、积肖村、大庄村、杨家头村、南坝老村共计830户，拆迁面积50.737万平方米，拆迁补偿金额15.069亿元，民房拆迁补偿款兑付工作已结束。二期何家院、马洒营、栗牙村、谭家营、南坝新村5个村共计已拆迁民房563户，拆迁面积30.08万平方米，拆迁补偿金额9.847亿元；拆除面积19.35万平方米，拆迁补偿款在兑付中，公建协议签订工作正在商谈中。

18号片区专项规划已通过市规委会审批，总用地面积约113.52公顷，总拆迁户数1 116户，需拆迁面积188.16万平方米，已拆除面积2万平方米，占需拆面积1.06%，并于3月31日完成18号片区（一期）净用地12.27公顷土地招拍挂工作。官庄二、三组于7月8日发布拆迁通告后有349户村民、143户公建单位已经与分指挥部签订“征地拆迁安置补偿协议”。到位征地拆迁补偿资金3.5亿元，发放3.52亿元。

19号片区专项规划已通过市规委会审批，修建性详规已通过审批。总用地面积约14.91公顷，完成该片区民房拆迁安置补偿协议签订工作量的100%，总拆迁户数123户，协议签订数123户，原地回迁户数123户，完成该片区公建部分拆迁工作量的94%，余1户未签订协议。19号片区需要拆迁面积约16.73万平方米，已拆除面积15.24万平方米，占需拆面积92%。已征收集体土地9.19公顷，收购国有土地4.05公顷，到位征地拆迁补偿资金2.47亿元，发放2.407亿元。

20号片区（一期）专项规划已通过市规委会审批，修建性详规已通过审批，总用地面积约44公顷，截至12月，完成该片区民房拆迁补偿协议签订工作量的99%，总拆迁户数521户，协议签订数520户，货币补偿户数114户，原地回迁户数406户。完成该片区租地建房（公建）拆迁工作量的100%，需要拆迁面积92.22万平方米，已拆除面积88.26万平方米，占需拆面积95%，补偿安置款发放率99.8%。已征集体土地20.43公顷，收购国有土地17.41公顷。到位征地拆迁补偿资金14.16亿元，发放13.877亿元。

20号片区（二期）专项规划已通过市规委会审批，修建性详规已通过审批，总用地面积约21.4公顷，完成该片区民房拆迁安置补偿协议签订工作量的99%，总拆迁户数340户，协议签订数337户，原地回迁数162户，货币补偿数175户，还有民房3户未签订协议。完成云新村拆迁安置补偿协议签订工作量的59%，总拆迁户数171户，协议签订数101户；完成公建部分协议签订量的98%，总拆迁户数43户，协议签订数43户，余3家未签订协议；需要拆迁面积约15.9万平方米，已拆除面积12.5万平方米，占需拆面积78%；到位征地拆迁补偿资金4.3亿元，发放资金4.24亿元；已征收集体土地9.68公顷，收购国有土地9.04公顷。20号片区（二期）回迁安置房一期已经封顶，现在二期建设开始基础工作，正在进行土地组件工作。

21号片区修建性详细规划正在报批中，总占地面积约52.43公顷，按照区政府关于加快推进东盟台商总部基地项目的工作要求，21号片区于3月1日下发拆迁通告，截至12月，完成民房拆迁安置补偿协议签订的98%，已签订拆迁补偿协议985户，需拆迁面积80.6万平方米，到位征地拆迁补偿资金8.3亿元，已发放8.27亿元。

22号片区于6月4日下发拆迁通告，截至12月，完成该片区民房拆迁补偿协议签订的75%，总拆迁户数571户，协议签订数431户，到位征地拆迁补偿资金2.1亿元，发放2.08万元。

18、19、20（一）号片区城中村改造回迁安置房方案2010年已上报规划部门审批。20号片区（二期）城中村改造第一期回迁安置房于2008年10月开工，2010年2月竣工，用地面积1.42公顷，建筑面积5.5万平方米，户数300户，配置集中商业6 000平方米，该项目总投资1.7亿元人民币，并于7月交付使用。第二期回迁安置房正在进行地质勘查，市规划局办公会审议批准并已公示，工程设计已完成，预计开工时间为2011年初，竣工时间为2011年底。第二期回迁安置房占地面积2.8公顷，建筑面积14.2万平方米，户数920户，预计总投资约为4.97亿元人民币。

【滇池保护】 做好盘龙江、金家河、正大河、太家河、清水河河面保洁工作，加强对河道违法排污的督查，做好禁磷禁白工作。

年内对辖区内清水河、太家河、正大河等支流按上级部门要求进行综合整治，其中清水河130米河道于4月18日完成清淤工程，共清淤734.43立方；太家河1 980米河道，完成封堵排污口89个、清淤1 450立方、全面禁养；正大河1 200米河道，综合整治工程于6月2日进场施工，9月22日砌河堤挡墙671.5立方完成计划的100%，清淤6 000立方，完成计划的100%，绿化671.5米，河底碎石铺砌平毛石560立方。

【科技工作】 2010年，积极组织辖区企业申报区级及以上科技项目，为企业自主创新、科技成果转化争取项目资金扶持。全年共申报区级科技项目3项，其中被列入区级科技项目2项，即一通太阳能公司的“科技示范工程”、高上高的“云南食用玫瑰花在云腿月饼加工中的推广及运用”、昆明中药厂的“天麻祛风补片、暖胃舒乐片薄膜衣片的研发及注册”。

全年组织素质教育培训2 074人，科技讲座4期；街道办事处与区滇池管理局在南坝中心小学组织四、五年级学生共计250人开展滇池生态环境保护的知识竞赛，为保护滇池环境营造良好的社会氛围也为科技活动周增添新的内容。

【卫生保健】 2010年1～10月免疫接种（1岁以内基础免疫合格全程管理1196人，1岁半至2岁加强免疫合格全程管理1 085人，3～6岁加强免疫合格全程管理1 412人，其他一类疫苗接种9 832人次，麻疹强化免费接种疫苗4 594人；碘盐监测92份，完成学生体检4 238人，系统管理精神疾病患者43人。完成社区居民死因调查118人次，免费进行社区慢病筛查2 002人；建档管理1 153人并进行随访。

全年，完成优生监测及HIV初筛234例，全年住院产妇624人，住院分娩率达99%，新法接生率100%，孕产妇保健覆盖率100%。高危产妇174人，高危筛出率27.84%，高危系统管理率100%。无新生儿破伤风，无产褥感染及孕产妇死亡，无出生缺陷，0～3岁儿童系统管理率97.54%，0～6岁儿童保健管理率96.74%，高危儿管理率100%，高危儿筛出率15.26%，婴儿死亡率4.74‰。免费为65岁以上老年人体检737人，建立健康档案并进行随访管理。免费进行普通人群体检624人，为辖区育龄妇女体检3 264人（其中流动妇女324人）。

办事处与4个居委会签订卫生保健工作目标责任书，卫生厕所普及率89.05%。各居委会都有专兼职健康教育宣传员，建立居民健康档案1 847人次。所有中小学校健康教育开课率达100%，通过对全处中小学、部分社区居民健康知识测试，健康知识知晓率达85%以上。

【计划生育】 2010年，符合政策生育254人，生育率区下达95%，实际完成98.5%；加强流动人口计划生育管理和服务工作。发放计划生育宣传材料2 500余份，避孕药具4 500余盒，为流动人口提供免费妇检、查孕、查环、查病和技术服务332人。组织当地已婚妇女做透环、妇检、查病等工作3 208人，妇检人数占一孩妇女的94%。开展婚前孕产知识培训3期，参加人员294人，完成100%，全面开展出生缺陷一级预防工作。

【社会保障】 认真做好参保人员档案管理，完成被征地人员养老保险工作，全年完成申报核定参保人数1 200人，实际缴费686人，超额完成目标任务。新增就业人数700人。对低保人员进行动态管理，按时足额发放低保金，做到应保尽保，累计发放低保金20万余元，全年共办理经济适用房19户。

年内，完成省内外转移就业1 582人；农村劳动力转移培训1 540人，其中技能培训完成278人；实现转移新增收入878万元，组织输出省外就业任务51人。

【民政、残联工作】 街道辖区5个社区居委会统一标志，统一制作，完成一站式为民服务站建设，方便社区居民办理社会事务。经过走访、调查，在新建成熟的水岸艺城小区、世纪半岛辖区组建2个纯社区居委会，并上报区政府。

及时发放在乡复员军人、带病退伍军人、伤残军人和“三属”的定期定量补助及抚恤金，解决优抚对象的临时救济。为优抚对象解决医药费、生活困难临时性救济款2.24万元，并发放重点优抚对象的各类补贴39.5万元。

8月26日，前卫街道办事处召开第五次残疾人代表大会，大会共选举出席残代会代表45名，李荣燕当选前卫残联主席，刘心涛当选副主席兼理事长。

【社会治安综合治理】 2010年，与各社区居委会签订“前卫街道办事处社会治安综合治理暨平安创建工作目标责任书”、“前卫街道办事处2010年防范处理邪教问题工作目标管理责任书”，重点打击群众关注的严重暴力犯罪；与云南国税印刷厂等二、三类消防重点单位签订248份消防安全责任书，制定下发《前卫街道办事处2010年社会治安综合治理暨平安创建工作实施意见》等13份文件。重点整治陈顾村流动人口密集，火灾隐患突出，治安混乱，南坝积肖村盘龙江边两抢案高发，官庄农贸市场抢夺等三个治安乱点。全年刑事案件、治安案件均有明显下降。认真开展校园周边开展社会治安专项整治工作及防范个人极端暴力事件工作，确保辖校园安全。

进一步将矛盾纠纷排查调处工作制度化，对本区域社会矛盾纠纷坚持一月一排查，一季一分析，把调处责任落实到具体人，进行及时的化解和疏导，信息及时报送，各类矛盾排查率达100%，调处率达95%，每月20日将矛盾纠纷案排查化解情况以书面材料报区政法委。

【精神文明建设】 办事处以创建全国文明城市为契机，召开工作会议专题研究精神文明建设工作。组织开展“西山区道德模范”评选活动；发动青年志愿者参与“文明交通工程”活动，做好文明排队乘车的协助工作；组织志愿者开展送温暖、献爱心、帮扶助残等多种形式的道德实践活动；与“四创”和“七小”整治活动相结合，积极协助工商、派出所、综合执法等部门对中小学周边违法经营进行综合整治和清查，为未成年人思想道德教育工作努力营造良好的社会环境。

全年，办事处推荐上报创建市级

文明单位4个，创建区级文明单位2个，已完成6家考评工作和创建市、区级文明单位的推荐申报工作。

【"十一五"成就】 2010年实际完成财政总体收入2.53亿元，比2006年增加1.447亿元，年均增长率达26.72%；企业增加值10.207亿元，比2006年增加4.918亿元，年均增长率17.8%；实交税金1.626亿元，比2006年增加8 458万元，年均增长率21.68%；居民人均纯收入达到1.028万元。

2008年启动城中村重建改造为前卫发展带来历史性转机，力保村民在城中村改造中利益最大化的同时，整合城中村土地资源，力促财政收入积极稳健增长。到2010年底，前卫辖区内7个改造片区均已确定投资意向人，改造工作有序推进。在建在谈的项目包括16号片区一期的云南铜业股份有限公司产业总部基地、16号片区二期的龙马商业广场、19号片区的南城财富中心、20号片区一期的广福商业中心（二期）、20号片区二期的序古商业广场、21号片区的东盟台商总部基地等。这些项目的顺利实施，对全处商贸、文化、公共设施建设等各项工作起到重要的支撑作用。

"十一五"期间，街道办事处结合实际情况，大搞环境卫生和市容市貌整治工作，取缔占道经营，加强"门前三包"、"七小"行业整治，圆满完成"创园"指标任务。"创卫"顺利通过国家检查组验收，有序开展好"创模"、"创城"、"创节水"和"创无障碍城市"等活动。滇池流域水环境整治成效明显，密切配合实施主体完成主城雨污分流次干管及支管配套建设工程的实施，盘龙江、金家河、正大河、太家河、清水河综合整治取得明显成效，水环境质量得到整体提升。办事处领导班子高度重视辖区道路基础设施建设，积极配合区政府完成了广福路、南三环的扩建任务，形成"三纵四横"交通网络，道路交通建设得到较快发展。

"十一五"期间按"三级联动"机制，在辖区5个社区居委会统一建立为民服务站，设置工作窗口，在街道办事处建立一站式为民服务窗口，方便社区居民办理社会事务。深入开展"送法下乡、送法入户"活动，地方法制化建设与依法治处工作格局已经形成，严重影响人民群众安全感的多发侵财犯罪案件明显下降，校园安全工作得到巩固。

（张忠升）

福海街道办事处

【大事记】 5月8日，全省社区农村基层党建工作座谈会在船房社区居委会召开。

6月12日，办事处召开第六次全国人口普查动员大会。

6月19日，省委组织部部长到船房社区居委会调研和谐社区建设工作。

6月25日，省委常委、昆明市委书记仇和到办事处视察工作。

8月14日，昆明市长张祖林视察滇池草海保护治理和开发建设河北标段、37号安置地块。

【人口·面积】 辖区总占地面积27平方公里，据西山区统计局统计，至年末，全处总户数2.14万户，总人口4.3万人，其中城镇3.64万人，农村6 610人。

【党建工作】 积极开展"三级联创"，街道党工委制订实施方案，党工委书记作为第一责任人，街道办事处确定船房社区作为区级示范点，陆家、福海社区作为街道示范点。为使创先争优活动取得实效，街道党工委确定草海片区拆迁和为民服务体系两项为创先争优具体工作目标，每个社区党总支均确定先锋岗创建岗位。围绕党组织"五好"、党员干部"五带头"及上级党委、政府的中心工作和群众关注的热点、难点问题，街道党工委、下属党组织和1 071名党员做公开承诺。各支部以完善制度建设和载体建设为抓手，开展党员远程教育工作，组织开展学习实践科学发展观和创先争优活动。

向14个企业党支部提出合理化建议30个，开展技术革新项目134个，带来经济效益305万元，完成生产销售收入101.77亿元，实现利润3.717亿元。"两新"党组织根据辖区内的流动党员其居住地点就地安排居住地党支部参加组织生活和培训，节日期间慰问19名流动党员，完成17名1955年以前入党老党员的定补发放工作。

研究制定"效能福海"建设活动的实施意见，全处机关、社区、小组等单位及280名干部职工参与活动。党工委广泛征求社会各界、社区、小组干部及机关全体干部职工意见及建议，共发放征求意见表150份，收回135份，征求意见建议161条。召开民主生活会，分析查找出提升行政效能存在的突出问题，针对全处存在的薄弱环节，研究制定3个方面12条具体整改措施。扎实开展机关科室和中层干部民主测评工作，办事处8个基层站所和26名中层干部进行评议，共评出非常满意站所1个，满意站所7个，优秀中层干部2人，称职干部24人。28名机关干部通过竞争担任中层干部，促进了干部的成长。

按照大学生"村官"管理制度的要求，积极开展大学生"村官"管理、教育、培训、服务、表彰工作，为村官提供良好的工作生活环境。以第四届社区"两委"换届选举为契机，全力抓好党的基层组织建设和党员队伍建设。按照"公推直选"方法产生社区党总支书记6名，其中大专以上学历1人，中专、高中学历2人；平均年龄44岁；连选连任4人；大学生村官副书记2名。居委会主任6人，其中连任5人，妇女1人；副主任12

人，委员12人。书记、主任一肩挑的1人，"两委"交叉任职9人。按照有关规定，45个居民小组党支部书记和小组长、副组长也进行了换届选举。

办事处与各社区签订"2010年纠风工作责任书"，严格遵守并组织落实"四大纪律八项要求"和领导干部廉洁自律各项规定，开展社区干部任期和离任经济责任审计，认真组织满意度测评工作，满意率达100%。

【经济简述】 全年，财政总收入3.233亿元，比上年增长46.08%。其中地方财政收入完成1.186亿元，比上年增长29.58%。上划中央收入完成3 354万元，比上年长21.04%。国民经济总产值40.791亿元。第三产业总产值17.378亿元。第一、二、三产业在总产值中的比重分别为0.05∶57.35∶42.6。增加值12.201亿元，比上年增长16.76%。工业增加值3.42万元，比上年增长14.67%。工业总产值21.374亿元，比上年增长28.08%。实交税金完成2.351亿元，比上年增长17.26%。营业收入完成50.671亿元，比上年增长5%。社会消费品零售总额完成数为13.448亿元，比上年增长21.07%。居民人均纯收入1.15万元，比上年增长9.96%。

【招商引资】 年内招商引资完成19个项目，考核认定数19.739亿元。重点招商引资项目"红星国际"项目，完成土地招、拍、挂手续，考核认定数3.844亿元。"南亚风情第壹城"项目，考核认定数15.314亿元。渔堆村改造项目，村民安置房主体完工，10月底交房，考核认定数841万元。

辖区内注册资本金申报项目，包括在省、市、区级工商部门注册的，营业地址在西山区内注册的个体户、企业共13个，考核认定数1 872.34万元。

【环境保护】 认真搞好"世界环境日"等宣传活动，发放宣传材料2 500余份。认真做好环保审批工作，年内，接受申请396份，现场勘探396份，审批351份。

【"四创两争"工作】 全办事处承担209.18万平方米道路的清扫保洁，其中市政道路72.98万平方米，城中村道路136.19万平方米。拆除违章建筑97户5 823平方米，拆除防盗笼1 986个，清理卫生死角50余处，清运垃圾1 600余吨，拆除广告牌170块，面积5 700平方米，清除游医广告5 000余张。整治"七小"行业1 426个，达标率达92%。强化数字城管工作，共受理2.46万条，办结2.29万条，办结率92%。加强道路维护及环卫基础设施建设，全投资10万余元对辖区破损路面进行修复。

【土地管理】 年内完成辖区内临街违章建筑清理工作；重点做好第十次土地"卫星遥感图片"执法检查工作；完成"8·31"清理完善用地手续的后续收尾工作及逐宗逐件清理清查核查工作，辖区内未发生大的违法乱占耕地事件及未批先建等违法用地行为。24号道路完成1.3万平方米构筑物拆除，28号道路完成1.83万平方米构筑物拆除。

完成重点项目征地工作，36号城中村改造片区征地工作共涉及国有土地9宗，集体土地4宗。截至9月底共计签订征地协议13宗，协议面积为3.08公顷，协议金额为1 357.22万元。支付征地补偿款1 167.73万元。24号片区（二期）改造项目全部完成片区改造范围内征地拆迁面积25.55公顷。28号片区改造项目已全部完成片区改造范围内征地拆迁面积4.4公顷。37号片区改造项目完成征地面积2.27公顷。南连接线建设工程：土管所共计签订新河一、二、三、四、五、六组的集体土地征地协议，协议面积为4.72公顷。支付房地合一农房拆迁补偿，完成集体土地征地工作。

【城中村改造】 办事处城中村改造分为13个片区，24、25、27、28号片区土建开工。启动24、25、27、28、32、36、37的拆迁工作，平均拆迁量在60%以上。完成30号一期和32号片区安置房建设，其中32号渔堆村10月底已交房。南亚风情第壹城完成45万平方米建设。年底完成24号片区（二期）、32号片区、28号片区、36号片区的土地组件工作。

草海片区征地拆迁办事处共涉及

12月8日，区工商局福海分局检查市场衡器。（区工商局　供稿）

3个社区居委会，21个居民小组3个标段，一个安置地块，总征地面积约295.02公顷，拆迁2 382户，拆除地上建（构）筑物总面积约117.42万平方米。年内，已拆除54.7万平方米，占总面积的48%，37号安置地块拆除7.56万平方米，拆除率达到63%。至12月2日付拆迁补偿协议款13.23亿元，安置过渡费奖励全部付清。同时完成草海北片区征地66.25公顷，37号安置地块征地4.39公顷，征地率23.94%。

【园林绿化】 全年完成办事处青少年宫、船房社区新农村街头小游园及四组三角地小游园、气象路小游园、阳光中路旁小游园、中央金座小游园、郑家河新村小游园、天泽园小游园、庄房新村小游园、李长官新村小游园、柳苑路中心花园等11处小游园的建设。分别完成尊阳驾校、昆明市保安公司、庄房新村、鲤鱼新村、阳光华尔兹等5个单位1.5万株攀援植物的种植。辖区南苑、鑫龙、亚龙等5个老旧居民小区新增绿地808.5平方米，种植各种乔木共计345株。辖区内驻昆省级以上公共单位共补种乔木827株，补绿面积5 250平方米。西坝河、采莲河、大观河、船房河已全面完成建绿补绿工作，其中西坝河、船房河完成入湖河口绿化面积8 000平方米，栽种乔木1 500棵。

【滇池治理】 积极组织《滇池保护条例》宣传活动，参加人数共计330多人，发放宣传材料总计1.5万份。加强对主要入滇河道及支流沟渠管理及整治，积极加强水体保护、湖滨带管理及界桩管护工作。加强24小时值班，认真抓好防汛工作；建立健全河道管理长效机制，做到责任到人，日常保洁与集中整治相结合。

认真做好“禁磷”、“禁白”工作，发放《昆明市人民政府关于在滇池流域内禁止经销和限制使用含磷洗涤用品的通告》75份，上报受检单位5个，于12月1日通过上级部门对办事处“禁磷”、“禁白”工作的检查。完成2010年度封湖禁渔工作任务。

【科技工作】 全年举办各类科技培训讲座15期，培训2 478人。举办农函大培训班7个，培训居民426人，并获技能证书。继续实施福海街道办事处（2008～2010年）的“科技富民强处示范工程”，昆明艾谐香料制造有限公司承担的“天然芳香精油标准化生产及香文化产业开发普及”项目，并落实配套资金2万元，于10月27日通过专家组验收。

【文化体育】 各社区分别组织业余文艺骨干开展10～15天的文艺辅导，参加辅导的业余文艺骨干有390余人，创作和编排艺术作品60余个。各社区业余文艺骨干演出自编自演文艺节目167个，演出达34场次，累计观众达9 300多人，投入经费达6.7万元。新河社区居委会组织本社区业余文艺骨干与相邻社区4个业余文艺团体交流演出节目24个，演出时间11天，22场次，观众达2万多人，投入经费1.89万元。

船房社区居委会1月3日组织举办社区群众体育运动会，比赛项目有篮球、拔河、象棋等，参加运动员有476人，经费投入6万元。9月28日，办事处文化站及工会组织9名歌手及42名观众参加了西山区首届“睡美人杯”青年歌手大奖赛活动，福海街道办事处代表队参赛的歌手分别获本次比赛一等奖1名、三等奖1名、优秀歌手奖2名。

【计划生育】 年内，全处已婚育龄妇女6 352人，共出生118人，符合政策生育率为100%。办理《生育证》263本，已领《独生子女父母光荣证》的284人，办理流动人口《婚育证明》6本，审验外来人口《婚育证明》113本。对年内新婚、怀孕、生育等对象全部进行随访服务，应随访768人，已随访768人，随访率达100%。

与社区、社会单位建立会议联系制度和信息反馈制度，形成了“三位一体”的计生工作网络。落实各项奖励扶助金、帮扶金、慰问金共计29.87万元。符合教育优待并已办理各项手续的农业人口独生子女家庭59户。办理农业人口独生子女高中、大学阶段符合享受奖学金60人，享受金额7.1万元，并兑现2009年农业人口独生子高中、大学阶段奖学金56人，兑现金额6.32万元。办理农业人口独生子女家庭一次性奖励为38户，兑现2009年44户一次性奖励4 400元。审核办理农业人口义务教育奖学金521户，兑现2009年义务教育奖学金691户，兑现金额13.87万元。审核办理符合享受省级文件计划生育家庭特别扶助对象22人，符合享受市级文件计划生育家庭特别扶助对象13户，审核办理符合低保家庭独生子女奖励70人。兑现2009年符合享受计划生育家庭特别扶助对象20人，兑现金额2.14万元。以上“奖优免补”事项均在办理审核后及时录入云南省“奖优免补”网站。

全年共举办各类培训班4期，参培人员296人。3月8日至4月10日对全处（除驻处单位外）已婚育龄妇女和流动人口妇女进行查环生殖健康检查，本次应参加生殖健康检查的已婚育龄妇女人数为6 352人，实际参加生殖健康检查的育龄妇女人数为4 414人，常住人口生殖健康服务率已达到88%以上。6家社区居委会8 157名流动人口育龄妇女参加检查。

【人口普查】 认真做好宣传培训工作，与各社区责任单位签订目标管理责任书，做到组织周密，人员、经费保障到位。协助公安派出所完成户口整顿工作，完成清查摸底、入户调查人口普查工作。经过普查，辖区内总人口约为16.4万人，其中常住人口4.28万人（含户口登记在本村居委会3.04万人，户口登记在本乡镇其他居委会4 875人，户口在本户未住本户6 276人，待定人数1 233人），流动人口12.12万人；外籍人口14人。

【社会保障】 辖区有低保户273户425人，发放低保金11.54万元，做到应保尽保。发放社会保险补贴425人次2.13万元；办理失地人员养老保险1 203人；办理灵活就业人员社会保险补贴355人次，发放85.38万元；完成854人自谋职业人员养老保险核定缴费，累计金额309.24万元；开展全民医保工作，核定缴费2.53万人。共安置公益性岗位5个，其他工作岗位1 192个；办理“失业证”1 765本，审验“失业证”1 879本，“再就业优惠证”561本。为174人提供就业指导，推荐23名下岗失业人员就业。完成核定工作241家，金额184.57万元，参保职工5 054人。开展劳动执法年审工作及对企业用工单位进行劳动用工制度检查，共检查单位124个，对8个存在违法用工的企业进行处理，清理辞退非法用工13人。

年内，完成农村劳动力转移引导性培训2 478人，完成技能培训426人。完成省内就业人数1 515人，省外56人，完成专业就业收入780万元。

【民政工作】 2010年，办事处现有烈属8户，现役军人家属129户，伤残军人17人，带病退伍军人2人，在乡复员军人16人，参战人员129人。年内，兑现农村义务兵家属19户8.87万元；领取定期抚恤金4人3.18万元；老复员军人定期定量补助16人7.68万元；带病退伍军人定期定量补助2人1.04万元；发放在职在乡伤残军人抚恤金17人14.77万元；发放参战人员生活补助129人34.12万元；合计支出优抚金69.66万元。优抚对象因生病、生活困难，给予临时补助11户，补助金额1.68万元。做好退伍军人接受安置工作，全处共接收退伍军人6人，社区居委会安排退伍军人工作3人，自主择业3人。

全处共有60岁以上老年人5 413人，其中100岁以上老人1人。为辖区老年人办理“优待证”545本，为65岁以上的老人免费体检。按时发放2 467名高龄老年人全年高龄补贴金16.73万元，做到无一人漏报错发，无一人举报。

6月12日，福海街道办事处召开第六次全国人口普查工作宣传动员暨户口整顿普查员培训会。（福海街道办事处 供稿）

【残联工作】 继续开展精神病防治与康复工作，做好15名贫困精神病人免费服药工作，发放药款补助3 200元；为免费服药的贫困精神病21人进行服药治疗效果评估，为服用抗精神病药物氯氮平的患者进行血象检测，送4名精神病患者到区工疗站免费治疗3个月。组织脑瘫患儿家长1人参加区残联的培训，送1名脑瘫患儿到广福医院进行住院康复。为社区14名残疾人办理临时困难救济8 800元。节假日慰问残疾人656人次，发放慰问金7.38万元。开展扶残助学“春雨行动”，为义务教育阶段、高中、职高在校残疾学生7人、残疾人家庭子女29人发放助学金1.32万元。继续开展和支持CBR项目工作，21人接受康复治疗。办理第二代残疾人证45本，为11名残疾人发放用品用具11件。29名残疾人实现就业，安置残疾人家属13人就业，为36人发放护理补助费2.16万元。

【社会治安综合治理】 全年，辖区3个派出所共接警1.24万起，立案侦查1 279起，破案843起，两抢31起，破案18起，打掉抢劫团伙4个，盗窃717起，破案343起，抓获吸毒人员113人。

【信访工作】 街道办事处共受理来信来访114件次，其中来信88件，来访26批1 015人。普通来信43件、网上信访2件、“区委书记、区长接待日”交办17件、市委书记仇和工作电话交办26件，全部按要求办结。办事处上访26批1 015人。“12345”区长热线工作共办理131件，做到“件件有着落、事事有回复”，不积件、压件，100%按相关要求办结。

【司法行政】 建立“调访一体化”工作机制，积极发挥人民调解职能，围绕化解矛盾，努力引导群众理性上访、依法处理上访诉求，切实起到化解社会矛盾纠纷、维护社会稳定“第一道防线”的作用。全办事处（含6个社区、2个社区工作站）现有8名人民调解委员会，调解人员119名。司法所每月召开调委会主任定期会，通过以会代训加强调解人员业务素质，全年共受理各类纠纷598件，调解598件，调解成功570件，调解成功率95%。

开展法律进社区活动12次，印发宣传资料6 000多份，张贴宣传标语400余条。举办由小组、社区干部参加的《知识产权法》骨干培训班1期，参加人员300余人。10月18日，举行普法教育考试，共68人参加，参考率达100%。

针对城中村拆迁改造工作开展专题法制宣传。在所辖6个居委会大力开展“土地法”、“合同法”、“信访条例”、“人民调解法”的专题宣传活动，发放宣传材料6 500份，展出宣传展板150块，现场解答法律难题120例。6月22日，市普法与依法治理领导小组到办事处检查验收“五五”普法与依法治理工作，办事处作为区“五五”普法验收工作的代表单位，通过验收。

【精神文明】 全年，办事处申请创建文明单位12个（市级7个、区级5个），全部单位已通过文明办检查验收；办事处积极指导督促各社区创建文明社区，船房、陆家社区作为和谐试点社区接受区委的验收。

以换届选举为契机，进一步优化群团组织干部队伍，积极开展庆祝三八妇女节、六一儿童节活动，积极构建学校、社会、家庭“三位一体”的未成年人思想道德教育体系，组织开展学前儿童家长培训，811名家长参加了培训。街道团工委重点实施“思想教育、组织建设、就业创业、志愿服务、队伍建设”五项工作，不断加强团组织凝聚力和战斗力。武装部完成2010年街道民兵整组，征兵，自谋职业、军转干部服务工作。

【“十一五”成就】 “十一五”期间，总体财政收入增长182.34%；地方财政收入增长139.98%；上划中央“两税”增长85.71%，；工业增加值增长71.03%；增加值增长110.85%；工业总产值增长63.96%；实交税金增长163.23%；营业收入增长26%；从业人员增长29.68%；社会消费品零售总额增长106%；居民人均收入增长29.44%。

2006年完成招商引资6个项目，实际到位资金1.99亿元。2010年办事处招商引资完成19个项目，实际到位资金19.738亿元。“十一五”期间投资增加17.749亿元，是2006年的10倍。2007年办事处被市政府评为发展乡镇企业先进单位。

全处有城中村改造13个片区，已启动25、27、28、32、36、37号片区的拆迁工作，平均拆迁量在60%以上；完成30号一期和32号的安置房建设，南亚风情第壹城已完成45万平方米建设。重点项目建设有省关工委项目、国开行项目、红星美凯龙项目、三环闭合工程、陆广路扩建项目已完成征地拆迁工作。草海片区征地拆迁工作共涉及三个社区居委会，21个居民小组，三个标段，一个安置地块，总征地面积约295.01公顷，拆迁2 382户，拆除地上建（构）筑物总面积约117.423平方米。已拆除54.704平方米，占总面积的48%，37号安置地块拆除7.556平方米，拆除率达到63%。办事处2006年被市委、市政府评为“昆明市主城东南二环路重大市政基础建设征地拆迁安置工作先进单位”；2007年被昆明市城中村综合整治工作指挥部评为“昆明市城中村综合整治先进单位”。

“十一五”期间，办事处不断加强城市道路等基础设施建设。2006～2010年共投资1 400万元，完成福景路、气象路绿化小游园建设，杨家一组3个绿化广场及新村绿化工程。完成船房社区163盏道路路灯的灯光亮化工程和兴建中心监控室，修复西福路和滇新路福海段。完善陆家垃圾中转站的建设，5年内拆除广福路和南三环临违建筑51万多平方米，共签订“门前三包责任书”1.62万份。

“十一五”期间，对四条河道（采莲河、西坝河、船房河、大观河）进行综合截污整治工程和管网改造，拆除临时建筑3万多平方米，栽种各类植物5.7万棵（株），绿化面积500多平方米，建成五家堆湿地公园和红卫兵桥绿化小游园1个，签订西坝河综合整治房屋拆迁补偿协议226份，拆除面积21.329万平方米，辖区四条河道整治工作全部通过市委领导检查验收。2006年办事处被市政府评为“昆明市园林单位”。

社会服务体系更加健全。办事处投资50多万元对街道为民服务中心进行规范化改造，同时分别给予船房、陆家、杨家5万元为民服务站改造经费补助。2006年办事处被省政府评为“云南省老龄工作先进单位”；2007年被市委、市政府评为“昆明市‘十五’人口和计划生育工作先进集体”。

“十一五”期间，街道党工委共发展党员131名，其中女性32名，少数民族2名，80%高中及以上学历，80%以上为35周岁以下，80%以上为一线人员。以街道党校为阵地，2006～2010年全处开展党的理论知识、公民道德建设，法律法规，科技创新发展等培训和“福海讲座”50期，参加人员1.366万人。开展以公民道德、法律法规、安全知识为主要内容的外来务工人员培训40期，参加人员5 087人次。开展电脑、家政、茶艺等职业技能培训12期，培训人员2 215人。其他业务培训等100余期，参加人员达3万多人。2008年，街道党工委被云南省委评为“先进基层党组织”；2006年办事处被省委、省政府评为“文明单位”；2006年度被市政府评为创建无毒社区先进街道办事处；2006年被市综治委评为“昆明市平安创建先进办事处”，“2007年被市总工会评为昆明市模范职工之家”。

（张　蕾）

棕树营街道办事处

【大事记】　1月，启动2号片区城中村改造拆迁工作；计划拆迁面积约26万平方米，拆迁居民541户，其中国有土地217户，集体土地324户。

3月，启动草海片区征地拆迁工作，涉及4个居民小组土地面积约20公顷，计划拆迁面积31万平方米，涉及农房拆迁总户数537户，涉及村集体土地52宗，国有企业8个。

4月，全面完成第四届社区居委会换届选举工作，有7个社区党总支（支部）、8个社区居委会、15个居民小组和党支进行换届选举。

4月22日，启动全国第六次人口普查工作，并召开第一次工作会议。

【面积·人口】　街道办事处位于西山区东面，东、北与五华区接壤，南面与金碧街道办事处和福海街道办事处接壤，西面与马街街道办事处和西苑街道办事处接壤，管辖面积4.5平方公里。据西山区统计局统计，至年末，全处总户数1.67万户，城镇总人口4.24万人。

【党建工作】　全面加强党的组织建设，夯实党建工作基础，巩固、完善、拓展党员“政治生日”制度、社区事务听证制度、“两联系一责任”制度、“党员模范出租房户”评比挂牌等活动，积极探索和创建社区“五事”制度、社区党员“五必访”关爱制度，非公党组织通过开展“双服务”和“六个一”活动，全面完成共产党员户增星、减星和挂牌任务，认真抓好党员责任区、党员模范出租房户等争先创优活动；同时积极做好组织发展工作，壮大党员队伍，10月举办入党积极分子培训班，在辖区各级党组织全面推行“发展党员公示、预审和入党介绍人资格审查”制度，年内共发展新党员13名，为15名预备党员办理按期转正手续，办理了60余名党员的转、接手续；坚持党员属地化管理，帮助流散党员“找娘家”，加强流动党员和非公企业的党员流入、流出的登记和教育管理；推动在具备条件的企业加大党组织组建工作的力度，采取向没有党组织的“两新”企业选派党建工作联络员或政治指导员的办法，深入企业宣传党的方针政策，做好组建工会、共青团和培养入党积极分子、发展党员工作，为企业建立党组织创造条件。

加强党的思想建设，坚持每周干部学习制度，充分利用干部大会、机关学习、党员冬训、党内“三会一课”开展学习和讨论，为充分发挥党组织的政治保证起到了积极的作用。积极向省、市、区党报党刊、电视台推荐典型经验，省、市媒体报道了街道党建工作情况。在学习实践科学发展观活动、“四创两争”工作、城中村整治、精神文明建设、经济发展和社会事务各项工作中共制作宣传布标1 000余条，出宣传栏、黑板报共计80余期，粘贴发放各种宣传资料1万余份。

认真开展“创先争优”活动，街道所属1个党委、7个党总支、46个党支部，1 736名党员中广泛深入开展创建先进基层党组织、争当优秀共产党员活动。社区党员积极参加义务劳动，整治社区环境，自觉捐款、帮助重病党员治疗和康复。所属各级党组织突击“四创两争”、城中村改造以及拆临拆违、草海片区综合整治等重点工作。工作中坚持“亮身份”、“亮岗位”，自觉接受社会各界的监督，发挥党员的先锋模范作用。

为防止腐败滋生，推动基层党风廉政建设工作的深入开展，街道党工委与基层党组织签订了目标责任书、党政主要领导与分管领导签订目标责任书、分管领导与部门负责人签订目标责任书，党风廉政建设责任制层层落实；加强对各级干部的教育和管理，使广大干部牢固树立思想和党纪国法两道防线，做到廉洁做事，干净做人，全年没有违法违纪案件发生。

【经济简述】　坚持以经济建设为中心，以培植稳定税源，增加财政税收和居民收入为核心，全年完成实缴税金1.765亿元，超1.44个百分点；完成增加值9.286亿元，超0.56个百分点；完成工业增加值5 755万元，超1.8个百分点；社会消费品零售价完成14.182亿元，超0.09%；完成现价工业产值1.967亿元，超1.66个百分点；完成营业收入43.972亿元，超0.06个百分点；完成农产品加工产值1.371亿元，超0.85个百分点；从业人员2.03万人，占年计划数2.02万人的100.33%。

全年，累计完成总体财政收入2.498亿元，完成区下达任务数2.127亿元的117.41%；地方财政收入完成7 741万元，占计划数7 425万元的104.25%；完成招商引资引进项目43个，项目实际到位资金4.043亿元，完成区下达年度计划4亿元的101.08%。

【环境保护】　协助上级职能部门对污染滇池、噪声扰民、污染大气等行为加大监管力度，巩固环保成果；6月，在办事处前的便民小广场开展了关于“低碳减排，绿色生活”的环境保护宣传活动，由环保、城管、滇管相关工作人员组成的宣传队伍对辖区居民进行了环境宣传教育，展出了低碳减排、绿色创建环保宣教展板，发放宣传资料500余份，发放与环境相关的各种法律、条例等200余份，许多热心居民与过往行人向工作人员询问有关低碳环保的知识，并提出一些意见和建议，进一步增强辖区群众的环保意识。

积极参与“创卫”“七小”行业综合整治，全年共接件184件（其中：已审批项目85件，变更项目10件，办理临时排污许可证及延期共89件），并按时报送区环保局。对辖区内“七小”行业进行整治，其中取缔无证经营户26家，对经营不规范的13家商铺下达了限期整改通知书。

【城市建设】　做好“国家环保模范城市”创建工作是城管工作的一项重要内容，为确保辖区环境空气质量优良率达百分之百，加大对餐饮业和居民使用燃煤的查处、取缔力度，以减少二氧化硫等废气的排放，对辖区范围内使用高污染燃料单位和个体工商户进行清理整治，并将相关情况和难点问题向区环保监察大队汇报，对成都军区昆明总医院等单位的建设项目环境保护“三同时”和竣工环境保护验收管理工作进行监督检查。

为确保居民出行安全，全年辖区内及时更换窨井盖60余个，修缮近华浦路、翠羽路雨水篦子23个；积极配合区城管局完成棕树营南、北社区13条巷道，21条支次道路修缮工作，解决多年来老旧小区道路坑洼不平，下水管网堵塞的状况。在市容市貌整治工作中，加大对占道经营及乱贴广告的整治力度，取缔占道经营1.15万起，说服教育6.14万起，收缴水果2 973千克，收缴水牌、桌椅、太阳伞及烤箱等1 000余件；查处广告78起，没收灯箱广告158个，查处散发小广告615起；开展大观路、丹霞路、人民西路、环城西路、西园路、鱼翅路门头招牌（一店一招）的清理整治，共下达“责令限期整改通知书”157份，拆除违章、违规、破损广告招牌35块，面积达117平方米。处理投诉683件，下达“调查（询问）通知书”512份，下达“责令限期整改通知书”582份。查处房管、建管进入一般程序案件2起，罚款7 500元，处罚城管类小额定额票据罚款6 000元。

【土地管理】　年内完成昆明市轨道公司进行滇池草海片区保护治理和开发建设的集体土地征地工作任务。草海片区征地任务涉及近华居委会、土堆居委会共5个居民小组，集体土地19.83公顷，征地补偿经费也按时全部拨付到位，整个征地过程未发生一起因征地引发的纠纷。

为配合城中村改造征地，主动介入1~5号片区的征地前期准备工作，至年底完成1~5号片区城中村改造相关的集体土地报批、权属面积调查以及前期的征地准备工作和土地报件工作，配合有关部门完成2、4号片区的土地征用、报件、招拍挂等相关工作；同时积极完成辖区内第九次卫片图斑现场勘察、核对、检查、清理、填报工作，完成街道辖区内闲置土地清理、查实、上报工作。

【河道整治】　积极配合区河道办开展老运粮河截污综合整治工作，提高辖区的绿化覆化率，做到入滇河道河面无漂浮物、沿岸无乱堆垃圾，垃圾清运率及无害化处置率达100%。在河道日常保洁工作中，对乌龙河和老运粮河两条入滇池河道的日常保洁管理工作常抓不懈，两条河道由8名保洁员和7名管理员负责，保洁工作实行“清扫、打捞、保洁、监察、清运”五合一制，河道保洁、管理工作每天进行，全年清理、打捞沿岸及河面垃圾、漂浮物213.1吨。在大观河综合整治工程中，街道辖区段共拆除建筑面积7 506.7平方米，租用土地0.43公顷；在乌龙河综合整治工程中，共拆除建筑面积6 768.69平方米，租用土地0.53公顷；在老运粮河综合整治工程中，共拆除建筑面积6 861.09平方米，租用土地0.62公顷；通过整治河道保洁取得明显效果。

【文化体育】　加强思想文化阵地建设，充分利用黑板报、宣传栏、科普橱窗向辖区广大居民宣传时政、法律法规，倡导科学、文明、健康向上的生活方式；会同区文化馆、图书馆以文化牵头，在鱼翅路社区居委会开展“三下乡”活动；做好文物普查及非物质文化保护工作，定期组织各社区做好文物保护单位“四防”安全巡查并按时上报情况登记表；主动扶持各社区居委会组建业余文艺表演队，在社区积极开展群众喜闻乐见群众性文体活动20次；完成二级文化站达标验收工作；组队参加区2010年老年文体健身系列活动，获象棋组二等奖；办事处召开老年人体育协会成立大会；辖区选拔2名歌手参加第二十三届西山音乐节“睡美人”杯青年歌手大奖赛，获三等奖；组织社区文体专干共10人参加了西山区三级社会体育指导员培训班。

【计划生育】　把流动人口计划生育管理服务工作纳入重点工作内容。在辖区内设立宣传点，开展广泛的宣传活动，向社区群众进行计划生育政策、生殖健康、避孕节育知识以及相关条例的宣传，共发放“致辖区已婚育龄夫妇的一封信”、“避孕药具知情选择简介”、“进城务工需知”等各类健康知识手册、宣传彩页类宣传材料1万余份，避孕药具1.8万只。年内，在辖区范围内开展人口和计划生育基础信息核查工作，采集录入1.33万户，3.11万人，其中男性1.54万人，女性1.57万人，已婚育龄妇女6 206人；2000年以后出生的人数为2 645人。办理“流动人口婚育证明”6本；处理违法生育案件14件，征收社会抚养费12.57万元，行政处罚2.37万元；办理特别奖励扶助36人，其中残疾人21人，死亡家庭人员15人；审核办理低保家庭奖励补助62人、放弃再生育家庭奖励1人。

【卫生保健】　辖区内设有白马社区

服务中心和棕树营北区社区服务中心，对社区居民开展“六位一体”服务；在防治甲型HINI流感工作中，社区卫生服务中心（站）防疫专干每天进行门诊监测，做好病情报告。加大对结核病、艾滋病防治工作的宣传教育力度，发放艾滋病宣传资料1.2万份，黑板报及宣传栏共16期。加强计划免疫和麻疹控制工作，脊髓灰质炎强化免疫2 563人，免疫接种4 596人，麻疹强化2 130人，甲流接种3 789人。

【妇幼保健】 开展了0~3岁儿童系统管理、0~6岁儿童系统管理、高危儿童管理、高危儿筛出、高危孕产筛出、高危孕产管理等工作；高危孕产妇住院分娩、孕产妇保健覆盖率、住院分娩率、孕产妇系统管理率、新法接生率均达到合格指标，没有发现高危体弱儿童。全年社区医院门诊1.1万人次，康复407人，出诊118人，急救27人，双向转诊492人；孕产妇管理198人，高危产妇管理62人，儿童保健1 497人，老年人体检400人。高血压管理2 400人，糖尿病管理1 080人，其他慢性病管理52人，残疾人管理287人，社区康复1.1万人，理疗康复407人。计划生育管理人口数6 429人，计生指导人数1 500人，免费发放药具2 325人。

【健康教育】 在中小学、幼儿园开设健康教育课，把健康教育纳入教育计划，开课率100%；基础健康知晓率中小学达到98%以上，居民达到85%以上；基本健康行为形成率中小学生达98%以上，居民达80%以上。充分利用健教专栏、科普橱窗宣传卫生知识，采取举办讲座、定点宣传、入户发放健康知识问卷等形式，组织开展内容丰富的健康教育活动。全年在辖区出健康教育专栏50多期，组织健康教育活动12次。发放健康教育处方及宣传资料4.56万份，建立健康档案2 610户，签订健康合同411人，开展健康咨询及用药指导共6 060人，居民健康意识普遍提高。

【爱国卫生】 通过电视、广播、宣传栏、印发宣传资料、举办培训班等形式积极开展“创卫”宣传，对环境卫生方面存在的“顽症”、“死角”等问题，予以曝光并加强整改，各单位和居民小区内也设立各类创卫宣传标语和宣传栏32块，发放宣传资料1 000余份，营造全民“创卫”的浓厚氛围。

城中村是创建国家卫生城市的重点和难点，为进一步改善、优化城乡卫生环境，营造良好的生活环境，制定了《街道办事处城中村卫生综合整治实施方案》、组织周五义务劳动；对大观楼村、上下栗村、六合村、红联新村、江家桥村、红庙村进行卫生综合整治，使村容村貌有很大改观。同时认真落实“门前三包、门内达标”责任制，按目标要求统一部署，下属8个社区居委会对辖区内沿街商铺及公共单位，进行“门前三包、门内达标”责任书的签订工作，共签订责任书2 151份，达标率占90%以上。

认真开展春季灭鼠活动和病媒生物防治宣传，共发放宣传资料1 000多份；组织社区居民对辖区内卫生死角进行整治60多处，共清除垃圾20多吨；堵洞、抹缝共计45处，清掏排水沟300多米，清理小广告8 000多条。积极开展以灭鼠为重点的病媒生物防治活动，有效防控病媒生物传播性疾病的发生和流行，全年共投放鼠药溴敌隆486千克，灭蝇药62千克，灭蚊药55千克，灭蟑药93盒，有效控制“四害”密度，为创建国家卫生城市打下良好基础，通过国家技术评估和考核鉴定，实现“创卫”目标。

【社会保障】 全年共办理失业证495本，审证2 168本，办理“再就业优惠证”1 031份，新增城镇就业人数1 429人；举办11期劳务交流会，提供1 800多个有效就业岗位，为辖区下岗失业、外来务工人员、高校毕业生免费介绍工作，共有271人达成了就业意向，为50人找到工作。全年发放廉租住房补贴7.38万元，办理新申请最低生活保障6户，增减变动31户；最低生活保障金共计发放80.82万元。与各社区居委会签订医保工作目标责任书，并纳入年终考核内容，全处共核定参保人数8 967人，已缴费7 368人，其中5 364人已领到卡。新参加被征地养老保险1 035人，领取存折50人。城镇居民养老保险上报6批1 356人；已在街道报到的自主择业军队转业干部有65人，困难企业转业干部13名，都纳入正常管理轨道。

【民政工作】 全年发放临时救济金2.61万元，享受救济人数为23户；发放伤残补助金109.1万元，共142人次；发放“三属”定补5.89万元，96人次；发放丧葬费1.81万元；发放老复员军人定补2.05万元，60人次；发放老女兵定补9 120元，24人次；发放现役军人立功奖励1 300元；发放两参人员生活补助金25.2万元；发无军籍职工管理费1.32万元，132人次。在殡葬工作中，结合街道自身的特点，将工作的重点放在宣传和火化后的骨灰去向跟踪两个方面，引导骨灰进公墓安葬；督促各社区居委会做好死亡登记台账，同各社区签订目标责任书，实行目标管理同年终考核挂钩，真正把殡葬管理责任落在实处。

【老龄工作】 坚持以人为本，经常换位思考，多为老年人办好事，办实事。结合80岁以上老年人保健金发放不断变化的情况，重新设计适合于棕树营街道实际的工作表格，按社区分类输入老年人的资料，为今后的管理和服务打下了坚实的基础。全年，发放80岁以上老年人优待金708人，金额18万余元。

【残联工作】 全年扶持残疾人自主创业1户，推荐就业2名，推荐5名残疾人参加职业技能培训；对卧床不起的23名重度残疾人申领并发放护理费1.38万元，分别为2名残疾人申领民政救助及工会救助各2 000元。在开展春雨助学活动中，共为29名在义务教育阶段（含高中、职高）残疾学生或残疾人家庭子女申领就学补助1.35万元。为47名残疾人申领轮椅、沐浴凳、坐便器、手杖、闪光门铃等辅助用具；为1名听力障碍患者办理配戴助听器补助费用1 000元。CBR项目为有康复需求的14名残疾人提供一对一免费康复指导；为23名精神病患者提供免费服药及康复服务；为1名下肢残疾人申办家庭无障碍设施建设，并经常入户探望残疾人家庭，收集残疾人需求168人次。春节、全国助残日、中秋期间慰问残疾人家庭150户，支出慰问金2.81万元。

【社会治安综合治理】 “平安创建”工作以创建“平安街道”、“平安社区”、“平安单位”为主线，明确了创建活动的整体目标、工作重点、工作措施和实施步骤。

全年成功创建昆明市平安单位7个，创建平安社区8个，区内平安单位70个，人民群众对社会治安状况的满意率达到95%以上。11月，按照市、区创建办的要求，对2009年创建成功的昆明市政协等7家市级平安单位进行了严格的考评和检查。

认真落实领导挂帅处理信访问题制度和“一把手”抓信访工作制度，采取信访工作“月汇报”和领导包案等措施，对已摸排和发生的信访案件，实行领导包案负直接责任，对所包案件的调查、谈话、处理、结案、审核、上报严格把关，一抓到底，直到问题解决。全年共接待和办理中央信访件1件、市信访件16件、区信访件16件、网络信访4件、来访60多次；积极协调配合各级部门处理近华社区5号片区城中村改造109名居民到省政府上访、金座非法集资等引发的群体性事件，确保了重点项目建设的顺利进行和辖区社会的稳定。

坚持“严打”方针，强化治安管理，坚持不懈地打击黄赌毒等社会丑恶现象。集中开展了辖区学校、幼儿园、敬老院周边环境整治和中小学校园周边环境整治活动，在清理整治活动中，以综治办牵头，相关部门积极参与，紧密合作，有效解决了存在于校园周边的占道经营、无证摊贩、违规网吧、敲诈勒索等问题。对“法轮功”等重点人员开展稳控工作。

坚持“四禁并举，预防为主，严格执法，综合治理”的方针，控制新吸毒人员滋生，深入开展巩固和创建“无毒街道”、“无毒社区”、“无毒单位”和“无毒家庭”等创建活动。全年共组织禁毒宣传教育活动18次，发放宣传资料3 000余份，出黑板报60期、标语20条、布标20幅、流动展板30次、宣传栏20块，辖区受教育群众面达98%。辖区共有在册吸毒人员78名。其中男性57名，女性21名。戒断3年以上40名、死亡9名、下落不明4年以上10名、送劳教2名，社区戒毒康复13名，至年末有吸毒人员48人，均全部纳入管控范畴。

【安全生产】 办事处与所属社区居委会签订安全生产目标责任书，实行目标管理和奖惩制度挂钩，设置专职安全员，安排安全工作专项经费，落实“谁主管、谁负责，谁受益、谁负责”的原则，管理到位，不留死角。坚持每月20日定期召开安全生产工作例会，全年共召开各种有关安全会议25次、组织各类专项检查18次，共计检查辖区单位2 400余家次，查出隐患38项，现场整改31项，限期整改7项，并组织4次整改专项培训会。开展“安全发展、国泰民安”等为主题的宣传活动，通过8个流动宣传点向辖区居民发送安全知识宣传材料4 500余份，出黑板报12期，在辖区内悬挂安全宣传布标9条，张贴安全宣传标语18余幅。通过检查、宣传、教育，切实有效地遏制辖区内重特大安全生产事故的发生。

【精神文明建设】 在各社区广泛开展“文明楼院”评选活动，年初推荐申报市级文明单位7个、区级文明单位1个、区级文明社区3个。11月完成了对鱼翅路、近华、土堆3个社区居委会15个居民小组的抽查、复查工作。3家社区15个居民小组应参加复查的户数1 463户，实际参加复查1 447户，复查率98.9%。

继续开展“十星级文明户”活动，至年末，共评五爱星1 420颗、法纪星1 061颗、致富星690颗、计生星1 402颗、科教星630颗、新风星1 052颗、团结星1 181颗、义务星883颗、绿化星1 124颗、卫生星1 102颗。通过争“星”、评“星”，做到家喻户晓，人人参与，居民们按8颗星的标准来评选，合格率均达100%。

全年共组织8个社区和所辖的公共单位积极参加云南省推荐全国道德模范候选人活动，推荐出谭云东、李家福参加西山区道德模范的评选。

【民主政治建设】 街道党工委结合实际全面推行“两联系一责任”制度，领导深入社区加强与居民群众的沟通，对居民群众提出的近百条意见建议进行了处理和回复；推行社区重大事项听证、公示制度，全面规范党务、居（村）务公开等基层民主政治建设制度，对辖区各党总（支）部进行干部述职和民意测评；健全社区管理服务工作制度，在社区推行工作首问首办负责制、网格责任制、工作进度跟踪和完成时限等制度；便民服务大厅的建设，服务和效率不断提高，全年共为居民群众办理各类服务项目1 617件，现场办结率和限时办结率达100%。

【“十一五”成就】 街道办事处经济稳步发展，2005年，累计完成总体财政收入1.22亿元，2010年完成2.498亿元，为2005年的204.76%；2005年地方财政收入完成4 012万元，2010年完成7 741万元，为2005年的192.9%；2005年完成乡镇企业实交税金8 128万元，2010年完成1.765亿元，为2005年的217.15%；2005年完成增加值4.14亿元，2010年完成9.286亿元，为2005年的224.29%。2005年完成社会商品零售总额6.896亿元，2010年完成14.182亿元，为2005年的205.64%。2005年招商引资引进项目3个，2010为43个；2005年引进到位资金2 450万元，2010年为4.043亿元，为2005年的16.5倍。

“十一五”期间，社区办公条件改善，辖区8个社区居委会办公用房基本解决；完善社区居民的卫生服务体系，至2010年末，已拥有白马社区服务中心和棕树营北区社区服务中心，土堆、近华2个社区卫生服务站，鱼翅路、土堆2个社区流动人口卫生服务站，辖区居民出门步行10分钟便能就医，方便居民生活；3个外围居委会的居民已全部纳入社区居民医疗保险，居民看病就医有保障。

“十一五”期间，大力推进城市发展战略，打通“三横四纵”路网中的3个断头路，即云山路春苑路口至西园路段、近华浦路白马小区段穿越成昆铁路连南过境路段、丹霞路西段连接西二环路（明波立交桥旁）段；完成老旧小区13条巷道、21条支次道路修缮工作，解决老旧小区道路坑洼不平，下水管网堵塞的现象。推进城乡一体化进程，加快城中村改造步伐，截至2010年12月31日，街道辖区5个片区城中村改造除3号片区还没有启动外，其他4个片区已经全面动工。在创建全国文明城市进程中，重点整治“七小”行业，使辖区的城市文明程度进一步提高，街道办事处机关连续9年被评选为省级文明单位。

（李学亮）

西苑街道办事处

【大事记】 9月8日西苑街道办事处迎接创建市级无吸烟先进单位的检查验收。

10月28日西苑街道办事处凯苑社区居委会通过“市级民主法治社区”的复审。

10月28日西苑街道办事处召开“昆明市第二十届环卫工人节”表彰大会。

11月18日秀苑社区居委会被评为“昆明市级文明、和谐社区”。

【人口·面积】 西苑街道办事处是西山区的政治、文化中心，辖区以西山区人民政府办公大楼、碧鸡公园为中心，东起人民西路与西园路交叉口，西至成昆铁路兴苑路交叉点，北至秋苑二期与兴苑路交叉点，南到二环西路与成昆铁路交叉点，辖区面积1.72平方公里，年末有23个居民小区。据西山区统计局统计，至年末，全处总户数1.28万户，总人口3.01万人，其中城镇人口3.01万人，农村人口1人。

【党建工作】 建立健全由党工委书记抓创先争优活动，领导班子成员抓基层党建工作联系点制度，强化对社区、驻区公共单位、工青妇等群团组织之间的联系沟通，形成工作合力，培育先进典型，扩大基层党建工作成效。加大基层党建工作经费投入，落实5个社区党组织每年2万元工作经费。全面推进“三有一化”建设，推行“四议两公开”工作法。对新当选的社区“两委”班子进行了专题培训，推进学习型组织和学习型政党建设，组织异地培训3批共60人次。开展中层干部述职述廉活动，以“社保所所长”职务竞争上岗的试点工作卓有成效。积极开展廉政文化进社区“十个一”活动，丽苑社区被定为市级“廉政文化进社区试点”。

【创先争优】 把“创先争优活动、和谐社区建设、为民服务体系建设”三项工作合为一体，紧密协调统一，共抓社区党建，共办社区事务，共促社区发展。在全处开展创先争优活动示范点创建工作，对开展创先争优活动以来，成效突出的丽苑社区被定为

3月7日，西苑街道办事处开展社区“两委”换届工作。（西苑街道办事处 供稿）

“创先争优活动区级示范点”。加强宣传树形象，有47篇文章在《昆明日报》发表，从不同角度报道和评价西苑街道基层党建工作和创先争优活动的措施、办法和成效，推动全处基层党建向新台阶迈进。

【软环境建设】 抓好阳光政府四项制度的组织实施，推进“阳光政务”工程，认真贯彻落实《昆明市政府信息公开暂行办法》，凡是与经济、社会管理和公共服务相关的政务信息（除涉及国家秘密和依法受到保护的商业秘密、个人隐私外），都如实公开。完成重点工作通报106条、重要事项公示10条，指定开通了行政办公室“8229150”政务信息查询专线电话，街道办事处确保由“96128”转接过来的政务信息查询电话在工作日内上班时段有专人值守，接入答询。认真做好“12345”便民热线工作，共办理28件市、区交办件和30件口头交办件，群众满意率达97%。认真抓好首问首办、服务承诺、限时办结三项制度的落实。

深入开展“行政效能提升年和干部作风改进年”活动，对全处的行政审批事项和管理服务项目进行认真地梳理，压缩办理时限，将原来办理一孩生育证的办理时限从原来的5个工作日压缩为即时办理，将原来办理临街建筑门头（面）装饰、装修，城市道路临时占道、临时挖掘，户外临时活动审批时限压缩为3个工作日，同时免除原来大部分的行政收费项目，给行政相对人更多实惠。

办事处软建办认真督促指导全处各科室、各社区抓好整改工作，实施“工作成果倒逼法”，实行各部门要按照年初任务分解，以目标倒逼进度、时间倒逼程序、社会倒逼部门、下级倒逼上级、督查倒逼落实，对不能按时按质按量完成工作任务的责任部门、责任人要严肃问责。

【经济简述】 办事处年内完成增加值2.067亿元，完成工业增加值698万元，完成农产品加工总产值2.473亿元，完成非公经济增加值2.117亿元，完成现价工业总产值2.473亿元，完成实交税金6147万元，完成营业收入12.893亿元，完成社会消费品零售总额5.74亿元，完成全社会固定资产投资额25.71亿元。城镇居民可支配收入为1.96万元。辖区内的个体工商户653户，私营企业140个，从业人员5251人。

【招商引资】 牢固树立“招商引资是第一政绩”的理念，实施招商引资“一把手”工程，加强招商队伍建设，充分挖掘机关干部潜能，成立西苑招商引资工作领导小组。全年西苑街道办事处完成招商引资实际到位市外资金（含外商投资）2.288亿元，完成目标任务114.42%。

【环境保护】 全年共审批环境影响报告103份，无违规审批项目。7月配合区环保执法大队对高美云安21家餐饮店使用燃煤情况进行检查，收缴燃煤烽炉13个，减少了二氧化硫等废气排放。

6月5日参与区环保局在碧鸡公园组织的“世界环境日”宣传活动启动仪式，并由办事处组织在春苑小花园开展宣传，倡导低碳经济，发放有关环境保护的手册、宣传画600多份，提高辖区居民环保意识。

【安全生产】 结合辖区实际，拟定安全生产工作计划，把安全生产工作的重点放在云南省肿瘤医院施工工地以及碧鸡公园、网吧等人员聚集的场所。年内，办事处与区政府签订“2010年度安全生产目标管理责任书”，为实行严格的目标管理和奖惩制度，层层抓落实，办事处逐级与辖区14个重点责任单位、6个防盗笼拆除施工单位及下属5个社区居委会签订安全生产责任书，签订率达100%。

在安全生产月宣传活动期间，开展以“安全发展、预防为主”为主题的安全生产宣传教育活动，安全大检查累计出动70余人次，通过检查排查隐患60条，立即整改58条，限期整改2条。坚决杜绝抢工期、赶进度、重利益、轻安全的现象，有效防范和遏制重特大事故的发生。

【“创卫”工作】 为确保“创卫”工作达标，年初召开辖区“创卫”再动员、再部署大会，结合辖区实际情况，紧盯目标，严格按照任务分解要求按时限开展“创卫”各项工作。办事处5个副科领导为5个社区居委会的片长，分管科室及人员分别为5个片区的责任科室和片区联系人，对巡查发现的问题和各居委会上报的情况进行解决和处理。办事处3位正科级领导和分管城市管理的副主任为督查组，对办事处辖区内环境卫生包片责任制落实情况进行全面监督，督促片长及时解决存在的问题，对不履行职责的追究责任；成立西苑街道办事处爱国卫生运动委员会领导小组，在社区配备兼职爱国卫生工作人员，召开6次专题会议对经费使用、目标责任书完成情况、爱卫月活动开展、除“四害”和健康教育工作，迎接省爱卫会对昆明市创建卫生城市明察暗访检查等问题进行研究，安排部署。

同时成立6个专项工作组（“七小”行业整治工作组、清扫保洁工作组、河道保洁工作组、城管协管员工作组、拆临拆违工作组、除“四害”工作组），由各项工作的专干为负责人，对各片区需要处理的问题组织人员进行整治。按照属地化管理原则，严格按照创建国家卫生城市标准，落实西苑办事处城管网格化管理，做好40米以下道路清扫保洁、垃圾清运工作，58名清扫人员实行两班制，对27条道路33.28万平方米的清扫面积和174只果皮箱分片、分段到人，每天两次大扫，全天保洁，垃圾日产日清。做好辖区内环卫基础设施管理、维护工作，加强小广告整治，达到创建国家卫生城市标准。

【园林绿化】 做好辖区内40米以下道路及附属设施、绿化设施的管养及维护。种植攀援植物1万株，结合昆州西路道路建设新增乔木330株，完成辖区公共单位建绿8 500平方米，“拆临拆违，建绿补绿”工作3个地块共补绿152.8平方米，老旧小区改造任务新增绿化面积5 000平方米。

【城市管理】 加大占道经营取缔力度，按照区城管局要求，对符合便民服务的6个点予以保留，并与6个点的责任人签订责任书，保证周边环境干净整洁，不出现漫摊现象。规范非机动车停放秩序，在辖区内2个符合条件、非机动车停放较为集中的地点设置非机动车停放区域，并在管理中做到不占压盲道，不堵塞消防通道。

实行昆明市数字化城市管理系统以来，全处组织对“城管通”持机人员进行培训，按要求上报案件，对数字城管中上报的案件及时整改处理，针对案件集中反映突出但暂不能结案的行道树死亡、缺塘，绿化带破损、道路坑洼等案件统计上报办事处领导，统一进行处理。

全年共审批门头招牌170件，道路占用、开挖2起，无违章审批申报件。做好辖区内主要街道及重要高层建筑的亮化工程，营造辖区优美夜景。

【房管工作】 办事处辖区有居民小区23个，其中商品房小区22个，非商品房小区1个。办事处成立物业管理全覆盖工作领导小组，实现辖区居民小区物业全覆盖的目标。至10月27日对8家物业管理公司进行了资质年检工作。

【河道整治】 加强河道管理，严格执行河长、段长责任制，对新、老运粮河2 175米的辖区段设立一名队长，两名组长，将9名河道保洁员分为9个段进行责任划分。全年共打捞漂浮物65吨，清理河岸杂草15吨，建筑垃圾8吨。

组织机关全体干部职工、居委会人员、部门辖区单位和居民120人，按照“三无一通一堵”标准，对2号分现场的老运粮河人民西路—云山路段150米开展“河道万人清淤、除障、保洁活动”，对河道两岸、河面、河堤进行清淤、除障、保洁，共打捞河面漂浮物、清运河岸建筑、生活垃圾1.3吨。

【防汛工作】 制定2010年防汛工作计划，完善防汛预案，成立防汛工作领导小组和30人的应急抢险队伍，排定防洪值班表，严格值班制度。由于西二环快速系统施工，造成西二环主要排水管网堵塞，查找堵塞原因，协调解决方案，上报疏通措施。西二环立交桥下层在降雨量较大时成为淹水点，全处在汛期几次强降雨时做到密切关注，人员、设备及时到位，在最短时间内排除淹水现象。

协调区防汛办、市排水公司对西二环新建主要排水管网未与老排水管网对接造成周边排水单位和西二环沿街污水外溢情况进行改造。

【科技工作】 全年科技领导小组召开科技工作专题会议4次，举办各类科技素质培训38期，参培人数2 149人。积极开展“科技三下乡”、“全国科技活动周”、“知识产权宣传周”、“全国科普日”等系列活动，为社区居民提供了科普知识信息。

继续实施西苑街道办事处“产业结构调整科技示范工程”：昆明信威食品有限公司的“引进新型分选设备提升农副产品深加工质量技术研发”项目。组织规范申报区级科技项目2项，云南省肿瘤医院的“叶酸与nm23–H1基因对肺腺癌细胞非整倍体发生的影响”项目和云南通骏科技有限公司“红外线感应控制太阳能路灯研发及应用示范”项目。全年组织申报区级科技奖励项目2项，云南省肿瘤医院的《云南人鼻咽癌免疫紊乱及CIK治疗的研究》及《乳腺癌中趋化因子受体CCR7的表达与淋巴结转移的关系》。

【卫生工作】 社区卫生工作围绕“六位一体”的社区服务功能，开展社区卫生状况调查，提高居民自我保健意识，开展一般常见病、多发病的诊疗，提供急诊的初步抢救和转诊服务。

加强社区卫生服务网络建设，新建凯苑社区、兴隆社区、春苑社区和梁源社区卫生服务站及梁源小区流动人口卫生服务站，形成辖区卫生服务网络。建立和完善疾病预防控制管理体系，做好重大公共卫生事件的报告处理工作。

西苑街道办事处组织各社区居委会通过黑板报、墙报、橱窗、张贴宣传画、发放宣传材料等多种形式，大力宣传艾滋病的防治知识。各社区卫生服务中心（站）在门诊室及候诊门厅粘贴防治艾滋病的宣传画及其相关知识的介绍材料。共发出宣传材料1 000多份，发出安全套4 000只，出黑板报、张贴宣传栏8期。

【计划生育】 全处已配备2名公务员编制的计划生育专职干部，每个季度组织社区居委会对辖区流动人口进行清理清查，建立流动人口属地管理基础台账，加大对“婚育证明”的查验。严格按照《云南省人口与计划生育条例》规定，为辖区居民办理一孩、二孩生育证，符合政策生育率达95%以上，全年无违法多生育情况发生。

根据《西山区开展全国人口和计划生育基础信息核查工作的方案》通

知，西苑街道办事处组织社区工作人员全面摸底核查，于6月信息数据上报9 222户2.17万人，余下数据于11月20日全部上报。

【社会保障】 全年共完成城镇新增就业人数712人，城镇下岗失业人员就业人数129人。特殊困难群体就业人数102人，收集有效就业岗位信息1 084个。严格按照《昆明市失业保险征缴业务规程》的要求，对辖区内单位办理新参输入及人员增减变动工作，其中新增单位7个，增减变动人数37人。完成自谋职业灵活就业养老保险1 527人，参保4 855人，缴费率达96%以上。

年内，对92个企业进行劳动执法年审，对参加年审的用人单位及时发放“劳动保障执法年审审验证”；对在年审中存在问题的用人单位，给予按规定提出整改意见和复查的要求。足额下拨区级工作经费到社区。社区建立用工信息发布栏，配备办公设备，将社区人员基础信息、劳动力供求信息全部录入电脑，定期发布用工信息，随时提供再就业优惠政策咨询服务。

【民政、残联工作】 在清明节、中元节期间，组织社区人员进行殡葬改革宣传，向社区居民宣传文明的殡葬习俗。深入开展“双拥”工作和军民共建活动。辖区目前共有60岁以上老年5 982人，其中90岁以上39人、百岁以上2人。全年发放老年保健金7.99万元，并积极为辖区老年人办理“老年优待证”。利用辖区碧鸡公园等场所，组织开展各种老年人文体活动，并鼓励有条件的老年人参与老年大学的各种学习和活动，引导老年人积极健康的生活方式。开展“送温暖，献爱心”活动，组织人员定期到孤寡老人家中为老人进行家政服务。做好老年人的看病就医工作。按时发放百岁老人定期补助2人，参战人员生活补助40人，伤残军人护理费3人。

利用第19次法定“全国助残日”这一契机，西苑办事处残工委根据区残联的安排，结合辖区自身实际，利用板报、标语等形式，积极在辖区宣传第19次“全国助残日”的相关内容，开展走访，慰问活动，及时把党和政府的关爱带到残疾人家庭。

【社会治安综合治理】 深入开展“无毒社区”、“无毒单位”的创建活动，掌握辖区吸毒人员39名，并成立帮教小组5个，负责矫正工作。成立了帮教小组7个，负责对“法轮功”练习者的教育转化工作，同时开展月见面活动，在“敏感日”、重大节庆日及“特殊活动日”监控其活动。在碧鸡公园举办两场揭批“法轮功”宣传活动，采用展板展示，发宣传材料2 000余份，受教育群众达7 000余人，提高广大干部群众识别和抵制邪教活动的能力。

2010年西苑地区共接收刑释解教人员9名，回归社会后列入帮教，均自谋职业。对辖区内17名刑释解教人员及3名社区矫正对象做到底数清，情况明，并协同社区居委会和片警定期帮教，有效维护社会的和谐稳定。

西苑办事处成立了办事处信访工作领导小组，由办事处主任担任组长，司法所负责具体日常工作，并明确辖区各公共单位、社区居委会的主要负责人是信访工作的第一责任人。全年信访联调室共调处各类纠纷5件，调处成功并达成协议5件；梁源派出所联调室调解案件771件，调解成功713件，达成协议58件。

【司法行政】 举办“我为西苑司法工作献一策”主题活动暨2010年普法培训班，全处机关干部、社区居委会工作人员共110人参加了培训班。通过法制宣传周、法律进社区活动，在5个社区、碧鸡公园广泛宣传法律法规20余次，受教育群众2万余人次。及时调整充实人民调解队伍，加强对人民调解员的业务培训；确定春苑社区、秋苑社区在年内申报市级“民主法治社区”，并将去年已通过市“民主法治社区”验收的凯苑社区居委会申报参加省“民主法治社区”创建。

【精神文明建设】 以“创建全国文明城市”为契机，深入开展公民道德教育、文明礼仪教育和文明引导行动专题教育活动。认真组织好“3·27”创建全国文明城市宣传日活动，落实“全国文明城市测评体系”的内容要求，抓好学习培训、督查和文档资料收集整理工作，按照和谐社区建设需求和“社区志愿服务行动计划”，组织志愿者结合“四创两争”、入滇河道治理等重点工作和扶老助残、便民利民等志愿服务，有针对性地开展志愿者服务活动。进一步健全学校、家庭、社会“三位一体”的教育网络，净化社会文化环境，促进未成年人健康成长。

【“十一五”成就】 “十一五”期间实现财政总收入从3 000万元到2.183亿元的突破；地方一般预算收入从1 567万元增加到7 561万元。财政总收入、地方一般预算收入增长近5倍，经济总量实现大发展。实现招商引资任务从2 000万元到2.288亿元的突破。

“十一五”期间，西苑街道办事处完成了交通微循环改造道路6条，改善了辖区交通功能；完成西苑浦路建设，提速西片区与主城区的联系；重新改造辖区内道路、人行道，改善辖区居民出行环境；理顺碧鸡公园管理体制，确保广场功能的发挥；对碧鸡公园周边道路和近华浦路进行提升改造，优化人居环境；加大辖区小游园建设和老旧小区绿化改造，推进城乡园林绿化建设工程，确保“创园”成功。实现辖区所有道路全天保洁，完成辖区新、老运粮河段的保洁截污，顺利通过国家“创卫”检查；全面完成老运粮河段河道覆盖建筑拆迁、春苑小区临违搭建和城市建筑立面空间综合整治工程，辖区环境得到综合提升。

工作。

7月1日，西山区庆“七一”万名共产党员创先争优暨碧鸡办事处生态文明建设百日会战正式启动。

12月1日，西苑街道办事处丽苑社区开展红歌赛活动。

街道办事处着眼居民需求，抓好为民服务中心、站的建设，实现“一站式办公、一条龙服务、一次性办结”，提高服务覆盖面，社区服务向市场化、专业化、社会化方向发展，健全党委领导、政府负责、社会协同、公众参与的社会管理机制，实现政府行政管理与社区自我管理有效衔接、政府依法行政与居民依法自治良性互动。

制定《突发事件处置应急管理方案》和《大调解工作方案》，建立健全大信访、大防控、大调解工作机制，加强社会利益协调和矛盾纠纷排查，有效预防和妥善处置群体性事件，畅通和规范群众诉求表达、利益协调、权益保障渠道，成功处置金座公司集资、省肿瘤医院基坑塌陷等事件。

（温继辉）

碧鸡街道办事处

【大事记】 1月27日，国家防总抗旱检查组到碧鸡街道办事处检查指导工作。

11月17日，碧鸡街道办事处水发社区服务站正式授牌成立。

【人口·面积】 2010年末，全处共有总户数1.23万户，总人口2.65万人，其中男性1.32万人，占总人口的49.81%，女性1.33万人，占总人口的50.19%；农业人口1.22万人，占总人口的46.04%；城镇人口1.43万人，占总人口的53.96%。民族以汉族为主，少数民族有白族、彝族等，少数民族人口占总数的21%。人口自然增长率1.26‰。

街道办事处辖社区居民委员会8个，居民小组32个，自然村43个，总面积87.95平方公里，年末耕地总面积391.3公顷，其中水田205.6公顷，旱地185.7公顷。

【党建工作】 年内，新发展党员9名，其中少数民族党员3人。年末，办事处党工委下辖党总支10个，党支部53个，有党员1 276名，其中男性901名，女性375名。

开展农村基层党建“三级联创”工作，以公开承诺、“四议两公开”、社区简报、党组织评旗定级、党员评星定级和机制创新为主要载体，在全处各级党组织和党员中开展创先争优活动。自觉从现在做起，从每个干部做起，全面提速工作进程、提升工作质量、提高工作效率、狠抓工作落实，进一步加快各单位、部门科学跨越发展的步伐。

开展“为民、开拓、务实、清廉”为主要内容的纪律作风整顿建设活动，全处党员干部纪律明显增强、作风明显转变、成效明显提高。创新党建工作特色，深入扎实地开展好基层党建“三级联创”工作，党建工作重点在把住“三向”即把准党建工作的方向（进一步增强党组织的凝聚力、号召力和战斗力）、把握党建工作的导向（强有力的党建服务于经济工作大局并为其提供坚强的思想、组织和人才保障）、把好党建工作的取向（坚持以人民群众满意作为价值取向），找准“三点”即找准为民服务这个出发点、找准解决问题这个着力点、找准群众满意这个落脚点的基础上，进一步创新特色，切实将党建“三级联创”工作引向深入。坚持把党风廉政建设和反腐败工作纳入党工委工作重要议事日程，加强对反腐条例的学习、宣传、贯彻和落实，积极加大违纪案件查处力度。

【社区“两委”换届选举】 3～4月按照党组织“两推一选”和居委会“公推直选”的要求，全处8个居委会依法选举产生新一届社区、小组“两委”班子。新一届社区“两委”班子共95人（其中大学生“村官”专职副书记5人，专职副主任3人），新当选的社区“两委”委员58人，连任37人，平均年龄39.1岁，大专以上学历18人，占18.9%，高中中专学历72人，占75.8%，女性26人，占27.4%，党员91名，占95.8%；

社区党总支书记平均年龄47.7岁，高中以上学历8人；居委会主任平均年龄46.7岁，高中以上学历8人，35岁以下1人；社区党总支书记、居委会主任“一肩挑”的3人，占37.5%，社区“两委”委员交叉任职的31人，其中，社区“两委”成员之间交叉任职23人，社区“两委”干部兼任小组干部8人。居民小组干部共95人，新当选的51人，连任44人，平均年龄45.3岁，高中以上学历69人，占72.6%，女性16人，占16.8%，党员63名，占66.3%。通过民主选举，除碧鸡、长坡、富善缺额一名居委会委员外，其余应选名额均全额选举产生，一大批综合素质好、群众公认度高的优秀人才被选入社区、小组领导班子，切实优化班子结构，增强整体合力。

【经济简述】 全年完成工农业总产值12.179亿元，比上年增长13.5%，其中工业总产值11.493亿元，增长14%；农业总产值6 859.5万元，增长5.4%；乡镇企业增加值5.023亿元，增长18%；农民人均纯收入达6 835元，增长9.19%。

【财税工作】 财政总收入1.053亿元，完成区下达计划数1.004亿元的104.91%，超收493万元，同比增长15%。其中地方财政收入4 105万元，完成区下达计划数3 900万元的105.3%，同比增长23.2%；上划中央“两税”完成2 301万元，完成区下达计划数2 234万元的103%，同比增长18.43%。

全年实有预算人员190人，在职在编人员66人，村委会干部人员补贴32人，村民小组干部人员补贴18人，其他财政补贴人员74人。2010年地方财政支出预算编制继续按照“零基预算”“部门预算”要求和现行区对乡镇的财政管理体制执行，全年的财政支出坚持“量入为出，确保平衡”“确保工资支出和机构正常运转，维护稳定”的原则。全处2010年财政一般预算支出安排934万元，年末累计完成财政一般预算支出914万元，完成年初预算支出数934万元的97.85%，比上年实际支出数增加5万元，增长0.55%。

【招商引资】 年初签订招商引资工作目标责任书，落实目标责任制。层层调整充实招商引资工作领导小组，根据工作目标任务进行合理分工，明确职责，落实责任人，制定招商引资考核奖励办法，确定奖惩措施，做到精心组织，统一指挥，有序推进。全处共洽谈招商引资项目59个，意向性投资额达6.001亿元，共签约引进项目37个，协议总投资6.356亿元。其中开工建设项目37个，竣工项目32个，实际到位资金4.694亿元，占计划4.5亿元的104%，与去年同期相比增长11.4%。

3月26日，碧鸡街道办事处组织抗旱捐赠活动。（碧鸡街道办事处　供稿）

【乡镇企业】 年末全处共有乡镇企业1 541个，企业从业人员达1.39万人。全处乡镇企业完成增加值5.002亿元，同比增长18%。完成工业增加值1.714亿元，同比增长14%。乡镇企业实交税金5 961万元，同比增长19%。完成农产品加工总产值1.514亿元，同比增长16%。完成现价工业总产值11.493亿元，同比增长14%。完成营业收入29.499亿元，同比增长6%。完成社会零售品消费总额5.868亿元，同比增长22%。

【农业生产】 年内受干旱天气影响，小春种植的小麦、大麦、豌豆种植全部绝收，完成小春粮食种植162.2公顷，总产132吨；大春粮豆作物种植228.37公顷，其中水稻15公顷、玉米193.35公顷、马铃薯20公顷，总产1 159吨，全年完成粮食种植390.55公顷，总产1 291吨。

【城郊型农业】 全处经济作物种植247.67公顷，其中绿色蔬菜种植141.77公顷，万寿菊、苗木、花卉、草皮、核桃、竹子和香椿等经济作物种植105.89公顷。在西华建立6.67公顷无公害蔬菜标准化生产示范基地，建立田间档案，对农户的生产进行全面监督，确保上市蔬菜农残不超标。

【抗旱工作】 2010年初辖区内的降雨量只有571毫米，较往年减少一半，长期的高温少雨造成全处山区、半山区部分居民小组饮用水水源点枯竭，5 175人饮水困难、189.53公顷农作物受灾，形势十分严峻。街道办采取拉水、找水等办法精心组织积极开展抗旱救灾工作，按照“先生活、后生产、先地表、后地下”的原则组织人力、物力、资金开展抗旱工作，办事处投入资金50余万元，保障人民群众的生活用水需求，成功度过百年不遇的干旱。

【农业基础设施】 全年，完成农村水利工程管理体制改革工作和长坡水库主体除险加固工程。完成长坡居委会牛鼻居民小组、黑荞母居委会黑荞母居民小组2个农村饮水安全工程，解决农村271户793人、200头大牲畜饮水安全；完成雨水集蓄利用小水窖工程1 325件，其中生活型水窖707件、生产型水窖578件，消防型水窖40件。完成长坡居委会牛鼻居民小组，黑荞母居委会黑荞母、化底力小组，富善居委会富善居民小组，西华居委会红联、古莲居民小组，观音山居委会观音山、白草居民小组节水管道改造82.5公里。

【农村劳动力转移】 以滇池西岸湖滨带建设和农家乐旅游为契机，开展引导性培训2 805人，绿化和护林防火技能培训116人，厨师技能培训159人，农村劳动力转移就业2 165人，其中省外转移就业71人，实现转移就业收入765万元。

【农经工作】 继续实行“社区财务委托代理服务”工作，全处8个居委会、32个居民小组已实行财务委托代理，到年底全代管资金9 077万元。全年共公开村务、财务480次，清理和检查涉及农村和农民的收费行为。在长期稳定家庭承包经营的前提下，规范农村土地承包经营权流转，加强对农村土地承包经营权流转的监督和管理，维护广大农村土地承包者的合法权益，完成全处农村土地承包经营权流转工作任务。

【畜牧兽医】 继续做好畜病防治，完成牲畜类口蹄疫免疫、禽类流感免疫、猪蓝耳病防治等，重大动物疫病应免畜禽免疫密度达100%，全年未发生牲畜疫情。出栏生猪任务数2.5万头，完成4.2万头；出栏肉牛任务数200头，完成210头；出栏肉羊任务数3 000只，完成3 015只；出栏肉禽任务数20万只，完成29万只。

【林业】 实行层层签订责任制和缴纳集体责任金、个人风险抵押金制度，签订责任状162份，发放“森林防火户主责任书”8 000份，宣传车全年宣传500余次，对在校3 000余名中小学生开展防火宣传。全年办事处投入防火资金84万元，各社区居委会投入30余万元。进一步加大巡查巡防力度，实行对各社区森林防火人员到位情况的检查制度，全年巡查450余次，下发整改通知书49份，平整和清理防火通道8条，保证防火通道的畅通。完成集体林权制度改革工作集体公益林4 708.27公顷林权证的发放和公益林补偿费的发放工作。完成绿化植树7.2万株，其中村庄道路植树5.7万株，荒山荒坡植树1.5万株，成活率达90%。

【环境保护】 以节能减排为目标，坚持污染防治与生态保护为重点，深入开展环保宣传，办理环保审批手续57家，协同区环保局现场踩点、踏勘、审批环境影响报告29家，换发临时排污许可证7家，配合碧鸡工商所工商执照年检审证2家，受理环保投诉20余件。继续实施农村沼气池、节能灶的推广使用，落实节能减排措施，发展环保产业和循环经济，完成沼气池建设20口，推广节柴灶200眼。

【安全生产】 全年检查抽查企业320个，发现隐患12个，隐患整改率达100%，取缔无证经营或证照不全的小作坊4家，配合取缔非法生产乙炔气小作坊1起。开展安全生产月宣传活动，悬挂布标21条，粘贴标语460条，发放宣传材料2 100份。定期或不定期召开安全教育会，开展业务知识培训和安全教育。

【城乡一体化建设】 启动碧鸡街道办事处城乡全覆盖总体规划，完成西山风景区75.59平方公里的总体规划，其中涵盖碧鸡街道办事处约90%的国土面积，完成街道办土地利用规划和环保规划。完成昆明泛亚长坡物流园区整体规划设计，经市规委会审批通过，正在进行详规。

【土地管理】 严格执行土地管理法律法规，实行不定期巡查制度，对全处土地实行动态管理，共巡查123次，通过巡查和群众举报及时发现企业违法用地4件、村民乱建、乱占违法用地行为38件，对违法用地行为下达“责令停止土地违法行为通知书”，完成全国土地调查一般建制镇现状调查工作任务。在全处设立地质灾害监测点6处，随时监测情况，维护人民生命财产安全。完成“四退三还一护”安置地征地8.31公顷，昆明铁路枢纽工程建设征地10.96公顷，草海片区征地7 500平方米，西北绕城高速征地12.45公顷，滇池西岸截污工程征地1.9公顷，省委党校绿化征地2 000平方米。

【城市管理】 按照属地化管理的原则，做好40米以下道路清扫保洁、垃圾清运工作，实行“周检查、月通报、季考核、半年考评、年终评比”的方式管理清扫保洁员137人、垃圾清运驾驶员2人和文明卫生监督岗15人，对街道办事处辖区内8个社区居委会垃圾做到日产日清，日清运量达47吨。辖区内经营户全部落实“门前三包”责任制，签订责任书达100%，其中公共单位共签订360份，8个居委会签订1 140份。

共拆除立面广告8块、独立柱户外广告6块、商店招牌70余块，共计拆除面积5 400平方米。清洗、覆盖和清扫违法小广告800余条，共清理违章布标布幔115幅，取缔（当场教育）占道经营1 320余次。完成楼房屋顶、楼道卫生以及沿街建筑物立面进行专项整治，拆除防盗笼174户。“拆临拆违、建绿透绿”5起，共计拆除面积为6 470.08平方米。建设绿地20.53公顷，道路绿化共计栽种树木9.02万株。完成8个社区居委会32个居民小组的农房一户一档的调查统计。

【滇池治理】　继续采取有力措施，加大农村面源污染治理力度，发放滇保宣传手册6 000多册，完善入湖河道王家堆渠的保洁管护长效机制，加大对滇池保洁员的管理，加强湖滨带管理，配合上级拆除湖滨带违章建筑3起。完成王家堆渠污水收集沉淀池及6 500平方米生态湿地的建设。完成滇池西岸截污管道铺设的征地、拆迁任务，埋设管道6公里，协调14家苗木公司的苗木移栽补偿。完成辖区内车家壁、植物药厂两条岔沟综合整治，封堵污水口和废弃排水口10个，铺设截污管道1 960米，栽种乔木460棵、灌木6 500株，绿化面积1 359平方米，改善了岔沟周边环境。

【科技工作】　继续实施党政一把手科技工程项目，兴长江有限责任公司“高压大缸径长行程液压油缸研发”，组织申报区级科技项目3项（兴长江“高压大缸径长行程液压油缸研发”，天楚公司“年10万吨废旧电池回收项目”，云南植物药业“灯盏花素单体产业化及其质量标准”）。开展科技素质教育培训2 121人次，举办农函大培训开展科技讲座10期1 500余人次，农业科技进村入户示范班2个，培训养殖科技示范户150户，在长坡、观音山社区居委会安装太阳能路灯150盏。按要求组织全国科技活动、科普日宣传、科技三下乡、知识产权宣传周等活动，举办知识产权保护专题讲座1期，云南植物药业有限公司被列为知识产权示范单位。

【文化体育】　在西华社区组织“三下乡”活动1次，组织人员参加西山区迎春老年人健身操展演、西山音乐“睡美人”杯青年歌手大奖赛等活动。建设观音山、龙门、长坡、碧鸡4家社区“农家书屋”项目，每家配备图书1 500册，音像制品100册。完成街道综合文化站的前期建设工作和第三次全国文物普查资料的收集整理，做好非物质文化遗产保护和文化市场的管理工作。

【卫生保健】　全年，开展预防接种免疫6 850人，开展妇幼保健系统管理275人，7岁以下儿童保健覆盖1 600人，儿童保健系统管理688人，体弱儿的专案管理、营养指导212人，对65岁以上老人专案管理736人，组织老年人开展有益健康的集体活动8次，开展慢性病管理880人，开展各类健康知识讲座8次，签订健康保健合同673人，解答健康咨询1.26万人次，定期健康体检706人，全年建健康档案家庭205个，建健康档案数808人。门诊接诊病人2万余人次，比去年同期增长70%。街道8个社区居委会均参加新型农村合作医疗，参加人数1.31万人，参合率达100%，新农合报销人数1 342人，报销金额187.37万元，在卫生院住院的参合村民占住院人数的60%，为本地老百姓节省医疗费用近40万元。初级卫生保健达到全覆盖，申报龙门、长坡两家卫生所转型为社区卫生服务站，完成装修改造工作，于11月中旬投入使用。

【计划生育】　认真落实计划生育工作，通过宣传，群众对计生政策知晓率达95%，辖区范围内的常住人口符合政策生育率达100%，流动人口计划生育信息交换平台回复率100%，流动人口婚育证明查验率100%，流动人口育龄妇女信息采集率85%以上，流动人口全员信息采集率达80%。审批并兑现农村独生子女“奖、优、免、补”政策一次性奖励43户，优待中考、高考加分77人，计划生育特别家庭扶助27人，教育奖学金583人。健全完善计生统计台账，完成全国人口和计划生育基础信息核查工作，按要求完成全部个案数据的录入上报。免费开展农村已婚育龄妇女和流动人口已婚育龄妇女生殖健康检查2 383人，做好计划生育优质服务，提高出生人口素质。在流动人口集中的长坡和碧鸡社区成立流动人口协会，在富善社区建立流动人口计划生育之家，确实维护育龄流动人口的合法权益。

【社会保障】　围绕保增长、保民生、保稳定的目标，以扩大就业，保持就业局势稳定为中心，切实维护劳动者合法权益。全年城镇新增就业人数802人，提供有效就业岗位数905人；城镇下岗失业人员再就业208人，就业困难人员再就业205人；失业保险参保扩面5%，完成577人自谋职业灵活就业养老保险核定缴费和606人农村社会保险任务数，发放城镇居民最低生活保障272户376人。社区服务站的建设稳步推进，健全规范各业务台账，开展并完成劳动执法年审工作。

【民政工作】　节日期间，走访慰问驻办事处部队7个，军烈属9户，企业下岗生活困难退伍军人80名，无军籍职工56名，发放慰问金6.18万元，慰问品56份。采取措施开展救灾、救济工作，全年下发救济粮23吨，发放各项民政事业费104.8万元。做好农村低保审核发放工作，全年新增农村低保人员58名。免费送治精神病患者4名，集中供养五保户30名，认真做好166名“两参”人员的生活补助发放工作。巩固辖区内100%的火化率，积极协调做好全处农村公益性公墓建设工作。

【老龄工作】　开展“敬老模范村”和“百村建设”创建活动，全年发放高龄老年人保健补助金12万元。敬老节期间广泛开展慰问特困老人和高龄老人活动，慰问2 039人43万余元，采取就近上门等方法为90岁以上高龄老人进行体检。

【残联工作】 年内，召开碧鸡街道办事处第五次残疾人代表大会。节日期间慰问残疾人、残疾儿童210名，3.54万元。做好残疾人抗旱救灾工作，为30户干旱严重的残疾人家庭送去6 700元的米和油。核实发放扶残助学“春雨行动”贫困残疾人家庭子女助学补助70人2.89万元，为1名残疾人提供自主创业资金支持，为24名重度残疾人发放重度残疾护理费2.88万元，为24名白内障患者实施免费复明手术，为27名残疾人免费提供手杖、盲杖、盲人收音机、闪光门铃等残疾人用品。开展残疾人康复和训练工作，提供一对一上门康复服务。组织残疾人参加登山等文体娱乐活动和残疾人运动会，丰富残疾人精神文化生活。

【社会治安综合治理】 关注和着力解决草海治理拆迁、铁路枢纽扩能改建、西北绕城线征地拆迁、滇池西岸截污及制止农村无序建房等工作，共排查社会矛盾信息32条。全年评比挂牌“无盗楼院”68家、新增门楼院长20名、新装安全门43道、监控视频探头28个，提升了辖区和重点单位部门的安全防范水平和能力。加强禁毒和“防艾”工作，开展创建“无毒社区”活动。强化生产、交通、防火等安全监管，坚持日常监管与专项检查相结合，加大检查和隐患排查整治力度，全年未发生重特大事故，保障人民群众的生命财产安全。

【民主法制建设】 全年围绕辖区内征地拆迁多、重点工程多的实际情况，重点开展“土地管理法”、“城乡规划法”、“村民委员会组织法”和“信访条例”的普法培训班4期，普法考试1次78人。全年共调解各类纠纷案件161件，调解成功156件，成功率达96.8%。全年办理区政府转交人民代表、政协委员意见、建议、提案10件，做到件件有回复，面商率、满意率达100%。支持工会、共青团、妇联、工商联、科协等群众团体工作，广泛听取各方面意见，接受公众监督，不断改进政府工作。

【精神文明建设】 2010年共复查“十星级文明户”2 741户，12个村民小组创建为“八星级文明小组”，申报创建区级文明单位2家、市级文明单位3家，成立1 000余人的精神文明志愿者队伍。按区创建办要求，全力做好创建全国文明城市工作，把创建活动与宣传党的路线、方针、政策，做好思想政治工作结合起来，让群众在广泛参与中受到教育。武装工作确保党的绝对领导，在群众生产生活中起到保驾护航的作用。不断加强对工、青、妇等群团组织的领导，确保群团组织在“三个文明”建设中起到纽带和桥梁作用，促进党的事业蓬勃发展。

【“十一五”成就】 “十一五”期间，以软环境建设、招商引资、城乡园林绿化、“四退三还一护”、“四创两争”等工作为重点，强力推进区委、区政府下达的各项目标任务，实现全处经济和社会各项事业超常规、跨越式的发展。2010年乡镇企业增加值完成5.023亿元，比2005年的2.061亿元增长144%；农业总产值完成6 860万元，比2005年的5 942万元增长15.4%；总体财政收入完成1.053亿元，是2005年3 333万的3.16倍，年均增长25.87%；农民人均纯收入达6 835元，比2005年的4 998元增1 837元，增长36.8%。完成农村集体林权制度改革和农村税费改革工作，实施财政零基预算和项目预算，财政资金使用效益显著提高。

建立为民服务中心（站、点），逐步完善为民服务体系，完成撤镇设街道办事处工作，建立行为规范、运转协调、公正透明、廉洁高效的管理体制和运行机制。基础设施加快建设、城乡面貌明显变化，完成高海公路、昆安公路、滇池保护“四退三还一护”、西山风景区景前区改造等工程的征地拆迁安置工作任务。办事处多渠道筹集资金3 000余万元，完成车家壁—高峣、高峣—省委党校的路面改造，西华—册峨柏油公路，老高海公路高峣—西园隧道段路灯架设，碧鸡

碧鸡街道办事处开展青少年维权教育活动（碧鸡街道办事处　供稿）

卫生院新建，农村电网改造及81项水利建设工程。

（杨　蕾）

海口街道办事处

【大事记】　2月9日，海口街道办事处对昆玉铁路枢纽沿线、老安晋路沿线及基本农田上的农村违法建房组织强拆，共拆除违法建房397栋，面积约3.75万平方米。

3月24日，区级机关、市直部门和企业到海口街道办事处开展抗旱救灾捐赠献爱心活动。

11月3日，海口街道办事处采取强拆加助拆的方式，对辖区违临建筑进行了拆除。结合重点工程，共拆除房屋515户，拆除面积6.37万平方米，确保重点工程的顺利施工。

11月18日，海口社区居委会红泥嘴后山E地块举行安置房建设开工仪式。省委常委、昆明市委书记仇和，省人大副主任牛绍尧，西山区委书记柳文炜等省、市、区领导出席开工仪式。

11月19日，柳树箐居民小组地质灾害搬迁点临时安置房钥匙正式移交。

12月30日，昆明绕城高速公路西南段（安晋高速公路）正式通车。

【人口·面积】　2010年末，海口街道办事处总户数3.27万户，总人口6.96万人。其中男性3.63万人，占总人口的52%；女性3.33万人，占总人口的48%。城镇户数2.07万户，占总户数的63%，城镇人口数4.24万人，占总人口的61%；农业户数1.21万户，占总户数的37%，农业人口数2.72万人，占总人口的39%。汉族5.95万人，少数民族1.01万人。流动人口6972人。

全处辖社区居委会11个，自然村54个，居民小组74个。总面积174.37平方公里，耕地面积994.1公顷。其中田427.8公顷，地566.3公顷。

【党建工作】　根据区委、区委组织部的工作要求，组织开展社区第一届党组织、居民委员会的选举工作，依法按程序选举产生11名社区党总支书记，10名党总支副书记（含4名大学生“村官”），72名党总支委员（含4名大学生“村官”），51名分支部书记（含2个企业支部），分支部委员145名。选举产生社区居委会主任11名，副主任21名，大学生“村官”副主任4名（女性3名），委员36名，居民代表412名。选举产生74名居民小组组长、35名副组长。并对新当选的社区（居民小组）干部进行培训。

按照“三培养”的要求，不断加强党员队伍建设，积极推行入党人员政审制度，改善党员队伍的文化和年龄结构。全年共新吸收党员64名，讨论党员转正62名。

组织开展“效能西山”、“创先争优”活动，针对基层单位、广大党员群众所反映的热点、难点和重点工程建设中所出现的问题，对办事处23个科（室、站、所），27名中层干部进行民主评议，13个科室评定为非常满意，10个科室评定为满意，优秀中层干部19名，称职8名，通过评议，做到热点情况在一线了解、问题在一线解决、感情在一线融洽。

街道党工委对街道为民服务中心进行搬迁改造，解决为民服务中心与办公区分离的问题，方便群众办事。涉及的流动党员管理服务、土地、民政、计生、司法调解、社会保障、城管等多个部门搬迁至一楼办公，多方位、多领域开展为民服务。加强对11家为民服务站的制度建设，全处实现为民服务全覆盖，实行一站式服务。

加强反腐倡廉建设，认真落实各级领导干部党风廉政建设“一岗双责”，重点抓好党政班子成员，社区、小组干部的监督，进一步加强对人、财务及审批、执法等领域的监督，形成拒腐防变教育长效机制，树立党和政府的良好形象。

【经济简述】　2010年，全处工农业总产值完成16.448亿元，比上年增长20.25%。其中工业总产值完成15.351亿元，增长21%；农业总产值1.097亿元，增长11.06%。乡镇企业增加值完成8.295亿元，增长20.5%，乡镇企业实交税金1.088亿元，增长21.43%。农民人均纯收入6220元，增长8%。

【财税工作】　办事处全年地方财政总收入完成1.489亿元，比上年增长

4月18日，云龙社区召开第一届居民委员会选举大会。

（海口街道办事处　供稿）

19.1%。其中上划中央“两税”5963万元，增长16.2%。地方财政一般预算收入完成4558万元，增长22%，实现财政收支平衡。

积极推进“社区财务处代管”工作，代管资金1.6亿元，全年共张贴财务公开榜648次，资金流向、财务公开程序化、制度化，报支手续完备。同时，组织培训11家社区居委会94名报账员和会计人员，社区财务人员培训率达100%。

【招商引资】　招商引资硕果累累，通过不断改善软硬两方面的投资环境，全年共引入投资300万元以上的项目32个，其中结转项目11个，新上项目21个。协议资金57.9亿元，实际到位资金16.3亿元，完成年计划13亿元的125.4%。

【乡镇企业】　年末，全处共有乡镇企业1430个（集体企业4个，个体私营企业1426个），从业人员2.57万人。以磷化工、光学加工企业为主的二产业支柱地位更加突出，完成增加值5.655亿元，占全处增加值的68%，实交税金1.005亿元，占全处实交税金的92%。

【农业生产】　针对干旱情况完成水改旱178.67公顷，产业结构调整计划433.33公顷，完成复种面积691.44公顷。以46.67公顷设施农业为龙头，大力发展无公害蔬菜生产，大春无公害蔬菜计划333.33公顷，实际完成409.07公顷，实施蔬菜标准化示范种植153.33公顷。在里仁居委会成功实施20公顷低产经果林新品种提质改造（高枝嫁接）项目。在区农林局农推站的指导下，分别在各居委会实施测土配方施肥140公顷，水稻集成技术示范136公顷，高产创建玉米140公顷，玉米、蔬菜间套种147.73公顷，在海门实施杂交水稻示范种植3.33公顷。加强对农村现有土地的利用，完成土地流转358.07公顷，进一步推动了农业和农村经济社会的发展，促进农民增收。

【农业基础设施】　继续加大对农业、农村扶持投入力度，据省气象局发布的60年未遇的旱情预报，全处大部分居委会旱情严重，全处各级、各部门深入一线实地，掌握旱情，以“保民生、保稳定”为抓手，全力做好抗旱工作。全年共建小水窖2901个，小泵站建设19座，小水池建设28个，小水渠建设13.8公里，人饮管道铺设194公里，小坝塘清淤、除险加固9座。

11月16日，海口街道办事处举办旅游行业从业人员知识技能培训班。

（区文化旅游体育局　供稿）

【畜牧业】　全年，举办科技培训10期145人次。对辖区牲畜疫病进行免费防疫注射1.05万户次，畜禽114万头只次，防疫密度达100%，填写云南省畜禽免疫户口册6428本。完成生猪品种改良1413窝，牛品种改良68头窝次；牧草种植244.33公顷，永久窖青贮饲料推广2170吨。11个社区饲养畜禽18.79万头只，全年粪便产量3.08万吨，其中沼气利用量779吨，还田1.88万吨，出售9760.9吨。

【劳动力转移】　通过努力，全年共完成农业劳动力转移培训3262人，完成任务数2500人的130.48%；完成转移就业任务3551人，完成任务数2000人的177.55%，实现累计新增转移收入1455万元。

【新农村建设】　2010年海口街道办事处共上报新农村建设项目21个，区新农办审批项目5个（中新居委会安装太阳能热水器工程，中平居委会村间道路硬化修建工程，海门居委会海门一组步行街建设工程，中宝居委会社区卫生服务站建设，双哨居委会曹家沟居民小组中心绿地广场建设工程），中宝居委会社区卫生服务站建设项目完工，其他项目正在实施当中。

【林业】　按照要求，及时购置、补充防火物资，先后3次增人加岗190人，新建防火通道7条（12.6公里），建成防火专用水窖30个，组织各居委会沿公路边、林区边缘清铲6米宽防火隔离带36.5公里，进一步加大森林防火基础设施建设力度。全年共完成义务植树11.5万株，矿山植被恢复56.67公顷，补植火烧迹地面积23.33公顷，共收取绿化费6.71万元，完成区下达的造林绿化任务。按照市、区要求，进一步推进深化集体林权制度改革工作，完成公益林管护责任到户3 733.33公顷，完成商品林均山到户666.67公顷。

【环保及安全生产工作】 全年查处环境违法行为6起，下达限期通知书3起，现场环境监察5起；下达环境违法行为处罚通知书3起，处罚金额4万元；协助区环保局完成14个新建项目审批工作。

强化安全生产管理工作，全年共组织安全检查139次，人员456人次，检查各类企业121个，查处安全隐患23起，现场、责令限期整改23起。举办矿长、安全员培训班1期，参加人员141人，其中矿长67人；组织特种设备操作人员培训班1期81人。

【城乡一体化建设】 全年，组织青年志愿者、中小学生服务“四创”，开展清洁城市活动，共清除乱贴画、各类广告1万余条，清洗道路12万余米，清理河道1 300余米，清运建筑垃圾150余车。争取国债资金及省市区投资4 000万元实施螳螂川河道综合整治、环湖南岸干渠截污工程，总计拆迁涉及农户房屋491户。对中滩街直街、横街等道路路面及人行道扒砖损坏部分进行铺设或维修，铺设面积达1 000平方米。

大力推进道路绿化缺塘补栽、视觉补差工作，对辖区范围内绿化建设进行了全面、详细的规划，全年新增绿化面积56.17万平方米，共种植乔木4.51万棵，灌木50万株；完成辖区道路路灯清洗、养护等检修工作。成功申报园林单位1个（新华中心学校），云南省工疗疗养院被评为绿色社区、云磷小区被评为宁静社区。

在中宝、里仁、400号新建垃圾中转站、公厕各1座，制作中转站机械设备3套，维修、补装果皮箱326个。清理流动经营30余起，取缔占道经营及店外经营27起，规范门店、摊点经营秩序29家，集中解决群众反映的城市管理热难点问题12起。根据市、区政府要求，海口街道办事处已上报全域城市化迁村并点的规划方案，未来的11个社区居委会、74个居民小组、54个自然村将集中在7个地块居住生活，实现一步城市化。

【土地管理】 年内完成铁路枢纽征地工作新增用地26.02公顷，并顺利移交。建立地质灾害预防方案和汛情、险情值班制度，落实地质灾害分级管理责任制，对辖区内的4个重点灾害点所属的村组下发“地质灾害隐患通知书”、“滑坡泥石流等地质灾害防灾工作明白卡”、“滑坡泥石流等地质灾害防灾避险明白卡”共计320份；在汛期来临时，对严重灾害点安排专人24小时值班，发现变化及时上报。加强执法监察力度，对辖区11家居委会的违规加层、抢建房屋给予严厉打击，共发放“责令停止国土资源违法行为通知书”61份，对辖区内所有矿山企业开采范围进行不定期巡查，未发现私挖盗采及越界开采行为。

【滇池治理】 结合“四退三还一护”建设工作，配合完成耐火材料厂C地块、昆十八中D地块、红泥嘴后山E地块三个安置地的征地、拆迁及安置房建设启动工作。协调好滇池西岸截污，集镇和村庄污水收集设施建设等重点工程，做好沿线企事业单位和附近群众的思想工作，确保工程顺利实施。按照责任区监督保洁公司按打捞质量和标准开展滇池水面漂浮打捞、清除及处置工作，滇池界桩维护完好。

【科技创新】 年内，举办农函大、绿色证书培训13期787人，开展知识产权培训2期135人，完成科技培训5 361人次，科普讲座17期1 080人。开展全国科技活动周、全国科普日宣传、科技三下乡等大型宣传活动5次；确定云南飞隆劳尔有限责任公司为海口知识产权试点单位；分别在双哨居委会上哨居民小组、青鱼居委会甸基居民小组、海门居委会宽地坝小组新建科技阵地3个，积极向区科技局、财政局申请企业科技创新项目11项，获准立项6项。申请资金40余万元对企业科技创新工作进行扶持，极大地鼓励了驻地企业科技创新的积极性。

【卫生工作】 2010年，在办事处、居委会85%以上公共场所设有预防艾滋病宣传栏、宣传单，75%以上候车室、招待所放置预防艾滋病及无偿献血知识宣传材料；开展2次群众性艾滋病防治健康教育活动；在中小学开设防治艾滋病知识课程达100%，培训时间不少于一课时，学生预防艾滋病及无偿献血知识的知晓率达98%，教师知晓率达100%；在以防治性病、艾滋病为目的宾馆、饭店安全套摆放率达100%；积极组织办事处、居委会相关人员进行艾滋病防治政策和相关知识培训，合格率达98%以上。

全年，卫生院设有防疫专干、保健专干各2名，各社区居委会卫生所设防疫专干、保健专干各1名，完成学生体检工作，上报传染病65人。

新建海口卫生院投入使用。至11月底，全处共有农村人口2.68万人，参加新型农村合作医疗人数为2.63万人，参保率达100%（其余人员参加居民医保）。

【计生工作】 截至11月累计领取“独生子女父母光荣证”1.46万人，办理一孩“生育证”344本，二孩“生育证”115本，办理流动人员“婚育证明”21人。审核录入一次性奖励家庭22户，36人，兑现奖励金额1.8万元；审核报批高考加分46人，中考加分89人；申报兑现2010年考取高中、大专的农业人口独生子女奖励177人，20.94万元；新增养老生活补助4人，兑现金额为3 000元；享受养老生活补助46人，兑现金额3.66万元；审核农村独生子女家庭新农合参保人 7 420 人；审核城镇、农村独生子女低保户 514 户，放弃生育 5 户；累计审核城镇、农村独生子女伤残家庭 24 人，死亡 58 人。云南省育龄妇女及家庭成员人口数据库共采集人口个案信息 6.58 万人，3.11 万户，其中采集到的流动人口 1 894 户，3 978 人，育龄妇女 1 106 人，已婚育龄妇女 922 人，常住人口符合政策生育率达 97.4%。

【第六次人口普查】 为做好全国第六次人口普查工作，办事处安排普查指导员 117 人、普查员 338 人，设普查区 12 个，普查小区 285 个，普查总户数 3.88 万户，总人数 10.32 万人，户籍人口数 7.2 万人，出生人数 752 人，死亡人数 567 人，该项工作已进入快速汇总及质量验收阶段。

【社会保障】 2010 年全处共审核申报办理城镇低保 1 393 户 2 426 人，领取发放低保金 615 万元；城镇住房补贴 386 户 806 人，领取发放住房补贴金额 88 万元；西山区低保户廉租住房申报 15 个单位，申请办理 41 户，昆明市经济适用住房申请办理 233 户。做好城镇居民基本医疗保险参保、社会保障卡发放工作，完成城镇居民基本医疗保险参保数据采集 5 200 人，征缴医保参保费用 4 980 人，发放医保 IC 卡 1 180 张。完成 53 家企事业单位，1.2 万人的失业保险核定；个人缴纳基本养老保险费申报核定 1 332 人，社会保险补贴人数 577 人，报社会保险补贴 112 万元；办理被征地人员参保手续 367 人，其中已领取基本养老生活费 242 人。登记办理失业证 357 本，年度审验证 3 453 本，农村富余劳动力安置 460 人，“劳动法”培训 1 480 人，岗位采集 911 个，提供有效就业岗位 703 个，社区入户调查 210 户，办理登记单位法人证书 88 户。

【民政工作】 全年共发放社会救济金 394 万元，发放参战人员补助金 250 人 635 万元，发放抚恤事业费 126 万元，办理结婚登记、补结婚登记 509 对，离婚登记 166 对，开具未婚、未再婚证明 461 份。组织 4 次殡葬管理工作宣传活动，在原有海门、白鱼两个公墓的基础上，动员各社区选点建公益性公墓，正在筹建的有里仁回族公益性公墓，海丰、桃树公益性公墓，全年共支出火化补助 94 人 9.4 万元，农村殡葬改革工作稳步推进。

【残联及老龄工作】 全年发放重度残疾人护理费 133 人次 7.96 万元；进一步完善医疗保障制度，上报 445 名农业户口残疾人参加新型农村合作医疗保险，实现 100% 的覆盖率；深入开展残疾人就业工作，全年残保金征收共 71 家单位 29.74 万元，安置残疾人 84 名；继续做好 80 周岁以上老年人高龄保健补贴发放工作，全年共发放 4 816 人次 31.92 万元；办理“老年人优待证”712 本。

【社会治安综合治理】 针对安晋公路征地拆迁安置、铁路枢纽改扩建、螳螂川水环境综合治理、土地储备、矿山开采等引发的不稳定因素，认真分析排查，全年共调处不稳定因素及各种矛盾纠纷 296 件，成功 283 件，调处率 100%，成功率 95.6%，履行率 100%。狠抓“校园安保”各项措施的落实，年末，辖区 29 所校园已派驻保安 45 人，其中私立幼儿园派驻保安 6 人，派驻率达 83.3%，公立幼儿园 39 人，派驻率达 100%，11 所学校安装报警监控系统，确保校园安全。

至 10 月底，海口派所通过警务平台接处警 3 448 起，其中受理刑事案件 476 起，破获刑事案件 192 起；受理治安行政案件 377 起，查处治安案件 145 起，逮捕 50 人，拘留 48 人，收教 4 人。坚持“四禁并举、堵源截流”的方针，按照“一无三减”的目标要求，全力做好禁毒工作。至 10 月底共办理毒品 17 起，缴获海洛因 4 300 余克，强制隔离戒毒 52 人、社区戒毒 19 人，“美沙酮”维持治疗 60 人。

【民主建设】 全年共收到由区政府转由海口街道办事处主办、协办的区人大第十四届三次会议，区政协七届三次会议人大代表、政协委员提出的建议、意见、提案 14 件，其中主办 6 件，协办 8 件。主办的 6 件建议、提案中提出的问题得到解决和正在解决的有 4 件，占承办总数的 67%。收到建议、提案后，办事处始终坚持先调查研究、再面商回复、最后回访的原则，对每一件代表提出的意见、建议都进行认真地研究分析，制定切实可行的解决办法，做到件件有回复、事事有交代，办复质量和时效性进一步提高。

【精神文明建设】 年内，举办学龄前儿童家长培训班 1 期 640 人；全处成功申报了海口街道办事处、海口派出所、建行昆明海口支行 3 个市级文明单位。受区妇联表彰“优秀妇女干部”1 名、“五好文明家庭”1 户，云龙社区居委会被市、区妇联命名为“巾帼示范社区”。

【重点工程】 昆明西南绕城高速公路（安晋高速公路）完成征地拆迁，工程施工顺利，并于 2 月底顺利通车；环湖南路完成征地拆迁，工程正在施工中；铁路枢纽改能工程征地拆迁工作有序开展；“四退三还一护”完成 E 地块的交地工作，已启动安置房建设工作；西岸、南岸截污，螳螂川水环境综合整治等重点工作顺利推进。

【“十一五”成就】 全处工农业总产值从 2006 年的 9.022 亿元增加至 2010 年的 16.448 亿元，增长 82.3%；其中工业总产值从 2006 年的 8.165 亿元增加至2010年的15.351亿元，增长88%；农业总产值从2006年的8 572万元增加至2010年的1.097亿元，增长28%；乡镇企业增加值从2006年的3.941亿元元增加至2010年的8.295亿元，增长110.5%；乡镇企业实交税金从2006年的5 200万元增加至2010年的1.088亿元，增长109.2%；农民人均纯收入从2006年的4 789元增加至2010年的6 220元，增长29.88%。

地方财政总收入从2006年的6 588万元增加至2010年的1.489亿元，增长126%；地方财政一般预算收入从2006年的1 985万元增加至2010年的4 558万元，增长130%。全处招商引资实际到位资金从2006年的6.65亿元增加至2010年的16.3亿元，增长145%。

按照省、市、区的要求，完成尖山磷矿区的整合；加快纯乡镇集体企业改革步伐，海口农机站对外进行租赁；完成海口化肥厂、海口建筑公司的改制工作；青鱼耀龙化工厂进行整体转让，困扰居委会多年的债务得以解决。

各级投资近6 000万元完成中滩街横直街改扩建，建成垃圾填埋场1个、垃圾中转站3个、垃圾收集间50余个。对观海路、双哨进村道路等20余条镇村道路进行了建设改造。投资达140万元的里仁大棚至西仪公司段道路建设成为政府与企业成功合作的典范。完成观海路横路建设和长约5公里的环耳山道路扩宽、灯光亮化工程。

海口卫生院实施择址搬迁，并投入使用。进一步完善《海口镇关于新型农村合作医疗的暂行办法》，提高对村民的补助标准，参加农村合作医疗人员从2006年的1.76万人增加至2010年的2.63万人，参合人数逐年增加，参合率达100%。

（张汝艳）

团结街道办事处

【大事记】 2月26日，市委宣传部常务副部长、市文产办主任李勇毅到团结街道办事处调研文化产业工作。

2月28日，省委书记白恩培到团结街道办事处十里箐村民小组走访调研。

7月5日，省委常委、市委书记仇和到团结街道办事处进行走访调研。

7月30日，老挝总理府国家水资源与环境总署环境评估局局长本次法沃拉吉一行25人到团结街道办事处参观考察。

9月4日，昆明市小城镇建设开发培训班到西山区团结街道办事处现场观摩。

【人口·面积】 团结街道办事处位于昆明市西郊，距市区17公里。办事处辖居民委员会16个，居民小组119个，总面积424.66平方公里，耕地面积2 040.3公顷，人均占有耕地0.07公顷（以农业人口计算）。

团结街道办事处是一个多民族聚居的办事处。境内主要有彝族、白族、苗族、汉族等民族。办事处总户数1.01万户，总人口3.25万人，其中农业人口3.13万人，非农业人口1 207人。彝族1.64万人，汉族9 113人，白族5 847人，苗族995人，其他民族148人，少数民族人口比例为72%。

【党建工作】 党工委下设17个党总支（1个企业党总支、16个社区党总支），102个党支部（农村党支部92个，企业党支部4个，机关事业单位支部6个），共有党员1 741名，其中少数民族党员1 227名，妇女党员473名。年内，发展预备党员30名，办理党员转正28名。各社区党总支、居委会设立流动党员服务热线，为流动党员服务管理搭建良好的平台。建立党建指导员制度，强化对非公企业党组织的指导和管理，进一步支持“边疆党建长廊”建设工作。全年给予党内警告处分4人，党内严重警告处分1人，开除党籍处分3人，排查并整顿软弱涣散党组织1个。

年内，开展创先争优公开承诺，参与党员100人，承诺事项500余项。街道党工委对2009年“三会一课”执行较好的50个党支部进行奖励，共发放奖金2.5万元。按照区委组织部通知要求，认真制定并下发《关于做好社情简报工作的通知》，各社区认真撰写社区社情简报。

通过开展创建学习型机关活动，对街道获得本科、大专文凭的机关干部给予奖励，共奖励28名机关干部，奖励金额共计1.53万元。街道领导班子积极参加区委组织的“领导干部培训日”学习，班子领导定期到所联系社区讲党课，共讲党课32次，并根据分管的工作及联系点的工作实际撰写调研报告16篇，各党总支书记、居委会主任根据工作实际撰写调研报告25篇。要求机关干部按照“读好书、求新知”的要求，每月读一本书，并有读书笔记，截至12月底，全街道机关干部共读书600余册，记录读书笔记600余篇。

5月召开“创先争优”活动动员大会，成立以党工委书记为组长的创先争优活动工作领导小组，将创先争优活动纳入年度考核的重点项目。确定龙潭、乐亩、永靖等3个社区党总支为基层党建和创先争优活动示范点，各总支和支部也确立示范点。街道设立党员先锋岗5个，各总支（支部）设立1～3个示范点或先锋岗，确保基层党组织创先争优活动取得实效。加强对16名新农村建设指导员、20名民族农民大专班毕业学员、13名大学生“村官”的管理教育，实行按季听取工作汇报制。1名大学生“村官”针对菌子的经营、销售进入创业阶段。

【软环境建设】 为切实提高机关党员干部为民服务能力，结合街道工作实际，在一楼大厅统一规范建立昆明市西山区团结街道办事处为民服务中心，进一步提升服务质量和内涵。16个社区居委会都设立“为民服务站”，把民政、计生、农科、兽医等为民服务部门纳入其中，更好地为群众办实事、解难事，方便群众办事。

在强化已有制度建设的基础上，坚持做好每月“书记、主任接访日”、“党代表接待党员群众”的接访工作；认真开展“行政效能提升年和干部作风改进年”活动，各级党组织对照思想观念、工作作风等方面存在的问题征求意见，召开民主生活会，进行整改，并做出公开承诺，设置投诉电话，公开全体机关干部职工的职责和电话号码，畅通监督渠道，广泛接受社会各界监督。制定和完善“治庸计划”和“干部能力提升计划”，严格落实岗位责任、首问首办、限时办结等制度，对招商引资和重点项目实行专人跟踪服务和推进工作进度定期报告制度。深入推进“五办作风”、“一线工作法”、“工作成果倒逼法”，制订机关“百分制绩效管理”，强化公务用车统一管理，严格执行有关公务用车管理规定。

【社区“两委”换届选举】 3～4月底，团结街道办事处开展第一届社区居委会选举工作，团结街道党工委、办事处高度重视选举工作，成立领导小组，制订实施方案，抽调人员组成办公室，下派16个工作组，筹措资金10多万元。根据选举工作安排，团结街道办事处16个社区居民委员会按宣传发动、成立选举委员会、选举社区居委会、选举村级党总支（支部）、健全组织和建章立制、工作总结及检查验收、后续工作等7个阶段按步骤扎实开展工作。于4月底全面完成街道16个社区居委会、92个居民小组党支部、119个居民小组的换届选举工作，全处共有选民2.32万人，参加正式投票的选民2.28万人，参选率达98%。共选举产生社区党总支书记16名、委员94名、大学生“村官”副书记7名，连选连任的总支书记12名，选举产生93个居民小组党支部书记；依法选出居民委员会成员90名，其中主任16名、副主任32名（其中民族大专班学员被选为副主任的8名）、委员42名（其中民族大专班学员被选为委员的2名）、大学生“村官”副主任7名，连选连任的主任8名，选举产生119名居民小组长。

【经济简述】 2010年全处乡镇企业营业收入完成8.44亿元，财政总收入完成7 456万元，地方财政一般预算收入完成3 771万元，上划中央“两税”完成2 043万元，农民人均纯收入实现4 785元，粮食总产1.07万吨。

【招商引资】 2010年纳入招商引资统计的项目有23个，其中转结5个，引进18个，实际到位资金2.899亿元，完成计划数2.5亿元的116%。完成固定资产投资2.887亿元，注册资本金统计120万元，在谈项目8个。

【农业生产】 全处粮播面积完成2 436.8公顷，粮食总产达1.07万吨，油料播种面积64.9公顷，总产103.9吨；药材播种面积3.7公顷，总产6吨；蔬菜、瓜果播种面积1 102.6公顷，总产1.64万吨；其他作物面积227.9公顷。

农业产业结构调整完成1 280公顷，其中蔬菜种植908.87公顷，西瓜种植27.2公顷，草莓种植6.67公顷，万寿菊种植189.53公顷，玫瑰种植80公顷、鲜切花20.2公顷，水果品质提质增效106.67公顷（核心示范40公顷，一般示范6.67公顷）。通过产业结构调整，农民经济收入普遍呈上升趋势。

大力实施“一池三改”，全处共完成沼气池建设182座，建设节柴灶1 000眼。年内完成黑箐坝塘和晒晒玛坝塘设计工作，启动水利工程71件，全部完工，完成小水池建设69个；安装管道148.96公里；完成小水窖建设5 160个、小抽水站建设26座，小坝塘清淤扩容26个。

【畜牧业】 全年完成牲畜口蹄疫强制免疫10.77万头，免疫反应死亡率0.3%；完成禽流感强制免疫28.36万羽，新城疫免疫18.44万羽，高致病性猪蓝耳病免疫4.34万头，猪瘟、猪

12月4日，团结街道办事处开展森林防火宣传。

肺疫、羊痘、牛炭疽、出败等常规免疫10.3万头。指导养殖场（户）加强防疫管理，防止甲型HINI流感向猪群传播，减轻疫病对畜牧生产的威胁。对16个社区居委会17个防疫区及规模养殖户进行免疫效果监测，共举办兽医防疫技术培训班1期培训63人次。

【新农村建设】 全年确定并实施6个社区居委会13个居民小组省级重点村建设项目，主要项目为多功能活动室、活动中心广场建设，道路硬化、水利工程、危房改造、能源开发利用、产业结构调整、配套垃圾房、公厕、墙体美化及村庄绿化9大类，其中多功能活动室建成上律则、核桃箐、螃蟹箐、清明丫口、马岭坡、豪猪洞、石头山、大河村8幢共3 500平方米；活动中心广场建设1个共1 400平方米；基础设施建设工程项目完成18件，其中道路硬化5件共1.95万平方米；水利工程15件；危房改造195户；能源开发利用2件，安装太阳能路灯60盏，安装太阳能热水器109套；产业结构调整10件，完成万寿菊、蔬菜、玫瑰种植共137.33公顷；实施村容村貌整治，配套垃圾房1间、公厕2个共80平方米，墙体美化5.57万平方米，村庄绿化1 000平方米，较好地改善了13个村4 000多人的生产生活条件。全处119个居民小组，结合新农村项目新建多功能活动室40余个，进一步改善了基层办公条件，为开展各项工作奠定了基础。

【林业】 全年，全处共发生森林火警火情2起，一般森林火灾1次，扑救过程中未发生人员伤亡事故。加强林政管理工作，依法办理报批林地征占用手续，认真开展查处非法占用林地案件专项行动，坚决制止和打击盗采小铁矿、石英砂的毁林行为。进一步完善森林防火基础设施建设，修建大兴龙马山、乐亩山里果树至陡咀共计13公里防火通道，已完工投入使用，同时配备修建81个防火水窖。加大"五采区"植被恢复工作，及时组织各级干部、居民开展植树造林工作，共植树21.4公顷9.1万株，完成区绿化委下达任务数的114%。

【城建环保】 积极配合相关部门实施规划全覆盖，编制完成团结总体规划并正上报审批；做好西北绕城公路拆迁建设庙村、新邑村、龙潭集镇中心区3个项目的立项、选址工作，正在办理3个地块用地许可和申报农用地转建设用地指标，修建性详细规划已完成初稿，计划总用地117.92公顷，可安置农户8 696户3.07万人。拟选址大兴、白眉、多依村、乐居村、茨沟村共5个点，分别结合"三类"房、"迁村并点"、"明朗水库改造提升"、"西北绕城"、"新农村建设"等项目进行安置。乐亩至大叠水公路已进场施工，预计明年6月完工，此外完成自然村11个小组道路硬化。截至12月15日，涉及4个社区居委会房屋拆迁的200户农户已签187户（其中集体户8户，留地安置24户），拆除房屋129户，面积3.5万平方米，其中砂场7 000平方米，房屋拆迁2.8万平方米，红线范围内清点坟墓780冢，已全部按补偿标准兑付给农户，已兑现人民币61.08万元。

为各社区居委会、卫生院、学校共配送125只果皮箱、50只垃圾桶及10辆三轮密闭垃圾车，对中心区所有路灯进行维修，将区创建办统一印制"门前三包"履约登记本逐一发放到集镇中心区经营户，同时对签订"门前三包"履约率再次检查，查缺补漏，确保100%签订责任书。

【全域城镇化建设】 根据市委、市政府农村工作会议要求，按"3+1"模式，团结街道集镇中心改造建设控制性详规及龙潭片区旧村改造已完成特色商业街修建性详细规划并向上级报批。龙潭片区旧村改造，规划设计定位为集旅游、休闲及购物为一体的白族特色商业街。团结街道党工委、办事处多次召开会议，多方面征求意见，初步确定"四线"、"五片区"的城乡规划思路。"四线"即明朗线、永靖—谷律线、螳螂川线和乐亩—大叠水线。明朗线以水源管理和水资源开发利用为主。结合明朗水库扩容和西北绕城公路的征地拆迁工作，认真做好明朗水库的水源管理和水资源开发利用和237户拆迁户的迁村并点规划工作；永靖—谷律线以农业生产（菜园子）为主，认真做好农业生产基地建设规划；螳螂川线以加工玫瑰和万寿菊为主，努力打造观赏型植物（玫瑰和万寿菊）的规划建设，以"芳香走廊"种植营造旅游景观；乐亩—大叠水线以沟域经济为主。结合乐亩—大叠水公路的建设，打造岔河、陡嘴彝族特色旅游景观沟域经济。"五片区"即龙潭集镇中心商贸区、花红园一旅游、山地别墅区；妥吉干坝子种、养及农产品加工区；卧云山旅游开发区；明朗水文化生态旅游区。至年末完成班子搭建、集镇中心（5.53公顷）核心区规划及土地确权等工作，农技校农业观光园66.67公顷规划工作，乐亩—大叠水公路岔河、陡嘴沟域经济特色旅游村改造规划及其前期墙体美化、村间道路硬化、公共设施建设等工作；十里箐苗族村寨改造规划及其建筑设计工作。

【国土资源管理】 2010年，现场制止国土资源违法行为223起，协同综合执法强制拆除违法占地共涉及农户7户，拆除面积1 400平方米，围墙500米。开展地质灾害防治及监管工作，做好矿产资源开发与保护规划，做到依法依规开采，严厉打击和遏制盗采国家矿产资源行为。

【园林绿化】 年内全处完成村庄绿化、河道绿化、矿山绿化及公路绿化共计97.33公顷，聘请两名树木养护人员负责龙潭片区的树木养护工作。将龙潭大河村和龙潭小村规划为小康示范村，其中部分项目已按规划方案实施，小墨雨彝族村创建为民族团结示范村，部分项目已完工，植树绿化2 480株，安装太阳能路灯25盏，完成村间道路硬化。

【旅游工作】 年内共组织35名农家乐服务人员进行重点培训，旅游接待能力和服务质量显著提高。完成对2010年度16家农家乐星级评定上报工作。2010年共接待游客100万人次，同比增长33.5%，实现旅游总收入1 000万元，同比增长65%，全处已基本完成龙潭旅游特色村的建设。

【科技工作】 承担并实施水果品质提升项目，万寿菊189.53公顷种植项目，农业科技进村入户示范工程。组织规范申报科技项目5项，组织“力森纸厂科技园”、“利用当地资源开发团结特色旅游产品”2个项目申报科技奖。

全年共举办农村实用技术培训64期，参训人员6 400人次；举办12期“农函大”培训班，培训人数1 260人。积极开展“全国科技活动周”、“知识产权宣传周”、“第三届西山科普节”等系列活动，配合知识产权执法，开展企事业单位知识产权试点工作。

【文化教育】 在中小学实行“两免一补”政策，实现义务教育全免费，入学率、巩固率、初等教育完成率达100%，为全处181名被辞退或解聘民办教师填办生活补贴申请表，初中流失率控制在8‰以下。做好龙潭小学标准化建设工作，改善学校教学条件。

【文化工作】 8月18日，街道举办“团结街道办事处第二届山歌调子会”，前来参赛的选手多达60余人。积极做好2010年西山区“三下乡”活动专场演出场地落实、舞台搭设、生活后勤保障工作。至年底，全处16个社区共有文艺队84个，春节期间全处有58个文艺队开展活动，演出186场，各种类型的节目868个，观众达2.69万人次。认真组织具有民族特色的唢呐队、芹菜塘文艺队30余人，参加中国昆明国际文化旅游节和“三月”白族节，进一步扩大民族民间文化的交流。

做好文物保护工作，丰富乡村生态旅游内涵，筹捐4.5万元专项基金对棋台社区居委会文笔山文笔塔进行认真修复。年内全处共投入12.11万元专项资金，为71个居民小组配备了全套广播设施，2个小组配备话筒；为119个居民小组各配置了1台EVD影碟机，并刻录了200碟防火宣传碟。

【卫生工作】 年内，筹措资金改善团结、谷律卫生院的医疗条件。2010年新型农村合作医疗应参保人数2.85万人，实际参保人数2.82万人，参保率99%。建立区、处、居三级疫情网络，开展免疫五苗接种、麻疹强化免疫接种，确实做到避免和降低传染病的发生及流行。

【计划生育】 坚持以人为本，继续抓住稳定低生育水平，提高出生人口素质两个关键，符合政策生育率达99.27%，出生率为8.95‰，死亡率为7.28‰，人口自然增长率为1.70‰。抓好农村独生子女家庭“奖、优、免、补”工作，为28户办理“独生子女父母光荣证”，为符合奖励条件的新增24户、符合补助条件的45人办理了审批手续，为14名符合中考加分、2名符合高考加分的学生、244户符合“三免费”条件的独生子女办理了相关审批手续。

【社会保障】 配合区就业局开展再就业工作，张贴、公布就业信息，积极落实再就业优惠政策，为下岗失业人员办理“再就业优惠证”。逐步完善社会保障体系，全年共为819户1 146人办理农村低保，为38户42人办理城市低保，为135人办理失地农民养老保险，为325人办理城镇居民医疗保险，职工养老保险续检28人，27人办理贷免扶补。

全年累计劳动力转移3 039人，其中省外转移64人，省内转移2 975人，完成新增收入1 365.76万元，累计培训人数3 045人，其中引导培训完成任务2625人，技能培训420人。

【民政工作】 全年共走访慰问农村

7月2日，团结街道办事处举办刺绣培训班。

五保户、孤儿及农村城市低保 2 498 人次，发放慰问金 15.58 万元；发放冬寒救济衣物 600 件（套），救灾救济粮 108 吨。对因灾因病造成家庭困难的 81 户给予临时生活、医疗救济 24.38 万元，危房修建救济 51 户，救济金额 12 万元，为 819 户 1 146 人年人均收入低于 2 000 元的家庭或患特重大疾病和严重残疾造成生活困难的农村特困家庭调查审核办理农村低保。

进一步加强对农村殡葬管理工作的领导，在确保死亡火化率达 100% 的同时，重点开展农村公益性公墓的选点建设工作。年内建成和平社区韭菜山公墓、妥排社区盖板石公墓、乐亩社区中里干公墓，待验收后，即可投入使用，龙潭社区银匠山公墓在建中。加大对殡葬改革工作经费的投入，2010 年 1～11 月份死亡 210 例，火化 210 例，死亡火化率达 100%，街道办事处每例补助 2 000 元，共发放补助金 42 万元。

全年共办理“老年优待证” 144 本，敬老节慰问 60 岁以上老年人 5 269 人，慰问金额 11.23 万元，为 80 岁以上老年人 451 人申办高龄老人保健补助，补助金额 10.81 万元。

【残联工作】 开展扶残助残工作，做好 383 名白内障患者的筛查和康复工作，康复员入户对 84 位康复对象进行康复训练。对贫困残疾人家庭 150 户进行走访慰问，共发放慰问金 3 万元。为 11 名各类残疾人发放盲表、盲杖、手杖、腋仗等用品用具，为 2 名肢体残疾人免费安装假肢，为重度残疾人及二级以上听力残疾人 56 名安装了闪光门铃，为 42 名卧床不起的重度残疾人发放护理费 4.62 万元，为 8 户生活、医疗困难的残疾人发放补助金 4 500 元。为 639 人换发第二代“中华人民共和国残疾人证”。按照西山区关于开展 2010 年扶残助学“春雨行动”工作的通知精神，为 2010 年符合资助条件的 105 名在校残疾学生及残疾人子女发放扶残助学补助款共计 3.73 万元；为符合条件的 4 名考取中专的残疾学生及子女发放助学款 4 000 元；为 10 名残疾学生发放彩票公益金助学款 8 250 元，全处残疾弱智儿童入学率达 98%。

【社会治安综合治理】 全年共受理各类民间纠纷 151 件，调解成功 145 件。坚持对社会矛盾一月一排查，发生社会矛盾纠纷 12 起，调处完毕 5 起，正在调处 7 起，调处率达 100%。开展“书记、主任接待日”，接待来访群众 2 批 3 人次；共办理群众来信 38 件，已办结 38 件，办结率 100%，其中群众来信 21 件，办理群众来访 17 批 546 人次，信访量比去年同期下降 37%；办理西山区便民热线交办件 66 件，办结率 100%；办理西山区“区委书记、区长接访日”交办件 9 件，办结率 100%。严厉打击各种刑事犯罪，全处共立刑事案件 36 起，破案 10 起，破案率 27.8%，办理治安案件 42 起。在“安全生产月”期间，在辖区内组织开展食品、药品安全生产监督检查。

【精神文明建设】 抓好对“十星级文明户”及“八星级文明小组”复查工作，在认真总结以往创建工作经验的基础上，细化评星标准，制定奖励措施，确保全街道 119 个村民小组创建率均达到 100%。街道党工委、街道文明办十分注重文明单位（村）的创建工作，对街道已有的省、市、区文明单位进行严格督查，进行定期、不定期的明察暗访，没有出现被摘牌的现象。按计划开展文明单位（村）的创建申报工作，对省市区文明单位严格督查，推广好的经验和做法，新申报市区文明单位 10 个。强化典型素材和重点亮点工作的宣传，共上报信息 28 篇，开创全处精神文明创建活动新局面。

【“十一五”成就】 街道党工委、办事处坚持创新招商方式，落实招商责任，认真做好已引进企业的服务工作，加大引项目、引资力度，招商引资工作取得新突破。

2010 年，经济总收入完成 14.85 亿元，比 2005 年 8.6 亿元增加 6.25 亿元，年均增长 11.54%。其中乡镇企业营业总收入完成 13.28 亿元，比 2005 年 7.6 亿元增加 5.68 亿元，年均增长 11.8%；农业经济总收入 1.57 亿元，比 2005 年 1 亿元增加 5 700 万元，年均增长 9.44%。地方财政总收入完成 5 677.42 万元，农民人均纯收入完成 4 606.76 元。全处综合实力进一步增强，人民群众生活水平进一步提高。

打造乡村生态旅游建设，投资 300 万元建设团结生态花果园，投资 8.6 万元完成棋盘山亮化工程，建设标志性夜市景观，增添乡村生态旅游新亮点。建成 3 个村级乡村生态旅游服务站，评定 7 个星级农家乐经营户，成立团结农家乐工会联合会。成立团结果树技术经济协会、永靖蔬菜种植协会、谷律花椒种植协会等 11 个专业协会。

（严志英）

人　物

编辑　刀培凤

【国家级表彰先进人物】

阮鸿献

汉族，1966年6月生，昆明市政协委员，云南鸿翔药业（集团）有限公司董事长。

阮鸿献于1981年成立鸿翔药材收购站，历经30年不懈努力，现已发展成为云南最大的集中药材种植加工、生产零售、研发医疗、健康咨询为一体，总资产7.7亿元，年销售超过20亿元，拥有近9 000名员工的大型民营医药产业集团。2009年上缴税收突破1亿元。分布云南省和附近6个省、市地区“一心堂”直营连锁药店1 160余家。公司连续3年进入全国医药零售连锁企业10强。

在阮鸿献的带领下，公司解决了一大批人员就业问题，上缴税收逐年递增。他热心公益事业，公司每年预算专款200多万元用于社会公益事业。几年来，公司积极扶助贫困学生完成学业；先后为敬老院、地震灾区、火灾灾区、边远贫困地区、困难劳模、云南旱灾等等捐资捐物近千万元。作为云南省的青年创业导师，他帮助14名创业青年实现就业。

为提高云南边远山区群众的健康意识，从2003年开始，每年耗资150万元在云南边远地区进行普及健康教育的“一心堂健康万里行”活动。不少大专院校、社会团体请他去作经验交流报告，他从不推辞，他把自己成功的经验无私地传授给大家，在启迪年轻人更好地面向社会、拥有更好的人生方面，起到积极的作用。

为使企业长期稳定健康发展，阮鸿献重视依法办企，积极落实国家关于企业员工应有的各项合法权益。为使整个员工队伍技能和管理水平不断提高，每年用于员工的各种培训费用达300多万元。面对国际金融危机，他积极与工会签订“共同约定书”，承诺不裁员、不减薪、不欠薪的约定原则。2006年，他被全国总工会评为“全国关爱员工优秀民营企业家”。

2010年4月，阮鸿献被国务院授予“全国劳动模范”荣誉称号。

杨竹芳

汉族，云南昆明人，1966年9月生，西山区人民检察院副检察长，四级高级检察官。

杨竹芳从事检察工作20余年，始终坚守检察工作的原则和目标，以精湛的业务，准确认定案件事实，避免和纠正冤假错案发生，为受害人伸张正义，维护了法律尊严。

22年来，她共承办审查逮捕案件1800多件，做到无错案、无超时限案、无违法违纪案、无被举报或投诉案。并承担了大量重大、疑难、复杂案件的审查逮捕工作。最多的一年，杨竹芳办案248件379人。

杨竹芳具有检察官的铁面无私，也有司法工作者的万般柔情。特别在预防未成年人犯罪和维护青少年合法权益方面，她和同事探索建立了未成年人犯罪案件专门机构和“捕、诉、防”工作模式，始终坚持“教育、感化、挽救”的刑事政策，注重帮教工作，适时进行法制教育，挽救了很多失足青少年，取得了很好的社会效果，一些失足青少年亲切地叫杨竹芳“检察官妈妈”。

杨竹芳工作经验丰富，2009年面对新时期的各种矛盾，杨竹芳与科内工作人员深入调研，建议试行刑事发案分析预警机制，很好地配合了打黑除恶专项斗争，同时为西山区制定治安防范政策提供了依据。通过对2009年刑事案件的受理、办理情况总结分析，深入研究违法犯罪的发案原因、规律和新问题及新特点，提出切实有效的防范对策。

2010年2月杨竹芳被最高人民检察院命名为“全国模范检察官”；2010年4月被中华全国总工会表彰为“全国先进工作者”、授予“全国五一劳动奖章”，被云南省总工会授予“五一劳动奖章”；2010年9月，被昆明市文明建设指导委员会评为“昆明市敬业奉献模范”。

代琼兰 汉族，1953年9月生，西山区团结街道办事处下冲居民委员会上冲居民小组党支部书记。

上冲村地处山区，交通不便，自然环境较差。代琼兰没被眼前困难吓倒，改革开放后带领家人想方设法脱贫致富。代琼兰养过猪、做过粉丝加工、当过兽医等。1990年6月，代琼兰承包了一个小沙厂，她不顾村民的偏见，学习推土机驾驶，外出跑市场，带领全家人艰苦创业，终于让全家人过上了富裕生活。代琼兰富了不忘家乡人，为了方便村里小孩上学、方便村民们生产生活，代琼兰多次争取乡党委、政府支持，主动与区妇联、区水务局联系，争取资金，加之自己出资，动员村民捐款、出力，帮助村里修路、建蓄水池，解决了村民出行难和人畜饮水困难问题。2004年2月，代琼兰个人出资2万元修缮了区级重点文物——戴雄墓。2005年夏季、2010年春季，天气持续高温，大面积旱灾，她主动把自家办的农家乐池塘水、电无偿提供给村民抗旱保苗。2006年3月31日，购买价值1 000元的矿泉水送到“3·29”火灾现场看望受灾群众。

此外，代琼兰夫妇俩还十分关心孤残贫穷人，将一位孤寡聋哑老人接到家里住，数年如一日，无微不至地关心照料直至老人去世。2005年1月，她用自己艰苦创业积攒下来的大部分资产修建了“喜福乐老年公寓”，把孤寡老人集中起来赡养。每逢过年过节，她总是带上礼物去看望慰问孤残、五保户老人、儿童。2010年暑假，代琼兰带一名双目失明、颈部和肩部粘连在一起的特困户残疾女儿，到西山区人民医院请专家进行手术治疗。在村里，老人们都把她当作教育子女“做好人”的榜样。

2004年，代琼兰被云南省妇联授予“巾帼建功标兵”，2006年6月被中共云南省委授予“优秀共产党员”，2006年9月被省妇联授予“‘三八’红旗手”称号，2006年2月被全国妇联授予“双学双比女能手”称号，2007年被市妇联评为“昆明市‘五好文明家庭’标兵户”，当选“2007年昆明好人”，2009年3月被全国妇联评为“第七届全国‘五好文明家庭’标兵户”。

（各单位供稿）

2010年获云南省党政机关表彰先进人物表

姓　名	工作单位	获奖时间	荣誉称号	颁奖单位
杨自光	西山区农林局	2010年2月	云南省第三批新农村建设优秀指导员	云南省委、云南省政府
王瑞杰	福海街道办事处	2010年2月	云南第二次全国经济普查先进个人	云南省统计局
田新艳	福海街道办事处	2010年2月	云南第二次全国经济普查优秀组织者	云南省统计局
李志明	西山区农林局	2010年4月	云南省科学技术进步奖三等奖	云南省政府
吴永芳	西山区交通运输局	2010年4月	科学技术进步三等奖	云南省政府
王艳明	西山区交通运输局	2010年4月	科学技术进步三等奖	云南省政府
芮红睿	西山区交通运输局	2010年4月	科学技术进步三等奖	云南省政府
张春林	西山区交通运输局	2010年4月	科学技术进步三等奖	云南省政府
马洪云	西山区文化旅游体育局	2010年5月	云南省第三次全国文物普查实地文物调查阶段突出贡献先进个人	云南省文化厅、云南省文物局
李利民	西山区文化旅游体育局	2010年5月	云南省第三次全国文物普查实地文物调查阶段突出贡献先进个人	云南省文化厅、云南省文物局
陆　燕	西山区农林局	2010年6月	云南省农业技术推广奖	云南省农业厅
赵建云	团结街道办事处	2010年7月	云南省抗旱救灾先进个人	云南省委、云南省政府
张守周	西山区工商局	2010年8月	红盾护农先进个人	云南省工商局
朱　惠	西山区文化旅游体育局	2010年8月	2006～2009年体育工作先进个人	云南省体育局

续表

姓　名	工作单位	获奖时间	荣誉称号	颁奖单位
戚自良	西山区环保局	2010 年 10 月	云南省第一次污染源普查工作先进个人	云南省环境保护厅、云南省统计局、云南省农业厅、云南省第一次污染源普查工作领导小组
李林平	西山区环保局	2010 年 10 月	云南省第一次污染源普查工作先进个人	云南省环境保护厅、云南省统计局、云南省农业厅、云南省第一次污染源普查工作领导小组
谢丽萍	西山区环保局	2010 年 10 月	云南省第一次污染源普查工作先进个人	云南省环境保护厅、云南省统计局、云南省农业厅、云南省第一次污染源普查工作领导小组
李　俊	西山区环保局	2010 年 10 月	云南省第一次污染源普查工作先进个人	云南省环境保护厅、云南省统计局、云南省农业厅、云南省第一次污染源普查工作领导小组
王小松	明诚公证处	2010 年 10 月	云南省十佳公证员	云南省司法厅
杜德富	西山区农林局	2010 年 10 月	2010 年农业抗旱救灾先进个人	云南省农业厅
黄韶春	西山区科协	2010 年 11 月	2009 年度农函大先进工作者	云南省科协、云南省农函大
刘艳萍	西山区科协	2010 年 11 月	2009 年度农函大先进工作者	云南省科协、云南省农函大
梁　璞	西山区科协	2010 年 11 月	2009 年度农函大先进工作者	云南省科协、云南省农函大
梁　珺	西山区科协	2010 年 11 月	2009 年度农函大先进工作者	云南省科协、云南省农函大
黄炳炎	西山区城投公司	2010 年 11 月	云南省厂务公开民主管理先进个人	云南省厂务公开领导小组
宁跃猛	西山区疾病预防控制中心	2010 年	云南省禁毒防艾人民战争优秀工作者	云南省卫生厅
付贤翠	西山区疾病预防控制中心	2010 年	云南省碘缺乏病工作先进个人	云南省卫生厅
杨跃高	西山区疾病预防控制中心	2010 年	云南省结核病防治先进个人	云南省卫生厅
角春华	西山区疾病预防控制中心	2010 年	云南省扩大国家免疫规划工作先进个人	云南省卫生厅
罗绍明	西山区疾病预防控制中心	2010 年	云南省扩大国家免疫规划工作先进个人	云南省卫生厅
王　理	西山区疾病预防控制中心	2010 年	云南省扩大国家免疫规划工作先进个人	云南省卫生厅
李　涛	西山区卫生监督局	2010 年	云南省卫生监督先进个人	云南省卫生厅
欧秀川	西山区环保局	2011 年 1 月	云南省水利工作先进个人	云南省水利厅

2010 年获昆明市委、市政府表彰先进人物表

姓　名	工作单位	获奖时间	荣誉称号	颁奖单位
李根祥	团结街道办事处	2010 年 2 月	昆明市新农村建设优秀工作队队长	昆明市委、市政府
何立东	西山区地税局	2010 年 2 月	昆明市财税系统先进工作者	昆明市政府
张建忠	西山区地税局	2010 年 2 月	昆明市财税系统先进工作者	昆明市政府
李国英	西山区地税局	2010 年 2 月	昆明市财税系统先进工作者	昆明市政府
孙　红	西山区地税局	2010 年 2 月	昆明市财税系统先进工作者	昆明市政府
果长礼	西山区地税局	2010 年 2 月	昆明市财税系统先进工作者	昆明市政府
苏　群	永昌街道办事处永和里社区	2010 年 2 月	昆明市民族团结进步模范个人	昆明市政府
杨自光	西山区农林局	2010 年 2 月	昆明市新农村建设优秀指导员	昆明市委、市政府
王友莲	西山区总工会	2010 年 4 月	昆明市五一劳动奖章	昆明市总工会
柯旭波	永昌街道办事处	2010 年 4 月	昆明市五一劳动奖章	昆明市总工会
代荣祥	西山区城市管理综合行政执法局	2010 年 4 月	昆明市五一劳动奖章	昆明市总工会
李　照	金碧街道办事处	2010 年 6 月	优秀党务工作者	昆明市委
张春林	西山公安分局金碧派出所	2010 年 6 月	昆明市 2010 年“云岭先锋”工程优秀党员	昆明市委
李志明	西山区农林局	2010 年 10 月	昆明市有突出贡献优秀专业技术人员	昆明市政府
冯正友	西山区农林局	2010 年 11 月	昆明市优秀科技工作者	昆明市政府
李建国	西山区农林局	2010 年 12 月	昆明市深化集体林权制度改革工作先进个人	昆明市委、市政府
孔令国	西山区民族宗教侨务局	2010 年 12 月	昆明市民族团结进步模范个人	昆明市政府
猫良华	西山区委政法委	2010 年 12 月	昆明市民族团结进步模范个人	昆明市政府
		2011 年 1 月	2008～2010 年新一轮平安昆明建设工作先进个人	昆明市委、市政府
李雄飞	西山区粮食局	2010 年	抗旱先进个人	昆明市委、市政府
杨春华	西山公安分局海口派出所	2011 年 1 月	2008～2010 年度昆明市平安乡镇（街道）、平安村（社区）、平安建设先进个人	昆明市委
熊丽萍	西山区文化馆	2011 年 2 月	昆明市第四批社会主义新农村建设指导员工作优秀个人	昆明市委
刘金平	西山区农林局	2011 年 2 月	昆明市第四批社会主义新农村建设指导员工作优秀个人	昆明市委、市政府

【第二届昆明市道德模范】

姓　名	工作单位	荣誉称号
杨竹芳	西山区检察院	敬业奉献模范
雷　雯	云南省委党校	助人为乐模范
谭云东	西山区棕树营街道办事处	诚实守信模范
李婧叶	西山区实验中学（学生）	孝老爱亲模范

【第二届西山区道德模范】

西山区敬业奉献模范

杨竹芳　女　西山区检察院副检察长

李成忠　男　西山区机关事务管理局职工

杨云芳　女　西山区马街街道办事处环卫片组长

西山区助人为乐模范

雷　雯　男　云南省委党校原副校长

邹绍芬　女　西山区人民医院职工

冉启仙　女　西山区福海街道办事处船房社区居委会妇联主席

西山区诚实守信模范

谭云东　男　西山区棕树营街道办事处副主任（挂职土堆社区党总支书记）

黄　涛　男　西山区四季春酒楼负责人

陈彦声　男　昆明大商汇实业有限公司总经理

西山区见义勇为模范

赵继昆　男　西山区农业局职工

李明春　男　西山区农业局职工

李家福　男　西山区棕树营街道办事处鱼翅路社区居民

西山区孝老爱亲模范

李婧叶　女　西山区实验中学学生

代琼兰　女　西山区团结街道办事处下冲社区居委会上冲村党支部书记

刘惠玲　女　西山区西苑街道办事处丽苑社区居委会书记、主任

【西山区见义勇为先进个人】

曾传稳　棕树营派出所保安服务站保安员。2010年9月10日16时许，一犯罪嫌疑人窜至昆明市西山区大观路一商店内实施抢夺。下班途经此地的曾传稳听到呼救声后，立即向嫌疑人追去并将其抓住。随后犯罪嫌疑人用头猛力撞击曾传稳，并一口咬在曾传稳的左手上，趁机挣脱后跳入大观河。曾传稳随之纵身跳入河里，又将嫌疑人拖上岸并制服，后交棕树营派出所民警处理。

支太伟　棕树营派出所保安服务站保安员。2010年7月7日23时许，支太伟和同事孙朝勇路过东路桥大观河边时，忽然传来救命声。支太伟立即赶往岸边，发现河里有一男一女正在水中不停挣扎。支太伟立即跳入河中，先将女子托到岸边，岸上的孙朝勇把自己的衣服和支太伟的结在一起甩入河里，与岸上群众一起将落水女子拉出水面；紧接着支太伟又将正在往下沉的男子托到岸边，河岸上的群众合力把落水男子拉出水面。随后两名落水人员被“120”急救车送往解放军昆明总医院抢救。

杨　凡　湖北省云梦县隔蒲潭镇人。2010年8月31日10时许，杨凡在马街发现一男子将自己老乡的电动车偷走，于是骑着摩托车追去。追至苏南路二环快速桥下时，杨凡与嫌疑人对打起来，并被赶来的嫌疑人两名同伙用u型锁砸晕。等杨凡苏醒后才发现电动车已被抢走。随后杨凡被“120”急救车送往昆医附二院抢救。

刘　平　大观楼派出所保安员。2010年4月9日11时许，刘平和朋友在西山区土堆农贸市场听一妇女说自己的包被偷，刘平向受害人了解情况后，根据描述，很快在农贸市场内寻找到嫌疑人，并与持刀男子展开搏斗，随后与市场管理人员一起将持刀男子和主要嫌疑人制服。刘平在搏斗过程中被刀划伤小腿。后经公安机关对嫌疑人审查，一举破获盗窃案件10余起。

汪家亮　大观楼派出所保安员。2010年8月12日15时许，汪家亮下班途经西山区丹霞路集成大厦时听到有人喊“抓贼”，他立即向嫌疑人逃跑方向追去，和持刀嫌疑人展开搏斗并受伤。汪家亮强忍疼痛继续追赶，与赶来的巡逻队员合力将嫌疑人抓获。

熊　方　大观楼派出所保安员。2010年8月14日11时许，熊方下班路过大观路建新园门口时，听一顾客说包不见了。熊方凭工作经验，很快锁定犯罪嫌疑人，便向猖狂逃窜男子追去。嫌疑人逃到石安公路后拿出刀具威胁熊方，熊方毫无畏惧。随后受害人和巡逻队员相继赶到，一起将嫌疑人制服。熊方忍着伤痛，协助派出所调查，破获盗窃案件5起。

徐正廷 大观楼派出所保安员。2010年2月23日20时许，刚下班回到宿舍的徐正廷听到室外有“抓贼”的喊声，他立即冲出门外，向妇女所指方向追去。追了几个巷子后，嫌疑人拿出随身一把弹簧跳刀，徐正廷顺手捡起一根木棍与之对峙。随后嫌疑人见巡逻队员相继赶来，转身就跑。徐正廷立即带领几名队员追上嫌疑人并与之进行搏斗。在搏斗过程中，徐正廷右手受伤，他强忍疼痛，死死抓住欲逃的嫌疑人，制服后将嫌疑人交给派出所处理。经审理，嫌疑人交待入室盗窃案件10余起。

杨　春 杨家社区一村巡防员。2010年3月30日，福海杨家社区一村巡防人员杨春、杨洪、杨正在值班巡逻中，发现很多人聚集在福康路，杨春等人便上前了解情况。经查，有两伙人正在持械斗殴，双方均持有钢管、木棒。见此情况，杨春不顾自身安危，冲上去制止。在劝阻中杨春被钢管击中头部，导致右脸颊粉碎性骨折，当场晕倒在地。后经司法鉴定，构成十级伤残。

（西山区地方志办公室整理）

2010年度西山区获高级专业技术职务任职资格人员表

序号	姓　名	性别	民族	单　位	任职资格	资格认定时间
1	叶军川	男	汉	西山区人民院	主任医师	2010年8月
2	车晓晖	女	汉	云南省昆明市第五中学	中学高级	2010年10月
3	赵尔恭	男	汉	云南省昆明市第五中学	中学高级	2010年10月
4	张惠莲	女	彝	昆明市西山区谷律民族中学	中学高级	2010年10月
5	施晓芸	女	白	西山区职业高级中学	中学高级	2010年10月
6	周有兴	男	汉	昆明市西山区德亨学校	中学高级	2010年10月
7	段琼华	女	汉	昆明市西山区德亨学校	中学高级	2010年10月
8	李　盈	女	汉	昆明市西山区德亨学校	中学高级	2010年10月
9	刘东生	女	汉	昆明市西山区云光中学	中学高级	2010年10月
10	郭　丽	女	汉	昆明第十八中学	中学高级	2010年10月
11	李玲梅	女	白	昆明第十八中学	中学高级	2010年10月
12	张　琼	女	哈尼	昆明第十八中学	中学高级	2010年10月
13	毕亚武	男	彝	西山区教育科研信息培训中心	中学高级	2010年10月
14	李晓洪	男	白	西山区团结民族中学	中学高级	2010年10月
15	刘世雄	男	汉	西山区团结民族中学	中学高级	2010年10月
16	杨丽萍	女	汉	西山区团结民族中学	中学高级	2010年10月
17	毕天福	男	彝	西山区团结民族中学	中学高级	2010年10月
18	毕　瑛	女	彝	西山区团结民族中学	中学高级	2010年10月
19	邓尚苹	女	汉	昆明市西山区碧鸡中学	中学高级	2010年10月
20	李海星	男	彝	昆明市西山区碧鸡中学	中学高级	2010年10月
21	苏煜隆	男	汉	昆明市西山区第一中学	中学高级	2010年10月
22	邱海川	男	汉	昆明市西山区第一中学	中学高级	2010年10月
23	王彩萍	女	汉	昆明市西山区第一中学	中学高级	2010年10月
24	雷　桦	女	汉	北京师范大学昆明附属中学	中学高级	2010年10月
25	周永双	女	汉	北京师范大学昆明附属中学	中学高级	2010年10月

续表

序号	姓　名	性别	民族	单　位	任职资格	资格认定时间
26	郭自忠	男	汉	北京师范大学昆明附属中学	中学高级	2010 年 10 月
27	曹恩萍	女	汉	北京师范大学昆明附属中学	中学高级	2010 年 10 月
28	杨燕玲	女	汉	北京师范大学昆明附属中学	中学高级	2010 年 10 月
29	杜华芬	女	汉	昆明市西山区粤秀中学	中学高级	2010 年 10 月
30	尚亚美	女	汉	昆明市西山区粤秀中学	中学高级	2010 年 10 月
31	马　丽	女	汉	昆明市西山区粤秀中学	中学高级	2010 年 10 月
32	李　莉	女	汉	昆明市西山区粤秀中学	中学高级	2010 年 10 月
33	尹天明	女	汉	昆明市西山区粤秀中学	中学高级	2010 年 10 月
34	李曙华	男	汉	昆明市西山区前卫中学	中学高级	2010 年 10 月
35	晋　永	男	汉	昆明市西山区前卫中学	中学高级	2010 年 10 月
36	金　娅	女	汉	昆明市西山区前卫中学	中学高级	2010 年 10 月
37	李文昌	男	汉	云南省昆明市第十九中学	中学高级	2010 年 10 月
38	白丽红	女	白	云南省昆明市第十九中学	中学高级	2010 年 10 月
39	张国慧	女	汉	云南省昆明市第十九中学	中学高级	2010 年 10 月
40	刘　莹	女	汉	昆明西山区实验中学	中学高级	2010 年 10 月
41	陶子金	男	汉	昆明西山区实验中学	中学高级	2010 年 10 月
42	万　民	男	汉	昆明西山区实验中学	中学高级	2010 年 10 月
43	唐　虹	女	汉	建磷中心学校	中学高级	2010 年 10 月
44	杨丽英	女	哈尼	建磷中心学校	中学高级	2010 年 10 月
45	王　静	女	汉	昆明市西山区福海中学	中学高级	2010 年 10 月
46	杨美兰	女	汉	昆明市西山区福海中学	中学高级	2010 年 10 月
47	陈思羽	女	汉	昆明市西山区福海中学	中学高级	2010 年 10 月
48	陈曼媛	女	汉	昆明市西山区福海中学	中学高级	2010 年 10 月
49	杨　琨	男	汉	昆明市西山区福海中学	中学高级	2010 年 10 月
50	贾文萍	女	汉	昆明市西山区福海中学	中学高级	2010 年 10 月
51	郭　霞	女	汉	西山区人民医院	副主任医师	2010 年 8 月
52	杨晓黎	女	汉	中共西山区委党校	高级讲师	2010 年 10 月
53	蔡明秀	女	汉	昆明市西山区农业局	高级农艺师	2010 年 12 月
54	刘艳舒	女	汉	昆明市西山区农业局	高级农艺师	2010 年 12 月
55	汉瑞林	男	彝	昆明市西山区农业局	高级农艺师	2010 年 12 月

2010年度西山区获中级专业技术职务任职资格人员表

序号	姓 名	性别	民族	单 位	任职资格	资格认定时间
1	杨存香	女	回	西山区海口新华中心学校	小学高级	2010年9月
2	马子建	男	回	西山区海口新华中心学校	小学高级	2010年9月
3	张述庚	男	白	西山区海口新华中心学校	小学高级	2010年9月
4	龚方红	男	汉	西山区海口新华中心学校	小学高级	2010年9月
5	周 婕	女	汉	西山区海口新华中心学校	小学高级	2010年9月
6	张琼英	女	汉	西山区马街大渔中心学校	小学高级	2010年9月
7	王志芬	女	汉	西山区马街大渔中心学校	小学高级	2010年9月
8	徐立晶	女	汉	西山区马街大渔中心学校	小学高级	2010年9月
9	段建羽	男	汉	西山区马街大渔中心学校	小学高级	2010年9月
10	张艳秋	女	汉	西山区海口依兰中心学校	小学高级	2010年9月
11	张国明	男	彝	西山区团结明朗中心学校	小学高级	2010年9月
12	奎兰芝	女	彝	西山区团结明朗中心学校	小学高级	2010年9月
13	何翠鸿	女	汉	西山区海口云光中心学校	小学高级	2010年9月
14	宋子会	女	汉	西山区海口云光中心学校	小学高级	2010年9月
15	李国荣	男	彝	西山区海口云光中心学校	小学高级	2010年9月
16	崔丽红	女	彝	西山区马街中心学校	小学高级	2010年9月
17	梅 梅	女	汉	西山区马街中心学校	小学高级	2010年9月
18	杨美仙	女	汉	西山区马街中心学校	小学高级	2010年9月
19	董建昆	男	汉	西山区马街中心学校	小学高级	2010年9月
20	李健梅	女	汉	西山区福海杨家中心学校	小学高级	2010年9月
21	熊丽芳	女	汉	西山区福海杨家中心学校	小学高级	2010年9月
22	陆艳菲	女	汉	西山区福海杨家中心学校	小学高级	2010年9月
23	高 云	男	汉	西山区福海杨家中心学校	小学高级	2010年9月
24	李惠琼	女	汉	西山区碧鸡徐霞客中心学校	小学高级	2010年9月
25	龚 华	男	汉	西山区碧鸡徐霞客中心学校	小学高级	2010年9月
26	郭 奕	女	汉	西山区碧鸡徐霞客中心学校	小学高级	2010年9月
27	杨 刚	男	汉	西山区碧鸡徐霞客中心学校	小学高级	2010年9月
28	唐丽川	女	汉	西山区碧鸡徐霞客中心学校	小学高级	2010年9月
29	黄 坚	女	汉	西山区碧鸡徐霞客中心学校	小学高级	2010年9月
30	李 烁	女	汉	西山区前卫拥护中心学校	小学高级	2010年9月
31	李志华	女	汉	西山区前卫拥护中心学校	小学高级	2010年9月
32	栾 燕	女	汉	西山区海口建磷中心学校	小学高级	2010年9月
33	邓成丽	女	汉	西山区海口建磷中心学校	小学高级	2010年9月
34	王万秀	女	汉	西山区海口建磷中心学校	小学高级	2010年9月
35	王春燕	女	汉	西山区海口建磷中心学校	小学高级	2010年9月

续表

序号	姓 名	性别	民族	单 位	任职资格	资格认定时间
36	秦 华	女	汉	西山区海口建磷中心学校	小学高级	2010 年 9 月
37	范 珏	女	汉	西山区海口建磷中心学校	小学高级	2010 年 9 月
38	陈殊存	女	汉	西山区前卫南坝中心学校	小学高级	2010 年 9 月
39	杨 玲	女	汉	西山区前卫南坝中心学校	小学高级	2010 年 9 月
40	乐 娟	女	汉	西山区前卫南坝中心学校	小学高级	2010 年 9 月
41	李燕萍	女	汉	西山区碧鸡观音山中心学校	小教高级	2010 年 9 月
42	张龙芬	女	汉	西山区碧鸡观音山中心学校	小教高级	2010 年 9 月
43	宋玉萍	女	汉	西山区书林第二小学	小学高级	2010 年 9 月
44	王惠玲	女	汉	西山区书林第二小学	小学高级	2010 年 9 月
45	李丽琼	女	彝	西山区城市希望小学	小学高级	2010 年 9 月
46	王 璐	女	蒙古	西山区华昌小学	小学高级	2010 年 9 月
47	孙晓劼	女	汉	西山区华昌小学	小学高级	2010 年 9 月
48	李汝莲	女	汉	西山区红联小学	小学高级	2010 年 9 月
49	董绍辉	男	汉	西山区红联小学	小学高级	2010 年 9 月
50	廖文军	女	汉	西山区西华园小学	小学高级	2010 年 9 月
51	张云丽	女	汉	西山区棕树营小学	小学高级	2010 年 9 月
52	张利华	男	彝	西山区棕树营小学	小学高级	2010 年 9 月
53	金 涛	女	回	西山区永昌小学	小学高级	2010 年 9 月
54	张 蕾	女	汉	西山区永昌小学	小学高级	2010 年 9 月
55	张 瑾	女	白	西山区永昌小学	小学高级	2010 年 9 月
56	周丽敏	女	汉	西山区永昌小学	小学高级	2010 年 9 月
57	黄卓琳	女	汉	西山区永昌小学	小学高级	2010 年 9 月
58	赵莉萍	女	汉	西山区永昌小学	小学高级	2010 年 9 月
59	黎 佳	女	汉	西山区书林第一小学	小学高级	2010 年 9 月
60	黄 萍	女	汉	西山区书林第一小学	小学高级	2010 年 9 月
61	吴艾眉	女	汉	西山区书林第一小学	小学高级	2010 年 9 月
62	赵凤萍	女	汉	西山区育红小学	小学高级	2010 年 9 月
63	封 蕾	女	汉	西山区育红小学	小学高级	2010 年 9 月
64	陈茂贵	男	汉	西山区育红小学	小学高级	2010 年 9 月
65	何 玲	女	汉	西山区阳光小学	小学高级	2010 年 9 月
66	李月波	女	汉	西山区马家小学	小学高级	2010 年 9 月
67	张燕红	女	汉	西山区马家小学	小学高级	2010 年 9 月
68	王 薇	女	汉	西山区春苑小学	小学高级	2010 年 9 月
69	蔡 彦	女	汉	西山区春苑小学	小学高级	2010 年 9 月
70	金美仙	女	彝	西山区春苑幼儿园	小学高级	2010 年 9 月
71	孙艳红	女	汉	昆明市第九幼儿园	小学高级	2010 年 9 月

续表

序号	姓　名	性别	民族	单　位	任职资格	资格认定时间
72	赵紫羽	女	回	昆明市第九幼儿园	小学高级	2010年9月
73	杨　芳	女	汉	昆明市第十七幼儿园	小学高级	2010年9月
74	张　漾	女	汉	昆明市第十五幼儿园	小教高级	2010年9月
75	段春丽	女	汉	中共昆明市委机关幼儿园	小教高级	2010年9月
76	周小湘	女	汉	昆明市第三幼儿园	小教高级	2010年9月
77	唐　燕	女	纳西	昆明市第三幼儿园	小教高级	2010年9月
78	杨静英	女	白	云南省对外经贸委幼儿园	小教高级	2010年9月
79	李瑞雪	女	白	昆明市第五中学	中学一级	2010年9月
80	史　安	男	白	昆明市第五中学	中学一级	2010年9月
81	谭　莉	女	白	昆明市第五中学	中学一级	2010年9月
82	王福安	男	白	昆明市第五中学	中学一级	2010年9月
83	李金福	男	彝	西山区团结民族中学	中学一级	2010年9月
84	李敬仙	女	汉	西山区团结民族中学	中学一级	2010年9月
85	李绍花	女	汉	西山区团结民族中学	中学一级	2010年9月
86	金美惠	女	彝	西山区团结民族中学	中学一级	2010年9月
87	郭惠芳	女	汉	西山区团结民族中学	中学一级	2010年9月
88	段景辉	男	汉	西山区团结民族中学	中学一级	2010年9月
89	邵美芳	女	汉	西山区云光中学	中学一级	2010年9月
90	陈　蕾	女	汉	西山区云光中学	中学一级	2010年9月
91	曾庆梅	女	哈尼	西山区云光中学	中学一级	2010年9月
92	罗清克	男	彝	西山区云光中学	中学一级	2010年9月
93	彭银丽	女	白	西山区云光中学	中学一级	2010年9月
94	辜正顺	女	汉	西山区云光中学	中学一级	2010年9月
95	黄玲春	女	汉	西山区云光中学	中学一级	2010年9月
96	王　静	女	汉	西山区云光中学	中学一级	2010年9月
97	刘　响	女	汉	西山区德亨学校	中学一级	2010年9月
98	李艳林	男	汉	西山区德亨学校	中学一级	2010年9月
99	贺玉莲	女	汉	西山区粤秀中学	中学一级	2010年9月
100	秦　钊	男	汉	西山区粤秀中学	中学一级	2010年9月
101	黎仲霄	女	回	西山区粤秀中学	中学一级	2010年9月
102	陈明霞	女	汉	西山区粤秀中学	中学一级	2010年9月
103	范孝琳	女	汉	西山区粤秀中学	中学一级	2010年9月
104	何　霖	男	汉	西山区粤秀中学	中学一级	2010年9月
105	李　敏	女	汉	西山区粤秀中学	中学一级	2010年9月
106	李　斌	男	汉	西山区粤秀中学	中学一级	2010年9月
107	苏凤英	女	彝	西山区谷律民族中学	中学一级	2010年9月

续表

序号	姓 名	性别	民族	单 位	任职资格	资格认定时间
108	郭 庆	女	彝	西山区谷律民族中学	中学一级	2010 年 9 月
109	杨 忠	男	彝	西山区谷律民族中学	中学一级	2010 年 9 月
110	蔺春艳	女	汉	西山区福海中学	中学一级	2010 年 9 月
111	吴 萍	女	汉	西山区福海中学	中学一级	2010 年 9 月
112	姚梅岚	女	汉	西山区福海中学	中学一级	2010 年 9 月
113	毕云革	女	汉	西山区福海中学	中学一级	2010 年 9 月
114	杨永才	男	汉	西山区福海中学	中学一级	2010 年 9 月
115	褚 坤	男	汉	西山区福海中学	中学一级	2010 年 9 月
116	李 彬	男	汉	昆明市第十九中学	中学一级	2010 年 9 月
117	段卓妍	女	汉	昆明市第十九中学	中学一级	2010 年 9 月
118	刘廷锋	男	汉	昆明市第十九中学	中学一级	2010 年 9 月
119	孙彦芳	女	汉	昆明市第十九中学	中学一级	2010 年 9 月
120	刘 娜	女	汉	昆明市第十九中学	中学一级	2010 年 9 月
121	孔清华	女	汉	昆明市第十九中学	中学一级	2010 年 9 月
122	王丽娟	女	汉	昆明市第十九中学	中学一级	2010 年 9 月
123	刘 凯	男	汉	昆明市第十九中学	中学一级	2010 年 9 月
124	陈光宏	男	汉	昆明市第十九中学	中学一级	2010 年 9 月
125	田一枫	男	汉	昆明市第十九中学	中学一级	2010 年 9 月
126	徐兴引	男	汉	昆明市第十九中学	中学一级	2010 年 9 月
127	王 璟	女	汉	昆明市第十九中学	中学一级	2010 年 9 月
128	陈 梦	女	汉	昆明市第十九中学	中学一级	2010 年 9 月
129	李伟霞	女	汉	昆明市第十八中学	中学一级	2010 年 9 月
130	马若霞	女	回	昆明市第十八中学	中学一级	2010 年 9 月
131	任柱晴	女	汉	昆明市第十八中学	中学一级	2010 年 9 月
132	汪雪俊	男	汉	昆明市第十八中学	中学一级	2010 年 9 月
133	颜慧娟	女	白	昆明市第十八中学	中学一级	2010 年 9 月
134	杨育喜	女	白	昆明市第十八中学	中学一级	2010 年 9 月
135	叶丽江	女	汉	昆明市第十八中学	中学一级	2010 年 9 月
136	张潇月	女	汉	昆明市第十八中学	中学一级	2010 年 9 月
137	张 燕	女	彝	昆明市第十八中学	中学一级	2010 年 9 月
138	周媛华	女	汉	昆明市第十八中学	中学一级	2010 年 9 月
139	段永纯	女	白	昆明市第十八中学	中学一级	2010 年 9 月
140	付文斌	男	汉	昆明市第十八中学	中学一级	2010 年 9 月
141	白 燕	女	傣	北京师范大学昆明附属中学	中学一级	2010 年 9 月
142	杨 娅	女	汉	北京师范大学昆明附属中学	中学一级	2010 年 9 月
143	杨 虹	女	汉	北京师范大学昆明附属中学	中学一级	2010 年 9 月

续表

序号	姓 名	性别	民族	单 位	任职资格	资格认定时间
144	臧晓玉	女	汉	北京师范大学昆明附属中学	中学一级	2010 年 9 月
145	易江琼	女	汉	西山区实验中学	中学一级	2010 年 9 月
146	秦 洁	女	汉	西山区实验中学	中学一级	2010 年 9 月
147	杨 舟	女	汉	西山区实验中学	中学一级	2010 年 9 月
148	钟 滢	女	汉	西山区实验中学	中学一级	2010 年 9 月
149	李超超	女	汉	西山区实验中学	中学一级	2010 年 9 月
150	罗志敏	女	汉	西山区实验中学	中学一级	2010 年 9 月
151	王位圆	男	汉	西山区实验中学	中学一级	2010 年 9 月
152	吴 军	男	汉	西山区实验中学	中学一级	2010 年 9 月
153	黄爱理	女	汉	西山区教育科研信息培训中心	中学一级	2010 年 9 月
154	芮冬梅	女	汉	西山区建磷中心学校	中学一级	2010 年 9 月
155	杨继香	女	白	昆明市第十九中学	中学一级	
156	杨锦凤	女	白	西山区环境保护监测站	工程师	2010 年 8 月
157	何绍琼	女	汉	西山区水利水电勘测设计队	工程师	2010 年 8 月
158	潘雪芬	女	汉	西山区水利水电勘测设计队	工程师	2010 年 8 月
159	熊文媛	女	汉	福海街道办事处林业站	工程师	2010 年 9 月
160	方红云	女	汉	西山区马街街道办事处	工程师	2010 年 8 月
161	韩秋丽	女	汉	西山区马街街道办事处	工程师	2010 年 8 月
162	周 鹏	女	汉	西山区文化馆	馆员	2010 年 9 月
163	张 洪	男	汉	西山区图书馆	馆员	2010 年 9 月
164	李舒燕	女	汉	西山区图书馆	馆员	2010 年 9 月
165	张美华	女	汉	昆明竣超工程监理有限公司	工程师	
166	董雄勇	男	傈僳	昆明禹泰工程造价咨询事务所有限公司	工程师	
167	胡 敏	女	汉	昆明禹泰工程造价咨询事务所有限公司	工程师	
168	沈风生	男	汉	西山区档案局	馆员	2010 年 10 月
169	张 莉	女	汉	西山区市政建设管理处	工程师	2010 年 9 月
170	杨利荣	男	汉	昆明市西山区农业局	农艺师	2010 年 12 月
171	蔡莉萍	女	汉	昆明市西山区农业局	农艺师	2010 年 12 月
172	杨雪梅	女	汉	昆明市西山区农业局	农艺师	2010 年 12 月
173	陆 燕	女	汉	昆明市西山区农业局	农艺师	2010 年 12 月
174	杨继琼	女	汉	昆明市西山区农业局	农艺师	2010 年 12 月
175	王健超	男	汉	昆明市西山区农业局	农艺师	2010 年 12 月
176	徐 丽	女	汉	西山区福海街道办事处	农艺师	2010 年 12 月
177	杨兴明	男	汉	西山区碧鸡街道办事处	兽医师	2010 年 12 月

（西山区人力资源和社会保障局 供稿）

2010 年西山区各街道办事处百岁老人统计表

序号	姓 名	性别	年龄（岁）	出生年月	家庭住址	健康状况	所属街道办
1	张桂英	女	102	1908 年 2 月	永和里	一般	永昌
2	谢子华	女	101	1909 年 9 月	靖号国新村	一般	永昌
3	郑吉平	女	101	1909 年 12 月	永兴路	一般	永昌
4	刘琼仙	女	104	1906 年 2 月	弥勒寺新村	一般	金碧
5	赵路氏	女	102	1908 年 1 月	气象路刘家营村	健康	金碧
6	陈 桦	女	102	1908 年月 2	西华小区秋韵里	一般	金碧
7	陈香娥	女	100	1910 年 9 月	西华小区秋韵里	一般	金碧
8	王滇英	女	100	1910 年 8 月	严家地心喜敬老院	一般	金碧
9	李樊英	女	102	1908 年 5 月	西山区碧鸡镇车家壁村	差	碧鸡
10	金郭氏	女	101	1909 年 8 月	昆明市西山区海口	一般	海口
11	董朝向	男	101	1909 年 5 月	昆明市西山区海口农机修造厂	一般	海口
12	杨德芝	男	101	1909 年 9 月	春苑小区春明里	一般	西苑
13	杨永彬	男	100	1910 年 9 月	电缆厂	一般	马街
14	石松友	男	100	1910 年 9 月	汽修一厂	一般	马街
15	刘正伦	女	100	1910 年 5 月	滇池路	一般	福海

2010 年西山区各街道办事处 90 岁以上 100 岁以下老年人统计表

序号	姓 名	性别	年龄（岁）	序号	姓 名	性别	年龄（岁）	序号	姓 名	性别	年龄
金碧街道办事处（合计：203 人）				18	丁惠文	女	90	36	林翠珍	女	98
1	钱桂英	女	94	19	杨 芬	男	90	37	李桂珍	女	95
2	万慧英	女	93	20	梁昌一	男	90	38	邓秀凤	女	92
3	邱宝珍	女	94	21	刘海平	男	92	39	王定武	男	92
4	施竹云	女	93	22	龙秀卿	女	92	40	刘志英	女	94
5	谭杜芳	女	91	23	吴家厚	男	94	41	马冬秀	女	92
6	黄日南	男	99	24	董瑞珍	女	92	42	罗宗沛	男	91
7	张碧华	女	92	25	王琴英	女	95	43	赵芝芝	女	91
8	李丽蓉	女	92	26	冯桂英	女	93	44	李桂芝	女	90
9	李淑琦	女	92	27	程 庸	男	96	45	袁桂英	女	90
10	詹精纯	男	93	28	孙南伯	男	92	46	潘小七	女	92
11	夏其英	女	91	29	付韵菊	女	92	47	董美珍	女	96
12	谢竹珍	女	94	30	王纯钰	男	91	48	杨新莲	女	90
13	王桂贞	女	94	31	马彩珍	女	91	49	王嘉瑜	女	95
14	包华轩	男	94	32	赵云轩	女	90	50	李秀华	女	95
15	何桂仙	女	90	33	陆瑞桢	女	92	51	黄维治	女	92
16	张凤芝	女	94	34	杨兰英	女	96	52	谢晚樵	男	96
17	刘王源	男	90	35	周泳春	女	95	53	付恒昌	男	94

续表

序号	姓　名	性别	年龄（岁）	序号	姓　名	性别	年龄（岁）	序号	姓　名	性别	年龄
54	李　蘋	女	94	91	胡敬之	男	91	128	雷自清	女	96
55	左相英	女	93	92	陆临保	男	91	129	倪银生	男	98
56	杨桂仙	女	90	93	李树英	女	91	130	郑桂英	女	97
57	欧培本	男	93	94	殷本恩	男	91	131	葛增兰	女	92
58	贾玉芳	女	92	95	王凤英	女	90	132	管金桃	男	94
59	王素秋	女	92	96	张凤英	女	90	133	赵正才	男	93
60	陈杏芳	女	91	97	曾桂珍	女	98	134	周淑卿	女	95
61	王桂英	女	90	98	李桂英	女	94	135	刘凤英	女	91
62	曹炽昌	男	90	99	毕桂英	女	90	136	陈　建	男	90
63	刘云贵	男	90	100	和树芬	女	91	137	梁其绶	男	90
64	姜廷儒	男	90	101	杨淑珍	女	92	138	姚章新	男	90
65	潘银芬	女	90	102	李映雪	女	93	139	陈代富	男	95
66	何桂仙	女	90	103	吴慧文	女	90	140	朱文发	男	96
67	李志伟	男	90	104	刘汝珍	女	91	141	朱普氏	女	99
68	廖惠芬	女	90	105	尚月华	女	90	142	张素秋	女	92
69	尹穆英	女	91	106	周青莲	女	90	143	凌志祥	男	91
70	顾春贵	男	91	107	杨维岩	男	90	144	李章权	男	91
71	张　平	男	91	108	王兰英	女	90	145	马惠媛	女	90
72	宋宝珍	女	94	109	汪济华	男	90	146	童才定	女	90
73	纳福彩	女	96	110	杨凤洲	男	90	147	王曙若	男	90
74	何汩香	女	93	111	张天玉	女	90	148	杨福珍	女	90
75	王　刘	男	94	112	吕　祐	男	90	149	杨詠兰	女	90
76	王桂仙	女	95	113	卢惠芳	女	90	150	王桂伍	男	90
77	王振松	男	98	114	杨凤珍	女	90	151	姚素秀	女	90
78	张景星	男	95	115	保佑才	男	90	152	余莲英	女	93
79	舒玉珍	女	97	116	祁莹芝	女	90	153	周　敏	女	96
80	周淑珍	女	91	117	刘永辉	男	91	154	何厚昌	男	90
81	汪李氏	女	96	118	康振森	男	90	155	张宝珍	女	94
82	熊　焕	女	96	119	徐秀英	女	90	156	王克治	男	91
83	冯东英	女	96	120	马玉珍	女	91	157	赛凤珍	女	98
84	吴崇礼	男	95	121	李淑贞	女	92	158	李微君	女	93
85	司徒英	女	90	122	马琼仙	女	92	159	李兰英	女	92
86	叶桂桢	男	93	123	李觉惠	女	92	160	吴秦琼	女	93
87	倪金妹	女	92	124	童月兰	女	94	161	孙双根	男	90
88	余守质	男	90	125	王维楣	女	94	162	陈梧英	女	93
89	吕　云	女	92	126	李小存	女	99	163	夏　逊	男	93
90	关柏岭	男	90	127	张存芳	女	97	164	况　明	男	98

续表

序号	姓 名	性别	年龄（岁）	序号	姓 名	性别	年龄（岁）	序号	姓 名	性别	年龄
165	温光辉	男	90	202	刘琴珍	女	90	35	汤家和	男	95
166	李凤英	女	90	203	马玉珊	女	90	36	杨桂英	女	92
167	江生华	男	91	永昌街道办事处（合计：93 人）				37	戚秀英	女	90
168	王家福	男	90	1	张绍荣	女	92	38	巴恩湛	男	91
169	李雅亿	女	90	2	于汉章	男	94	39	李学梦	男	93
170	杨汝静	男	90	3	赵如英	男	91	40	刘 昆	男	90
171	李存仁	男	92	4	张绍铨	男	90	41	张秀芝	女	97
172	戴永铨	男	92	5	孙惠卿	女	90	42	陈志建	男	90
173	时昭华	男	97	6	杨惠英	女	90	43	苏云光	男	91
174	宋雪生	男	95	7	周道贵	男	92	44	沈惠芬	女	93
175	白 琼	男	98	8	马美忠	男	95	45	何 萍	女	92
176	纳荣光	男	91	9	陈 泰	男	92	46	杨桂英	女	90
177	童桂英	女	96	10	尹振华	男	97	47	李秀琼	女	93
178	许秀兴	男	93	11	夏振兰	女	92	48	张云阁	男	93
179	张玉珍	女	95	12	李如珍	女	94	49	周桂英	女	93
180	晋祝英	女	91	13	张继舜	男	90	50	沈致和	男	95
181	李秀珍	女	94	14	李树金	女	90	51	曹顺荣	男	92
182	赵琼英	女	92	15	随兆英	女	90	52	许蕴芳	女	92
183	韩绍恒	男	90	16	秦云亭	男	90	53	何文云	男	92
184	戴昆华	女	95	17	孙西筠	男	90	54	文敏贻	女	98
185	边绍武	男	93	18	王永兰	女	99	55	王淑慎	女	95
186	李永如	男	94	19	杨家凤	女	92	56	黄晓模	男	91
187	陈肇虞	男	96	20	朱 秀	男	98	57	陈品荣	男	91
188	王树琴	女	94	21	徐文义	男	90	58	韩桂英	女	90
189	姜怀清	男	92	22	张鹏丰	男	94	59	张玉英	女	90
190	陈剑鸣	女	91	23	袁孟仁	女	93	60	董映葵	女	90
191	岑 嵩	男	91	24	龚淑芬	女	90	61	伍惠仙	女	90
192	李小莲	女	90	25	龚 泽	男	90	62	雷正高	男	91
193	卿烈熙	男	91	26	赵 鑫	男	90	63	李秀英	女	93
194	马桂英	女	92	27	龙文远	男	90	64	周 宽	男	95
195	戴志松	男	92	28	韩国珍	女	90	65	孙刘氏	女	94
196	赵月华	女	98	29	李荷秀	女	92	66	王家福	男	92
197	张锦富	女	91	30	刘锡荣	男	92	67	尹焕英	女	91
198	李子英	女	90	31	陈桂英	女	94	68	刘桂英	女	91
199	姜向明	男	90	32	沈绍舟	男	91	69	段秀英	女	91
200	高兰英	女	97	33	王 峥	女	91	70	郭海清	男	92
201	尚培媛	女	91	34	黄云清	女	92	71	董开运	男	92

续表

序号	姓 名	性别	年龄（岁）	序号	姓 名	性别	年龄（岁）	序号	姓 名	性别	年龄
72	吕俊英	女	93	15	普正林	男	92	22	王印珍	女	90
73	赵龙海	男	94	16	姚凤翔	女	91	23	余庆岳	男	92
74	邱桂林	女	99	17	郭桂仙	女	92	24	詹忠正	男	96
75	李秀芬	女	91	18	杨芝梅	女	90	25	沈瑞芝	女	95
76	马鸿瑞	男	91	19	赵莲英	女	90	26	金淑珍	女	95
77	马建国	男	90	20	谭刘氏	女	91	27	金富	男	92
78	染凤仙	女	90	21	夏凤英	女	92	28	杨文清	男	91
79	陆根云	女	95	22	李月论	男	95	29	杨学珍	女	90
80	丰洪英	女	91	23	陶凤珍	女	90	30	李连英	女	90
81	李国泰	男	91	24	董张秀	女	94	31	李德英	女	90
82	王纪林	男	91	25	杨玉英	女	91	32	闻照先	男	93
83	周子均	男	95	26	常文英	女	93	33	徐尔鸿	男	92
84	郭桂珍	女	92	27	范淑英	女	91	34	李国取	男	95
85	许曼卿	女	93	28	李茂连	女	94	35	李家兰	女	92
86	李桂华	女	92	29	赵凤英	女	95	36	刘英	女	92
87	赵芳槐	女	90	马街街道办事处（合计：86 人）				37	朱张莲	女	93
88	李贡庭	男	93	1	苏桂芳	女	91	38	汪秀英	女	96
89	冉万祥	男	97	2	钱兰芳	女	96	39	王喜	男	92
90	李开武	男	91	3	夏永贵	男	90	40	王树华	女	91
91	李汉贤	女	92	4	李桂英	女	90	41	苏玉珍	女	90
92	张勤英	女	94	5	肖光荣	男	90	42	许惠芬	女	90
93	周桂仙	女	90	6	施光文	男	90	43	海云仙	女	90
前卫街道办事处（合计：29 人）				7	陈璇	女	90	44	何国才	男	90
1	杨天霖	男	93	8	吴加文	女	90	45	杨绍兰	女	91
2	李洪泰	男	95	9	张瑞芝	女	92	46	杨树英	女	92
3	窦玉珍	女	93	10	董秀英	女	91	47	李戌英	女	91
4	李凤英	女	99	11	顾德英	女	92	48	李芳华	女	93
5	奚凤英	女	97	12	台翠英	女	93	49	许鹤生	男	93
6	汪群华	女	93	13	王翠兰	女	95	50	刘香薇	女	92
7	张正祖	女	93	14	杨凤琪	男	91	51	彭秀珍	女	91
8	曾华法	男	91	15	李顺林	男	91	52	张义	男	91
9	夏兰英	女	95	16	张玉兰	女	92	53	张本信	男	93
10	董美珍	女	91	17	李翠英	女	91	54	唐玉云	女	90
11	沈翠英	女	91	18	张德英	女	91	55	钱桂元	男	96
12	李志英	女	90	19	卜起英	女	91	56	张厚安	男	93
13	范 李	男	95	20	陆玉珍	女	90	57	吴慧芬	女	91
14	秦霞芳	女	91	21	黄跃聪	男	93	58	张雨龙	男	90

续表

序号	姓 名	性别	年龄（岁）	序号	姓 名	性别	年龄（岁）	序号	姓 名	性别	年龄
59	鲍婉贞	男	97	9	陆生宝	男	92	46	任福森	男	92
60	林有才	男	94	10	陈美玉	女	92	47	周宋卿	女	97
61	黄芝兰	女	92	11	严朝英	女	94	48	黄如意	女	94
62	刘桂仙	女	91	12	王福贤	男	97	49	詹福生	男	96
63	李春元	女	90	13	邓光玉	女	98	50	施绮云	女	91
64	宋正凤	女	90	14	李有让	男	92	51	顾成英	女	91
65	杨秀珍	女	90	15	李荣芳	女	95	52	栗荣华	女	90
66	周永护	男	90	16	王文俊	女	90	53	乐长孝	男	92
67	王均衡	男	92	17	缪桂珍	女	90	54	许曙光	女	90
68	陈廷贵	男	95	18	杨凤英	女	93	55	刘润芝	女	90
69	黄问渠	男	92	19	田陆英	女	90	56	刘 云	男	93
70	方阿炳	男	92	20	李淑英	女	91	棕树营街道办事处（合计：82 人）			
71	张永清	男	93	21	太桂英	女	94	1	陈秉仁	男	90
72	王锦顺	男	91	22	王凤英	女	95	2	吴秀珍	女	90
73	吴崇仁	男	90	23	陆 标	男	91	3	孙玉英	女	90
74	王树英	女	90	24	陆凤珍	女	93	4	马竟华	男	96
75	陈绍汉	男	96	25	罗佩富	男	91	5	高其能	男	97
76	吴正明	男	96	26	李秀兰	女	90	6	文定英	女	90
77	周绍轩	男	93	27	陆从仙	女	90	7	张玉梅	女	93
78	张华英	女	92	28	张 珍	女	94	8	关怀瑾	男	94
79	李淑英	女	92	29	黄淑芝	女	91	9	柯禹庭	男	97
80	夏启运	男	92	30	马 彩	男	92	10	郝 濂	男	90
81	廖平世	男	91	31	李金凤	女	95	11	黄柏钦	男	90
82	林栋梁	男	99	32	李 才	男	91	12	李邦媛	女	90
83	林万成	男	91	33	李琼香	女	90	13	何桂英	女	97
84	赵之义	男	90	34	杨 旺	男	93	14	肖祖荣	男	92
85	胡静林	女	90	35	金秀英	女	93	15	孔祥晶	女	90
86	王凤仙	女	95	36	杨加兰	女	91	16	李兰仙	女	90
福海街道办事处（合计：56 人）				37	李国英	女	93	17	邵天生	男	91
1	武凤芝	女	93	38	王正兴	男	90	18	陈宗年	男	91
2	金凤珍	女	90	39	范韵生	女	92	19	李琼英	女	90
3	陆国祥	男	92	40	张琼珍	女	90	20	雷桂英	女	91
4	李凤英	女	92	41	张洪英	女	92	21	顾荣珍	女	90
5	黄梅英	女	90	42	项瑞雰	男	96	22	宋绍成	女	94
6	非锡功	男	90	43	郑树贞	女	92	23	徐群芳	女	92
7	付纪堂	男	96	44	邓仰贤	男	94	24	赵桂馥	女	95
8	牛昌娣	女	90	45	张秀蓉	女	92	25	黄妙英	女	94

续表

序号	姓 名	性别	年龄（岁）	序号	姓 名	性别	年龄（岁）	序号	姓 名	性别	年龄
26	李芳荣	女	93	63	李永汉	男	97	17	向彩虹	女	90
27	陈 延	男	92	64	张根才	男	94	18	李节英	女	90
28	杨达生	男	99	65	王文龙	男	90	19	李炎亮	男	92
29	吴美光	女	93	66	陈洪瑞	男	90	20	殷树珍	女	98
30	卢祥文	女	93	67	段翠英	女	90	21	刘光珍	女	93
31	张丽芬	女	90	68	高尚珍	女	90	22	黄桂林	男	92
32	郑行展	男	92	69	王顺临	女	92	23	柳学陶	女	92
33	邱淑珍	女	90	70	杨长庆	男	90	24	李琼英	女	94
34	王玲芬	女	95	71	雷衡芳	女	91	25	杨世勋	男	91
35	张正蓉	女	94	72	李桂英	女	90	26	翟树英	女	90
36	赵 与	男	95	73	李树珍	女	90	27	杨庆堂	男	95
37	谢 炜	男	92	74	张庭芳	女	90	28	刘桂英	女	92
38	简惠英	女	90	75	朱道衡	男	93	29	孙秀英	女	92
39	钱广河	男	95	76	刘 兴	男	93	30	金玉枝	女	98
40	张练白	女	97	77	陶玉春	女	93	31	毛昌鹤	男	91
41	周德林	男	91	78	王懋德	男	94	32	王乔云	女	95
42	刘汝仙	女	90	79	王志导	男	95	33	杜鸣霄	男	94
43	薛锡忠	男	91	80	苗明轩	女	93	34	段金芬	女	99
44	刘纯英	女	90	81	牛慧君	女	90	35	夏邦影	男	97
45	郑慧清	女	94	82	倪灿南	男	94	36	周 震	男	92
46	罗惠芝	女	94	西苑街道办事处（合计：41 人）				37	易国珍	女	92
47	浦真仪	女	92	1	邓健恒	男	95	38	熊巧英	女	96
48	陈素梅	女	94	2	马琼芬	女	94	39	毕光远	男	92
49	惠光辉	女	92	3	张淑堃	女	93	40	周玉珍	女	90
50	王秀贞	女	96	4	金国光	男	94	41	陆大胜	男	90
51	岳希芝	女	93	5	李秀芝	女	94	碧鸡街道办事处（合计：44 人）			
52	佘长年	男	94	6	沈莲芳	男	91	1	李莲芝	女	92
53	刘月娥	女	90	7	寇兰芬	女	91	2	周云美	女	93
54	吉觉新	女	91	8	施瑶芝	女	94	3	朱美英	女	92
55	吴立贵	男	93	9	周开金	男	95	4	李天阳	男	90
56	杨淑贤	女	95	10	魏桂英	女	95	5	张富英	女	90
57	程文华	女	99	11	季伟达	男	96	6	张玉莲	女	90
58	王如芝	女	91	12	聂仲仙	女	93	7	徐美英	女	92
59	邓永义	男	91	13	马月仙	女	93	8	杨会英	女	93
60	李进仙	女	92	14	黄爱琼	女	98	9	付万氏	女	93
61	潘荣房	男	90	15	王文正	男	90	10	刘存珍	女	94
62	潘云珍	女	90	16	杨仕荣	男	90	11	吴仁英	女	90

续表

序号	姓 名	性别	年龄（岁）	序号	姓 名	性别	年龄（岁）	序号	姓 名	性别	年龄
12	张琼兰	女	90	4	罗嘉铭	男	94	41	李运海	男	93
13	春秀英	女	94	5	刘锡鹏	男	92	42	孟海香	女	94
14	张如香	女	90	6	何桂珍	女	91	43	李克谦	男	93
15	李美英	女	91	7	倪桂英	女	90	44	刘敏达	男	92
16	杨如英	女	93	8	李月英	女	91	45	蒋希圣	男	92
17	段文英	女	94	9	刘桂英	女	91	46	汤竹英	女	92
18	张宝翠	女	94	10	陈天佑	男	91	47	陈永英	女	91
19	李淑珍	女	94	11	杨德义	男	90	48	段宝珍	女	91
20	孙 贵	男	94	12	吴代荣	男	90	49	杨 渊	男	91
21	董云芝	女	90	13	龚德怀	男	93	50	张力中	男	91
22	赵兰芝	女	90	14	杨菊英	女	99	51	梁琼仙	女	91
23	刘凤英	女	91	15	李开和	男	95	52	廖安辉	男	91
24	李翠珍	女	92	16	黄楚元	男	94	53	钟成煜	男	90
25	李珍秀	女	94	17	刘存诚	女	94	54	金光平	男	90
26	那玉珍	女	95	18	王志林	女	94	55	周兰英	女	90
27	樊莲英	女	92	19	葛汝忠	男	93	56	肖越辉	男	90
28	陆桂珍	女	90	20	孙淑英	女	93	57	林桂芬	女	96
29	杨树英	女	95	21	王学成	男	92	58	茹玉兰	女	90
30	杨 富	男	92	22	罗谷成	男	92	59	张玉珍	女	90
31	杨宗朝	男	92	23	万竹仙	女	92	60	张发坤	男	92
32	夏如秀	女	91	24	马长恩	男	92	61	马长英	女	93
33	李金顺	女	91	25	杨富春	男	92	62	猫文仙	女	91
34	李玉珍	女	91	26	王宗安	男	91	63	马谷兰	女	92
35	柳金杨	男	90	27	郭来香	女	91	64	王炳忠	男	90
36	高应淑	女	91	28	张仪熔	男	91	65	李琼英	女	90
37	武志刚	男	94	29	赵琴英	女	90	66	马 纯	女	91
38	李琼芬	女	91	30	高 文	男	90	67	王勤书	男	91
39	王开春	男	91	31	刘保平	男	90	68	杨秀珍	女	91
40	陈莲福	女	90	32	肖开友	男	90	69	杨惠仙	女	90
41	卢万德	男	92	33	陈玉清	男	90	70	黎实香	女	92
42	陶发春	男	91	34	史有忠	男	90	71	杨彩仙	女	92
43	匡绍武	男	91	35	李树堂	男	99	72	李秀英	女	91
44	张忠衡	男	90	36	王兆萍	女	97	73	陆文仙	女	90
海口街道办事处（合计：91 人）				37	肖毓秀	女	96	74	何桂英	女	91
1	王兰英	女	90	38	刘米氏	女	96	75	栾玉珍	女	91
2	韦桂珍	女	91	39	毛凤英	女	95	76	李玉英	女	92
3	范云芳	女	95	40	李素容	女	95	77	赵何香	女	96

续表

序号	姓　名	性别	年龄（岁）	序号	姓　名	性别	年龄（岁）	序号	姓　名	性别	年龄
78	毕秀枝	女	93	3	矣绍珍	女	97	20	李文玉	男	90
79	毕桂芝	女	94	4	黄存英	女	93	21	张兴兰	女	94
80	李双凤	女	91	5	毕美兰	女	90	22	李　秀	女	91
81	鲁翠仙	女	90	6	金建英	女	91	23	张兴珍	女	90
82	杨桂芬	女	90	7	李万秀	女	94	24	王　陈	男	90
83	严桂珍	女	90	8	李德根	男	90	25	毕福德	男	90
84	刘中平	男	90	9	九月寸	女	91	26	李三囡	女	92
85	胡凤英	女	93	10	熊正英	女	90	27	李寸兴	女	91
86	李桂英	女	91	11	李成定	女	90	28	毕梅香	女	95
87	刘光会	女	95	12	李祥香	女	90	29	李正发	男	92
88	杨翠英	女	91	13	李翠芝	女	90	30	李桂兰	女	90
89	王美芝	女	91	14	郎琼英	女	90	31	李桂兰	女	91
90	李汪英	女	95	15	李腊香	女	90	32	李思囡	女	93
91	梅新民	男	92	16	李秀华	女	90	33	王翠芝	女	92
团结街道办事处（合计：34人）				17	胡　福	男	90	34	张　秀	女	91
1	李翠喜	女	90	18	魏小翠	女	90				
2	张秀美	女	93	19	黄国珍	男	90				

（西山区老龄委　供稿）

附　录

编辑　罗桂莲

文件·报告

西山区2010年国民经济和社会发展计划执行情况与2011年国民经济和社会发展计划草案的报告

——2011年2月13日在西山区第十四届人民代表大会第五次会议上

西山区发展和改革局局长　万　方

各位代表：

受区人民政府的委托，现将昆明市西山区2010年国民经济和社会发展计划执行情况与2011年计划草案提请区十四届人民代表大会第五次会议审查，并请政协各位委员提出意见。

一、2010年国民经济和社会发展计划执行情况

过去的一年，在市委、市政府和区委的坚强领导下，全区各级深入学习实践科学发展观，紧紧围绕区委九届六次全会及经济工作会议精神，全区上下团结一致，奋力拼搏，狠抓各项工作落实，经济保持了平稳增长态势，社会各项事业取得新成绩，全面完成了区第十四届人民代表大会第三次会议批准的经济和社会发展计划，圆满完成“十一五”各项目标任务，为“十二五”发展打下坚实基础。

（一）国民经济实现平稳较快增长

2010年全区预计实现生产总值247亿元，同比增长12.8%，完成年计划增长12%的106.67%，其中一产业完成增加值2.73亿元，同比降低6%；二产业完成增加值71.09亿元，同比增长13.8%；三产业完成增加值173.17亿元，同比增长12.7%。三次产业结构比调整为1.1∶28.8∶70.1，地方财政总收入完成46.35亿元，同比增长25.55%，完成年计划41.34亿元的121.19%，其中地方财政一般预算收入完成17亿元，同比增长30.74%，完成年计划15.21亿元的117.69%。全区经济社会呈现出农业经济稳步发展、工业经济企稳回升、第三产业增势良好、财政收入持续增收、人民生活明显改善的良好局面。（注：计划任务数参照《西山区2010年国民经济和社会发展主要指标计划》，下同）

——农业生产持续增长，新农村建设稳步推进

全力克服百年特大旱灾带来的一系列影响，完成了“4210”、“1245”工程、“6+1”产业培育为载体的农业农村工作，2010年全区农村经济总收入可达339亿元，同比增长4%。全年完成粮食播种面积3486.67公顷，总产量1.71万吨，其中小春粮豆栽种面积1213.33公顷，总产量2510.6吨；大春粮豆栽种2273.33公顷，产量1.46万吨。建设绿色标准化示范基地510公顷，有机示范村1个。完成水稻高产综合集成技术示范200.67公顷，玉米高产创建种植面积666.67公顷，农作物间套种680公顷，晚秋作物种植面积720公顷。加强动、植物疫病监测，提高免疫效果，4个强制免疫病种免疫密度均达到100%。完成滇池流域农业产业结构调整245.27公顷、中低产田地改造133.33公顷。

“一池三改”沼气池202口，推广节能气化灶1 200眼。

继续推进新农村建设。深化农村改革，落实支农惠农政策，按照城乡基础设施建设一体化的要求，统筹城乡基础设施建设，进一步改善农村居民的生产生活条件，逐步实现基础设施城乡共建、城乡联网、城乡共享。2010年共投入1 313.4万元，完成省级新农村重点村建设项目60件。行政村公交开通率、“村村通”油路、自然村通电率、广播电视覆盖率实现100%；居民小组多功能活动中心覆盖率达35.3%、路灯覆盖率12.6%；自然村道路硬化率达52.9%、自来水入户率达96.6%；建成小水窖9 567个，完成33个山区居民小组1.74万人的饮水安全工程建设，更新改造供水管道378.3公里，实现城乡饮用水覆盖率达到97%。

——工业经济稳步增长，节能减排成效显著

针对全区规模以上工业企业受金融危机和“退二进三”政策影响的情况，相关职能部门广泛深入到各类企业进行摸底调查，安排工业专项发展资金500万元，加大对骨干企业的技改扶持力度，对有成长性的企业加强指导，将7户企业培育为规模以上工业企业，使全区规模以上工业企业户数回升至124户。全力推进海口工业园区建设，全年共收储土地69.07公顷，“五通一平”面积完成60.07公顷，完成基础设施投资3.16亿元；开工亿元以上项目8个，竣工2个；建设标准化厂房6.5万平方米。2010年全区工业企业完成增加值47.71亿元，同比增长6.5%；规模以上工业企业完成增加值27.42亿元，同比增长10.5%，完成年计划27.39亿元的100.1%；工业固定资产投资完成27.5亿元，同比增长41.03%，完成年计划25.4亿元的108.3%。

全方位推动节能减排工作。积极为企业申请省、市新型工业化扶持资金，努力推动以企业为主体，产学研相结合的节能减排技术创新体系建设，增强企业自主创新能力。鼓励和支持企业进行节能减排的技术改造，采用节能环保新设备、新工艺、新技术，走新型工业化道路。进一步加大调控力度，严格控制新建“两高一资”项目，对未按规定进行节能评估或未通过节能审查的固定资产投资项目，一律不予核准、备案和建设，2010年单位GDP能耗降幅明显，预计下降4.1%。

——第三产业发展势头良好，人民生活水平不断提高

2010年全区社会消费品零售总额预计完成196.21亿元，同比增长22.6%，完成年计划160亿元的122.6%。总部经济、楼宇经济发展迅速，南亚风情第壹城项目进展顺利，云南医药物流中心建设已基本完工，云南省粮油批发交易中心、昆钢科技大厦等项目正在建设中。“万村千乡市场工程”建设提前完成计划任务，“家电下乡”活动在全市对付补贴中排名第一。旅游产业稳步发展，2010年全区纳入监测范围的旅游企业预计实现旅游收入3.5亿元，同比增长27%。

千方百计增加城乡居民收入，人民生活水平得到进一步的提高，2010年城镇居民人均可支配收入预计达1.98万元，同比增长11.02%，完成年计划1.88万元的105.2%；农民人均纯收入达8 244元，同比增长9.01%，完成年计划7 896.5元的104.4%。

（二）重点建设项目扎实推进

2010年全区人代会通过的建设项目涉及工业园区基础设施建设、生态环境建设、城市道路建设、农村基础设施建设、农村路网建设、基层政法建设、社会发展、新农村建设、“四创”工作等九类，计划总投资140.61亿元。2010年全区共融资40.68亿元，位居全市第一板块首位。城镇固定资产投资完成210.5亿元，同比增长43.6%，完成年计划增长40%的109%，为经济社会发展起到强有力的拉动作用。

重点基础设施建设项目顺利推进。已完工项目：昆州路东段、昌源路南段、区综合办公大楼十三楼屋面防水工程、20家农村多功能文化室、区综合办公大楼水管管网改造工程已建设完成；国保大队、治安大队、梁源派出所办公用房建设、前卫社区卫生服务中心建设项目主体工程已经完工；长坡水库除险加固工程、西华粮仓项目建设工程、15号道路建设工程、街道综合文化站新建项目已经完工，正进行验收工作；在建项目：绿荫大道、24号道路、21号道路、119号道路、13号道路、西山旅游环线一期续建设工程、乐亩—大叠水公路建设项目、海口中滩街主干道道路硬化改造工程及道路绿化工程、明朗水库加固扩建工程、一号道路跨螳螂川大桥建设项目、海口工业园区（六、七期）土地平整项目、供水管网建设项目、龙潭中心学校建设、福海中学、昆明市第五中学、棕树营小学危房改造进展顺利；正在完善前期工作项目：20号道路、197号道路、12号道路、28号道路、168号道路、明朗—棋台公路、晒晒玛坝塘修复工程（团结花红园）、东母沟水库除险加固工程（海口桃树村）、海口集镇供水工程、海口工业园区污水处理厂建设项目（一期）、海口工业园区2号路北延长线建设项目、海口工业园区（四、五期）土地平整项目、海口工业园区11号、14号道路建设项目、海口工业园区标准化厂房建设、海口法庭建设项目正进行前期工作；172号道路、1号道路、19号道路建设项目正在进行拆迁工作。

（三）生态文明持续改善

——“四创两争”成绩显著

2010年昆明市被授予“国家园林城市”的称号，“创园”工作成功摘

牌，在此基础上全区继续深入环境绿化工作，新增绿地202.7公顷，其中公园绿地52.51公顷、道路绿化32.74公顷、单位（居住区）附属绿地27.75公顷、草海及滇池沿湖湿地建设20.67公顷、城市面山绿化（含五采区）27.83公顷、河道绿化13.46公顷、其他绿地27.74公顷；种植乔木22.56万株、攀援植物34.4万株。“创卫”工作通过国家专家组的技术评估考核，并全面启动卫生乡镇、卫生村创建工作；目前正根据“创卫”目标，加大点面综合整治工作力度，确保“创卫”工作如期夺牌。“创城”工作完成第二次测评，已进入整改提升，再冲目标的重要阶段。启动“公民道德宣传日”等一系列创建活动，加强市容市貌环境卫生监管，优化辖区交通秩序，规范建筑工地管理，提升市民文明素质，进一步加强未成年人思想道德教育工作。“创节水”迎检工作准备就绪。全区4家备检企业、5家备检单位、3家备检小区的各项迎检工作已准备就绪。“创模”指标任务全面完成。26项“创模”考核指标中，西山区3项基本条件全部达标，21项达标，1项基本达标，1项正在改善。“创生”工作有序进行。根据“创生”工作基本条件，全区已完成了生态区规划编制，海口、团结两个街道办事处已完成省级生态乡镇的创建工作，同时启动了涉农街道办事处及涉农社区的生态乡镇、生态村创建工作。“争创中国人居环境奖和联合国人居奖”前期工作扎实开展，“创国家森林城市”工作全面铺开。

——生态环境日益优化

积极开展19条支流（沟渠）整治工作。目前，已基本完成弥勒寺大沟、兰花沟、车家壁岔沟、植物药厂岔沟综合整治，西坝河入湖河道水质自动站建设项目顺利竣工。“四退三还一护”项目已签订退房协议29.1万平方米，完成建构筑物拆除28.7万平方米，退人1 650户7 100人，建成了环湖生态带1 359.07公顷，其中生态林862公顷，湖滨湿地218.67公顷，河口湿地38.4公顷，湖内湿地240公顷。园博园项目建设完工，目前已顺利开园。西山大旅游区建设步伐加快，西山国家级风景名胜区详细规划编制工作及景前区提升改造项目建设顺利推进。

（四）对外开放水平不断提高

加强全区招商引资项目的服务协调、对外宣传及扩展外引，完善项目推进机制，优化投资软环境，营造招商引资良好氛围，与项目投资企业建立“一对一”的对口联系，确保招商引资项目顺利落地，保障资金及时到位。2010年全区共引进内资项目385个，协议投资385.88亿元，实际到位资金84.04亿元，完成市级下达任务的129.29%；外资项目16个，实际到位外资6 085.31万美元，完成市级任务的101.42%。大力培育和扶持外向型经济，2010年进出口总额预计完成9 200万美元，同比增长31%。完成年度计划9 112亿元的101%。

（五）各项社会事业协调发展

科技：2010年安排区级科技研究与开发经费1 307万元，共实施科技项目78项。组织16个企事业单位申报国家、省、市中小企业创新基金科技项目18项，其中3家已获得国家级中小企业创新基金支持。继续实施“绿色光亮工程”，在13个社区安装太阳能路灯716盏。开展知识产权宣传、教育、培训活动，并举办了以“携手建设创新型城市，助推西山和谐发展”为主题的西山区2010年科技活动周系列活动。

教育：高标准巩固“两基”成果，进一步完善“1231”工程，并深入推广运用。完善政府助学体系，切实做好义务教育阶段“两免一补”工作，投入资金2 010.68万元，惠及学生13万人次。实施“三就三百”工程，全区适龄儿童百分百就学。推进“减负提质”工作，做到“减负”不减责、“减负”不减质。北京师范大学昆明附属中学通过省教育厅一级完中评估验收专家组复评。积极创建“平安校园”，全年无重大安全责任事故。

文体：提高公共服务水平，丰富基层群众的精神文化生活。组织开展“魅力碧鸡，和谐西山”文化广场演出活动11次。深入开展全民健身运动。积极组织群众参与了“沃特杯”万人穿城跑暨全民健身嘉年华活动、昆明市第四届四种健身气功交流展示通讯赛、全国百城健身气功交流展示系列活动。2010年共完成文化站建设项目1个，文化室建设项目20个，非物质文化遗产项目展示传习中心1个，国民体质检测站1个，健身路径5条，农民体育健身工程点5个。

卫生：医疗卫生改革步伐进一步加快，基本医疗保障制度建设推进顺利。新型农村合作医疗工作得到进一步巩固和发展，新型农村合作医疗参合率达100%。妇幼保健工作进一步提高，0－6岁儿童保健覆盖率达97.08%。社区卫生工作得到稳步发展，完成海口云光社区卫生服务中心、白鱼社区卫生服务站改扩建。公共卫生应急能力全面加强，艾滋病防治工作全面推进。

计生：加强宣传教育，2010年共开展人口计生宣传活动60余次，发放宣传资料近7万份，受教育群众近24万人次。着力实施“奖优免补”政策，完成计划生育奖励政策资格认定工作。认真做好育龄妇女及家庭成员数据库信息采集和录入工作，全区人口信息核查录入33.94万人，并对信息核查工作进行了评估。2010年出生率为5.51‰；人口自然增长率为2.2‰，控制在5‰以内。

（六）社会保障进一步完善

狠抓公共就业服务工作，强化就业培训，落实各项就业政策，规范劳动力市场用工秩序，2010年提供有效就业岗位1.56万个，城乡劳动力职业技能培训1 633人，城乡劳动力就业人数2.49万人，城镇登记失业率2.63%，控制在4%以内。超额完成城镇职工基本养老保险扩面任务，核定养老保险参统企业2 588户，参统职工10.13万人。做好个体、灵活就业人员养老保险申报征缴及关系接续工作，落实“平安计划”，扩大农民工工伤保险覆盖面，农民工参保人数达1.9万人。做好被征地人员基本养老保险费用征收工作，政府补贴资金650.4万元。推进农村养老保险工作，新增参保4 005人，完成目标任务的100.1%。加快和谐社区建设步伐，目前，形成了以区政务服务中心为龙头，以街道为民服务中心、社区为民服务站为补充的“三级联动”为民服务网络体系，已建立10个街道为民服务中心，90个社区为民服务站。积极推动老龄事业的健康发展，共发放高龄老年人保健补助金184.5万元。救助农村、城市特困群众医疗困难350户，发放医疗救助金60.18万元，城乡医疗救助率达100%。做好廉租住房分配管理和最低收入家庭住房租赁补贴发放工作，目前全区用于实物配租的廉租住房共计904套，共分配入住了931户城镇最低收入家庭；发放低保住房困难家庭住房租赁补贴共计949户，发放金额为147.64万元。

以打黑除恶、命案侦防、打防“两抢一盗”等犯罪为重点，持续开展“平安社区·无盗楼院”创建活动，加速推进“冬季行动”、“百日会战”、“严打整治”等一系列专项行动，成功侦破“13·18”涉黑专案、“2·09”抢劫杀人案等严重影响社会稳定的大要案，破获刑事案件6 090起。切实做好社会治安重点地区排查整治、校园安保、重点工程安保等一系列社会管理工作。切实做好处置突发性应急演练等社会面维稳管控工作。

在肯定成绩的同时，我们也清醒地看到全区经济和社会发展中仍存在不少的困难和问题：一是全区经济总量还比较小、产业支撑能力不强，调结构和转变发展方式的任务还比较艰巨。二是由于西山区依然处于“大投资、大项目、大建设”的城市建设周期，道路建设、生态环保等重点建设项目资金需求量大，财政税收压力进一步增大。三是发展经济与保护环境的矛盾还很突出，环境保护、节能减排和工业经济的协调稳定发展仍是全区经济工作面临的一个难点问题。四是城乡发展仍存在一定的差距，民生保障有待进一步提高。五是因社会转型、利益调整引发的不稳定因素增加，致使社会和谐稳定压力增大，维护社会稳定的任务依然艰巨。

二、2011年计划安排意见

2011年是“十二五”的开局之年，是我们在新的历史起点上继续前进的关键一年，做好2011年经济社会发展工作，对于“十二五”开好局、起好步，以优异成绩迎接建党90周年，具有十分重要的意义。2011年要以邓小平理论和“三个代表”重要思想为指导，以科学发展观统揽全局，全面贯彻党的十七大、十七届五中全会、中央经济工作会、市委九届七次全会精神，区委九届七次全会精神，以加快转变经济发展方式为主线，按照“五区两带一港”的空间发展布局、“三板块”的产业布局和功能定位，加快推进结构调整，推动全域城镇化进程，切实抓好生态环境建设，着力保障和改善民生，促进社会和谐稳定，为全面完成“十二五”规划确定的目标、建设区域性国际城市核心区奠定坚实基础。

2011年经济和社会发展的主要预期目标建议：

地区生产总值增长13%以上；

规模以上工业企业增加值增长12%以上；

地方财政总收入增长13%以上；

地方财政一般预算收入增长15%以上；

城镇固定资产投资增长30%以上；

工业固定资产投资增长20%以上；

社会消费品零售总额增长18%以上；

单位生产总值能耗下降2%左右；

城镇居民人均可支配收入实际增长10%以上；

农民人均纯收入实际增长10%以上；

城镇登记失业率控制在4%以内；

人口自然增长率控制在6‰以内。

2011年要着力抓好的工作：

（一）加快农业产业化建设，积极发展现代农业

大力发展都市型现代农业，加快传统农业向现代农业转变的步伐。紧紧围绕“6+1”产业，集中资金和资源优势，整合生产要素，提高规模效益。依托都市圈、城市群，运用现代生产方式和组织方式，按照“特色化、集约化、品牌化”的要求，启动西山区农业产业园区建设，促进生态农产品和特色农产品的种植和加工向规模化、基地化、标准化、品牌化方向发展。继续实施中低产田改造133.33公顷，完成配方肥示范200公顷。继续实施万亩绿色蔬菜及标准化生产示范项目，完成绿色蔬菜种植面积1 200公顷，标准化示范333.33公顷。增加经济作物种植面积，通过科技措施的落实，确保1.25万吨粮食总产任务圆满完成。实施产业结构调整266.67公顷。完成绿化造林33.33公顷、干果经济林建设33.33公顷。探索循环生态养殖新路子，促进畜牧业健康持续发展。加强防洪排涝抗旱设施建设，加快推进小型病险水库工程建设，完成1座小（二）型水库除险加固，病险坝塘清淤、整治74座。建设水利工程1 970件，解决和改善37.35万人（含集镇供水人口24.3万人，明朗水库供水人口10.5万人）、1.79万头大牲畜的饮水困难问题，新

增灌溉面积399.07公顷，改善灌溉面积1373.33公顷，治理水土流失面积11.43平方公里。

（二）加快海口工业新城建设，推动新型工业化进程

立足于大园区、大发展的理念，按照“高起点、高标准、高品位”的要求做好海口工业新城总体规划，加快海口工业新城建设。继续加大海口工业园区土地收储力度。2011年完成100公顷土地收储工作，切实增加园区可用土地储量，为企业入园提供保障；大力引进和发展优势主导产业，优化投资结构和项目选择，做大做强磷化工产业的同时，积极推进光机电加工制造产业。抓住昆明主城区“退二进三”的机遇，重点引进科技含量高、产品附加值高、资产效率高、产业关联性强、财税贡献大的新型工业化项目；进一步完善园区配套功能。强力推进园区道路、标准化厂房、供水供气及绿化、亮化等基础设施建设力度。加快园区各电力线路延伸工程进度，满足入园企业用电需求。2011年完成标准厂房建设8万平方米；完成基础设施配套熟地面积100公顷。同时着力完善园区门户网站，加快办公自动化建设，提升园区信息化应用服务水平；加强环境保护力度。严格落实国家环保产业政策和节能减排政策，对不符合产业政策和环保规定的项目，坚决禁止入园，努力实现工业经济可持续发展。

（三）以现代服务业为重点，加快提升第三产业

优先发展现代服务业，把推动现代服务业大发展作为区域产业结构优化升级的优先战略，提高区域现代服务业核心竞争力。依托螺蛳湾商业片区、南亚风情第壹城、红星美凯龙生活家居广场等项目，着力打造特色中央商务区；大力提高西山区物流企业规模和管理水平，加快推进昆明长坡泛亚国际物流园区建设，逐步实现传统物流业向以信息技术为支撑的现代物流业转变；进一步整合金融资源，积极推动昆明金融产业园区建设，为大量引进国内外银行、证券、保险等著名金融机构到西山区设立分支机构提供平台。通过规划、招商、更新、建设等方式，主要在马街、金碧、棕树营、永昌街道办事处城中村改造片区中积极发展总部经济、楼宇经济，继续推进“昆钢科技大厦”、东盟台商产业基地、中石化西南地区总部等项目，高水平发展楼宇经济。积极改善农村消费环境建设，继续实施“万村千乡市场工程”、家电下乡工程，鼓励各类投资主体投资农业商业设施建设，支持流通企业向小城镇延伸经营网络。进一步推动标准化农贸市场建设。进一步加快特色专业市场发展，引导新建市场上规模、上档次，提升改造一批原有市场。

（四）以“一步城市化”为目标，加速推进全域城镇化

为在“十二五”期间实现基本形成全域城镇化发展格局的目标，2011年必须加快推进全区全域城镇化工作，一是加快推进城乡规划全覆盖。发挥规划的基础和先导作用，建立健全以城镇体系规划、城市规划、近期建设规划、控制性详细规划和办事处、村庄规划为主要内容的综合规划体系，2011年力争完成3个街道办事处规划编制工作，基本实现城乡规划全覆盖；二是积极做好试点工作。按照市委、市政府关于实行“县区为主、市审方案、试点先行、整体推进”的运作机制，结合区情，建立全域城镇化及新农村建设工作试点先行机制。努力争取市级有关政策，积极推进团结街道办事处龙潭片区集镇改造市级试点项目和西北绕城道路建设征地拆迁明朗片区安置点规划建设项目，力争在试点中出成效、出示范、出路子、出经验；三是加快推进“四集中”。推进工业向园区集中，大力推进海口工业园区、启动昆明长坡泛亚国际物流园区水、电、路、气、通讯等基础设施规划建设，提升园区基础设施配套水平，增强园区承载能力；推进商铺向市场集中，抓紧专业市场规划编制工作，调整完善商业网点规划。对具有区域辐射能力的专业市场进行统一布点，防止盲目、重复建设，促进市场健康发展；推进居住向小区集中，实行先规划后建设，引导农民集中居住，促进村庄适度集聚和集约利用土地资源；推进先富起来的农民向城镇集中，引导农村人口向城镇有序转移。

（五）加强基础设施建设，进一步提升城市品质

以重点项目作为抓手，围绕城市道路建设、农村基础设施建设、生态环境建设、工业园区基础设施、风景区基础设施、物流园区基础设施、全域城镇化建设、社会发展、“四环十七射”综合环境整治、“四创两争”10个方面，全面加强基础设施建设，提升城市发展的承载力和辐射力。城市道路建设项目14项：226号路、320号路、明波立交下行匝道、西坝路等；农村基础设施建设项目20项：明朗（大兴）－棋台公路、明朗水库加固扩建工程、“五小”水利工程建设、农业综合开发中低产田地改造、绿化造林、滇池流域农业产业结构调整等；生态环境建设项目3项：区环境保护监测站建设工程、区主城建成区庭院雨污分流建设工程、区农村环境综合整治工程；工业园区基础设施建设项目12项：光学片区场地平整及路网建设、园区2号路北延线二期、小海口片区道路建设、园区标准化厂房建设、七期场地平整、园区12号、13号道路建设等；社会发展项目27项：区人民医院重建、区文化馆规范化建设、太阳能路灯、社区办公用房购置、明朗中心学校搬迁工程、西一中强基提质、龙潭中心学校龙潭分校标准化建设、西山公安分局指挥中心大楼建设、西山区人武部办公大楼建设等；风景区建设1项：风景区内猫猫箐等拆迁安置；物流园区1项：昆明长坡泛亚国际物流园区道路建设；全域城镇化建设项目3项：区碧鸡、海口、团结街道办事处、区未拆迁村庄新农村建设整村推进项目、全区农村“六清六建”综合整治项目；“四环十七射”综合环境整治、“四创两争”相关项目。

（六）持续推进生态环境建设，坚持可持续发展道路

以滇池流域水环境综合治理为统筹生态建设的切入点，扎实推进支流（沟渠）综合整治；加快推进“四退三还”及“迁村并点”等安置房建设；继续开展好11条出入滇池河道及次支河道沿岸企业的日常监察工作，对违法排污企业加大惩处力度；按照“一湖两江”四全工作要求，继续加大辖区企业污染排放监管力度，切实推进堵口截污、雨污分流等工作；加大对重点污染源企业的监察、监测力度，确保完成上级下达的总量控制指标；继续抓好源头控制，严控污染物增量，杜绝“两高一资”行业和淘汰落后行业的进入，确保完成上级下达的污染物减排目标；积极做好农村生活污水处理、生态建设和饮用水源地保护、生态村建设等各项工作；不断提高城乡园林绿化水平，2011年城市绿化覆盖率达到50.68%，城镇人均公共绿地面积达到32.76平方米。

（七）继续强化招商引资，加速各类要素集聚

一是持之以恒地抓好招商引资软环境建设。以创新机制和完善制度为突破口，切实落实服务承诺制、限时办结制等制度，进一步转变政府职能，简化审批事项和办事程序，提高服务水平，并逐步完善招商引资服务企业“110”平台，确实为企业排忧解难，为招商引资企业提供无障碍、一站式、全方位、人性化服务，营造扶商、亲商、惠商、安商的投资环境；二是继续把海口工业园区作为招商引资的重要平台，充分发挥其各项优势，以园区为载体，积极谋划招商引资新思路，加大园区土地收储力度，努力提高熟地供应能力。加快招商引资平台建设，逐步提高对转移企业和招商项目的承接能力；三是进一步加强项目跟踪服务，为重点项目提供全程“保姆式”服务，认真落实重点项目领导联系制。针对投资超过3 000万元的重点项目，定期召开项目推进会，及时协调解决项目推进过程中遇到的重点、难点问题，通过扎实、有效、便捷、真诚的服务，加快项目工程建设，促使重点项目早日建成投产、发挥效益。力争引进市外到位资金80亿元以上，利用外资8 000万美元以上。

（八）积极做好市场物价稳定工作，保障人民正常生活秩序

一是认真配合上级物价管理部门开展落实各项稳定物价的工作，继续加强对临时价格干预措施实施工作的检查，加大与人民群众生活密切相关的各类商品服务市场价格的监督检查力度，按照省、市价格管理部门的要求，多管齐下、多措并举保障全区居民消费价格指数平稳运行；二是积极组织开展好医疗、教育、涉农、涉企、行业协会、各类市场等收费专项检查，切实规范好全区的价格秩序；三是做好日常价格举报投诉受理工作，严肃查处各类价格违法行为，维护好人民群众的合法权益。

（九）加快社会事业发展步伐，切实提高公共服务水平

科技：推进科技进步与创新，加速科技成果转化，重点支持重点产业和科技型中小企业发展。加强党政信息化建设的统筹，完成“信息化四个平台”建设，完成西苑街道办事处图文数字社区建设。2011年实施科技项目70项以上，继续实施“绿色光亮工程”，在3个远郊办事处安装500盏太阳能路灯。教育：深化教育改革，创新体制机制，促进教育公平，提高教育质量。推进北师大昆明附中、西山一中等课改试点校建设。强化政府提供优质学前教育公共服务的职责，推进优质园创建，创建四所省一级示范幼儿园，对山区学前教育进行覆盖式发展。规范、加速发展民办和职业教育。完成龙潭小学、昆明市第五中学、福海中学建设和启动西山一中、育红小学、徐霞客中心学校建设。文体：加快区文化馆和区图书馆的规范化建设工作，扎实推进基层文化站（室）建设，全面完成“农家书屋”的建设，完善乡村基层站点的建设。稳步推进非物质文化遗产保护工作，加强文物保护。努力构建面向群众的全民健身服务体系，深入开展全民健身运动。继续完善体育基础设施建设，重点推进国民体质检测站（点）、农民体育健身工程、健康路径建设。卫生：深化医药卫生体制改革，促进体制机制创新，提高医疗质量和服务水平，促进基本公共卫生服务均等化。完善农村卫生、社区卫生两大体系，统筹城乡协调发展。加强疾病预防控制，强化卫生执法监督，深入开展“食品放心工程”和建立对医疗市场的长效管理机制。加强中医中药工作，缓解群众看病贵问题。全面推进艾滋病防治工作，建立区、办、居委会三级防治网络。计生：全面深化宣传教育，提高计生知识普及率。全面强化流动人口服务管理，着力提高流动人口计划生育服务管理工作水平。全面实施“避孕节育优质服务、出生缺陷干预、生殖道感染干预”三大工程。切实落实法律法规规定的各项计划生育奖励优待政策，落实计划生育家庭奖励扶助政策。其他：继续做好民族、宗教、档案、侨务、残联等各项工作。

（十）逐步完善社会保障体系，全民共享发展改革成果

进一步完善社会保障体系，维护社会稳定。继续扩大城镇职工、城镇居民基本医疗保险参保覆盖面，力争做到职工家属、民办学校的中小学生、失地农民、农民工、外来务工人员应保尽保；完成城镇职工基本养老保险扩面，扩大农村社会养老保险参保覆盖面。继续贯彻落实各项就业政策，拓宽就业渠道，采取更加有力的就业措施促进就业和再就业；完善大学生创业园建设，为在昆创业大学生提供创业平台，努力实现以创业带动就业的良好局面；积极创建充分就业社区，城镇登记失业率控制在4%以内。加大劳动保障执法监察检查力度，大力打击劳动违法行为。切实做好贫困群体救助工作；进一步完善和落实城乡低保制度；加强社会福利管理工作；全面落实优抚安置政策，提高优抚群体保障水平。继续推进和谐社区建设，2011年全区城市和谐社区力争达到70%，农村和谐社区达到30%。积极实施民心工程，2011年计划新建廉租房720套，建成交付使用廉租住房883套。2011年区级计划安排380万元左右扶贫资金（包括结对扶贫），继续加大对经济相对欠发达地区扶贫攻坚力度。全面落实社会治安整治措施，强化防范控制，构建治安防控网，切实加强全区社会治安综合治理，做好群众来访工作，加强对不稳定因素的排查，全力维护社会稳定。

各位代表，2011年是实施“十二五”规划的开局之年，做好今年的经济社会发展工作为全面完成“十二五”规划确定的目标任务奠定坚实基础具有十分关键的作用。我们要认真贯彻市委九届七次全会、区委九届七次全会精神，在区委的正确领导下，在区人大、区政协的监督和支持下，以更加饱满的热情，更加务实的态度，狠抓各项工作的落实，为夺取全面建设小康社会新胜利而努力奋斗！

西山区2010年地方财政预算执行情况和2011年地方财政预算草案的报告

——2011年2月13日在西山区第十四届人民代表大会第五次会议上

西山区财政局局长 李天才

各位代表：

受区人民政府的委托，现将昆明市西山区2010年地方财政预算执行情况和2011年地方财政预算草案提请区十四届人大五次会议审查，并请区政协委员和列席人员提出意见。

一、回顾“十一五”，积极应对困难，成绩斐然

“十一五”期间，面对金融危机的冲击和财政收支任务的严峻形势，全区财税部门在区五班子的正确领导下，以科学发展观为指导，紧紧围绕西山区经济社会发展的战略目标，大力发展区域经济，培植涵养地方财源，不断推进财税改革，为全区经济快速发展作出了积极贡献。全区地方财政总收入累计完成155.77亿元，比“十五”期间的37.275亿元增收118.495亿元，年均递增24.85%；地方财政一般预算收入累计完成56.169亿元，比“十五”期间的17.776亿元增收38.393亿元，年均递增26.85%。财政收入的快速增长为西山区经济建设和社会发展提供了有力的资金支持。

在财政收入大幅增长的基础上，财力相应增加，地方经济实力显著增强，财政支出规模不断扩大。“十一五”期间，全区地方财政实际支出（不含省、市专款）累计完成62.457亿元，比“十五”期间的18.467亿元增支43.99亿元，年均递增22.94%；地方财政一般预算支出累计完成54.971亿元，比“十五”期间的17.764亿元增支37.208亿元，年均递增25.66%。财政支出坚持“量入为出、适度从紧”，在“保增长、促稳定、惠民生、扩内需”方面成效显著，教育、社保、医疗、科技、“三农”资金得以全面保障、城市基础设施建设取得突破性进展、招商引资效果明显、经济环境不断优化。

二、2010年地方财政预算执行情况

（一）地方财政收支执行情况

1. 地方财政总收入

地方财政总收入完成46.346亿元，为预算43.929亿元的105.5%；比去年同期的36.915亿元增收9.431亿元，增25.55%。其中上划中央“四税”收入完成15.74亿元，为预算14.766亿元的106.6%；比去年同期的12.845亿元增收2.896亿元，增22.54%。上划省级收入完成2.965亿元，为预算2.703亿元的109.7%；比去年同期的2.112亿元增收8534万元，增40.41%。上划市级“九税”

收入完成10.639亿元，为预算10.205亿元的104.25%；比去年同期的8.954亿元增收1.685亿元，增18.82%。地方财政一般预算收入完成17.002亿元，为预算16.256亿元的104.59%；比去年同期的13.005亿元增收3.997亿元，增30.74%。

在地方财政总收入中，区本级完成21.602亿元，为预算20.304亿元的106.39%；比去年同期的17.711亿元增收3.891亿元，增21.97%。街道办事处完成24.744亿元，为预算23.625亿元的104.74%；比去年同期的19.204亿元增收5.54亿元，增28.85%。

2. 地方财政一般预算支出

地方财政一般预算支出完成19.81亿元，扣除省、市专款3.773亿元，实际支出16.037亿元，为预算15.624亿元的102.65%；比去年同期的12.85亿元增支3.187亿元，增24.8%。其中区本级支出15.161亿元，为预算14.748亿元的102.80%；街道办事处支出8 759万元，为预算8 759万元的100%。

区本级具体支出情况是：

（1）一般公共服务支出1.606亿元，为预算1.606亿元的100%。

（2）国防支出170万元，为预算170万元的100%。

（3）公共安全支出2.226亿元，为预算2.204亿元的101%。超预算原因是新增公共安全上级转移支付资金，由区本级列支。

（4）教育支出2.909亿元，为预算2.888亿元的100.73%。超预算原因是新增追加寄宿生生活补助、春季学期免杂费及公用经费等上级转移支付资金，由区本级列支。

（5）科学技术支出2 950万元，为预算2 950万元的100%。

（6）文化体育与传媒支出931万元，为预算931万元的100%。

（7）社会保障和就业支出1.556亿元，为预算1.556亿元的100%。

（8）医疗卫生支出7 609万元，为预算7 609万元的100%。

（9）环境保护支出580万元，为预算580万元的100%。

（10）城乡社区事务支出1.206亿元，为预算1.206亿元的100%。

（11）农林水事务支出3 957万元，为预算3 842万元的102.99%。超预算原因是新增农村“一事一议”财政奖补上级转移支付资金，由区本级列支。

（12）交通运输支出561万元，为预算561万元的100%。

（13）资源勘探电力信息等事务支出317万元，为预算317万元的100%。

（14）商业服务业等事务支出2 062万元，为预算2 064万元的99.9%。

（15）金融监管等事务支出87万元，为预算87万元的100%。

（16）国土资源气象等事务支出164万元，为预算164万元的100%。

（17）住房保障支出4 145万元，为预算4 145万元的100%。

（18）粮食物资储备管理事务支出692万元，为预算692万元的100%。

（19）其他支出3.235亿元，为预算2.876亿元的112.48%。超预算原因是用超收新增财力资金安排了绕城高速公路西北段征地拆迁、“视觉补差、缺塘补种”绿化工程等基本建设项目。

3. 地方财政一般预算收支平衡情况

地方财政一般预算收入17.002亿元，加上级返还性收入1.079亿元，财力性转移支付收入1.434亿元，专项转移支付收入3.773亿元，上年滚存结余收入4 700万元，收入方总计23.758亿元；地方财政一般预算支出19.81亿元，财力性转移支付支出3.856亿元，支出方总计23.666亿元，收支相抵，年终结余919万元。

（具体指标详见附件：表一至表三）

（二）政府性基金收支执行情况

1. 政府性基金收入

政府性基金收入完成2 766万元，为预算2 650万元的104.38%；比去年同期的3292万元减收526万元，减15.98%。

2. 政府性基金支出

政府性基金支出4 856万元，扣除省、市专款1 814万元，上年结转拨付1 207万元，当年实际支出1 835万元，为预算2 650万元的69.25%；比去年同期的2 500万元减支665万元，减26.6%。

3. 政府性基金预算收支平衡情况

政府性基金收入2 766万元，加政府性基金补助收入1 814万元，上年结转1 207万元，收入方总计5 787万元；政府性基金支出4 856万元，收支相抵，年终结余931万元，结转下年拨付931万元。

以上数字均为快报数，最终决算数在市财政局审核批复财政总决算后，再向区人大常委会作专题报告。

三、总结2010年，全力挑战攻坚，持续发展

2010年，是继续应对金融危机、保持经济平稳较快发展、加快转变发展方式的关键之年，也是全面实现“十一五”规划目标，为“十二五”打好基础的重要之年。在减收增支因素较多的严峻形势下，财政部门迎难而上，充分发挥财政调控职能，培育可持续发展财源，积极组织收入，科学安排支出，不断推进财税改革，强化财税监管，顺利完成各项目标任务，为支持地方经济快速发展提供了良好的财力保障。

（一）突出收入中心，地方财政实力不断增强

一是强化财税联系制度，找准问题与突破口，及时协调解决财税工作中的问题；进一步完善激励机制，充

分调动各部门组织收入的积极性，促进财政收入稳定增长。2010年地方财政一般预算收入突破17亿元，是2005年的3.28倍；一般预算收入占地方财政总收入比重由2005年的33.89%提高到2010年的36.68%。

二是加大财源培植力度。加大对中小企业、海口工业园区、长坡物流、科技发展、节能环保等方面支持力度，进一步改善了全区投资环境，落实了“工业强区”、“商贸富区”战略。

三是严格“收支两条线”管理，统筹组织政府各项非税收入，确保依法足额征收，全年非税收入完成1.532亿元（其中教育费附加6 914万元）。

（二）突出多方融资，工作成效日益显著

2011年在国家宏观调控政策的影响下，政府融资遇到前所未有的困难。但我们未雨绸缪、自加压力、积极化解不利因素，通过强化沟通、组织协调，采取“银政合作”、BT融资等方式，优化资源、拓宽渠道，实现了融资逆势突破。2010年全区完成融资40.68亿元，完成区人大年初批准额度35亿元的116.23%，完成争取目标数40亿元的101.70%。

（三）突出支出重点，财政公共服务水平逐步提高

一是持续稳固了平安西山建设。全年公共安全支出2.283亿元，同比增17.27%。除人员、日常公用经费外，主要拨付办案业务费3 832万元，为提高办案质量提供有效保障；业务装备费3 331万元，提高了警备硬件设施水平；看守所囚粮及医疗费629万元，促进了羁押人员的稳定。同时安排信访维稳经费129万元，使全区维稳工作顺利开展；拨付安全生产经费110万元，优化了全区安全生产环境。

二是促进了教育事业发展。落实教师工资改革，全年全区3 492名教师工资改革支出2.1亿元；投入在建及农村标准化学校建设工程2 000万元，夯实了全区学校建设基础；补助农村学校公用经费提高及免除城市义务教育阶段杂费1 235万元，增加了学生受教育机会；奖励接收进城务工子女公办学校816万元，改善了学校办学条件；为“两基”、教研网络等投入设备购置费680万元，提高了学校硬件设施水平；中等职业学校及民办学校投入525万元，促进了学校管理的规范化和办学规模化；昆五中、福海中学、棕树营小学、市委机关幼儿园排危改造322万元，为学生创造安心的学习环境；投入校园保安经费313万元，加强学校安全建设；补助15所寄宿制学校学生生活费242万元，惠及学生3 777人次。

三是改善了社会民生。全年廉租住房建设支出2.517亿元，逐步改善了低收入人群的住房条件；离退休人员工资区级拨付1.072亿元，保证了全区3 005名离退休人员的生活安定；城市低保支出2 468万元，全区8 556名城市低收入人群的基本生活得以保障；采取“一折通”的方式，发放农村低保金198万元，惠及全区1 576名农村低保对象；区级拨付5 223万元医保资金，“病有所医”得以落实；拨付再就业资金1 390万元，确保了全区就业形势的基本稳定；拨付新农合资金946万元，有效落实了参合标准提高政策；全年住房公积金支出4 430万元，维护了参保人员的切身利益；拨付扶贫及解困资金418万元，进一步解决了弱势群体的生活困难。

四是支持了城乡统筹发展。区级投入480万元的“小农水”建设资金，新增、改善有效灌溉面积733.33公顷，解决了1.74万人饮水安全问题；投入316万元用于抗旱救灾，为缓解全区旱情提供了有效保障；投入80万元用于农业综合开发土地治理，把改善农村生产生活条件落到了实处；拨付汽车和家电下乡补贴及汽车以旧换新资金832万元，促进了城乡协调发展；投入新农村建设资金2 000万元，通过村间道路硬化、多功能活动室、人畜饮水工程、太阳能路灯、农田水利等项目的建设，提高了农民生产生活水平。

五是夯实了科技创新及文体惠民基础。全年区级资金用于科技投入2 950万元，主要通过科技强警1 000万元、中小企业发展240万元、绿色光亮工程200万元、地理信息航拍120万元等项目的投入提高了科技创新能力；文体及传媒支出1 061万元，同比增19.21%，通过拨付各类运动会25万元、文物普查10万元、全民健身6万元、西山音乐节5万元等项目，促进了全区文体事业蓬勃发展。

六是推进了公共基础设施建设。年内主要拨付重点道路建设1.4亿元、“四退三还一护”拆迁1亿元、“四创两争”建设7 203万元、龙潭中心学校等建设7 100万元、河道建设3 500万元、北京师范大学昆明附属中学建设2 800万元、昆明绕城公路西北段建设1 850万元、泛亚产权交易所建设1 034万元、农村道路建设867万元、治安大队及梁源派出所建设860万元、区委党校合并搬迁700万元、西华粮食仓库建设600万元、检察院建设500万元、柳树居民小组搬迁320万元等，随着基础设施建设投入的不断增多，逐步加快了全区城市化进程。

七是增强了驻区企业发展能力。兑付全区纳税大户奖励1 543万元，有效提高了纳税积极性；拨付中小企业发展资金600万元，支持了企业进行技术改造、清洁生产及节能工作；安排粮油、动态储备和风险基金582万元，将全区粮食储备工作落到实处。

（四）突出改革创新，财政运行质量得以优化

一是继续推进部门预算改革。通过科学安排编制2010年度部门预算，主动与预算单位沟通，“两上两下”核减预算编制资金3.193亿元，不断提高了部门预算编制的科学性、合理性、完整性。

二是进一步深化国库集中支付改革。全年财政直接支付资金1.846亿元，其中区级工资统发直接支付1.395亿元；专项资金直接支付3 076万元，同比增支628万元，增26%；政府采购直接支付1 430万元，同比增支956万元，增202%；授权支付下达用款计划4.359亿元，年终收回清零剩余额度439万元。

三是顺利实施公务用车改革。组织实施了公务用车专用卡的办理、发放，同时制定相关管理制度。截至12月底，全区公务用车包干经费累计支付467万元。

四是积极推进公务卡结算制度改革。经过不断沟通协调，全区72家预算单位、10个街道办事处全部与公务卡代理银行签订了公务卡办理协议。公务卡结算制度的推行，进一步强化了行政成本控制。

五是不断探索财政结余资金管理改革。对各部门分散沉淀的结存资金进行集中管理、统一调度，全年统筹调度资金3亿元，充分发挥了财政资金的调控职能。

六是完善政府采购规程。与市级同步推行办公自动化协议供货采购，进一步提高采购效率。全区共进行了538项采购业务，涉及采购预算资金1 451万元，实际支付采购资金1 400万元，节约资金51万元，节约率3.51%。

七是落实财政奖补政策。对海口、团结、碧鸡街道办事处实施2010年村级公益事业建设“一事一议”财政奖补项目37个，奖补资金295万元。

（五）突出财政监管，科学理财水平进一步提高

一是分别制定了区城投公司等5家国有企业年度负责人经营业绩考核办法，并签订了考核责任书，督促了企业进一步加强国有资产保值增值的自觉性。

二是开展了对区属国有及国有控股企业的国有股权及“小金库”的清查，促进企业进一步规范财务管理。

三是对海口依兰中心学校新建项目、大坝水库绿化工程等6个项目开展区级财政性投资评审，对250套农民工保障性出租住房、卫生文化体育设施等10个涉及民生项目进行了绩效评价。通过评审（价），逐步提高了财政资金投向的有效性。

四是对区属1 358名行政事业单位会计人员进行了继续教育培训，同时通过计算机网络学习培训辖区企业会计人员1 500名。通过培训，提高了驻区财会人员业务水平，促进了各部门财务管理的规范化。

在总结成绩的同时，我们也应清醒的认识到，财政工作还面临着诸多困难和挑战。一是财政收入基数大，后续财源少，财政收入的基础还不牢固；二是财政收支矛盾仍然十分突出，财政满足经济社会建设需求方面的保障功能还有待增强；三是政府债务负担沉重，防范和化解债务风险的任务十分艰巨；四是财政监管的范围、力度还有待延伸和加强，财政资金使用效益有待提高。对此，我们将高度重视，继续采取有效措施，切实加以改进完善。

四、2011年地方财政预算草案

2011年财政工作的指导思想是：坚持以邓小平理论和“三个代表”重要思想为指导，全面贯彻落实科学发展观，按照中央经济工作会议和市委九届七次全会及区委九届七次全会的精神要求，围绕富民强区目标，以加快转变经济发展方式为主线，全力培植税源，深挖增收潜力，促进财政收入持续增长；大力支持融资，深化投融资体制改革，拓宽融资渠道；优化财政支出结构，压缩一般性支出，厉行节约；继续加大对民生、重点领域支持力度，促进地方和谐；推进财政综合改革，加强财政制度创新，提高财政监管水平，保持地方经济平稳健康运行。

根据以上指导思想，拟建议2011年地方财政收支预算安排如下：

（一）地方财政收支预算

1. 地方财政总收入

地方财政总收入拟安排52.371亿元，增13%（与2010年快报数相比，下同）。其中上划中央“四税”收入17.467亿元，增10.97%；上划省级收入3.317亿元，增11.86%；上划市级“九税”收入12.035亿元，增13.12%；地方财政一般预算收入19.552亿元，增15%。

在地方财政总收入中，区本级拟安排24.41亿元，增13%；街道办事处拟安排27.961亿元，增13%。

2. 财力测算

按照现行市对区财政管理体制测算，全区地方财政一般预算收入19.552亿元，加上级返还性收入1.111亿元，财力性转移支付收入1.082亿元，上年滚存结余收入（净结余）919万元，减去财力性转移支付支出4.427亿元，2011年地方财政可用财力为17.41亿元。其中区本级可用财力16.46亿元，街道办事处可用财力9 500万元。

3. 区本级地方财政一般预算支出

按《2011年政府收支分类科目》支出功能分类科目的有关规定和“零基预算”要求，区本级具体支出拟安排如下：

（1）一般公共服务支出1.799亿元。

（2）国防支出140万元。

（3）公共安全支出1.892亿元。

（4）教育支出2.933亿元（其中教育费附加支出6 600万元），同比增15.54%。增加支出主要原因是增加教育费附加支出、教育转移支付资金、民办教师补助。

（5）科学技术支出2 845万元（其中技术研究与开发支出2 140万元）。

（6）文化体育与传媒支出912

万元。

（7）社会保障和就业支出1.592亿元。

（8）医疗卫生支出9 605万元。

（9）环境保护支出637万元。

（10）城乡社区事务支出1.286亿元。

（11）农林水事务支出3 798万元，同比增8.70%。增加支出主要原因是增加对口帮扶扶贫资金、“一事一议”奖补资金、“小农水”建设资金、扑火队员工资。

（12）交通运输支出702万元。

（13）资源勘探电力信息等事务支出385万元。

（14）商业服务业等事务支出1 351万元。

（15）金融监管等事务支出49万元。

（16）国土资源气象等事务支出112万元。

（17）住房保障支出4 145万元。

（18）粮油物资储备管理事务支出203万元。

（19）储备事务支出715万元。

（20）预备费4 938万元，占区本级一般预算支出的3%。

（21）其他支出3.905亿元（其中基本建设支出2.6亿元）。

（地方财政一般预算收支具体指标详见附件：表四至表五）

（二）政府性基金收支预算

政府性基金收支预算及平衡情况是：地方基金预算收入3 500万元，地方基金预算支出3 500万元，收支平衡。

五、突出主题，全力推进，促进全区经济发展实现新跨越

2011年，是“十二五”规划起步的关键之年，也是推进财政赶超发展的重要之年。只有紧紧抓住加快转变经济发展方式这一主线，稳定增长、改善结构、调节分配、促进和谐，才能为“十二五”的平稳开局奠定坚实基础。

（一）注重增收后劲，推动财政收入可持续增长

收入持续增长是财政工作最基本、最重要的一个环节，只有努力开辟增收渠道，才能为各项工作的顺利开展提供资金保障。

一是进一步增强组织收入的前瞻性和主动性，及时掌握重点税源的发展变化并努力开辟新兴税源，确保财政收入均衡入库；围绕财政收支目标，尽早签订并严格执行收入目标责任制，采取分类考核、区别对待的办法激发各部门增收积极性；密切关注宏观经济形势以及国家财税政策的调整对财政收支的影响，积极研究应对措施；用好用足各项非税收入政策，强化土地出让金收支预算管理，加强对国有资源和国有资产收益的管理，保证非税收入与经济社会发展同步增长。

二是积极涵养后续财源。在继续巩固和发展工业、商贸物流等产业的同时，加快经济结构的调整，大力发展第三产业及现代农业，加强工业园区、生态旅游景区建设，支持中小企业和非公企业发展，鼓励企业自主创新、技术改造和节能减排，促进支柱产业群的快速发展；研究完善招商引资政策，及时兑现优惠政策，支持更多的企业到全区落户；发挥融资平台作用，围绕土地收储计划，加强银企、银政合作，创新融资模式，确保重点项目的快速推进。

三是积极争取上级支持。紧紧抓住国家继续实施积极财政政策和扩大内需的有利时机，进一步密切与上级部门联系，争取更多的政策、资金支持，不断拓宽财政收入增收渠道，进一步壮大财政实力。

（二）注重支出投向，促进和谐社会构建

按照公共财政及厉行节约的要求，财政支出要遵循“量力而行、统筹兼顾”的原则，集中财力投向与群众切身利益密切相关的领域，才能推动和谐社会建设。

一是加强预算管理。严格执行区人大批准的财政预算，在“保工资发放、保机构运转、保社会稳定”前提下，保障重点项目资金安排和法定支出增长，严格控制一般性支出，努力压缩行政成本，切实缓解财政压力。

二是支持社会事业发展。完善义务教育经费保障机制，不断加大学校危房改造、贫困生资助力度，促进教育公平；落实民生工程配套资金，保障民众切身利益；积极支持重点项目建设，不断提高城市基础设施水平；继续保障公检法司、生态环境、节能减排等重点支出，同时积极推进科学、文化、体育等各项社会事业发展。

三是完善社会保障体系。积极支持医药卫生体制改革，改善医疗卫生服务，推进农村新型合作医疗、拓展新型农村社会养老保险试点范围、确保基本养老保险按时足额发放、全面执行城乡低保、救助救济和优抚政策，有效缓解群众生活困难。

四是认真落实强农惠农政策。不断增加农业基础设施、农村公益事业、农业综合开发、生态环境建设、农业抗灾救灾和防汛抗旱及森林防火的投入，继续推进社会主义新农村建设及农村综合改革，全力支持全域城镇化，促进农村经济的健康发展。

（三）注重开拓创新，推进财政改革进程

改革是发展的动力，是提升管理水平的重要手段；以改革促发展，财政工作才能充满活力。

一是完善部门预算编制，按照部门性质分类，细化基本支出和项目支出预算，及时批复部门预算，根据项目进展，在综合考量地方财力条件下加快拨付进度。

二是深化国库集中支付改革，建立操作规范、运行良好的国库集中支付体系；进一步推广公务卡使用，不断改进操作规程，适时扩大公务卡覆盖范围，提高财政资金流向的安全性。

三是积极推进政府采购改革，不断优化采购程序、规范采购资金运作，细化政府采购项目预算，推行“阳光采购”。

四是切实防范政府债务风险，整合政府性投融资平台，适度控制债务规模，完善资金监管，为政府化解债务风险当好参谋助手。

五是加快投融资体制改革，推进融资平台公司转型，积极引入社会资金，完善债务保全措施，增强风险承载能力，搭建优质投融资平台。

（四）注重财政监管，凸显资金效益提升

财政资金使用的安全高效离不开依法行政、依法理财，不断拓宽财政监管范围、延伸内涵是最直接、最有效的手段。

一是不断推进财政监督检查制度化、规范化，加强对事关人民群众利益、涉及公共服务领域的财政资金使用情况的监督，加大对财政违法违纪资金查处力度，树立财政监督的严肃性、权威性。

二是切实加强和规范全区行政事业单位固定资产管理机制和模式，实行全区行政事业单位固定资产动态化、信息化管理，实现对区属行政事业单位国有资产的有效监管。

三是加强对预算单位指标落实情况的监督检查，会同相关部门采取有效措施，压缩行政成本，确保厉行节约各项要求落到实处。

四是加强财政投资评审及绩效评价力度。坚持预算评审与绩效评审并重，严把预算评审质量关，拓宽绩效评审面，努力提高财政资金使用效益。

五是加大会计信息质量检查力度，加强对驻区财务人员的日常监督和培训，开展会计职业道德教育，切实提高会计信息质量。

（五）注重队伍建设，强化财政形象塑造

财政干部的综合素质决定着工作的成效，只有内强素质、外树形象，才能适应新形势的需要。

一是加强思想理论建设。坚持不懈组织全体财政干部职工认真学习贯彻邓小平理论、“三个代表”重要思想和科学发展观，以牢固的政治理论基础来加强执行党的路线、方针、政策的坚定性。

二是加强业务水平建设。制定切实可行的干部教育培训计划，根据业务工作实际需要，定期开展业务培训，创造良好学习条件，不断创新培训形式，丰富教育内容，以扎实的理论功底来提升工作质量。

三是加强党风廉政建设。根据目标责任制要求，细化内部管理，层层落实党风廉政建设责任制，构筑反腐防线，以教育的强化来提高干部遵纪守法的自觉性。

各位代表，2011 年是全区经济工作的关键时期，我们将紧紧围绕全区中心工作，突出主题，力保平稳，扎实做好财税工作，实现“十二五”良好开局，为推动西山区跨越式发展而努力奋斗！

西山区人民法院工作报告

——2011 年 2 月 14 日在西山区第十四届人民代表大会第五次会议上

西山区人民法院院长　何家华

各位代表：

我代表西山区人民法院向大会报告工作，请予审议。

2010 年主要工作

2010 年，西山区人民法院在区委的领导下，在区人大、区政协和上级法院的监督指导下，在区政府及社会各界的关心支持下，深入实践科学发展观，贯彻落实党的十七届四中、五中全会精神，坚持“党的事业至上、人民利益至上、宪法法律至上”，紧紧围绕全区工作重点，为大局服务，为人民司法，以推进社会矛盾化解、社会管理创新、公正廉洁执法三项重点工作为主线，认真履行审判职责，各项工作取得了新的进展，为维护稳定、服务发展、促进和谐、保障民生做出了积极的贡献。

一、认真履行审判职能，服务全区发展大局

全年共受理各类案件 8 325 件，受理案件数同比上升 7. 35%。经过努力，共审结各类案件 6 876 件，综合结案率为 82. 59%，同比下降 6. 28%。

（一）依法打击刑事犯罪，切实维护社会稳定

全年共受理各类刑事案件 810 件，

结案804件，结案率为99.25%。受理案件数、结案数均同比下降0.36%。

刑事审判以维护社会稳定、保障人民群众生命财产安全为首要任务，以开展“打黑除恶”专项斗争为重点，始终把恶势力犯罪、暴力犯罪、严重影响群众安全感的抢劫、抢夺、盗窃犯罪作为打击重点，通过依法打击各类刑事犯罪，努力为全区经济社会发展营造平安、稳定的法治环境。工作中认真贯彻宽严相济的刑事政策，适用刑罚时，坚持当宽则宽，该严则严，对严重刑事犯罪，依法从严惩处，共判处五年以上有期徒刑52人。对初犯、偶犯、未成年人犯罪和情节较轻、社会危害性较小的犯罪依法从轻处罚，最大限度地减少社会对立面，共判处五年以下有期徒刑478人，拘役76人，免予刑事处罚11人，宣告适用缓刑136人，单处罚金37人。

成功审结云南省首例、全国第二例医疗废物污染环境案件，顺利审结社会各界关注的康志新对昆明市社保局干部实施的故意杀人案，法官的执法水平和业务能力得到认可。成功配合昆明市中级人民法院在区法院连续三天开庭审理金座公司非法集资案，该案是云南省受害人数最多、非法集资金额最高的案件，区法院的组织能力和保障能力经受住了考验。

组织召开三次打黑除恶公开宣判大会，对32名严重刑事犯罪分子进行公开宣判，有力地震慑了涉黑涉恶犯罪，净化了社会环境，维护了社会秩序。认真开展量刑规范化试点工作，提高量刑过程的透明度，做到罚当其罪，不枉不纵。注重保护刑事被害人的合法权益，通过加强对刑事被告人的说服教育工作，加大对刑事自诉案件、刑事附带民事诉讼案件的调解力度，为刑事被害人挽回经济损失。

（二）妥善审理民事纠纷，促进社会和谐发展

全年共受理各类民商事案件4 737件，结案4 381件，结案率为92.48%。受理案件数同比上升3.04%；结案数同比下降2.82%。

民商事审判以促进社会和谐、经济发展为出发点，按照服务全区重点工作的要求，注重通过民商事审判工作为全区营造一个诚信守法的法治环境，切实为全区的招商引资工作提供优质的司法保障。认真开展重大经济建设项目涉法涉诉问题专项调研，通过前瞻性的调研预判，研究制定新的工作措施，积极为全区的重点工作提供司法保障。认真审理合同、金融纠纷，维护公开公平的市场竞争秩序。公正、高效审理劳动争议、交通事故赔偿、医患纠纷、商品房买卖、物业管理纠纷等案件，切实保护人民群众合法权益。依法审理婚姻家庭、邻里纠纷案件，大力弘扬传统美德和良好风尚。

以个案处理的方式，对餐饮业收取消费者1元钱餐具消毒费的做法予以否定，从而在一定范围内规范了全市餐饮业的服务行为。

以化解社会矛盾为目标，坚持“调判结合，调解优先”的原则，努力实现案结事了。民商事案件调解、撤诉结案率为59.5%。工作中，把维护稳定和防止矛盾激化贯穿于审判活动全过程，大量事关群众切身利益的民商事纠纷得到顺利审结，没有一件引发群体性涉法上访事件，有力地维护了全区社会的和谐稳定。

（三）依法审理行政纠纷，努力促进官民和谐

全年共受理行政案件428件，结案421件，结案率为98.36%。受理案件数同比上升112%；结案数同比上升108%。

行政审判坚持“依法审理、慎重处理、监督与支持相结合”的原则，认真审理涉及环境保护、工商管理、交通路政、治安处罚、土地管理、房屋管理、劳动保障等各类行政案件，既充分保护行政管理相对人的合法权益，又支持监督行政机关依法行政。

探索建立行政诉讼和解机制，行政案件以和解的方式结案13件。积极推行行政首长出庭应诉工作，增强了行政相对人对行政机关的信任感，取得了良好的社会效果，全年行政首长出庭应诉11件案件。

（四）继续加强执行工作，努力实现合法权益

全年共受理执行案件2 350件，结案1 270件，结案率为54%。受理案件数同比上升4.26%；结案数同比上升0.63%。

以依法执行、规范执行、文明执行为目标，巩固集中清理执行积案活动取得的成果，继续在人员上、装备上向执行工作倾斜，努力改善执行环境，尽力缓解执行难问题。加大执行力度，积极采取搜查、扣押、拘留等法律赋予的强制手段，着力提高执行兑现率。通过执行救助专项资金，加强对困难群众的司法救助，对41件案件中的45名困难群众进行了救助，发放救助金14.43万元。

（五）加强便民服务工作，满足群众司法需求

设立无障碍通道，为残疾群众提供方便；加强司法救济工作，为农民工、老弱病残、城市低保人员等困难群众免减缓交诉讼费3.71万元。

加强立案窗口规范化建设，整合立案大厅岗位职能，把立案大厅划分为立案、诉讼服务、纠纷调处三大功能区域，增加工作人员，调整办事流程，分设6个办事窗口。增设了叫号服务，增设了高速扫描仪、复印机等设备，为当事人提供了高效便捷的“一站式”服务。

各审判业务庭加大巡回审判力度，开展上门服务、巡回审理工作，通过送法进社区、进厂矿、进农村、进学校、进养老院，一些诉讼纠纷得到就地解决，切实化解了社会矛盾，实现了法律效果和社会效果的有机统一。巡回审理工作作为西山区的工作亮点接受了昆明市软环境建设小组的检查。

（六）积极延伸审判职能，参与社会治安综合治理

以区法院为主要载体，继续加强与云南大学共建“青少年法制教育基地”。召开了“未成年人犯罪问题诊所”成立五周年研讨会。与区总工会共建农民工维权工作机制，加强对农民工的司法保护力度。坚持对未成年人犯罪案件开展帮教工作，组织学生到法院接受法制教育11次。加强法制新闻宣传工作，选择典型案件，向社会公众开展法制宣传，金座公司非法集资案、云南首例医疗废物污染环境案、餐馆收取餐具1元钱消毒费案、康志新在社保局故意杀人案，在本地各大报社头版刊登，起到了较好的法制宣传效果。同时，中央电视台《今日说法》、《庭审现场》在区法院制作了三期法制节目。在“3·15”消费者权益保护周，选派七名法官到《都市时报》现场接听读者热线，现场接待来访群众，积极开展消费者权益保护工作。

二、改革创新工作机制，全面增强司法能力

按照“理顺关系，规范管理，提升品质”的工作目标，以开展“审判管理深化年”活动为重点，以提高审判质量和效率为目标，进一步强化内部管理，提升了法院的整体司法能力。

（一）加强审判流程管理

为解决区法院“案多人少”的困难，缓解审判任务繁重的压力，按照“均衡结案，动态管理”的方法，对全院审判工作实行科学、精细管理，对审判工作实行量化管理和动态监控，保障审判工作高效运行。按照“公正、高效、权威”的要求，严格依法办案，确保案件审理公开、公平、公正，认真开展案件质量评查工作，诉讼案件、执行案件全部实现计算机网络化管理，堵塞了审判管理中的漏洞。

（二）全面推行目标考核管理

成立目标管理考核办公室，完善量化分类考核办法，按照法官、人民陪审员、书记员、后勤人员四类标准对全院人员实行科学考核，做到了细化目标，量化任务，分类考核。通过实行目标考核管理，建立了科学的工作业绩评价机制，使工作的评估和考核逐步实现由无形向有形，由数量到质量的转变，形成职责明确，要求具体，责任到人。

（三）创新案件速裁机制

在各审判业务庭建立速裁审理案件机制，在双方当事人自愿的前提下，简化案件审理程序，对简单民事案件以速裁方式审理。通过速裁机制，部分案件在立案环节即得到妥善处理，加大了案件繁简分流力度，为当事人提供了快速化解矛盾纠纷的途径，切实满足了人民群众“快办案”的司法需求。

（四）加强信息化建设工作

经过一年的努力，实现了办案计算机网络化管理，实现了与省高院、市中院三级联网，开通了法院内部局域网，实现与海口等5个派出法庭的内部局域网互联，建成电视电话视频会议室，实现了公文网上传输，提高了办案效率。

以推进网上办案为重点，配备了相应的硬件设施。新建了2个数字化法庭，网上办案进入实质性运行阶段，通过分批次的人员培训，审判一线人员电脑操作技能已能适应网上办案的需要，审判人员网上办案的意识不断提高，网上办案的各项指标逐步优化，基本上实现了案件信息同步录入、案件审限智能控制、案件办理网上审批、案件情况实时监督。

（五）加强基础保障工作

提高司法政务水平，确保各项工作高效、有序运转。加强财务、后勤管理和物资装备建设，着力规范警用车辆的使用和管理，在区委、区政府的大力支持下，办案车辆紧缺的困难得到缓解。按照上级法院的要求，添置了安保设施，全面加强安保工作，保障了审判机关的安全和审判工作的顺利进行。

三、大力加强队伍建设，全面提升队伍素质

以提高司法能力为核心，以党风廉政建设和法官职业道德建设为重点，提高法院队伍的综合素质，努力培养一支政治坚定、业务精通、作风优良、公正为民的法院队伍，为推进公正廉洁执法奠定坚实的基础。

（一）强化思想政治教育

深入开展公正廉洁执法专项教育活动，严格规范干警的司法行为，狠抓队伍政治思想和作风纪律建设。加强法院党团组织建设，切实发挥党员干部的先锋模范作用和党组织的战斗堡垒作用。积极开展创建学习型法院、学习型党组活动，着力强化队伍积极向上、争先创优的意识。通过逐级签订《党风廉政责任书》，把廉政建设责任落实到部门和个人。全院未出现干警违法违纪事件。

（二）全面提升业务技能

组织全院干警到高等院校参加业务培训，组织全院法官以脱产封闭的形式参加法官续职培训，支持、鼓励干警参加在职研究生学历进修，着力提高干警的综合业务素质。通过庭审观摩，提升法官驾驭庭审、制作裁判文书和化解矛盾纠纷的能力。加强书记员庭审记录、处理审判辅助事务、熟练运用审判管理软件以及现代办公设备的能力。进一步提高司法警察处置突发事件、提押犯人、值庭保卫、协助执行的实务能力。这些措施都有力地推动了审判工作，使审判质量与效率不断提高，在一定程度上缓解了审判任务繁重与审判力量严重不足的矛盾。

（三）进一步强化监督制约

紧紧依靠区委对法院工作的领导，主动将法院工作融入全区工作大局，坚持重大事项、重要问题及时向区委请示汇报。贯彻落实《监督法》，严

格执行区人大常委会相关决定、决议。坚持及时向区人大、区政协汇报、通报法院工作情况，邀请人大代表、政协委员到法院旁听案件审理。在“两会”期间，派出中层干部列席旁听人大代表、政协委员分组讨论、协商法院工作报告，认真听取、全面收集代表和委员的意见和建议，努力改进法院工作。认真办理党委、人大、上级法院批转的信访件，做到主要领导督办，综合部门承办，做到了件件有回复，件件有结果，区人大常委会以工作经验交流的形式转发了区法院加强信访工作的六条措施。

在区人大、区政协的大力支持下，选任了新一届人民陪审员40人，半年来，人民陪审员参加审理案件1 828件，进一步扩大了司法民主。自觉接受检察机关的法律监督、新闻媒体的舆论监督和社会各界的监督，通过推进司法公开，强化监督制约，确保司法公正廉洁，努力提高司法公信力。

回顾过去的一年，区法院工作能够取得新进展、新成效，是区委坚强领导，区人大、区政协和上级法院有效监督指导，是区政府及社会各界关心支持的结果。在此，我代表区法院向关心、支持法院工作的各位代表、各位领导致以衷心的感谢！

面对新的形势和任务，区法院的工作还存在以下问题和困难：一是新收案件数量连年保持大幅增长，群体性案件、疑难复杂案件、新类型案件不断涌现，“案多人少”的矛盾仍然突出，维护稳定、构建和谐的任务十分艰巨；二是引起人民群众和社会各界高度关注的“执行难”问题还没有得到有效解决，执行工作面临的形势依然严峻；三是社会深层次的一些矛盾导致法官职业风险加大，暴力抗法、殴打执行法官、败诉后辱骂、诬告诉讼法官等问题给法官队伍带来了巨大压力；四是涉法涉诉信访件数量较高，有效化解历年来遗留下来的信访老案件的任务还很繁重；五是人民群众对法院工作的新期待新需求更加强烈，法院队伍的司法能力、工作作风与人民群众的期待还有差距，少数案件的审判质量与效率还需要进一步提高。对这些存在的问题和困难，区法院将紧紧依靠区委领导、自觉接受人大、政协监督、积极争取政府支持，下大力气加以解决。

2011年工作意见

2011年，是“十二五”规划的开局之年。西山区人民法院总的工作目标和任务是：紧紧围绕科学发展主题，以深化三项重点工作为着力点，坚持为大局服务，为人民司法，全面加强审判、执行工作，切实抓好队伍建设，为西山区全面建设小康社会提供司法保障。围绕以上总体目标和任务，应着力抓好以下工作：

（一）进一步加强审判工作

根据经济社会发展形势的需要，切实发挥好审判机关的职能作用，继续抓好执法办案这一中心工作。确保进入司法程序的矛盾纠纷得到公开、公正、高效地化解，为促进社会稳定和谐提供有力的司法保障。要进一步完善审判运行管理机制，进一步加强岗位目标考核，确保圆满完成各项任务。

（二）努力创新工作机制

按照推进三项重点工作的要求，更加注重发挥能动司法的作用，要延伸司法服务职能，积极参与社会管理创新。围绕西山区“富民强区，争先进位”目标，找准新形势下法院工作的职能定位，把司法化解矛盾纠纷的方式方法和社会综合治理手段相衔接，力求有效地化解更多的纠纷。

（三）继续强化内部管理

进一步提升管理水平，推进信息化建设，优化资源配置，提高工作效率，有效缓解“案多人少”的压力。坚持以精细化管理和量化管理为基础，落实绩效考核制度，实现各项工作高效有序运转。针对网上办案存在的问题，继续在硬件配置、人员培训和制度规范方面下工夫，提高审判工作科技含量，确保网上办案在提高审判效率和实现司法公开方面取得实效。加快法院外网建设，积极推行裁判文书上网，以司法公开促进司法公正。

（四）大力推进文化建设

继续围绕增强司法能力和提高队伍素质，充实法院文化内涵，进一步丰富法院文化建设载体，从文化理念的高度总结西山法院在审判工作、法院管理和队伍建设方面的成功经验，培育西山法院文化精神，凝聚队伍力量，通过文化建设提升西山法院的综合实力，提升西山法院的品质，把内在的人文素质外化为法院和法官执法办案、化解矛盾纠纷的能力和水平，展示出法院和法官的良好形象。

（五）自觉接受领导和监督

全面贯彻《监督法》，自觉接受区委领导、人大及其常委会的监督，强化政协的民主监督，及时汇报法院工作的重大部署以及重大案件的审判情况，认真按照区人大常委会决议、区政协的意见和建议加强和改进法院工作。继续加强与人大代表、政协委员的沟通联络工作，进一步畅通接受建议和意见的渠道，积极为人大代表、政协委员监督、视察法院工作提供方便。自觉接受社会各界的监督，确保人民法院正确履行职责。

各位代表，在新的一年里，西山区人民法院将以更加饱满的热情，更加务实的态度，更加勤奋的作风，自觉履行宪法和法律赋予的各项职责，为建设平安、和谐新西山作出更大的贡献！

西山区人民检察院工作报告

——2011 年 2 月 14 日在西山区第十四届人民代表大会第五次会议上

西山区人民检察院检察长　景迎宾

各位代表：

我代表西山区人民检察院向大会报告工作，请予审议。

2010 年工作回顾

2010 年，区人民检察院在区委和上级检察院的领导下，在区人大及其常委会的工作监督、区政府的大力支持和区政协的民主监督下，以邓小平理论和“三个代表”重要思想为指导，全面贯彻落实科学发展观，以“深入推进社会矛盾化解、社会管理创新、公正廉洁执法”三项重点工作为载体，不断强化法律监督、强化自身监督、强化高素质检察队伍建设，努力把检察工作提高到新水平，为顺利实施“十一五”规划，构建平安和谐新西山做出积极贡献。

一、依法履行刑事检察职能，全力维护社会稳定和谐

始终把维护社会稳定作为首要任务，充分发挥职能作用，及时、准确、有效地打击各类刑事犯罪。2010 年，区检察院共受理提请批准逮捕案件 1 019 件 1 631 人，同比上升 16.19% 和 14.54%，经审查批准逮捕 903 件 1 380 人；受理移送审查起诉案件 1 024 件 1 662 人，同比上升 17.97% 和 18.04%，经审查提起公诉 794 件 1 241 人。

（一）依法严惩严重刑事犯罪

根据治安形势的变化，加强打击犯罪的针对性和实效性，形成打击犯罪高压态势，切实维护社会治安稳定。共受理“两抢一盗”案件 409 件 597 人，作出批捕决定 377 件 539 人，保障了人民群众生命财产安全；严厉打击毒品犯罪，受理毒品案件 293 件 524 人，批准逮捕 275 件 469 人，有力遏制了毒品犯罪势头。

（二）重拳出击严打黑恶势力

高度重视“打黑除恶”专项工作，坚持从快从重方针，坚决做到除恶务尽，共向全区打黑除恶领导小组办公室上报《西山区涉黑涉恶线索信息登记表》51 份；办理犯罪嫌疑人牛良兴等 5 人敲诈勒索案时，发现牛良兴等人长期在二手车交易市场敲诈勒索，欺行霸市，经补充侦查，确定该团伙具有黑恶性质，现已对该团伙成员提起公诉；受理“洪兴帮”黑社会组织共 75 人寻衅滋事、聚众斗殴、非法拘禁一案，该案共 90 本侦查卷宗，区检察院目前正组织公诉专案小组认真审查证据材料。

（三）保护未成年人合法权益

严格执行《人民检察院办理未成年人刑事案件规定》，对受理的 90 件 154 人未成年人犯罪案件，指定专门的业务骨干办理，积极进行犯罪背景调查研究，切实保护未成年犯罪嫌疑人合法权益；与辖区中学共同举办“法律之光照耀青春航程”共建和谐校园项目，通过“五个一”活动（一堂法制课、一次观摩庭、一篇法制教育心得、一场模拟法庭、一条法律教育热线），与师生面对面进行法制教育，增强青少年法律意识，取得了良好的社会效果。

（四）多措并举提高执法水平

一是为全院执法人员逐一建立执法业绩档案，规范执法行为；二是认真贯彻执行检察业务绩效考评办法，着力提高检察工作水平，实现检察工作力度、质量、效率和效果的有机统一；三是不断规范和完善各项工作机制，审查批捕、审查起诉坚持每案必讯，对于不（予）批捕案件做到《不捕理由说明书》、《补充侦查提纲》每案必发，有效提高办案质量，全年所办案件无超时、无错案。

二、坚持惩防并举，深入推进反腐倡廉建设

自觉把查办和预防职务犯罪置于党委统一领导的反腐败工作格局中，坚持“标本兼治、综合治理、惩防并举、注重预防”的方针，不断加大工作力度，保证查办和预防职务犯罪工作平稳协调发展。

（一）注重质量和效果，依法查办职务犯罪大案要案

保持惩治腐败高压态势，紧抓办案不放松，共立案侦查职务犯罪案件 23 件 24 人，其中贪污贿赂案件 19 件 19 人，渎职侵权案件 4 件 5 人；大案 17 件 18 人，要案 4 件 4 人（处级 2 人，正科级 2 人），大要案比例达

91%；通过办案为国家挽回经济损失近100万元，为集体挽回经济损失1 000多万元。一是注重把握正确的办案方向。突出办案重点，严肃查办医药购销、土地出让等重点领域的职务犯罪案件；及时向党委请示报告重大问题、重大案件，确保办案工作与党委反腐败步调保持高度一致。二是注重提高案件质量。不断强化证据意识、程序意识，确保办理的案件事实清楚、证据确凿，所办案件均全部侦查终结、移送审查起诉。

（二）坚持源头治理，全面加强和改进预防职务犯罪工作

一是加强内部协调配合，注重案件预防效果，形成符合办案规律的案件预防工作方法。二是广泛开展调查，深入剖析案例，形成调查报告，并作为预防职务犯罪预测预警材料，报送区级相关部门。三是多方式开展预防宣传，拓展警示教育阵地。以案件为依托，适时开展职务犯罪预防专题讲座、警示教育工作，有效促进案件预防开展的效果；从检察经费中专门为区委、人大、政府、政协领导及全区各部门、街道办事处订阅《检察日报》，做到常劝导、常警示。四是充分发挥《西山预防》平台作用，及时编发区检察院开展预防工作的各类信息，全年共编发《西山预防》16期，预测预警4期。

三、扎实推进三项重点工作，不断延伸检察职能

根据最高人民检察院《关于深入推进社会矛盾化解、社会管理创新、公正廉洁执法的实施意见》的精神，区检察院迅速制定《关于深入推进三项重点工作的计划》，成立了专项工作领导小组，全院各部门认真梳理出本部门承担的工作任务，形成任务清单，明确具体的工作措施，狠抓三项重点工作的贯彻落实。

（一）结合执法办案，深入推进社会矛盾化解

主动把执法办案工作向化解社会矛盾延伸，使执法办案的过程变成化解矛盾、促进社会和谐稳定的过程。一是认真贯彻宽严相济刑事政策。不断完善对轻微刑事案件从宽处理工作机制，依法对29名无逮捕必要的犯罪嫌疑人决定不予批捕，对10名情节轻微的犯罪嫌疑人决定不起诉，对6名被告人提出从轻、减轻处罚的量刑建议。二是积极做好控告申诉检察工作。及时分流处理群众来信来访193件次，深入基层送法进社区25天50人次，送出法制宣传资料3 800余份，向群众提供法律咨询44次51人；开展检察长接待日25天，参加“区委书记、区长接访日”活动21天。三是坚持在执法办案中化解社会矛盾。认真开展释法说理、心理疏导工作，办理民事申诉和解2件；加强检调对接，促成刑事和解22件22人。全年无涉检上访情形发生。四是积极派员参加全区维护社会稳定工作，参与突发事件的处置，推动“平安西山”建设。

（二）立足检察职能，积极参与社会管理创新

一是创新答复工作机制。实名举报存在一定比例的非检察职责和不立案情形，在答复举报人时如果处理不当，往往会使举报人对检察机关的工作产生误解，甚至出现重复举报及至引发涉检上访。区检察院引入人民监督员旁听评议，参与对实名举报人的答复，取得了良好效果。二是构建“大调解”格局。针对民行息诉工作的复杂性、繁琐性，区检察院将息诉工作上升到综治维稳、化解社会矛盾纠纷的高度，创造了“交心工作法”，为构建和谐社会服务。三是在批捕、公诉环节试行刑事和解。对符合条件的故意伤害和交通肇事案，积极与民事行政检察部门沟通协作，促成双方进行民事赔偿，达成民事部分的和解，如果双方当事人在批捕前或起诉前主动达成谅解及赔偿协议的，结合实际情况，区检察院对犯罪嫌疑人决定不予批捕、相对不诉或是建议侦查机关撤回案件。四是创新文明接待工作机制。以新办公楼的建成为契机，按照高检院的标准，设置了接待大厅和各类专门接待用房，积极争创全国检察机关“文明接待示范窗口”。

（三）强化诉讼监督，深入推进公正廉洁执法

一是强化刑事立案监督，改变以往单纯依靠办案和被害人向人民检察院控告发现立案监督线索的方式，加大工作力度，对辖区派出所实施分片包干，适时介入，变被动受理为主动发现。二是强化侦查监督，加大追捕追诉力度；对因事实不清、证据不足而不予批捕的案件进行重点跟踪监督。三是强化刑事审判监督，经认真审查，提起抗诉2件6人，均已得到改判。四是强化民事、行政诉讼监督，受理民事行政抗诉案件45件，立案21件，提抗（建议提抗）21件。五是强化刑罚执行和监管活动监督，检查西山区看守所和云南省第三女子监狱收押2 451人、释放2 088人，交付执行死刑2人，监督监狱提请的减刑、假释、保外就医3 228件，并提出书面监督意见20件，对刑罚执行和监管活动中违法情形提出书面监督意见并纠正9件，清理羁押人员212名，发现羁押期满未及时办理换押5人，向昆明市中级人民法院发出纠正违法通知书5份。

四、创新机制，深入推进检察体制和工作机制改革

加大改革创新力度，以满足人民群众对检察工作的新要求为出发点，强化法律监督，强化自身监督，努力让人民群众感受到改革的成效。

（一）主动接受监督，改进联络机制

加强和改进与人大代表、政协委员的联络机制，坚持重要工作和重大案件及时主动向人大及其常委会专题汇报，主动邀请人大代表和政协委员对区检察院预防职务犯罪工作和渎职侵权检察工作专题进行视察；严格按

照程序办理政协委员提案一项；全面推行人民监督员制度，确保规定的案件进入人民监督程序。

（二）加大协作力度，拓展服务领域

为改进监督手段，进一步推动监督工作的实效性，制定《昆明市西山区人民检察院监所科、控申科办理服刑人员刑事申诉案件工作办法》，从检察一体化的角度增强监督效果，维护在押人员的合法权益，共办理了3件提请抗诉案件，均得到了上级检察机关的支持，区检察院的工作办法被市检察院全文转发。

（三）建立健全制度，拓宽案件来源

拟定《西山区人民检察院民事行政检察案件线索移送工作安排》，使刑事和民事行政检察工作密切配合，共建贯彻宽严相济刑事司法政策的平台；加强与律师事务所的联系，保障了抗诉类案件的申诉数量；密切与区信访局、交警支队等单位的联系，主动上门服务，拓宽服务领域，为支持起诉、刑事附带民事诉讼、民事行政申诉等类型案件的办理奠定坚实基础。

（四）完善工作机制，保障办案安全

为有效预防和及时处理办案工作中的突发事件，保障办案安全及涉案人员的合法权益，区检察院根据案件特点制定详细的个案预防方案，明确责任人员。与区人民医院建立“绿色通道”，防范自侦部门在询问、讯问过程中涉案人员出现的突发状况，全年未发生办案安全事故。

（五）加大信息化建设，推进检务保障

区检察院办公办案用房和专业技术用房在各级领导的关心、支持下，建成投入使用，办公办案用房面积从原来的1 700平方米跃升到近8 000平方米。新综合楼弱电集成容纳了11个独立的互联网子网系统，实现考勤、支付、门禁、检察专网登录一卡通；建成全数字化院级会议系统，实现同步录音录像；拟建网络实验室、网络教室，用于新软件部署前的安全测试和立项研发；拓展了检察专网实现操作和杀毒软件院内升级、操作系统远程安装、应用软件远程指派分发、专网用户权限层级管理、域策略禁用专网内外数据交换5个功能，极大地改善了办公办案条件。

在区委、区政府的关心支持下，区检察院经费保障、装备等建设极大地缩小了与兄弟检察院之间的差距，为检察业务的快速推进和健康发展提供了强有力的支撑。

五、找准着力点，大力推进检察队伍建设

始终把队伍建设作为检察事业可持续发展的根本，抓班子、带队伍，努力打造高素质检察队伍。

（一）突出抓好领导班子建设

以检察工作的长足发展为目标，院领导班子充分发挥“谋在前、学在前、干在前”的标杆精神，围绕全院业务、队伍、保障建设，班子成员间互相配合、互相支持，形成团结拼搏的良好氛围。坚持党组中心组理论学习制度，提升班子的理论水平。凡涉及组织、人事、经济等方面的重大事项，提交党组会、检察长办公会讨论决定，保证科学决策、民主决策。充分发挥检委会在检察业务中的核心作用，整体研究、部署、推进检察工作。认真执行民主生活会制度，以人为本，从严治检、从优待检，在干警中树标杆、作表率。

（二）坚持抓好思想政治建设

加强对党和政府方针、政策的学习，明了地方建设的大局和发展思路，深入开展“恪守检察职业道德、提高执法公信力”主题教育、创先争优等活动，增强干警的大局意识和政治纪律，不断提高干警的政治、业务素养。在全院大力弘扬以忠诚、公正、清廉、文明为核心的检察职业道德，不断增强队伍的凝聚力和战斗力。充分调动广大干警办好案、办大案、办铁案的积极性，保障区检察院各项检察业务优质发展，使干警在一个欣欣向荣的环境中不断提升职业荣誉感，把敬业奉献作为自觉的行动。

（三）大力发扬英模人物的激励作用

区检察院杨竹芳继2009年获得一系列殊荣之后，2010年4月又被中华全国总工会授予“全国五一劳动奖章”、“全国先进工作者”荣誉称号。在榜样的带动作用下，全院干警将她身上集中体现的精神、品德和作风转化为岗位实践的具体行动。比先进、学先进、赶超先进，在涌现出杨竹芳这样的全国先进典型后，还培养出一批受到上级表彰、记功的先进个人和业务标兵。

（四）坚定信念，不断向更高目标迈进

始终围绕科学发展主题，大力营造“院兴我荣”的浓厚氛围，以小胜即败、慢进即退的理念鞭策自身，2010年区检察院被云南省人民检察院评为全省先进基层检察院，荣记二等功；控告申诉检察科参加全国检察机关“文明接待示范窗口”评比活动；最高人民检察院安排西山区检察院在全国基层检察长培训班上连续两期作“抓班子、带队伍、促工作”的经验交流；《检察日报》专访区检察院，发表题为《拒腐防变打造五层监督网》的文章，有力宣传了区检察院各项检察工作取得的成绩。区检察院抓住契机，全力争创全国先进基层检察院，推动检察事业再上新台阶。

各位代表，区人民检察院一年来所取得的成绩，是区委和上级检察院正确领导的结果，是人大、政府、政协和社会各界高度重视、全力支持的结果，在此，我谨代表区人民检察院向你们致以崇高的敬意和诚挚的感谢！

在认真总结成绩的同时，我们也清醒地认识到存在的困难和问题：一

是机构建设不完善，制约了检察工作科学发展；二是新进人员较多，法律水平参差不齐，与完成各项检察工作的需要还不相适应；三是在新形势下，思想政治教育的方式和效果仍需不断改进和提高。对于这些困难和问题，我们始终高度重视，在工作中不断加以解决。

2011年工作意见

2011年是“十二五”规划的开局之年，也是在新的起点上积极谋划、全力推进检察工作稳健发展的重要一年，区人民检察院工作的总体思路是：全面贯彻党的十七大和十七届三中、四中、五中全会以及中央经济工作会议、全国政法工作会议精神，以邓小平理论和“三个代表”重要思想为指导，深入贯彻落实科学发展观，认真学习贯彻胡锦涛总书记等中央领导同志对检察工作的一系列重要指示，以深化三项重点工作为着力点，以“三个强化”（强化法律监督、强化自身监督、强化高素质检察队伍建设）为总体要求，以深化检察体制和工作机制改革为动力，以加强检察机关党的建设和队伍建设为保证，全面履行法律监督职责，不断提高检察工作科学发展水平，更好维护社会和谐稳定、维护人民群众权益、维护社会公平正义，为实现“十二五”时期西山区经济社会发展良好开局提供有力的司法保障。重点抓好以下几方面的工作：

1. 进一步明确检察工作的发展思路。不断深化对科学发展观的理解和把握，增强贯彻落实科学发展观的自觉性、坚定性，深刻把握科学发展对检察工作提出的新要求、新课题，深入查找检察工作与科学发展不适应、不符合、不平衡、不协调的突出问题，正确把握党和国家中心工作与执法办案的关系，正确把握打击、监督、教育、预防、保护的关系，正确把握强化法律监督与强化自身监督的关系，正确把握办案力度、质量、效率、效果的关系，不断完善检察工作思路，明确检察工作改革发展的方向和重点，科学制定各项目标、任务和措施，全面加强和改进检察工作。

2. 切实提高服务大局的能力和水平。根据党委的重大决策部署，找准服务大局的切入点和结合点，完善和落实服务经济社会发展的措施。坚持把抓好执法办案作为服务、保障和促进经济平稳较快发展的基本途径，进一步更新执法观念、加大办案力度、改进执法方式、提高办案质量、增强办案效果，努力在整顿规范市场秩序、保障政府投资安全、促进资本市场健康发展、推进生态建设和环境保护等方面取得新成绩。

3. 继续推动三项重点工作深入开展。充分认识维护重要战略机遇期社会和谐稳定的极端重要性，以深入推进三项重点工作为载体，全面履行法律监督职能，促进解决影响社会和谐稳定的源头性、根本性、基础性问题。高度重视人民群众反映强烈的问题，坚决查办重点领域职务犯罪案件，充分发挥检察机关在反腐败斗争中的职能作用。高度重视、认真研究检察工作的薄弱环节，更加注重制度创新，健全检察环节推进社会矛盾化解、社会管理创新和公正廉洁执法的科学有效工作机制，促进经济社会协调发展。

4. 全面强化对诉讼活动的法律监督。认真贯彻落实省人大常委会《关于进一步加强全省各级人民检察院对诉讼活动法律监督的决议》，自觉接受人大的监督，积极争取政府和政法各部门的支持，促进诉讼监督工作健康发展。进一步强化监督意识，完善工作机制，把人民群众的关注点作为诉讼监督的着力点，依法运用抗诉、纠正违法通知、检察建议等多种方式，对各个诉讼环节开展监督，努力做到敢于监督、善于监督、规范监督。坚持把查办司法不公背后的职务犯罪作为强化诉讼监督的重要手段，提升监督实效。

5. 不断改进新形势下的群众工作。自觉践行执法为民宗旨，认真研究、把握新时期群众工作的特点和规律，积极探索做好群众工作的新思路、新方法，进一步打牢检察工作的群众基础。切实加强对检察队伍的群众观念教育、群众工作能力培养，把群众工作贯穿到执法办案的全过程，真正做到走近群众、尊重群众、依靠群众、服务群众，更好地树立检察机关爱民、亲民、为民的良好形象，更好地保障民生，解决群众关心的突出问题和实际困难。

6. 坚持不懈地加强检察队伍建设。高度重视检察机关自身公正廉洁执法问题，清醒地认识自身存在的不足，坚持以公正廉洁执法为核心，持之以恒地抓好思想政治建设、纪律作风建设、反腐倡廉建设、执法规范化建设以及专业化建设，树立科学的人才发展理念，制定人才发展规划，继续推进文化育检工程，加强检察文化建设，按照执法规范化、队伍专业化、管理科学化、保障现代化的要求继续加强基层建设。按照中央政法委的统一部署，认真开展“发扬传统、坚定信念、执法为民”主题教育实践活动，进一步提高检察机关的执法公信力，树立检察机关公正廉洁执法的良好形象。

各位代表，在新的一年里，我们将更加自觉地接受人大、政协和社会各界监督，顺应人民群众的新期待新要求，以更加坚定的信心、更加务实的作风，不断加强和改进检察工作，为促进全区和谐稳定、科学发展作出新的更大的贡献！

国民经济统计资料

西山区国民经济和社会发展第十二个五年规划纲要（节选）

——2011年2月16日西山区第十四届人民代表大会第五次会议通过

西山区人民政府

第一章 “十一五”回顾

（内容略）

第二章 “十二五”期间面临的机遇和挑战

“十二五”时期将是西山区必须紧紧抓住并且可以大有作为的重要战略机遇期，是全面建设小康社会、转变经济发展方式的关键时期，空间布局的定型期和昆明市建设区域性国际城市的机遇期。同时，也是各类矛盾交织、发展面临更多考验的挑战期，但总体来看，机遇大于挑战。从外部环境看，我国工业化、信息化、城镇化、市场化、国际化深入发展，经济发展长期向好的基本态势不会根本改变，经济社会进入以转型促发展的关键阶段。新一轮西部大开发战略的实施，我省绿色经济强省、民族文化强省和面向西南开放的桥头堡建设的加快，将滇中城市经济圈培育成对周边地区具有辐射和带动作用的战略新高地的要求都将为云南省、昆明市的发展带来前所未有的机遇。西山区作为昆明市的核心区域之一，辐射力、带动力、影响力将进一步增强。从自身看，西山区已步入全面发展的快车道，进入一个新的高速发展惯性期。全新的外部内部环境，将给西山区的发展带来重大机遇，也带来前所未有的挑战。

第一节 发展机遇

（一）国家战略决策部署带来的重大发展机遇。一是国家支持云南省桥头堡建设。2009年7月，总书记胡锦涛考察云南后提出把云南建成中国面向西南开放的重要桥头堡的战略构想。加快桥头堡建设，把云南建成中国沿边开放经济区已成为云南发展的重要目标之一，昆明市也相继提出了建设成为面向东南亚、南亚开放的区域性国际城市和桥头堡城市的目标，这一切对西山区的发展提出了新的要求，也为西山区对外开放、承接国际、国内产业转移提供了重要的发展机遇。二是国家实施新一轮西部大开发战略。“十二五”期间，国家将深入推进新一轮西部大开发战略，出台了《深入实施西部大开发战略的若干意见》，实施有利于西部地区发展的财政、投资、税收、金融、产业、土地、价格、生态补偿、人才、帮扶等政策。用足、用好新一轮西部大开发的税收、土地、矿产资源、利用外资等优惠政策，必将会加快西山区经济社会全面发展。

（二）“滇中城市经济圈”建设带来的重大发展机遇。在新一轮西部大开发战略中，国家提出“要加快培育滇中城市经济圈，形成对周边地区具有辐射和带动作用的战略新高地”，并明确把滇中城市经济圈列为国家主体功能区中的重点开发区域之一。西山区作为滇中城市经济圈核心城市昆明的核心区域之一，势必在基础设施建设、产业优化升级、城市化进程、合理配置要素资源等方面迎来更大的发展空间。

（三）“区域性国际城市”发展战略带来的重大发展机遇。昆明市提出了到2015年基本建成中国面向西南开放的国际化门户和重要桥头堡城市的发展目标，到2020年初步建成引领中国面向西南开放的区域性国际城市的发展目标。昆明市国际化进程的推进将为西山区提升城市品质，拓展城市功能，加大对外开放程度等方面提供前所未有的重大机遇。

（四）全域城镇化带来的重大发展机遇。实施全域城镇化是昆明市立足城乡建设基础，着眼未来，统筹城乡发展做出的一项重大战略决策，“十二五”时期将是昆明市实施全域城镇化的关键时期，由此必然实施一系列统筹城乡发展的优惠政策和措施，西山区“十二五”时期必须抓住这一有利时机，在统筹城乡发展，缩小城乡差距、实现公共服务均等化方面实现突破。

第二节 面临的挑战

（一）经济社会发展中的突出问题亟待解决。一是全区经济总量相对较小，经济发展水平总体不高。从横向来看，2010年生产总值、人均地区生产总值、地方一般预算收入、城镇居民人均可支配收入、农民人均纯收入仅为全国百强县平均水平的51.8%、54.5%、56.7%、86.7%、79.1%；从纵向来看，对比全面建设小康社会指标体系，西山区大部分指标均能在2012年提前完成，但对比现代化城市评价指标体系、县域经济发展指标，区域性国际城市发展指标还有较大差距。二是工业支撑力不足，存在结构性矛盾。西山区规模以上工业企业（全部国有及非国有工业企业年主营业务收入在500万元以上企业）124家，而其中大型企业仅有1家，中型企业14家，小型企业109家，2010年全区工业增加值占GDP比重的19.3%，工业增加值完成46.4亿元，年均增速14.5%，超过“十一五”规划纲要年均增速12%的目标，工业发展存在结构性矛盾，主要以磷资源开采和资源加工型为主，传统重化工业比重较高，工业增加值转换率偏低，新型工业化水平不高。三是都市经济发展有待突破，产业支撑能力有待提高。从第三产业发展看，西山区正处于商贸业态改造提升阶段，由于受城中村改造、“退二进三”政策等因素的影响，部分企业及专业市场面临搬迁，加之螺蛳湾商贸业态外迁、中央商务区（二级CBD）建设刚刚起步，南亚风情第壹城等一批重点项目仍处于建设过程中，建成及发挥实效还需要时间，都将带来第三产业发展速度的放缓，对经济发展的支撑力减弱。另外服务业发展水平不高，金融、保险、证券、信息、现代物流等新兴、高端服务尚处于起步阶段，第三产业发展的领域和水平还有待拓宽和提高。四是扩大投资面临诸多制约，资金保障压力增大。随着大投资、大项目、大建设速度不断加快，资金需求量不断加大，西山区面临着大量的市政基础设施、公共服务体系建设和生态建设任务，筹措建设资金任务较重的问题。同时，受国家融资政策变化的影响，政府性融资难，财政资金保障压力增大。

（二）城市规划建设管理滞后于经济社会发展需求。目前，西山区城市规划建设和管理水平离“三高”、“三化”、“三精”的要求还有距离。城市规划相对滞后于经济社会的发展，城市的载体功能受到限制；城市基础设施配套欠账多，服务功能不健全，全新的城市形象尚未完全建立，直接影响了西山区对资源、人口、产业的聚集能力，影响城市品质功能的提升。

（三）经济发展与环境保护的矛盾依然存在。随着国家节能减排政策的不断加强，西山区原有高耗能、资源型的工业结构受到的约束逐步增大，对区域加快工业发展造成了较多制约。环境保护、节能减排和工业经济的协调稳定发展仍是西山区今后经济工作面临的一个难点问题。

（四）受“城中村”改造和“四退三还一护”工程实施、产业内部结构优化升级的影响，失地农民、拆迁居民、农转居人员增多，利益平衡难度增大，因社会转型、经济转轨、利益调整引发的不稳定因素增加，致使社会和谐稳定压力增大，维护社会稳定的任务依然艰巨。

第三章　“十二五”期间的指导思想和发展目标

第一节　指导思想

“十二五”时期西山区经济社会发展的指导思想是：以邓小平理论和“三个代表”重要思想为指导，深入贯彻落实科学发展观，围绕全面建设小康社会的总目标和建设区域性国际城市的总体部署，按照“五区两带一港”的空间发展布局，以“科学发展”为主题，突出“加快转变经济发展方式”一条主线，加快推进“工业化、城市化、市场化、生态化”四化进程，全面推进“全力抓经济、重点抓工业、突出抓招商、关键抓投入、注重抓民生”五抓工程，着力推进“跨越发展领跑区、城市建设管理精品区、社会资本集聚区、生态建设示范区、改革创新引领区、社会发展和谐区、人民生活幸福区”七区建设。通过5～10年的努力，把西山区建设成为支撑昆明市建设全省绿色经济强省龙头、民族文化强省枢纽、我国向西南开放的国际化门户和桥头堡中心城市的核心区，为初步建成面向西南开放的区域性国际城市核心区奠定坚实基础，促使西山区在富民强区道路上迈出实质性步伐。

“十二五”时期，我区经济社会发展必须坚持以下原则：

坚持把解放思想和改革作为富民强区的强大动力。

要破除一切束缚发展的思想障碍，改革一切阻挡前进的体制机制。以全新的观念谋划工作，以改革的思想破解难题，以开放的姿态谋求合作，以开明的政策实现共赢。通过全区上下思想大解放，引领大改革、大开放，推进大发展。

坚持把落实科学发展观作为富民强区的统领。在发展中更加注重以人为本、协调可持续、统筹兼顾、保障和改善民生，切实把科学发展的理念贯穿于经济社会发展的全过程，实现经济社会又好又快发展。

坚持把转变发展方式作为富民强区的根本途径。在发展的理念上突出绿色环保，发展的价值上突出以人为本，发展的模式上突出循环经济。坚持把资源优势转化为经济优势，走内涵集约发展与外延规模扩张并重的路子，好字当前，又好又快，速度、质量、效益相协调，消费、投资、出口相协调，人口、资源、环境相协调，努力实现经济社会可持续发展。

坚持把科教引领作为富民强区的重要支撑。必须着眼于长远发展，强化科教基础，加大科技、教育投入，加快先进适用技术的引进和消化吸收，巩固提升教育水平，积极探索与社会广泛合作、共促发展的有效方式，搭建平台，推进科技、教育走上科学发展之路，切实发挥好知识和科技在经济发展中的重要支撑作用。

坚持把推进全域城镇化作为富民强区的重要抓手。积极主动顺应城镇化快速发展的大趋势，从全域的高度、科学发展的角度，超前谋划、统筹规划、科学计划，在更高起点上全力推进和提升全域城镇化建设工作。努力走出一条以城带乡、以工促农、以商富农，城乡一体、协调发展，具有时代特征、西山特色的全域城镇化道路。

坚持把和谐发展作为富民强区的根本目的。始终把保障和改善民生作为经济发展的根本出发点和落脚点，把加快经济建设与以人为本结合起来，着力于实现好、维护好、发展好最广大人民群众的根本利益，坚持建设资源节约型、环境友好型社会，重点突出构建人与自然和谐的生态环境，使改革发展成果真正转化为群众能够享受到的实惠。

第二节　发展目标

一、总体目标

“十二五”时期西山区经济和社会发展总体目标为：经济保持平稳较快增长；产业结构优化升级；城乡建设管理水平显著提高；对外开放水平进一步提高；生态环境明显改善，可持续发展能力增强；城乡差距进一步缩小，基本公共服务均等化水平提高；民生问题逐步改善，社会更加和谐稳定；关键领域改革取得新进展；社会主义经济建设、政治建设、文化建设、社会建设以及生态建设协调推进。到2015年，基本形成全域城镇化发展格局，在全市率先基本实现全面建设小康社会目标，建成我国向西南开放的国际化门户和桥头堡中心城市的核心区。

二、具体目标

经济实力显著增强。经济保持跨越式发展，产业布局和结构不断优化，一、二、三产业均衡发展，经济增长方式实现明显转变，实现争先进位、富民强区。全区地区生产总值增长保持平稳较快增长。地方财政一般预算收入、城镇固定资产投资、社会消费品零售总额保持跨越式增长，城镇居民人均可支配收入和农民人均纯收入较快增加，城乡居民消费能力显著增强。经济实力和综合竞争力显著增强。

改革创新更具活力。非公有制经济、高新技术产业、服务业增加值占全区增加值的比重逐年提高，科技对经济发展的贡献进一步加大。城市化进程进一步加快，率先在全市实现全域城镇化。对外开放水平进一步提高，率先启动区域性国际城市核心区建设。坚持改革创新，打造改革创新引领区，充满活力、富有效率、更加开放的体制机制基本形成。

全域城镇化实现突破。全力推进城乡规划、产业发展、基础设施、公共服务、生态建设及环境保护、就业社保等方面的城乡一体化，促进要素向农村流动，二、三产业向农村辐射，公共服务向农村覆盖，现代文明向农村传播。到“十二五”末，城乡居民收入普遍增加，城乡居民生活质量和水平普遍提高，城乡一体化发展格局初步形成。

生态环境明显改善。主要环境控制指标在全市处于领先水平，加大绿化造林力度，实现城市绿化覆盖率稳步提高。以滇池为重点的水环境持续改善，低碳经济发展和低碳城市建设取得显著成效，自然生态得到系统保护，环境污染得到有效控制，生态环境质量明显改善，努力打造生态建设模范区。

社会发展更加和谐。覆盖城乡居民的基本公共服务体系逐步建立，社会事业全面进步，社会保障日趋完善，社会管理规范有序，城乡居民思想道德、科学文化、健康素质不断提高，公共服务水平居全市领先，民主法治得到加强，公平正义充分体现，人们安全感、幸福感大大增强，打造社会发展的和谐区、人们生活的幸福区。

第四章　“十二五”期间发展的总体布局

第一节　空间布局

结合西山区实际和发展优势，西山区“十二五”发展空间布局确定为：五区、两带、一港，即：构建特色中央商务区、海口工业新城区、长坡泛亚国际物流园区、西山大旅游区、团结全域城镇化示范区，以昆安高速公路商贸经济带、高海高速公路高端生态旅游休闲度假带为两翼，以环草海国际生态商务港为核心的西山区“十二五”发展空间布局。

第二节　产业布局和功能定位

根据西山区“十二五”发展空间布局和西山区优势产业的发展要求，西山区产业发展布局和功能定位以发展现状为基础，充分发挥草海片区保护治理和开发利用的带动作用，加快构建现代服务业和发展商贸流通体系，依托资源和现有工业基础优势，加速海口工业新城建设，进一步统筹城乡发展，科学引导产业布局，推进团结全域城镇化示范区建设，全区形成“三板块”的产业布局和功能定位：

第三产业发展板块以马街、金碧、永昌、前卫、福海、棕树营、西苑、碧鸡街道办事处为主，以建设中央商务区、环草海生态商务港、西山大旅游区、昆明长坡泛亚国际物流园区、昆安高速公路商贸经济带、高海高速公路高端生态旅游休闲度假带为重点，构建全省面向南亚、东南亚的现代服务业聚集中心、重要商贸物流中心和文化旅游休闲基地；

第二产业发展板块以海口街道办事处为主，以海口工业园区建设为重点，加快推进海口工业新城建设，构建全国重要的磷化工深加工产业基地和光机电一体化产业基地；

第一产业发展板块以团结街道办事处为主，以建设全国生态旅游小镇为突破，统筹城乡发展，构建全省领先的全域城镇化示范基地。

第五章　注重产业发展，打造跨越发展领跑区

以加快转变经济发展方式为主要任务，增强经济可持续发展能力，以扩大规模和提升产业结构为重点，进

一步构建产业集聚度高、辐射带动力强、开放关联度大和税收贡献率高的都市经济体系，按照“兴服务业、强工业、优农业”的发展思路，以服务业为主导，优化产业结构，提升产业能级，促进西山产业发展与城市生态环境保护保持一致，建设经济强区。力争到2015年，地方财政总收入达到70亿元以上，财政一般预算收入达到35亿元以上，经济综合实力居昆明市第一板块前列。

第一节 加快提升第三产业

一、以现代服务业为重点，优化升级第三产业

在充分利用现有区位、资源和行业优势的基础上，以城中村、旧城改造为契机，优先发展现代服务业，把推动现代服务业大发展作为区域产业结构优化升级的优先战略，提高区域现代服务业核心竞争力，充分发挥现代服务业在经济发展中的主导作用，加快构筑与城市现代化进程相衔接、与都市经济发展趋势相匹配、与区域性国际城市核心区相对应、与发展创业和人民生活相适应的新型第三产业体系。

（一）培育壮大现代服务业

1. 信息服务业

推动信息产业和其他行业的深度融合发展，积极推进农业、化工、医药、机械等行业综合电子商务的发展；推进就业、社保、教育、文化、卫生、市政等公共服务业的信息化发展；推进电子政务建设，推动三网融合应用水平，运用互联网开展政务信息发布、行政审批、行政管理、税费征收等政务活动，提高政府办公自动化水平和服务效率，将西山区建设成为全市高端信息化先行区。

2. 现代物流业

提高西山区物流业规模和管理水平，重点打造昆明长坡泛亚国际物流园区、昆安高速公路商贸经济带、高海高速公路高端旅游休闲度假带、西北绕城沿线和马街片区的现代物流能力建设，初步形成区域性国际城市物流配送服务体系，为市场要素聚集流

西山区“十二五”期间经济社会发展主要指标

序号	类型	指 标	2010年	“十二五”规划		
				2015年	年均增长%	指标属性
1	富强指标	地区生产总值（亿元）	244.5	——	13	预期性
2		人均生产总值（元）	33289	——	11	预期性
3		工业增加值（亿元）	46.4	——	12	预期性
4		第三产业增加值（亿元）	171.4	——	13	预期性
5		社会消费品零售总额（亿元）	199.5	——	17	预期性
6		城镇固定资产投资（亿元）	210.5	——	25	预期性
7		工业固定资产投资（亿元）	27.5	——	20	预期性
8		地方财政总收入（亿元）	46.4	——	12	预期性
9		地方财政一般预算收入（亿元）	17	——	15	预期性
10		城镇居民人均可支配收入（元）	19803	——	10	预期性
11		农民人均纯收入（元）	8245	——	10	预期性
12	活力指标	科技成果转化率（%）	40	42	——	预期性
13		全社会R&D占GDP比重（%）	1.68	2.5	——	预期性
14		高新技术产业增加值占工业增加值比重（%）	——	20	——	预期性
15		非公经济占GDP比重（%）	52	58	——	预期性
16	文明指标	进出口总额增速（%）	30	——	15	预期性
17		文化产业增加值占GDP比重（%）	6.84	10	——	预期性
18		旅游业总收入（亿元）	3.5	——	11.5	预期性
19		人均受教育年限（年）	11	≥11	——	预期性
20		高中阶段毛入学率（%）	97	99	——	预期性
21	生态指标	公共教育投入占GDP比重（%）	——	4	——	预期性
22		森林覆盖率（%）	58.6	60	——	预期性
23		城市绿化覆盖率（%）	49.41	52	——	约束性
24		城市生活垃圾无害化处理率（%）	100	100	——	约束性
25		万元GDP能耗（吨标准煤）	0.9	0.81	——	约束性
26		万元生产总值CO_2排放量（2005年可比口径）	——	下降20%	——	约束性
27		建成区烟尘控制区覆盖率（%）	100	100	——	约束性
28	和谐指标	建成区环境噪声达标区覆盖率(%)	82.52	95	——	约束性
29		城镇职工基本养老保险参保人数(万人)	10.8	11	——	预期性
30		城镇基本医疗保险参保人数(万人)	36.4	38	——	预期性
31		失业保险覆盖率(%)	90	≥95	——	预期性
32		城镇化率(%,按常住人口计算)	93.42	95	——	预期性
33		城镇登记失业率(%)	3.2	≤4	——	预期性
34		人口自然增长率(‰)	2.2	≤5	——	约束性
35		人口平均预期寿命(岁)	76	77	——	预期性
36		社会安全指数	100	100	——	预期性

通提供必要的支撑。

3. 金融服务业

以构建多元化、开放型的现代金融体系为目标，加快推进16号片区中国·昆明泛亚金融产业中心园区，整合金融资源，积极引进国内外银行、证券、保险等著名金融机构到西山区设立分支机构，打造泛亚金融业集聚区。抓住草海建设生态商务港的契机，推进金融商务区建设，积极探索区域性国际金融服务中心建设。搭建中小企业融资、担保服务机制平台，大力支持中小企业创业投资引导基金和风险投资基金发展，扶持有条件的公司利用资本市场上市。

4. 总部经济

利用西山区城市核心优势和环境优势，抓住西山区“城中村”改造的机遇，以昆明泛亚产权关联交易中心、昆钢科技大厦、富滇银行总部等项目为依托，强化金融、信息、中介、会展、商贸等服务功能，吸引一大批国内外大型企业集团总部或区域性分部来西山区发展。围绕环草海生态商务港和螺蛳湾中央商务区、金碧高端商务区、滇池路精品商务区等特色中央商务区建设，大力发展高品质商务楼宇经济、总部经济，努力将西山区建设成为楼宇、总部经济先行区。同时，将环草海地区打造成为集商务办公、商务交流、会展、公共服务等功能于一体的国际水准总部基地。

5. 旅游业

充分发挥区位、资源、品牌三大优势，利用丰富、浓郁的传统民族文化底蕴，挖掘区域历史文化资源，整合西山、草海片区及滇池西岸自然特色资源，提升西山区“山－水－人－城”的文化内涵，以景区旅游、乡村旅游、滇池观光和城市旅游为支撑，努力实现旅游业由单一观光型向观光度假、康体休闲、购物娱乐、文化展示、商务会展复合型转变，全力将西山区打造成为旅游文化特色区。“十二五”期间，实现旅游业总收入年均增长11.5%。

6. 文化产业

完善文化产业扶持政策，创新文化生产和传播方式，坚持把社会效益放在首位，放开搞活文化市场，鼓励和引导非公有制经济进入，传承民族优秀文化，发展新型文化业态，加快文化事业产业化运作，支持各类资本投资大型休闲娱乐中心、文化娱乐传播企业，扶持发展文化旅游业、创意产业，最大限度地发挥文化引导社会、教育人民、推动发展的功能，构建富有活力的文化产品生产经营体制。不断提高文化产业在GDP中的比重，到2015年文化产业增加值占GDP比重达到10%。

7. 中介服务业

培育完善提供信息、科技、担保、融资、产权交易、能源管理、培训、劳务和人才中介、货运代理等中介服务业。鼓励发展法律、会计、咨询、广告、设计、策划等专业服务。引导现有中介机构调整重组，积极引进和培育运作规范、接轨国际的现代中介服务业组织，提升全区中介机构从业人员规模及素质，建立健全从业人员培训制度及行业自律管理制度，提高行业服务水平。

8. 房地产业

以城中村改造为契机，加快培育住宅地产、商务地产、旅游地产、工业地产等房地产市场体系。以住宅地产提高住宅建设、经营、消费各个环节的经济、社会和环境综合效益，以商务地产带动商贸、中介等楼宇经济的发展，以旅游地产拉动假日经济、会展经济和创意经济的发展，以工业地产推动第三方物流、国际业务流程外包产业的发展。

（二）提升传统商贸流通业

加大扶持力度，按照政府引导、市场运作的模式，运用网络信息技术和现代经营理念、现代流通方式，改造、整合、优化区域内商业企业分布杂而小的市场布局。提升档次，鼓励骨干商贸企业做大做强，加快培育一

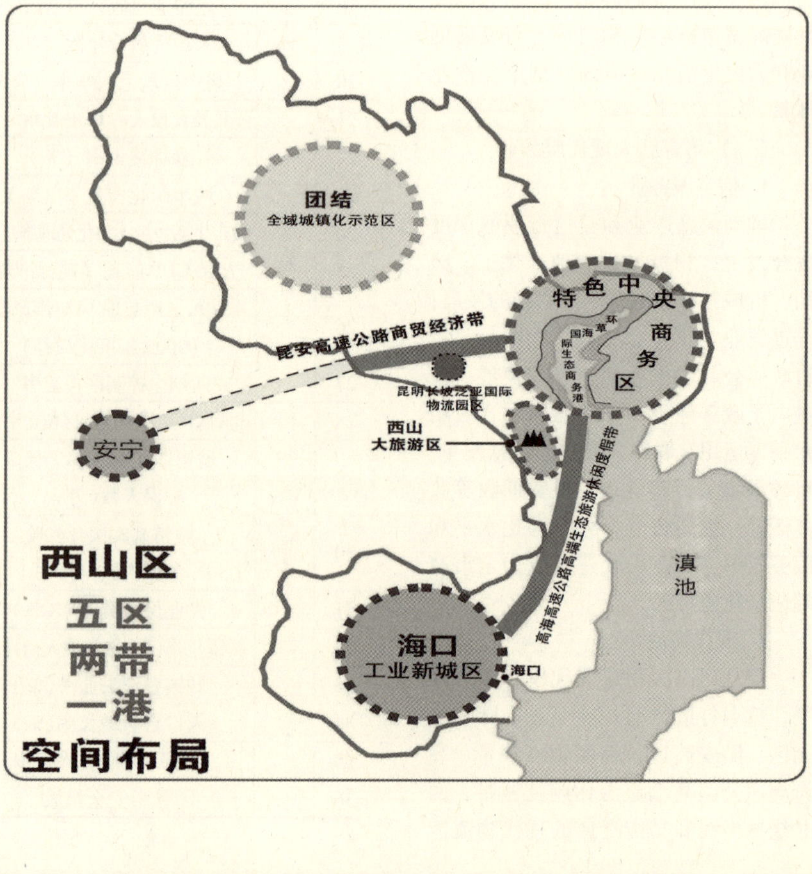

批国际化特点突出、具有较大规模和较强实力的商贸服务企业。积极开展招商引资活动，鼓励和吸引国内外知名商业品牌企业、大型采购中心落户西山，推动现代大型综合购物中心等商贸新兴业态发展，加强商业特色街区建设，逐步提高西山区商业层次和能级。

二、打造现代服务业发展特色片区

环草海国际生态商务港：加快环草海国际生态商务港的开发建设，主要集聚金融贸易、商务服务、商贸会展、旅游休闲、文化创意与技术服务等核心产业，配套建设商务楼宇、商业广场、星级酒店、特色商业旅游街区等设施，建设承接全国、全省以及东南亚、南亚地区的金融、商务、贸易、会议、物流等国际交流的功能载体。同时加大生态环境治理力度，在滇池草海沿线形成水清、湖洁、岸绿的生态屏障，逐步将草海片区建设成为经济资源和生产要素等高度集聚的国际化、区域性、现代化的生态商务港。

特色中央商务区：充分发挥西山区金融、商贸、物流、交通、旅游和文化等优势，结合城中村改造和产业结构优化调整，通过规划引导、产业集聚、人才支持、开放带动、政策扶持、项目支撑，加快打造螺蛳湾、金碧、广福路、马街、滇池路片区，形成要素集聚明显、业态功能完善、区域特色鲜明、充满生机与活力的特色中央商务区，构建一个增值率高、辐射力强、开放度大的现代服务业体系。永昌街道办事处：充分利用改造升级后的螺蛳湾商业区特有的区位优势和玉带河片区金融集聚的优势，建设成为集金融贸易、楼宇经济、总部经济、高端精品商业、信息及中介服务等服务业态，面向东南亚、南亚的商业物流及展示为主要功能的城市核心商贸区和辐射省内外的高档次商品集散交易重地。前卫、福海街道办事处：以16号片区中国·昆明泛亚金融产业中心园区建设为依托，以云锡总部、南亚风情第壹城、红星美凯龙家居生活广场等大项目的带动辐射，发展金融产业、总部经济，打造南市区次商务中心。马街街道办事处：大力发展以行政办公、对外交通、物流仓储、文化体育、商务房地产为主的现代商贸、服务业，依托马街新城、白沙地昆明居住主题公园等项目的建设，打造要素集聚明显、业态功能完善、区域特色鲜明、集高尚居住和高品位商业为一体的西市区新兴商业商贸集聚中心。金碧、棕树营、西苑街道办事处：依托金马碧鸡坊和东、西寺塔的文化历史渊源，昆明市新闻中心、文化空间大型国际文化广场项目的带动，大力发展动漫、出版、音像等文化产业，打造文化产业中心。

西山大旅游区：以景前区开发建设、景区道路交通改造、景区内历史古迹保护与开发项目为依托，进一步改善景区基础设施建设，调整景区空间布局，全面提升“云南第一风景名山”西山景区的品位和品质，打造西山旅游品牌，使景区以其雄伟壮丽的景观、丰富的历史文化、全面完善的功能跻身于国内一流精品景区之列。将西山风景名胜旅游区打造成为国际知名、国内一流的融宗教民俗文化、康体休闲旅游、度假体验、娱乐购物、生态环保为一体的国家5A级风景旅游区。

昆明长坡泛亚国际物流园区：充分发挥长坡作为昆明市城区西大门的地理位置优势，以道路基础设施建设、重大物流项目等建设为依托，以总部经济功能区、建材（家具）商贸物流区、生产生活集中服务区、快速消费品商贸物流区、汽车与工程机械商贸物流区和医药产品商贸物流区六大功能板块为基础，将昆明长坡泛亚国际物流园区打造成为昆明面向东南亚、南亚的商品、医药、汽车、建材物流集散与配送中心，成为集商贸、物流、配送、仓储、展示和联检联运的基地。

高海高速公路高端生态旅游休闲带：依托高海高速公路沿滇池的优美环境和旅游优势，结合生态恢复建设工程，进行特色民族村寨开发、度假酒店建设、渔港小镇开发，修建高端湖滨山地度假酒店，引进国际著名酒店或酒店管理集团进行建设或管理，建设连接碧鸡、海口、西山、湖滨的黄金旅游环线，将高海公路沿线建成“碧水、青山、绿树、民俗文化”为特色的生态保护良好、生态旅游兴旺、生态文明提升的山水生态旅游度假胜地。

昆安高速公路商贸经济带：以云石国际中心、马街摩尔城项目为启动点，以居住、综合商贸区、区域商业中心为重点，加快发展体现城区商业现代化水平的大型综合商业设施，沿昆安高速公路打造明波、碧鸡、长坡三个特色商贸集聚区，重点发展高档家具、会务酒店、社会服务、商务服务等商业业态。

第二节　加快推进新型工业化进程

坚定不移地走新型工业化强区之路。继续把做大总量作为实现工业突破的首要任务，外引内培、多策并举，加速生产要素向工业区集聚，规模企业向园区集中，优质资源向优秀企业集聚，着力优化工业经济结构。扎实推进主导产业高端化、新兴产业规模化、传统产业品牌化，加快信息化和工业化融合，培育更多产业优势突出、辐射力度大、产业链联系广泛的产业集群，不断提高产业核心竞争力。初步形成结构优化、产业聚集、技术领先、清洁安全、附加值高、吸纳就业能力强的现代工业体系。确保规模以上工业企业增加值年均增长15%以上，工业固定资产投资年均增长20%以上；到“十二五”末，规模以上工业企业（全部国有及非国有工业企业年主营业务收入在2 000万元以上企业）达到75家，主营业务收入超亿元工业企业达20户，其中超10亿元以上的企业达5户。

一、推进产业结构升级

紧紧围绕结构调整，改造提升传统优势产业，提升产业层次和竞争力。落实低能耗、低排放、低消耗产业标准，着力构建高技术含量、高附加值、高辐射力的新型产业体系，促进一般加工向高端制造、产品竞争向品牌竞争转变，切实提高工业产业核心竞争力和经济效益。完善科技创新体系，实施技术装备提升、企业创新平台建设、产学研联合创新、企业信息化、新技术推广5大工程，促进科技创新成果向现实生产力转化。围绕结构调整，以新型工业化发展专项资金补助、申请省市贷款贴息等方式，支持重点企业实施技术改造、建立研发机构，不断加大企业科技研发投入，使企业成为技术进步和创新的主体。到“十二五”末，国家级企业技术中心达到2家，省级企业技术中心达到10家，市级企业技术中心达到15家。

（一）做大做强传统优势产业

大力发展精细新型磷化工，加快提升产品档次，加快高浓度磷复肥和精细磷化工产品的发展，加快引进能达到食品级、药品级和电子级的磷化工企业，配套发展磷化工产业链条上下游企业，形成横向耦合与纵向闭合的关系，构建生态工业链网，确保磷化工业持续、稳定和健康的发展，确立全国磷复肥、精细磷化工业重要基地的地位，到“十二五”末，在本区域实现年产高浓度磷复肥240万吨。发挥云南北方光电仪器有限公司、云南西仪工业股份有限公司等大中型光机电企业的技术、工艺、装备、管理人才优势，积极研发具有自主创新能力的先导技术、现代物流设备、信息化集成技术、光机电一体化成套技术，突破光电子、数控机床、精密光学仪器、物流设备、智能仪器仪表、光学、医疗设备、电子专用设备等关键技术，逐步形成完整的产业体系，确立光机电的主导地位，成为新型工业化的主导产业。

（二）扶持壮大新兴产业

新材料产业：发展金属功能材料，鼓励企业加强纳米材料、高浓度精细化磷产品、新型能源材料、生态环境材料及生物功能材料的研发和应用，重点发展耐磨高强度合金材料、环境工程材料和生物医用材料等。

环保产业：重点引进和培育环保治理设备的制造和加工的企业，积极开发环保机械零部件、环保机械整机产品和环保材料，开发生产空气和水污染治理设备、固体废弃物处理设备、工业废水处理及重复利用装置、生活污水处理及中水回用装置、废弃物焚烧处理装置。

节能和资源再生产业：积极开发节能和可再生能源利用设备、清洁生产设备和绿色能源技术及产品，节水、节能产品生产，新型节能照明产品和配套材料，风力、太阳能、生物质能等技术、设备的开发和应用，加快再生资源回收利用产业化。

生物产业：以生物医药为重点，加快将生物资源优势转化为生物产业优势。鼓励企业加强生物技术药物、新型疫苗及诊断试剂、植物提取物、医疗器械、天然保健品等的研发和应用。

二、加快海口工业园区建设，打造海口工业新城

以创建云南省和国家新型工业化产业示范基地、国家级经济技术开发区为工作目标，将海口初步打造成为国家级的新型工业区。加快园区基础设施建设和土地储备开发，实现土地收储年均66.67公顷。加强园区工业产业招商和项目引进，搭建高端产业发展平台，大力提高自主创新和先进制造业的集聚能力，升级改造磷化工深加工产业、光机电一体化、环保新型建材等传统产业；注重引进现代都市型工业、新材料、环保节能、电子信息、生物医药、仪器仪表、数控机床、高端装备制造等高新技术企业，走一条多元化产业共生发展的新型工

业化道路，打造现代新昆明工业集聚发展的“增长极”。确保“十二五”期间园区规模以上工业增加值年均增长25%，园区工业固定资产投资年均增长34%，实现传统产业、新兴产业与高新技术产业的多元发展，推动西山区工业经济跨越式发展。同时，实现新型工业化与新型城镇化有机结合，加快海口片区的市政基础设施、公共配套服务、环境景观设施建设，推进海口老城区与工业园区的融合对接，逐步将海口建设成为昆明具有发展实力、活力和特色鲜明的现代化工业新城。

第三节 加快发展现代都市农业

依托城市发展，发挥生态优势，拓展农业功能，优化区域都市农业布局，坚持工业反哺农业、城市支持农村方针，加快转变农业发展方式，依托昆明主城引导支持发展现代都市农业，完善农业产业体系，使农业向高附加值、高商品化率的产业发展，逐步实现农业生产规模化、产品生态有机化和设施化。加快发展休闲观光农业、生态循环种养殖业、农产品加工及流通业，突破传统农业发展局限，创造高价值、全新的农业产品与服务，着力打造兼顾经济功能、生态功能、社会功能和示范功能的现代农业。力争到2015年发展农业专业合作社32个，农业科技示范园区达到25个。

一、巩固提升优势产业

发展休闲观光农业：以农业文明和农村文化为主线，以农业景观、农业生产活动及农村文化、少数民族习俗为主要内容，以回归自然、体验农家菜和休闲观光为特色，突出地域特色、农村生活风貌和丰富的乡土文化内涵，围绕“吃、住、行、娱、购、游”，大力发展休闲农庄、观光体验、农家乐、农业科普园等休闲观光农业，以浑团公路沿线、明朗、老昆富公路沿线、螳螂川沿线、高海公路沿线为重点区域，发展能够取得较好的经济、社会、生态效益的休闲观光农业和乡村生态旅游。

优化种植业：以团结为中心，大力发展市场适销对路的高附加值经济作物，积极引进和推广优良蔬菜新品种。建设设施大棚，建设以团结为重点的蔬菜种植基地；积极发展瓜果生产，建设精品瓜果基地；大力发展花卉苗木业，种植观赏及加工型花卉种植基地。

提升养殖业：按照规模化、集约化、生态化、无害化的要求，发展健康、生态畜禽养殖业，重点建设规范化养殖小区；发展以沼气工程为主的畜禽粪便无害化处理和资源化综合利用，构建农牧结合，种养结合的农业循环经济模式和循环产业链。

壮大加工业：转变经营方式，培育和壮大龙头农产品生产加工销售企业，形成以龙头企业带动农户、农产品市场的一体化发展格局，建立以拳头农产品生产为核心环节、沿产业链上下游延伸、依托现代技术工艺的产业化经营模式，不断提高农产品附加值。

活跃流通业：积极培育和提升农产品中介服务组织，进一步加强和完善农产品批发市场建设，建立农产品流通信息服务中心，鼓励扶持产供销信息中介服务网络和专业合作化建设，拓展农产品营销工作，完善农产品流通服务体系建设。

二、突出特色，打造团结全域城镇化示范区

充分发挥比较优势，以开展省级重点村的建设为契机，进一步加强对长年聚居的彝族、白族和苗族三个少数民族的民风与民俗文化的挖掘与保护，打造团结全域城镇化示范区。一是以道路设施和旅游设施为重点，加强生态建设，提升景区品质，提升“乡村生态旅游”内涵，重点抓好龙潭休闲观光游乐中心、螳螂川芳香走廊、大兴桂皇阁片区（森林探险）、卧云山片区（会务）、乐水溪谷生态旅游片区（周末休闲农庄）、永靖田园片区（接待市民菜园）的建设，实现城乡空间共享，把团结打造成昆明的城市后花园。二是以休闲旅游产业发展为突破，带动城市信息、资金等资源向农村流动，以休闲旅游产业的大发展，加快促进城乡经济融合和产业联动，实现城乡互为资源，互为环境，互为市场，实现城乡资源共享。三是以建设团结生物医药食品加工园区为契机，利用团结现有的自然资源、区位等优势，积极引进科技含量高的生物医药食品加工企业，切实加大医药产业的培育、扶持力度。四是以增加农民收入为核心，缩小城乡居民收入差距，提升农民消费水平和消费结构，推进农村居民向市民化转变，实现城乡经济社会发展、改革成果共享。

第六章 注重统筹发展，打造城市建设管理精品区

“十二五”时期是西山区城市规划建设管理加快发展的重要战略机遇期，也是实施全域城镇化战略的关键时期。必须坚持按照“三高”、“三化”、“三精”的总体要求和全域城镇化目标，加快推进城乡规划全覆盖，加大城乡基础设施建设力度，完善城市综合服务功能，提升城市管理水平和综合竞争力，提高城市承载力和辐射力。

第一节 高水平规划城市

强化规划的龙头作用，按照“高起点、高标准、高品位”的要求，形成覆盖全区城乡的规划体系，全力把西山建设成为昆明最适宜居住、最适宜创业、最具特色魅力的现代化城区。

一是提升和完善以主城十一个分区控制性详规、河道整治专项规划、城中村改造修建性详细规划、园林绿化专项规划、旅游景观专项规划等为主要内容的区域综合规划体系。

二是结合“一步城市化”的目标，完成团结、海口和碧鸡中心城区总体规划和控制性详细规划的城市设

计，完成区域和街道办事处主要专项规划、村庄规划编制，实现城乡规划全覆盖，做到“无障碍规划，有界面建设”，使每块土地都有规划，每个项目都按规划实施。通过对城市空间和功能定位的整体把握，提高规划对城市发展的引领水平。

三是强化规划监管力度。加强规划基础研究，创新规划理念，适度放开设计市场，建立健全公众参与规划、评估规划、监督规划实施等制度体系，提高规划整体水平。强化规划的法律地位，维护规划的严肃性，积极引入第三方参与规划验收，实现规划实施全过程监督，坚决整治和纠正违法违规建设行为。

第二节　高质量建设城市

坚持适度超前、区域基础设施共建共享的原则，强化城市功能建设，积极推进城市基础设施、公用设施和环境建设，加快城乡基础设施建设步伐，实现城市规模扩张与功能完善、品质提升的有机结合，构筑保障有力、配套完善的现代化基础设施体系。

一是加强道路设施建设。大力推进城市畅通工程，抓好城市交通要道及公交建设，打通中心城区交通拥堵的瓶颈路口路段，加快区域道路微循环系统改造建设，大力推进全区等级公路以及客货运枢纽场站建设，配合市级推进“四环十七射”骨干道路建设，积极做好绕城高速、铁路枢纽扩能改造以及轨道交通的征地拆迁工作。“十二五”期间，建成区新建红线宽≤40m 的道路 50 条，长约 50.14km。2015 年西山区主城区道路线密度增至 6.7 km/km^2，道路用地面积率增至 17.5%，人均道路面积指标增至 13.1 m^2，道路等级结构调整为 2∶3∶5。同时，加快农村公路运输网络建设，积极推进骨干路网、农村公路、行政村路面硬化、农村公交场站建设，在全市率先实现自然村道路硬化村村通。加大农村客运网络化和线路公交化改造，努力实现行政村（社区）公交覆盖率达到 100% 的目标，解决山区群众出行困难。“十二五”期间，建设以区政府为中心，以 3 个涉农街道办事处为枢纽，以 35 个居委会为节点，以 225 个居民小组为辐射点，干支结合的山区 3 个“半小时交通圈”（从最远居民小组到居委会、从最远的居委会到办事处、从最远的办事处到区政府半小时内到达）。

二是加强生产生活设施建设，即加大投资力度，完善供水、供电、供气、信息、通讯等公用配套设施，建成以全面实现电气化和普及民用燃气、太阳能为核心的现代化能源供给网络，推动城乡供水体系与经济社会同步发展。高标准建设城市更新改造区和中央商务区的信息、供电、供气、供水、水利等公用设施；积极推进海口、团结集中式供水工程建设，抓好农村饮水安全建设，实现城乡安全饮用水覆盖率达到 95% 以上，解决好山区居民饮用水安全问题。加快推进明朗水库加固扩建工程、晒晒玛坝塘修复工程、东母沟水库和长坡水库除险加固工程建设，改善灌溉面积 913.33 公顷。到 2015 年，城乡自来水普及率达到 95% 以上；城市燃气普及率达到 80% 以上。继续推进环卫基础设施建设，实施生活垃圾收集系统全覆盖，“十二五”期间，新建公厕 25 座，垃圾中转站 5 座，完成环卫基地建设，建设粪便处置场 1 座。

第三节　高标准改造城市

进一步健全完善政策措施，加速推进以城中村改造和旧城改造为主要内容的城市更新进程，促进土地科学合理利用，优化城市空间布局。

一是坚持统一规划和分类指导相结合有序推进城中村改造。由政府主导，结合城中村改造地块实际、产业发展要求和城市功能定位，编制各片区城中村改造修建性详细规划。以科学规划促进城区土地科学合理利用，优化空间布局，产业业态升级，为西山区经济社会发展拓展空间。同时，积极推进旧城改造，坚持保护城市历史遗存与旧城改造相结合，完善历史文化街区保护规划，展现历史与文化融合、文化与景观和谐的城市风貌。

二是加快推进回迁安置房建设，确保城中村改造、旧城改造工作顺利推进。按照优先安置回迁农（居）民的原则，加快回迁安置房建设，使改造区域内的农（居）民得到妥善安置，居住环境明显改善。同时通过城中村改造，逐步实现农村城市化、村民居民化、就业社会化、管理社区化，实现城中村与城市的全面融合。“十二五”期间，全面完成西山区 40 个片区城中村改造工作。

第四节　高品质管理城市

提高城市管理水平，强化区级政府在营造发展环境、加强市容整治等方面的功能。按照“精心、精细、精品”的要求，优化城市管理结构、完善城市管理模式、不断提高城市管理水平。

一是进一步理顺城市管理体制，深化“两级政府、三级管理、四级网络、重心下移、上级监督”的城市管理体制改革，建立健全信息共享、快速反应、多方联动、应急处置的数字城管运行体系和网络化管理体制，实现城市管理由主城向区、办事处、社区拓展，构建纵向到底、横向到边，城乡一体的新型管理体制。

二是巩固“四创两争”成果，创新城市管理手段，整合城管、公安、安监、卫生、工商、环保等部门资源，做到网络互联、信息互通、资源互享，建立集监控、调度、指挥为一体的管理服务和应急指挥平台，实现全方位覆盖、全时段监控、网格化管理、人性化服务。

三是不断规范和健全行政执法行为，强化行政执法监督力度，推进依法行政，切实维护执法的权威性和严肃性，提高城市管理和综合执法水平。

四是积极推进市政公用事业的市场化进程，积极探索市场化、产业化、专业化、社会化的服务模式，在城乡环境保洁、市政设施维护、城市绿化管养等领域实行市场化运作。建立街道办事处与区级城市管理行政主管部门网络市政设施抢险应急队伍的建设，提高服务城市水平。

第七章 注重营造环境，打造社会资本集聚区

坚持对内对外开放并重、扩大总量与优化结构并举，坚持“引进来”和“走出去”相结合，实施更加主动的对外开放，继续加大招商引资力度，提高招商引资的规模和质量，把利用外资的着力点放在扩大领域、拓展渠道、优化结构上，积极引导社会资本投向民生和社会事业、新兴产业部门、农业农村、科技创新、生态保护、资源节约和基础设施建设领域。严格执行投资项目用地、节能、环保、效益等准入标准。同时，加大对非公企业的扶持力度，不断扩大对内对外开放，坚持“非禁即入”，全面放宽民营资本的市场准入领域，全方位吸引社会资本向西山区聚集。到“十二五”末，全区招商引资实际投资内资达 180 亿元，实际利用外资达 1.8 亿美元。

第一节 拓宽招商领域，实现招商引资新突破

一、创新工作机制，拓宽招商渠道

不断完善和创新招商引资工作机制，注重招商引资软硬环境建设，简化行政审批程序，提高政府行政效率，强化招商引资考核制度，进一步优化全区招商引资服务体系。坚持以内资招商为基础，积极拓展外资招商，加强省区间、区域间及国际间的交流与合作，实行外引内联，开展会展招商、产业招商、以商招商、中介招商、委托招商、代理招商、网络招商，逐步建立“政府主导－企业主体－全民招商”的三位一体招商机制，努力形成市场运作、企业为主、政府推动的招商引资格局。同时把综合招商与专题招商、政府招商与企业招商、专业招商与中介招商、境内招商与境外招商结合起来，锁定区域、锁定产业，敲门招商、跟踪招商，不断创新招商引资方式，拓宽招商引资渠道。

二、强化政策扶持，加快外资引进

一要根据国家最新颁布的《外商投资产业指导目录》，结合西山区产业布局规划，明确西山区鼓励外商投资的重点产业发展方向和主导产业，制定鼓励外商投资的新政策，配套相关扶持政策，吸引重大外资项目和知名品牌企业进入西山区。二要整合招商资源，利用侨联、台联、商会和台办的优势，形成整体合力，加大外资项目引进力度。三要加强与国际机构、跨国公司驻华代表处、中介机构、省市政府驻外办事处以及省市招商、外经等部门和机构的联系，开拓外资信息新渠道，加大外资项目储备量。

三、狠抓项目落地，完善招商激励制度

不断完善与招商引资相关的招商机制、服务机制、考察机制、激励机制、运作机制、决策机制、奖惩机制、保障机制等，确保项目落地。完善服务功能，提高管理水平，建立全方位的优质服务环境；积极探索鼓励全社会主动招商引资的激励机制；建立符合市场经济规律和国际惯例的招商引资运作机制；完善招商引资决策机制；建立完善招商引资奖惩机制和资金保障制度等。

四、突出工业招商，优化产业结构

加大工业招商力度，充分发挥海口工业新城的载体优势，积极引进工业项目，不断提高招商引资工业项目的比例，确保年度工业招商项目及其投资不少于总任务的 40%，以工业招商项目来促进区域工业经济的整体提升和规模突破。通过对项目投资强度、综合效率、结构的调控促进产业结构的调整和优化，建设工业集聚发展、产业结构完整、辐射带动广泛的新型工业化发展体系，形成对西山区经济发展的持续拉动力。

第二节 拓展非公经济发展领域，实现非公经济大突破

一、放宽准入领域，促进公平竞争

进一步解放思想，按照“放心、放胆、放手、放开、放活、放宽、放到位”的要求，放开投入领域，不限发展比例、不限发展速度、不限经营方式、不限规模大小，只要对财政、就业和社会发展有贡献的，国家法律、法规不禁止的，都允许非公、民营资本进入。同时，积极鼓励非公资本进入城乡基础设施和市政公用事业领域，进入教育、卫生和文化等社会事业领域，进入金融和物流等现代服务业领域，进入现代农业和新农村建设领域，促进公平竞争。“十二五”期间，非公经济实交税金年均增长 15%，非公经济占 GDP 比重达到 58%。

二、扶持优势企业，着力做大做强

加大对非公企业的扶持力度，积极为企业排忧解难。围绕磷化工、光学仪器、生物制药、商贸服务、农产品加工为重点的优势产业，扶持培育一批科技含量高、成长前景好、环境污染小的龙头民营企业，在优势产业上占市场、创品牌。积极引导与鼓励非公企业加快向现代公司制企业转型等制度创新、参与行业标准制定等技术创新、推行多种国际认证体系、培植核心竞争力和培育具有特色的企业文化等管理创新。努力增强企业开拓国际市场的竞争力，同时，扶强做大一批中小企业，鼓励中小企业围绕大型企业和重点项目，发展配套产业。

三、弘扬创业精神，鼓励全民创业

培育创业主体，营造创业环境，激发创业激情，释放创业潜能，聚集创业要素，使更多的人加入到创业的

大潮中来，鼓励支持大学生、市民自主创业。放宽注册登记条件，鼓励符合条件的个体工商户，及时规范登记为私营企业；允许无固定经营场所的摊贩，申请登记为个体工商户，在指定或允许的区域内从事经营活动；通过电视、报纸、广播和网络等媒体，提供创业信息，宣传创业典型，传播创业文化，形成全民创业环境。

第八章　注重绿色增长，打造生态建设示范区

重点突出构建人与自然和谐的生态环境，加强生态环境建设和保护，促进经济增长向低碳经济转型，建设资源节约型、环境友好型社会，积极发展循环经济，促进经济社会发展与人口资源环境相协调，走可持续发展之路，初步形成良好的人居环境。

第一节　加强生态环境保护

一、加强生态环境建设

进一步提高全区区域内的生态连通性，切实加大城乡生态环境建设力度。“十二五”期间，以滇池治理作为统筹生态建设的切入点，全面完成19条支流岔河综合整治，提升河道景观功能、防洪排涝功能。优化入湖河道综合管理和人工调控。全面加强入湖河道水体的长效管理，实现入湖河道水体水质持续改善，最终实现入滇河道水质达标排放的目标；全面开展草海沿岸环境综合整治，加快推进生态脆弱带水土流失综合治理步伐；加大西山区滇池流域内“五采区”植被生态恢复力度，实现水土流失治理程度达到95%以上；继续实施“四退三还一护”工程，进一步提升湖滨湿地水环境功能和景观效果。

二、加强生态环境保护

健全城乡污染防治监控管理体系。优先保护城乡饮用水源，切实加强长坡、明朗水库等农村分散饮用水水源地保护，取缔水源保护区内的排污源头，禁止有毒有害物质进入饮用水水源保护区。“十二五”期间，村镇饮用水卫生合格率达到100%；重点加强农村面源污染控制，严防养殖业工业污染水源。建设城乡生活垃圾的收集处理设施，禁止工业固体废物、危险废物、城镇垃圾及其他污染物向农村转移。加强生活污水处理，继续实施集镇村落污水收集处理工程和滇池西岸截污系统改造升级工程。继续建设和巩固烟尘控制区，大力推广使用清洁能源，禁止原煤散烧，提高城市燃气普及率。强化各类污染事故的预防和应急处理，确保环境安全。到2015年，农村清洁能源普及率达到80%，城市空气质量达到GB3095－1996《环境空气质量标准》二级标准，优良空气质量天数达到300天以上，建成区烟尘控制区覆盖率达到100%。加强对建筑施工、工业和公共场所噪声的管理，重点控制主要交通干线和文教区的噪声。到2015年实现建成区环境噪声达标区覆盖率达到95%。

三、加强绿化建设

按照城市园林化、城郊森林化、道路林荫化、农田林网化、村镇（村庄）花园化的要求，点、线、面结合，最大限度地扩大绿化空间，增加绿化总量。以建设绿色社区、宁静小区、低碳住宅小区、生态镇、生态村为载体，加强城乡绿化建设，努力创建国家级生态区；到2015年，城市绿化覆盖率达到52%；加大湖滨带环境与城市湿地的保护和恢复力度，建立湖滨带生态功能区和湿地自然保护区，禁止建设项目占用湿地，实施生态湿地建设、生态恢复工程；大力培育、保护和合理利用森林资源，加大“五采区”植被恢复和中低产林改造力度，实施3个郊野公园建设和2 666.67公顷中低产林改造，加强专业扑火队基础设施和基层林业站规范化建设，启动区级公益林补偿工作，到“十二五”末，区域内森林覆盖率提高到60%以上。

第二节　加强资源节约和管理

以重点领域低碳化为突破口，重视保护和节约资源，以提高资源利用效率为目的，全面推进节水、节地节能和资源综合利用，减少污染物排放量，增强资源对经济社会发展的支撑和保障能力，全面实现资源持续利用。到2015年，万元GDP能耗控制在0.8吨标准煤以内，万元生产总值CO_2排放量（2005年可比口径）下降20%。

一、大力推进节能工作，加速新能源推广

严格实施高耗能企业和项目的准入制度，强制淘汰能耗高、物耗大、污染重的落后工艺和设备，做好重点耗能行业和企业的节能降耗管理工作，实现资源高效利用，初步形成资源消耗低、环境污染少、经济效益好的循环经济模式。引导商业和民用节能，促进高效节能、节水、环保产品和计量设备的研发、推广，加快淘汰落后产品；在农村大力发展户用沼气和大中型畜禽养殖场沼气工程，积极开发利用风能、太阳能，广泛开展节能宣传，全面培育全社会节约使用能源意识。

二、大力推进节水工作，提高水资源利用效率

加快制定水资源与水环境的统一管理体制，建立一体化的水资源利用和调控系统。积极开展节水技术和产品研发，加大节水型工艺和节水设备的使用推广力度，推进污水处理、再生利用和分质供水；全面开展农业节水工程建设，推进节水灌溉；加强居民、商业区中水利用；做好工业企业节水工作，推广节水新工艺、新技术和节水器具，提高工业用水重复利用率，到“十二五”末，提高重点工业用水重复利用率达到90%以上。

三、大力推进节地工作，提高土地集约利用水平

建立可持续的科学用地机制，严格保护耕地，确保“十二五”期间全区基本农田总量不减少、质量不下降、

用途不改变；完善和落实节约、集约用地的政策措施，严格执行建设项目用地控制标准，引导工业项目向开发区和标准厂房集中，积极盘活存量土地，鼓励开发城市立体、地下空间，节约利用土地资源，努力提高土地使用效率。

四、加强资源综合利用，提高废弃物回收和再生利用水平

建立废物回收利用调配管理网络和废品收购、转运、处置机构，集中处置固体废物，实现废弃物的资源化、减量化、无害化。健全城市垃圾处理系统，新建和改造现有垃圾填埋场，推进生活垃圾资源化利用，扶持垃圾焚烧发电等资源再生利用产业的有序发展。鼓励磷化工企业提高中、低品位磷矿利用率，积极加强对磷石膏的开发和利用。推进工业废物综合利用，到2015年，城镇生活垃圾无害化处理率达到98%。生活垃圾分类收集覆盖率达到50%，工业固体废弃物处置利用率保持100%水平，危险废物收集处置率达到95%。

第三节 大力发展循环经济

促进经济发展由“高投入、高消耗、高排放、低效率、难循环”的粗放型增长方式向“低投入、低消耗、少排放、高产出、可循环”的集约型增长方式转变。推进生产、生活、流通、消费各个环节循环发展。

一、加快发展循环型工业

加大企业清洁生产审核力度，加快工业园区的生态化改造，促进工业企业能源、资源、原材料等消耗的减量化，“三废”排放的减量化和再资源化，提高资源利用效率。引导工业污染源的治理从末端治理向源头及全过程控制、从单纯治理向调整结构和合理布局转变。

二、大力发展循环型农业

推进生态农业园区建设，大力推广生态绿色、有机、循环种养殖方式，积极推广使用有机肥和生物农药，大力开展种养殖产生的污染物无害化处理，强化农业生态环境监管，有效控制和治理农业面源污染，积极推行农业废弃物的资源化利用。

三、积极发展循环型服务业

鼓励发展绿色宾馆、饭店、商场，努力降低服务行业的物耗、能耗、水耗；建立废旧物品回收处理的网络体系，倡导垃圾分拣，发展集中、统一的商品物流；在全社会推广使用节能节水产品、用具，大力倡导绿色消费。

四、建立资源节约型、环境友好型社会的体制机制

建立健全促进节约型社会建设的技术体系，加大关键共性技术攻关力度，组织开发和推广有重大意义的资源节约和替代技术，为建设节约型社会提供技术支撑。建立和完善促进节约型社会建设的政策体系，制定促进生产、使用节能、节水产品和发展节能、节地型建筑的投资和消费政策。完善环境评价、环境淘汰和排污许可等生态、环境管理制度，加大对环境违法行为的惩罚力度；建立和完善生态补偿机制，强化建设目标管理责任制，增强各级政府、企事业单位和全区人民生态、环保的意识。

第九章 注重解放思想，打造改革创新引领区

以综合配套改革为抓手，全面推进改革，使关系经济社会发展全局的重大体制改革取得突破性进展，加快形成有利于转变经济增长方式、维持社会利益平衡的机制，为全面落实科学发展观提供体制保障。

第一节 深化行政管理体制改革

以开展“效能西山”、“速度西山”活动为契机，解放思想、开拓创新，围绕“经济调节、市场监管、社会管理、公共服务”目标，深入实施法治政府、责任政府、阳光政府、效能政府四项制度，形成行为规范、运转协调、公正透明、廉洁高效的行政管理体制和运行机制，延伸行政审批服务制，切实转变政府职能、改变工作作风，全面提高行政效能，加快构建公共财政体系，全面深化投资体制改革和事业单位改革，全力打造法治政府、责任政府、效能政府、诚信政府和服务型政府。

一、深化政府机构改革

围绕深化行政管理体制改革总体目标，按照精简、统一、效能的原则，以转变政府职能为核心，坚持权责一致原则，按照一件事由一个部门管理为主的原则，合理划分和界定各部门的事权和职责分工，优化政府组织结构，规范机构设置，完善体制机制，推进依法行政，做到政事、政企分开，实现政府职能、机构、编制的法定化，强化政务公开制度，“十二五”期间，政务公开合规率达到100%，政务信息化指数达到90，切实提高政府服务经济社会发展水平。

二、深化行政审批制度改革

优化、再造审批流程，扩大和深化并联审批，进一步规范审批内容、程序、方式和行为，严格收费管理。完善便民服务工作机制，所有服务事项“一窗式受理、一站式办结、一条龙服务”，最大限度地减少行政审批时限，提高行政效率，真正做到进入无门槛、审批无阻力、程序无障碍，使西山区成为昆明市行政效率最高的城区之一，以优质服务提升区域竞争力。

第二节 深化投融资体制改革

重点加快投融资体制改革，推进投资主体多元化、运营主体企业化、运行管理市场化。完善政府投资管理体制，规范政府投资行为，鼓励和引导社会资本参与基础设施、公益事业和社会事业。一是建立“政策支持、政府激励、市场主导”的新型投融资机制。构建两大根本保障性机制：即投融资平台资产配给绩效评价机制，以资产负债率管理为基础的风险约束机制；建立5大配套辅助性机制：即投融资体制的评价机制和投融资平台的评估机制，政府与授信主体的长期

合作机制和社会闲散资金的利用机制，非营利性项目向营利性项目的转化机制，融资项目、融资需求的相关信息发布机制，与上级政府相关部门的协调机制。二是通过对各投融资公司现有资源进行剥离和整合，达到资源优化配置的目的，实现优质平台的搭建。同时，在突出主营业务、精干主体、理顺机制的基础上，建立“投建管”相分离，“借用还”一体化的投融资管理机制。

第三节　深化社会领域改革

突出以人为本原则，大力推进教育、卫生、文化、科技体制改革，培育扶持和依法管理社会组织，支持、引导其参与社会管理和服务，实现提供主体和提供方式多元化，全面提升社会事业发展水平，促进经济社会协调发展。

一、深入推进教育改革

按照优先发展、育人为本、改革创新、促进公平、提高质量的要求，推动教育事业发展，提高现代化教育水平。恪守教育公平，优化教育结构，促进义务教育均衡发展；创新人才培养体制、教育管理体制、办学体制，改革教学内容、教学方法、质量评价、考试招生制度。整合教育资源，创新办学方式，促进学前教育、高中教育、职业教育、民办教育、民族教育、特殊教育等各类教育的协调发展。深化以课程改革为核心的教学改革，推进素质教育的全面发展。加大教育信息化建设力度，扩大农村中小学现代远程教育覆盖面，推动教育现代化。

二、深化医药卫生体制改革

努力构建和完善覆盖城乡居民的公共卫生服务体系、医疗服务体系、医疗保障体系和药品供应保障“四大体系”，从推进基本医疗保障制度建设，改革基层医疗卫生机构补偿机制，全面推广医师多点执业，大力发展民营医院、社区医院，推进基本公共卫生服务均等化等方面入手，着力解决人民群众最关心、最直接、最现实的利益问题，优化医疗卫生资源，增强服务能力。以农村为重点，坚持预防为主，实行政事分开、管办分开、医药分开、营利性和非营利性分开，强化政府责任和投入，不断提高全民健康水平，实现人人享有基本医疗卫生服务的重大目标。

三、深入推进文化体制改革

文化体制改革要正确处理好社会效益和经济效益的关系，探索和创新公共文化服务体系建立和运行模式，坚持一手抓公益性文化事业，一手抓经营性文化产业。要坚持推动体制机制创新、艺术创新和运作方式创新，推动文化与旅游结合、文化与企业结合、文化与科技结合，文化与市民结合，高标准建设一批文化设施，大力发展文化产业。

四、深入推进科技体制改革

围绕建设创新型城市，大幅提升科技创新能力，不断提高科技进步对经济增长的贡献率。强化以企业为主体的技术创新体系建设，推动创新成果向企业集中、创新政策向企业倾斜、创新人才向企业流动。发挥高等院校和科研院所集中的优势，整合科技创新资源，推进产学研结合，形成一批高水平的产学研基地。加快公共服务、成果交易、融资和社会化人才服务“四大平台”建设，提高科技公共服务能力。

五、深化农村综合配套改革

立足实现好、维护好、发展好群众利益，着眼城乡同步发展，按照城市化建设的要求，坚持统筹兼顾与重点突破相结合，着力消除制约经济社会发展的体制性障碍，进一步增强基层政府服务职能、巩固农村综合改革成果、从根本上解决农民负担问题，建立和完善适应社会主义市场经济体制要求的农村社会化服务体系，加快农村经济社会发展。要着力抓好六个方面的改革，即：农村集体经济组织产权制度改革，土地管理方式改革，社区管理体制改革，户籍制度改革，金融服务制度改革，城镇建设模式改革。积极开展农村土地承包经营权流转试点示范工作，加大对农产品流通体系的政策扶持力度。

六、深化人才管理体制改革

改革人事制度，打造吸纳人才的宽广平台；以人才区域合作开发为平台，促进区域间、行业间人才协调发展；构建终身教育体系，提高人才整体素质。建立以能力和业绩为导向的人才评价机制，完善人才激励机制，健全完善分配机制，建立人才开发新机制，建立协调有序的人才交流机制。优化区域人才发展环境，完善社会化的人才资源服务体系。加强公务员培训，培养造就一支适应新形势新任务、能够担当重任、经得起风浪考验的高素质党政人才队伍；培养造就一支与全区经济发展相适应、掌握现代企业管理知识、富有开拓进取精神的企业经营管理人才队伍；建设一支门类齐全、素质优良的专业技术人才队伍；加快技能和农村实用人才队伍建设；打造区域技能人才密集区，吸引造就一批掌握国际化进程、国际化拓展的人才队伍。

第四节　完善现代市场体系

加快要素市场化改革，着力培育资本、土地、技术、产权、人才等要素市场，健全市场结构，提升市场功能，在更大程度上发挥市场基础性配置作用。

一、完善现代市场制度

加快推进资本、劳动力、土地、技术、产权等要素市场的建设，进一步发挥市场在资源配置和结构调整中的基础性作用。打破行业分割和垄断，创新专营性公共服务产业的管理体制；完善市场价格形成机制，健全价格决策听证制度，加强价格监管，维护市场价格秩序。按照市场化原则发展和规范各类行业协会、商会等自律性组织，确立行业协会的独立法人地位。

二、加强信用体系建设

建立商贸信用体系制度、管理服

务系统与运行机制，初步建立以商业诚信、企业诚信为重点的商贸流通业信用体系，提高全行业诚实守信道德水准、企业信用管理水平，形成预防和惩戒商业欺诈、恶意合同违约的有效制约机制。通过以社会信用制度为核心，以社会信用服务体系为重点，以社会诚信活动为基础开展三个层面的诚信体系建设，形成信用信息记录和共享的制度，并通过共享和发布失信信息，形成以行政、市场、社会等手段共同惩戒失信行为的社会联动机制。

三、健全市场监管体系

实施质量兴区暨标准化战略，进一步完善质量标准体系，全面提高全区工业产品质量、农产品质量、环境质量，注重提升工程质量、服务质量，强化市场监管手段，创新监管机制和体制，建立严格的市场准入和退出机制，不断完善行政执法、行业自律、舆论监督、群众参与相结合的市场监管体系。充分发挥政府监督职能和行业协会、商会和中介机构的作用，大力整顿和规范市场秩序。

第十章 注重以人为本，打造社会发展和谐区

以全域城镇化目标为引领，深入实施科教兴区战略，以人为本构筑社会事业发展新优势，全面推进科教文卫体和谐发展，"十二五"时期，基本实现全域公共服务均等化，使居民共享改革开放成果。

第一节 完善科技创新体系

一、健全科技创新体系

进一步建立健全"以企业为主体、政府为引导、市场为导向、高等院校及科研院所为依托、产学研相结合"的科技创新体系。推进区域创新体系建设，区域自主创新能力、成果转化和产业化能力明显提高，引导和支持创新要素向企业集聚，鼓励大型企业加大研发投入，激发中小企业创新活力，每年组织实施一定数量的省、市、区科技项目；实施海口工业园区企业科技孵化器建设项目，彰显科技对经济社会发展的引领支撑作用；实现区域科技综合实力、核心竞争力、公众基本科学素养等主要工作走在全市前列，到2015年，科技成果转化率达到42%，高新技术产业增加值占工业增加值比重达到20%。

二、完善科技激励机制

创建有利于吸纳各类科研机构入驻西山、集群创新的政策激励机制，在建设用地、设施配套、要素供给、财政税收、资金融通、技术入股、人才引进等方面实行政策倾斜，创建有利于企业自主科技创新和联合创新的政策激励机制。充分发挥区科学技术奖的激励作用，加大科技奖励力度，增设专利奖和科技成果转化奖，扩大每年评选区科学技术奖励范围，积极推荐国家、省、市科技奖评选项目。

三、加强知识产权创造、运用、保护和管理能力

实施知识产权战略，完善知识产权法律制度，探索建立有西山特色的知识产权管理服务机制。树立各类企事业单位和个人提高知识产权意识，增强知识产权创造、运用、保护和管理能力。到2015年，力争使市、区知识产权试点示范企业总量不少于30家；推动自主知识产权与技术标准的结合，促进企业核心技术和专利技术向技术标准转化；强化科技成果转化；力争专利申请量和授权量之和年均递增在6%以上；积极申报成为国家知识产权强县试点县（区）。

四、加大科技投入力度

确保科技投入实现法定增长。强化科技服务支撑，降低创新成本，优化创新环境，加大政府对科技发展的扶持力度，引导社会资金进入高新技术及其产业领域，确保科技研发经费投入逐年增加，每年区本级财政科学技术投入占当年同级财政支出的比重达到2%以上，到2015年末，力争R&D（全社会科技研发与发展经费）占GDP的比重达到2.5%。推动企业成为技术创新的投入主体，探索建立由政府财政、金融机构、生产企业、科研组织、民间团体等自愿介入、风险共担、利益共享的高新技术产业创业基金。

五、提高全民科学素质

认真贯彻落实《全民科学素质行动计划纲要》，大力弘扬科学精神，宣传科学思想、传播科学方法、普及科学知识，进一步形成讲科学、爱科学、学科学、用科学的良好社会风尚。强化区科普联席会议职能，加强科普网络建设，积极探索社会力量特别是企事业单位广泛参与的科普工作机制，广泛开展科学知识的普及活动，提高全社会科技意识和全民科学素养。到2015年，全区科普经费投入达到人均1.8元，公众基本科学素养达标比例不低于3.2%。

第二节 全面发展教育事业

进一步确立教育优先发展的战略地位，有效整合各类优质教育资源，加大教育投入力度，全面改善办学条件，到2015年，教育发展的主要指标、教育综合实力均进入省、市前列，建成教育强区。

一、健全教育发展体系

按照"各类教育协调发展，全域教育均衡发展"的基本思路，进一步缩小城乡教育差距，高水平高质量普及九年义务教育，统筹整合并优化配置教育资源，加大农村基础教育投入，加快农村中小学标准化建设和教师队伍建设，大力发展职业教育、民办教育，逐步构建全域教育均衡发展的现代教育体系。全力扩张优质教育，高水平高质量普及九年制义务教育，实现高中教育优质化。大力发展职业教育，积极促进民办职业教育参与全区职业教育。突破性发展民办教育，多渠道、多形式普及幼儿教育。实施13年普及教育，使全区人均受教育年限达到11年以上。鼓励各类民办教育开

拓国际教育市场，不断加快西山教育的国际化进程。

二、加大教育投入力度

完善教育投入机制、提高教育保障水平，推进教育信息化进程、提高教育现代化水平。抓住城市化建设、城中村改造等机遇，对西山教育资源进行新的调整布局，“十二五”期间，撤并6所中学，26所小学；新建15所中学、14所小学，72所幼儿园；改扩建3所中学，实现幼儿园园均规模500人以上，小学校均规模1 000人以上，初中校均规模1 200人以上，完中校均规模2 000人以上，实现规模化办学；各级各类学校的办学条件基本达到国家规定的标准，实施校安工程，全面消除学校危房，中小学基本建成标准化学校；小学和中学拥有计算机与学生之比分别达到1:15和1:10；公办中小学校教学仪器配备、图书室（馆）、实验室建设达到部颁标准，学校信息化硬件环境和软件资源建设达到省颁现代教育技术标准；到2015年，力争公共教育投入占GDP比重达到4%。

三、努力提升基础教育

进一步深化基础教育课程改革，提高教育教学质量，提高“两基”水平，创建2－3所优质初中，2所省一级小学，保证适龄儿童入学接受九年义务教育工作，妥善解决流动人口特别是进城务工人员和异地转移民工子女的就学问题。所有适龄盲、聋、弱智儿童都能接受九年义务教育；青壮年文盲率控制在0.1%以下，小学学龄儿童入学率保持在100%，初中学龄人口入学率全面达标。进一步整合幼教资源，推动学前教育的优质化扩张和社会化发展，迅速提高西山区幼儿教育的优质率普及率。扩大各种形式的高中阶段教育和初中毕业后职业培训的在校生规模，有步骤的普及高中教育，全面提高高中阶段毛入学率。全面提升西山区普通高中的教育教学质量，将西山一中、昆五中、西山实验中学打造成省一级完中。

四、推动民办教育、职业教育的突破发展

积极推进职业教育的市场化进程，完成对西山区职业高级中学的人事制度改革，充分发挥西山区职教中心作用，统筹全区职业教育资源，为西山经济社会发展提供强大的人才资源保障。改善民办教育发展环境，加大政府投入，落实公费学位安排进民办学校学生的政府补助，建立健全民办学校教师社会保障制度，建立对民办教育招商引资的长效机制，吸引社会资本投入教育，全面开放非义务教育领域教育市场，运用市场规律来调整并促进民办教育的发展，实现民办教育的规模化、优质化。

五、加大教师队伍建设力度

着力健全教师管理制度、加强教师队伍建设，精心打造区内名校长、名教师，建立名师工作室，培养一批在省市有一定影响力的著名校长，建立校长管理、选拔、评价、培训的有效机制，全面提升校长的素质。采取集中培训、异地培训、挂职学习、岗位锻炼等方式，全力打造教师队伍，从中选拔培养一批骨干教师、学科带头人、校级后备干部，整体提升西山教育的发展后劲。根据西山教育发展的需要，按照中小学师生比的要求，对中小学教师重新核编，壮大西山区中小学教师队伍。

第三节　全面发展卫生事业

坚持以人为本，以保障人民健康为中心，以完善基本公共卫生服务和基本医疗服务为重点，构建覆盖全域居民的公共卫生服务、医疗服务、医疗保障、药品供应保障“四大体系”，明显提高医疗卫生服务可及性，满足人民群众日益增长的医疗卫生服务需求。

一、全面加强公共卫生服务体系建设

建立健全疾病预防控制、健康教育、妇幼保健和卫生监督等专业公共卫生服务网络，提高突发公共卫生事件应急处置能力，加强重大疾病的预防控制及居民保健工作，逐步完善职业病卫生监督及防治工作，进一步加强医疗卫生人才队伍建设，促进全域居民逐步享有均等化的基本公共卫生服务。控制人口数量，提高人口素质，有效降低孕产妇死亡率和婴儿死亡率，促进人口与经济、社会、资源、环境的协调发展。“十二五”末，全区人口平均预期寿命达到77岁，婴儿死亡率控制在8‰以内，人口自然增长率控制在5‰以内。

二、进一步完善医疗卫生服务体系建设

坚持非营利性医疗机构为主体、营利性医疗机构为补充，公立医疗机构为主导、非公立医疗机构共同发展的办医原则，促进有序竞争，加强监管，提高服务质量和效率，满足群众多样化医疗卫生需求。建设结构合理、覆盖城乡的医疗服务体系。整合现有医疗卫生资源，明显提高基本医疗卫生服务可及性。完善以社区卫生服务为基础的新型医疗卫生服务体系，在现有24个社区卫生服务中心的基础上，按照3～6万人、每个街道办事处设置1～2个中心的标准，调整布局，整合成12～24家社区卫生服务中心；在现有42个社区卫生服务站的基础上按照3～6千人设置一个站的标准，在每个居委会设置1个社区卫生服务站。实现布局合理、功能完善的社区卫生服务网络。全面实施新型农村合作医疗制度，逐步提高政府补助水平，适当增加农民缴费标准，人均集资标准逐步提高，参合农民比例明显提高。切实缓解“看病难、看病贵”问题，基本适应人民群众多层次的医疗卫生需求。

三、健全覆盖全域居民的基本医疗保障体系

加强医疗卫生服务体系建设，新增医疗卫生资源重点向农村和城市社区倾斜，健全城镇职工基本医疗保险、城镇居民基本医疗保险、新型农村合作医疗和全域医疗救助共同组成的基本医疗保障体系。结合47号片区改

造，重建西山区人民医院。加快城镇居民医疗保险与新型农村合作医疗的并轨，制定科学合理的补偿方案，充分发挥医疗保险基金保障效率，降低居民医疗费用，解决和保障群众基本医疗需求。

四、建立健全药品供应保障体系

建立和完善以国家基本药物制度为基础的药品供应保障体系，确保药品质量和安全。按照防治必需、安全有效、价格合理、使用方便、中西药并重的原则，建立基本药物的生产供应保障体系，对全区医疗机构药品进行集中招标和统一配送，实现基本药物零差率，其他药物与市场同价。提高各医疗机构药品集中采购统一配送工作执行率，不断规范基层医疗机构药品采购行为。

第四节　积极发展文化体育事业

以实现全民享有文化、体育发展成果为目标，大力发展文化服务机构，建立健全基层文化服务网络，实施全域文化资源共享工程。积极探索高效的文体事业运行机制，合理布局，突出重点，扎实推进文体事业的大发展，完成“十二五”时期全面建设“文化昆明”、“和谐西山”赋予的文化体育建设任务。

一、繁荣发展文化事业

加大文化惠民工程实施力度，基本建立公共文化服务体系。大力发展文化服务机构，建立健全基层文化服务网络，实施城乡文化资源共享工程。加快推进文化活动设施建设，“十二五”末，力争实现所有社区建立起文化室，形成组织机构网络化、服务对象社会化、文化设施现代化、活动形式多样化的基层文化发展格局。弘扬具有西山地方特色的先进文化，挖掘传统文化，繁荣民族文化，打造精品文化，彰显特色文化，扶持严肃、高雅、主流文化。创新公共文化服务方式，拓展服务领域，适应群众多方面、多层次、多样化的文化需求。建立健全非物质文化遗产保护工作机制，积累文化资源。支持民办公益性文化机构的发展，鼓励民间开办博物馆、图书馆等，积极引导社会力量提供公共文化服务。加强档案管理工作，建设高标准、高质量区级档案馆。

二、加快发展体育事业

广泛开展群众性体育活动，大力推进健身工程，增强全民体质，完善区、街道、社区三级活动中心，实施全民健身计划。加强体育设施建设，不断改善群众性体育活动的设施条件和活动环境。增强文化体育产品和服务的吸引力，引导消费、繁荣市场。进一步激活农民的文体消费潜力，通过农民健身工程，力争所有行政村建有体育活动场地，促进农村文体产业的发展。“十二五”期间，每年建设6个“健康路径”（健身场地），80%以上的社区有群众文体活动场所。

第十一章　注重共建共享，打造人民生活幸福区

按照民主法治、公平正义、诚信友爱、充满活力、安定有序、人与自然和谐相处的要求，建设社会主义和谐社会。着力保障和改善民生，逐步完善比较完整、覆盖全区、可持续的基本公共服务体系，提高政府保障能力，推进基本公共服务均等化。坚持就业优先方针，加大收入分配调节力度，完善社会保障体系，切实解决好人民群众最关心、最直接、最现实的利益问题。加快法治西山、平安西山建设，努力创造安定有序的社会环境。

第一节　完善社会保障

一、完善社会保障体系

按照“基本保障体现公平，补充保障体现效率，充分保障依托市场”的要求，坚持广覆盖、保基本、多层次、可持续方针，加快推进覆盖城乡居民的社会保障体系建设。健全机关、事业单位基本养老金和职业年金相结合的养老保险体系，加快建立全域居民基本养老保险制度机制。积极探索建立失地农民养老、医疗、失业等综合保险制度。积极开展新型农村养老保障制度的试点工作，基本实现基本养老保险制度全民覆盖。健全城镇职工基本医疗保险、城镇居民基本医疗保险、新型农村合作医疗共同组成基本医疗保障体系，实现统筹城乡、覆盖全民的“大医保”格局。扩大失业、工伤、生育保险覆盖面，保障失业人员基本生活，建立工伤预防、补偿、康复三位一体的工伤保险体系，完善城镇职工生育保险政策体系。到2015年，逐步实现养老、医疗、失业、工伤和生育保险“五保合一”。

建立、完善覆盖全区的就业服务、就业培训体系。继续实施积极的就业政策，拓宽就业渠道，完善再就业相关政策，加强各类就业技能培训，健全就业指导网络体系。大力开展职业技能培训，不断提高失地农村居民就业能力和素质，促进“体能就业”向“技能就业”转变。“十二五”时期，全区城镇登记失业率控制在4%以内。

强化政府职责，加大保障性住房建设力度，加快“城中村”改造、“四退三还一护”、迁村并点居民的安置房建设，扩大廉租房和经济适用房建设规模，发展公共租赁住房，努力帮助中低收入群众切实解决住房问题。

二、完善社会救助和社会福利体系

加强低保规范管理，探索农村低保与扶贫开发有效衔接。加强医疗救助、临时救助、农村五保对象供养等工作。逐步建立城乡低收入群体补贴与物价上涨联动机制。切实加强对流浪乞讨人员特别是流浪未成年人的救助。深化双拥、优抚安置工作，落实抚恤优待政策，建立抚恤补助自然增长机制。扶持发展福利企业。成立区级慈善协会，发展慈善公益事业。建立区级救灾物资储备库，完善灾害救助机制，提高救灾能力。加大投入力度，全面完成农村公益性公墓建设，推进殡葬改革。重视保护妇女儿童和

未成年人的合法权益。建设残疾人综合服务中心，建立起残疾人社会保障体系和服务体系“两个体系”基本框架，使残疾人基本需求得到制度性保障，残疾人生活状况进一步改善。

逐步建立健全覆盖全体老年人的社会养老体系。大力推进居家养老服务，增强社区为老服务功能，提升公办养老机构服务能力，扶持民办养老机构发展，促进老年产业成长。构建区、街道、社区三级养老服务设施和网络，区级建立综合性社会福利中心和信息化服务平台、街道和社区建立老年活动中心（室）。逐步提高高龄老年人保健补助标准，探索建立养老服务补贴制度。

第二节　加强社会管理

一、完善社会管理体系

完善社会管理体系和政策法规，整合社会管理资源，努力建设与社会主义政治、经济、文化体制相适应的社会管理体制，健全党委领导、政府负责、社会协同、公众参与的社会管理格局。推进社会管理模式创新，建立政府调控机制同社会协调机制互联、政府行政功能同社会自治功能互补、政府管理力量同社会调节力量互动的社会管理网络，整合各方资源，促进社会各种力量良性互动，形成社会管理的整体合力。

二、加强社区建设

推进和谐社区建设，进一步改善社区服务设施，加强社区服务，逐渐形成社会福利服务、社会互助服务和市场有偿服务相结合的多类型、多层次、广覆盖的社区服务网络，最大限度地满足居民群众的需求。全面加强和改进社区居民委员会建设，理顺社区工作关系，健全居民参与机制，不断推进基层群众自治。采取多种形式，加强社区工作用房和居民公益服务设施建设，到2011年末，争取全区100%的社区办公与服务用房面积达到400平方米以上。逐步建立社区工作者报酬自然增长机制，落实社区居民委员会成员、社区专职工作人员“五险一金”政策，推进社区工作者职业资格证书制度。积极开展社区居民培训，大力提高社区居民素质。推进社区信息化建设，逐步实现社保、医保、农保和就业等网络资源在社区平台的整合。积极探索“城中村”改造、迁村并点的新型社区建设、管理服务机制。全面提升社区特别是涉农社区、新建社区的管理和服务能力，统筹城乡社区发展。逐步规范社区居民委员会的设立、撤销和规模调整。

第三节　加强民主法制建设

以建设法治西山为重点，发展社会主义民主政治，坚持依法治区方略，扩大民主，健全法制，为经济社会发展创造安定的社会环境。通过“十二五”的工作，全社会法治水平显著提高，民主法制更加完善，基本实现政治生活、经济生活、文化生活、社会生活的法治化。

一、加强民主政治建设

坚持人民代表大会制度，认真落实人大及其常委会的各项决议、决定；支持人大代表依法履职，充分发挥宪法和法律赋予的工作监督和法律监督职能作用。坚持共产党领导的多党合作和政治协商制度，充分发挥人民政协政治协商、民主监督、参政议政的重要作用。充分发挥工会、共青团、妇联等群众团体联系广大群众的桥梁与纽带作用。全面贯彻党的民族、宗教和侨务政策，依法管理民族、宗教事务，做好侨务和对台工作。切实维护人民群众各项民主权利。以创建“民主法治社区”为突破口，将保障人民群众依法享有的知情权、参与权、表达权、监督权、选举权为重点，培育民主意识，丰富民主形式，拓展民主渠道，完善重大决策的规则和程序，建立决策失误责任追究制度，健全纠错改正机制，推进社会公开化机制建设，形成反映社情民意的决策机制。

二、推进“法治西山”建设

全面推进依法行政，推进政府工作规范化、法制化，完善执法责任制，从严治政，依法行政，不断提高行政执法水平，努力建设法治政府。建立完善重大事项科学决策机制，规范决策程序，推进决策的科学化、民主化、法制化。探索建立健全决策跟踪反馈、决策监督和重大决策失误责任追究制度。推进行政执法体制改革，建立权责明确、行为规范、监督有效、保障有力的行政执法机制。以实现公正和效率为目标，注重法律效用，拓展和规范法律服务，坚持不断健全法律服务体系，加强对弱势群体、困难群众的法律援助和司法救助，构建现代法律服务体系。深化司法体制改革，实施司法公开，强化司法监督，维护司法公正。整合司法资源，形成权责明确、相互配合、相互制约、高效运行的司法体制。加强社会治安综合治理，依法严厉打击各种犯罪活动，预防青少年犯罪。加强社会管理，抓好公共安全体系建设，建立健全长效机制，保持长期和谐稳定的社会环境。进一步广泛深入地开展以宪法为核心的全民法制宣传教育，不断提高全区公民的法律素质，建立由法律专业工作者组成的普法志愿者讲师团，以社区为平台，开展互动式法制宣传教育，努力实现由教育型宣传向服务型宣传转变、由单向式宣传向互动式宣传转变、由单一功能向复合功能转变。

第四节　完善综合治理

一、强化社会治安综合治理

坚持“打防结合、预防为主”的方针，加快执法基础设施、社会治安防控体系建设，着力构建组织严密、网络健全、科技支撑、反应迅速的犯罪打击体系、治安防范体系和社会控制体系，努力形成打防控一体化社会治安长效机制，依法打击各类犯罪活动，防范和打击非法宗教活动和各类恐怖活动，创造良好的治安环境。

二、健全社会利益协调机制

强化信访工作，畅通信访渠道，强化“区委书记、区长接访日”制度建设，完善民意表达机制，拓宽民意表达途径，为群众的利益诉求提供畅通便利的渠道；健全人民调解和社会矛盾纠纷排查调处机制，建立健全社会矛盾纠纷调处机制，完善人民调解、行政调解、司法调解联动的工作体系，依法及时合理地处理群众反映的问题，及时妥善化解社会各阶层之间的矛盾。

三、强化应急体系建设

坚持“安全第一、预防为主、综合治理”的方针，加强突发公共危机和安全事件预警体系建设，形成覆盖城乡、反应灵敏、统一指挥、功能齐全、运转高效的应对管理机制，有效防范和及时处置自然灾害、事故灾难、公共卫生和社会安全等各类突发公共事件。“十二五”期间，政府应急管理能力指数达到90。

四、提高公共安全水平

认真落实安全生产“一岗双责”、“市域全覆盖”零申报制度，强化企业主体责任，切实加大政府监管力度，加强对建筑、矿山、危险化学品、交通运输、消防以及各类人员密集场所等重点领域、重点行业的生产监管，坚决杜绝重特大安全事故。强化对食品、药品、餐饮、饮用水等安全的监督管理，切实保障人民群众生命健康和安全。建设气象防灾减灾系统工程，建立预警信号播发设施；新建生态气象观测站；完善气象公共服务平台，提高防御气象灾害的能力。加强消防基础设施建设，城市建成区、工业园区消火栓建设率达到100%。“十二五”期间，在海口工业园区选址建设西山区消防大队三中队。

第五节 加强精神文明建设

全面落实以邓小平理论和“三个代表”重要思想武装全党、教育人民的战略任务，着力构建社会主义核心价值体系，深入推进思想道德建设和精神文明创建活动，努力提高公民文明素质和社会文明程度，为现代新西山建设提供精神动力和思想保障。

一、加强思想道德建设

以培养“四有”公民为目标，以加强公民道德建设为切入点，深入贯彻落实《公民道德建设实施纲要》，弘扬爱国主义、集体主义、社会主义精神，广泛开展正确的世界观、人生观、价值观教育，大力倡导社会公德、职业道德和家庭美德。坚持不懈地进行党的基本理论和基本路线教育，牢固树立社会主义的共同理想和坚定信念，形成科学、文明、进步的道德风尚，建立平等、团结、互助的人际关系，发扬勤俭节约、艰苦奋斗、开拓创新、积极奉献的民族精神，切实加强青少年的思想政治和道德品质教育，加强未成年人思想道德建设，构建学校、家庭、社会三结合教育体系，着力提高市民文明素质。

二、大力开展群众性文明创建活动

以创建全国文明城市为龙头，深入开展群众性精神文明创建活动，提高市民文明素质。广泛深入地开展文明城区、文明社区、文明行业、文明单位、文明家庭等各类群众性精神文明创建活动，不断提高广大市民的思想道德素质，改善全域环境卫生面貌，提高城市文明水平。切实加强文明机关、文明窗口、文明学校创建活动，努力为全社会的文明做出表率。在企事业单位广泛开展创建文明单位活动，规范行业行为，树立行业新风。大力开展五好文明家庭、军民共建、警民共建精神文明等活动，推进群众性精神文明建设的不断深化。提高公众的生态和环保意识，推动社会风气、公共秩序、生活环境和社会服务全面改善。充分调动社会积极性，支持和鼓励志愿者队伍建设，进一步提高市民的文明素质和整个城市的文明程度。

第十二章 注重协调衔接，为规划实施提供保障

（内容略）

西山区2005～2010年国民经济主要指标

指标名称	单 位	2005年	2007年	2008年	2009年	2010年
一、年末户籍人口	人	420 778	461 577	484 898	494 512	501 093
城镇人口	人	320 070	357 361	380 940	390 088	396 256
农村人口	人	100 708	104 216	103 958	104 424	104 837
二、从业人员数	人	160 204	192 645	196 325	199 708	206 543
其中：职工人数	人	100 713	113 422	116 571	121 048	111 645
三、生产总值（当年价）	万元	1 247 272	1 630 893	1 930 357	2 109 728	2 444 733
第一产业	万元	23 489	25 852	28 817	30 076	26 997
第二产业	万元	426 707	500 409	615 684	614 787	704 049
第三产业	万元	797 076	1 104 632	1 285 856	1 464 865	1 713 687
人均生产总值	元	18 479	23 701	27 600	29 660	33 289
四、固定资产投资						

续表

指标名称	单　位	2005 年	2007 年	2008 年	2009 年	2010 年
全社会固定资产投资	万元	536 176	800 617	1 021 983	1 535 219	2 105 325
五、地方财政收入	万元	69 019	110 832	119 699	130 046	170 018
地方财政支出	万元	65 916	121 049	174 390	166 939	198 104
六、农业生产						
1. 农林渔业总产值（当年价）	万元	36 467	40 698	45 888	47 228	43 547
农业产值	万元	19 484	18 687	20 221	21 121	17 876
林业产值	万元	2 119	2 193	2 376	2 104	2 358
牧业产值	万元	11 407	16 641	20 298	21 132	20 313
渔业产值	万元	2 456	221	2 083	1 781	1 800
2. 主要农产品产量						
粮食	吨	26 816	23 734	22 787	21 304	17 086
油料	吨	253. 5	239	192	212	240
烤烟	吨	655	706	728	700	–
水果	吨	5 157	6 988	6 922	4 039	6 102
猪牛羊肉	吨	9 566. 6	10 503	9 051	8 002	8 469
水产品	吨	1 147	650	470	692. 7	800. 7
大牲畜年末存栏	头	14 982	12 784	11 495	11 260	10 950
3. 农业生产条件						
乡村劳动力	人	69 613	71 226	68 661	60 133	51 931

2010 年昆明市 14 县市区主要经济指标排序

地　区	年末总人口（万人）		位次	生产总值（当年价、万元）		位次
	2009 年	2010 年		2009 年	2010 年	
昆明市	628	636		18 086 467	21 203 723	
五华区	87	85	2	4 871 518	5 400 765	1
盘龙区	66. 5	78	3	2 067 736	2 503 257	3
官渡区	76. 5	89	1	4 111 627	4 710 157	2
西山区	71. 5	75. 38	4	2 109 728	2 444 733	4
东川区	29. 5	27	11	326 999	465 687	9
呈贡县	23	27	11	612 252	708 149	7
晋宁县	28. 2	28. 5	10	491 136	544 748	8
富民县	15. 2	14. 5	14	238 163	279 498	14
宜良县	42. 9	41. 5	6	823 321	941 972	6
石林县	24. 4	24. 5	13	310 047	368 141	12
嵩明县	35	28. 7	9	381 423	421 249	10
禄劝县	44. 8	36. 6	7	282 331	326 239	13
寻甸县	51. 3	45. 7	5	324 689	383 200	11
安宁市	32. 2	35	8	1 206 985	1 342 510	5

续表

地　区	地方财政一般预算收入（万元）		位次	地方财政一般预算支出（万元）		位次
	2009 年	2010 年		2009 年	2010 年	
昆明市	2 016 125	2 538 319		2 704 495	3 462 884	
五华区	157 692	205 484	2	176 822	203 460	2
盘龙区	124 956	166 710	5	153 402	201 047	3
官渡区	200 917	261 599	1	227 103	298 102	1
西山区	130 046	170 018	3	163 766	198 104	4
东川区	24 066	40 917	10	141 674	160 556	6
呈贡县	53 078	68 754	6	74 778	96 623	12
晋宁县	46 977	62 432	7	89 521	112 401	10
富民县	12 106	19 021	14	43 190	66 720	14
宜良县	38 309	48 424	8	84 201	102 704	11
石林县	25 953	35 088	11	71 161	93 421	13
嵩明县	32 876	45 004	9	91 066	114 896	9
禄劝县	23 098	29 187	13	94 887	121 999	8
寻甸县	27 096	34 224	12	108 586	130 363	7
安宁市	128 009	166 893	4	153 108	192 801	5

地　区	全社会固定资产投资（万元）		位次	农民人均纯收入（元）		位次
	2009 年	2010 年		2009 年	2010 年	
昆明市	16 006 555	18 127 912		5 080	5 810	
五华区	3 039 978	2 054 089	4	6 638	7 578	4
盘龙区	1 499 836	2 191 567	3	6 495	7 404	5
官渡区	3 080 735	3 560 398	1	7 718	8 921	1
西山区	1 925 269	2 284 325	2	7 311	8 245	2
东川区	315 282	442 000	10	2 695	3 196	14
呈贡县	1 219 109	1 410 447	5	6 805	7 648	3
晋宁县	326 241	640 518	7	5 062	6 075	7
富民县	103 831	164 209	14	4 931	5 644	10
宜良县	256 438	446 354	9	5 241	5 890	8
石林县	276 815	432 920	11	4 790	5 704	9
嵩明县	299 335	547 078	8	4 686	5 333	11
禄劝县	315 193	417 436	13	2 707	3 205	13
寻甸县	300 729	422 274	12	3 058	3 497	12
安宁市	525 882	903 458	6	6 170	6 913	6

续表

地　区	耕地面积（公顷）		位次	农林牧渔业总产值（当年价、万元）		位次
	2009 年	2010 年		2009 年	2010 年	
昆明市	167 737	165 240		1 909 556	2 007 273	
五华区	1 725	1 692	13	24 798	24 459	14
盘龙区	1 627	1 432	14	31 120	29 892	13
官渡区	4 670	4 344	10	141 963	125 985	8
西山区	3 487	3 330	12	47 228	43 547	12
东川区	12 755	12 752	6	63 885	69 715	11
呈贡县	4 599	4 143	11	128 316	108 333	9
晋宁县	12 787	12 396	7	177 052	196 935	4
富民县	7 016	6 904	9	89 349	96 212	10
宜良县	18 553	18 578	4	371 270	408 362	1
石林县	16 344	16 311	5	167 647	187 130	5
嵩明县	19 465	18 953	3	174 989	182 904	6
禄劝县	24 304	24 286	2	184 973	203 121	3
寻甸县	32 939	32 909	1	188 426	203 269	2
安宁市	7 466	7 210	8	118 540	127 409	7

地　区	粮食总产量（吨）		位次	烤烟（吨）		位次
	2009 年	2010 年		2009 年	2010 年	
昆明市	1 131 002	1 084 109		89 809	90 920	
五华区	8 161	7 938	13	813	813	9
盘龙区	8 267	7 581	14	654	368	11
官渡区	21 094	20 173	10	589	376	10
西山区	21 304	17 086	11	701		
东川区	68 912	71 979	6			
呈贡县	10 448	10 463	12			
晋宁县	68 782	59 447	7	3 100	3 514	7
富民县	59 414	54 171	8	2 740	2 673	8
宜良县	183 841	168 744	3	13 633	12 591	4
石林县	122 793	123 564	4	16 707	16 920	2
嵩明县	123 781	121 405	5	11 000	9 787	5
禄劝县	182 788	182 327	2	13 630	13 972	3
寻甸县	198 128	195 683	1	21 365	25 006	1
安宁市	53 289	43 548	9	4 877	4 900	6

续表

地区	油料总产量（吨）		位次	年末大牲畜头数（头）		位次
	2009 年	2010 年		2009 年	2010 年	
昆明市	14 342	11 893		759 320	783 663	
五华区	51	51	11	7 771	7 771	11
盘龙区	7	5	14	5 794	5 239	13
官渡区	42	33	13	8 696	7 389	12
西山区	212	240	9	11 260	10 950	10
东川区	1 255	1 223	4	67 717	70 400	5
呈贡县	6	104	10	1 847	1 483	14
晋宁县	1 945	1 323	2	28 092	29 709	8
富民县	909	524	8	37 244	37 031	7
宜良县	999	784	7	76 614	77 982	3
石林县	1 124	868	5	73 396	72 841	4
嵩明县	51	39	12	52 420	56 749	6
禄劝县	1 902	846	6	152 347	161 142	2
寻甸县	4 762	4 541	1	215 775	226 455	1
安宁市	1 077	1 312	3	20 347	18 522	9

地区	猪牛羊肉产量（吨）		位次	社会消费品零售总额（万元）		位次
	2009 年	2010 年		2009 年	2010 年	
昆明市	350 461	376 069		8 646 103	10 601 922	
五华区	6 358	6 360	12	2 743 469	2 835 780	1
盘龙区	2 424	2 297	13	1 764 423	2 130 598	2
官渡区	10 270	10 258	10	1 575 303	2 052 327	3
西山区	8 002	8 469	11	1 330 113	1 994 590	4
东川区	24 157	29 980	5	67 026	100 720	13
呈贡县	3 752	353	14	124 606	177 693	7
晋宁县	20 027	24 401	7	106 026	147 526	9
富民县	13 605	16 299	9	57 468	82 007	14
宜良县	57 604	62 670	2	165 877	214 652	6
石林县	24 484	23 254	8	153 146	151 810	8
嵩明县	34 002	36 763	4	138 424	145 816	10
禄劝县	44 801	44 653	3	64 937	137 683	11
寻甸县	75 750	80 762	1	102 150	128 108	12
安宁市	25 225	29 549	6	253 135	302 615	5

续表

地　区	人均生产总值（元）		位次	人均地方财政收入（元）		位次
	2009 年	2010 年		2009 年	2010 年	
昆明市	29 355	33 550		3 221	4 016	
五华区	56 918	62 800	1	1 807	2 389	4
盘龙区	31 287	33 156	5	1 880	2 208	6
官渡区	53 620	56 920	2	2 642	3 161	2
西山区	29 660	33 289	4	1 828	2 321	5
东川区	11 474	16 484	10	818	1 448	9
呈贡县	25 966	28 326	6	2 333	2 813	3
晋宁县	17 494	19 215	8	1 671	2 202	7
富民县	15 769	18 821	9	800	1 281	11
宜良县	19 291	22 322	7	896	1 147	12
石林县	12 743	15 057	11	1 067	1 435	10
嵩明县	11 006	14 729	12	937	1 574	8
禄劝县	6 371	8 016	13	517	717	13
寻甸县	6 355	7 901	14	530	706	14
安宁市	37 741	39 956	3	3 987	4 967	1

地　区	人均粮食产量（千克）		位次	人均猪牛羊肉产量（千克）		位次
	2009 年	2010 年		2009 年	2010 年	
昆明市	181	172		56	60	
五华区	9	9	14	7	7	12
盘龙区	12	10	13	4	3	13
官渡区	28	24	11	14	12	11
西山区	30	23	12	11	12	10
东川区	234	255	7	82	106	6
呈贡县	46	42	10	17	1	14
晋宁县	245	210	8	71	86	9
富民县	393	365	6	90	110	4
宜良县	430	400	5	135	149	2
石林县	505	505	1	101	95	7
嵩明县	353	424	3	97	129	3
禄劝县	409	448	2	100	110	4
寻甸县	388	403	4	148	167	1
安宁市	166	130	9	79	88	8

注：本表数据由市统计局提供。